普通高等教育电子通信类特色专业系列教材

光通信原理与技术

（第二版）

朱 勇　王江平　卢 麟　编著
李玉权　主审

科学出版社
北京

内 容 简 介

本书系统讲述了光通信的基本原理和关键技术，包括光纤通信和无线光通信两部分内容。第1章是对光通信系统的构成及所涉及的关键技术的概要介绍，第2～3章介绍光纤及无源光器件的原理和特性，第4～5章介绍光发送机和光接收机的重要器件和构成，第6～7章则讲述了光纤通信系统和光网络的相关知识，第8～10讲述无线光通信，包括大气激光通信、星间光通信和水下激光通信中的关键技术及系统构成。每章后附有小结、思考题与习题。

本书可作为通信工程、电子工程及相关专业本科生的教材，也可作为通信类硕士研究生或工程技术人员的参考书。

图书在版编目（CIP）数据

光通信原理与技术/朱勇，王江平，卢麟编著.—2版.—北京：科学出版社，2011.7
（普通高等教育电子通信类特色专业系列教材）
ISBN 978-7-03-032194-7

Ⅰ.①光… Ⅱ.①朱…②王…③卢… Ⅲ.①光通信-高等学校-教材 Ⅳ.①TN929.1

中国版本图书馆 CIP 数据核字（2011）第 174479 号

丛书策划：匡　敏　潘斯斯
责任编辑：潘斯斯　张丽花/责任校对：李　影
责任印制：张　伟/封面设计：迷底书装

科学出版社 出版
北京东黄城根北街 16 号
邮政编码：100717
http://www.sciencep.com

中煤（北京）印务有限公司印刷
科学出版社发行　各地新华书店经销
*
2006 年 6 月第 一 版　　开本：787×1092　1/16
2011 年 7 月第 二 版　　印张：23 1/4
2025 年 1 月第十六次印刷　字数：555 000
定价：**89.00 元**
（如有印装质量问题，我社负责调换）

第二版前言

《光通信原理与技术》一书第一版于 2006 年 6 月在科学出版社出版，至今已有 5 年，承蒙读者厚爱，5 年间本书曾多次重印，并被评为"普通高等教育'十一五'国家级规划教材"。根据使用本书教师的反馈和作者自身的教学体会，今在第一版基础上调整章节结构、增减讲述内容，形成第二版。

第二版内容如下。

1. 为避免冗长的理论推导，将第一版中第 2、3 章的内容合并，缩减成一章（第 2 章），减少了电磁场基础理论方面的讲述，增加了光纤光缆制造的内容。

2. 第一版将有源光器件和无源光器件在同一章中讲授，考虑到无源光器件的应用越来越多且与有源光器件在原理上有很大差异，第二版对其进行了区分，专列第 3 章讲述无源光器件，并增加了光隔离器、光环行器和光纤光栅等内容。

3. 为加强教学内容中的关联性，将有源光器件（包括光源、光放大器和光电检测器）的内容分别放在第 4 章和第 5 章中，与光端机一同介绍。

4. 在光纤通信系统一章（第 6 章）中增加了线路编码内容。

5. 在光网络一章（第 7 章）中，为加强教学中对光网络总体的把握，新增对光网络的概念的综述，考虑到 APON 已无实际应用和发展，删除了光接入网小节中对 APON 的详细介绍。

6. 近年来对紫外日盲波段的大气散射光通信研究较热，因此在大气激光通信一章（第 8 章）中，增加了紫外散射光通信的相关内容，主要包括对散射信道模型的介绍和对紫外光通信中常用的光检测器的介绍。

7. 在星间激光通信一章（第 9 章）中，在 PAT 子系统小节中增加了跟踪残差与等效光功率损耗及发送天线优化内容，增加了短时可用性性能评估方法一节，这些内容是作者近年来在卫星光通信方面的研究成果。由于作者认为振动对卫星光通信的影响不能简单地通过误码性能考察，故本书删除了通信子系统一节中关于振动对系统性能影响的介绍。

本书第二版的第 1、2 章由李玉权执笔改写，第 3~5 章由卢麟执笔改写，第 6、7 章由王江平执笔改写，第 8~10 章由朱勇执笔改写，其中紫外散射光通信相关内容由徐智勇执笔完成。作者所在单位的教师苏洋和研究生孙晓霞、刘晔等对本书修改也有颇多贡献，在此一并感谢。

本书涉及的学科和基础知识颇广，作者一隅之得，不免偏颇，其中不妥乃至错误之处，敬请广大读者提出宝贵意见。

作　者

2011 年 6 月

第 一 版 序

多年来我们一直采用"现代文明"这样的说法，不过，现在对它的理解应该不再是指工业而是指信息通信文明，是继农业文明、工业文明之后的人类文明的第三个层次。

古老的通信文明建立在文字、语言、纸张和印刷术的基础之上，伴随着农业文明的建设而逐渐发展和成熟，已经有几千年的历史。近代的通信文明是随着工业文明而兴起的，它以电报、电话的发明应用和邮政网络的建立为标志，也历经 170 年了。

自从有电脑、集成电路、卫星、激光、光纤、因特网和移动通信，人类就进入了一个新的信息通信文明的建设阶段。

信息通信文明的核心内涵是信息通信技术无处不在的应用，并因此使得生产力、经济竞争力极大地提高；再者，从事信息通信技术相关职业的劳动人口将会多于工农业劳动人口之和；还有，全体社会成员，个人、家庭或单位，都将实现宽带网络连接。

虽然人类信息通信文明的建设才刚刚开始几十年，却表现出在各个方面改变社会的强大冲击力。它将把人类从简单重复的脑力劳动中解放出来，它会影响人类的思维方式，改变人类的生活习惯和经济活动方式，对于社会的组织结构乃至国际关系也会产生深远影响。

今天走进大学校门的年轻人很幸福，他们在一生中能够享受到人类信息通信文明的全部成果。

今天决心投身于信息通信技术的大学生、研究生任重道远。因为，存在的知识库已经是浩如烟海，未知的世界更是广袤无垠。相信在你们面前打开的这本书将会带你们进入信息通信的学术大厦，走进其中一个重要的殿堂。

作者李玉权教授是我国知名的光波微波通信专家，2004 年他被评为全国优秀教师，这份荣誉他当之无愧。现在他又以自己二十多年的教学经验和诸多科研成果为基础，花费一年多时间，完成这部著作，以此奉献给青年学子。这种治学态度值得我们同龄的大学教师学习；更希望年轻的读者懂得，如果愿意将信息通信技术选为终身职业，如果想要学有所成，你首先应当具备这种精神。

北京邮电大学校长

2005 年 11 月

第一版前言

20世纪60年代初问世的激光技术为大容量通信提供了优良的载波,直接推动了现代光通信的研究热潮。早期的激光通信系统将光信号发送到大气中传播,由于大气信道的不稳定性,系统性能受到严重影响,另外光束的视距传播特性也使其应用受到严重限制,因此与载波通信相比,光通信并无优势可言,发展也受到严重制约。直到20世纪70年代低损耗光纤的问世,光通信发展才进入快车道。得益于光纤,特别是单模光纤这种优良的传输介质,光通信理论上的优势才真正转换为现实应用中的优势。与早期的大气激光通信发展缓慢相比较,光纤通信的发展可以说是日新月异,毫无争议地成为光通信的主流,并且在短短的二十年之后几乎完全取代了与之竞争的电缆载波通信,成为固定通信网干线中最主要的传输技术。在光纤通信取代载波通信的同时,近年来,随着有/无源光器件研究水平的提高,光通信研究人员又把目光瞄向了微波通信一直占据的宽带无线通信领域,并且注意到空间激光通信应用于宽带无线接入网、宽带星间链路和对潜水下通信等方面的可能性及其价值,推动了对空间光通信的又一轮研究热潮。光通信技术也已成为高等学校电子信息类专业最重要的专业课程之一。编著本书的目的就是要为通信工程专业及相近专业的高年级本科生提供一本系统讲述光通信基本原理和关键技术的教科书。本书的作者自20世纪80年代末以来一直在解放军通信工程学院为本科生或研究生讲授《光纤通信》、《SDH原理与技术》、《光纤传输理论》、《非线性光纤光学》等课程,承担了多个国家自然科学基金、江苏省自然科学基金、国防预研基金等有关光通信的研究项目,取得了一些研究成果。本书就是根据作者近年的授课讲稿和部分研究成果写成的。

本书的第1章是对光通信的概略介绍,目的是使读者在系统、深入地学习光通信技术之前对光通信的发展历史、光通信系统的构成、主要的光通信器件及关键技术有一个大致的了解。第2章介绍光波导中光传播的基本原理,包括光波导的几何光学分析方法和模式理论。第3章介绍光纤的传输特性,包括光纤的损耗特性、色散特性以及非线性特性。第4章介绍光通信中所用到的主要器件,包括光源、光放大器、光检测器等有源器件和连接器、耦合器、波分复用器、调制器等无源器件。第5章主要介绍强度调制/直接检测光通信系统的构成、系统设计原则以及各种实际的光通信系统,包括模拟系统和数字系统。为了拓展学生的知识面,本章同时还以相当的篇幅介绍了相干光通信系统和光孤子通信系统。第6章介绍光网络,包括目前运行的SDH光传送网、WDM光传送网以及未来的智能光网络、分组交换光网络、光突发交换网络和光接入网。第7章介绍大气激光通信技术,包括激光束在大气中的传输特性、大气激光通信系统中常用的光器件及系统的构成。第8章介绍卫星间激光通信系统所涉及的关键技术及系统构成,重点是光学天线技术和PAT技术。第9章介绍水下激光通信技术,包括激光在海水信道中的传播特性、蓝光激光器、对潜激光通信系统等内容。

近年来国内出版的光通信教材相当多,这些著作都把注意力放在光纤通信上,很少系统地讲述空间光通信的内容。毫无疑问,这是正确的选择,因为30多年来光纤通信就是光通信的主体。最近几年无线光通信技术正在快速发展,一方面,近地的大气激光通信作为宽带无线接入手段受到业界重视；另一方面，地球外层空间光通信、对潜水下光通信也因其潜在的军事应用价值而备受关注。为了反映光通信的这一重要组成部分，本书用三章的篇幅讲述无线光通信技术的基础知识。相对于卫星间激光通信及水下激光通信技术，大气激光通信技术更为成熟，而且应用领域更宽一些，所以可以将大气激光通信技术作为教学的基本内容。卫星间激光通信及水下激光通信技术目前离实用尚有一定距离，而且主要应用领域是军事通信，尤其是水下激光通信主要是为解决对潜通信困难而提出的通信手段，这两部分内容任课教师可以根据课时情况以及教学要求选用。本书的部分内容对于本科生教学可能偏深一些，我们在标题中加上了"*"号，在课程实施中可以跳过。跳过这些带"*"号的内容，不会影响课程的连续性。

本书的第 1～3 章由李玉权执笔，第 4～6 章由王江平执笔，第 7～9 章由朱勇执笔。全书由李玉权统校。闻传花、苏洋帮助绘制了本书的部分图表，对他们所付出的辛勤劳动，在此向他们致以深切的谢意。

北京邮电大学校长、国际著名的光通信专家林金桐教授在百忙中为本书写序，对此向林教授致以最诚挚的谢意。

光通信技术涉及通信理论、光学、半导体物理与器件、微波理论与技术等多学科领域的基础理论和专业知识。本书的作者尽管有多年从事电磁场理论、微波技术、光波导理论、光纤通信、通信网络等领域的教学科研工作经历，但毕竟学识有限，书中必有不妥乃至错误之处，敬请广大读者提出宝贵意见。

作　者

2006 年 4 月

目 录

第二版前言
第一版序
第一版前言
第1章 绪论 ·· 1
  1.1 光通信发展的技术背景 ··· 1
  1.2 现代光通信技术的产生和发展 ··· 2
  1.3 光通信系统的构成及其关键技术 ·· 4
    1.3.1 光纤 ··· 5
    1.3.2 光源和光发送机 ··· 7
    1.3.3 光检测器和光接收机 ··· 8
    1.3.4 空间光通信系统中的光学系统 ·· 9
    1.3.5 光电集成和光集成技术 ·· 9
  1.4 光通信技术发展展望 ··· 10
  小结 ··· 11
  思考题与习题 ·· 11
第2章 光纤传输原理与传输特性 ··· 12
  2.1 光纤概述 ·· 12
    2.1.1 光纤的结构 ··· 12
    2.1.2 光纤的分类 ··· 12
  2.2 光纤传输的几何光学分析方法 ··· 13
    2.2.1 光线在不同媒质分界面上的反射和折射 ·· 14
    2.2.2 阶跃光纤中光线的传播 ·· 14
    2.2.3 梯度光纤中光线的传播 ·· 17
  2.3 阶跃光纤的模式理论 ··· 19
    2.3.1 光纤波导中的电磁场方程 ··· 19
    2.3.2 阶跃光纤中的电磁场解 ·· 20
    2.3.3 传播模式分类 ··· 22
    2.3.4 模式的截止参数和单模传输条件 ··· 23
    2.3.5 传播模的色散曲线 ·· 26
    2.3.6 导波模的场形图 ··· 26
    2.3.7 LP模 ·· 28
    2.3.8 传播模式的一般特性 ··· 30
  2.4 单模光纤 ·· 32
    2.4.1 单模条件和截止波长 ··· 32

2.4.2　工作模特性 ………………………………………………………… 33
　　　2.4.3　单模光纤的双折射 …………………………………………………… 34
　2.5　光纤的损耗 ………………………………………………………………… 37
　　　2.5.1　损耗的概念及其表述 ………………………………………………… 37
　　　2.5.2　石英光纤的损耗 ……………………………………………………… 37
　　　2.5.3　其他类型光纤的损耗 ………………………………………………… 39
　　　2.5.4　弯曲损耗 ……………………………………………………………… 40
　　　2.5.5　损耗测量 ……………………………………………………………… 40
　2.6　光纤的色散 ………………………………………………………………… 41
　　　2.6.1　色散的概念 …………………………………………………………… 41
　　　2.6.2　材料色散 ……………………………………………………………… 43
　　　2.6.3　波导色散 ……………………………………………………………… 46
　　　2.6.4　模式色散 ……………………………………………………………… 47
　　　2.6.5　单模光纤色散 ………………………………………………………… 48
　　　2.6.6　色散对通信容量的影响 ……………………………………………… 52
　　　2.6.7　色散补偿 ……………………………………………………………… 54
　2.7　光纤的非线性特性 ………………………………………………………… 57
　　　2.7.1　光纤的非线性折射率 ………………………………………………… 57
　　　2.7.2　自相位调制 …………………………………………………………… 58
　　　2.7.3　四波混频 ……………………………………………………………… 59
　　　2.7.4　受激拉曼散射 ………………………………………………………… 61
　　　2.7.5　受激布里渊散射 ……………………………………………………… 63
　2.8　光纤的制造和光缆 ………………………………………………………… 64
　　　2.8.1　预制棒的制备 ………………………………………………………… 64
　　　2.8.2　光纤的拉制 …………………………………………………………… 65
　　　2.8.3　光缆 …………………………………………………………………… 67
　小结 …………………………………………………………………………………… 68
　思考题与习题 ………………………………………………………………………… 68

第3章　无源光器件 …………………………………………………………………… 71
　3.1　光纤连接器及定向耦合器 ………………………………………………… 71
　　　3.1.1　光纤连接器 …………………………………………………………… 71
　　　3.1.2　定向耦合器 …………………………………………………………… 74
　3.2　波分复用及解复用器 ……………………………………………………… 76
　　　3.2.1　光波分复用及解复用器的性能参数 ………………………………… 76
　　　3.2.2　复用及解复用器的原理和结构 ……………………………………… 77
　3.3　光调制器与光开关 ………………………………………………………… 79
　　　3.3.1　电光调制器 …………………………………………………………… 79
　　　3.3.2　电吸收调制器 ………………………………………………………… 80
　　　3.3.3　声光调制器 …………………………………………………………… 80

3.3.4　光开关 ··· 81
3.4　光隔离器和光环行器 ··· 81
3.5　光纤布拉格光栅 ··· 82
　　　3.5.1　光纤布拉格光栅的光学特性 ·· 83
　　　3.5.2　光纤布拉格光栅滤波器 ·· 84
　　　3.5.3　光纤布拉格光栅色散补偿器 ·· 86
　　　3.5.4　光码分复用编解码器 ·· 87
小结 ·· 88
思考题与习题 ·· 88

第 4 章　光源与光发送机 ·· 89

4.1　物质与光之间的互作用 ·· 89
　　　4.1.1　光的波粒二象性 ·· 89
　　　4.1.2　原子的能级和半导体的能带 ·· 89
　　　4.1.3　物质与光的互作用 ·· 90
4.2　半导体发光二极管 ··· 91
　　　4.2.1　半导体 PN 结的能带结构 ··· 92
　　　4.2.2　发光二极管的结构 ·· 93
　　　4.2.3　发光二极管的工作特性 ·· 94
4.3　半导体激光器 ··· 97
　　　4.3.1　半导体激光器的基本结构及阈值条件 ··································· 97
　　　4.3.2　半导体激光器的选频单元——F-P 型光学谐振腔 ····················· 98
　　　4.3.3　半导体激光器的工作特性 ··· 101
　　　4.3.4　窄线宽激光器 ·· 105
4.4　光放大器 ··· 106
　　　4.4.1　半导体光放大器 ·· 106
　　　4.4.2　掺铒光纤放大器 ·· 107
　　　4.4.3　拉曼光纤放大器 ·· 110
4.5　光发送机的基本组成及指标 ··· 111
　　　4.5.1　光源的调制 ·· 112
　　　4.5.2　模拟光发送机与数字光发送机的结构 ·································· 113
小结 ··· 118
思考题与习题 ·· 118

第 5 章　光检测器与光接收机 ·· 120

5.1　光检测器 ··· 120
　　　5.1.1　光检测器的工作原理及特性 ·· 120
　　　5.1.2　PIN 型光检测器 ·· 122
　　　5.1.3　雪崩光电二极管 ·· 122
5.2　光接收机 ··· 124
　　　5.2.1　光接收机的构成及其主要性能指标 ····································· 124

    5.2.2 前置放大器 ··· 126
    5.2.3 光接收机的噪声 ··· 127
    5.2.4 光接收机的信噪比 ·· 129
    5.2.5 数字光接收机的灵敏度 ··· 131
  小结 ·· 133
  思考题与习题 ··· 134

第6章 光纤通信系统 ··· 135
  6.1 模拟光纤通信系统 ·· 135
    6.1.1 模拟调制方式 ·· 135
    6.1.2 模拟系统的主要性能指标 ··· 137
    6.1.3 模拟系统设计举例 ··· 137
  6.2 数字光纤通信系统的基本概念 ··· 140
    6.2.1 数字光纤通信系统的构成 ··· 141
    6.2.2 数字光纤通信系统的性能指标 ·· 142
    6.2.3 数模转换—脉冲编码调制 ··· 142
    6.2.4 数字传输体制 ·· 143
  6.3 准同步数字系列 ··· 143
    6.3.1 PDH 的帧结构 ·· 144
    6.3.2 PDH 的速率等级 ·· 145
    6.3.3 PDH 的复用技术 ·· 146
    6.3.4 PDH 的码速调整 ·· 147
    6.3.5 PDH 光纤传输系统的组成 ·· 148
    6.3.6 PDH 的缺点 ··· 149
  6.4 同步数字系列 ·· 150
    6.4.1 SONET 和 SDH 的起源 ·· 150
    6.4.2 SDH 的复用 ··· 151
    6.4.3 SONET/SDH 帧结构 ·· 152
    6.4.4 我国采用的复用结构 ··· 156
    6.4.5 SDH 设备 ··· 157
  6.5 线路编码 ··· 157
    6.5.1 分组码 ·· 158
    6.5.2 扰码 ·· 158
    6.5.3 前向纠错编码 ·· 159
  6.6 数字光链路设计 ··· 159
    6.6.1 链路的功率预算 ·· 159
    6.6.2 色散系统的上升时间预算 ··· 160
  6.7 波分复用系统 ·· 162
    6.7.1 波分复用系统的基本概念 ··· 162
    6.7.2 SDH 与 WDM 的关系 ·· 165

  6.7.3　WDM 的关键技术及其面对的主要问题 …… 166
 6.8　相干光通信系统 …… 167
  6.8.1　相干光通信的基本原理 …… 168
  6.8.2　相干系统的光调制 …… 169
  6.8.3　相干检测 …… 170
  6.8.4　相干光系统的关键技术 …… 172
 6.9　光孤子通信系统 …… 173
  6.9.1　光纤孤子及其特性 …… 173
  6.9.2　光纤损耗与能量补偿 …… 175
  6.9.3　光孤子通信系统的基本组成 …… 177
 小结 …… 178
 思考题与习题 …… 178

第 7 章　光网络 …… 180
 7.1　光网络的基本概念及构成 …… 180
  7.1.1　光网络的基本概念 …… 180
  7.1.2　光网络的基本构成 …… 182
 7.2　SDH 传送网 …… 183
  7.2.1　SDH 传送网分层模型 …… 183
  7.2.2　SDH 传送网物理拓扑结构 …… 185
  7.2.3　SDH 传送网的保护方法 …… 186
  7.2.4　SDH 的网络结构 …… 192
 7.3　光传送网 …… 193
  7.3.1　光传送网的分层结构 …… 194
  7.3.2　光传送网的接口结构 …… 196
  7.3.3　光传送网设备 …… 201
 7.4　智能光网络 …… 209
  7.4.1　智能光网络的基本概念 …… 209
  7.4.2　ASON 网络体系结构 …… 210
  7.4.3　ASON 的传送平面技术 …… 215
 7.5　光突发交换网络 …… 217
  7.5.1　光突发交换的基本概念 …… 218
  7.5.2　光突发交换系统结构和网络模型 …… 219
  7.5.3　光突发交换网的节点结构和关键技术 …… 221
 7.6　光分组交换网络 …… 225
  7.6.1　光分组交换的概念、特点及应用 …… 226
  7.6.2　光分组交换网结构的协议参考模型 …… 228
  7.6.3　光分组的格式 …… 229
  7.6.4　光分组交换网节点的基本结构 …… 230
 7.7　光接入网 …… 231

  7.7.1 光接入网概述 ·············· 231
  7.7.2 基于以太网的无源光网络 ·············· 234
  7.7.3 GPON ·············· 237
小结 ·············· 239
思考题与习题 ·············· 239

第8章 大气激光通信 ·············· 241

8.1 概述 ·············· 241
  8.1.1 大气激光通信的研究进展 ·············· 241
  8.1.2 大气激光通信的应用优势 ·············· 243
  8.1.3 大气激光通信面临的主要问题 ·············· 243

8.2 激光在大气信道中的传播特性 ·············· 244
  8.2.1 大气的特点 ·············· 244
  8.2.2 大气对激光束传播的影响 ·············· 244
  8.2.3 大气信道模型 ·············· 248

8.3 用于大气激光通信的关键器件和技术 ·············· 253
  8.3.1 半导体光源 ·············· 253
  8.3.2 光检测器 ·············· 259
  8.3.3 半导体光源的光学准直 ·············· 260
  8.3.4 窄带光学滤波器 ·············· 262
  8.3.5 光学天线 ·············· 263
  8.3.6 自适应光学技术* ·············· 268
  8.3.7 Turbo 码技术* ·············· 270

8.4 调制方式 ·············· 273
  8.4.1 单脉冲脉位调制 ·············· 273
  8.4.2 差分脉位调制 ·············· 274
  8.4.3 多脉冲 PPM 调制 ·············· 275
  8.4.4 解调及比较 ·············· 275

8.5 大气激光通信系统 ·············· 276
  8.5.1 系统框图 ·············· 277
  8.5.2 系统各单元功能 ·············· 277
  8.5.3 大气激光通信中其他问题的考虑 ·············· 279
  8.5.4 大气激光通信端设备实例 ·············· 281

8.6 大气激光通信的应用 ·············· 284
  8.6.1 应用场合 ·············· 284
  8.6.2 组网应用 ·············· 285

小结 ·············· 286
思考题与习题 ·············· 286

第9章 星间激光通信 ·············· 288

9.1 概述 ·············· 288

    9.1.1 卫星通信系统简介 ………………………………………………………… 288
    9.1.2 星间激光通信的提出及其优势 …………………………………………… 289
    9.1.3 星间激光通信的发展现状 ………………………………………………… 289
    9.1.4 星间激光通信系统构成 …………………………………………………… 291
9.2 星间激光链路的种类 …………………………………………………………… 292
    9.2.1 GEO-LEO 激光链路 ……………………………………………………… 292
    9.2.2 GEO-GEO 激光链路 ……………………………………………………… 293
    9.2.3 LEO-LEO 激光链路 ……………………………………………………… 293
    9.2.4 星地激光链路 ……………………………………………………………… 293
9.3 光学天线 ………………………………………………………………………… 294
    9.3.1 自由空间损耗 ……………………………………………………………… 294
    9.3.2 光学天线增益 ……………………………………………………………… 294
    9.3.3 星间激光通信中的光学天线 ……………………………………………… 295
    9.3.4 卡塞格伦式光学天线分析 ………………………………………………… 296
9.4 PAT 子系统 ……………………………………………………………………… 299
    9.4.1 光束发散角 ………………………………………………………………… 299
    9.4.2 瞄准误差与天线增益的关系 ……………………………………………… 300
    9.4.3 星间激光通信中的 PAT 子系统 …………………………………………… 300
    9.4.4 PAT 中的误差检测器件 …………………………………………………… 302
    9.4.5 PAT 中的光束方向调整装置 ……………………………………………… 305
    9.4.6 PAT 子系统的工作原理 …………………………………………………… 306
    9.4.7 PAT 子系统的性能参数 …………………………………………………… 309
    9.4.8 跟踪残差与等效光功率损耗 ……………………………………………… 310
    9.4.9 跟踪残差与发送天线的优化 ……………………………………………… 313
    9.4.10 一种典型的 PAT 子系统结构 …………………………………………… 314
9.5 通信子系统 ……………………………………………………………………… 315
    9.5.1 通信子系统构成 …………………………………………………………… 315
    9.5.2 IM/DD 系统性能分析 ……………………………………………………… 316
    9.5.3 相干光通信系统性能分析 ………………………………………………… 319
9.6 卫星光通信中的"短时可用性"性能评估方法 ……………………………… 320
    9.6.1 误码率评估方法存在的局限 ……………………………………………… 320
    9.6.2 基于"短时可用性"的系统性能评估方法 ……………………………… 320
    9.6.3 系统"短时可用性"的估计 ……………………………………………… 322
    9.6.4 短时可用性评价结论和 BER 评价结论之间的对比 …………………… 329
9.7 多普勒效应的影响 ……………………………………………………………… 329
    9.7.1 光波的多普勒频移 ………………………………………………………… 329
    9.7.2 星间激光链路的多普勒频移分析 ………………………………………… 330
    9.7.3 对系统的影响及对策 ……………………………………………………… 332
9.8 两种星间激光通信系统简介 …………………………………………………… 334

  9.8.1 SILEX ………………………………………………………………… 334
  9.8.2 ETS-VI/LCE ……………………………………………………… 337
小结 ……………………………………………………………………………… 340
思考题与习题 …………………………………………………………………… 340

第10章 水下激光通信 …………………………………………………… 341
10.1 概述 …………………………………………………………………… 341
  10.1.1 水下光通信的提出 …………………………………………… 341
  10.1.2 对潜激光通信的研究进展 …………………………………… 341
10.2 海水信道 ……………………………………………………………… 342
  10.2.1 海水的透射光谱特性 ………………………………………… 342
  10.2.2 海水对激光束传播的影响 …………………………………… 342
  10.2.3 海水信道特性 ………………………………………………… 344
10.3 光源技术 ……………………………………………………………… 346
  10.3.1 对光源的基本要求 …………………………………………… 346
  10.3.2 固体蓝光激光器 ……………………………………………… 347
10.4 对潜蓝绿激光通信系统 ……………………………………………… 352
  10.4.1 三种对潜激光通信方案 ……………………………………… 352
  10.4.2 陆基系统 ……………………………………………………… 353
  10.4.3 天基系统 ……………………………………………………… 353
  10.4.4 空基系统 ……………………………………………………… 353
小结 ……………………………………………………………………………… 354
思考题与习题 …………………………………………………………………… 354

参考文献 ………………………………………………………………………… 355

第 1 章 绪 论

光通信是 20 世纪 70 年代以后发展起来的通信技术。光通信技术的诞生被认为是通信发展史中一次革命性的进步，对人类由工业化社会向信息化社会的演进有着不可估量的推动作用。光通信技术主要涉及光信号的产生、光信号的传输与处理、光信号的检测及组网技术。本章简要介绍光通信产生的技术背景、构成光通信系统的基本单元和光通信技术的发展展望。

1.1 光通信发展的技术背景

通信的发展历史总是与人类文明的发展历史紧密相关。可以认为，人类早期的长途通信手段——烽火台报警通信就是光通信。烽火台通信是现代接力通信的雏形，每个烽火台就是一个通信中继站。当边关有战事时，烽火台点起烽烟，一级接一级地往下传，很快即可将信息送达目的地。当然，这种光通信并非现代意义上的光通信，可以称其为目视光通信。这种通信方式的优点是快速，主要缺点是能传输的信息量太小，烽火无法表达边关战事的具体情况。到了中世纪，这种烽火台通信又得到了改进，人们用不同颜色的烽烟组合来传递较为复杂的信息。目视光通信在 19 世纪达到了它的顶峰。18 世纪末，法国人切普（Chappe）发明了扬旗式通信机（又称为旗语通信机，还有人称其为机械电报机）。在这种通信方式中，每隔数千米设置一塔，塔上装有三块可活动的木板，木板以不同的运动姿态代表不同的信息，各站以接力方式将信息传到目的地，这种通信方式是现代编码通信技术的雏形。扬旗通信在拿破仑时代达到了鼎盛时期，在欧洲架设了数千千米的线路。到了 19 世纪中叶，由于电通信技术的出现，以扬旗通信为代表的目视光通信因其固有的缺点而迅速退出了历史舞台。

1837 年，美国人莫尔斯发明了电报，标志着人类进入了电通信时代。此后，贝尔发明了电话，马可尼、波波夫发明了无线电通信，于是电通信即成为最主要的通信方式。可以说，直到 20 世纪 60 年代，电通信在通信领域都居于绝对主导的地位。

电通信是以射频电磁波作为信息载体的通信方式。电通信的容量几乎与所使用的载波频率成正比。随着生产和科学技术的发展，人们对通信容量的要求越来越高，这就促使人们不断地开发利用频率更高的电磁波频段。20 世纪 50 年代，微波通信技术的发展，尤其是 60 年代以后，卫星通信和移动通信的发展将电通信技术推到了一个崭新的阶段。工作于微波频段的卫星通信技术是人类通信史上一个巨大的进步，但微波频段毕竟只有有限的可用频带，它已远远不能满足人类对通信容量的要求，因而开发利用毫米波、亚毫米波，甚至远红外波段就成为通信技术发展的自然趋势。令人遗憾的是，在开发毫米波、亚毫米波，甚至更高频段的电磁波作为信息载体时，人们遇到了一些难以逾越的困难。首先是由于地球周围大气层中的水汽对毫米波、亚毫米波的强烈吸收，大气电磁参数的不稳定，导致毫米波和亚毫米波难以作为信息载体而被有效地利用。其次是亚毫米波乃至更高频段电磁波的产生在理论上和技术上都有许多难题，不易解决。在毫米波和亚毫米波作为信息载体应用遇到困难的同时，人们很自然地将注意力又聚焦到了光波上。光波频率比毫米波要高得多，利用光波作为信息载体，其潜在的通信容量是传统的电通信手段所无法比拟的。当然，现代意义上的光通信绝对不是先前意义的光通信。

1.2 现代光通信技术的产生和发展

现代意义的空间光通信可以追溯到贝尔研制的光电话。1881 年，贝尔发表论文《利用光线进行声音的复制与产生》，该论文介绍了他在 1880 年研制成功的光学电话。他利用弧光灯作为光源，调制器直接采用话筒的振动膜，将声音转化为光强的变化，调制后的光经大气传输到接收端，由抛物面镜会聚到光电池上，产生强度变化的光电流，驱动听筒发声。贝尔认为这是他最重要的发明。但是，这种光电话因其诸多缺点而没有像他发明的电话一样得到相应的发展。

现代意义的光通信系统，首先必须对光波进行高速调制，使其承载高速数据信息；其次要采取有效措施使之能够长距离传输，在接收端还必须将其准确再现。显然，要实现现代意义上的光通信必须解决两个最为关键的问题，一是可以高速调制的相干性很好的光源，二是光波的长距离可靠传输。直至 20 世纪 50 年代，人们所使用的光源都是非相干光源，这种光源所发出光波的频谱极宽，相位和偏振态都是随机的，因而难以对其进行高速调制。1958 年，第一台激光器问世，激光器是基于光的受激辐射放大机理制成的相干性极好的光源，这种光源发出的相干光束即可成为高速信息数据的载体。自从激光器问世以后，利用激光束作为信息载体实现宽带通信就成了人们追求的目标。1970 年，美国贝尔实验室研制成功在室温下可以连续工作的半导体激光器，为光通信提供了实用化的光源。以大气为传输介质的激光通信技术受到了很多人的关注。但是，光波在大气中传播会受到大气中水汽的强烈吸收，这是人所共知的。光波波长极短，在空间直线传播，任何比光波波长线度大的障碍物都会遮挡光的传播，所以采用类似于无线电波那样的传播方式实现光通信，除了对星间通信系统以外，要在地面上实现长距离传输问题极多，因而大气激光通信技术未能成为主流技术。曾经有人建议，将光波通信系统转入地下，在地下修建光通信线路，光路转弯用反射镜实现，而光束的扩散则用透镜聚焦约束。这种方案原则上是可行的，但其建造成本极高，难以形成实用线路而无实用价值。最好的解决措施就是将光波注入透明的光波导中传输，这种光波导可以是由透明介质制成的极细的光学纤维。这种构想早在 20 世纪初即已由德拜提出，但很可惜的是直到 20 世纪 60 年代，用当时最好的光学玻璃制成的光学纤维的损耗高达 1000dB/km，用这样的光学纤维显然无法实现光信号的长距离传输。1966 年，华裔科学家高锟在他的著名论文中解决了石英光纤损耗的理论问题，指出了研制低损耗光纤的可能性。1970 年，美国康宁公司根据高锟的理论研制成功第一根低损耗光纤，从此阻碍光通信发展的两大困难相继得以解决。20 世纪 70 年代以后，光纤通信技术成为主流技术，人类进入了光通信时代。为了褒奖其对人类文明的巨大贡献，高锟无可争议地获得了 2009 年的诺贝尔物理学奖。

20 世纪 70 年代，由于制约光通信发展的两个主要问题都相继得到了解决，光通信技术即以异乎寻常的速度发展。到 20 世纪 90 年代，除了用户线，光纤传输已完全取代了传统的电缆通信，成为通信网的主体。光纤通信之所以能以如此高的速度发展，主要得益于它的巨大优势。与传统的通信方式相比，光纤通信的主要优势体现在如下几个方面。

(1) 巨大的传输带宽。石英光纤的低损耗频段为 $0.8\sim1.65\mu m$，单根光纤的可用频带几乎达到了 200THz。即使是在 $1.55\mu m$ 附近的最低损耗窗口，其带宽也超过了 15THz。这样巨大的传输带宽和巨大的潜在传输容量是任何其他传输介质所无法提供的。

(2) 极低的传输损耗。自 1970 年第一根低损耗光纤问世以后，随着光纤制造技术的不断改进，很快就将石英光纤的损耗降到很低的水平。目前，工业制造的光纤在 $1.3\mu m$ 附近的损耗为 $0.3\sim0.4dB/km$，$1.55\mu m$ 波段已降至 $0.2dB/km$ 以下。加之，掺铒光纤放大器 (EDFA) 在 $1.55\mu m$ 波长附近数十个纳米的波长带宽内对光波的透明放大可以有效地补偿光纤损耗，这就使大容量的光纤传输系统更有应用前景。

(3) 光纤通信可抗强电磁干扰，不向外辐射电磁波，这样就提高了这种通信手段的保密性，同时也不会产生电磁污染。

正因为光纤通信具有上述特点，所以自 20 世纪 70 年代以来，每隔几年光纤通信技术就上升到一个新的台阶。光纤传输容量几乎每年翻一番，由最初的第一代用于城市局间中继的光纤通信系统，发展到以 DWDM 与掺铒光纤放大器相结合的第四代光纤通信系统和以光孤子为信息载体的第五代光纤通信系统。传输速率由当初的每对光纤数十兆比特每秒发展到当今的 10Tbit/s 以上。

20 世纪 90 年代以前，光纤通信系统主要用于点对点的传输，传输体制最初采用准同步数字体系 (PDH)。PDH 传输体制因其固有的缺点，自 80 年代末到 90 年代初就逐步地被同步数字体系 (SDH) 所取代。SDH 取代 PDH 是光纤通信发展历程中一次重大的进步，这是因为 SDH 不再仅仅是以点对点传输为目标的体制，而是基于网络的传送体制。所以，采用 SDH 体制的光纤通信网又称为同步光网络 (SONET)。同步光网络是第二代网络，可以称为光电混合网络，其传输在光域中实现，但在网络节点处信息的交换、数据流的分出和插入都在电域中完成。第二代网络与第一代网络相比是一个巨大的进步，它具有更大的容量和更加灵活的网络管理。由于第二代网络的交换、路由等必须在电域中实现，因而其性能必然要受到电子器件处理速率的制约，这就是所谓的"电子瓶颈"问题。

第三代网络是全光网络。所谓全光网，是指信息从源节点到目的节点能够实现全光透明传输的网络。全光网中的网络节点在光域中处理信息，交换、路由等都在光域中完成。众所周知，光域中信息处理的速率可以比电域快几个数量级，从而可以完全克服"电子瓶颈"的制约。目前，光信息处理技术尚不成熟，在光域中实现信号的检测、再生、缓存功能和交换，在实验室中已能实现，但作为实用化技术尚有待时日。为此，降低全光网的透明程度，在现阶段是必要的。电子器件虽然有速率制约问题，但在电域中完成逻辑功能则比在光域要灵活得多。现阶段，电处理技术仍然是光波技术的有力补充。在光网络中适当的位置上引进电处理技术，可以使基于 SDH 的第二代光电混合网向第三代全光网平滑过渡，因而是十分自然的选择。于是，光纤通信就有了光传送网 (OTN)、自动交换光网络 (ASON) 等概念。

大气激光通信技术尽管未能成为主流技术，但其发展并未停滞。大气激光通信在一些不宜铺设光纤的地区，如海岛之间、海岛与陆地之间，以及在一些应急场合还有很好的应用前景。无线接入是大气激光通信另一个重要的潜在应用领域。接入网是通信网的最后 1km，是整个通信网的"瓶颈"。与有线接入比较，无线接入具有方便灵活、低成本等优点，但无线电频率资源的匮乏是宽带无线接入的主要限制因素。如果将激光通信技术用于无线接入，可以完全解决频率资源匮乏的问题，必将极大地推动无线光通信技术的发展。近年来，人们习惯于将无线光通信称为自由空间光通信（Free Space Optical Communication，FSO），尽管地球表面附近的大气层并非真正意义上的自由空间。目前，无线光通信系统的传输速率已超过 2.5Gbit/s，而且多波长通信技术在无线光通信系统中也得到了成功的应用，4×2.5Gbit/s 的无线光通信设备已商用化。地球外层空间及星际空间不存在大气对光信号的吸收及遮挡，是无线光通信理想的传输通道，因而卫星间激光通信技术近年成为无线光通信领域的另一个研究热点。一些发达国家的航天部门相继进行了各种各样的星地激光通信、星间激光通信试验。可以相信，激光通信技术在卫星通信中的应用不仅可以极大地提高卫星通信的容量，而且可以解决微波频段的拥挤问题。近些年的研究发现，海水对蓝绿激光的衰耗相对较小，这为解决对潜艇的通信困难提供了新的可能手段。过去对潜艇通信主要采用长波和超长波实现。长波和超长波通信的主要缺点是天线系统过于庞大而且通信容量太小，抗毁能力低下。利用升空平台实现对潜艇激光通信，不仅通信容量大，而且具有机动性，是理想的对潜艇通信手段，备受发达国家军方的重视。

1.3　光通信系统的构成及其关键技术

一种最基本的光通信系统的构成如图 1-1 所示：发送电端机处理来自信源的信息数据，完成诸如数字复接、线路编码等功能，形成适合于在光路上传输的高速数据流；光发送端机将电端机送来的电信号变换为光信号，送入信道传输，信道可能是光纤，也可能是自由空间或水下；在接收端，光接收端机将光信号还原为电信号，送进接收电端机处理，完成线路解码、数字分接等功能，恢复原始数据送至用户。一般的长途光纤通信系统中间还有中继器，中继器可以是光电光中继，也可以是全光中继（光放大器）。

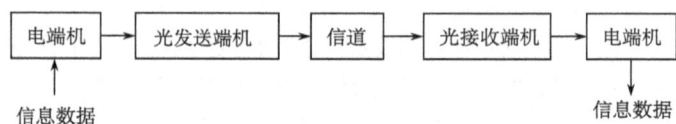

图 1-1　光通信系统构成框图

光网络则是以光纤线路作为基本传输链路，并充分利用光纤和其他光器件的特性而构成的一种通信网络结构。光网络由光传输链路和各类光网络节点连接形成。在这些节点处实现信号的分插复用、交叉连接等功能。一个原理性的光网络的结构如图 1-2 所示：圆圈代表光网络节点（ONN），提供选路和交换功能；NAS 则是网络接入局（Network Access Station)，它们是用户终端和其他无光终端系统与网络的接口界面。由无线光链路和光处理节点构成空间光网络是光通信领域的前沿课题。

构成一个点到点的光传输系统，除了传统的电信技术，主要涉及光纤、半导体激光器和光检测、光放大、光束的准直与变换，以及光域的复用、解复用等技术。构成一个光网络则还需要光信号处理及光交换等关键技术。

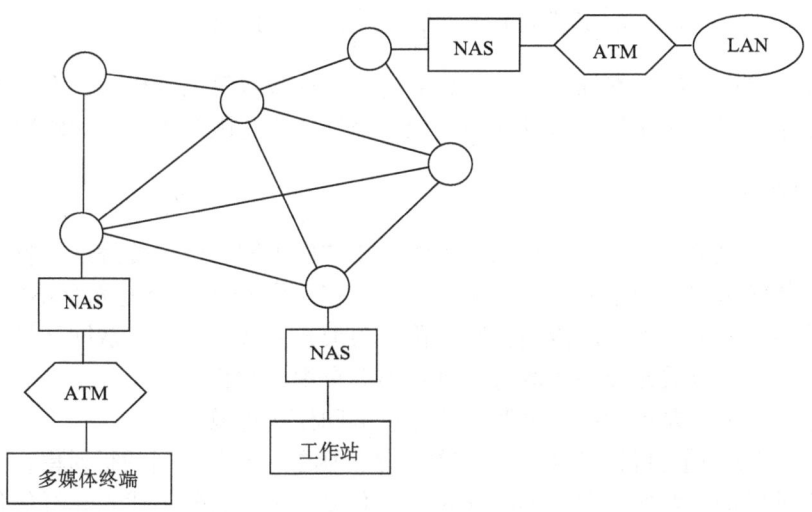

图 1-2 光网络示意图

1.3.1 光纤

光纤是构建固定光传输网的传输介质。目前使用的通信光纤无一例外都以石英为基础材料。它由纤芯、包层及护套层构成，横截面如图 1-3 所示。纤芯和包层由石英材料掺不同的杂质构成，纤芯折射率 n_1 略大于包层折射率 n_2。光纤对光波的导引作用由纤芯和包层完成。护套层的作用是防止光纤受到机械损伤。通信用光纤主要有多模光纤与单模光纤两类。多模光纤的纤芯直径 $2a$ 主要有 $50\mu m$ 和 $62.5\mu m$ 两种规格；单模光纤纤芯更细，直径小于 $10\mu m$。多模光纤和单模光纤的包层直径一般都为 $125\mu m$。如果不加标识，凭肉眼无法区分单模光纤和多模光纤。多模光纤因有较为严重的多径色散，在通信网中已很少使用，尤其是长途传输系统，无例外地都用单模光纤。

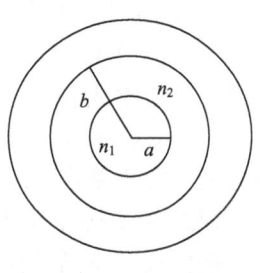

图 1-3 光纤的横截面

光纤最主要的传输特性是它的损耗、色散、非线性及双折射等。在光纤通信发展的早期，损耗是制约光纤通信系统的主要因素。

1. 光纤的损耗

光纤的损耗导致光信号在传输过程中信号功率的下降，光功率 P 在光纤中的变化可以用方程式

$$\frac{dP}{dz} = -\alpha P \tag{1.3-1}$$

表示，式中 α 就是光纤的衰减系数。积分式（1.3-1）可得

$$P_{out} = P_{in} e^{-\alpha L} \tag{1.3-2}$$

式中，P_{in} 是注入光功率，P_{out} 是长为 L 的光纤的输出功率。一般用 dB/km 作为光纤损耗的实用单位，即

$$\alpha(\text{dB/km}) = -\frac{10}{L}\lg\left(\frac{P_\text{out}}{P_\text{in}}\right) = 4.343\alpha \tag{1.3-3}$$

光纤损耗主要由光纤的本征吸收、瑞利散射、杂质吸收等因素构成。有关光纤损耗机理的详细讨论见第2章。在光纤通信发展的早期，光纤损耗是限制光纤传输距离的主要因素。

2. 光纤的色散

一般意义上的色散是指介质中不同频率的电磁波以不同的速度传播这一物理现象。色散导致光信号在传输过程中产生畸变。在光纤中，不仅不同频率成分的光有不同的传播速度，而且不同的传播模式也有不同的传输速度，称之为模式色散。模式色散同样导致光信号在传输过程中产生畸变。有关光纤的色散特性将在第2章中详细介绍。

光纤的色散因素主要包括材料色散、波导色散和模式色散。

所有的材料都是色散材料，其折射率都是频率的函数。石英材料的折射率在 $0.8\sim 1.65\ \mu m$ 波段内随频率的增加而增加，即 $dn(\omega)/d\omega \geqslant 0$，但 $dn(\omega)/d\omega$ 并不代表光纤的色散特性，在光信号传输中关注的是光脉冲包络的传输情况，而包络的传输速度即为波的群速度。群速度随频率的变化决定了包络的畸变，这就是所谓群速度色散（GVD）。GVD决定于折射率对频率的二阶导函数 $d^2n(\omega)/d\omega^2$。石英材料在 $\lambda_0=1.27\mu m$ 处，$d^2n(\omega)/d\omega^2=0$。$\lambda_0<1.27\mu m$ 时，$d^2n(\omega)/d\omega^2>0$，呈正常色散。$\lambda_0>1.27\mu m$ 时，$d^2n(\omega)/d\omega^2<0$，呈反常色散。$1.27\mu m$ 则是石英材料的零色散点。

波导色散由光波导中某一个特定的传播模式的纵向相位常数与频率之间的关系决定。单模光纤工作模式的波导色散总是正常色散。单模光纤的总色散由材料色散和波导色散构成。在 $\lambda>1.27\mu m$ 时，波导色散与材料色散符号相反，部分抵消，使得零色散波长向长波长方向移动；常规单模光纤的零色散波长在 $1.31\mu m$ 附近。

模式色散是指不同的传播模式具有不同的传播速度。光信号会在多模光纤中激励起众多的传播模式，不同的模式到达输出端的时延不同，导致信号严重畸变。这是多模光纤的主要缺点，致使它只能用于短距离、低速率的传输系统。单模光纤的偏振模色散（PMD）实际也是一种模式色散。它是由于单模光纤中两个正交的偏振态以不同的速度传播造成的。在通常条件下，PMD与GVD相比要小得多，所以过去不被重视。近年来，由于GVD可以采用色散补偿措施加以克服，因而PMD在高速传输系统的影响日益突出，有关PMD的补偿措施成为前些年的研究热点，现在已有成熟的补偿技术。

3. 单模光纤的非线性

非线性是指光纤对大信号的响应特性。几乎所有的媒质都是非线性媒质，但在小信号条件下，非线性极为微弱，可以忽略。单模光纤中传输的光信号的功率在毫瓦量级，但由于单模光纤芯径很小，单位面积上通过的功率却是很大的，或者说光强很强。光纤纤芯中的电场强度达到 $10^5\sim 10^6\text{V/m}$ 量级。在如此强大的电场作用下，石英的非线性极化导致光纤的折射率有一个与外加光强成比例的非线性修正项，即

$$n = n_1 + n_2|E|^2 \tag{1.3-4}$$

这就是所谓的克尔（Kerr）效应。克尔效应导致光信号传输过程中的自相位调制（SPM）、交叉相位调制（XPM）及四波混频（FWM）。此外，在外加信号较大时光纤中还存在非弹

性散射过程，如受激拉曼散射（SRS）、受激布里渊散射（SBS）等。这些非线性过程都将对通信系统的性能产生重要影响。单模光纤的非线性问题将在第 2 章中进一步论述。

4. 单模光纤的双折射

单模光纤中的传播模式并不是严格意义上的单一模式，光纤的主模式是一对偏振状态相互正交的简并模，在非理想状态下，这一对模式将不再是理想的简并模，它们的传输特性略有差别，或者说它们的等效折射率不同，这就是单模光纤的双折射。双折射导致光信号在单模光纤的传输过程中有不稳定的偏振态，这种不稳定的偏振态对相干光通信系统会产生严重的影响。双折射的另一后果就是导致偏振模色散。为克服双折射的影响，可以人为地加大两个偏振态传输特性的差异，并使其中的一个处于截止状态，从而实现严格意义上的单模传输，这就是所谓的偏振保持光纤或保偏光纤。与此相反的是，采取措施尽量减小双折射，使双折射导致的偏振模色散减至可以忽略的程度。

1.3.2　光源和光发送机

1. 光源

光通信系统中所使用的光源几乎无例外地都是半导体发光器件，最常用的两类光源是半导体发光二极管（LED）和半导体激光器（LD）。

半导体光源实际上就是一个加正向电压的半导体 PN 结，PN 结区导带中的电子与价带中的空穴产生辐射复合，发射一个光子。光子的能量 $h\nu \geqslant E_g$，$h=6.625\times10^{-34}\text{J}\cdot\text{s}$，是普朗克常量；$\nu$ 是光的频率；E_g 是半导体禁带宽度，又称为带隙能量。

LED 是基于自发辐射发光机理的发光器件。它的发光功率与注入电流几乎成正比，线性好、温度稳定性好、成本低，缺点是功率较小（－20dBm 左右）、谱线宽，因而只适用短距离传输，如局域网（LAN）中的光端机多采用 LED 作为光源以降低成本。

LD 是基于光的受激辐射放大机理的发光器件。LD 是一种阈值器件，也就是说，仅当注入电流大于某一特定电流 I_{th} 时，器件才发射激光束。与 LED 相比，LD 具有较大的发光功率（毫瓦量级），光谱线宽很窄（从数百吉赫直到兆赫），可以对其实现高速调制（数吉赫）。因而长途高速传输系统都采用 LD 作为光源。

半导体光源的工作原理、基本结构、工作特性在第 4 章中详细讲解。

2. 光源调制技术

对光源的调制可以采用直接调制和间接调制两种方式实现。直接调制又称为内调制，即采用信号直接控制光源的注入电流，使光源的发光强度随外加信号变化。间接调制又称为外调制，光源发出稳定的光束进入外调制器，外调制器利用介质的电光效应、声光效应或磁光效应实现信号对光束的调制。

对光源的直接调制易于实现。控制光源注入电流的驱动电路，对模拟系统就是一个电流放大电路，对数字系统则是一个电流开关电路。早期的光通信系统都采用这种调制方式。但是，在对光源进行直接调制的过程中，半导体光源有源区载流子浓度的快速变化导致有源区等效折射率的快速变化，其结果是输出光束的频率不稳定，这就是所谓的高速调制时的频率啁啾现象。频率啁啾会因光纤的色散产生额外的传输损伤，所以高速传输系统一般采用外调制技术。外调制器一般是一个无源器件，它的调制速率可以很高（超过数十吉赫），几乎不产生频率啁啾。实用的外调制器大多是基于晶体的电光效应的电光调制器，如以 $LiNbO_3$ 为基础材料的波导调制器，尤其是 M-Z 型调制器得到了广泛应用。外调制器的主要缺点是插入损耗大，达到 6~8dB，因而外调制器输出的光信号一般都要经过掺铒光纤放大器放大以后再注入光纤中传输。外调制器的结构及工作原理在第 3 章中作进一步介绍。

3. 光发送端机

光发送端机的功能是将电端机送来的电信号转换为光信号，然后注入信道传输。光发送机的核心就是光源和驱动电路或外调制器。为了保证光发送端机稳定可靠地工作，还必须有一些附加电路，如自动温度控制（ATC）电路以保证光源结区温度在允许的范围以内；自动功率控制（APC）电路也不可少，它可保证在光源及其他电路参数变化时，发光功率的变化在允许的范围以内。

光发送端机的构成及性能在第 4 章中详细讨论。

1.3.3 光检测器和光接收机

目前的通信终端都是电子设备，因而在光通信系统的接收端必须将光信号还原为电信号，这个任务由光接收机完成。光接收机中最关键的器件就是光检测器，它将信号从光载波上解调下来，送给放大器和判决电路，经判决再生后的信号即可送至电端机处理。

1. 光检测器

光通信系统用的光检测器都是半导体光电二极管。最常用的光检测器有两类，即 PIN 型光电二极管（PIN-PD）和雪崩光电二极管（APD），它们的检测原理都基于半导体 PN 结的光电效应，即半导体 PN 结区价带内电子吸收光子能量跃迁至导带，形成电子-空穴对，在外加反向电压的作用下，在外电路中形成光生电流。半导体光电二极管能工作的必要条件是光子的能量 $h\nu \geqslant E_g$，E_g 是半导体材料的禁带宽度。半导体光电二极管都有截止波长，仅当工作波长比截止波长短时，光电效应才能产生，而截止波长则由材料禁带宽度决定，即 $\lambda_c = hc/E_g$，这里的 c 是真空中的光速。

PIN 型光电二极管是最常用的光检测器，它的主要参数是响应度和响应时间。响应度 R 的定义是单位接收光功率产生的光生电流，即

$$I_p = RP_{in} \tag{1.3-5}$$

P_{in} 是照射在光电二极管光敏面上的输入光功率，I_p 是在外电路中形成的光电流。响应时间则主要是因半导体 PN 结的结电容和负载电阻构成的 RC 电路的时间常数 $\tau = RC$ 导致的光电延迟时间，其倒数 $\omega = \dfrac{1}{RC}$ 可以认为是响应时间的截止频率。显然，τ 越小越好。PIN 结构就是为了减小结区电容，提高响应度而设计的。

APD 与 PIN-PD 不同，由于雪崩效应，它有内部增益。电流增益系数视材料不同在数十到数百之间，APD 由于有很高的内部增益，因而有很高的检测灵敏度。APD 在产生内部增益的同时也产生了倍增噪声，同时由于 APD 工作时需要较高的反向电压，这增加了电路

设计困难，所以在光通信系统中，PIN-PD 仍是使用最多的光检测器。

光检测器的工作原理、基本结构在第 5 章中详细介绍。

2. 光接收端机

光检测器产生的光生电流很小，必须经过放大。信号在传输过程中由于色散影响及噪声的加入，使信号产生了畸变，因而必须对数字信号进行判决再生，经判决再生后的数据流才能送给接收电端机处理。

光接收机最主要的指标就是接收灵敏度，也就是在给定的信噪比或误码率指标下，光接收机允许的最小接收光功率。光接收机的噪声主要有光检测过程的量子噪声、放大电路的热噪声、光检测器的暗电流噪声等。在特定的误码率指标（如 10^{-9}）条件下，数字光接收机灵敏度以每个信号比特的光子数来定义。因而若按平均光功率计算，系统传输速率越高，灵敏度越低。

光接收端机的构成及性能在第 5 章中详细讨论。

1.3.4 空间光通信系统中的光学系统

在空间光通信系统中，为了实现光信号的有效收发，除了必须有光发送端机与光接收端机，还必须有复杂的光学系统，主要包括光学准直系统、光学收发天线、用于光束自动捕获、对准、跟踪的 PAT 系统，以及用于修补传播过程中引起的波前畸变的自适应光学系统等。

光学准直系统将半导体激光器发出的非对称光束整形，使之成为适合于光学天线发送的对称光束。

发送光学天线的作用是将发射光束扩束，减小其发散角，使得光束的能量更加集中发射到预定的方向。接收光学天线的作用是扩大接收机的接收面积，将来波能量更为有效地集中到光检测器的光敏面上。

PAT 系统的任务是随时保持收发双方处于对准匹配状态。对于卫星间激光通信系统，由于收发双方距离远，而且还可能处于相对运动中，所以实现收发双方的自动对准、跟踪就特别重要。PAT 系统的构成与工作原理在第 9 章讲述。

光束在地球周围的大气层中传播时，由于受大气湍流及其他不可控因素的影响，在接收端将产生严重的波前畸变。经过光电检测，这相当于在信号上叠加了额外的噪声，导致通信质量下降。解决这一问题的对策是采用自适应光学技术，对受损的光信号进行修补。第 8 章中简要介绍这种技术。

1.3.5 光电集成和光集成技术

在早期的光通信设备中，光发送单元和光接收单元的半导体激光器和光检测器都是分立的元件。由电子器件构成的驱动电路、保护电路与激光器组成光发送机。类似地，由放大电路、AGC 电路、判决电路与光检测器组成光接收机。随着传输速率的提高，电子电路的寄生参量成为影响系统性能的重要因素。为了改进高速光通信系统的性能，将电子器件与激光器集成在一个芯片之中即可形成单片光发送机；还可将光检测器也集成到光发送单元之中，此光检测器主要监视激光器发光功率的变化情况，从而形成完整的集成光发送机。光电集成接收单元最早的例子就是 PIN-FET 组件，它将 PIN 型光电二极管与低噪声场效应管放大电路集成在一个芯片中，形成一个完整的光接收机前端。将主放大器、均衡电路、AGC 电路集成在一个芯片之中即可形成单片光接收机。

光电集成技术的另一个重要应用是将高速系统光发送机的外调制器与激光器集成在同一芯片中。电吸收式调制器的工作原理是 Franz-Keldysh 效应，即在外加电场的作用下，半导体材料的禁带宽度下降，从而导致它的吸收带向低频方向移动。激光器发出的光束经此调制单元时，如果施加调制电压，使其吸收带移至光波系统工作波长附近，则可实现对光波的调制。这种调制器的优点是易于与光源集成，同时所需的调制电压很低（2V 左右），采用这种集成技术制成的光发送机可以工作到 20Gbit/s 以上。

光网络技术的发展对光电集成技术和光集成技术提出了更高的要求。多波长系统需要工作于不同波长的阵列激光器，光交换单元需要大规模的光开关阵列，密集波分复用/解复用器、波长转换器、可调谐滤波器等关键器件都依赖光集成技术的进展。

1.4 光通信技术发展展望

20 世纪 70 年代至 90 年代，光波技术的发展以光纤通信为主线，基本上以提高光纤链路传输速率和延长传输距离为目标。90 年代以后逐渐进入光网络时代。光网络是以网络节点互联而成的全光透明网络。为了实现光信号的透明传输，网络节点必须在光域中完成选路、交换等功能。因此，光信息技术，如光缓存、光逻辑、光交换等，已成为光波技术的前沿领域。近些年提出的"量子光通信"概念预示着在通信及信息系统领域一个新的发展时期即将到来。

通信网从目前的光电混合网向全光网过渡还有很长的路要走，这其中的主要原因是光信息处理技术尚不成熟，如光缓存、光逻辑等都还处在实验室研究阶段。与波长路由技术紧密相关的波长变换技术距实用化也还有一定的距离，但这些领域的研究工作在不断的取得突破。各种类型的全光实验网也在小范围内运行，它预示着通信网向第三代的全光网过渡并不是遥不可及的事情。

经典通信包括相干通信、光孤子通信等新的通信技术都受到经典信道中高斯噪声的制约，其信道容量都是有限的。近些年提出的"量子光通信"概念，以光量子作为信息载体，而非传统的以光波（波长极短的电磁波）作为信息载体。光量子的传输与作用服从量子力学规律，而量子光通信则遵从量子信息论。按照量子光通信的概念，一个光子有可能将无限多的信息（量子比特）传递给无限多个分支终端。"量子光通信"概念的提出及相关技术的开发必将在光通信领域产生一场深刻的变革。

经典通信遵从香农的信息论，根据香农定理，一个光子能够承载的信息量的理论极限值是 1.44bit，但实际的系统则远远达不到这个极限值，即使采用 PSK 调制的相干光通信系统也只能达到 1/45bit/光子。但是，如果对于量子光通信，采用量子计数方式接收，则在二进制误码率（BER）为 10^{-9} 的条件下，可达 $\rho=21.6$bit/光子。如果改进调制方式，可使之达到 $\rho=h\nu/kT$，式中，ν 是光频率，k 是玻尔兹曼常数，T 是绝对温度。在室温 $T=300°K$、$\lambda=1.0\mu m$ 时，$\rho=69$bit/光子。如果在低温条件下工作，还可将其提高 2～3 个数量级。量子光通信的保密性能也是通信业界关注的焦点。实现量子光通信的关键技术是光子计数技术、光量子无破坏检测技术和相应的激光器技术。目前，量子光通信已进入实验研究阶段，其中许多技术难题还有待解决。

空间光通信技术是未来光通信发展的重要领域。地球表面附近的大气激光通信技术是最先发展的现代光通信技术，由于大气中的光传播受到了各种因素的限制，这种技术的应用也受到了限制。但是，近年来采用光通信提供短距离的无线接入手段受到了重视，这是因为目前采用射频波段的无线接入受到了无线电频谱拥挤的严重制约，电磁环境也越来越恶劣，而光频波段的频谱资源用之不竭，也不会造成电磁污染。当然，利用无线光通信提供无线接入手段还有一些技术问题需要解决，相信这些问题的解决指日可待。在通信卫星之间建立光链路可以大幅度地提高卫星通信的容量，彻底解决微波频段频率资源紧缺的问题。高速卫星间激光通信中的关键技术是近年来光通信领域的研究热点。水下激光通信有可能为对潜艇通信提供新的手段，备受各发达国家的重视。总之，在光纤通信向全光通信发展的同时，无线光通信必将快速发展。

小　　结

本章简要介绍了光通信产生的技术背景及发展历程，通过一个基本的光通信系统的构成介绍了光通信所涉及的主要器件及关键技术。通过本章的学习，应对构成光通信系统的基本单元有一个初步的了解，为学习后面各章打下基础。

思考题与习题

1.1　19世纪中叶以后，为什么电通信会取代目视光通信称为最主要的通信方式？到了20世纪70年代，为什么光通信又会得到快速发展？

1.2　画出一个基本光通信系统的构成框图，并说明各单元的功能。

1.3　比较大气激光通信与光纤通信的特点，说明它们的应用领域。

1.4　现今的光通信网络存在哪些问题？

1.5　什么是全光网？为什么现存电信网必将向全光网演进？

1.6　无线光通信或空间光通信为什么在沉寂了相当长的时间以后又成为业界关注的热点？

第 2 章 光纤传输原理与传输特性

光纤通信技术是光通信技术的主流，光纤传输网是现代信息高速公路中的主体。所以，研究光信号如何在光导纤维中传输，传输过程中光信号会产生什么变化就成为光通信技术的首要问题。研究光纤中光信号的传输可以采用两种方法，其一是几何光学方法，其二是波动光学方法。在传输过程中，光信号会由于光纤材料的吸收、散射等原因而衰减；由于光纤的色散导致信号的畸变；由于非线性效应而导致额外的损伤。

2.1 光纤概述

2.1.1 光纤的结构

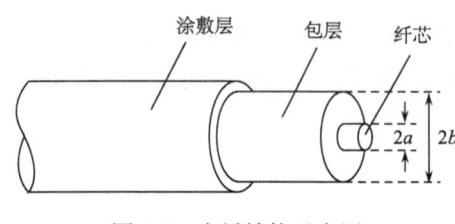

图 2-1 光纤结构示意图

光纤是一种引导光沿特定方向传播的圆柱状导波组织，其结构如图 2-1 所示。半径为 a 的介质圆柱称为纤芯，其折射率为 n_1。与纤芯同心外半径为 b 的介质圆筒称为包层，其折射率为 n_2。在 $n_1 > n_2$ 条件下，即可将光约束在纤芯内传输，从而形成光纤的导光机制。包层外面的涂敷层仅起保护作用，对于光的传输不产生影响。

构成纤芯和包层的材料一般都是高纯度的石英（SiO_2），其折射率差异由掺少量的杂质形成，如在石英材料中掺少量 GeO_2，其折射率将略大纯石英，可形成纤芯材料；掺少量 B_2O_3，其折射率将略小于纯石英，可作为包层材料。如果利用纯石英作为纤芯材料，则可最大限度地减小光纤的损耗。除石英以外，塑料也可以作为光纤的基础材料。以塑料为基础材料制作的光纤称为塑料光纤，其优点是可塑性好、成本低，缺点是损耗大。塑料光纤不适合长途传输，但因其低成本、易接续，在光接入网中有应用前景。石英光纤损耗低，是最主要的传输媒质，本章后面的论述主要针对石英光纤。

2.1.2 光纤的分类

如前所述，按制作光纤的材料，可以将光纤分为石英光纤和塑料光纤。利用氟化物作为基础材料制作超低损耗光纤，也极有吸引力，但是其低损耗窗口在几微米，甚至十几微米波段，难以与目前的光器件匹配，不再讨论。这里的分类主要针对石英光纤。

按照纤芯折射率分布可以将光纤分为阶跃折射率光纤（Step Index Fiber，SIF）和渐变折射率光纤（Graded Index Fiber，GIF，又可称为梯度光纤）。SIF 的纤芯折射率 n_1 是个常数，即纤芯折射率均匀分布，由于 $n_1 > n_2$，所以在纤芯和包层的分界面即半径为 a 的圆柱面上折射率有一个突变或阶梯。GIF 纤芯的折射率则是渐变的，一般是从中心轴上的最大值 n_1 按某种规律单调下降至界面上的 n_2，因而在纤芯与包层的分界面上折射率是连续的。SIF

和 GIF 的包层折射率都是常数 n_2。这两种光纤的折射率分布在以光纤中心轴为 z 轴的圆柱坐标系中可以统一表示为

$$n^2(r) = \begin{cases} n_1^2 \left[1 - 2\Delta \left(\dfrac{r}{a}\right)^\alpha\right] & 0 \leqslant r \leqslant a \\ n_2^2 = n_1^2(1 - 2\Delta) & r > a \end{cases} \quad (2.1\text{-}1)$$

式中的参数 α 可称为折射率指标因子。如果 $\alpha = \infty$，则式 (2.1-1) 给出 SIF 的折射率分布；而在 α 取任何有限正数时纤芯折射率单调下降，即给出 GIF 的折射率分布。如果 $\alpha = 2$，则纤芯折射率按抛物线规律分布，具有特殊意义。Δ 称为相对折射率差，其定义为

$$\Delta = \frac{n_1^2 - n_2^2}{2n_1} \approx \frac{n_1 - n_2}{n_1} \approx \frac{n_1 - n_2}{n_2} \quad (2.1\text{-}2)$$

在通信光纤中总有 $\Delta \ll 1$，所以有上式中后一个关系式满足这一条件，意味着纤芯和包层的折射率相差极小。式 (2.1-1) 所描述的折射率分布如图 2-2 所示。

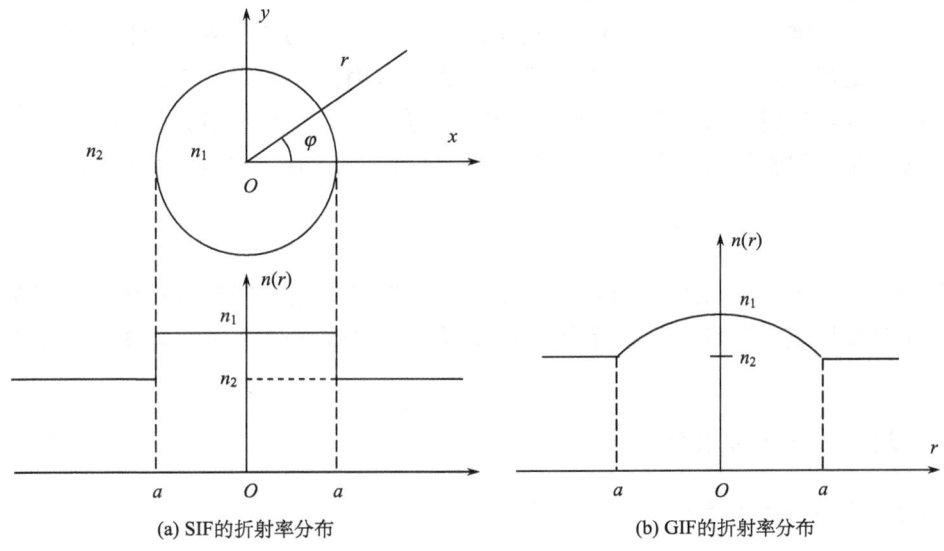

(a) SIF 的折射率分布 (b) GIF 的折射率分布

图 2-2 折射率分布图

2.2 光纤传输的几何光学分析方法

光具有波粒二象性。19 世纪 60 年代，麦克斯韦指出光是波长极短的电磁波，电磁波理论可以很好地解释光传播中所有的现象。但是，对于光的吸收及发射则必须借助于近代的量子理论，也就是光子学说才能很好地解释。几何光学将光束当成光射线或光线，可以看成是波动光学的短波长极限。几何光学所得到的结果物理概念清晰，易于理解，所以在分析光波的传输特性时有着重要的应用。利用几何光学方法分析光纤中光的传输，可以概括为：根据入射条件将光纤中的光线区分为束缚光线和折射光纤；追踪束缚光线的传播路径，并计算其传播时延；计算最短路径与最长路径的传播时延差；寻找传播时延差最小的光纤折射率分布。

因为几何光学是电磁波理论的短波长极限,所以由几何光学所得到的结果仅适用于分析对象的几何尺度远大于光波波长的情形,这也是几何光学理论的局限性。所以,本节的分析方法仅适用于横截面尺寸远大于工作波长的多模光纤。

2.2.1 光线在不同媒质分界面上的反射和折射

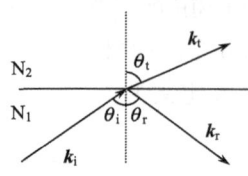

图 2-3 光线在界面上的反射与折射

光线在均匀媒质中直线传播,在不同媒质的平面分界面上则发生反射和折射,如图 2-3 所示。

设入射光线、反射光线和折射光线方向的单位矢量分别为 k_i, k_r, k_t,与界面法线之间的夹角分别为 θ_i、θ_r 和 θ_t,则入射光、反射光、折射光之间遵从如下关系。

(1) 入射光线、反射光线和折射光线共面,或矢量 k_i, k_r, k_t 共面。

(2) 入射角等于反射角,即 $\theta_i = \theta_r$。

(3) 斯涅尔定律:$n_1 \sin\theta_i = n_2 \sin\theta_t$,这里的 n_1,n_2 分别为两种媒质的折射率。

由斯涅尔定律可知,当 $n_1 > n_2$ 时,折射角大于入射角。如果入射角 $\theta_i = \theta_c$,使得 $\sin\theta_t = 1$,即 $\theta_t = \pi/2$,折射光线与界面平行。如果入射角 $\theta_i > \theta_c$,则折射光线消失从而产生全反射,θ_c 则称为全反射临界角。平面波从媒质 1 到媒质 2 的界面上产生全反射的条件是

$$\theta_i > \theta_c = \sin^{-1} \frac{n_2}{n_1} \tag{2.2-1}$$

显然,仅当 $n_1 > n_2$ 时,全反射才有可能发生。全反射是将光限制在某一区域传播的必要条件,本节正是根据是否满足全反射条件,将光纤中的光线区分为束缚光线和折射光线两种类型。

2.2.2 阶跃光纤中光线的传播

1. 传播路径及光线分类

由于阶跃光纤纤芯折射率是均匀的,所以光线在纤芯内沿直线传播。当光线到达纤芯与包层界面时发生反射和折射。在一定的条件下,光线在界面上发生全反射,则在纤芯内形成沿折线路径传播的束缚光线。光纤中的光线由于入射方向的差异,必须区分两种情形。一种是传播路径与光纤轴线相交的光线,称为子午光线。子午光线的路径是平面折线,在光纤横截面内的投影是长度为 $2a$ 的线段,也就是光纤纤芯的某一条直径。子午光线的传播路径及其在横截面内的投影如图 2-4 所示。另一类光线的传播路径不与光纤轴相交,称为偏斜光线。偏斜光线的路径是空间折线,在光纤横截面内的投影是内切于一个圆的多边形(可能是不封闭的)。偏斜光线的传播路径及其在横截面内的投影如图 2-5 所示。由于偏斜光线情形较为复杂,故在此只讨论子午光线,所得到的结果可以描述阶跃型光纤的特性。

阶跃光纤中的子午光线按其与光纤轴线之间的夹角 θ_z 的大小可以区分为束缚光线和折射光线,其条件为

束缚光线: $\quad\quad\quad\quad\quad\quad 0 \leq \theta_z < \frac{\pi}{2} - \alpha_c \tag{2.2-2a}$

折射光线: $\theta_z < \alpha_c$ (2.2-2b)

式中的 α_c 是纤芯与包层界面上光线全反射的临界角,其大小为 $\alpha_c = \sin^{-1}\frac{n_2}{n_1}$。

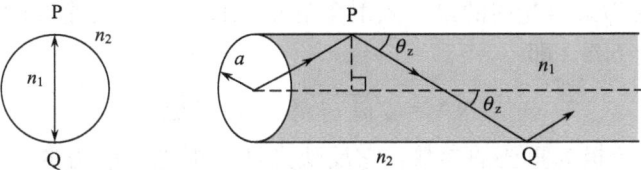

图 2-4 子午光线的传播路径及其在横截面内的投影

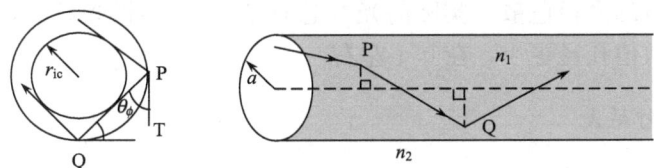

图 2-5 偏斜光线的传播路径及其在横截面内的投影

2. 数值孔径

如前所述,无论是子午光线,还是偏斜光线,仅当 $\theta_z < \frac{\pi}{2} - \alpha_c$ 时,光线才能成为束缚光线并沿光纤轴方向无衰减传播,而光线的起始倾斜角 θ_z 则由光纤端面上光线的入射方向决定。以子午光线为例考查从端面入射

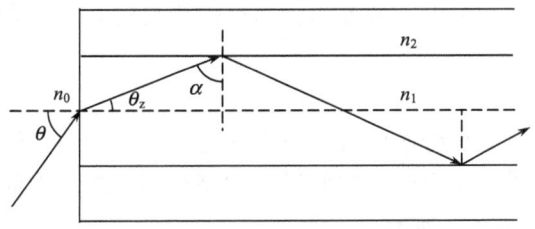

图 2-6 光纤端面上光线的入射与折射

的光线被光纤捕获并成为束缚光线的入射条件。假设光线从空气中以入射角 θ 投射到光纤端面上,如图 2-6 所示。光线进入光纤以后,其传播路径与 z 轴之间的夹角为 θ_z,根据斯涅尔定律应有

$$n_0 \sin\theta = n_1 \sin\theta_z, \quad \frac{n_0}{n_1}\sin\theta = \sin\theta_z$$

n_1 是纤芯折射率;n_0 是光纤端面外介质的折射率,如果端面之外是空气,则 $n_0 = 1$。入射光线成为束缚光线的条件是 $\theta_z < \frac{\pi}{2} - \alpha_c$,$\sin\theta_z < \cos\alpha_c$。也就是

$$\frac{n_0}{n_1}\sin\theta < \cos\alpha_c = \left(1 - \frac{n_2^2}{n_1^2}\right)^{\frac{1}{2}}$$

于是得到

$$\sin\theta < \frac{1}{n_0}(n_1^2 - n_2^2)^{\frac{1}{2}}$$

如果周围的介质是空气,则 $n_0 = 1$。从上式可以得到一个重要的结论,即从空气中入射到光纤纤芯端面上的光线被光纤捕获并成为束缚光线的最大入射角 θ_{max} 必须满足条件

$$\sin\theta_{max} = \sqrt{n_1^2 - n_2^2} = n_1\sqrt{2\Delta}$$

式中，$\Delta = \dfrac{n_1^2 - n_2^2}{2n_1^2}$ 是光纤纤芯和包层之间的相对折射率差。

定义上述光线成为束缚光线的最大入射角的正弦即 $\sin\theta_{max}$ 为光纤的数值孔径（Numerical Aperture），记为 NA，即

$$NA = \sqrt{n_1^2 - n_2^2} = n_1\sqrt{2\Delta} \tag{2.2-3}$$

NA 是光纤的一个极为重要的参数，它反映光纤捕捉光线能力的大小。NA 越大，光纤捕捉光线的能力就越强，光纤与光源之间的耦合效率就越高。可以证明，光纤与光源之间的耦合效率与 $(NA)^2$ 成比例。从这个意义上讲，光纤的相对折射率差 Δ 应取得大一些，但 Δ 过大会导致光纤严重的多径色散。实际的光纤总有 $\Delta \ll 1$，多模光纤的数值孔径一般在 0.2 左右；单模光纤的数值孔径更小，在 0.1 左右。

3. 传播时延和时延差

光线在芯层中的传播速度 $v = c/n_1$，c 是自由空间中的光速度，n_1 是纤芯的折射率。由于光线在纤芯内沿锯齿状路径传播，如图 2-6 所示，光线沿 z 轴方向传播距离 z 时，经过的实际路径长度为 $L = z/\cos\theta_z$，传播这段距离所需要的时间为 $t = L/v = n_1 z/c\cos\theta_z$。

定义沿 z 轴方向传播单位距离的时间为光线的传播时延，用 τ 表示，则

$$\tau = \frac{t}{z} = \frac{n_1}{c\cos\theta_z} \tag{2.2-4}$$

如果纤芯中有两条束缚光线，它们与 z 轴之间的夹角分别为 θ_{z1} 和 θ_{z2}，则在 z 轴方向传播单位距离时，它们经过的路径不一样，因而传播时延也不一样，两条路径的传播时延差用 $\Delta\tau$ 表示，则有

$$\Delta\tau = |\tau_1 - \tau_2| = \frac{n_1}{c}\left|\frac{1}{\cos\theta_{z1}} - \frac{1}{\cos\theta_{z2}}\right|$$

在所有可以存在的束缚光线中，路径最短的一条光线是沿 z 轴方向直线传播的光线，其 $\theta_z = 0$；路径最长的一条光线则是靠近全反射临界角入射的光线，其倾斜角 $\theta_z = \cos^{-1}\dfrac{n_2}{n_1}$。这两条光线传播时延差最大，称为最大时延差，记为 $\Delta\tau_{max}$，易于证明

$$\Delta\tau_{max} = \frac{n_1}{c}\frac{n_1 - n_2}{n_2} \tag{2.2-5}$$

由式（2.2-5）可以看到，$\Delta\tau_{max}$ 与纤芯折射率和包层折射率之差 $n_1 - n_2$ 成正比。较大的时延差将会导致严重的多径色散，引起光脉冲在传播过程中展宽，这在后面还将论述，所以实际的光纤 $n_1 - n_2$ 值不宜过大。一般的光纤包层和纤芯往往用同一种材料，只是掺杂质不同，其折射率差很小。根据式（2.1-2）定义的参量 Δ，最大时延差可表示为

$$\Delta\tau_{max} = \frac{n_1\Delta}{c} \tag{2.2-6}$$

式（2.2-6）是一个极为重要的结论。它可以估算光纤中由于多径传输所导致的光脉冲展宽的大小。

2.2.3 梯度光纤中光线的传播

在梯度光纤中，纤芯的折射率不再是常数，光线的传播路径不再是直线，而是曲线，因而严格的分析就要复杂得多。在给定纤芯折射率分布函数的条件下，一般应该求解光线传播的路径方程，得到光线的传播路径，积分计算不同路径的光程及传播时延，得到相应的传输特性。本节仅仅给出结论，对于严格的求解过程有兴趣的读者可参阅有关文献，如李玉权等编著的《光波导理论与技术》。

1. 光线路径及光线分类

由于梯度光纤的纤芯折射率从中心轴到与包层的分界面呈轴对称的单调下降分布，所以子午光线和偏斜光线的路径都是周期性的曲线。如果光线的传播路径限制于纤芯内，则其路径的形状如图 2-7 所示。子午光线是光纤纤芯纵剖面内的平面曲线，它在横截面内的投影是长度为 $2r_{tp}$ 的线段，r_{tp} 是光线外焦散面的半径。偏斜光线的路径是螺旋状的空间曲线，它交替地与 $r=r_{tp}$ 和 $r=r_{ic}$ 的圆柱面相切。r_{tp} 为折返点焦散面（或外焦散面）半径，r_{ic} 为内焦散面半径。此空间曲线在横截面内的投影是一个类似于椭圆（可能不封闭）的曲线。

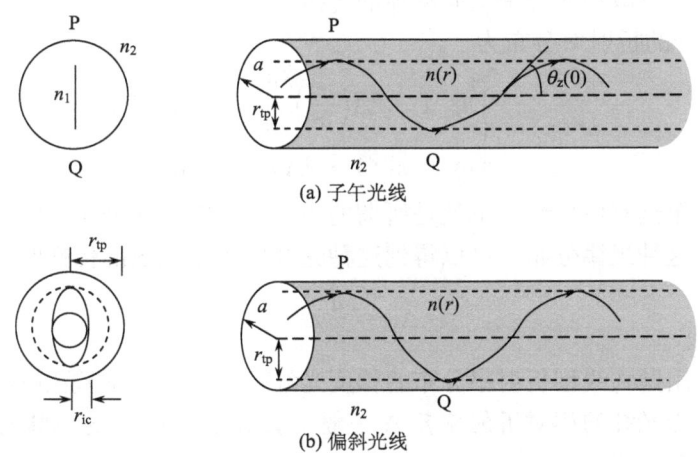

图 2-7 梯度光纤中光线的路径及其在横面内的投影

r_{tp} 的大小由光线的起始倾斜角决定，起始倾斜角越大，r_{tp} 就越大。对于束缚光线，由于折射率渐变，光线路径还未到达分界面时就会折返，因而折返点到中心轴的距离，也就是外焦散面的半径 $r_{tp} < a$。如果 $r_{tp} = a$，则意味着光线到达纤芯-包层分界面，这就是介于束缚光线和折射光线之间的临界状态。如果倾斜角更大，则光线进入包层，成为折射光线。下面只限于讨论束缚的子午光线。

2. 数值孔径

由于梯度光纤的纤芯折射率是半径的函数，所以其数值孔径也是半径的函数。根据数值孔径的定义，可以得到

$$\mathrm{NA}(r) = \sqrt{n_1^2(r) - n_2^2} \quad r < a \tag{2.2-7}$$

对于光纤轴，数值孔径取最大值 $\sqrt{n_1^2-n_2^2}$。在接近纤芯-包层处，数值孔径几乎为零。通常所说的梯度光纤的数值孔径是指其轴线上的数值。

3. 传播时延

对于梯度光纤，光线沿曲线路径传播，在图 2-7 中，光线传播路径上 P, Q 两点之间的路径长度为

$$L_\mathrm{p} = \int_P^Q \mathrm{d}s$$

其光程则为

$$L_\mathrm{o} = \int_P^Q n(r) \mathrm{d}s$$

光线的传播时间则为 L_o/c，这是光线传播半个周期所花的时间。对于在 z 轴方向传播一个单位距离所花的时间，可以首先计算单位距离内所包含的半周期数量，然后与 L_o/c 相乘。显然，所得结果不仅与纤芯内的折射率分布函数有关，而且与路径的倾斜程度有关。下面通过两个具体例子给出不同路径的传播时延差。从这两个例子可以看到，选取适当的纤芯折射率分布，可以明显减小光纤中不同路径的传播时延差。

例 1 假设光纤的折射率分布为

$$n^2(r) = \begin{cases} n_1^2\left[1 - 2\Delta\left(\dfrac{r}{a}\right)^2\right] & 0 \leqslant r \leqslant a \\ n_2^2 = n_1^2(1-2\Delta) & r > a \end{cases} \quad (2.2\text{-}8)$$

这种折射率分布具有典型性，也就是所谓的抛物线型折射率分布。实际使用的梯度型光纤折射率几乎都按这种规律分布。可以得到这种光纤中子午光线的传播时延差为

$$\Delta\tau = \frac{n_1}{2c}\Delta^2 \quad (2.2\text{-}9)$$

由此可以看到，采用抛物线型折射率分布的梯度光纤，其传播时延差比阶跃光纤至少要小两个数量级，这是因为光纤的相对折射率差 Δ 一般不会大于 0.01。这意味着光纤的可用带宽至少可以提高两个数量级。

例 2 光纤的纤芯折射率按双曲正割函数分布，即

$$n^2(r) = n_1^2 \operatorname{sech}^2\left(\sqrt{2\Delta}\,\frac{r}{a}\right) \quad (2.2\text{-}10)$$

可以证明，在这种结构的光纤中，子午光线的路径是一族周期性曲线。子午光线的传播时延 τ 与光线的起始条件无关，即以任何 $\theta_z(0)$ 入射的光线，只要能满足束缚光线的条件，则在纤芯内传播同样的距离所花的时间相同，这种光纤称为自聚焦光纤。在这种光纤中，从端面上同一点以不同的 $\theta_z(0)$ 入射的子午光线沿不同的路径传播，经过半个周期又汇聚到同一点上，如图 2-8 所示。需要说明的是，自聚焦条件仅对子午光线成

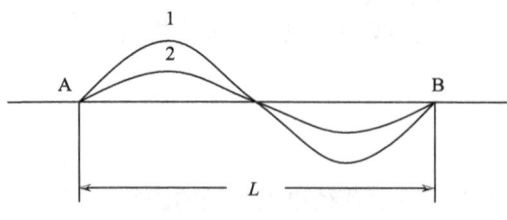

图 2-8 自聚焦光纤中子午光线的传播路径

立，现在还未找到某种折射率分布能同时使子午光线和偏斜光线实现自聚焦。

2.3 阶跃光纤的模式理论

如前所述，几何光学分析方法具有局限性。光实际上是波长很短的电磁波已为理论和实验所证实，建立在麦克斯韦经典电磁理论基础上的光学理论称为波动光学。利用电磁波理论分析光纤中光的传播规律就是所谓的光纤波动光学分析方法。

光导纤维实际上就是圆柱状的介质波导，其分析方法与微波技术中分析介质波导的方法并无重要差别。波导中实际可以存在的电磁波都可以表示为特定的模式的叠加。这些模式可以分为传播模（或称导波模）和截止模（或称辐射模）两大类。作为光信号的传输介质，光导纤维主要关注的是传播模，包括模式的传输条件、模式的特征参数及传播特性、模式的色散特性、模式的场分布特点等内容。

2.3.1 光纤波导中的电磁场方程

为了定量描述光纤的结构及传输特性，采用以光纤中心轴为 z 轴的圆柱坐标系相当方便。圆柱坐标系中光纤的横截面结构如图 2-9 所示。光纤纤芯半径为 a，折射率为 n_1。包层内半径为 a，外半径为 b，折射率为 n_2。包层外面的护套层对波的传播不产生影响，所以未画出。实际使用的光纤纤芯折射率 n_1 往往是渐变的，在圆柱坐标系 (r, ϕ, z) 中，光纤横截面内的折射率分布可以写成

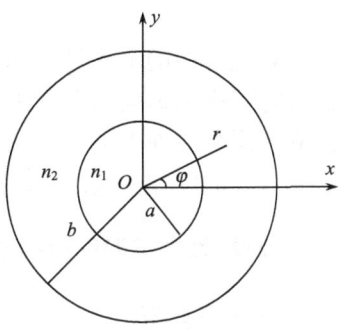

$$n(r) = \begin{cases} n_1(r) & r \leqslant a \\ n_2 = n_1(a) & r > a \end{cases} \quad (2.3\text{-}1)$$

图 2-9 光纤的横截面及分析光纤所取的坐标系

在圆柱坐标系中，光波的电场强度 $\boldsymbol{E}$ 和磁场强度 $\boldsymbol{H}$ 可以写成如下三个分矢量之和，即

$$\boldsymbol{E} = \boldsymbol{e}_r E_r + \boldsymbol{e}_\phi E_\phi + \boldsymbol{e}_z E_z \quad (2.3\text{-}2a)$$

$$\boldsymbol{H} = \boldsymbol{e}_r H_r + \boldsymbol{e}_\phi H_\phi + \boldsymbol{e}_z H_z \quad (2.3\text{-}2b)$$

假设场量以沿 z 轴方向传播的正弦波形态存在，也就是说所有的场分量都有传播因子 $e^{j(\omega t - \beta z)}$，$\omega$ 是波的角频率，β 则是波在 z 方向的相位常数，则 E_z 和 H_z 满足标量波动方程

$$\nabla_t^2 \begin{pmatrix} E_z \\ H_z \end{pmatrix} + (k_0^2 n^2 - \beta^2) \begin{pmatrix} E_z \\ H_z \end{pmatrix} = 0 \quad (2.3\text{-}3)$$

式中，$k_0^2 = \omega^2 \mu_0 \varepsilon_0$，参数 k_0 称为自由空间波数。在圆柱坐标系中将横向拉普拉斯算符 ∇_t^2 展开，可得

$$\frac{1}{r}\frac{\partial}{\partial r}\left(r \frac{\partial E_z}{\partial r}\right) + \frac{1}{r^2}\frac{\partial^2 E_z}{\partial \phi^2} + (k_0^2 n^2 - \beta^2) E_z = 0 \quad (2.3\text{-}4a)$$

$$\frac{1}{r}\frac{\partial}{\partial r}\left(r \frac{\partial H_z}{\partial r}\right) + \frac{1}{r^2}\frac{\partial^2 H_z}{\partial \phi^2} + (k_0^2 n^2 - \beta^2) H_z = 0 \quad (2.3\text{-}4b)$$

将纤芯折射率 n_1 和包层折射率 n_2 分别代进式（2.3-4），即可求得纤芯和包层中的纵向场分量 E_z 和 H_z。

电磁场的横向分量 E_r，E_ϕ，H_r，H_ϕ 可以从麦克斯韦方程的标量式中解得，略去推导过程，这里直接给出结果，即

$$k_c^2 E_r = -j\beta \frac{\partial E_z}{\partial r} - \frac{j\omega\mu_0}{r} \frac{\partial H_z}{\partial \phi} \tag{2.3-5a}$$

$$k_c^2 E_\phi = -\frac{j\beta}{r} \frac{\partial E_z}{\partial \phi} + j\omega\mu_0 \frac{\partial H_z}{\partial r} \tag{2.3-5b}$$

$$k_c^2 H_r = \frac{j\omega\varepsilon_0 n^2}{r} \frac{\partial E_z}{\partial \phi} - j\beta \frac{\partial H_z}{\partial r} \tag{2.3-5c}$$

$$k_c^2 H_\phi = -j\omega\varepsilon_0 n^2 \frac{\partial E_z}{\partial r} - \frac{j\beta}{r} \frac{\partial H_z}{\partial \phi} \tag{2.3-5d}$$

式中

$$k_c^2 = \omega^2 \mu_0 \varepsilon_0 n^2 - \beta^2 = k_0^2 n^2 - \beta^2$$

$$n^2 = \varepsilon_r = \frac{\varepsilon}{\varepsilon_0} \tag{2.3-6}$$

求解光纤中的电磁场问题，第一步就是在已知的折射率分布条件下由式（2.3-4）求出纤芯和包层中的纵向场分量 E_z 和 H_z，然后再由式（2.3-5）求出电磁场的横向分量。根据纤芯和包层分界面上的电磁场边界条件，确定场解中出现的一些待定常数，最终完成求解过程。式（2.3-4）是二阶偏微分方程，一般采用分离变量法求解。

2.3.2 阶跃光纤中的电磁场解

1. 场方程的解

阶跃光纤纤芯和包层折射率 n_1 和 n_2 都是常数。将其代入方程式（2.3-4），利用分离变量法可以解得纵向电场 E_z 和纵向磁场 H_z。这里略去具体的求解过程，直接给出结果。

在纤芯内由于折射率 n_1 较大，可以假设 $k_0^2 n_1^2 - \beta^2 = k_c^2 > 0$，其场解可以表示为

$$E_{z1} = A_1 J_m(k_c r) \begin{Bmatrix} \sin m\varphi \\ \cos m\varphi \end{Bmatrix} e^{-j\beta z} \tag{2.3-7a}$$

$$H_{z1} = B_1 J_m(k_c r) \begin{Bmatrix} \cos m\varphi \\ \sin m\varphi \end{Bmatrix} e^{-j\beta z} \tag{2.3-7b}$$

式中，$J_m(k_c r)$ 是 m 阶第一类贝塞尔函数，m 取 0 或正整数，A_1，B_1 是两个待定的常数，下标"1"表示纤芯中的场。式中场量随 φ 变化的函数，当 E_{z1} 的表达式（2.3-7a）中取 $\sin m\varphi$ 时，H_{z1} 的式（2.3-7b）取 $\cos m\varphi$；反之，式（2.3-7a）取 $\cos m\varphi$ 时，式（2.3-7b）中取 $\sin m\varphi$。

在光纤包层中，由于折射率 n_2 较小，可以假设 $k_0^2 n_2^2 - \beta^2 = k_c^2 = -\alpha_c^2 < 0$，包层中的场解可以表示为

$$E_{z2} = A_2 K_m(\alpha_c r) \begin{Bmatrix} \sin m\varphi \\ \cos m\varphi \end{Bmatrix} e^{-j\beta z} \tag{2.3-8a}$$

$$H_{z2} = B_2 K_m(\alpha_c r) \begin{Bmatrix} \cos m\varphi \\ \sin m\varphi \end{Bmatrix} e^{-j\beta z} \tag{2.3-8b}$$

式中，$K_m(\alpha_c r)$ 为 m 阶第二类变态贝塞尔函数，A_2，B_2 是两个待定常数，下标"2"表示包层中的场。有关 $\sin m\varphi$ 与 $\cos m\varphi$ 的选取原则与式（2.3-7）相同。

为了后面的运算方便，在纤芯和包层中的纵向场量表达式（2.3-7）和式（2.3-8）中，只取 $\sin m\varphi$ 和 $\cos m\varphi$ 这两个解中的一个，如只取式中上面的一组解。引进两个新的特征参量 U 和 W 代替 k_c 和 α_c，其定义为

$$U = k_c a, W = \alpha_c a \tag{2.3-9}$$

于是，纤芯和包层中的纵向场解分别为

$$E_{z1} = A_1 J_m\left(\frac{U}{a}r\right) e^{-j\beta z} \sin m\varphi \qquad 0 \leqslant r \leqslant a \tag{2.3-10a}$$

$$E_{z2} = A_2 K_m\left(\frac{W}{a}r\right) e^{-j\beta z} \sin m\varphi \qquad r > a \tag{2.3-10b}$$

$$H_{z1} = B_1 J_m\left(\frac{U}{a}r\right) e^{-j\beta z} \cos m\varphi \qquad 0 \leqslant r \leqslant a \tag{2.3-10c}$$

$$H_{z2} = B_2 K_m\left(\frac{W}{a}r\right) e^{-j\beta z} \cos m\varphi \qquad r > a \tag{2.3-10d}$$

特征常数 U 和 W 与 k_0，n，β 之间的关系为

$$U^2 + \beta^2 a^2 = k_0^2 n_1^2 a^2 \tag{2.3-11a}$$

$$-W^2 + \beta^2 a^2 = k_0^2 n_2^2 a^2 \tag{2.3-11b}$$

用式（2.3-11a）减去式（2.3-11b），可以定义另一个重要的特征参量，即

$$V^2 = U^2 + W^2 = k_0^2 a^2 (n_1^2 - n_2^2) \tag{2.3-12a}$$

参数

$$V = k_0 a (n_1^2 - n_2^2)^{\frac{1}{2}} \tag{2.3-12b}$$

称为光纤的归一化频率，它与工作频率成正比，是一个无量纲的参数。

利用式（2.3-5）可以求得纤芯内外区域中的横向电磁场分量，也就是 E_{r1}，E_{r2}，$E_{\varphi 1}$，$E_{\varphi 2}$，H_{r1}，H_{r2}，$H_{\varphi 1}$，$H_{\varphi 2}$ 等 8 个场分量。

式（2.3-10）表明，电磁场的纵向分量 E_z 和 H_z 在纤芯内沿半径方向用贝塞尔函数描述。场量在径向呈驻波分布。在圆周方向，场量按 $\sin m\varphi$ 或 $\cos m\varphi$ 函数也呈驻波分布。m 是贝塞尔函数的阶数，也是场量沿圆周方向出现最大值的对数。沿 z 轴方向则呈行波状态，波的相位常数为 β。包层场量沿圆周方向的分布和光纤纤芯内的分布规律一样，可以保证包层与纤芯界面上的边界条件总可以得到满足。与纤芯中不同的是，包层场量用第二类变态贝塞尔函数描述，在 r 较大时场量按指数规律迅速衰减，以保证电磁波能量主要集中在纤芯及与包层的分界面附近。包层中的波具有表面波特性。如果这种特性不再存在，则光纤中传播的电磁波就不再是导波，而成为辐射波。所以，总是假设 $k_c^2 = k_0^2 n_2^2 - \beta^2 < 0$，这个假设也就是光纤中的波为传播模或导波模的必要条件。

2. 边界条件和特征方程

根据电磁理论，在纤芯-包层分界面上电磁场的切向分量必须连续，也就是在 $r = a$ 面上必须有

$$E_{z1} = E_{z2}; H_{z1} = H_{z2}; E_{\phi1} = E_{\phi2}; H_{\phi1} = H_{\phi2}$$

由前两个方程可得

$$A_1 J_m(U) = A_2 K_m(W) = A$$
$$B_1 J_m(U) = B_2 K_m(W) = B$$

由后两个方程可得

$$\omega\mu_0 B \left[\frac{J'_m(U)}{UJ_m(U)} + \frac{K'_m(W)}{WK_m(W)} \right] = \beta m A \left(\frac{1}{U^2} + \frac{1}{W^2} \right)$$

$$\omega\varepsilon_0 A \left[\frac{n_1^2 J'_m(U)}{UJ_m(U)} + \frac{n_2^2 K'_m(W)}{WK_m(W)} \right] = \beta m B \left(\frac{1}{U^2} + \frac{1}{W^2} \right)$$

从中消去 A, B 两个常数可得

$$\left[\frac{J'_m(U)}{UJ_m(U)} + \frac{K'_m(W)}{WK_m(W)} \right] \left[\frac{n_1^2 J'_m(U)}{UJ_m(U)} + \frac{n_2^2 K'_m(W)}{WK_m(W)} \right] = \frac{\beta^2 m^2}{k_0^2} \left(\frac{1}{U^2} + \frac{1}{W^2} \right)^2 \quad (2.3\text{-}13)$$

式(2.3-13)中含有三个待求量：U, W, β，将它和式(2.3-11)联立，即可在已知光纤结构参量及工作波长的条件下求得光纤中导波模式的特征参量。式(2.3-13)即为光纤或圆柱状介质波导的特征方程。

通信中实际使用的光纤都是弱导光纤。这里所说的"弱导"，就是指包层折射率 n_2 仅仅略小于纤芯折射率 n_1。纤芯和包层的相对折射率差为

$$\Delta = \frac{n_1^2 - n_2^2}{2n_1^2} \approx \frac{n_1 - n_2}{n_1} \approx \frac{n_1 - n_2}{n_2} \ll 1$$

实际上，$\Delta < 1\%$，所以可以认为 $n_2/n_1 \approx 1$，将此近似代进式(2.3-13)，可以得到简化结果，即

$$\frac{J'_m(U)}{UJ_m(U)} + \frac{K'_m(W)}{WK_m(W)} = \pm m \left(\frac{1}{U^2} + \frac{1}{W^2} \right) \quad (2.3\text{-}14)$$

式中，$m = 0, 1, 2, 3, \cdots$。这就是弱导光纤中的特征方程。

2.3.3 传播模式分类

根据式(2.3-14)中的 m 是否为零，以及"±"号的取法可以将光纤中传播的光波分成4种不同的模式：如果 $m=0$，则可以得到 TE 模和 TM 模；如果 $m\neq 0$，则可以得到 EH 模和 HE 模。下面分别讨论。

1. TE 模和 TM 模

在式(2.3-14)中取 $m=0$，从前面的 E_z 和 H_z 的表达式可知，二者之中必有一个为零。如果 $E_z=0$，则在波的传播方向上电场强度为零，这就是横电波模式，也就是 TE 模。如果 $H_z=0$，则在波的传播方向上磁场强度为零，这就是横磁波模式，也就是 TM 模。由于 $m=0$，所以式(2.3-14)简化为

$$\frac{J'_0(U)}{UJ_0(U)} + \frac{K'_0(W)}{WK_0(W)} = 0$$

这就是 TE 模和 TM 模的特征方程。利用贝塞尔函数的递推公式

$$J'_0(U) = -J_1(U)$$

$$K'_0(W) = -K_1(W)$$

可以得到

$$\frac{J_1(U)}{UJ_0(U)} + \frac{K_1(W)}{WK_0(W)} = 0 \tag{2.3-15}$$

这就是 TE 模和 TM 模特征方程的常见形式。

$m=0$，意味着场量不是 φ 的函数，即场分量在光纤中呈轴对称分布。换句话说，只有场结构呈轴对称分布的电磁波才有可能在光纤或介质波导中以 TE 波或 TM 波的形式存在。

2. EH 模和 HE 模

如果 $m \neq 0$，场量沿圆周方向按 $\cos m\varphi$ 或 $\sin m\varphi$ 函数分布，要使边界条件得到满足，则 A 和 B 都不得为零，即电磁波的纵向场分量 $E_z \neq 0$，$H_z \neq 0$。也就是说，光纤中的非轴对称场不可能是单独的 TE 场，也不可能是单独的 TM 场。E_z 和 H_z 同时存在的电磁场模式称为混合模。

$m \neq 0$ 时，方程式（2.3-14）在取同一 m 值时有两组不同的解，对应着两类不同的模式。在弱导条件下，方程式（2.3-14）右边取正号时所解得的一组模式称为 EH 模，而右边取负号时所解得的一组模式则称为 HE 模。

根据上面的分类，在弱导条件下，光纤中 EH 模和 HE 模的特征方程分别为

EH 模 $\quad \dfrac{J'_m(U)}{UJ_m(U)} + \dfrac{K'_m(W)}{WK_m(W)} = m\left(\dfrac{1}{U^2} + \dfrac{1}{W^2}\right)$

HE 模 $\quad \dfrac{J'_m(U)}{UJ_m(U)} + \dfrac{K'_m(W)}{WK_m(W)} = -m\left(\dfrac{1}{U^2} + \dfrac{1}{W^2}\right)$

利用贝塞尔函数的递推公式，可以将上面的两个方程式改写成

EH 模 $\quad \dfrac{J_{m+1}(U)}{UJ_m(U)} + \dfrac{K_{m+1}(W)}{WK_m(W)} = 0 \tag{2.3-16a}$

HE 模 $\quad \dfrac{J_{m-1}(U)}{UJ_m(U)} - \dfrac{K_{m-1}(W)}{WK_m(W)} = 0 \tag{2.3-16b}$

2.3.4 模式的截止参数和单模传输条件

传播模又称为导波模。一个导波模式场的横向分布特点由 m，U，W 确定，纵向传播特性则由 β 确定。参数 m 确定场量沿 φ 角方向场的分布规律。U 确定纤芯内场沿半径方向的分布规律，W 则决定场量在包层中沿半径方向衰减的快慢程度。β，U，W 之间的关系由式（2.3-11)给出，只要由特征方程解出其中的一个，其他两个便可求得，导波模的特性也就完全确定了。

一个导波模沿 z 方向无衰减地传播（忽略材料自身的吸收损耗）的条件是 U 和 W 都是正实数。如前所述，W 为正实数时，包层中的电磁场沿半径方向几乎按指数规律快速衰减，W 越大衰减越快，电磁能量就越集中在纤芯中。反之，W 越小，就有越多的电磁能量向包

层中弥散。如果 $W^2<0$，则包层中的场用汉克尔函数描述，成为沿径向辐射的模式，这就是介质天线的情形。如果 $W^2=0$，则恰好成为一个模式是导波模还是辐射模的临界点。将 $W=0$ 条件下求得的纤芯内的归一化径向相位常数 U 记为 U_c，此时的归一化频率则记为 V_c，U_c，V_c 即为导波的截止参数。显然，在截止点有

$$V_c^2 = U_c^2 + W_c^2 = U_c^2 \quad \text{或} \quad V_c = U_c \quad \text{或} \quad W = 0 \quad (2.3\text{-}17)$$

根据各类模式的特征方程及第二类变态贝塞尔函数在 $W \to 0$ 时的渐近特性，可以求得它们的截止参数。这里略去了具体的推导过程，只是给出结果。有兴趣的读者可以参看有关的著作。

(1) TM 模和 TE 模在截止状态时的归一化截止频率 V_c 及 U_c 是零阶贝塞尔函数的零点，即

$$U_c = V_c = u_{0n}$$
$$n = 1, 2, 3 \cdots \quad (2.3\text{-}18)$$

式中的 u_{0n} 是零阶贝塞尔函数的第 n 个零点。以上的每一个 u_{0n} 值都对应着一个 TE 模和一个 TM 模，分别记为 TE_{0n} 模和 TM_{0n} 模。这就是说，TE_{0n} 模和 TM_{0n} 模的归一化截止频率为 u_{0n}。

电磁波在光纤中传播时，如果工作波长 λ，光纤的结构参数 a，n_1，n_2 都确定，则其归一化频率 $V = k_0 n_1 a \sqrt{2\Delta}$ 是一个完全确定的数。如果 V 大于某个模式的归一个截止频率 V_c，则必有 $W^2>0$，该模式可以在光纤中传播。反之，如果 V 小于某个模式的归一化截止频率 V_c，则 $W^2<0$，该模式截止，成为辐射模。也就是说，光纤中任意一个模式的传播条件是

$$V > V_c = \frac{2\pi}{\lambda_c} a (n_1^2 - n_2^2)^{\frac{1}{2}} \quad (2.3\text{-}19)$$

在所有的 TE_{0n} 模和 TM_{0n} 模中，TE_{01} 模和 TM_{01} 模的归一化截止频率最低，为 2.405，其截止波长 λ_c 最长，为

$$\lambda_c(TE_{01}, TM_{01}) = \frac{2\pi a}{2.405}(n_1^2 - n_2^2)^{\frac{1}{2}} = 2.613 a \sqrt{n_1^2 - n_2^2} \quad (2.3\text{-}20)$$

例如，某光纤 $a=4.0\mu m$，$\Delta \approx 0.003$，纤芯折射率 $n_1=1.48$，则 TE_{01} 模和 TM_{01} 模的截止波长为 $\lambda_c \approx 1.20\mu m$。这就是说，如果此光纤中传播的光波长 $\lambda=1.31\mu m$，则 TE_{01} 模和 TM_{01} 模都不能传播。如果工作波长为 $0.85\mu m$，则 TE_{01} 模和 TM_{01} 模可以传播。

(2) EH 模的截止参数 U_c 或归一化截止频率 V_c 是 m 阶贝塞尔函数的根，即

$$U_c = V_c = u_{mn}$$
$$m = 1, 2, 3 \cdots \quad n = 1, 2, 3 \cdots \quad (2.3\text{-}21)$$

式中，m 是贝塞尔函数的阶数，n 是 m 阶贝塞尔函数根的序数。由 m 阶贝塞尔函数的第 n 个根所确定的 EH 模称为 EH_{mn} 模。

几个低阶贝塞尔函数 $J_m(U)$ 的前几个根列在表 2-1 中。

表 2-1　$J_m(U)$ 的第 n 个根 u_{mn}

n \ m	0	1	2	3
1	2.40483	3.83171	5.13562	6.38016
2	5.52008	7.01559	8.41724	9.76102
3	8.65373	10.17347	11.61984	13.01520
4	11.79153	13.32369	14.79595	16.22347
5	14.93092	16.47063	17.95982	19.40942

由表 2-1 可知，对于 $m \neq 0$ 的情形，u_{mn} 中最小的是 $u_{11} = 3.83171$。这就是说，在 EH_{mn} 模序列中，EH_{11} 模的归一化截止频率最小，其值为 $U_c = V_c = 3.832$。EH_{11} 模的截止波长在 EH_{mn} 模序列中最长，其值为

$$\lambda_c = \frac{2\pi a}{3.832}(n_1^2 - n_2^2)^{\frac{1}{2}} = 1.640a\sqrt{n_1^2 - n_2^2} \tag{2.3-22}$$

仍考察前面的例子，若 $a = 4.0\mu m$，$\Delta \approx 0.003$，$n_1 = 1.48$，则 EH_{11} 模的截止波长 $\lambda_c = 0.75\mu m$。这就是说，在此光纤中不仅 $1.31\mu m$ 的光波不能以 EH_{11} 模传播，而且 $0.85\mu m$ 的光波也不能以 EH_{11} 模传播。

(3) HE 模。在 $m = 1$ 时，HE 模的归一化截止频率为零和一阶贝塞尔函数的根，即

$$U_c = V_c = 0, u_{1,n-1} = 0, 3.832, 7.016 \cdots \tag{2.3-23}$$

由上式确定的 HE 模称为 HE_{1n} 模。需要特别指出的是 HE_{11} 模，其归一化截止频率为

$$U_c = V_c = 0$$

截止波长为

$$\lambda_c(HE_{11}) = \infty \tag{2.3-24}$$

这是一个重要的结论，也说是说 HE_{11} 模不截止，它可以以任意低的频率在光纤中传播，它是介质波导和光纤中的主模式。HE_{11} 模的截止波长 $\lambda_c = \infty$，这个结论仅是一个理想的极限。如果工作波长过长，则 HE_{11} 模的能量将向包层中转移，传输损耗将加大，因而太低频率的波以 HE_{11} 模传输也十分困难。

对于 $m \geq 2$ 的情形，其归一化截止频率为

$$U_c = V_c = u_{m-2,n} \tag{2.3-25}$$

式中，$m = 2, 3, 4, \cdots$，$n = 1, 2, 3, \cdots$。由上式确定的 HE 模称为 HE_{mn} 模。

由以上结论可知，光纤中的主模为 HE_{11} 模，其归一化截止频率为零。次最低阶模为 TE_{01} 模、TM_{01} 模和 HE_{21} 模，其归一化截止频率均为 2.405。如果设计光纤适当，并选择工作波长，使得归一化工作频率 V 满足

$$0 < V < 2.405 \tag{2.3-26}$$

则 TE_{01}、TM_{01} 和 HE_{21} 模及所有的高阶模都被截止，只有 HE_{11} 模可以传播。这就是光纤中的单模传播条件。由于归一化频率

$$V = k_0 a(n_1^2 - n_2^2)^{\frac{1}{2}} = k_0 n_1 a\sqrt{2\Delta}$$

所以，又可以将单模传播条件表示为

$$\lambda > 2.613 n_1 a \sqrt{2\Delta} = \lambda_c(\text{TE}_{01}, \text{TM}_{01}) \tag{2.3-27}$$

仍举前面的例子，如果光纤 $a=4.0\mu m$，$\Delta\approx 0.003$，$n_1=1.48$，则对于 $1.31\mu m$ 的工作波长，此光纤满足单模传播的条件。这种光纤也就称为单模光纤。

光纤通信系统的工作波长总是选在 $1.31\mu m$ 及 $1.55\mu m$ 这两个低损耗波长窗口上。早期的长途光纤通信系统多采用 ITU-T 建议的 G.652 光纤，它以 $1.31\mu m$ 为工作波长。如果取 $\Delta\approx 0.003$，$n_1=1.46$，则此种光纤的纤芯半径应满足

$$a < \frac{0.383\lambda}{n_1\sqrt{2\Delta}} = 4.38\mu m$$

这就是通常将单模光纤的纤芯直径选在 $8\sim 9\mu m$ 的依据。

2.3.5 传播模的色散曲线

光纤中传播模的特性由特征参数 U，W，β 决定。U，W 决定导波场的横向分布特点，β 决定其纵向传播特性。如果给定归一化频率 V，则可由各类模式的特征方程求得相应的 U 或 W。然后由式 (2.3-11) 求得纵向相位常数 β，即

$$\beta = \left(k_0^2 n_1^2 - \frac{U^2}{a^2}\right)^{\frac{1}{2}} \tag{2.3-28}$$

改变归一化频率 V 的值就可求得不同的 β 值，从而可以作出每一个模式的 β-V 曲线。这样的曲线称为光纤或介质波导的色散曲线。

电磁波传播的相速度为

$$v_p = \frac{\omega}{\beta} = \frac{Vc}{\beta a n_1 \sqrt{2\Delta}}$$

式中，$c = 1/\sqrt{\mu_0\varepsilon_0}$，是自由空间的光速度，而波的群速度则为

$$v_g = \frac{d\omega}{d\beta} = \frac{c}{a n_1 \sqrt{2\Delta}} \frac{dV}{d\beta}$$

由以上两式可知，如果得到了 β-V 关系，也就等价于求得了波的相速度和群速度与波的归一化频率之间的关系，也就是说求得了导波模的色散特性。如果某个模式的 β-V 曲线是一条直线，则这个模式无色散，但这种无色散模在介质波导中不能存在。光纤和介质波导中所能传播的 TE 波、TM 波、EH 波和 HE 波都是色散波。它们的相位常数 β 都是归一化频率的复杂函数，其相速度 v_p 和群速度 v_g 都是归一化频率的函数。这种函数关系可以由 β-V 曲线得到，所以称 β-V 曲线为色散曲线。

几个低阶模的色散曲线如图 2-10 所示，以等效折射率 $n_{\text{eff}}=\beta/k_0$ 为纵轴，以归一化频率 V 为横轴。由图 2-10 可知，对所有的模式，截止时等效折射率 n_{eff} 趋于包层折射率 n_2；远离截止状态时，n_{eff} 趋于纤芯折射率 n_1。因而导波模的相位常数的范围为

$$k_0 n_2 < \beta < k_0 n_1 \tag{2.3-29}$$

2.3.6 导波模的场形图

对每一个确定的 $m=0,1,2,3,\cdots$，都可以求得各类模式特征方程的一个解系。每一

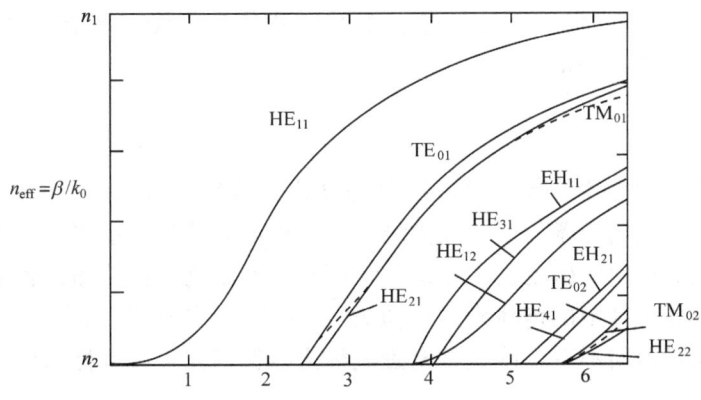

图 2-10　几个低阶模的色散曲线

个解都对应着一个或几个（简并时）确定的电磁场模式，都有完全确定的电磁场结构。求得了某个模的特征参数 U、W 及 β 值，也就完全确定了这个模式的各个电磁场分量（除了一个振幅因子）。根据这些电磁场分量的表达式就可以作出该模式的场型图。几个低阶模在横截面内的场分布如图 2-11 所示。

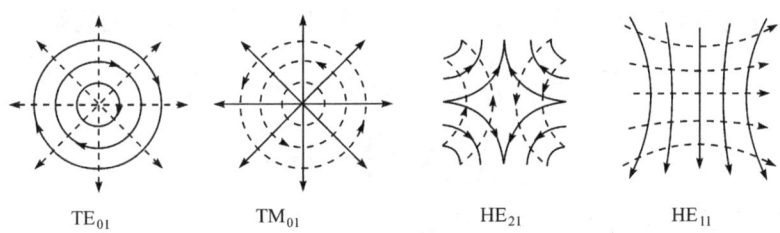

图 2-11　几个低阶模在横截面内的场分布

在图 2-11 中，各个模式电磁场的电力线和磁力线分布根据电场强度和磁场强度所有的分量按矢量合成方法得到，所以其分布规律与某一个场分量的分布规律并不完全一致。以 HE_{11} 模为例，它的六个场分量 E_z，E_r，E_φ，H_z，H_r，H_φ 在圆周方向分别按 $\cos\varphi$ 和 $\sin\varphi$ 规律变化。在光纤横截面内，电场强度矢量的取向总在 x 轴方向（或 y 轴方向），而磁场强度矢量的取向则总在 y 轴方向（或 x 轴方向），场矢量横向分量的大小呈轴对称分布。在所有的导波模式中，TE_{01} 模和 TM_{01} 模的场型最为简单，它们都只有三个非零分量，而且大小都按轴对称。TE_{01} 模的电力线是以光纤轴为中心的同心圆，轴心处电场为零，r 增大电场随之增强，在 $0<r<a$ 中的某处达到最大，这附近电力线最密；此后 r 再增大，电场逐渐减弱，减弱的快慢程度由 U 决定，U 越大，下降越快。TM_{01} 模是 TE_{01} 模的对偶物，将 TE_{01} 模的电力线和磁力线互换即可得到 TM_{01} 模的场型图。TE_{01} 模和 TM_{01} 模的横向场量在纤芯内沿半径方向出现一个极大点。类似地，TE_{02} 模和 TM_{02} 模在纤芯内沿半径方向出现两个横向场量的极大点，TE_{0n} 模和 TM_{0n} 模则出现 n 个极大点。这些极大点与场量的零点交替出现。对于混合模 EH_{mn} 模和 HE_{mn} 模，它们的分布比较复杂，六个电磁场分量都不为零。一

一般说来，模序数 m 和 n 分别表示场量在圆周方向和半径方向场量出现极大点和零点的个数。圆周方向序号 m 只能标志每一个分量随 φ 变化的规律，合成场量有可能并不按 $\cos m\varphi$ 或 $\sin m\varphi$ 变化，HE_{11} 模就是一个例子。

2.3.7 LP模

如前所述，光纤中传播的导波可以区分为 TE_{0n}，TM_{0n}，EH_{mn}，HE_{mn} 等类模式，但可以证明所有这些模式在弱导条件下，纵向场分量比横向场分量要小得多。也就是说，弱导光纤中传播的电磁波的横向电磁场占主导地位，而且一经激励，在传播过程中其偏振状态保持不变。可以说，弱导光纤中的传播模式近似为 TEM 模，或准 TEM 模。如果电磁波在传播过程始终保持场矢量取向不变，则这种电磁波称为线偏振波，或者称为线偏振模。

1. LP 模场解

在直角坐标系中，横向电场可以表示为
$$\boldsymbol{E}_t = \boldsymbol{e}_x E_x + \boldsymbol{e}_y E_y$$

式中，$\boldsymbol{e}_x$ 和 $\boldsymbol{e}_y$ 分别为 x 轴和 y 轴方向的单位矢量。如果横向电场的取向不变，则总可以选取适当的坐标，使得电场强度只有一个分量，如
$$\boldsymbol{E}_t = \boldsymbol{e}_y E_y$$

场量 E_y 满足标量波动方程式（2.3-4）。可以解得纤芯和包层中的场解，分别为

$$E_{y1} = \frac{A}{J_m(U)} J_m\left(\frac{U}{a}r\right)\cos m\varphi \quad r \leqslant a \tag{2.3-30a}$$

$$E_{y2} = \frac{A}{K_m(W)} K_m\left(\frac{W}{a}r\right)\cos m\varphi \quad r > a \tag{2.3-30b}$$

U，W，β 之间的关系仍由式（2.3-11）确定。

按照准 TEM 波近似，横向磁场只有 x 分量，而且

$$H_{x1} = \frac{-An_1}{Z_0 J_m(U)} J_m\left(\frac{U}{a}r\right)\cos m\varphi \quad r \leqslant a \tag{2.3-31a}$$

$$H_{x2} = \frac{-An_2}{Z_0 K_m(W)} K_m\left(\frac{W}{a}r\right)\cos m\varphi \quad r > a \tag{2.3-31b}$$

式中的 $Z_0 = 377\Omega$，是自由空间波阻抗，"—"号是为了保证由 E_y 和 H_x 分量构成的 TEM 波的传播方向在正 z 轴方向，从而与行波因子 $e^{-j\beta z}$ 保持一致。

2. 线偏振模的特征方程及截止参数

利用麦克斯韦方程的分量式，可求得纵向场分量 E_z 和 H_z，并利用纤芯与包层的分界面上的电磁场边界条件可以得到线偏振模的特征方程为

$$U\frac{J_{m-1}(U)}{J_m(U)} = -W\frac{K_{m-1}(W)}{K_m(W)} \tag{2.3-32}$$

式中，$m = 0, 1, 2, 3, \cdots$。

将它与式（2.3-11）联立，即可解得线偏振模的特征参数 U 和 W。这个方程式的第 n 个根所确定模式称为 LP_{mn} 模。

当 $W \to 0$ 时导波模将趋于截止。LP_{0n} 模的归一化截止参数为 $U=0$ 和一阶贝塞尔函数的根。如果将零作为一阶贝塞尔函数的第零个根,则 LP_{0n} 模的归一化截止参数为

$$V_c = U_c = u_{1,n-1} \tag{2.3-33}$$

而 $LP_{mn}(m \geqslant 1)$ 模的归一化截止参数则为

$$V_c = U_c = u_{m-1,n} \tag{2.3-34}$$

在所有的 LP_{mn} 模中,LP_{01} 模的归一化截止频率 $V_c=0$,是光纤中的主模式。LP_{01} 模的截止参数与 HE_{11} 模相同,而且其场分布也相同。次最低阶模是 LP_{11} 模,其归一化截止频率为 $V_c=2.405$,与 TE_{01} 模、TM_{01} 模和 HE_{21} 模相同。

如果归一化频率 V 选在 0 和 2.405 之间,则光纤中只有 LP_{01} 模可以传输,这就是光纤的单模传播条件,与 HE_{11} 单模传播条件完全相同。

3. LP_{mn} 模的场分布及功率分布

求得 LP 模的特征参数以后就可以得到各个模式的场分布规律。在纤芯内场量在半径方向按贝塞尔函数分布,在包层中按第二类变态贝塞尔函数分布,在圆周方向则按正弦函数或余弦函数分布。几个低阶 LP 模的场的幅度在半径方向的分布规律如图 2-12 所示。

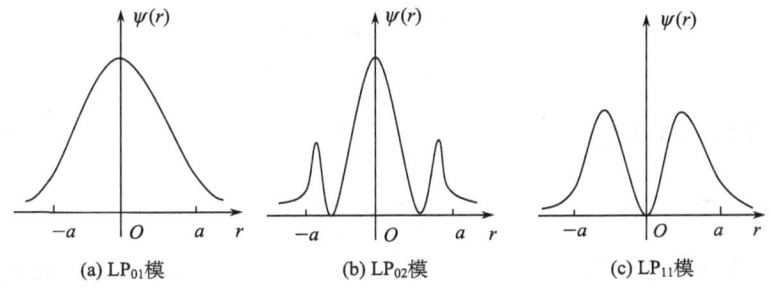

(a) LP_{01} 模　　(b) LP_{02} 模　　(c) LP_{11} 模

图 2-12　LP_{01} 模、LP_{02} 模及 LP_{11} 模的幅值分布

光波在光纤中传播时,纤芯和包层中都有电磁场量存在,因此电磁功率不仅在纤芯中,同时也部分地在包层中沿光纤轴方向传播。包层中传播的电磁功率容易受到各种因素的影响而损耗掉,因而在研究光纤中光波传播规律时讨论光功率在纤芯中集中的程度是有意义的。沿光纤轴方向单位横截面面积中传输的电磁功率称为功率流密度,表示为

$$S_z = -\frac{1}{2} E_y H_x^* = \frac{A^2}{2Z_0} \cos^2 m\varphi \begin{cases} \dfrac{n_1 J_m^2\left(\dfrac{U}{a}r\right)}{J_m^2(U)} & r \leqslant a \\[2mm] \dfrac{n_2 K_m^2\left(\dfrac{W}{a}r\right)}{K_m^2(W)} & r > a \end{cases} \tag{2.3-35}$$

由式(2.3-35)可知,电磁功率在光纤的圆周方向按 $\cos^2 m\varphi$(或 $\sin^2 m\varphi$)规律分布。在半径方向,纤芯内功率按 $J_m^2\left(\dfrac{U}{a}r\right)$ 分布,在包层中按 $K_m^2\left(\dfrac{W}{a}r\right)$ 分布。在 U 很大时电磁功率主要集中在纤芯内传播。在光纤的横截面内光功率的分布图,即光纤截面内的光斑图,如

图 2-13 所示。模式序号 m 和 n 分别列在图的左侧和上方。光斑沿圆周方向和半径方向的变化规律与前面讨论 LP_{mn} 模 m 和 n 的含义完全吻合。

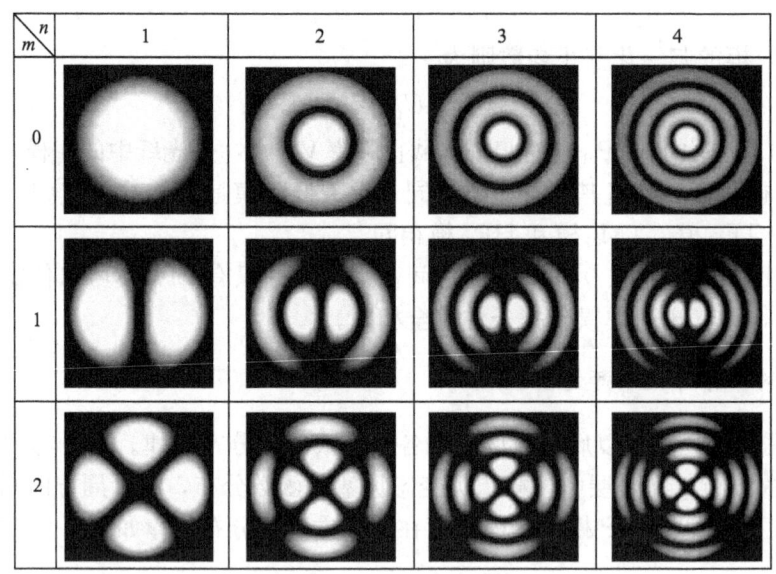

图 2-13 LP_{mn} 模光斑图

2.3.8 传播模式的一般特性

1. 传播模式数量

光纤中的传播模式总数 M 决定于归一化频率。一个常用的估算阶跃多模光纤中模数量的公式为

$$M = \frac{V^2}{2} \tag{2.3-36}$$

式中，$V^2 = k_0^2 a^2 (n_1^2 - n_2^2)$。这就是说，如果光纤纤芯半径 a 较大，纤芯和包层折射率差大，工作波长短，则光纤中可传播的模数量就多，反之可传播的模数量就少。对于梯度光纤，传播模式总数少于阶跃多模光纤。对于折射率呈抛物线函数分布的多模光纤，其传播模式总数可以近似表示为

$$M = V^2/4 \tag{2.3-37}$$

这里通过一个具体的例子给出多模光纤中传播模式数量的估计值。假设某光线的纤芯直径为 $62.5\mu m$，纤芯折射率 $n_1 = 1.48$，数值孔径 $\text{NA} = 0.20$，工作波长为 $1.31\mu m$。如果纤芯折射率为常数，即对于阶跃型光纤，则可计算得到 $V = 30$，传播的模式总数近似为 $M = 450$。如果纤芯折射率按抛物线函数分布，则近似有 $M = 225$。

2. 理想波导中模式的正交性和完备性

在忽略光纤损耗及其他非理想的缺陷条件下，可以将光纤看成是理想光波导。理想波导中的模式具有正交性。所谓"正交性"，是指波导中的各传播模式独立传播，不同的模式之

间没有能量耦合。模式正交性的数学表达式为

$$\int_S \boldsymbol{E}_{ti} \times \boldsymbol{H}_{tj}^* \cdot \mathrm{d}\boldsymbol{s} = \int_S \boldsymbol{E}_{ti}^* \times \boldsymbol{H}_{tj} \cdot \mathrm{d}\boldsymbol{s} = 0 \qquad i \neq j \tag{2.3-38}$$

式中的面积分在包括包层的光波导整个横截面 S 上进行。$\boldsymbol{E}_{ti}$ 和 $\boldsymbol{H}_{tj}$ 分别表示第 i 个模的横向电场和第 j 个模的横向磁场,"*"表示复共轭,d$\boldsymbol{s}$ 是矢量面积元,其方向为波导轴线方向。

可以证明,在光波导中,实际可以存在的任何电磁场必然可以表示为有限多个离散的传播模式和具有连续谱的辐射模式的叠加,这就是所谓光波导模式的完备性。在数学上,模式的完备性可以表示为

$$\boldsymbol{E} = \sum_j a_j \boldsymbol{E}_j + \sum_j a_{-j} \boldsymbol{E}_{-j} + \boldsymbol{E}_{\mathrm{rad}} \tag{2.3-39a}$$

$$\boldsymbol{H} = \sum_j a_j \boldsymbol{H}_j + \sum_j a_{-j} \boldsymbol{H}_{-j} + \boldsymbol{H}_{\mathrm{rad}} \tag{2.3-39b}$$

式中,$\boldsymbol{E}_j$,$\boldsymbol{H}_j$ 表示第 j 个向正 z 轴方向传播的传播模的电磁场矢量,而 $\boldsymbol{E}_{-j}$,$\boldsymbol{H}_{-j}$ 表示第 j 个向负 z 轴方向传播的导波模的电磁场矢量,a_j,a_{-j} 分别是其展开式系数。$\boldsymbol{E}_{\mathrm{rad}}$,$\boldsymbol{H}_{\mathrm{rad}}$ 则是辐射模式在 $0 < \beta < k_0 n_2$ 上的连续谱积分。式(2.3-39)中的展开式系数由模式的正交性和激励条件决定。

3. 非理想波导中模式间的耦合

任何实际的光波导都不是理想波导。在非理想情形下,如波导的损耗、折射率的非理想分布、几何形状的微小形变、波导周围有其他导波结构或障碍物存在,都会导致光波导模式之间的相互耦合。光波导的模式耦合可以是两个波导之间的横向耦合,也可能是同一根波导内由于纵向不均匀引起的纵向耦合。横向耦合和纵向耦合都有重要的应用。两根相互靠近的平行光波导构成了一个耦合波导系统,如图 2-14 所

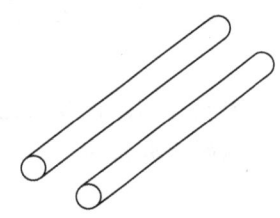

图 2-14 两根相互平行的光波导

示。由于有另一根波导的存在,无论是波导 1 还是波导 2,其中的光波场都受到另一根光波导中的光波场的影响。可以证明,两根波导之间的耦合只发生在纵向相位常数相同或相近的模式之间。耦合的强弱与两根波导之间的相对位置、耦合段长度有关。波导之间的距离越近,耦合越强,通常用耦合系数 K 描述波导之间耦合的强弱。耦合系数 K 确定以后,两波导之间的能量交换与耦合段的长度 L 之间的关系可以表示为

$$P_1(L) = P_1(0) \cos^2 KL \tag{2.3-40a}$$

$$P_2(L) = P_1(0) \sin^2 KL \tag{2.3-40b}$$

式中,$P_1(0)$ 是从波导 1 输入的功率,这里假设从波导 2 输入的功率为零。显然,只要适当选取两根波导之间的耦合系数和耦合区的长度就可以得到两个输出口之间任意比例的功率分配比。这样的耦合波导系统是构造光定向耦合器的基础。

光波导纵向的不均匀性会破坏波导内传播模式正交性,在不同的传播模之间产生能量耦合。光波导的纵向不均匀性导致光波的反射,因而在纵向不均匀的光波导中,必然存在着正负两个方向传播的光波。光波导的纵向不均匀性由制造过程中的非理想因素造成,这是不希

望出现的情形,但有些情形下也会有意识地在光波导中制造周期性的不均匀性以实现特定的目标,如光纤光栅就是最重要的例子。与横向耦合类似的是,纵向耦合也主要产生在相位常数相同或相近的同向传播模式或反向传播模式之间。在光纤中人为地写入折射率的周期变化,可以制作光纤光栅。第 3 章还将详细介绍光纤光栅的工作原理及其制作方法。

2.4 单模光纤

单模光纤就是在给定的工作波长上,只有主模式才能传播的光纤,如在阶跃型光纤中只传播 HE_{11} 模或 LP_{01} 模。

由于单模光纤中只传输单一模式,不存在模式色散,所以它的色散比多模光纤要小得多,因而单模光纤拥有巨大的传输带宽。长途光纤通信系统无一例外地都采用单模光纤作为传输介质。由于单模光纤已经成为光纤通信系统中最主要的传输介质,所以对单模光纤的分析并掌握其传输特性就显得尤为重要。单模光纤的纤芯折射率分布可以是均匀的,也可以是渐变的。本节只介绍阶跃型单模光纤。

2.4.1 单模条件和截止波长

阶跃光纤的主模 LP_{01} 模的归一化截止频率为零,次最低阶模 LP_{11} 模的归一化截止频率为 2.405。单模传输条件就是光纤中仅有 LP_{01} 模可以传输,而 LP_{11} 模以及其他高次模都被截止,这就意味着归一化工作频率应满足条件

$$0 < V < 2.405 \tag{2.4-1}$$

单模光纤的截止波长也就是 LP_{11} 模的截止波长,在光纤结构参数 n_1、Δ 及 a 已知的条件下,其截止波长为

$$\lambda_c = \frac{2\pi n_1 a\sqrt{2\Delta}}{U_c} = 2.612\sqrt{2\Delta}n_1 a \tag{2.4-2}$$

按式(2.4-2)计算的截止波长只有理论意义。这是因为工程中使用的单模光纤的纤芯半径 a 往往并不作为光纤的参数直接给出,而只给出更有实际意义的模场直径。工程中单模光纤的截止波长由实验直接测量。单模光纤截止波长的测试方法在 ITU-T 的有关建议中规定得非常详细,读者可以查阅有关的资料。工程中最常用的为 G.652 单模光纤,其工作波长为 $1.31\mu m$,ITU-T 的 G.652 建议规定,其截止波长范围为

$$1.10\mu m < \lambda_c < 1.28\mu m \tag{2.4-3}$$

规定 λ_c 的最大值为 $1.28\mu m$ 是为了保证所传输的光信号中波长最短的成分也满足单模传输的条件;λ_c 也不能取得太小,λ_c 太小,LP_{01} 模的功率将部分地进入包层,使得传输过程中的弯曲损耗增大,所以规定 λ_c 的下限为 $1.10\mu m$。

还须说明的是,规定的截止波长 λ_c 是指在光纤的始端激励起各种模式,经一定长度的被测光纤(如 2m 长的一次涂敷光纤并带有 28cm 直径的环,或 22m 长的成缆光纤并带有 80mm 直径的环)传播以后,各个高阶模所携带的总功率与主模式功率之比降到 0.1dB 时所对应的波长。

2.4.2 工作模特性

单模光纤的工作模式就是主模式 LP_{01} 模。LP_{01} 模的横向电磁场解为

$$E_{y1} = \frac{A}{J_0(U)} J_0\left(\frac{U}{a}r\right) \qquad r \leqslant a \qquad (2.4\text{-}4a)$$

$$E_{y2} = \frac{A}{K_0(W)} K_0\left(\frac{W}{a}r\right) \qquad r > a \qquad (2.4\text{-}4b)$$

$$H_{x1} = -\frac{An_1}{Z_0 J_0(U)} J_0\left(\frac{U}{a}r\right) \qquad r \leqslant a \qquad (2.4\text{-}4c)$$

$$H_{x2} = -\frac{An_2}{Z_0 K_0(W)} K_0\left(\frac{W}{a}r\right) \qquad r > a \qquad (2.4\text{-}4d)$$

工作模式的特征方程则为

$$\frac{UJ_1(U)}{J_0(U)} = \frac{WK_1(W)}{K_0(W)} \qquad (2.4\text{-}5)$$

其中，U，W 满足方程

$$U^2 + W^2 = V^2 = k_0^2 a^2 (n_1^2 - n_2^2) \qquad (2.4\text{-}6)$$

在 $0 < V < 2.405$ 范围内，特征方程式（2.4-5）只有唯一一组解 U 和 W，这就是主模式的特征参数，它决定了场量在半径方向的分布特点。式（2.4-5）是一个超越方程，只能求得数值解。在 $V = 2.405$ 时可解得 $U = 1.645$，$W = 1.753$。

在 $V = 2.405$，$U = 1.645$，$W = 1.753$ 的条件下，可以计算得到 LP_{01} 模所传输的总功率中，纤芯中的功率占 84%，包层中的功率占 16%。V 越小，包层中的功率就越多。例如，$V = 1$ 时，纤芯中的功率仅占 30%，70% 的功率都转移到包层中了。所以，对于实际的单模光纤，归一化工作频率应选在 2.0～2.35 之间，这样既可以保证 LP_{01} 模单模传输，又可保证大部分的光功率在纤芯中传播。

阶跃光纤中的主模 LP_{01} 模场量定性上与高斯分布相近，因而可以用高斯函数逼近贝塞尔函数分布，这样可以简化对 LP_{01} 模的分析。也就是说，可以将其电磁场量写成

$$E_{yg} = A_g e^{\frac{-r^2}{w^2}} \qquad (2.4\text{-}7a)$$

$$H_{xg} = \frac{A_g n}{Z_0} e^{\frac{-r^2}{w^2}} \qquad (2.4\text{-}7b)$$

这里的 W 称为 LP_{01} 模的模场半径，$2W$ 就是单模光纤一个重要的参量模场直径。在 $r = W$ 时，场量下降至中心轴处的 $1/e$。

用高斯分布逼近或代替式（2.4-4）的分布，关键是寻找合适的模场半径 W，使得用式（2.4-7）代替式（2.4-4）所引起的误差尽可能小。这个适当的模场半径称为最佳模场半径，记为 W_{opt}。W_{opt} 可以按下述方法求得。

假设用高斯场激励阶跃单模光纤，则 LP_{01} 模与激励场之间耦合系数为

$$\rho = \left[\frac{1}{2}\int_0^{2\pi}\int_0^{\infty} E_y H_{xg} r \mathrm{d}r \mathrm{d}\varphi\right]^2 \qquad (2.4\text{-}8)$$

式中，H_{xg} 是由式（2.4-7b）给出的高斯分布的磁场，而 E_y 则是由式（2.4-4）给出的 LP_{01} 模的电场。适当选择常数 A_g 和 A，使得高斯场和 LP_{01} 模的传输总功率归一化，即

$$\frac{1}{2}\int_0^{2\pi}\int_0^\infty E_y H_x r\,\mathrm{d}r\,\mathrm{d}\varphi = \frac{1}{2}\int_0^{2\pi}\int_0^\infty E_{yg} H_{xg} r\,\mathrm{d}r\,\mathrm{d}\varphi = 1 \tag{2.4-9}$$

则由式（2.4-8）所给出的耦合系数的最大值为 1。当 H_{xg} 与实际场量 H_x 有较大差异时，ρ 比起 1 有较大的差异。由此可知，W_{opt} 应是使式（2.4-8）取最大值的 W 值。由于式（2.4-8）计算所得的耦合系数 ρ 是参量 W 的函数，即 $\rho=\rho(W)$。因而最佳模场半径应是方程

$$\frac{\mathrm{d}\rho(W)}{\mathrm{d}W} = 0 \tag{2.4-10}$$

的解。

在 $0.8 < \lambda/\lambda_c < 2.0$ 范围内，归一化模场半径可以用下面的经验公式计算，其误差不超过 1%，即

$$\begin{aligned}\frac{W_{opt}}{a} &= 0.65 + 1.619 V^{-\frac{3}{2}} + 2.879 V^{-6} \\ &= 0.65 + 0.434\left(\frac{\lambda}{\lambda_c}\right)^{\frac{3}{2}} + 0.0149\left(\frac{\lambda}{\lambda_c}\right)^6\end{aligned} \tag{2.4-11}$$

一个更为简洁的近似公式是

$$\frac{W_{opt}}{a} = \frac{2.6}{V} \tag{2.4-12}$$

2.4.3 单模光纤的双折射

在单模光纤中，LP_{01} 模有两种正交的偏振状态，其横向电场分别沿 x 轴方向和 y 轴方向，分别记为 LP_{01}^x 模和 LP_{01}^y 模。如果光纤是理想的，即其截面为标准的同心圆，折射率分布也是理想轴对称的，则这两个正交的模式相位常数完全相等，传输特性完全一样。这样的一对模式称为简并模。实际的光纤纤芯的几何形状可能不再是标准的圆柱，纤芯折射率也可能因内部残余应力、扭曲等因素的影响而非理想的轴对称分布。这种非理想的状态导致 LP_{01}^x 模和 LP_{01}^y 模的相位常数 β_x 和 β_y 不相等，从而导致这两个正交的偏振状态模式在传输过程中产生附加的相位差，这就是单模光纤中的双折射现象。双折射引起单模光纤的偏振模色散和 LP_{01} 模的偏振状态随传输距离发生变化。

1. 双折射参量

为了定量描述光纤中双折射现象的程度，引进归一化的双折射参量 B，定义为

$$B = \frac{|\beta_x - \beta_y|}{k_0} = \frac{\Delta\beta}{k_0} \tag{2.4-13}$$

式中，$\Delta\beta$ 是两个正交的 LP_{01} 模的相位常数之差，也就是两个正交的 LP_{01} 模在光纤中传播一个单位距离时产生的相位差，k_0 是自由空间波数。为了加深对 B 的理解，将式（2.4-13）写成

$$B = \frac{|\beta_x - \beta_y|}{k_0} = \left|\frac{c}{v_x} - \frac{c}{v_y}\right| = |n_x - n_y| \tag{2.4-14}$$

式中，c 是真空中的光速，v_x 和 v_y 分别是沿 x 方向和 y 方向偏振的 LP_{01}^x 模和 LP_{01}^y 模的相速度，而 n_x 和 n_y 则分别是 LP_{01}^x 模和 LP_{01}^y 模的等效折射率。它表明偏振正交的 LP_{01}^x 模和 LP_{01}^y

模在单模光纤中传播时各自的折射率并不一样,而 B 则正好就是这两种偏振状态的等效折射率差。

表征双折射的另一个参量是拍长 L_B,定义为

$$L_B = \frac{2\pi}{\Delta\beta} = \frac{\lambda}{B} \quad (2.4\text{-}15)$$

由这个定义式可知,拍长 L_B 就是两个正交的 LP_{01} 模在光纤中传播时产生 2π 的相位差的长度。显然,拍长 L_B 越长,光纤的双折射越弱;拍长越短,双折射越强。

单模光纤产生双折射现象的原因大致有三类。其一是光纤纤芯的截面不是理想的圆。这种由于纤芯截面的几何形状的变异引起的双折射可以称为几何双折射。假设光纤纤芯截面近似为一椭圆,椭圆偏心率为 e,则双折射参量 B 与 e^2 成比例。其二是光纤中的应力引起的双折射。当光纤在两个正交的方向上受到不相等的横向应力时,光纤的折射率分布将呈各向异性,从而导致应力双折射。光纤所受到的应力主要是光纤从预制棒制作到拉丝,再到加护套、成缆等一系列工艺过程引起的。其三是光纤受到外加电磁场的影响,折射率分布发生变化。例如,光纤受到纵向磁场作用时将产生圆双折射,光纤中两个旋向相反的圆偏振波以不同的速度传播。当然,还有一些其他的原因可以引起双折射,在这里就不一一列举了。

2. 单模光纤中偏振状态的演化

光在光纤中传播时,其偏振状态的演变具有重要的意义,尤其是在相干光通信系统中、在光集成技术中及在光的外调制技术中,光的偏振状态都有决定性的作用。在单模光纤中,由于存在双折射,光波以 LP_{01} 模传播时,其偏振状态会不断发生变化。单模光纤的双折射特性一般比较复杂,光波的偏振演变也呈十分复杂的特性,这里仅介绍一种最简单的情形,即线偏振波耦合进具有均匀的线双折射特性的光纤中传播时其偏振状态的变化规律。

假设单模光纤具有均匀的双折射特性,即 B 或 $\Delta\beta$ 沿光纤轴方向是个常数,而且在光纤横截面内可以找到两个互相正交的特定方向,当 LP_{01} 模的电场沿这两个方向偏振时,其相位常数分别取最大值和最小值。这两个特定的方向分别称为光纤的慢轴和快轴。选取直角坐标系,使 x 轴和 y 轴与这两个方向重合,这样的坐标系可以称为主轴坐标。假设在光纤的输入端有一线偏振波被激励,其电场强度矢量与上述坐标系的 x 轴间的夹角为 φ_i,称之为输入偏振角。设输入端电场矢量为

$$\boldsymbol{E}_i = E_x \boldsymbol{e}_x + E_y \boldsymbol{e}_y$$

而且

$$E_{ix} = E_i \cos\varphi_i \quad (2.4\text{-}16a)$$
$$E_{iy} = E_i \sin\varphi_i \quad (2.4\text{-}16b)$$

在光纤中传播距离 z 以后,其输出电场矢量则为

$$\boldsymbol{E}_o = E_x e^{-j\beta_x z}\boldsymbol{e}_x + E_y e^{-j\beta_y z}\boldsymbol{e}_y \quad (2.4\text{-}17)$$

由于 $\beta_x \neq \beta_y$,所以式(2.4-17)在一般情形下代表一个椭圆偏振波,这是因为电场强度的两个分量有 $(\beta_x - \beta_y)z = \delta$ 的相位差。由于这个相位差是 z 的函数,所以式(2.4-17)所描述的场的偏振状态也随 z 变化。根据平面电磁波理论,当这两个分量之间的位相差 $\delta = n\pi$ 时,式(2.4-17)描述的是一个线偏振波,而且当 n 为偶数时,场矢量的偏振状态与初始偏

振状态一样。当 $\delta = n\pi + \pi/2$，而且 $E_{ix} = E_{iy}$（也就是 $\varphi_i = \pi/4$）时，式（2.4-17）描述的是一个圆偏振波，如果 $E_{ix} \neq E_{iy}$，则仍是椭圆偏振波，但椭圆的长短轴分别与 x、y 轴重合。

综上所述，线偏振的 LP_{01} 模在单模光纤中传播时，由于双折射的影响，其偏振状态将视 $\beta_x > \beta_y$，或者 $\beta_x < \beta_y$ 经历线偏振→左旋椭圆偏振→线偏振→右旋椭圆偏振→线偏振演变，或者线偏振→右旋椭圆偏振→线偏振→左旋椭圆偏振→线偏振的演变。如果输入偏振角 $\varphi_i = \pi/4$，则将经历线偏振→左旋椭圆偏振→左旋圆偏振→左旋椭圆偏振→线偏振→右旋椭圆偏振→右旋圆偏振→右旋椭圆偏振→线偏振的演变过程。单模光纤中的偏振演变过程如图 2-15 所示。由此也可知，由式（2.4-15）所定义的拍长也就是波的偏振状态又恢复到原来的状态的长度。

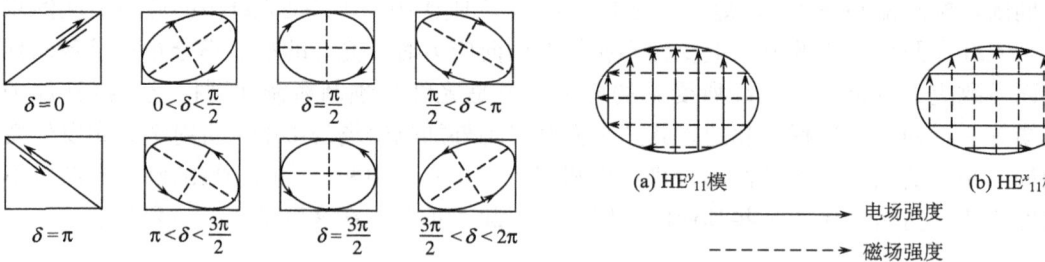

图 2-15 单模光纤中偏振状态的演变　　图 2-16 椭圆截面光纤中的两个正交的最低阶模式

3. 单模单偏振光纤

在相干光通信技术和光纤传感技术中，对单模光纤的偏振特性提出了十分苛刻的要求。保持传播过程中光的偏振状态稳定是光纤技术中一个重要的研究领域。保持偏振状态稳定的根本方法是光纤中只传播一个偏振方向的 HE_{11} 模或 LP_{01} 模。这种只传播一个偏振方向的单一模式的光纤就是单模单偏振光纤，或者称为保偏光纤。

实现单模单偏振传播的条件是使两个偏振正交的 LP_{01} 模的相位常数差异或双折射足够大，使这两个简并的模式分裂成两个独立的模式。目前，有以下几种获得单模单偏振传播的方法。

（1）制作非圆截面光纤，如将纤芯截面作成椭圆形。横截面内两个正交的 HE_{11} 模的电力线如图 2-16 所示。在椭圆偏心率较大时，只有 HE_{11}^y 模才是主模，HE_{11}^x 模已是高次模。可以恰当地设计光纤截面及折射率分布，使得在规定的工作波长上 HE_{11}^x 模截止，这就可以保证 HE_{11}^y 模单模单偏振传播。

（2）纤芯折射率分布的非轴对称性导致较大的双折射。例如，有一种鞍槽型结构，在纤芯内部的两侧制成折射率比包层折射率 n_2 还低的折射率凹槽，如图 2-17 所示。凹槽折射率为 n_p，则有

$$n_p < n_2 < n_1$$

由于凹槽对两个正交的方向不对称，所以加大了双折射。对于如图 2-17 所示的结构，HE_{11}^x 模是主模，而 HE_{11}^y 模则是高阶模。在一定条件下可以抑制 HE_{11}^y 模，从而保证 HE_{11}^x 模单模传播。

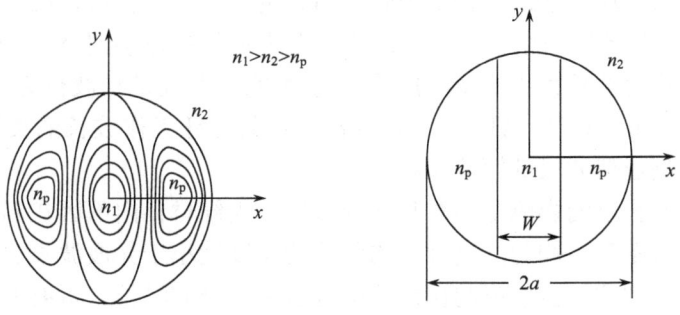

图 2-17 两侧有折射率凹槽的单模光纤

4. 低双折射光纤

为了降低单模光纤的偏振模色散，应使单模光纤的双折射参量尽可能小。当然，保偏光纤没有偏振模色散，但这种光纤成本高，不适合用在普通通信线路中。所以，光纤制造工艺应尽可能想办法降低双折射，可以采取的措施如下。

（1）采用计算机控制拉丝过程，尽可能保证光纤截面接近理想圆形。

（2）消除纤芯内应力的影响，这包括选择合适的材料使光纤护套层、包层、纤芯的热膨胀系数匹配等技术。

（3）拉丝过程中旋转预制棒，制成旋光纤。

2.5 光纤的损耗

2.5.1 损耗的概念及其表述

光纤的损耗导致光信号在传输过程中的信号功率下降，光功率 P 在光纤中的变化可以用方程式

$$\frac{dP}{dz} = -\alpha P \tag{2.5-1}$$

表示，式中 α 就是光纤的衰减系数。积分上式可得

$$P_{out} = P_{in} e^{-\alpha L} \tag{2.5-2}$$

式中，P_{in} 是注入功率，P_{out} 是长为 L 的光纤的输出功率。一般用 dB/km 作为光纤损耗的实用单位，即

$$\alpha(\text{dB/km}) = -\frac{10}{L} \lg\left(\frac{P_{out}}{P_{in}}\right) = 4.343\alpha(1/\text{km}) \tag{2.5-3}$$

光纤通信线路的总损耗包括光纤本身的损耗、光纤弯曲产生的附加损耗、光纤连接时产生的连接损耗等。有关光纤的连接损耗在第 4 章中介绍光纤连接器时讲述。

2.5.2 石英光纤的损耗

纤芯和包层都由石英材料构成的光纤，在近红外波段具有最低的损耗。石英光纤损耗主

要由光纤的本征吸收、瑞利散射、杂质吸收等因素构成。石英材料在红外区域（>7μm）和紫外区域（<0.3μm）各有一个吸收带。这两个吸收带的拖尾会进入石英光纤的通信波段。红外吸收带的拖尾将对波长大于 1μm 的波段产生影响，尤其是在波长为 1.7μm 时，红外吸收损耗已达 0.3dB/km，所以一般以 1.65μm 作为石英光纤工作波长的长波长极限。紫外吸收带的拖尾主要影响通信波段的短波长段。

对通信波段短波长段的影响更严重是瑞利散射。光纤材料内部因在制备过程中的熔融及冷却过程必然导致其密度不均匀。这种不均匀性的尺度远小于光波波长。密度的随机起伏导致折射率分布的起伏，这种折射率起伏的尺度也远小于光波波长。折射率不均匀必然导致对光波的散射，散射导致光信号能量的损耗，这种远小于光波波长尺度的不均匀性对光波的散射称为瑞利散射。瑞利散射导致的损耗系数可以表示为

$$\alpha_R = \frac{A}{\lambda^4} \tag{2.5-4}$$

式中的常数 A 为 $0.7 \sim 0.9$（dB/km·μm^4），在 0.8μm 处 α_R 已达 2dB/km，所以瑞利散射是限制通信波段短波长的主要因素。在 1.55μm 处 α_R 为 $0.12 \sim 0.15$dB/km。当然波长更长时 α_R 会进一步减小，但红外吸收损耗则迅速增加。瑞利散射和红外吸收共同决定了 1.55μm 附近石英光纤有最低的损耗系数。

光纤中的杂质对光纤的损耗特性产生重要影响，尤其是 OH$^-$ 在 1.39μm 处有一个吸收峰，残存的 OH$^-$ 的吸收导致光纤的通信波段在 $0.8 \sim 1.65$μm 范围内形成了三个损耗相对较低的窗口，即 0.85μm、1.31μm 和 1.55μm。目前，1.31μm 处光纤损耗为 $0.3 \sim 0.4$dB/km，1.55μm 处损耗已低于 0.2dB/km。石英光纤的损耗因素及损耗随工作波长的变化如图 2-18 所示。按传统，通常将石英光纤的通信波段划分为三个波段，即 0.85μm 附近的短波长段、1.31μm 附近和 1.55μm 附近的长波长段。这样划分不够科学，因为不同光纤的损耗谱不同，如后面将提到的"全波光纤"由于 OH$^-$ 的吸收几乎可以忽略，就不能按损耗划分出这样的通信窗口。ITU-T 对 $1.2 \sim 1.7$μm 范围的低损耗区给出了波段划分的统一标准，并给每一波段命名，如表 2-2 所示。

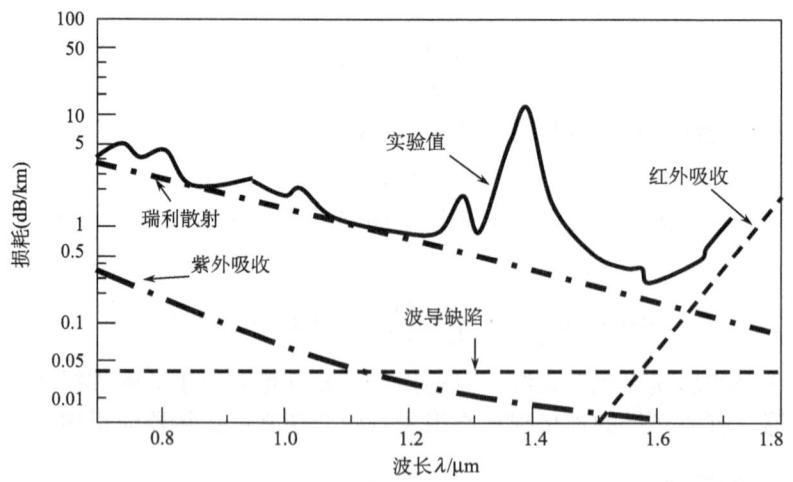

图 2-18 光纤的损耗谱

表 2-2 波段划分

波段名称	说明	波长范围/nm
O 波段	原始波段 (Original)	1260~1360
E 波段	扩展波段 (Extended)	1360~1460
S 波段	短波段 (Short)	1460~1530
C 波段	常规波段 (Conventional)	1530~1565
L 波段	长波段 (Long)	1565~1625
U 波段	超长波段 (Ultra-long)	1625~1675

为了充分利用石英光纤的带宽而开发了一种"消水峰"光纤,即采用特殊的制作工艺,使光纤中的 OH^- 含量降到最低水平。于是,$1.39\mu m$ 附近的 OH^- 吸收峰消失,$1.31\mu m$ 和 $1.55\mu m$ 两个低损耗窗口连通成一个极宽的低损耗频段。这种光纤又称为全波光纤（All-Wave Fiber），其低损耗带宽超过 50THz。用这样的光纤构建光网络,每个光纤对即可以为用户提供数以百计的廉价波长。这种光纤的损耗特性如图 2-19 中的虚线所示。

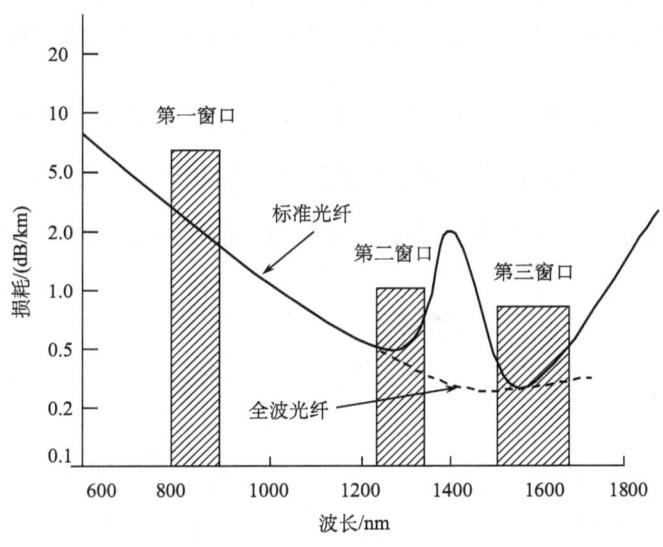

图 2-19 全波光纤的损耗特性

2.5.3 其他类型光纤的损耗

除了石英玻璃,还可以采用塑料作为光纤材料。可能的光纤结构有:纤芯使用石英玻璃、包层使用塑料;纤芯使用塑料而包层使用另一种塑料。当然,不管是哪种结构,都必须使包层折射率小于纤芯折射率,只有这样才能形成有效的导波结构。通常,全玻璃光纤的纤芯与包层的折射率差最小,塑料包层的石英光纤稍大一些,全塑料光纤最大。全塑料光纤也称为聚合物光纤。

使用塑料作为光纤材料,其损耗明显大于石英玻璃材料。在近红外波段,塑料包层石英光纤的典型损耗值为 8dB/km 左右,而全塑料光纤的典型损耗值则可达到几百分贝每千米。

既然塑料光纤的损耗那么大，这种光纤还有什么用呢？这是因为塑料光纤在短距离、中低传输速率系统中是很有竞争力的传输介质。塑料光纤的制造成本低，数值孔径可以较大，与光源之间可以实现较高的耦合效率，这可以部分弥补其较大的传输损耗。特别是对于光纤用量特别大，而传输速率并不要求很高的"光纤到家"的光接入网应用，塑料光纤还能发挥相当大的作用。

2.5.4 弯曲损耗

光纤有一定曲率半径的弯曲时就会产生附加的辐射损耗，光纤可以呈现两类弯曲：①曲率半径比光纤直径大得多的宏弯曲，如光缆拐弯时就会产生此种弯曲；②光纤成缆时产生，沿轴向的随机性微弯曲，产生微弯的另一个重要原因是光纤材料与护套层材料的热膨胀系数不一致。

从光纤的弯曲处辐射出的能量取决于弯曲段的曲率半径 R。曲率半径 R 越小，弯曲损耗越大。轻微的弯曲所产生的附加损耗非常小，基本上观测不到。例如，直径为 $125\mu m$ 的光纤的弯曲曲率半径小到 25mm 时，其弯曲衰耗通常还可以忽略。当曲率半径进一步减小时，损耗以指数形式增加，直到曲率半径达到某一临界值，可以观测到弯曲损耗。当曲率半径进一步减小到临界值以下时，损耗就会变得很大。所以，与宏弯曲相比，微弯曲损耗更为严重。

弯曲损耗可以定性地用图 2-20 解释。原先在直光纤部分光线的入射角 θ_1 满足全反射条件，即 $\theta_1 > \theta_c = \sin^{-1}\dfrac{n_2}{n_1}$。但是，光线到了弯曲部分，在边界上的入射角 θ_2 变小，$\theta_2 < \theta_c$，全反射条件被破坏，部分能量在弯曲段折射出纤芯，从而产生弯曲辐射损耗。

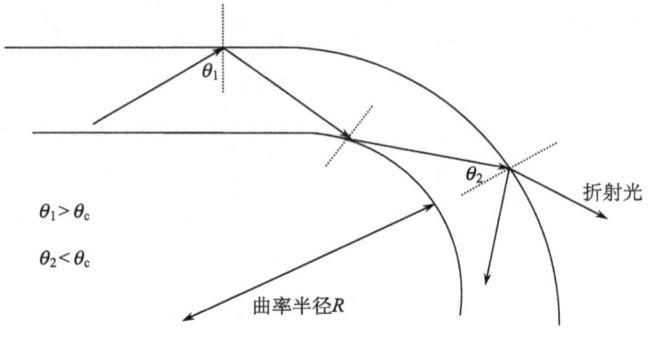

图 2-20 弯曲损耗的产生

为减小微观弯曲损耗，一种方法是在光纤表面压一层弹性护套，受外力作用时，护套发生变形而光纤仍可保持直线状态。另外，如果是在昼夜、冬夏温度差很大的高寒地区建设光纤线路，在设计计算中，应尽可能将系统的功率富余度留得大一些。这样，可以保证在室外气温骤然变化时，系统仍然可以正常运行。

2.5.5 损耗测量

有多种方法可以用于光纤损耗的测量。剪断法是一种最直接的测量方式，即先用光功率计测出一卷长光纤的输出功率，然后在接近发射点的位置剪断光纤，再测量其输出功率。两个输出功率之差（以分贝为单位）与这卷光纤的长度（以 km 为单位）之比就是这卷光纤的损耗系数值。

如果待测光纤的两端靠得比较近，采用上面的剪断法是可行的。但是对于已经铺设好的光纤，光纤的两端相距可能超过 1km，采用剪断法显然不合适。剪断法还会破坏光纤，这对于已经铺设好的光纤线路是不允许的。这时，通常使用光时域反射仪（Optical Time Dome Reflector，OTDR）测量光纤的损耗。

使用光时域反射仪时，仅仅需要接触待测光纤的一端，其基本工作原理是基于光纤中的后向瑞利散射。OTDR 在待测光纤的一端发射光脉冲，并测量反射光。由于光纤线路中存在不连续点（如熔接点、连接器和光纤断裂点）所以会产生菲涅耳反射，同时还存在连续的后向瑞利散射。由于光纤中的任意位置都存在瑞利散射，这样就有一个连续的回波信号回到 OTDR 的接收机。根据反射脉冲与输入脉冲之间的时延就可以判定光纤中不连续点的位置，从而可以测定光纤线路的故障点。对于一段不存在不连续性的光纤，回波信号的幅度随着光纤的衰耗成比例地减小。图 2-21 是光纤中不连续点反射及损耗情形在 OTDR 显示屏上的图形。光纤的损耗与图中显示曲线的斜率成比例。光纤中的不连续点引起图中斜线的突变并使回波幅度下降，这些突变的位置已在图中标明，幅度下降的程度则是熔接点、连接器和光纤断裂点等不连续性产生的损耗大小的尺度。注意，图中的不连续点在突然降低以前还有回波功率的尖峰，这是由不连续点的菲涅耳反射造成的。

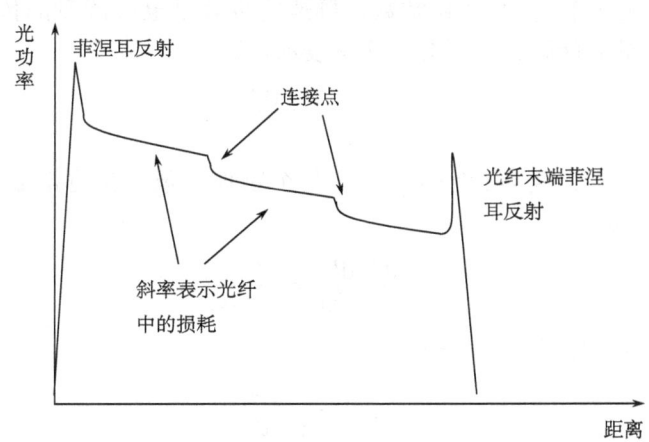

图 2-21 OTDR 显示屏上的回波曲线

2.6 光纤的色散

2.6.1 色散的概念

色散是指不同频率的电磁波以不同的相速度和群速度在介质中传播的物理现象。色散导致光脉冲在传播过程中展宽，致使前后脉冲相互重叠，引起数字信号的码间串扰。在多模光纤中，不同的传播模式具有不同的相位常数，因而有不同的相速度和群速度。在光纤的输入端，一个光脉冲的能量分配到不同的模式上，以不同的速度传播到输出端，同样会导致光脉冲展宽。这种效应与波的不同频率（也就是不同的颜色）成分以不同的速度传播所产生的作用是一样的，这种现象广义地也可以称为色散。为了区分这两种不同的物理机理引起的色散效应，在光纤传输理论中分别将其称为波长色散或色度色散及模式色散。

1. 波长色散

光纤中传输的光信号是用需要传输的信号调制光源所发出的连续光波产生的，因而这种光信号由多种频率成分的光波构成。光信号的频谱宽度决定于光源的线宽和调制信号的频谱。在大多数情形下，光信号的谱宽主要取决于光源的线宽。目前，光纤通信中所用的光源主要是半导体发光二极管（LED）和半导体激光器（LD），前者的线宽达数十纳米，后者的线宽在纳米量级。如果对光源进行调制的脉冲重复频率不超过 2.5GHz，则调制带宽在 0.05nm 左右，显然光源本身的谱宽起决定性作用。如果进一步提高光纤传输速率，而且采用线宽极窄的动态单纵模激光器作为光源，则调制信号的带宽将成为影响光信号谱宽的决定性因素，如 10Gbit/s 及更高速率的传输系统一般采用窄线宽的 DFB 激光器作为光源，这时信号谱宽几乎完全决定了光信号的谱宽。

光信号在光纤中以群速度传播，群速度的定义为

$$v_g = \frac{d\omega}{d\beta} \tag{2.6-1}$$

式中，ω 为光载波的角频率，β 是相位常数，群速度也就是电磁能量的传播速度。光信号在光纤中传播单位距离的时间称为群时延，用 τ 表示，则

$$\tau = \frac{1}{v_g} = \frac{d\beta}{d\omega} \tag{2.6-2}$$

在自由空间中，光的速度为 $c = 1/\sqrt{\mu_0 \varepsilon_0}$，是个物理常数，相位常数 $k_0 = \omega\sqrt{\mu_0 \varepsilon_0} = \omega/c$。式（2.6-2）又可以写成

$$\tau = \frac{d\beta}{dk_0}\frac{dk_0}{d\omega} = \frac{1}{c}\frac{d\beta}{dk_0} \tag{2.6-3a}$$

注意到 $k_0 = 2\pi/\lambda$，上式又可以写成

$$\tau = -\frac{\lambda^2}{2\pi c}\frac{d\beta}{d\lambda} \tag{2.6-3b}$$

由式（2.6-3）可知，在一般情形下，传输群时延 τ 是波长 λ 的函数，除非相位常数 β 和 k_0 之间有简单的线性关系。正因为 τ 是波长 λ 的函数，所以光信号中不同频率的成分以不同的速度传播。在输入端，这些不同频率的成分同时出发，在不同的时刻到达终端，引起信号的波形畸变，对于数字信号，导致光脉冲的展宽。光脉冲展宽的程度用时延差表示。所谓"时延差"是指光信号中传播速度最慢的频率成分的传输时延与传播速度最快的频率成分的传输时延之差，记为 $\Delta\tau$。忽略高阶项，可以将 $\Delta\tau$ 表示为

$$\Delta\tau = \frac{d\tau}{d\lambda}\Delta\lambda = -\frac{1}{2\pi c}\left(2\lambda\frac{d\beta}{d\lambda} + \lambda^2\frac{d^2\beta}{d\lambda^2}\right)\Delta\lambda \tag{2.6-4}$$

式中的 $\Delta\lambda$ 是光源的线宽或光信号的谱宽。由此可知，由于光信号的非单色性而引起的色散效应或时延差与光信号的谱宽 $\Delta\lambda$ 成正比。这种与光信号谱宽成比例的色散效应称为波长色散或色度色散。

根据波长色散的产生机理，又可以将波长色散区分为材料色散、波导色散和折射率剖面色散。

材料色散是由构成光纤的纤芯和包层材料的折射率是频率的函数引起的。材料的折射率 $n=\sqrt{\mu_r \varepsilon_r}$，对绝大多数材料 $\mu_r=1$，与波长无关，$\varepsilon_r=\varepsilon_r(\omega)$ 是频率的函数。由于折射率 n 是频率的函数，从而导致光波的传播速度是频率的函数。

对于一个确定的传播模式，其相位常数 β 是频率的复杂函数，因而每一个传播模式的相速度和群速度都是频率的函数。这就是说，光纤中的传播模式都是色散模，这种色散效应称为波导色散。对于一个特定的模式，其波导色散特性可以通过求解相应的特征方程得到。

折射率剖面色散是由于光纤纤芯和包层的相对折射率差 Δ 是频率的函数，即

$$\frac{\mathrm{d}\Delta}{\mathrm{d}\omega} = \frac{1}{c}\frac{\mathrm{d}\Delta}{\mathrm{d}k_0} = \frac{1}{c}\frac{\mathrm{d}}{\mathrm{d}k_0}\left(\frac{n_1-n_2}{n_1}\right) \neq 0$$

而产生的。Δ 是频率的函数，表明纤芯折射率 n_1 和包层折射率 n_2 随频率变化的规律不一致。实际的光纤包层和纤芯折射率极为接近，纤芯和包层的基础材料都是石英玻璃，只是掺有极少量的不同杂质，因而折射率剖面 Δ 随频率的变化十分微小。与材料色散和波导色散相比，折射率剖面色散通常可以忽略。

由于波长色散效应产生的传播时延差与光信号的谱宽成正比，所以在光源本身的线宽起决定性作用的条件下，减小波长色散影响最有效的措施就是采用窄线宽光源。

2. 模式色散

在多模光纤中，光信号耦合进光纤以后会激励起多个模式。这些模式有不同的相位常数和不同的传播速度，从而导致光脉冲展宽。这种脉冲展宽与波长色散的机理不同，它与光信号的谱宽无关。这种与光信号谱宽无关，仅由传播模式间相位常数的差异导致的色散效应称为模式色散或模间色散。如果将不同的传播模式理解为不同的传播路径，则可以认为不同的导波模式从始端到终端经历了不同的路程，从而导致光脉冲展宽。所以，又可以将模式色散称为多径色散。

在多模光纤中，模式色散起决定性的作用，它最终限制了光纤的传输带宽距离积。所以，高速传输系统和长途通信线路中只用单模光纤作为传输介质。

2.6.2 材料色散

构成介质材料的分子、原子可以看成是一个个谐振子，它们有一系列固有的谐振频率 ω_j 或谐振波长 λ_j。在外加高频电磁场作用下，这些谐振子产生受迫振动。利用经典电磁理论求解这些谐振子的振动过程，可以求出介质在外加电磁场作用下的电极化规律。人们发现介质的电极化率、相对介电常数或者折射率都是频率的函数，而且都是复数。由于折射率随外加电磁场的频率变化，所以介质呈色散特性就是材料色散。由于折射率是复数，所以高频电磁波在介质中传播时不仅有色散，而且还伴随着损耗，损耗的大小也是频率的函数。

将介质的折射率写成

$$\dot{n} = n + \mathrm{j}n' \tag{2.6-5}$$

则 n 和 n' 都是频率的函数。它们随频率的变化如图 2-22 所示。ω_0 是谐振偶极子的一个谐振

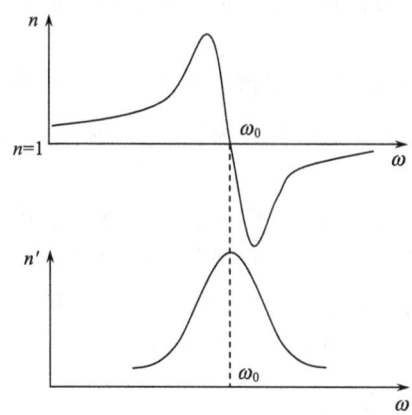

图 2-22 介质折射率的实部和虚部在谐振点附近随频率的变化

频率。在外加电磁场频率 $\omega<\omega_0$ 时，随着频率的升高，折射的实部 n 上升，波的相速度 $v_p = c/n$ 随频率的升高而下降，即

$$\frac{\mathrm{d}n}{\mathrm{d}\omega} > 0 \text{ 或 } \frac{\mathrm{d}v_p}{\mathrm{d}\omega} < 0$$

这种色散现象称为相速度的正常色散。在正常色散区，折射率的虚部 n' 很小，介质对电磁能量的吸收很小。当外加电磁场频率 ω 接近其固有谐振频率 ω_0 时，n 随 ω 的升高反而下降，即

$$\frac{\mathrm{d}n}{\mathrm{d}\omega} < 0 \text{ 或 } \frac{\mathrm{d}v_p}{\mathrm{d}\omega} > 0$$

相速度呈反常色散。在反常色散区，折射率的虚部 n' 很大，在 $\omega=\omega_0$ 时达到极大值。也就是说，在 $\omega=\omega_0$ 附近，介质对电磁波呈极强烈的吸收，这种现象称为谐振吸收。显然，如果作为传输介质使用时，工作频率应远离材料的这些谐振频率。

实际的介质谐振频率不止一个，折射率的实部与频率之间的关系可以写成

$$n^2 - 1 = \sum_{i=1}^{M} \frac{k_i}{\omega_i^2 - \omega^2} = \sum_{i=1}^{M} \frac{G_i \lambda^2}{\lambda^2 - \lambda_i^2} \tag{2.6-6}$$

式中，下标 i 是介质原子或分子的谐振点序号，ω_i 和 λ_i 是与 i 相应的谐振频率或谐振波长。k_i 或 G_i 是与第 i 个谐振点相应的谐振强度。

制造光纤的石英材料在波长范围为 $0.2 \sim 4.0 \mu m$ 范围内，其折射率的近似计算公式为

$$n^2 - 1 = \frac{0.6961663\lambda^2}{\lambda^2 - (0.068403)^2} + \frac{0.4079426\lambda^2}{\lambda^2 - (0.1162414)^2} + \frac{0.8974794\lambda^2}{\lambda^2 - (9.896161)^2} \tag{2.6-7}$$

式中波长 λ 的单位为 μm。按此公式计算，在波长为 $1.0\mu m$ 时，石英的折射率约为 1.45。式 (2.6-7) 相当于在式 (2.6-6) 中取三项，与之相应的三个谐振点与光纤通信工作频段最近，其他谐振点对通信频段的影响可以忽略。式 (2.6-7) 中前两项对应的谐振点在紫外区域，第三项所对应的谐振点位于红外区域。对式 (2.6-6) 求导，可以得到折射率 n 对 λ 的各阶导函数，它们是讨论材料色散的基础。材料色散的主要项与折射率的二阶导数成比例。在二阶导数为零的区域附近则由其三阶导数决定。

实际制造通信光纤时，在纯石英玻璃中掺进不同成分的杂质，以增大或减小玻璃材料的折射率，分别构成光纤的纤芯和包层。在纯石英中掺二氧化锗（GeO_2）或五氧化二磷（P_2O_5）折射率会增大，可以作为纤芯材料。如果在纯石英中掺三氧化二硼（B_2O_3）或氟气（F_2）折射率会减小，可以作为包层材料。纯石英中加进不同杂质，其折射率的数值会有相应的变化，如图 2-23 所示。其中，图 2-23 (a) 是加进不同杂质时的折射率，而图 2-23 (b) 则是加进不同浓度的 GeO_2 后的折射率。

在无界媒质中，电磁波的相位常数为

$$\beta = k_0 n = n\omega \sqrt{\mu_0 \varepsilon_0} = \frac{n\omega}{c}$$

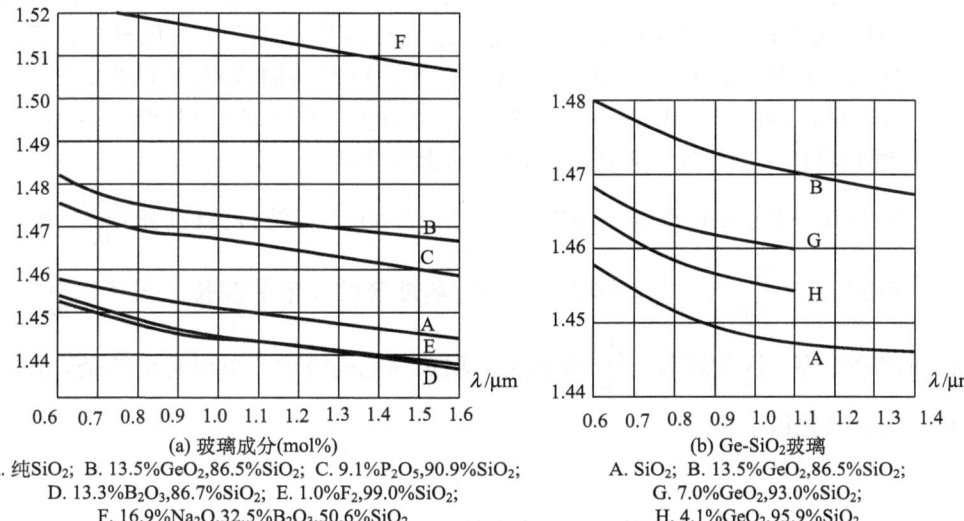

(a) 玻璃成分(mol%)
A. 纯SiO_2; B. 13.5%GeO_2,86.5%SiO_2; C. 9.1%P_2O_5,90.9%SiO_2;
D. 13.3%B_2O_3,86.7%SiO_2; E. 1.0%F_2,99.0%SiO_2;
F. 16.9%Na_2O,32.5%B_2O_3,50.6%SiO_2

(b) Ge-SiO_2玻璃
A. SiO_2; B. 13.5%GeO_2,86.5%SiO_2;
G. 7.0%GeO_2,93.0%SiO_2;
H. 4.1%GeO_2,95.9%SiO_2

图 2-23 石英系玻璃的折射率

这里的 n 就是媒质的折射率。电磁波传播的相速度和群速度分别为

$$v_p = \frac{\omega}{\beta} = \frac{c}{n}$$

$$v_g = \frac{d\omega}{d\beta} = c \Big/ \Big(n + k_0 \frac{dn}{dk_0}\Big) = c \Big/ \Big(n - \lambda \frac{dn}{d\lambda}\Big) = \frac{c}{N}$$

式中

$$N = n + k_0 \frac{dn}{dk_0} = n - \lambda \frac{dn}{d\lambda} \tag{2.6-8}$$

称为群折射率。引进群折射率 N 是为了后面方便讨论,并便于与相速度 $v_p = c/n$ 的关系对照。光信号在媒质中传播单位距离的群时延则为

$$\tau = \frac{1}{v_g} = \frac{N}{c}$$

如果光信号的谱宽为 $\Delta\lambda$,则群时延差 $\Delta\tau$ 为

$$\Delta\tau = \frac{d\tau}{d\lambda}\Delta\lambda + \frac{d^2\tau}{2d\lambda^2}\Delta\lambda^2 + \frac{d^3\tau}{6d\lambda^3}\Delta\lambda^3 + \cdots$$

在光信号的相对谱宽 $\Delta\lambda/\lambda \ll 1$ 时,只取上式的第一项就已足够精确。于是有

$$\Delta\tau = \frac{d\tau}{d\lambda}\Delta\lambda = \frac{1}{c}\frac{dN}{d\lambda}\Delta\lambda = \frac{1}{c}\frac{d}{d\lambda}\Big(n - \lambda\frac{dn}{d\lambda}\Big)\Delta\lambda = -\frac{1}{c}\lambda^2\frac{d^2n}{d\lambda^2}\frac{\Delta\lambda}{\lambda} = -\frac{1}{c}Y_m\frac{\Delta\lambda}{\lambda}$$

$$\tag{2.6-9}$$

由式(2.6-9)可知,在媒质中传播单位距离时,光信号的群时延差或脉冲展宽与信号的相对谱宽 $\Delta\lambda/\lambda$ 和因子 $\lambda^2 \frac{d^2n}{d\lambda^2}$ 成正比。定义

$$Y_m = \lambda^2 \frac{d^2n}{d\lambda^2} \tag{2.6-10}$$

为材料的归一化色散系数,它是个无量纲的参数。式(2.6-10)说明归一化材料色散系数 Y_m 与材料折射率对波长或频率的二阶导数成正比。石英系玻璃的归一化材料色散系数 Y_m 随波长的变化规律如图 2-24 所示。其中的 A,B,C,D 四条曲线对应于图 2-23(a) 中的 A,B,C,D 四种掺杂情形。由图 2-24 可知,在纯石英中掺 GeO_2(B 线)将使 Y_m 增大,掺 B_2O_3(D 线)将使 Y_m 减小,掺 P_2O_5 对 Y_m 的影响甚微。

由图 2-24 可知一个重要的事实,即当 $\lambda=\lambda_0=1.28\mu m$ 时,纯石英玻璃的 $\frac{d^2 n}{d\lambda^2}=0$,当 $\lambda<\lambda_0$ 时 $\frac{d^2 n}{d\lambda^2}>0$,而 $\lambda>\lambda_0$ 时 $\frac{d^2 n}{d\lambda^2}<0$,这个波长称为石英玻璃的零色散波长。当然,$\frac{d^2 n}{d\lambda^2}=0$ 并不意味着色散严格为零,因为还有与 $\frac{d^2 \tau}{d\lambda^2}$ 成比例的项及其他高阶项。可以肯定的是,在 $\lambda=\lambda_0$ 附近石英玻璃的材料色散极小。

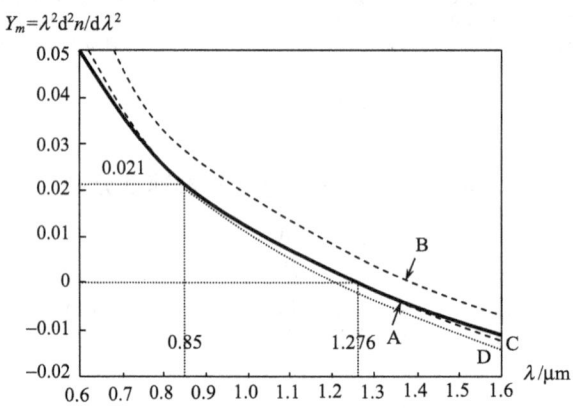

图 2-24 石英系玻璃的归一化材料色散系数

2.6.3 波导色散

波导色散在工作模式确定以后,通常决定于光纤的工作参数,也就是归一化频率 V。对于多模光纤,波导色散的影响甚微。这里只讨论光纤主模式 LP_{01} 模的波导色散。

为了方便讨论,引进 LP_{01} 模的归一化工作参数 b,定义为

$$b = \frac{W^2}{V^2} = 1 - \frac{U^2}{V^2} \quad (2.6\text{-}11)$$

b 的取值范围在 0~1 之间,当模式截止时 $U=V$,$b=0$;远离截止时 $W \to V$,$b \to 1$。参数 b 与模式相位常数 β 之间的关系可以表示为

$$\beta = k_0[n_2^2 + (n_1^2 - n_2^2)b]^{\frac{1}{2}} \approx k_0 n_1 (1+2\Delta b)^{\frac{1}{2}} \approx k_0 n_1 (1+\Delta b) \quad (2.6\text{-}12)$$

式中,Δ 是光纤纤芯与包层的相对折射率差。求 β 对 k_0 的二阶导函数,并略去次要因素可以求得 LP_{01} 模的波导色散系数为

$$D_W(\lambda) = -\frac{N_1 - N_2}{c\lambda} V \frac{d^2(Vb)}{dV^2} \quad (2.6\text{-}13)$$

式中,N_1 和 N_2 分别是纤芯和包层的群折射率。

波导色散是由于导波模的相位常数随工作波长的变化而引起的，它与归一化工作频率 V 和 $\dfrac{\mathrm{d}^2(Vb)}{\mathrm{d}V^2}$ 的乘积成比例。图 2-25 给出了 LP_{01} 模的 b，$\dfrac{\mathrm{d}(Vb)}{\mathrm{d}V}$，$V\dfrac{\mathrm{d}^2(Vb)}{\mathrm{d}V^2}$ 与 V 之间的关系曲线。由此可以求出波导色散。由于 $N_1-N_2>0$，在限定的波长范围内，总有 $V\dfrac{\mathrm{d}^2(Vb)}{\mathrm{d}V^2}>0$，所以必有波导色散系数 $D_w(\lambda)<0$。需要注意，这里定义的波导色散系数与前面定义的归一化材料色散系数不同，是一个单位为 ps/km·nm 的参数，也就是谱宽 1nm 的光脉冲在光纤中传播 1km 时所产生的脉冲时域展宽。在后面的讨论中统一用这个单位度量波长色散。对于光纤典型的 LP_{01} 模，波导色散系数在频带内其绝对值小于 10ps/km·nm，而且波导色散的绝对值随波长的增加而增加。

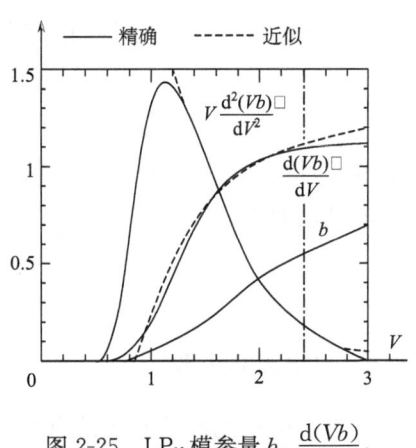

图 2-25 LP_{01} 模参量 b，$\dfrac{\mathrm{d}(Vb)}{\mathrm{d}V}$，$V\dfrac{\mathrm{d}^2(Vb)}{\mathrm{d}V^2}$ 与 V 的关系曲线

2.6.4 模式色散

模式色散是多模光纤的主要色散因素。根据几何光学近似，可以求得阶跃光纤中因为多模传输导致的光脉冲展宽为

$$\Delta\tau = \frac{n_1\Delta}{c} \tag{2.6-14}$$

而纤芯折射率按抛物线函数分布的梯度（GI）光纤中因为多模传输导致的光脉冲展宽为

$$\Delta\tau = \frac{n_1}{2c}\Delta^2 \tag{2.6-15}$$

式（2.6-14）和式（2.6-15）中，c 是真空中的光速度，n_1 是纤芯轴上的折射率，Δ 是纤芯与包层的相对折射率差。

利用波动理论，可以求得纤芯折射率分布函数为

$$n^2(r) = \begin{cases} n_1^2\left[1-2\Delta\left(\dfrac{r}{a}\right)^\alpha\right] & r \leqslant a \\ n_2^2 = n_1^2(1-2\Delta) & r > a \end{cases}$$

的多模光纤最高阶模式与主模式之间的传播时延差近似为

$$\Delta\tau_{\max} = \frac{N_1}{c}\left[\frac{\alpha-2}{\alpha+2}\Delta + \frac{3\alpha-2}{2(\alpha+2)}\Delta^2\right] \tag{2.6-16}$$

对于阶跃多模光纤，$\alpha=\infty$；对于抛物线型折射率分布的梯度光纤，$\alpha=2$。将其代入式（2.6-16）即可得到式（2.6-14）和式（2.6-15）的结果。

如果在式（2.6-16）中令

$$\frac{\alpha-2}{\alpha+2} + \frac{3\alpha-2}{3(\alpha+2)}\Delta = 0 \tag{2.6-17}$$

则最高阶模与主模之间的传播时延差与 Δ^3 同数量级，这将导致梯度光纤的最小的模间色散。

称满足式（2.6-17）的光纤折射率分布指数 α 为最佳折射率指数，记为 α_{opt}。可以求得 α_{opt} 近似为

$$\alpha_{\text{opt}} = 2 - 2\Delta \tag{2.6-18}$$

在 $\alpha = \alpha_{\text{opt}}$ 时 $\Delta\tau_{\max} = 0$，仅指最高阶模式与主模之间的传播时延差在 Δ^2 数量级上为零。实际上，可以近似为

$$\Delta\tau = \frac{N_1}{c}\frac{\Delta^2}{8} \tag{2.6-19}$$

2.6.5 单模光纤色散

目前，单模光纤是构建信息网络最主要的传输介质，其色散特性则是限制其传输容量的主要因素，所以讨论单模光纤的色散特性具有特殊的意义。

1. 色散系数

单模光纤中只有主模式 LP_{01} 模传输，总色散由材料色散、波导色散、折射率剖面色散和偏振模色散构成。前三项属于波长色散，后一项则应归入模式色散。在光纤的双折射参量很小时，波长色散是主要的。

单模光纤的波长色散用 $D(\lambda)$ 度量，单位是 ps/nm·km，即单位波长间隔（1nm）的两个频率成分在光纤中传播 1km 时所产生的群时延差。在工程中将 $D(\lambda)$ 称为色散系数。忽略折射率剖面色散，单模光纤的波长色散系数可以表示为

$$D(\lambda) = D_m(\lambda) + D_W(\lambda) \tag{2.6-20}$$

式中

$$D_m(\lambda) = -\frac{1}{c\lambda}Y_m$$

是纤芯材料的材料色散项，而后一项

$$D_W(\lambda) = -\frac{N_1 - N_2}{c\lambda}V\frac{d^2(bV)}{dV^2}$$

则是波导色散项。

根据上面的两个方程式可作出单模光纤的材料色散曲线、波导色散曲线和总的色散曲线。材料色散在通信用波长范围内可正可负。当 $\lambda = \lambda_0$ 时 $D_m(\lambda_0) = 0$，当 $\lambda < \lambda_0$ 时 $D_m(\lambda) < 0$，而 $\lambda > \lambda_0$ 时 $D_m(\lambda) > 0$。由于波导色散总为负值，所以单模光纤的总色散的绝对值将在短波长范围内大于材料色散，在长波长范围内小于材料色散。零色散波长也必然向长波长方向移动，移动的大小取决于波导色散值的大小。波导色散的绝对值则由纤芯半径 a、相对折射率差 Δ 及折射率的分布规律决定。一般来说，Δ 较大，a 较小则波导色散也就较大，因而零色散波长向长波长方向的移动也就较大。图 2-26 给出了在三种情形下，单模光纤的总色散随波长的变化曲线。由图 2-26 可知，较小的纤芯半径对应着较长的零色散波长。例如，在 $2a = 11\mu m$ 时，零色散波长 $\lambda_0 = 1.31\mu m$；在 $2a = 4.5\mu m$ 时，$\lambda_0 \approx 1.5\mu m$；在 $2a = 3.5\mu m$ 时，$\lambda_0 = 1.8\mu m$。

λ_0 附近的波长区域可以称为零色散区。严格来说，由于有高阶色散及偏振模色散存在，在零色散波长上，色散并不等于零。工程中规定在零色散波长附近，最大色散系数不大于某

一确定值。在零色散区，除了最大色散系数这一指标，十分重要的是色散斜率，定义为

$$S_0 = \lim_{\lambda \to \lambda_0} \frac{D(\lambda) - D(\lambda_0)}{\lambda - \lambda_0} = \frac{\mathrm{d}D(\lambda)}{\mathrm{d}\lambda} \tag{2.6-21}$$

也说是零色散波长附近总色散系数随 λ 变化的曲线的斜率，单位是 $ps/nm^2 \cdot km$。如果给定色散斜率为 S_0，则零色散区内的色散系数为

$$D(\lambda) = (\lambda - \lambda_0)S_0 = S_0 \Delta\lambda \tag{2.6-22}$$

为了方便理论分析，有时用群速度色散（Group Velocity Dispersion，GVD）系数描述光纤的波长色散。光波传播的相位常数通常是频率的复杂函数，即 $\beta = \beta(\omega)$。假设可以将光信号看成是对角频率为

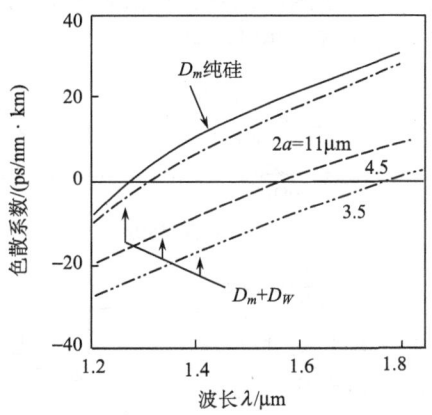

图 2-26 石英光纤的零色散波长随纤芯直径变化

ω_0，相位常数为 β_0 的单色光调制的结果，则可以将 β 在 β_0 附近展开，即

$$\beta(\omega) = \beta_0 + \beta_1 \Delta\omega + \frac{1}{2}\beta_2(\Delta\omega)^2 + \frac{1}{6}\beta_3(\Delta\omega)^3 + \cdots$$

式中，$\beta_n = \frac{\mathrm{d}^n\beta}{\mathrm{d}\omega^n}$，群时延则为 $\tau_g = \frac{1}{v_g} = \frac{\mathrm{d}\beta}{\mathrm{d}\omega} = \beta_1$。

群速度色散系数则定义为

$$\frac{\mathrm{d}\tau_g}{\mathrm{d}\omega} = \frac{\mathrm{d}^2\beta}{\mathrm{d}\omega^2} = \beta_2 \tag{2.6-23}$$

其物理意义是谱宽为 1 个频率单位的信号在光纤中传播 1 个单位距离时所产生的脉冲展宽，单位是 ps^2/km。β_2 与前面定义的色散系数 $D(\lambda)$ 之间的关系为

$$D(\lambda) = -\frac{2\pi c}{\lambda^2}\beta_2 \tag{2.6-24}$$

色散斜率 S_0 则决定于 $\beta_3 = \frac{\mathrm{d}^3\beta}{\mathrm{d}\omega^3}$。

2. 基于色散特性的单模光纤分类

按照单模光纤的零色散波长，可以将单模光纤分成常规型、色散位移型、非零色散型及色散平坦型等类型。下面分别予以介绍。

1) 常规型单模光纤

这种单模光纤的零色散波长在 $\lambda_0 = 1.31 \mu m$ 附近，在 $1.55 \mu m$ 处有较高的正色散值，ITU-T 建议的 G.652 光纤和 G.654 光纤都属于常规型单模光纤。这两种光纤的零色散波长范围为 $1.300 \sim 1.324 \mu m$，色散斜率 $S_0 \leqslant 0.093/nm^2 \cdot km$，在零色散区（$1.288 \sim 1.339 \mu m$）最大色散系数 $D(\lambda) < 3.5 ps/nm \cdot km$。

常规型单模光纤有两种常见的结构，即简单的阶跃匹配包层型和下凹内包层型，如图 2-27 所示。

匹配包层结构一般是在纤芯中掺 GeO_2 以提高折射率。掺杂浓度如果过高，会增加散射

损耗；掺杂浓度低则相对折射率差 Δ 值偏低，包层与纤芯界面对模式场约束降低，光纤的抗弯特性就会稍差一些。

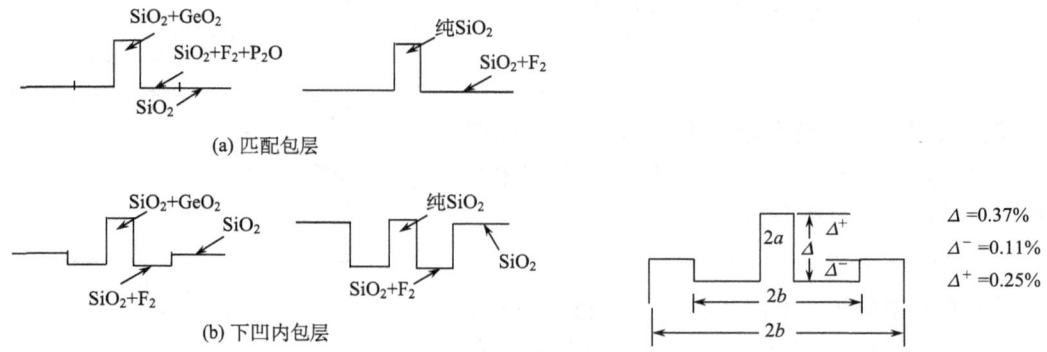

图 2-27 常规型单模光纤的折射分布　　图 2-28 某下凹型单模光纤的折射率分布

下凹内包层光纤是一种三层结构。中心的纤芯掺 GeO_2，有较高的折射率 n_1。内包层掺 P_2O_5 和 F_2，使得它的折射率 n_3 比包层折射率 n_2 还低，从而产生一个 Δ^-。包层则由纯石英构成，它与纤芯之间有相对折射率差 Δ^+。总的折射率差也就是纤芯与内包层之间的相对折射率差 $\Delta = \Delta^+ + \Delta^-$。这样，可以在不必增加 Δ^+，即纤芯包层折射率差的同时又获得了对模式场的紧约束，所以这种结构的光纤具有较好的性能。某下凹内包层光纤折射率分布如图 2-28 所示。

2) 色散位移光纤（DSF）

色散位移光纤的零色散波长 λ_0 在 $1.55\mu m$ 左右。ITU-T 建议的 G.653 光纤即属于色散位移型光纤，它的零色散波长范围为 $1.50 \sim 1.60\mu m$，色散斜率 $S_0 \leqslant 0.085/nm^2 \cdot km$，在 $1.525 \sim 1.575\mu m$ 范围内最大色散系数 $D(\lambda) < 3.5ps/nm \cdot km$。

将石英玻璃的零色散波长从 $1.31\mu m$ 附近移位至 $1.55\mu m$ 附近是为了与石英光纤的最低损耗波长相吻合。实现色散位移的手段是增加波导色散，使得在 $1.55\mu m$ 附近材料色散刚好与波导色散相抵消。增加波导色散的办法除了前面提到的可以用减小纤芯直径的办法，主要是将纤芯折射率做成渐变的，如三角形分布等。具体的折射率分布如图 2-29 所示。其中，图 2-29（e）～图 2-29（f）是较好的设计。

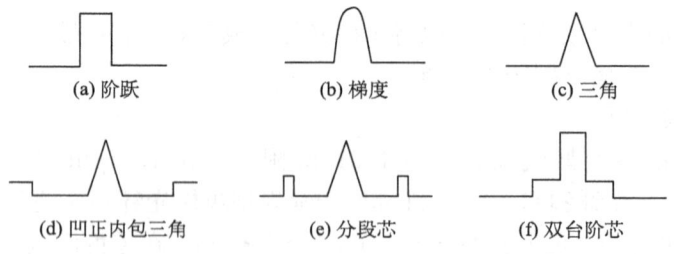

图 2-29 色散位移型光纤折射率分布

3) 非零色散光纤（NZDF）

色散位移光纤在 1550nm 波段有十分优异的传输特性，它在光纤的最低损耗波长处的色散系数几乎为零。这对于单波长系统无疑是最好的。但是，对于多波长系统，如 DWDM 系统，这种光纤则有严重的问题。在 DWDM 系统中，如果各个波长信道的光功率较大，则会产生四波混频，导致系统性能严重劣化。工作在零色散区则正好可以满足形成四波混频的相位匹配条件。为了解决这一问题，ITU-T 制定了 G.655 建议。按 G.655 建议制造的光纤在 1550nm 窗口上保留了一定量的色散以抑制四波混频，但其色散又要充分小，以保证色散不会成为系统容量的限制因素。这种光纤就是非零色散光纤（Non Zero Dispersion Fiber）。近年来，为了解决光纤中的非线性问题，又研制成功了大有效面积光纤（LEAF）。这种光纤也属于 G.655 光纤，只不过它的有效横截面面积明显大于普通的 G.655 光纤。在相同的输入功率条件下，大有效面积光纤中的光强要小得多，从而有效地抑制了非线性效应。非零色散光纤的折射率剖面，尤其是大有效面积光纤的折射率剖面更为复杂，这里不再讨论。

4) 色散平坦型光纤

这种单模光纤有两个零色散波长，分别位于 $1.3\mu m$ 和 $1.6\mu m$ 附近。这样，可以实现在 $1.3 \sim 1.6\mu m$ 波长范围内总色散都很小，而且色散斜率也很小。实现色散平坦的手段是使波导色散曲线具有更大的斜率，或其负色散值随波长变化更陡，使得在 $1.3 \sim 1.6\mu m$ 波长范围内波导色散与材料色散都可较好地抵消。常规型、色散位移型、色散平坦型单模光纤的色散特性如图 2-30 所示。

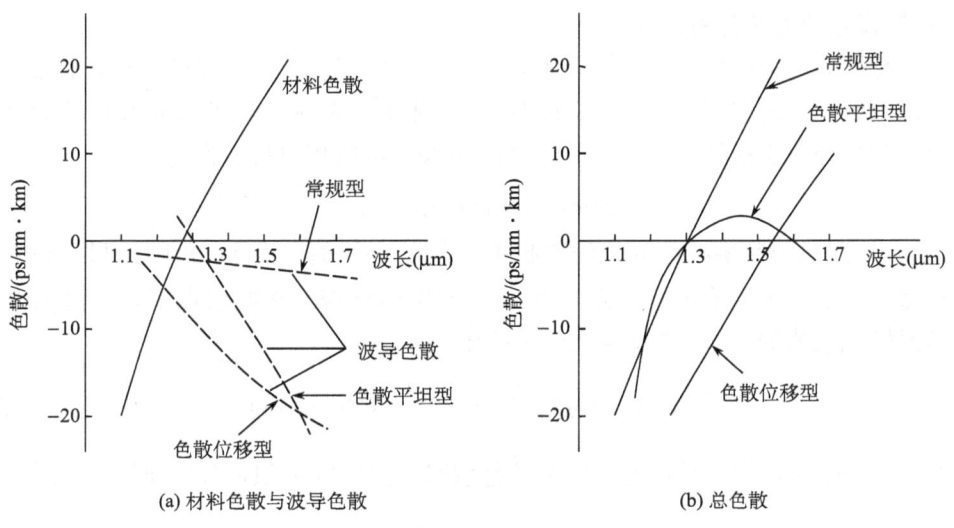

图 2-30 几种类型单模光纤的色散特性

3. 偏振模色散

1) 偏振模色散

前面已指出单模光纤的工作模式 LP_{01} 模有两个正交的偏振方向，电场强度分别指向 x 轴和 y 轴方向，分别记为 LP_{01}^x 模和 LP_{01}^y 模，相位常数分别为 β_x 和 β_y，这两个正交的模式在光纤中传播单位距离的群时延分别为

$$\tau_x = \frac{d\beta_x}{d\omega}, \tau_y = \frac{d\beta_y}{d\omega}$$

由此产生的传播时延差或脉冲展宽为

$$\Delta\tau_p = \frac{d}{d\omega}(\beta_x - \beta_y) = \frac{d\Delta\beta}{d\omega} \tag{2.6-25}$$

利用双折射参量的定义式可得

$$\Delta\tau_p = \frac{d}{d\omega}(k_0 B) = \frac{B}{C} + \frac{\omega}{c}\frac{dB}{d\omega}$$

对于石英光纤，第二项远小于第一项，所以偏振模色散所导致的脉冲展宽为

$$\Delta\tau_p = \frac{B}{C} = \frac{\Delta\beta}{\omega} = \frac{1}{L_B f} \tag{2.6-26}$$

式中，B 是单模光纤的双折射参量，L_B 是拍长，f 是光源频率。普通单模光纤的双折射参量 B 为 10^{-6} 数量级。例如，当 $B=10^{-6}$ 时，在工作波长为 $1.5\mu m$ 时，拍长 $L=1.5m$，由于偏振模色散导致的脉冲展宽为 $\Delta\tau_p=3.3ps/km$。这与采用单纵模激光器（谱宽 1nm 左右）在单模光纤零色散波长附近因波长色散（3ps/km·nm）所导致的脉冲展宽相当。由于两个正交模之间的耦合作用在长距离传输时，总色散或脉冲展宽并不与距离成正比，所以与波长色散比较，偏振模色散是次要的。采用旋转工艺制作的低双折射光纤，双折射参量 B 可低达 10^{-9} 数量级，这种光纤可以完全不考虑偏振模色散的影响。

2）偏振模色散的统计特性

鉴于光纤制造过程中的不确定性因素，光纤的不圆程度、内应力的不均匀程度都是随机变化的，这导致光纤的双折射参量 $\Delta\beta$ 或拍长 L_B 并不是常量，而是随光纤位置而变化的随机量。根据对光纤双折射特性大量实验研究的结果，可以将双折射参量写成

$$\Delta\beta(\omega,l) = \Delta\beta_0(\omega) + \gamma(l) \tag{2.6-27}$$

式中，$\Delta\beta_0(\omega)$ 是只与频率有关的光纤双折射参量的平均值，而 $\gamma(l)$ 则是只与位置有关的一个微扰量，它是一个均值为零，方差为 σ^2 的高斯白噪声。在此假设下，长为 L 的光纤链路总的偏振模色散值的数学期望，或统计平均值为

$$\langle\tau(L)\rangle = \sqrt{2}\left(\frac{\Delta\tau_p}{\sigma^2}\right)(\sigma^2 L + e^{-\sigma^2 L} - 1)^{\frac{1}{2}} \tag{2.6-28}$$

由式（2.6-28）可见，若光纤长度与偏振模色散涨落幅度的乘积 $\sigma^2 L \gg 1$ 时，可以得到

$$\langle\tau(L)\rangle = \sqrt{2}\frac{\Delta\tau_p}{\sigma}\sqrt{L} \tag{2.6-29}$$

即对于长光纤线路，总的偏振模色散与光纤长度的平方根成正比，这与实测结果相符，所以在给出单模光纤的偏振模色散参数时所用的单位是 $ps/\sqrt{km}$。

2.6.6 色散对通信容量的影响

色散导致光脉冲在传播过程中被展宽，这已成为数字光纤通信系统容量的基本限制因素。对任意形状的脉冲，通常用均方根脉宽 σ 表征脉冲宽度，定义为

$$\sigma = [\langle T^2\rangle - \langle T\rangle^2]^{\frac{1}{2}} \tag{2.6-30}$$

式中，

$$\langle T^m \rangle = \frac{\int_{-\infty}^{\infty} T^m |U(z,T)|^2 \mathrm{d}T}{\int_{-\infty}^{\infty} |U(z,T)|^2 \mathrm{d}T} \tag{2.6-31}$$

式中的 $U(z, T)$ 是光脉冲的归一化包络函数，称 $\langle T^m \rangle$ 为脉冲的 m 阶矩。显然，σ^2 即为脉冲的二阶矩与其一阶矩的平方之差。在传播过程中，高斯脉冲的均方根脉宽的展宽因子可以表示为

$$\frac{\sigma}{\sigma_0} = \left[1 + \left(\frac{\beta_2 z}{2\sigma_0^2}\right)^2 + \frac{1}{8}\left(\frac{\beta_3 z}{2\sigma_0^3}\right)^2\right]^{\frac{1}{2}} \tag{2.6-32}$$

式中，σ_0 是初始脉冲宽度，σ 则是传播距离 z 以后的脉冲宽度。

进一步讲，如果考虑到光源的非单色性，假设光源的光谱为高斯光谱，其谱宽为 $\Delta\omega_s = \frac{2\pi c}{\lambda^2}\Delta\lambda_s$，$\Delta\lambda_s$ 是以波长度量的光源线宽，则高斯光脉冲的展宽因子可以表示为

$$\frac{\sigma}{\sigma_0} = \left[1 + (1+V^2)\left(\frac{\beta_2 z}{2\sigma_0^2}\right)^2 + \frac{1}{8}(1+V^2)^2\left(\frac{\beta_3 z}{2\sigma_0^3}\right)^2\right]^{\frac{1}{2}} \tag{2.6-33}$$

式中，$V = 2\sigma_s \sigma_0$，σ_s 是高斯光源的均方根谱宽，单位为 Hz。式（2.6-33）是考虑色散对通信容量限制的基本依据。

设传输系统的比特速率为 B、传输距离为 L，则定义传输容量为 BL。下面分两种情形讨论色散对 BL 的影响。

1. 光源谱宽限制

假设光源谱宽比信号本身的谱宽要大得多，也就是 $V \gg 1$。忽略三阶色散的影响，则传播距离 L 以后光脉冲的宽度为

$$\sigma = \sigma_0\left[1 + V^2\left(\frac{\beta_2 L}{2\sigma_0^2}\right)^2\right]^{\frac{1}{2}} = [\sigma_0^2 + (\beta_2 L \sigma_s)^2]^{\frac{1}{2}} = [\sigma_0^2 + (DL\sigma_\lambda)^2]^{\frac{1}{2}} \tag{2.6-34}$$

式中，$D = -\frac{2\pi c}{\lambda^2}\beta_2$，是光纤的色散系数，$\sigma_\lambda$ 是光源的以波长度量的均方根谱宽。为了保证接收端不出现严重的误码，这里引用一个判据，就是接收端光脉冲的均方根宽度不大于信息比特周期的 1/4，也就是 $\sigma \leqslant T_B/4 = 1/4B$。这个判据保证接收端光脉冲有不少于 95% 的能量落在信息比特时隙以内，因而得到 $4B\sigma \leqslant 1$。假设输入脉冲的宽度可以忽略（即 $\sigma_0 \ll \sigma$），则可得到

$$BL|D|\sigma_\lambda < 1/4 \tag{2.6-35}$$

为了说明色散对通信容量的限制，以常规型单模光纤为例。在 $\lambda = 1.55\mu m$ 窗口中，$D = 16\text{ps/km}\cdot\text{nm}$，如果光源谱宽 $\sigma_\lambda = 1\text{nm}$，则 $BL < 15.6\text{Gbit/s}\cdot\text{km}$。提高信道传输容量的措施有两条，一是采用窄线宽光源；二是采用色散位移光纤。对于色散位移光纤，其零色散波长在 $1.55\mu m$ 附近。在零色散波长附近，二阶色散可以忽略，即 $\beta_2 \approx 0$，这时三阶色散成为主要的制约因素。假设 $\beta_2 = 0$，$C = 0$，$V \gg 1$，则式（2.6-33）可近似为

$$\sigma = \sigma_0\left[1 + \frac{V^2}{8}\left(\frac{\beta_3 L}{2\sigma_0^3}\right)^2\right]^{\frac{1}{2}} = \left[\sigma_0^2 + \frac{1}{2}(\beta_3 L \sigma_s^2)^2\right]^{\frac{1}{2}} = \left[\sigma_0^2 + \frac{1}{2}(SL\sigma_\lambda^2)^2\right]^{\frac{1}{2}} \tag{2.6-36}$$

式中，$S=\dfrac{dD(\lambda)}{d\lambda}$，是零色散波长附近光纤的色散斜率，仍然采用前述判据，即 $4B\sigma\leqslant 1$，则有

$$BL|S|\sigma_\lambda^2 \leqslant \frac{1}{2\sqrt{2}} \tag{2.6-37}$$

假设 $\sigma_\lambda=1$nm，$S=0.1$ps/nm$^2\cdot$km，则可得到 $BL\leqslant 3.5$tbit/s·km。

2. 信号谱宽的限制

假设传输系统采用具有极窄线宽的相干光源，使得 $V\ll 1$，则在式（2.6-33）中可以忽略与光源谱宽有关的项。在忽略高阶色散的条件下得到

$$\sigma = \left[\sigma_0^2 + \left(\frac{\beta_2 L}{2\sigma_0}\right)^2\right]^{\frac{1}{2}} \tag{2.6-38}$$

显然，仍采用 $4B\sigma\leqslant 1$ 的判据时，不能令 $\sigma_0=0$。在由信号谱宽起决定作用的条件下，脉冲的初始宽度有一个最佳值，使它在给定条件下输出脉冲最窄。将式（2.6-38）对 σ_0 求导，并令其等于零，即可解得此最佳值为

$$\sigma_0 = \left(\frac{|\beta_2|L}{2}\right)^{\frac{1}{2}}$$

当 σ_0 取此值时，输出脉宽 $\sigma=(\beta_2 L)^{1/2}$。仍然采用 $4B\sigma\leqslant 1$ 的判据，得到

$$B(|\beta_2|L)^{\frac{1}{2}} \leqslant \frac{1}{4}$$

或者

$$B^2 L < \frac{2\pi c}{16\lambda^2|D(\lambda)|} \tag{2.6-39}$$

如果系统工作在光纤的零色散波长附近，即假设 $\beta_2=0$，则在 $V\ll 1$ 的条件下可以得到

$$\sigma = \left[\sigma_0^2 + \frac{1}{2}\left(\frac{\beta_3 L}{4\sigma_0^2}\right)^2\right]^{\frac{1}{2}} \tag{2.6-40}$$

式（2.6-40）在 $\sigma_0=\left(\dfrac{\beta_3 L}{4}\right)^{\frac{1}{3}}$ 时，σ 达到极小。同样利用 $4B\sigma\leqslant 1$ 的判据有

$$B^3 L \leqslant \frac{3.4\times 10^{-2}}{|\beta_3|} \tag{2.6-41}$$

如果取 $\beta_3=0.1$ps^3/km，则当传输距离为 100km 时，比特率可达 150Gbit/s。

2.6.7 色散补偿

光纤的损耗和色散是限制光纤通信系统无中继传输距离两个主要的制约因素。随着光放大技术的成熟，尤其是掺铒光纤放大器（EDFA）在石英光纤的最低损耗窗口，即 1.55μm 波段优异的性能，使光功率的损耗得到了有效的补偿，这就使得色散成为高速光纤通信系统最主要的制约因素。尤其是已大量铺设的常规型单模光纤（ITU-T G.652 光纤），其零色散波长在 1.31μm 附近，在其最低损耗窗口 1.55μm 处的色散系数可达 $10\sim 20$ps/nm·km。根

据前面的结果，对于宽谱光源，传输距离 $L < \dfrac{1}{4B|D|\sigma_\lambda}$。对于 2.5Gbit/s 的传输系统，在 $\sigma_\lambda = 1$nm 时，即使取 $D = 10$ps/nm·km，也有 $L < 10$km。对于相干性极好的动态单纵模激光器，根据式（2.6-39），传输距离 $L < \dfrac{2\pi c}{16\lambda^2 |D|B^2}$。同样取 $B = 2.5$Gbit/s、$D = 10$ps/nm·km，则有 $L < 7.85 \times 10^2$km。如果数据比特率增加到 10Gbit/s，则 $L < 50$km。由此可见，用常规型单模光纤在 1.55μm 窗口传输高速数据流，光纤的色散成为最终的制约因素，而且这种制约因素无法通过采用窄线宽光源得到解决。为了克服色散对通信容量的限制，采用适当的技术补偿光纤的色散，使色散导致的光信号传输畸变减至最小是对已铺设线路扩容的最经济手段。对色散的补偿可以在光纤线路上实现，也可以发送端或接收端实现。下面主要介绍采用色散补偿光纤和光纤光栅进行色散补偿的基本原理，同时也会提到其他一些补偿技术的概念。

1. 色散补偿光纤（DCF）

最简单的在线补偿方案是在光纤线路中采用色散特性相反的两种光纤级联，使得线路中总的色散为零。假设光纤线路由长为 L_1 和 L_2 的两段级联而成，群速度色散系数分别为 β_{21} 和 β_{22}，如果满足条件 $\beta_{21}L_1 + \beta_{22}L_2 = 0$，则色散将得到完全补偿，输出光脉冲将保持形状不变。

假设长度为 L_1 的光纤是常规型单模光纤，在 1.55μm 频段上 $\beta_{21} < 0$，$D_1 > 0$，呈反常色散。长度为 L_2 的光纤为色散补偿光纤（DCF），$\beta_{22} > 0$，$D_2 < 0$，呈正常色散。为使色散得到完全补偿，线路中色散补偿光纤的长度应满足关系

$$L_2 = -\dfrac{D_1}{D_2}L_1 \tag{2.6-42}$$

为了减小线路的总衰耗，通常 L_2 应尽可能小，所以色散补偿光纤的色散系数应尽可能大。实际上，色散补偿光纤就是具有高色散系数的光纤。

色散补偿光纤的高色散可以通过减小光纤的归一化频率 V 得到，通常 V 的取值为 1.0 左右。相对较小的 V 值使得光纤主模式能量有相当一部分在包层中传播，这就导致光纤损耗增加。通常用一个参数 $M = \dfrac{|D|}{\alpha}$ 作为色散补偿光纤的性能指标，这里的 α 是光纤的损耗系数。目前，色散补偿光纤的色散系数在 1.55μm 波段已超过 -200ps/km·nm 而损耗为 0.5dB/km 左右，因而 $M \approx 400$ps/nm·dB。这种小 V 值色散补偿光纤主要的缺点就是损耗较大而 M 值较低，每千米的这种色散补偿光纤只能补偿 $10\sim12$km 的常规单模光纤色散。对于长距离传输系统，需要的色散补偿光纤的长度 L_2 较大，使得线路总损耗明显增大。解决这个问题的方法是将色散补偿光纤制成双模光纤。

双模色散补偿光纤的归一化频率 V 在 2.5 左右。这样，高阶模 LP_{11} 模处在传输与截止的状态之间，于是高阶模就有很大的色散系数。有文献记载，如果将光纤的纤芯制成椭圆截面，则其色散系数可达 -800ps/km·nm 以上。1km 的这种双模色散补偿光纤可以补偿 40km 左右的常规单模光纤在 1.55μm 处的色散，同时不显著增加线路损耗。

2. 光纤光栅用于色散补偿

光纤光栅是一段长度为 L 而折射率呈周期变化的光纤，工作原理在第 3 章中讲述，这

里仅仅用其结论。将光纤光栅用于色散补偿可以采用如下措施。

(1) 将折射率变化的幅度 Δn_0 做成随 z 变化。利用这种技术有人用长为 11cm 的光纤光栅作为色散补偿元件，实现了 10Gbit/s 的信号在 100km 的常规单模光纤中传输，而群速度色散的影响得到了很好的补偿。

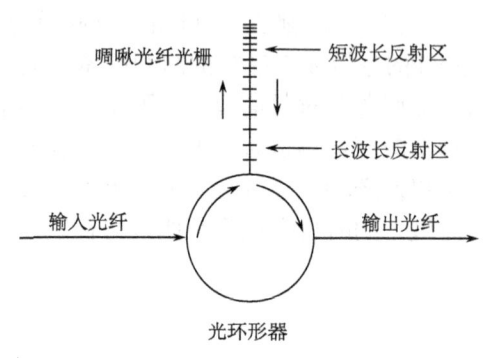

图 2-31 采用啁啾光纤光栅进行色散补偿结构图

(2) 采用啁啾光纤光栅作为色散补偿元件。这里的"啁啾"是指光栅常数 $\Lambda=\Lambda(z)$，即光栅常数 Λ 在整个光纤长度范围内可变。一般采用线性啁啾，即 Λ 在光栅长度范围内呈线性变化。由布拉格反射波长 $\lambda_B=2n_{\text{eff}}\Lambda(z)$ 可知，进入光纤光栅的光信号中不同频率成分在不同位置反射，使输出信号中不同频率成分有不同的反射时延。对于啁啾参数 $C>0$ 的光纤光栅，短波长成分在末端反射，长波长成分在始端反射，这样在短波长成分和长波长成分之间有一个附加的时延，这个时延正好与常规单模光纤在 $1.55\mu m$ 处的反常色散特性相反，从而达到色散补偿的目的。采用啁啾光纤光栅进行色散补偿的结构如图2-31所示。通常用色散参数 D_g 描述啁啾光栅的色散特性，定义式为

$$\Delta t = D_g L \Delta\lambda$$

Δt 是光在光栅中一个来回的时间；L 是光栅长度；$\Delta\lambda$ 是光栅波长带宽，相当于 $z=0$ 处的布拉格波长和 $z=L$ 处的布拉格波长之差。由于 $\Delta t=2Ln_{\text{eff}}/c$，所以有简单关系

$$D_g = \frac{2n_{\text{eff}}}{c\Delta\lambda} \tag{2.6-43}$$

如果要求光纤光栅有 0.2nm 的带宽，则 $D\approx 5\times 10^7$ ps/km·nm。假设光纤光栅长度 $L=$ 10cm，则此啁啾光栅可补偿 300km 左右的常规单模光纤在 $1.55\mu m$ 窗口的色散。

采用啁啾光栅补偿光纤色散具有插入损耗小和易于与系统连接等优点。在已大量铺设的常规单模光纤线路上，采用光纤光栅作为色散补偿元件是很好的方案。

3. 其他补偿技术

除上面介绍的两种常用的色散补偿技术，还有多种发送端和接收端采用的色散补偿技术。

发送端可以采用的色散补偿技术可以称为预补偿技术，主要可以采用的技术包括预啁啾和 FSK 调制。

所谓"啁啾"，是指光载波的频率随时间变化。对于有初始啁啾的高斯光脉冲，如果啁啾参数 C 和群速度色散 β_2 的乘积为负，即 $\beta_2 C<0$，则可使光脉冲展宽速度大为减缓。所以，发送端采用适当的方法引进初始啁啾有助于降低色散的影响。

在光纤通信系统中，首先对光载波进行调频，然后再进行强度调制，从而达到色散补偿的目的；也可以只用调频方式以达到色散补偿的目的，即发送端采用 FSK 方式调制，对于 0 码元和 1 码元，光载波频率分别为 ω_0 和 ω_1，载波功率相等。对应的波长为 λ_0 和 λ_1，波长差 $\Delta\lambda=\lambda_0-\lambda_1$。如果光纤线路长度为 L，光纤色散系数为 D，则两种频率的光载波将产生传

播时延差 $\Delta t=DL\Delta\lambda$。如果取此时延差正好与一个信息比特周期相等，即 $\Delta t=1/B$，则接收端将产生一个三电平的光信号，其中的高电平由于色散导致的 0 码元与 1 码元重叠而成，而最低的接收光功率则由于色散导致码元交替时整个比特周期内无光到达，中间的光功率则由持续的 0 码元或 1 码元形成。经光检测和积分电路输出一个幅度受到调制的电信号，再经判决电路即可恢复出原数据信号。

接收端采用的色散补偿技术可以称为后补偿技术，即接收端采用电子技术补偿因色散导致的信号畸变。

对光信号进行均衡滤波是重要的色散补偿技术。在光接收机之前接入传输函数为 $H(\omega)$ 的光滤波器，只要设计适当，光滤波器的输出信号无畸变。可以采用 Fabry-Perot 干涉仪作为滤波元件，也可以采用 Mach-Zehnder 干涉仪（M-ZI）作为滤波元件，这里不详细介绍。

2.7 光纤的非线性特性

在光学、光纤传输领域，对非线性现象的研究对光信息技术的发展起着举足轻重的作用。过去在电磁学、光学领域接触到的非线性问题主要是谐波失真、交叉调制、四波混频等。这些非线性现象都导致电磁信号失真，因而要极力避免。随着光纤通信技术的发展，人们对光学中的非线性的认识在不断变化。例如，多波长光通信系统应克服四波混频引起的串扰，但通过四波混频效应可以实现波长变换，而波长变换则是光网络核心技术之一。自相位调制导致信号传输失真，但在特定条件下，自相位调制与光纤色散相互作用可形成光孤子，使光孤子通信成为可能。受激非弹性散射导致光信号功率额外损失，从而引起串扰，但又可利用受激散射现象制成光放大器、光纤激光器。为使读者了解上述领域的发展，本节将介绍光纤非线性传输的一般理论及自相位调制、光孤子传输、四波混频、受激拉曼散射（SRS）、受激布里渊散射（SBS）等非线性现象的机理及对通信的影响。

2.7.1 光纤的非线性折射率

对于非磁性媒质，如果其中存在电磁场则媒质将发生电极化。电极化状况由电极化强度矢量 $\boldsymbol{P}$ 描述，它的方向代表媒质极化方向，也就是媒质中电偶极子的平均取向；它的模代表极化的强弱。极化强度与媒质中的电场的关系为

$$\boldsymbol{P} = \varepsilon_0 \chi^{(1)} \cdot \boldsymbol{E} + \varepsilon_0 \chi^{(2)} : \boldsymbol{E}\boldsymbol{E} + \varepsilon_0 \chi^{(3)} \vdots \boldsymbol{E}\boldsymbol{E}\boldsymbol{E} + \cdots \qquad (2.7\text{-}1)$$

式中，$\chi^{(i)}$ 称为媒质的电极化率张量，而且 $\chi^{(i)}$ 是 $i+1$ 阶张量。$\chi^{(1)}$ 是一个二阶张量，它的 9 个元与场量 $\boldsymbol{E}$ 无关，是电极化率张量的线性部分。如果 $\chi^{(2)}$ 和 $\chi^{(3)}$ 及所有高阶电极化率张量的元都为零，则媒质是线性的，极化强度与电场之间有简单的线性关系。进一步，如果 $\chi^{(1)}$ 中所有的对角线元相等而所有的非对角线元全为零，则媒质线性各向同性，极化强度与电场之间有简单的正比例关系，即 $\boldsymbol{P}=\varepsilon_0\chi\boldsymbol{E}$。$\chi^{(2)}$ 和 $\chi^{(3)}$ 分别是媒质的二阶和三阶非线性电极化率张量。由它们决定的电极化矢量是电极化强度的非线性部分。可以将极化强度表示为

$$\boldsymbol{P}(t) = \boldsymbol{P}_L(t) + \boldsymbol{P}_{NL}(t) = \boldsymbol{P}_L(t) + \boldsymbol{P}_{NL}^{(2)}(t) + \boldsymbol{P}_{NL}^{(3)}(t) \qquad (2.7\text{-}2)$$

式中，$\boldsymbol{P}_L$ 为线性极化强度、$\boldsymbol{P}_{NL}^{(2)}$ 为二阶非线性极化强度、$\boldsymbol{P}_{NL}^{(3)}$ 为三阶非线性极化强度。在一般的情形下，总有 $|\boldsymbol{P}_L|\gg|\boldsymbol{P}_{NL}|$。所以，在外加电场不是很强的情形下，总可以近似认为媒

质是线性的。光纤中传输的光功率在毫瓦量级，多模光纤横截面面积较大，单位面积上的平均光功率或光强很小，可以不考虑非线性效应。但是，如果单模光纤芯径小，在传输功率达到或超过毫瓦量级时，光强及相应的电场十分强大，非线性效应已不可忽略。

由于石英材料分子的结构对称，其二阶非线性极化强度可以忽略，只需考虑三阶非线性极化强度。假设光纤是各向同性的媒质，则光纤中的极化强度表示为

$$\boldsymbol{P}(t) = \varepsilon_0 \chi^{(1)} \boldsymbol{E}(t) + \varepsilon_0 \chi^{(3)} \boldsymbol{E}^3(t)$$

电位移则为

$$\boldsymbol{D}(t) = \varepsilon_0 \boldsymbol{E}(t) + \boldsymbol{P}(t) = \varepsilon_0 [1 + \chi^{(1)} + \chi^{(3)} E^2] \boldsymbol{E}(t) = \varepsilon_0 n^2 \boldsymbol{E}(t)$$

式中

$$n^2 = [1 + \chi^{(1)} + \chi^{(3)} E^2]$$

对正弦场有

$$n^2 = \left[1 + \chi^{(1)} + \frac{3}{4} \chi^{(3)}_{xxxx} E^2\right]$$

式中，$\chi^{(3)}_{xxxx}$ 是三阶非线性极化率张量的第一个元，于是有

$$n = n_1 + n_2 E^2 \tag{2.7-3}$$

式中

$$n_1 = [1 + \chi^{(1)}]^{\frac{1}{2}} \tag{2.7-4a}$$

$$n_2 = \frac{3}{8 n_1} \chi^{(3)}_{xxxx} \tag{2.7-4b}$$

式中，n_1 是折射率的线性部分，而 $n_2 E^2$ 是折射率的非线性部分。由式（2.7-3）可知，光纤的折射率除了一个线性部分，还有一个与外加光强成正比的非线性修正项。这种折射率有一个与外加场强的平方成比例的非线性修正项的现象在光学中称为克尔效应。

2.7.2 自相位调制

由于光纤具有非线性的折射率，因而光波在传播过程中的相位变化必然也受到此非线性折射率的影响，这是因为相位因子的变化与传播距离 L 之间的关系近似为

$$\phi(L) = -k_0 n L = -k_0 (n_1 + n_2 E^2) L \tag{2.7-5}$$

由式（2.7-5）可知，相位因子受到光强的调制，这种现象称为自相位调制（Self-Phase Modulation，SPM）。假设外加光场的电场强度的调制包络函数为

$$E(z, T) = \sqrt{P} U(z, T)$$

式中，P 是输入光脉冲的峰值功率，$U(z, T)$ 是归一化的脉冲场包络函数，$U(0, 0) = 1$ 是其最大值。在这里，T 是以运动的脉冲包络为参照系的时间变量，脉冲顶部 $T=0$，脉冲前沿 $T<0$，脉冲后沿 $T>0$。于是，当光脉冲在光纤中传播距离 L，其非线性相位值为

$$\phi_{NL} = -k_0 L(n_1 + n_2 P U^2(L, T)) = -k_0 L(n_1 + n_2 P U^2(0, T))$$

在得到上式后一步时，光纤的损耗已经忽略了。如果考虑光纤损耗则应稍加修正。

由于非线性相移与信号自身有关，因而是时间 T 的函数。这一与时间有关的相移对时间的导函数就是由自相位调制导致的频率偏差 $\delta\omega(T)$，这种随时间变化的频率偏差称为频

率啁啾，即

$$\delta\omega = \frac{\partial \phi_{NL}}{\partial T} = -k_0 n_2 PL \frac{\partial}{\partial T}|U(0,T)|^2 \quad (2.7\text{-}6)$$

由式（2.7-6）可知，对于脉冲前沿，$\frac{\partial}{\partial t}(|U(0,T)|^2) > 0$，所以 $\delta\omega < 0$，频率红移；产生向下啁啾。对于脉冲后沿，$\frac{\partial}{\partial t}(|U(0,T)|^2) < 0$，$\delta\omega > 0$，频率蓝移，产生向上啁啾；对于脉冲顶部，$\delta\omega = 0$。

定义超高斯脉冲为

$$U(0,T) = \exp\left[-\frac{1}{2}\left(\frac{T}{T_0}\right)^{2m}\right] \quad (2.7\text{-}7)$$

式中，如果 $m=1$，就是高斯脉冲。超高斯脉冲可以用来逼近矩形脉冲，m 越大，前后沿越陡，越接近矩形脉冲。对于超高斯脉冲，由自相位调制引起的频偏为

$$\delta\omega(T) = k_0 n_2 PL \frac{2m}{T_0}\left(\frac{T}{T_0}\right)^{2m-1} \exp\left[-\left(\frac{T}{T_0}\right)^{2m}\right] \quad (2.7\text{-}8)$$

如果 $m=1$，则在脉冲顶部附近近似产生线性频率啁啾。图 2-32 给出了高斯脉冲和 $m=3$ 的超高斯脉冲在单模光纤中传播一定距离后的频偏示意图。

由图 2-32 可见，超高斯脉冲由于前后沿很陡，顶部较平，所以在前后沿产生较大的频偏，而顶部在相当宽的范围内频偏几乎为零。自相位调制导致的频率啁啾使得信号的频谱明显展宽。这种频谱的展宽对通信产生显著的影响。

自相位调制导致光信号在传输过程产生附加的非线性相移，在正常色散（$\beta_2 > 0$）的

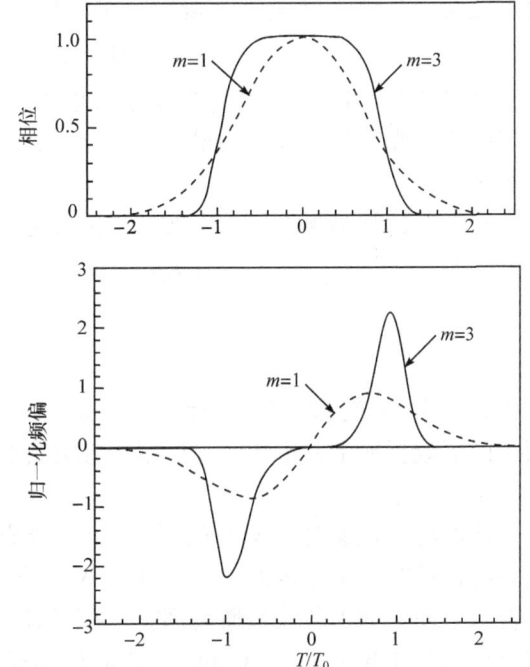

图 2-32 高斯脉冲和超高斯脉冲因 SPM 引起的频偏示意图

条件下会导致光脉冲加速展宽。这会严重制约系统的比特速率距离积；在反常色散条件下（$\beta_2 < 0$）脉冲展宽的速度显著变慢，因而有利于提高系统的比特速率距离积。尤其是在特殊条件下会导致光孤子，这一现象对光通信技术产生了极大的影响。

在光纤的反常色散区，如果传输功率很大，则在一定距离内光脉冲被压缩，这是因为在不长的光纤中即可产生很大的非线性相移，从而导致光信号频谱大幅度展宽，这在时域即相当于脉冲被压缩。采用这种方法可以获得 10^{-15} s 级的超短脉冲。

2.7.3 四波混频

四波混频（FWM）是最重要的三阶非线性效应之一。由四波混频过程产生的新的频率

可能与其他光载波频率相等或相近，这因导致多波长光通信系统（DWDM）不同波长通道之间的串扰和额外的功率损耗而备受重视。

假设光纤中同时有多个光载波传播，角频率分别为 ω_1，ω_2，ω_3，ω_4，…，则在

$$\omega_4 = \omega_1 + \omega_2 - \omega_3 \tag{2.7-9a}$$

或

$$\omega_4 = 2\omega_1 - \omega_3 \tag{2.7-9b}$$

的条件下可能产生四波混频。也就是说，当满足上面的条件时，频率为 ω_4 的光载波会受到其他光载波的影响。满足前一个条件的四波混频现象称为非简并四波混频，满足后一条件的则称为简并四波混频。简并四波混频是非简并四波混频现象的特例，即 $\omega_1=\omega_2$ 时所产生的现象。简并的四波混频过程可以看成是一个频率为 ω_1 很强的泵浦光，在非线性介质中激发两个光波，其频率与 ω_1 互为镜像，它们与 ω_1 之间的频移为

$$\Omega = \omega_1 - \omega_3 = \omega_4 - \omega_1$$

由此可以认为，频率为 ω_j 的泵浦波可以放大频率比其低 Ω 的一个信号光波及其镜像光波。对于多波长光通信系统，如果 $\omega_1-\Omega$ 和 $\omega_1+\Omega$ 与其他波长信道频率相近即会造成波长信道间的串扰。

除了上述频率条件，产生四波混频还必须满足相位匹配条件，即

$$k_0 n_{\text{eff}4} = k_0 n_{\text{eff}1} + k_0 n_{\text{eff}2} - k_0 n_{\text{eff}3} \tag{2.7-10a}$$

或

$$k_0 n_{\text{eff}4} = 2k_0 n_{\text{eff}1} - k_0 n_{\text{eff}3} \tag{2.7-10b}$$

式中，n_{eff} 是等效折射率，下标 1，2，3，4 代表不同的频率。由于光纤的色散，对应于不同频率的等效折射率并不相同。所以，在光纤色散系数较大时，相位匹配条件难以满足，四波混频不易产生。

四波混频现象对 DWDM 通信系统会造成严重的不同光波长通道间的串扰，这是进行光波系统设计时必须考虑的问题。DWDM 系统相邻波长通道的频率间隔通常在数十吉赫到数百吉赫之间。如果各波长通道都在单模光纤的低色散区，而且功率较大，则每一个波长通道都会作为泵浦光干扰 $\omega-\Omega$ 和 $\omega+\Omega$ 的相邻通道。同时，$\omega_i+\omega_j-\omega_k$ 这样新产生的频率如果落在某一波长通道内，也会干扰该通道。为了克服四波混频对相邻通道的干扰，必须采用多种措施，其中最主要的是采用非零色散光纤（NZDF）和大有效面积光纤（LEAF）。非零色散光纤将零色散波长置于 $1.55\mu m$ 低损耗窗口之外，使工作窗口内保留有不大的色散（3～5ps/km·nm）。这样，既可保证高速传播系统不致因色散的制约使其传输距离受限，同时又有足够大的色散使四波混频的相位匹配条件难以满足，从而把四波混频引起的串扰降到最低。采用大有效面积光纤，使得在同样的注入光功率条件下，单模光纤纤芯中单位面积上的光功率显著减小，从而可以有效地抑制四波混频的影响。在系统设计时，除了选用合适的光纤，限制系统的注入功率和合理安排波长间隔也是克服四波混频影响的有效措施。在 DWDM 系统中，相邻波长间隔不应取得过小。当相邻波长间隔较大时，新产生的频率成分 $\omega_1-\Omega$ 和 $\omega_1+\Omega$ 都还在 ω_1 附近，不会干扰相邻波长通道；一旦波长通道间的频率间隔与 Ω 相差较小时，四波混频串扰就会十分严重。

对于多波长通信系统，四波混频是必须加以抑制的一种有害的非线性效应。另一方面，

四波混频导致的参量增益又是一种可以利用的非线性效应,首先可用于未来的全光通信系统中光交换节点上的波长变换。利用携带信息的光载波 ω_1 作为泵浦光,采取合适的相位匹配技术,可以使其将部分能量耦合到 $\omega_1-\Omega$ 或 $\omega_1+\Omega$ 的光频上,以此实现波长变换。

2.7.4 受激拉曼散射

1. 物理机理

受激拉曼散射(SRS)过程可以看成是物质分子对光子的散射过程,或者说光子与分子谐振子的相互作用过程。SRS 的基本过程是激光束进入介质,光子被介质吸收,使介质分子由基能级 E_1 激发到高能级 $E_3=E_1+\hbar\omega_p$,这里 ω_p 是入射光角频率。高能级是一个不稳定状态,它很快跃迁到一个较低的亚稳态能级 E_2 并发射一个散射光子,其角频率为 $\omega_s<\omega_p$,然后弛豫回到基态,并产生一个能量为 $\hbar\Omega$ 的光学声子。光学声子的角频率 Ω 由分子的谐振频率决定。这个非弹性散射过程前后总的能量守恒,即

$$\hbar\omega_p = \hbar\omega_s + \hbar\Omega \tag{2.7-11}$$

散射光称为斯托克斯(Stokes)光,式中的 $\hbar=h/2\pi$,h 是普朗克常量。这个过程如图 2-33 所示,这是一个基本的斯托克斯散射过程。实际上还可能存在另一个散射过程,如果少数分子在吸收光子能量以前已处在激发态 E_2,则它吸收光子能量以后被激发到一个更高的能级 $E_4=\hbar\omega_p+\Omega\hbar$ 上,这个分子从 E_4 跃迁直接回到基能级 E_1,发射一个反斯托克斯(Anti-Stokes)光子。反斯克托斯光的角频率 ω_{as} 则为

$$\omega_{as} = \omega_p + \Omega \tag{2.7-12}$$

这个过程如图 2-34 所示。

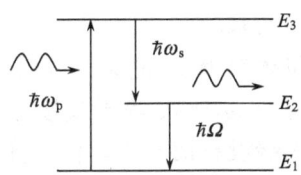
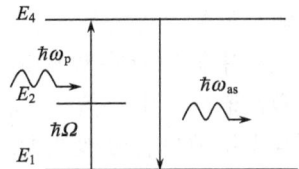

图 2-33 斯托克斯光子的产生过程　　图 2-34 反斯托克斯光子的产生过程

在热平衡状态下,基能级 E_1 上的分子数 N_1 和激发态 E_2 上的分子数 N_2 之比由费米分布决定,即

$$\frac{N_2}{N_1} = \frac{1+\exp\left(\dfrac{E_1-E_f}{k_0 T}\right)}{1+\exp\left(\dfrac{E_2-E_f}{k_0 T}\right)} \tag{2.7-13}$$

式中,E_f 是分子的费米能级,$k_0=1.38\times10^{-23}$ 焦耳/度(K),为玻尔兹曼常数,T 为绝对温度。在常温下,总有 $N_2/N_1\ll 1$,也就是说高能态上的分子数比基能级上的分子数少得多,因而在这种光子与物质分子的非弹性散射过程中,产生斯托克斯光子的概率要比产生反斯托克斯光子的概率大得多。也就是说,斯托克斯散射光起决定作用,而在大多数的情形下反斯托克斯光都可以忽略。

2. 拉曼增益

在光子与分子谐振子的相互作用过程中，斯托克斯散射是占支配地位的非弹性散射过程，因而频率为 $\omega_s = \omega_p - \Omega$ 的斯托克斯光在传播过程中被放大。设斯托克斯光和泵浦光的光强分别为 I_S 和 I_P，则在忽略光纤损耗条件下，有

$$\frac{dI_s}{dz} = g_R I_P I_S \quad (2.7\text{-}14)$$

式中，g_R 称为拉曼增益系数。在理论上，g_R 可由物质的三阶非线性极化过程中起作用的三阶非线性极化率 $\chi^{(3)}$ 的虚部求得。

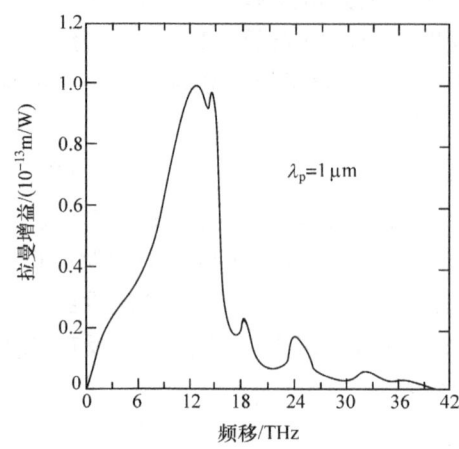

图 2-35 熔融石英的拉曼增益谱

对于具体的介质，其拉曼增益系数 g_R 可由实验求得。理论和实验都指出，g_R 是斯托克斯频移 Ω 的函数。石英光纤的拉曼增益系数已由实验测得，实验数据表明，石英光纤的 g_R 与纤芯的组成成分有关。改变纤芯的掺杂成分，可以明显地改变 g_R。图 2-35 是在泵浦光波长 $\lambda_p = 1.0\mu m$ 时，熔融石英的拉曼增益谱，即 g_R 与斯托克斯频移的关系曲线。如果泵浦波长 λ_p 不为 $1\mu m$，则 g_R 随 λ_p 成反比例变化，即 λ_p 越短，g_R 越大。石英光纤的拉曼增益谱的主要特点是拉曼增益可以在 40THz 频移范围内获得，其最大值在频移 $\Omega = 13$THz 附近，可以达到 1.0×10^{-13} m/W，并在 13THz 附近有 5～6THz 的高增益带宽，熔融石英的这种特性是制造宽带拉曼放大器的基础。

假设石英光纤中同时存在频率为 ω_s 的信号光波和频率为 ω_p 的泵浦光波，而且 $\omega_p - \omega_s$ 在石英的拉曼增益谱内，则此信号光将被放大。如果频移 $\omega_p - \omega_s$ 等于或接近最大增益对应的频偏，则信号光将被最有效地放大。如果光纤的输入端没有信号光，仅仅注入泵浦光，则石英的自发拉曼散射会产生一个宽谱的初始斯托克斯光。此宽谱斯托克斯光中的频率和泵浦光中的频移最接近产生最大增益的频率成分被有效地放大，而其他频率成分将被抑制。当泵浦光光强足够大，所获得的斯托克斯光的增益足够大，以致可以克服光纤的损耗而获得净增益时，经过一定距离的传播，泵浦光的能量将有很大一部分转换为信号光能量。这种情形也就是斯托克斯光按指数规律获得净增长的现象称为受激拉曼散射（SRS）。

3. 拉曼光纤放大器

如果将频率为 ω_s 的小信号光与一个频率为 ω_p 的强泵浦光同时注入光纤，而且 $\omega_p - \omega_s = \Omega$ 在光纤的拉曼增益谱的主瓣以内，则信号光将有效地放大。基于这种原理制成的光放大器是一种分布式放大器，称为拉曼光纤放大器。拉曼光纤放大器的泵浦光与信号光可以同向，也可以反向，同时还可以采用双向泵浦。

拉曼放大器的增益可以达到 20～30dB。由于拉曼增益谱的主瓣宽度超过 5THz，所以光纤拉曼放大器是宽带放大器。拉曼放大器的泵浦功率的典型值在 1W 左右，因而经饱和放

大后的信号功率也可达到 1W 量级。拉曼放大器与其他光放大器相比，主要的优点是信号输出功率大，而且频带宽。在多波长通信系统中，可用拉曼放大器对 40～50nm 波长带宽内的光信号同时放大。主要缺点是对 $1.55\mu m$ 窗口的光信号放大，需要工作波长在 $1.45\mu m$ 左右的大功率泵浦激光器，这是广泛使用的半导体激光器难以达到的，这也是拉曼放大器在光通信系统中未能大量使用的原因。将拉曼放大器与掺铒光纤放大器相结合可以获得超过 80nm 的工作带宽，这使得人们对拉曼放大器重新产生了极大的研究热情。

4. 拉曼串扰

对于多波长通信系统，不同波长通道间的相互干扰问题是个关键问题。前面讨论的四波混频是引起不同波长通道间串扰的主要原因，它可以用光纤的保留色散破坏其相位匹配条件而加以抑制。SRS 会引起相邻波长通道间的串扰，而且 SRS 的相位匹配条件可自动满足，因而必须引起系统设计者的重视。

首先考虑一个两波分系统。短波长通道扮演泵浦光角色，而长波长通道则扮演斯托克斯光角色，如果二者的频率差在拉曼增益谱内，则长波长信道将得到功率增益，实际上是对长波长信道的干扰。假设两个波长通道光纤损耗相等，短波长通道将受到除光纤损耗之外的额外衰减。由 SRS 引起的串扰导致短波长通道和长波长通道的信噪比同时下降，也就是说产生了附加的功率代价。对于一个共有 M 个波长通道的系统，定性地说，最短波长通道将对所有处于拉曼增益谱内的其他波长通道提供泵浦，因而其功率损耗最大，而最长波长通道将受到所有短波长通道的干扰。中间的波长通道则同时要为长波长通道提供泵浦，同时又受到短波长通道的干扰。显然，由 SRS 引起串扰的严重程度与总的波长通道数和波长间隔直接相关。如果将拉曼增益谱近似看成一个三角形，研究表明，对 10 波长通道系统，波长间隔为 10nm，则每通道输入功率 3mW 时功率代价低于 0.5dB，而波长间隔为 3nm 时功率代价已可忽略。

2.7.5 受激布里渊散射

一个泵浦光波注入光纤传输时，由于光波与介质晶体结构互作用而产生一个频率为 Ω_B 的声振动，同时光波被散射，在入射光的反方向上产生最大的散射频移和散射光强。对于石英光纤，最大的散射频移在 11GHz 左右，这就是受激布里渊散射（SBS）。光纤中的 SBS 可以产生两种效应，其一是在光纤中注入一个较强的光波时，会在反方向上产生频移为 11GHz 的斯托克斯散射光；其二是当有一个与入射泵浦光方向相反的频率为 $\omega_s =$

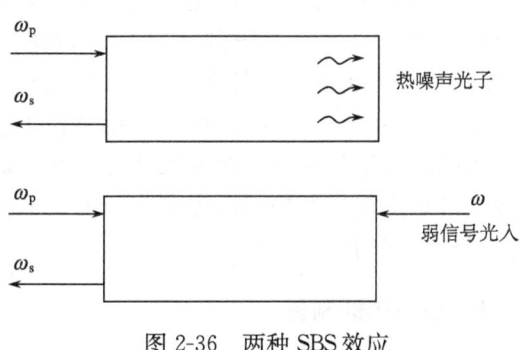

图 2-36 两种 SBS 效应

$\omega_p - \Omega_B$ 的小信号光注入光纤时，此信号因 SBS 被放大。这两种效应如图 2-36 所示。

SBS 对通信系统的影响，首先表现在注入光功率达到 SBS 阈值时，相当大一部分功率转化为后向的斯托克斯散射光，这导致接收端的接收光功率明显下降。其次是反向传输的斯托克斯光反馈回到光发送机，导致发送端机光源工作不稳定。为了克服 SBS 对通信的不利影响，必须将发送光功率控制在 SBS 阈值之下。

SBS 对多波长系统一般不产生特殊影响。由 SBS 产生的斯托克斯散射光沿反方向传播；对于同方向传输的 WDM 系统，它不产生不同波长通道间的串扰。当然，每个波长通道的发送功率必须低于 SBS 阈值，以免因 SBS 导致信号功率的附加损耗。对于双向 WDM 系统，如果波长间隔与布里渊频移匹配，则必须考虑 SBS 串扰，但这种可能性很小，这是因为总可以安排相反方向传输的波长通道之间的波长间隔远大于与 SBS 频移相应的间隔。

SBS 对光微波副载波复用（Subcarrier Multiplexing，SCM）系统的影响显著。这是因为 SCM 技术一般用于 CATV 网，其光载波被多个采用模拟调制的子信道调制。由 SBS 导致光载波功率的下降必然导致接收端载噪比（CNR）的下降。CATV 系统对载噪比的要求很高，这就要求发送光功率比较大，这就更加重了 SBS 的影响。所以，CATV 网络设计时必须考虑 SBS 的影响。

除了 SBS 对通信系统的不利影响，SBS 在通信中也有重要的应用。首先，基于 SBS 可以实现对信号的窄带选频放大，这种窄带放大作用就可以实现对一个波长间隔小，但每个波长信道所携带的信息带宽较窄（100MHz 以内）的 DWDM 系统实现解复用。当然，这样的技术对骨干通信网不适用，但对未来的 WDMA 用户网则可能大有用途。另外，基于 SBS 的斯托克斯光的强度受 SBS 增益 g_B 控制，而 g_B 则与介质的密度、杨式模量有关；同样，SBS 频移也与这些因素有关。介质密度、杨式模量都受温度和应力的影响，因而测量 SBS 斯托克斯功率及频移的变化即可反推外界温度、应力的变化。由此可知，SBS 又可以作为光纤传感器工作的一个重要基础。近年来，基于 SBS 的 B-OTDR，即布里渊光时域反射仪得到了广泛的关注。

2.8 光纤的制造和光缆

目前的通信光纤几乎都是石英光纤。自然界的石英含有很多种杂质，光在其中传播时损耗极大，无法用自然界存在的石英如水晶制造通信光纤。作为通信光纤基础材料的高纯度石英都是采用特殊工艺，通过化学反应制造，如可以用氧气(O_2)与四氯化硅($SiCl_4$)反应生成二氧化硅(SiO_2)。为了获得需要的折射率分布，可以在纯石英中掺入少量杂质，如掺入 GeO_2 可以增大折射率，这在制备纤芯材料时是必要的；掺入氟气则可以降低折射率，这在制备包层材料时是必要的。可以采用多种工艺制造光纤。几乎所有的方法都是首先按实际光纤要求的折射率分布和横截面尺寸比例制作成预制棒，然后再由拉丝机拉制成光纤。拉制成的裸光纤还必须加保护层以提高光纤的机械强度与柔韧性，进而经过成缆工艺制成光缆才能作为通信线路的传输介质。

2.8.1 预制棒的制备

预制棒的制备一般采用汽相沉积法（Vapor-Phase Deposition Method），即在高温下将 $SiCl_4$ 和 O_2 混合，生成 SiO_2，其反应方程式为

$$SiCl_4 + O_2 = SiO_2 + 2Cl_2$$

经此反应生成的 SiO_2 呈粉末状，这种 SiO_2 粉尘沉积在石英管的内壁形成预制棒的包层。为了获得需要的折射率，也可以在这种 SiO_2 粉尘中掺入某种杂质，如掺氟气，以适当

降低折射率。

当包层达到需要的厚度时即可以在这种 SiO_2 粉尘中掺入 GeO_2 以提高折射率值，沉积成预制棒的芯。GeO_2 则由 $GeCl_4$ 和 O_2 反应生成。所以，按比例向石英管中注入 $SiCl_4$、$GeCl_4$ 和 O_2 即可生成预制棒的芯。沉积过程完成以后，经过烧结，即形成熔融石英预制棒。当然，也可以在一根芯棒外面先沉积棒芯，然后再沉积包层。下面介绍两种典型的预制棒制作工艺。

(1) OVD (Outside Vapor-Phase Deposition) 法。这种由美国康宁公司于 1972 年开发的方法是世界上第一种成功制造光纤预制棒的方法。这种方法如图 2-37 所示。$SiCl_4$ 和掺杂气体从左边进气口进入，O_2 则从右边进入，在反应室中生成的石英玻璃粉尘经喷口喷出，沉积在石英芯棒上，芯棒匀速旋转并左右平移即可沉积形成需要的预制棒。

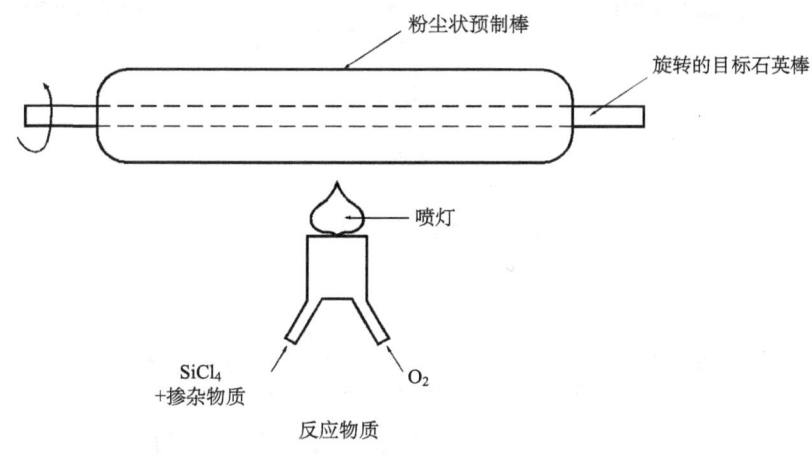

图 2-37 采用 OVD 工艺制作光纤预制棒的示意图

(2) MCVD (Modified Chemical-Vapor Deposition) 法。这是贝尔实验室于 1974 年开发出的制造梯度光纤预制棒的方法。这种方法如图 2-38 所示。制造预制棒的原料气体由左边注入石英管，此石英管匀速旋转，作为加热热源的氢氧焰喷嘴来回运动。生成的石英玻璃粉尘沉积在石英管的内表面，首先形成包层，然后形成棒芯，反应过程将温度控制在 1600℃ 左右。当粉尘状的预制棒沉积完成以后再经 2000℃ 的高温烧结，形成熔融玻璃预制棒。一根这样的预制棒可以拉制数千米乃至数百千米的光纤。

2.8.2 光纤的拉制

将预制棒拉制成光纤，一般采用如图 2-39 所示的装置。将预制棒精确地固定在一个馈送装置上，并使其以一个合适的速度进入加热炉。拉制过程要精密控制，使得光纤的直径变化尽可能小。在拉制过程中，要用一个精确测量的工具，如激光测径仪，不间断地检测光纤直径。

拉制出来的裸光纤经过直径测量以后要立刻加上第一层涂覆层。这一层涂覆层可以保护光纤，以免潮气和损伤等因素导致光纤性能劣化。环氧树脂、硅 RTV 都是合适的涂覆层材料。在拉制过程中通常还要加上二次缓冲涂覆层，以增强缓冲作用，并增加光纤的抗挤压能力。

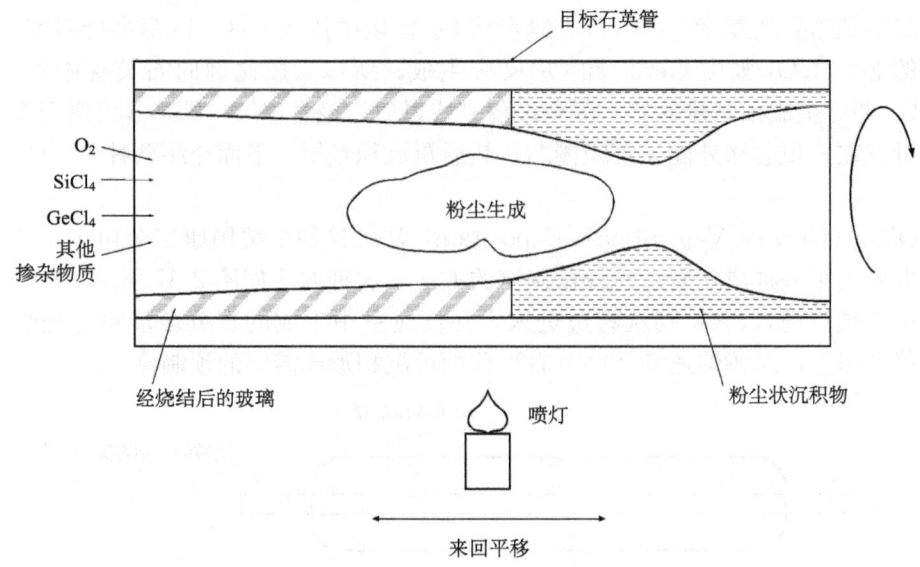

图 2-38　MCVD 方法示意图

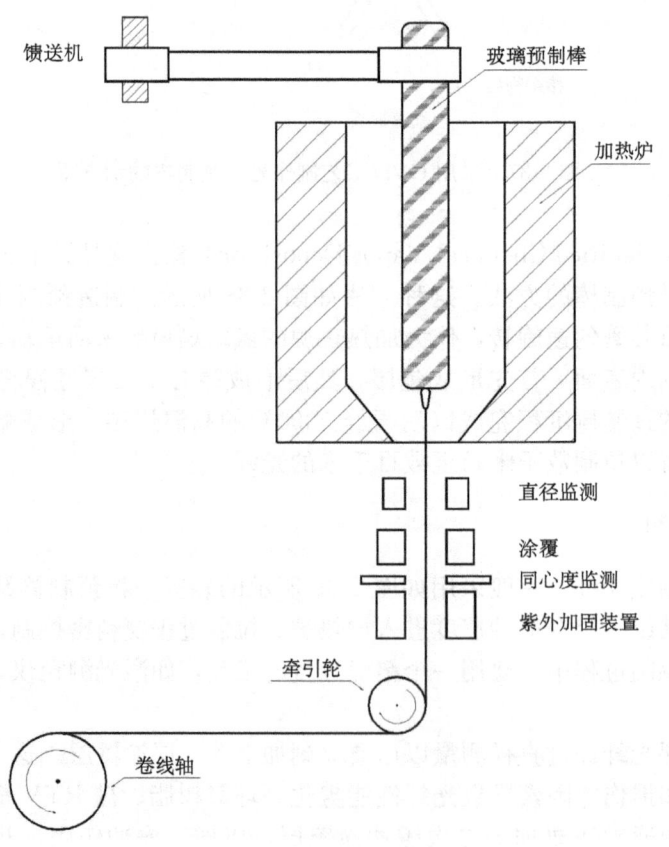

图 2-39　光纤的拉制和涂覆

2.8.3 光缆

仅仅由纤芯、包层和拉制过程中加上涂敷层的光纤还无法在工程中实际使用，还需要加上多层保护层，形成光缆以增加光纤的强度才能在工程中使用，需要多少层保护取决于它的实际应用场合。在实验室中，一层缓冲涂覆层对光纤的保护就够了。但是对于长途传输系统中使用的光纤，则需要充分考虑运输、铺设和运行期间光纤的保护问题，尤其是用于海底铺设的光缆需要加装重铠，以保护光缆在这种恶劣条件下能正常工作。在将光纤制成光缆的过程中不仅应该使光纤的机械性能得到改进，同时还不应使其光学性能劣化。光缆制造过程中需要对光纤采取的强化和保护措施主要包括：①提高抗张力强度。采用牵引方式通过管道铺设光缆时就必须考虑光缆的抗张力强度。当光缆吊装在竖直的管道中，悬挂在两个电线杆之间或铺设在海底时，抗张力加强件必须能够支撑光缆本身的重量。②提高抗挤压能力。有时光缆可能会遭受来自侧面很大的冲击力，这种冲击力可能压碎光纤，有些光缆还必须能抗住大型运输工具的碾压。③提供损伤保护。玻璃光纤在受到损伤的情况下性能会急剧劣化，由损伤引起的细微裂纹会沿着玻璃延伸并使损耗显著增加，因而成缆过程中必须采取适当措施防止光纤损伤。④减轻振动影响。振动会导致光纤损耗的增加。在设计光缆时，如果给光纤加上护垫就可以限制过度的运动。⑤防潮和防化学侵蚀。玻璃光纤如果长时间暴露在湿气和化学物质之中，其性能就会劣化。适当的光缆结构能够保护光纤，使之不接触这些物质。除了应该具有很高的机械强度和化学防护性能，好的光缆还应该具有重量轻、尺寸小、较柔韧、防火、防动物撕咬、对温度不敏感等性能。

工程中使用的光缆可以按多种方式分类：①按同一根光缆中包含光纤根数可以分成单芯光缆和多芯光缆，对于多芯光缆需要用不同的颜色标识以利于区分不同的光纤；②按光缆横截面形状可以分为圆截面光缆和带状光缆；③按缆芯结构可以分为中心管式光缆、层绞式光缆和骨架式光缆；④按使用才场合可以分为室内光缆和室外光缆，室外光缆又可分为架空光缆、直埋光缆、管道光缆和水下光缆等。还有一些分类方法，限于篇幅，不再一一介绍。这里也不详细介绍各种光缆的结构，仅仅给出一种36芯光缆的结构示意图，如图2-40所示。这种光缆中的36根光纤分别置于6根缓冲管中，光纤在管中没有固定，是一种松套结构。

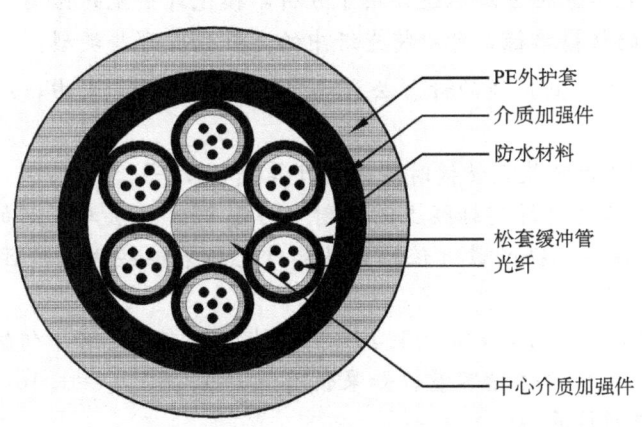

图 2-40　一种光缆的横截面结构图

缓冲管之间充满防水材料，如某种油脂。中心是介质加强件，也有用钢丝绳制成的金属加强件。最外面是用硬塑料形成的外护套。这种光缆可以用在城市管道中铺设。有关光缆及光缆的铺设方面更详细的知识读者可以阅读光缆工程方面的专著或教科书。

小　　结

本章讲述光在光纤中的传输原理和传输特性。

关于传输原理，几何光学分析方法和波动光学分析方法是两种最基本的分析方法。应掌握光纤中光线的分类、传播条件、不同传播路径的传播时延的计算方法，进而估算光纤的传输容量。重点掌握光纤的传播模式、模式传播条件、单模传播条件。所谓"模式"，实际上就是光纤中电磁场方程的一系列满足边界条件的特解。每个模式都有特定的电磁场结构、传播速度；不同的模式一般来说其电磁场结构、传播速度不同；光纤波导中实际上可以存在的电磁场都是这些个别模式的叠加；理解模式的正交性和模式耦合。理解传播模式特征方程、色散曲线的意义；掌握单模光纤的特点和分析方法。

关于传输特性，重点是光纤的损耗特性和色散特性。损耗导致光信号在光纤中传输时幅度衰减，早期光纤通信系统的无中继传输距离主要受限于光纤的损耗。色散导致光脉冲传播过程被展宽，这成为限制光通信系统可用带宽或数据传输速率的主要因素。应掌握光纤的损耗机理和光纤线路损耗的计算方法，掌握光纤的色散机理及色散特性与光纤通信系统传输容量之间的关系，为进行系统设计打下基础。同时，还以一定的篇幅介绍了单模光纤的非线性效应。非线性是系统对大信号的响应，单模光纤芯径细，单位面积上传输的功率极大，所以在有较强光信号在单模光纤中传输时，非线性往往不可忽略。本章介绍的几种非线性效应不仅对光纤通信系统的性能可能产生重要的影响，而且还有重要的应用。对这些非线性效应读者应该有所了解。

思考题与习题

2.1　作为一种导波结构，为何光纤纤芯的折射率 n_1 一定要大于包层的折射率 n_2？

2.2　为何几何光学分析方法不适合用于分析单模光纤中光的传播？

2.3　根据光线的传播路径，可以将光纤中的光纤分成哪些类型？

2.4　推导 SI 光纤数值孔径的计算公式：$NA=\sqrt{n_1^2-n_2^2}$。式中，n_1 为纤芯折射率，n_2 为包层折射率。

2.5　推导计算 SI 光纤最大传播时延差的计算式（2.2-5）。

2.6　某 GI 型多模光纤纤芯轴线上的折射率为 1.50，包层与纤芯的最大相对折射率差为 1.0%。求此光纤数值孔径的最大值；如果其纤芯折射率按抛物线函数变化，求 $r=a/2$ 处的数值孔径。

2.7　某 SI 光纤，$n_1=1.48$，$n_2=1.46$，计算光信号在此光纤中传输 1km 时导致的脉冲展宽，并由此估算此光纤的传输容量。如果仍有 $n_1=1.48$，$n_2=1.46$，但是纤芯折射率按抛物线函数渐变，重新计算。

2.8　何谓自聚焦光纤？何种结构的光纤可以实现自聚焦？

2.9　光纤中传播模式的特征方程如何推导出来？特征参数对于传播模式有何意义？

2.10　传播模式的色散曲线如何画出来？曲线的几何特征如何与模式的相速度和群速度相联系？

2.11　画出 SI 光纤中的 HE_{11} 模、TE_{01} 模、TM_{01} 模的横向场分布图。TE，TM，HE，EH 等类型的模式场的主要特点是什么？

2.12　某 SI 型光纤，纤芯半径 $2a=62.5\mu m$，$n_1=1.48$，$n_2=1.47$，工作波长为 1310nm，计算其归一化频率，并估算其中可传播的模式总数。

2.13　某 SI 型光纤，纤芯半径 $a=4.5\mu m$，$n_1=1.48$，工作波长为 1310nm，试问当包层折射率为何值时此光纤中只传输 LP_{01} 模？

2.14　某 SI 型光纤，纤芯半径 $a=4.0\mu m$，$n_1=1.48$，数值孔径 NA=0.01，试问此光纤在工作波长分别为 850nm，1310nm，1550nm 时，是否满足单模传输条件？

2.15　某 GI 型光纤，纤芯直径 $2a=125\mu m$，$n_1=1.48$，工作波长为 850nm，计算此光纤中可以传播的模式总数。

2.16　画出 SI 型光纤中 LP_{01} 模、LP_{02} 模、LP_{11} 模的光斑图，解释 LP_{mn} 模的模式序数 m、n 的意义。

2.17　单模光纤的截止波长如何定义？某 SI 型单模光纤，纤芯半径 $a=4.0\mu m$，$n_1=1.48$，相对折射率差 $\Delta=0.003$，计算此光纤的截止波长。

2.18　简述单模光纤的工作模式 LP_{01} 模的场分布及光功率分布特点。解释为何可以用高斯函数描述单模光纤横截面内的光强分布。

2.19　单模光纤的模场直径如何定义？模场直径与纤芯的几何直径 $2a$、归一化频率 V 有何关系？

2.20　单模光纤的双折射如何产生？假设某光纤的归一化双折射参量 $B=10^{-7}$，计算相应的拍长 L_B。解释拍长的物理意义。

2.21　假设有一线偏振光进入单模光纤传输，单模光纤的双折射参量 $B=10^{-8}$，描述此线偏振光在光纤中的偏振态变化情况。假设此线偏振光在输入端与光纤快轴、慢轴之间的夹角为 $45°$，计算在哪些长度上光波呈圆偏振状态。

2.22　何谓偏振模色散？假设某光纤的归一化双折射参量 $B=10^{-7}$，计算光脉冲传播 1km 时由偏振模色散导致的脉冲展宽。

2.23　光波导中模式的正交性如何定义？

2.24　基于光波导模式的横向耦合和纵向耦合机理，可以制作成何种光器件？

2.25　根据式（2.3-40）作出光功率在两个耦合波导输出口之间的转移曲线图。

2.26　证明以 dB/km 为单位的损耗系数与 km^{-1} 为单位的场量衰耗值之间差一个因子 8.686。

2.27　某光纤在 1300nm 处的损耗为 0.6dB/km，在 1550nm 处为 0.3dB/km。假设下面两种光信号同时进入光纤：1300nm 波长的 $150\mu W$ 的光信号和 1550nm 波长的 $100\mu W$ 的光信号，试问这两种光信号在 8km 和 20km 处的功率各是多少？以 μW 为单位。

2.28　某特定波长的光信号在光纤中传播 3.5km 后会损失功率的 55%，求此光纤的损耗是多少？以 dB/km 表示。

2.29　一段 12km 长的光纤线路损耗为 1.5dB/km。

(1) 如果接收端保持 $0.3\mu W$ 的接收光功率，则发送端的功率至少为多少？

(2) 如果光纤的损耗变为 2.5dB/km，则所需的输入光功率又为多少？

(3) 石英光纤在 1550nm 波段的损耗已经降到 0.2dB/km 以下，通过改进制造工艺还可以明显降低光纤损耗吗？

2.30 聚合物光纤的损耗明显高于石英光纤，为何还要研究开发此类光纤？

2.31 何谓全波光纤？这种光纤有何特点？

2.32 光纤有哪些色散因素？多模光纤和单模光纤各自的主要色散因素是什么？

2.33 什么是正常色散？什么是反常色散？各自有何特征？常规单模光纤为何在 1310nm 附近色散几乎为零？在 1550nm 波段其色散特性如何？

2.34 常规单模光纤、色散位移光纤（DSF）、非零色散光纤（NZDF）各有什么特点？

2.35 有一常规单模光纤的零色散波长为 1310nm，色散斜率 $S_0 = 0.090 \text{ps}/(\text{nm}^2 \cdot \text{km})$，在波长范围 1270nm$\leqslant \lambda \leqslant$1340nm 内画出其色散曲线。

2.36 考虑一段由阶跃折射率光纤构成的 5km 长的光纤线路，纤芯折射率 $n_1 = 1.49$，相对折射率差 $\Delta = 1\%$。

(1) 求接收端最快和最慢模式之间传播时延差；

(2) 求由模式色散导致的均方根脉冲展宽；

(3) 在没有严重错误的条件下，估算光纤中所允许传播的最大比特率 B_T；

(4) 假设最大比特率就等于带宽，则此光纤的带宽距离积是多少？

2.37 某石英多模阶跃光纤的纤芯和包层折射率分别为 1.46 和 1.459。当光源的发射波长为 1550nm，线宽为 30nm 时，试估算该光纤的传输速率距离积。

2.38 某单模光纤在 1310nm 附近色散斜率 $S_0 = 0.05 \text{ps}/\text{nm}^2 \cdot \text{km}$，在 1550nm 附近色散系数 $D = 18 \text{ps}/\text{nm} \cdot \text{km}$，如果所用光源为 LED，线宽为 25nm。试求上述两个通信窗口的数据速率距离积。如果改用线宽为 0.5nm 的单模激光器作为光源，重新计算。

2.39 某单模光纤在 1550nm 附近色散系数 $D = 17 \text{ps}/\text{nm} \cdot \text{km}$，如果使用单频激光器，其线宽远小于传输信号带宽，试求色散对系统传输容量的限制。

2.40 色散位移光纤在 1550nm 附近色散系数 $D < 2.5 \text{ps}/\text{nm} \cdot \text{km}$。如果光源线宽为 1.0nm，试求色散对系统传输容量的限制。如果改用线宽可以忽略的单频激光器，重新计算。

2.41 根据已经学过的知识，分析光纤色散对模拟通信，如电视图像传输的影响。

2.42 解释自相位调制（SPM）的形成机理，由 SPM 引起的光信号频率啁啾对脉冲的前沿、顶部及后沿各有什么特点？

2.43 由 SPM 引起的光信号频率啁啾与光纤的色散共同作用对光纤通信系统的性能会产生什么影响？

2.44 四波混频（FWM）现象对多波长复用（WDM）通信系统会产生什么影响？

2.45 利用四波混频的原理可以实现波长变换，即可以将某一波长所携带的信息转载到另一不同波长的光载波上。试画出基于四波混频的波长变换原理框图。

2.46 基于受激拉曼散射（SRS）原理的拉曼光纤放大器，如果希望放大的中心波长在 1550nm 附近，则所用的泵浦激光器的发射波长应在什么范围内？放大的带宽大致为多少？

2.47 基于受激布里渊散射（SBS）的光纤传感器可以感知周围的温度、应力变化，论述其工作原理，并画出结构框图。

第 3 章 无源光器件

构建一个光通信系统除了需要光纤、光发送机和光接收机,还需要大量的无源光器件。无源光器件的主要特点是不与光信号直接交换能量,但可以对光信号实施空间域、时间域和相位频率域的控制和处理。在光通信系统中,无源光器件的主要功能是完成光信号的连接耦合、光信号开关控制、光信号的调制和光信号的滤波处理等功能。本章介绍典型无源光器件的结构、功能和特性。

3.1 光纤连接器及定向耦合器

光纤连接器和定向耦合器是光纤通信系统中常用的无源光器件。光纤连接器将两根光纤连接在一起,而定向耦合器则可以将光纤中的光功率重新分配。

3.1.1 光纤连接器

光纤(光缆)连接器是光通信系统中使用量最多的器件。光纤连接器按其结构特性有多种类型,如固定接头与活动连接器、多模与单模光纤连接器等。固定接头一般通过熔接实现,熔接由熟练人员使用专门的熔接机完成。光纤线路中两盘光缆之间的连接一般都采用熔接方式。光发送机、光接收机与传输光缆之间的连接则多采用活动连接器。下面主要介绍活动连接器的结构和性能。

1. 对光纤连接器的基本要求

对光纤连接器的基本要求主要包括以下五个方面。

(1) 低损耗。连接损耗是光纤连接器的主要性能指标。对于固定接头,其损耗应低于 0.1dB,而活动连接器的损耗则应低于 1dB。

(2) 可重复性。重复使用连接器时,损耗值不应该有明显的变化。

(3) 寿命长。经过反复插拔,连接器的效率和强度不应该明显降低,安装好的连接器损耗不应该随时间明显变化。

(4) 强度高。如果有外力施加在连接器上,或者有拉力施加在光缆上,连接强度不应降低。

(5) 环境适应性强。连接器必须能够承受很大的温差变化、潮湿和化学侵蚀、污物、高压力和震动的考验等。

2. 连接损耗

光纤作为光波导遇到不连续点会产生光功率的损耗和反射。固定接头和活动接头都是光纤通路上一种特定的不连续点,会引入一定的功率损耗,称为插入损耗,定义为连接器输入功率与输出功率之比的分贝数。它是衡量光纤连接器的主要指标之一。引起光纤连接损耗的原因很多,包括光纤的几何参数、光纤端面情况和光纤本身特性参数的不匹配等。下面考查主要的损耗因素。

1) 横向偏移引起的连接损耗

当光纤对接时,两根的轴线保持平行,但分开了距离 d 的几何偏移称为横向偏移或错位,如图 3-1 所示。

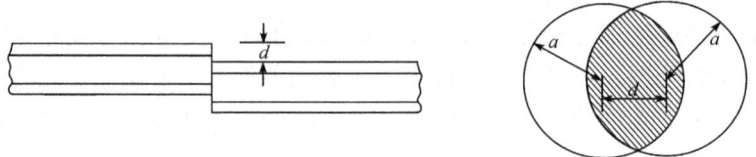

图 3-1 光纤连接的横向偏移

假设两根完全相同的光纤在连接处有横向偏移值 d,纤芯之内的光功率分布完全均匀,端面上各点的数值孔径为常数,发射光纤耦合到接收光纤的光功率简单地与两个纤芯公共面积 S 成正比。对于阶跃光纤,耦合效率等于公共面积与两根光纤各自的纤芯面积之比,即

$$\eta = \frac{S}{\pi a^2} = \frac{2}{\pi}\arccos\left(\frac{d}{2a}\right) - \frac{d}{\pi a}\left[1 - \left(\frac{d}{2a}\right)^2\right]^{\frac{1}{2}} \tag{3.1-1}$$

由此可得两根光纤的横向偏移引起的错位连接损耗为

$$L_d = -10\lg\frac{2}{\pi}\left\{\arccos\left(\frac{d}{2a}\right) - \frac{d}{2a}\left[1 - \left(\frac{d}{2a}\right)^2\right]^{\frac{1}{2}}\right\} \tag{3.1-2}$$

单模光纤连接时,当传播模场近似于高斯分布时,其横向错位连接损耗可以表示为

$$L_d = -10\lg\left\{\exp\left[-\left(\frac{d}{w}\right)^2\right]\right\} \tag{3.1-3}$$

式中,w 为模场半径,当归一化频率 V 在 $1.2 < V < 2.4$ 范围内时,可以用近似公式 $w/a \approx 0.65 + 1.619V^{-3/2} + 2.879V^{-6}$ 计算。其中,$V = (2\pi a/\lambda)\sqrt{n_1^2 - n_2^2} \approx (2n_1\pi a/\lambda)\sqrt{2\Delta}$,是归一化频率,$\Delta$ 为纤芯-包层相对折射率差。

当要求的错位连接损耗 $L_d < 0.1$ dB 时,对于 $2a = 50\mu m$、$\Delta = 1\%$ 的多模光纤,横向错位 $d < 3\mu m$;对于 $2a = 10\mu m$、$\Delta = 0.3\%$ 的单模光纤,横向错位 $d < 0.8\mu m$。

2) 角度偏移引起的连接损耗

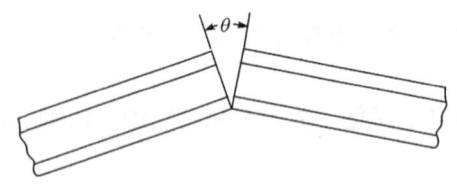

图 3-2 对接光纤的角度偏移

当两根光纤的轴线形成某个角度,以至两个端面不平行时的偏移称为角度偏移。如图 3-2 所示,两根光纤的端面夹角为 θ。由此引起的损耗称为倾斜损耗。

阶跃多模光纤当模式均匀分布时,其倾斜损耗可以表示为

$$L_\theta = -10\lg\left(1 - \frac{\theta}{\pi k\sqrt{2\Delta}}\right) \tag{3.1-4}$$

式中,θ 为端面倾斜角;Δ 为纤芯-包层相对折射率差;$k = n_1/n_0$,n_1 为纤芯折射率,n_0 为

空气间隙折射率。

单模光纤的倾斜损耗为

$$L_\theta = -10\lg\left\{\exp\left[-\left(\frac{\pi n_2 w\theta}{\lambda}\right)^2\right]\right\} \quad (3.1\text{-}5)$$

式中，w 为模场半径，n_2 为包层折射率。

当要求 $L_\theta < 0.1\text{dB}$ 时，可以从上面的方程式求得：对于多模光纤 $\theta < 0.7°$，对于单模光纤 $\theta < 0.3°$。由此可见连接损耗对角度偏移很敏感。

3) 纵向移位引起的连接损耗

当两根光纤具有相同的轴线，但它们的端面具有距离 s 时的几何移位称为纵向移位。在这种情形下，发射光纤的能量只有一部分能进入接收光纤，由此而引起的损耗为端面间隙损耗。

对于阶跃多模光纤，当模式均匀分布时，端面间隙损耗为

$$L_s = -10\lg\left(1 - \frac{s}{4a}k\sqrt{2\Delta}\right) \quad (3.1\text{-}6)$$

对于单模光纤，端面间隙损耗为

$$L_s = -10\lg\left[\frac{1}{1+(\lambda s)^2/2\pi n_2 w^2}\right]^2 \quad (3.1\text{-}7)$$

以上考虑的是两根完全相同的光纤在对接时由于几何对准误差所导致的连接损耗。如果两根对接的光纤不相同，如截面面积不相等、折射率不匹配等都会导致额外的连接损耗，这里不再一一讨论。

3. 光纤活动连接器的主要类型及指标

通常，衡量光纤活动连接器的主要光学特性指标为插入损耗和回波损耗。插入损耗是指接续的连接器给系统造成的光功率衰减（即光连接器输出功率相对于输入功率的相对减少量），目前商用的活动连接器损耗一般都小于 0.2dB。回波损耗是用来衡量连接器端面的后向反射光大小的参数。回波的本质即是光线反射，根据菲涅耳反射原理，光线在传输过程中遇到两种折射率不同的界面时会发生菲涅耳反射，造成光通路中的信号叠加或干涉。对于有线电视系统（CATV），反射会造成图像重影和清晰度下降。

目前，商用的光纤活动连接器是指光纤两端都装上连接器插头（又称跳线），用来实现光路活动连接，一端装有插头则称为尾纤。常见的连接类型有圆形带螺纹光纤接头（通常称为 FC 型），卡接式圆形光纤接头（通常称为 ST 型）和方型光纤接头（通常称为 SC 型）。端面接触方式主要有三种：PC、UPC、APC 型。PC 是指插针端面为球面（球面曲率半径为 15～25mm），光纤可物理接触，从而可实现较大的回波损耗，一般可达 40dB 以上。UPC 型插针端面为球面，曲率半径更小（为 10～15mm），因而回波损耗较 PC 型更大，可达 50dB 以上。APC 型为引入更大的回波损耗而将光纤接头端面倾斜，角度一般为 8°，反射损耗可达 60dB 以上。光纤连接器通常以连接类型和断面接触方式组合命名，如 FC/PC 光纤跳线是指有圆形带螺纹光纤接头和球面接触方式的光纤活动连接方式。

3.1.2 定向耦合器

1. 定向耦合器的结构

定向耦合器的基本功能是按要求将光信号功率重新分配。定向耦合器有多种形态，但最基本的是四端口定向耦合器，也就是 2×2 耦合器。由两根光纤熔融而成的四端口定向耦合器如图 3-3 所示。

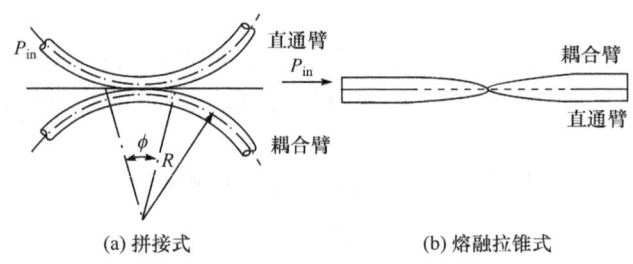

图 3-3 四端口定向耦合器

耦合器的功率分配规律可以用耦合模理论推得。假设构成光纤耦合器的两根光纤性能参数完全相同，仅从端口 1 输入光功率 P_1，则从直通臂输出的功率 P_3 和从耦合臂输出的功率 P_4 分别为

$$P_3 = P_1 \cos^2(KL) \quad (3.1\text{-}8a)$$

$$P_4 = P_1 \sin^2(KL) \quad (3.1\text{-}8b)$$

式中，L 为耦合区的互作用长度，在熔融拉伸结构中，也可以近似为拉伸长度；K 为耦合系数。由式（3.1-8）可知，只要互作用长度和耦合系数设计适当，就可以按任意比例在直通臂和耦合臂中分配光功率。如果 $KL=\pi/4$，则从输入臂来的光功率将平均分配给直通臂和耦合臂，这就是 3dB 耦合器。

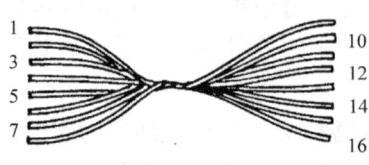

图 3-4 8×8 传输星形耦合器

除了 2×2 耦合器，在光分配网络中还会用到多端口定向耦合器，端口数可以是 1×N，也可以是 N×N。一般将 1×N 耦合器称为树形耦合器，而将 N×N 耦合器称为星形耦合器。采用多根光纤熔融成的 8×8 传输星形耦合器的结构如图 3-4 所示。树形耦合器和星形耦合器都可以采用 2×2 耦合器级联构成。由 2×2 耦合器级联构成的星形耦合器的结构如图 3-5（a）所示，由 2×2 耦合器级联构成的树形耦合器的结构则如图 3-5（b）所示。

2. 定向耦合器的性能参数

表征光纤耦合器性能的主要参数有插入损耗、附加损耗、分光比与隔离度（串扰）等，定义如下。

（1）插入损耗 L_i。指通过耦合器的某一光通道所引入的功率损耗，通常以某一特定端口（3 或 4）的输出功率 P_o 与某一输入端口（1 或 2）的输入功率 P_i 之比的对数 L_i 表

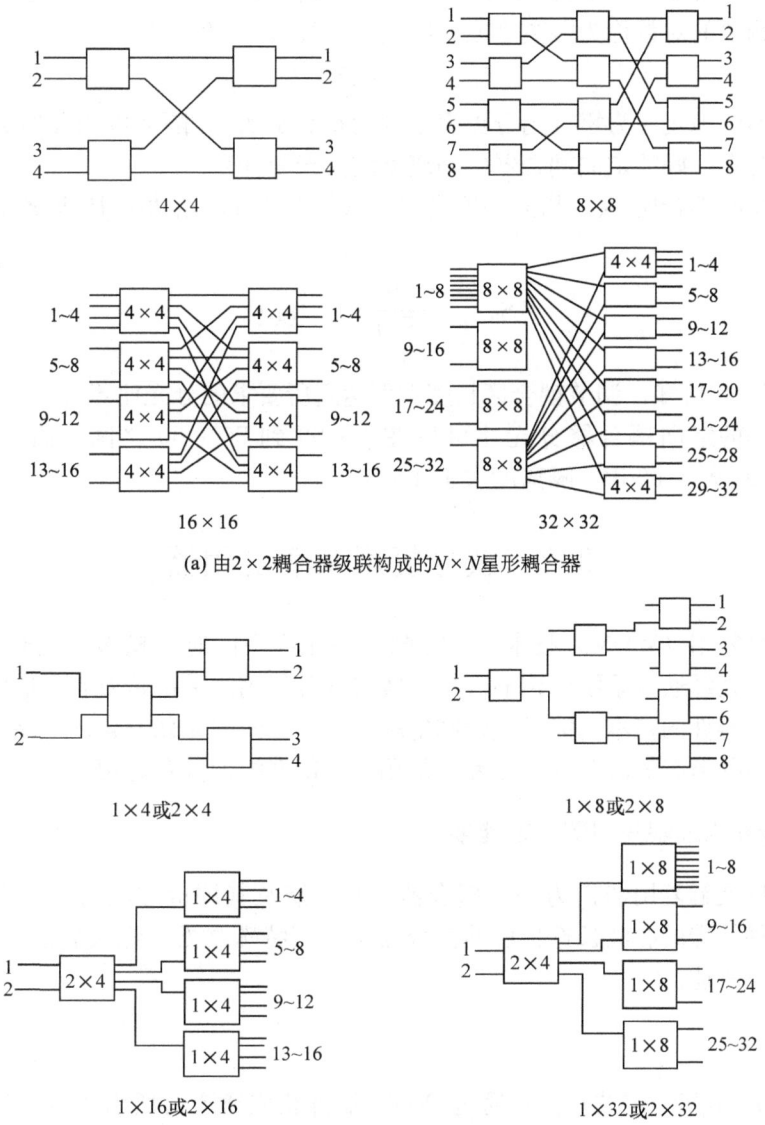

图 3-5 由 2×2 耦合器级联构成的耦合器

示,即

$$L_i = 10\lg(P_o/P_i) \tag{3.1-9}$$

(2) 附加损耗 L_e。指某一端口的输入功率 P_i 与各输出端口功率之和的比值的对数,对于 2×2 的四端口光纤耦合器,L_e 可表示为

$$L_e = 10\lg[P_i/(P_3 + P_4)] \tag{3.1-10}$$

对于理想耦合器,$L_e = 0$。实际上,由于存在散射及接头损耗等因素,$L_e \neq 0$,但应尽量小。好的定向耦合器的附加损耗应小于 1 dB。

(3) 串扰 L_c。指由 1 端口输入功率 P_1 泄漏时到 2 端口的功率 P_2 与输入功率比值的对数，而其比值倒数的对数称为隔离度或方向性。串扰 L_c 可表示为

$$L_c = 10\lg(P_2/P_1) \tag{3.1-11}$$

理想耦合器的串扰应为零（用分贝表示则为负无穷大），隔离度为无穷大。实际耦合器的串扰不可能为零，好的定向耦合器的隔离度应大于 40dB。

(4) 分光比或耦合比 S_R。指某一输出端口（如 3 或 4）光功率 P_i 与各端口总输出功率之比，即

$$S_R = \left[\frac{P_i}{\sum_i P_i}\right] \times 100\% \tag{3.1-12}$$

由式（3.1-8）可知，调节耦合区长度即可达到所要求的分光比 S_R。

目前，商用的定向耦合器分光比可以在 1∶99 到 50∶50 之间，插入损耗一般小于 0.2dB，回波损耗大于 50dB，隔离度大于 40dB。

3.2 波分复用及解复用器

利用光波分复用（WDM）技术可以在同一根光纤中同时传输多个波长不同的光载波，从而极大地提升光纤通信系统的传输容量。实现波分复用的关键是要有合适的波分复用器和解复用器。这种器件的基本功能是发送端把多个波长不同的光载波合成一路，接收端把它们重新分开。有多种形态的波分复用器和解复用器可供系统设计者选用。

3.2.1 光波分复用及解复用器的性能参数

光波分复用及解复用器作为一种耦合器，其性能及其评价方法与普通耦合器有相似之处，但作为一种特殊的有波长选择性的耦合器又有其特殊之处。光波分复用/解复用器的主要性能参数如下所述。

1. 插入损耗

插入损耗 L_{ii} 指某特定波长信号通过 WDM 器件相应通道时所引入的功率损耗。与无波长选择性的普通耦合器不同的是，WDM 器件中不存在分路损耗，只需考虑真正的插入损耗 L_{ii}。L_{ii} 越小越好，大小主要决定于制造技术。插入损耗 L_{ii} 可以表示为

$$L_{ii} = -10\lg(P_{ii}/P_i) \tag{3.2-1}$$

式中，P_i 为波长为 λ_i 的光信号的输入功率，P_{ii} 为波长为 λ_i 的信号的输出功率。

2. 串扰

串扰 L_c 指在某一指定波长输出端口所测得的另一非选择波长的功率与该波长输入功率之比的对数，而其比值倒数的对数则称为隔离度。串扰 L_c 可表示为

$$L_c = 10\lg(P_{ij}/P_i) \tag{3.2-2}$$

式中，P_{ij} 为波长为 λ_i 的光信号串入到波长为 λ_j 的光信道的光功率。在系统应用中，希望 L_c 越小越好，大小不仅与 WDM 的设计和制造技术有关，还与所用光发送机光源的线宽有关。

3. 通道带宽

通道带宽 $\Delta\nu_{ch}$ 指各光源之间为避免串扰应具有的波长间隔。从光波系统信道数与通信容量的要求考虑，通常在光纤可用带宽内可复用的信道数 N 越大越好，通道带宽越窄越好。但从可获得的光源线宽、待传送的光信号速率和信号带宽 $\Delta\nu_s$、接收终端的解复用方案和降低串音方面考虑，$\Delta\nu_{ch}$ 应取较宽的值。从设计与制造技术方面考虑，通道带宽越窄，技术难度越大。系统设计时，应从三方面综合考虑。根据 $\Delta\nu_{ch}$ 的宽窄不同，通常可将 WDM 分为三类：粗波分复用（CWDM），通道间隔为 10～100nm，通常用于 2～5WDM 系统，1310/1550nm 的两波分系统亦属这类，但间隔特大，达 240nm；密集型 WDM 或 DWDM 系统，通带间隔 0.1～10nm，通常用于 8 波长信道以上 WDM 系统；通带间隔小于 0.1nm 的 WDM 系统亦称光频分复用系统（OFDM）。ITU-T 于 1998 年 10 月首次提出了采用 EDFA 的 WDM 光波系统有关光通道中心频率（波长）和通道间隔的 G.692 建议，根据不同的传输光纤型号和复用信道数规定了每个通道的中心频率和通道间隔。建议 DWDM 系统的通道频率间隔为 100GHz 的整数倍或整数分之一，1.55μm 波段对应的波长间隔为 0.8nm，1.6nm，2.4nm 或 0.4nm，0.2nm 等。为减轻四波混频的影响，还规定了不等间隔 WDM 系统的各通道中心频率和通道间隔。

3.2.2 复用及解复用器的原理和结构

按分光原理可以将复用及解复用器分为以下几种类型。

1. 角色散型

所有类型的角色散型复用器件的示意图都可以用图 3-6 表示。从输入光纤来的光信号被透镜准直，经角色散器件后，不同波长的光信号以不同的角度出射，然后经透镜会聚到不同的输出光纤中。角色散型复用器件是并联器件，其

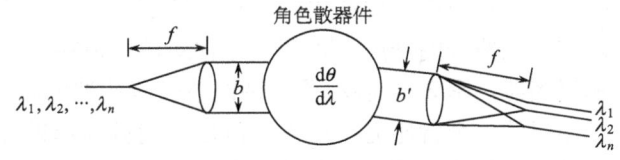

图 3-6 角色散型复用器件结构示意图

插入损耗不随复用路数的增多而增加，因而容易获得较多的复用路数。

光栅是最常用的角色散器件，光栅常数 d 越小，角色散越大。在光栅 WDM 技术中，要使输出光路间有较大的间距，可以采用光栅常数较小的光栅。图 3-7 所示为两种结构的光栅解复用器。一种结构用传统的透镜作准直器件，另一种用自聚焦棒透镜作准直器件。光栅解复用器可以同时分开多路不同波长的信号，插入损耗不随通路数增加，具有解复用路数

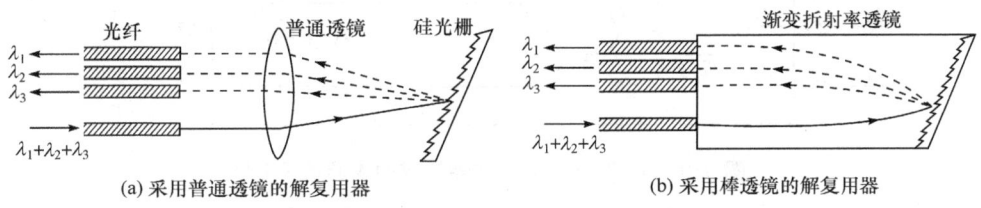

图 3-7 光栅 WDM 解复用器

多、分辨率较高等优点，但它对偏振较敏感。据报道，利用光栅可以分开 132 个信道，分辨率小于 1nm，插入损耗为 5~8dB，被广泛应用于 DWDM 系统中。

2. 干涉型复用器件

干涉型复用及解复用器件有多种样式。常用的有干涉膜滤波器型、马赫-曾德尔（M-Z）干涉滤波型和阵列波导光栅型（Arrayed Waveguide Grating，AWG）。M-Z 干涉滤波型和 AWG 型复用及解复用器性能优越，便于集成。下面介绍它们的原理和结构。

M-Z 滤波器型复用及解复用器与 M-Z 干涉仪具有相同的结构，如图 3-8 所示。输入光功率 P_i 经第一个 3dB 耦合器等分为 P_{i1} 和 P_{i2} 两部分，它们分别在长度为 L_1 和 L_2 的光波导中传输后，经过第二个 3dB 耦合器合成一路。对于特定的工作波长，如果 M-Z 滤波器的两臂长度差导致的相位差正好是 2π 的整数倍，则在输出波导中产生相长干涉，输出功率最大。如果两臂长度差导致的相位差是 π 的奇数倍，则在输出波导中产生相消干涉，输出功率为零。

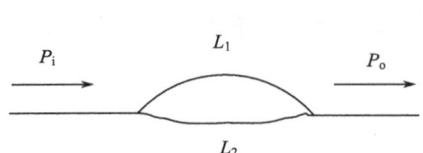

图 3-8 M-Z 干涉滤波器结构

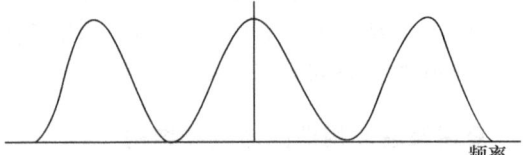

图 3-9 M-Z 滤波器的透射率随光频变化曲线

图 3-9 给出了 M-Z 干涉仪的透射率随光频率变化的曲线，由图 3-9 可知，它的透射率对频率或波长呈周期性变化。这种滤波器使一个波长光反射，而让另一个波长的光通过，实现两波长光信号的分离，将若干这种双波长复用元件串接起来，就可构成一个多波长复用器或解复用器，图 3-10 展示了一种四波长复用器的阵列，该器件用 3 个 M-Z 干涉仪，每个 M-Z 干涉仪的一个臂比另一个长，以便在两臂间提供相移的波长依赖性。全部结构可以制造在硅基片上，制成集成式 WDM 器件。这种 WDM 器件由于具有高的波长选择性，并可用成熟的硅波导技术制造而备受重视。使用 7 个 M-Z 干涉仪串接，可以制成 $2^7 = 128$ 个信道的 WDM。

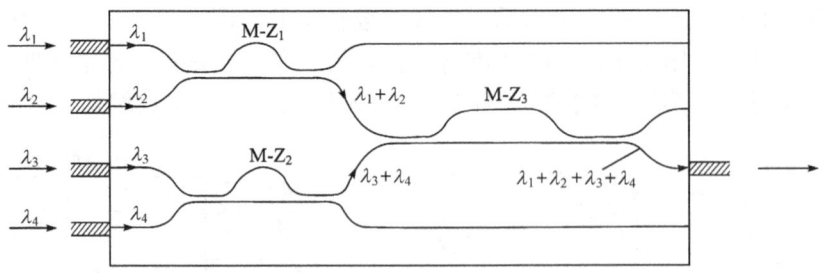

图 3-10 由 3 个 M-Z 滤波器构成的 4 通道 WDM

阵列波导光栅 WDM 由沉积于硅衬底上的输入波导、两个平面耦合波导、阵列波导和输出波导构成，如图3-11所示。当多波长信号被耦合进某一输入波导时，此信号在第一个平面波导中发生衍射而耦合进阵列波导。阵列波导由很多长度依次递增的路径构成，光经过不同的波导路径到达第二个平面耦合波导时，产生不同的相位时延，在第二个耦合波导中相干叠加。这种阵列波导长度差所产生的作用和光栅所起的作用相同，从而表现出光栅的功能和特性，所以称为阵列波导光栅（AWG）。

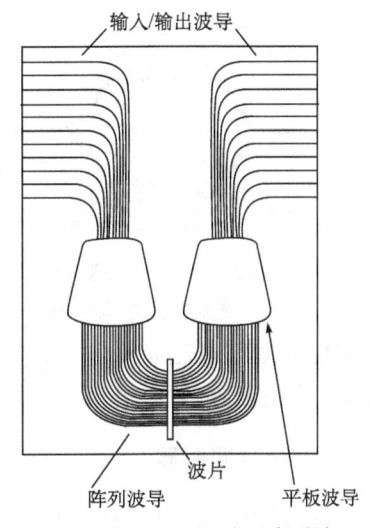

图 3-11 $N \times N$ 平面阵列波导光栅（AWG）复用器

通过合理设计 AWG 光栅阵列的形状、间距、输入输出平面波导的位置、间距和连接两 AWG 的长度，即可实现多波长光信号的分路。同样，可实现对多端口输入的多个波长信号进行合路。

3.3 光调制器与光开关

如何将待传输的电信号加载到光载波上是光通信技术的基本问题之一。最简单的方法是直接控制半导体光源的注入电流，利用注入电流与输出光功率之间的线性关系使光源输出功率按照电信号变化。这就是光源的直接调制或内调制方法。对于中低速率系统，直接调制十分有效，但是对于高速系统，特别是传输速率超过 2.5Gbit/s 的系统，直接调制遇到两个问题，一是光源的调制带宽无法满足要求，二是高速调制会导致光源输出光束的频率啁啾。所以，高速系统几乎都采用外调制方式，也就是光源在恒定电流激励下发射连续光波，而信号加载过程则在专门的外调制器中完成。外调制器主要有基于晶体电光效应的电光调制器、基于晶体磁光效应的磁光调制器、基于介质声光效应的声光调制器、基于半导体 PN 结对光的吸收效应的电吸收调制器等。电光调制器和电吸收调制器是最常用的光调制器。

3.3.1 电光调制器

当把电压加到晶体上时，可能使晶体的折射率发生变化，晶体的这种性质称为电光效应。当晶体的折射率与外加电场幅度成线性变化时，电光效应称为线性电光效应，即 Pocket 效应。电光调制器就是基于 Pocket 效应的器件。按照结构形式，电光调制器又可以分成体调制器与波导调制器两类。体调制器体积较大，所消耗的调制功率与所需要的调制电压比波导调制器要大得多。波导调制器可以与其他器件集成在同一基片上，构成集成光器件。所以，只有波导调制器在光通信系统中得到实际应用。最常用、技术最成熟的波导调制器是马赫-曾德尔干涉调制器，已经应用于 40Gbit/s 信道速率的 WDM 传输系统。

马赫-曾德尔干涉调制器有 LN-MZ（$LiNbO_3$）调制器、GaAs-MZ 调制器和聚合物-MZ 三种。图 3-12 给出了集成光马赫-曾德尔干涉调制器的结构示意图。它由平行的铌酸锂衬底上采用钛扩散形成的波导构成。如图3-12所示，输入光束被均匀地分配到马赫-曾德尔干涉仪的两臂上，然后在输出端重新组合。光沿两个平行路径的传输距离相同，如果电极上不加

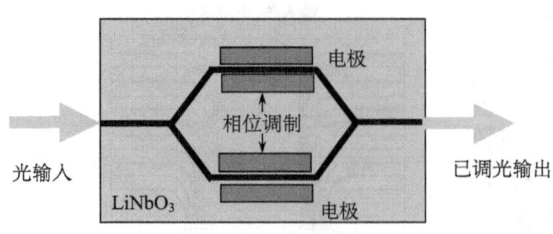

图 3-12 集成光马赫-曾德尔干涉
调制器的结构示意图

电压,则在输出端以同相位相加产生相长干涉,此时获得最大幅度的传输光,输出"1"比特。如果施加一个合适的电压在电极上,则波导的折射率发生变化,致使两束光之间有 180°的相位差。在这种情况下,输出端发生相消干涉,使得输出最小,输出"0"比特。马赫-曾德尔干涉调制器所需要的调制电压在 10V 左右,调制速率可达数十 Gbit/s。

为了实现加调制电压时输出"1"比特,调制电压为零时输出"0"比特,可以给调制器加电压为 V_π 的预偏置电压。V_π 也就是可以在干涉仪的两臂产生 180°相位差的电压。

3.3.2 电吸收调制器

电吸收调制器(EAM)是一种半导体结型器件,当外加反向偏置电压时,耗尽层中的电场引起禁带变窄,这就是 Franz-Keldysh 效应。电吸收调制器可以和半导体激光器集成在同一基片上,其结构如图 3-13 所示,左边是一个 DFB 型激光器,右边是调制器。能量低于带隙能量的光子可以通过半导体,而能量高于带隙能量的光子会被吸收,并产生自由电子-空穴对。当一个反向电压加在调制器

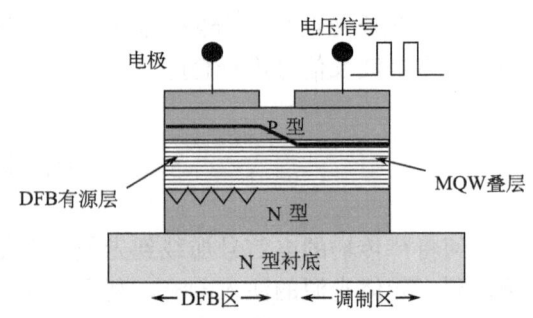

图 3-13 集成电吸收调制器

上,引起电吸收 PN 结的带隙能量减少,于是激光器发出的光被吸收。如果所加的反向电压就是待传送的信号电压,则调制器输出的就是相应的光信号。

EAM 由于体积小,驱动电压低,便于与激光器、放大器和光检测器等其他光器件集成在一起。EAM 的综合性能已经能够满足 40Gbit/s 及更高速率的调制应用,调制带宽可达到 40~50GHz,调制器输出最高达 5.5dBm,一般大约为 1dBm,消光比可达 15dB。

3.3.3 声光调制器

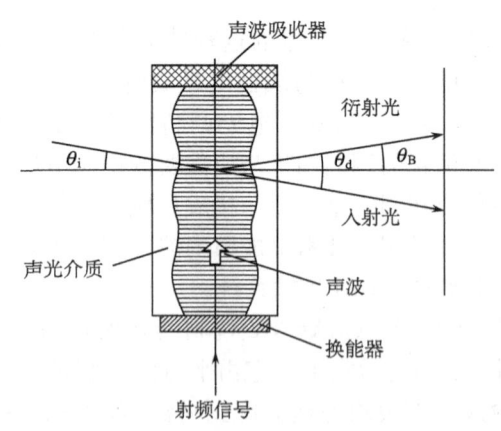

图 3-14 声光调制原理

声光调制(AOM)的物理基础是声光效应,声光效应是指光波在介质中传播时被超声波场衍射或散射的现象。介质中有超声波传播时,由于超声波是弹性波,介质中就产生了随时间和空间周期变化的弹性应变,因而介质中各点的折射率就会随着该点上的弹性应变而发生相应的变化。介质的折射率周期变化形成折射率光栅时,光波在介质中传播就会发生衍射现象,衍射光的强度、频率和方向等将随着超声波场的变化而变化。

声光调制器的基本结构如图 3-14 所示,主

要由声光介质、电-声换能器、吸声（或反射）装置及驱动电源等组成。声光调制的声光介质有熔融石英、重火石玻璃、钼酸铅晶体等，换能器为由射频压电换能器组成的超声波发生器。驱动源用已产生的调制电信号施加于电声换能器的两端电极上，驱动电声换能器将电功率转换成声功率。当入射射频信号引起的超声波功率变化时，确定角度的衍射光强度也会发生相应的变化，从而实现光强度调制。

声光调制器可分为拉曼-纳斯型声光调制器和布拉格型声光调制器：前者调制带宽较小，只限于低速调制，后者调制速率较高但一般不超过1GHz。与电光调制技术相比，声光调制器有更高的消光比（一般大于30dB）、更低的驱动功率、更优良的温度稳定性和更好的光点质量，在激光产生、光纤传感、空间光通信、激光测距和信号测量处理等领域有广泛的应用。

3.3.4 光开关

光开关在光纤通信技术中作光路切换之用，如系统的主备切换等。光开关主要有两大类，即机械式及波导式。图 3-15 所示的 $1 \times N$ 单模光纤开关是机械式开关的例子，它是一种光纤耦合器件，通常用电磁铁驱动活动臂移动，切换到不同的固定臂光纤。机械光开关的优点是插入损耗低（典型值 0.5dB，最大 1.2dB），隔离度高（可达 80dB），技术上容易实现；最大的弱点是响应速度低（约 15ms），这就限制了它的应用领域。

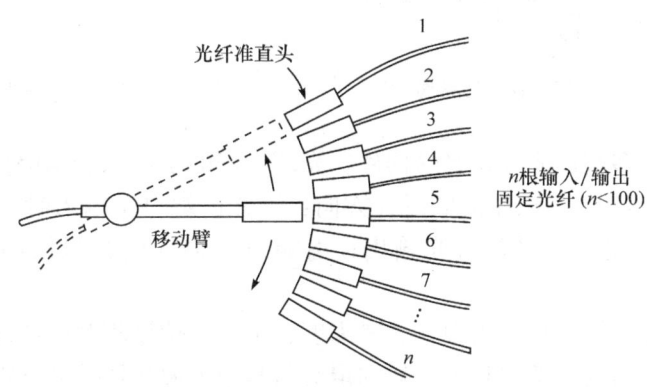

图 3-15　机械式 $1 \times N$ 单模光纤开关

波导型光开关以 $LiNbO_3$ 或 GaAs 等半导体材料为衬底，制造两条（或多条）条形光波导形成定向耦合器，通过电极上的调制电压控制两个输出臂间的光功率通断。波导光开关的主要优点是开关速率高，可达几吉赫兹以上，开关电压为 5~10V；缺点是插入损耗相对较大，可达几分贝。

此外，由于电光数字调制器可以对光的强度、相位和偏振进行开关控制，因此实际上也是一个高速光开关。

3.4　光隔离器和光环行器

某些光器件，如 LD 及光放大器等对来自连接器、熔接点、滤波器等的反射光非常敏感，并导致性能恶化，因此需要用光隔离器阻止反射光。光隔离器是一种只允许单向光通过的无源光器件。

光隔离器主要利用磁光晶体的法拉第效应。法拉第效应是法拉第在1845年首先观察到不具有旋光性的材料在磁场作用下使通过该物质的光的偏振方向发生旋转的现象，也称为磁致旋光效应。图3-16为基于法拉第旋转的光隔离器的结构图。对于正向入射的信号光，通过起偏器后成为线偏振光，法拉第旋磁介质与外磁场一起使信号光的偏振方向右旋45°，并恰好低损耗通过与起偏器成45°放置的检偏器。对于反向光，出检偏器以后的线偏振光经过旋转介质时偏振方向再旋转45°，从而使反向光的偏振方向正好与起偏器方向正交，阻断了反向光的传输。新型尾纤输入输出的光隔离器有相当好的性能，最低损耗约为0.5dB，隔离度为35~60dB，最高可达70dB。因此，光隔离器在光纤通信、光信息处理系统、光纤传感及精密光学测量系统中具有重要的作用。

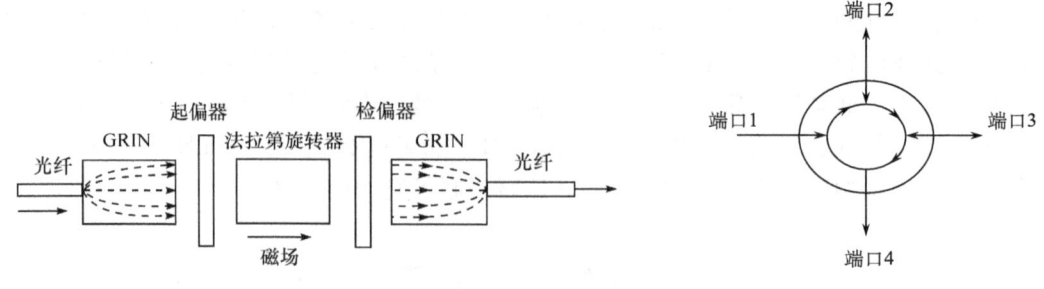

图3-16　法拉第磁光隔离器　　　　图3-17　4端口环行器示意图

光环行器是一种多端口非互易光学器件，光环形器的工作原理与隔离器相似，4端口环形器如图3-17所示。光传送顺序沿顺时针方向：当光由端口1输入时，光几乎毫无损失地由端口2输出，其他端口几乎没有光输出；由端口2输入的光只沿顺时针方向从端口3输出。

光环形器的技术指标包括插入损耗、隔离度、串扰、偏振相关损耗及回波损耗等。光环形器的插入损耗、隔离度、偏振相关损耗的定义与其他无源光器件的基本相同，只不过对环形器而言，均指具体的两个相邻端口之间的指标，如端口1、2之间的或端口2、3之间的插入损耗、偏振相关损耗等。光环形器的串扰指两个不相邻端口之间理论上不能接收到光信号但实际上由于种种原因而接收到的功率以dB表示的相对值，如端口1输入信号时，端口3接收到的功率相对于输入功率的相对值。

光环形器的非互易性使其成光信号处理的重要器件，它可以完成同一光信道内的正反向传输光信号的分离任务。光环形器不仅在光通信中单纤双向通信、上/下话路、合波/分波及色散补偿等领域有应用，而且还在光纤传感、激光探测等系统中有广泛的应用。

3.5　光纤布拉格光栅

众所周知，反射镜在光学系统中占有重要的地位，光纤光栅就相当于一个直接刻画在光纤内部可精确控制反射率的反射镜。光纤光栅利用光纤中的光敏特性制成。1978年，Hill

等首先发现掺锗光纤的紫外光敏特性,即光纤的折射率能够在某些波长的光照射下随光强而永久性改变,人们很快意识到利用这种特性能在光纤中制作光纤光栅,这成为光纤光栅研究的起点。1989 年,Meltz 等首次采用全息干涉法,在掺锗石英光纤上研制出第一支布拉格谐振波长位于通信波段的光纤光栅,从此推动了光纤光栅的大发展。进入 90 年代后期,人们将光纤置于高压氢气中,使上述光致折变(光照引起的折射率的变化)上升至 $10^{-3}\sim10^{-2}$,提高了光纤写入灵敏度。

随着光纤光栅制造技术的不断完善,光纤光栅已成为目前最具有代表性的光纤无源器件之一。它具有与光纤通信系统易于连接、插入损耗小等优点,使之在光纤激光器、光纤放大器、光纤滤波器、光纤传感器和高速光纤通信系统等领域中得到了广泛的应用,极大地拓展了光纤技术的应用范围。

3.5.1 光纤布拉格光栅的光学特性

光敏光纤通过激光照射,光纤的折射率将随光强的空间分布发生相应的变化,使其内部折射率呈周期性分布,从而形成光纤光栅,经退火处理后可长期保存,并在 500℃ 以下保持稳定不变。光纤光栅结构及工作原理如图 3-18 所示。

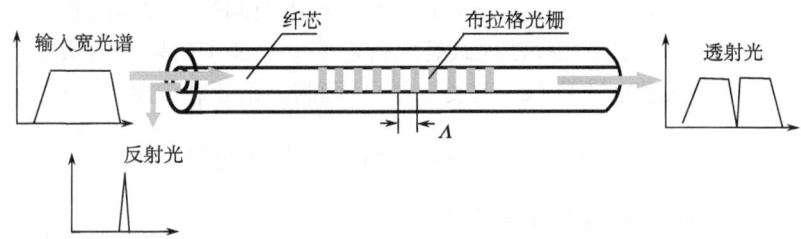

图 3-18 布拉格光栅结构示意图

光纤光栅是一种参数周期性变化的波导,纵向折射率的变化可引起不同光波模式之间的耦合,并且可以通过将一个光纤模式的功率部分或完全地转移到另一个光纤模式中以改变入射光的频谱。在一根单模光纤中,纤芯中的入射基模既可被耦合到反向传输模也可被耦合到前向包层模中,这依赖由光栅及不同传输常数决定的相位条件,即

$$K = \beta_1 - \beta_2 = 2\pi/\Lambda \quad (\Lambda \text{ 为光栅周期}) \tag{3.5-1}$$

式中,Λ 是由模式 1 耦合到模式 2 所需的光栅周期,β_1 和 β_2 分别为模式 1 和模式 2 的传输常数。若要将正向传播导波模式耦合到反向传播导波模式,从前面给的相位匹配条件可得

$$2\pi/\Lambda = \beta_1 - \beta_2 = \beta_{01} - (-\beta_{01}) = 2\beta_{01} \tag{3.5-2}$$

如图 3-19 所示,K 值较大,则 Λ 很小($\Lambda<1\mu\text{m}$),这种光栅为布拉格光栅(FBG)。它的基本特性就是一个反射式光学滤波器,反射峰值波长称为布拉格波长,满足

$$\lambda_B = 2n_{\text{eff}}\Lambda \quad (n_{\text{eff}} \text{ 为有效折射率}) \tag{3.5-3}$$

若要将正向传播导波模式耦合到正向传播包层模式,包层模传播常数用 β_{cl}^n 表示。其中,n 为模的阶数,则根据相位匹配条件有

$$2\pi/\Lambda = \beta_1 - \beta_2 = \beta_{01} - \beta_{cl}^n \tag{3.5-4}$$

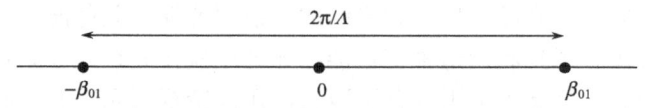

图 3-19 FBG 的相位匹配条件

由于正向传播导波模式和正向传播包层模式的传播常数都为正,如图 3-20 所示,K 值较小,则 Λ 很大,一般为几百微米,这种光栅为长周期光纤光栅(LPFG)。它的基本特性是一个带阻滤波器。一个给定周期的光栅可使基模与包层内几个不同阶次模的耦合,造成传输谱在不同波长处的损耗凹陷。

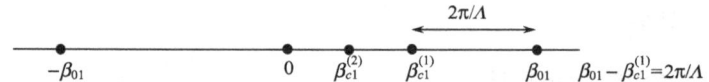

图 3-20 正向传播导波模式耦合到一阶正向传播包层模式的相位匹配条件

3.5.2 光纤布拉格光栅滤波器

光纤布拉格光栅(Fiber Bragg Grating,FBG)一般由空间强度分布的紫外光曝光写入,可以简单地假设光栅的写入结果是在导波模式有效折射率上叠加了折射率的微扰。相应地,FBG 的折射率可以表示为带直流分量 $\mathrm{Dc}(z)$ 且受 $\mathrm{Ac}(z)$ 调制的正弦载波函数,表达式如下

$$\Delta n(z) = \mathrm{Dc}(z) + \left\{\frac{1}{2}\mathrm{Ac}(z)\exp\left[\mathrm{j}\frac{2\pi z}{\Lambda} + \mathrm{j}\varphi(z)\right] + c.c\right\} \qquad (3.5\text{-}5)$$

其中,$\varphi(z)$ 表示光栅周期 Λ 可能存在的啁啾。

1. 均匀光纤布拉格光栅滤波器

均匀光栅是指沿着光栅径向各个位置处的折射率调制均相等,式(3.5-5)的 $\mathrm{Dc}(z)$、$\mathrm{Ac}(z)$ 和 $\varphi(z)$ 均为常数,它是最为简单的 FBG 结构。均匀光栅的反射谱和透射谱如图 3-21 所示,具体的光栅参数为:光栅长度 $L=20\mathrm{mm}$,交流折射率调制 $\mathrm{Ac}=1\times10^{-4}$,直流折射率调制 $\mathrm{Dc}=0$,光栅周期 $\Lambda=535\mathrm{nm}$,n_{eff} 为 1.48。

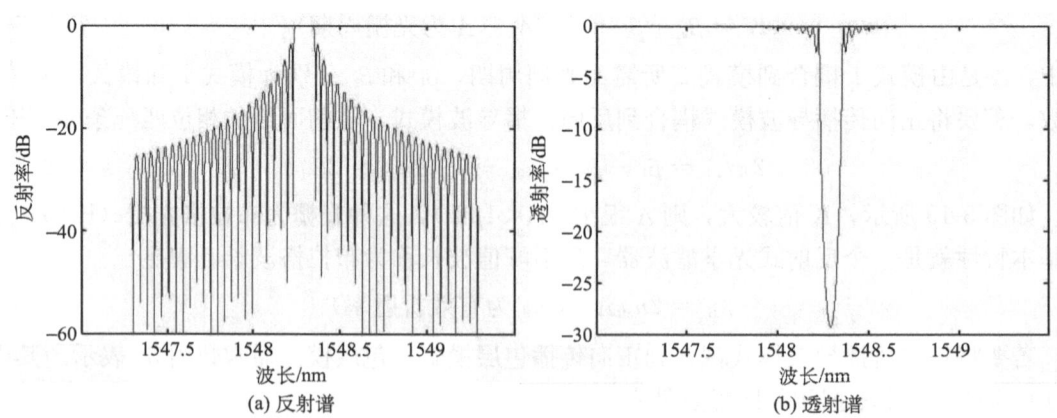

图 3-21 均匀 FBG 滤波器的反射谱和透射谱

均匀光纤布拉格光栅 FBG 可以完全反射波长为 $\lambda=2n_{\text{eff}}\Lambda$ 的光波,透射其他波长的光波,n_{eff} 是光纤传播模式的等效折射率。由此即可从多波长信号中将满足布拉格反射条件的波长信道分离出来。用多个光纤布拉格光栅级联即可将多波长信号完全分离开来。这种器件特别适合 WDM 光网络中用作光分插复用器(OADM),从 N 个波长信道中取出需要的波长信道,其余的 $N-1$ 路信号直通,无需将它们解复用。利用光纤布拉格光栅构成的波分解复用器如图 3-22 所示,其中的光环形器是只许光沿着一个方向传播的器件。

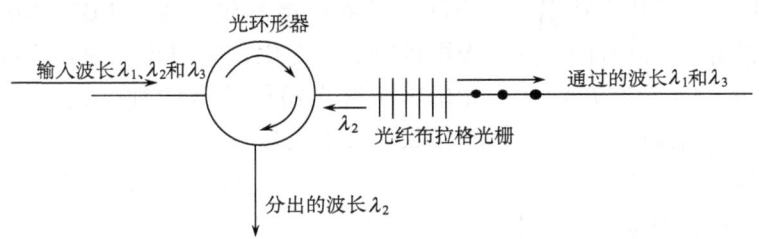

图 3-22 用光纤布拉格光栅构成的波分解复用器

2. 相移型光纤布拉格光栅滤波器

相移 FBG 是指在均匀光栅的某些位置上对交流折射率调制添加一个突变的相位信息,如图 3-23 所示,在均匀 FBG 的中心上位置添加了一个 π 相移。

相应地,相移 FBG 的交流折射率调制量可以表示为

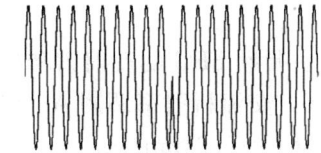

图 3-23 相移光栅折射率变化示意图

$$\Delta n(z)=\begin{cases}\text{Dc}(z)+\left[\dfrac{1}{2}\text{Ac}(z)\exp\left(\text{j}\dfrac{2\pi z}{\Lambda}\right)+c.c\right] & 0\leqslant z\leqslant L_1 \\ \text{Dc}(z)+\left[\dfrac{1}{2}\text{Ac}(z)\exp\left(\text{j}\dfrac{2\pi z}{\Lambda}+\text{j}\theta\right)+c.c\right] & L_1<z\leqslant L\end{cases} \quad (3.5\text{-}6)$$

式中,θ 即为插入的相移量。

相移 FBG 的反射谱和透射谱如图 3-24 所示。具体的光栅参数如下:光栅长度 $L=20\text{mm}$,交流折射率调制 $\text{Ac}=1\times10^{-4}$,直流折射率调制 $\text{Dc}=0$,光栅周期 $\Lambda=535\text{nm}$,相移量为 π,插入位置为 $L_1=10\text{mm}$。

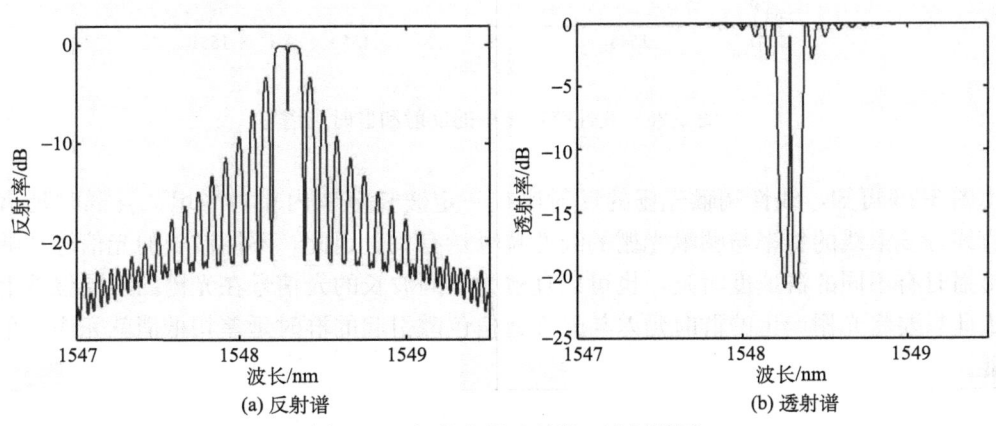

图 3-24 相移光栅反射谱、透射谱图

由图 3-24 可知，相移 FBG 的反射谱正中间出现了一个极窄的透射峰，该透射峰的位置和深度与插入的相移量和位置有关，其 20dB 滤波带宽一般可以达到数十皮米，这使得相移光栅可以用于光纤激光器、光载无线系统（RoF）等需要窄带滤波的场合。

3.5.3 光纤布拉格光栅色散补偿器

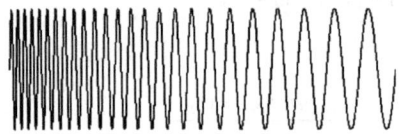

图 3-25 线性啁啾光栅折射率变化示意图

在光纤通信系统中主要利用啁啾光纤布拉格光栅（FBG）进行色散补偿。啁啾 FBG 是指光栅周期 Λ 沿光栅径向发生变化，应用较多的是线性啁啾 FBG，即光栅周期沿光栅位置呈线性变化关系，如图 3-25 所示，数学表达式为

$$\Lambda(z) = \Lambda_0 + Cz \tag{3.5-7}$$

因此，啁啾 FBG 的折射率调制可写为

$$\Delta n(z) = \mathrm{Dc}(z) + \left[\frac{1}{2}\mathrm{Ac}(z)\exp\left(\mathrm{j}\frac{2\pi z}{\Lambda_0 + Cz}\right) + c.c\right]$$

$$= \mathrm{Dc}(z) + \left\{\frac{1}{2}\mathrm{Ac}(z)\exp\left[\mathrm{j}\frac{2\pi z}{\Lambda_0} + \mathrm{j}\varphi(z)\right] + c.c\right\} \tag{3.5-8}$$

线性啁啾 FBG 的反射谱和群时延谱如图 3-26 所示。具体的光栅参数如下：光栅长度 $L=20\mathrm{mm}$，交流折射率调制 $\mathrm{Ac}=1\times10^{-4}$，直流折射率调制 $\mathrm{Dc}=0$，光栅周期 $\Lambda=535\mathrm{nm}$，线性啁啾量 $C=0.24\mathrm{nm/cm}$。

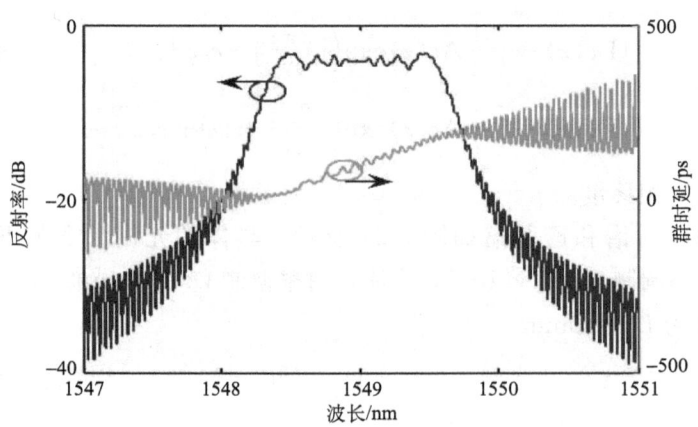

图 3-26 线性啁啾光栅的反射和群时延谱

由图 3-26 可知，线性啁啾光栅的反射谱在一定波长范围内相对平坦，且群时延谱线为一条直线，该谱线的斜率与啁啾光栅的线性啁啾量有关。因此，不同波长的光信号在啁啾光栅中传播时有不同的群速度时延，也可以理解为不同波长的光信号在光栅的不同位置上被反射，因此只要将光栅产生的群时延差与光纤通信色散引起的群时延差相抵消就完成了色散补偿功能。

3.5.4 光码分复用编解码器

"光码分复用"的概念由"电码分多址"的概念演变而来,当多个用户连接组网时,给不同的用户分配一个相互正交的码字作为地址码,因此当不同的用户用该地址码进行扩频通信时,由于码字的正交性,用户之间不会产生干扰,信号可以在时域、频域上重叠。与目前在光网络中广泛应用的波分多址(WDMA)、时分多址(TDMA)等技术相比,OCDMA 技术具有信号全光处理、异步多址接入、软容量、频谱利用率高、保密性好等优点,被认为是最具潜力的下一代接入网关键技术之一。

图 3-27 是光码分复用系统的模型图。在发送端,经过调制的数据用地址码进行光域编码;在接收端,经过网络传输后的光信号用与编码器相对应的解码器进行相关解码,解码后的信号由检测设备进行光电转换,并恢复数据。

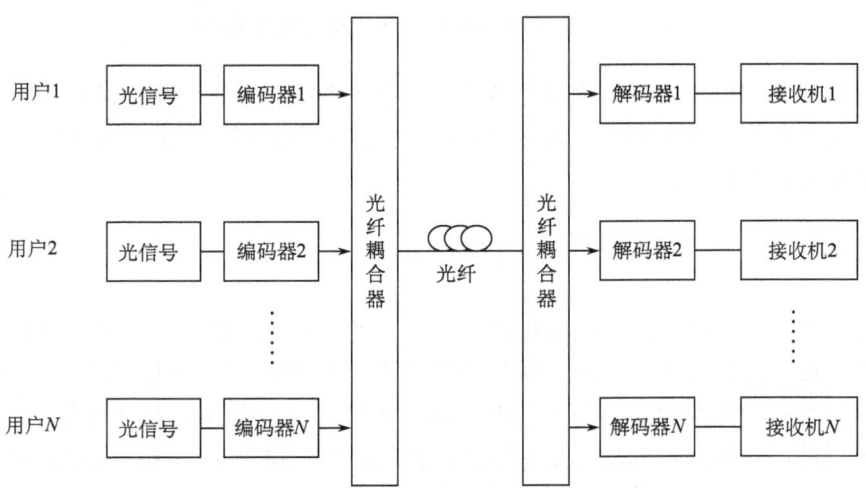

图 3-27 OCDMA 系统模型图

如前所述,光纤布拉格光栅(FBG)基本结构是以布拉格波长为中心的窄带光学反射器,通过适当组合,FBG 既有延时功能,又有选频功能,还具备相移功能。因此,FBG 可以实现时域编解码、相位编解码、频域编解码及组合编解码。

图 3-28 是利用 FBG 对不同的波长信号在不同的位置上经反射而构成的时域波长二维编解码框图。编码时,经过调制的光信号由环行器进入多波长光纤光栅编码器,当光信号遇到某个子光栅时,相应频率的分量被反射回来,其他频率分量继续传播,直到遇到下一个子光栅,重复上述反射过程。这样,不同的频率分量在时域上就相差一定的间隔,从而实现了二维编码。在接收端,与编码器结构相同的解码器按相反的方向放置,这样,在时间上分离的光信号经过解码器后重新迭加在一起,从而实现解码。

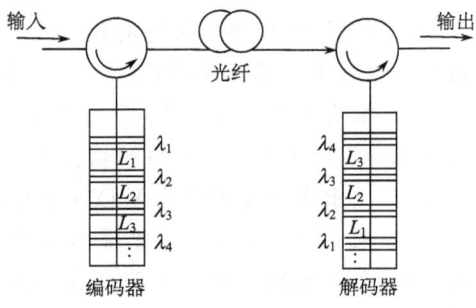

图 3-28 多波长 FBG 实现二维 OCDMA 编解码示意图

相移光栅可以在较宽的频谱范围内（几纳米至几十纳米）对光信号的相位附加"0"或"π"的信息。因此，可以将相移光栅级联形成时域相位编解码器，与双极性码字形成对应关系，编解码器结构如图 3-29 所示。

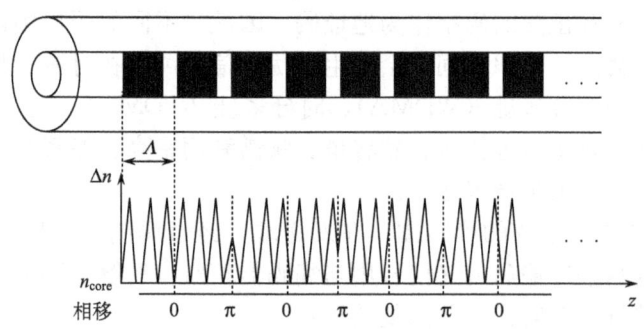

图 3-29 基于 FBG 的时域相位编解码器结构图

由于时域相位编解码器可采用真正意义上的双极性码，并且利用微结构制作工艺可以在数厘米的长度上制作数百个相移，相当于百位以上的码字长度，因此具有扩频增益高、码片速率高、集成度高的特点。

小　结

本章讲授光通信系统中的无源光器件。在众多的无源光器件中，活动连接器是最常用的器件，用以连接匹配两根光纤；耦合器的功能是在光路中重新分配信号功率；波分复用/解复用器实际上是一种光滤波器，用来实现多路光信号合路或分路，是波分复用（WDM）系统中的关键器件；光调制器的功能是将信息数据加载到光载波上；光纤布拉格光栅是目前较为通用的无源光信号处理器件，可通过灵活设计使其具备不同的功能。通过本章的学习，要求掌握主要无源器件的结构、主要性能参数和应用方法。

思考题与习题

3.1　两根 SI 型多模光纤对接，它们的相对折射率差 $\Delta=0.01$，纤芯直径为 $62.5\mu m$，要求由于横向对准差错产生的损耗小于 $0.6dB$，试求横向对准误差的最大值。

3.2　两根 SI 型单模光纤对接，光纤纤芯直径为 $9.0\mu m$，归一化频率 $V=2.0$，如果要求由于横向对准差错产生的损耗小于 $0.2dB$，试求横向对准误差的最大值。

3.3　设有一分光比为 5∶1 的定向耦合器，假设从输入口 1 输入的功率为 $1mW$，插入损耗为 $1.5dB$，求两个输出口的输出光功率。

3.4　画出光纤光栅作为 WDM 系统的复用器和解复用器的结构示意图。

3.5　采用 2×2 马赫-曾德尔干涉仪设计一个 8 到 1 的复用器，假设信道间隔为 $100GHz$。令最短的波长为 $1550nm$，试计算出各级 2×2 马赫-曾德尔干涉仪中的臂长差 ΔL 的值。

3.6　简述光纤布拉格光栅的结构及滤波原理。

3.7　画出利用啁啾光纤光栅补偿群速度色散的结构图，并说明其工作原理。

第 4 章 光源与光发送机

光通信系统主要使用发光二极管（LED）和半导体激光器（LD）两类光源产生光信号，利用光发送机实施信号调制和功率控制，利用光纤放大器和半导体光放大器对光信号进行放大。本章从半导体的能带结构出发解释半导体器件的发光原理和工作特性，介绍主要的光放大器的工作原理及工作特性，最后介绍光发送机的组成和主要指标。

4.1 物质与光之间的互作用

4.1.1 光的波粒二象性

根据现代物理学的观点，光具有波粒二象性。光作为电磁波，描述它的特征参量是波的频率 ν、波矢量或矢量波数 k，波矢量的绝对值 k 称为相位常数。作为粒子的光子，描述它的特征参量是粒子的能量 E 和动量 P。它们之间的关系为

$$E = h\nu = \hbar\omega \tag{4.1-1a}$$
$$P = hk = h/\lambda \tag{4.1-1b}$$

式中，h 是普朗克常数，$\hbar = h/2\pi$。

利用光的波动性可以成功地解释光的传播特性。第 2 章就是从波动理论出发得到了光波导的模式理论和光在光纤中的传输特性。但是，用波动理论解释光的发射与吸收却遇到了困难，只有用光的粒子性才可以得到正确的结论。光被物质吸收或被放大的过程可以用光子被吸收，或物质释放出同频率的光子加以解释。

4.1.2 原子的能级和半导体的能带

按照现代物理学的观点，构成物质的原子的能量只能取一系列分离的值，也就是说原子的能量状态是量子化的。这些分离的能量状态称为能级，如图 4-1 所示。最低的能量状态称为基态或基能级，即图 4-1 中的 E_1。其他的较高的能量状态，如 E_2 和 E_3 等都称为激发态或高能级。

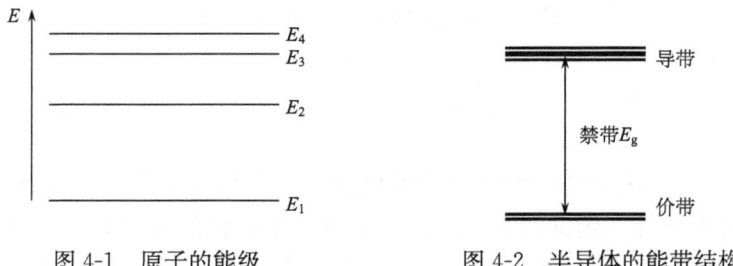

图 4-1 原子的能级   图 4-2 半导体的能带结构

半导体是介于导体和电介质之间的物质。其组成原子之间的共价键使原子的能量状态呈连续的能带结构，而非单个原子的分离的能级结构。半导体的能带结构由价带、禁带和导带

构成，如图 4-2 所示。价带中的电子由于受到紧约束而不能自由运动。导带中的电子则可以自由运动，如果有外加电场存在，就可以形成电流。禁带是不能为电子所占据的能量状态，禁带的宽度又称为带隙能量，用 E_g 表示。

在热平衡状态下，某个能级被电子占据的概率服从费米-狄拉克分布，即电子占据能量为 E 的能级的概率为

$$f(E) = 1/\{1 + \exp[(E - E_f)/kT]\} \quad (4.1\text{-}2)$$

式中，T 为绝对温度；k 为玻尔兹曼常数；E_f 为材料的费米能级，是一个参考能级。对于 $E > E_f$ 的能级，被电子占据的可能性小于 $1/2$；对于 $E < E_f$ 的能级，被电子占据的可能性大于 $1/2$。纯净半导体的费米能级位于禁带的中间，所以价带能级几乎完全被电子占据，而导带能级则几乎是空的，这种纯净半导体导又称为本征半导体或 I 型半导体。如果在本征半导体中掺一定量的施主杂质，则费米能级向上靠近甚至进入导带，于是在导带中有自由电子，这就是 N 型半导体。如果在本征半导体中掺一定量的受主杂质，则费米能级将向下靠近甚至进入价带，于是在价带的顶端存在自由空穴，这就是 P 型半导体。对于重掺杂的 P 型半导体和 N 型半导体，费米能级分别位于价带和导带之中，具有良好的导电性能。P 型半导体依靠价带中的空穴导电，N 型半导体则依靠导带中的电子导电。通常将 P 型半导体中的空穴称为多数载流子，电子称为少数载流子；N 型半导体中的电子称为多数载流子，而空穴称为少数载流子。P 型半导体和 N 型半导体紧密接触，在其接触面附近就形成了 PN 结，半导体 PN 结的单向导电特性是所有半导体器件工作的基础。

4.1.3　物质与光的互作用

电磁波与物质原子中的电子跃迁过程之间有三种互作用机理，分别是受激吸收、自发辐射和受激辐射，如图 4-3 所示。

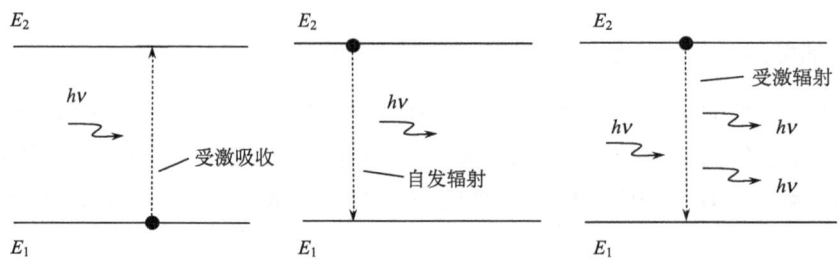

图 4-3　光与物质的三种互作用过程

1. 自发辐射

在如图 4-3 所示的二能级系统中，E_1 为低能级，E_2 为高能级。高能级不稳定，处在高能级上的电子会自发跃迁回到低能级，同时释放出一个能量为 $h\nu = E_2 - E_1$ 的光子，这个过程即为自发辐射。假设在 E_2 能级上的电子数密度为 N_2，则从 E_2 到 E_1 的自发辐射速率为

$$R_{sp} = -\frac{dN_2}{dt} = r_{sp} N_2 \quad (4.1\text{-}3)$$

其中，r_{sp} 即为从 E_2 跃迁到 E_1 的自发辐射概率。在这个过程中，光子的辐射方向、相互之间的相位和偏振状态都是随机的，所以自发辐射光是非相干光。

2. 受激吸收

当材料受到光照射时，如果能量为 $h\nu = E_2 - E_1$ 的入射光子能量被吸收，就会有一个电子从低能级 E_1 跃迁到高能级 E_2 上，这就是受激吸收过程。假设 E_1 能级上的电子数密度为 N_1，则从 E_1 到 E_2 的受激吸收速率为

$$R_{ab} = \frac{dN_2}{dt} = B_{12} \rho_f N_1 \qquad (4.1-4)$$

其中，B_{12} 为受激吸收系数；ρ_f 为入射光能量密度，它表示在频率 ν 附近一个单位体积、单位频率间隔内的光能量。

3. 受激辐射

如果高能级上原先就存在电子，这时又有一个能量为 $h\nu$ 的光子入射，则在它的诱导下，高能级上的电子会跃迁到低能级，同时发射一个和入射光子频率、相位、偏振态都一样的光子，即全同光子，这个过程即为受激辐射。受激辐射的速率为

$$R_{st} = -\frac{dN_2}{dt} = B_{21} \rho_f N_2 \qquad (4.1-5)$$

其中，B_{21} 为受激辐射系数，ρ_f 为入射光能量密度。由于受激辐射光和入射光的能量、相位、偏振和传播方向都一样，因此是相干光。发现受激辐射过程、建立相应的理论是伟大的物理学家爱因斯坦在 20 世纪初为人类作出的杰出贡献之一，所以 B_{12} 和 B_{21} 称为爱因斯坦系数。受激辐射是所有的激光器和光放大器工作的共同基础。

4. 光放大的实现

当一束光进入介质时，会同时存在上述三种过程。爱因斯坦理论指出受激吸收系数和受激辐射系数相等，即 $B_{12} = B_{21}$，因此被吸收的光子数与受激辐射产生的光子数之比应为 N_1/N_2。在热平衡状态下，由式 (4.1-2) 可知恒有 $N_1 > N_2$。所以，在热平衡状态下，受激吸收过程是主要的，光束的能量将被介质吸收。若想产生光放大，就必须使光子的辐射速率大于吸收速率，这等价于 $N_2 > N_1$，这种状态称为粒子数反转。粒子数反转状态是一种非平衡状态，必须通过外力才能实现。常用的方法是通过泵浦把低能级上的粒子抽运到高能级上，以实现 $N_2 > N_1$ 这一产生光放大效应的必要条件。处在粒子数反转状态的物质称为激活物质，可以对光信号产生放大作用。利用激活物质作为光的放大单元，再加上适当的反馈机制和选频机制就可以构成光频振荡器，也就是激光器。

4.2 半导体发光二极管

半导体发光二极管（Light Emitting Diode，LED）是基于半导体 PN 结自发辐射机理的发光器件，在中低速率、近距离传输系统中有广泛的用途。工作在可见光频段的发光二极管广泛用作指示标志，由于耗能极少，用于照明是发光二极管极有前途的应用领域。

4.2.1 半导体 PN 结的能带结构

P 型半导体材料和 N 半导体型材料紧密接触，就会在其接触面附近形成 PN 结，如图 4-4(a) 所示。两边载流子的密度差引起多数载流子的扩散运动。P 型半导体中的空穴向 N 区扩散，留下带负电的电子，从而在界面附近形成一个带负电的电荷区。N 型半导体中的电子向 P 区扩散，从而在界面附近形成一个带正电的电荷区。这样，由 N 区指向 P 区，形成一个内部电场，称为自建场。在这个自建电场的作用下，P 区的电子向 N 区漂移，而 N 区的空穴向 P 区漂移，这个漂移运动和扩散运动方向正好相反。最后，漂移运动和扩散运动达到动态平衡。此时的 PN 结具有一定的厚度和确定的自建电场，结区内缺乏载流子，因此电阻很大，称为耗尽区。自建电场的方向从 N 区指向 P 区，这个接触电位差称为势垒，用 V_D 表示。

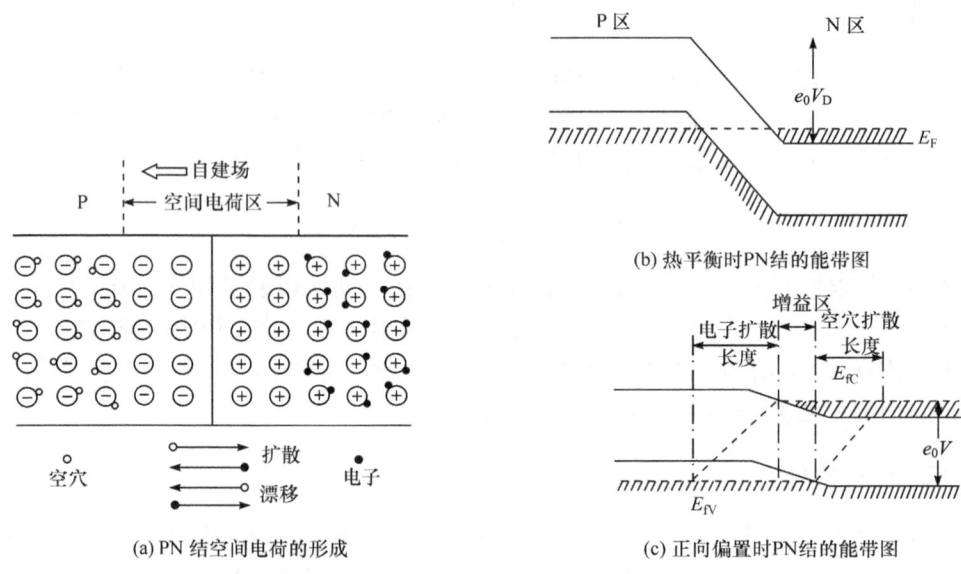

图 4-4　PN 结及其能带结构

如果把 PN 结反向偏置，此时外加电场的方向和自建电场的方向相同，耗尽区加宽，反向电流极小。如果将 PN 结正向偏置，则外加电场的方向和耗尽区相反，耗尽区变窄，自建场变小，原来的平衡被打破，P 区的空穴和 N 区的电子穿过 PN 结界面扩散到对方区域，这时会有较大的电流形成，这就是 PN 结的单向导电性。

在热平衡状态下，PN 结有统一的费米能级。N 型区导带中的费米能级下降，P 型区导带中的费米能级上升，相互对齐，从而在结区产生一个势能斜坡，其高度正好是势垒 V_D，如图 4-4（b）所示。当 PN 结正向偏置时，正向电压 V 破坏了原来的平衡状态，非平衡载流子很快在导带和价带内建立起局部的平衡状态，分别遵从各自的费米统计规律，也就是说费米能级分裂，形成了两个准费米能级。导带和价带中的费米能级分别用 E_{fC} 和 E_{fV} 表示，并有 $E_{fC}-E_{fV}=eV$，这里 e 是电子电量，V 是外加正向电压。对于 PN 结中的 P 区，空穴是多数载流子，所以 E_{fV} 变化很小，和平衡状态下的费米能级差不多，而 E_{fC} 却有较大的偏移。

进入 N 区，空穴成了少数载流子，E_{fV} 变得倾斜，表明空穴的分布此时不均匀，处于向 N 区扩散的状态，并在扩散的过程中与 N 区的电子复合，直到非平衡载流子完全复合为止。对于 PN 结中的 N 区，电子是多数载流子，其导带费米能级 E_{fC} 偏移较小，而价带费米能级 E_{fV} 偏移较大。所以，电子也在不断向 P 区扩散，在扩散的过程中与 P 区的空穴复合。这种复合既有辐射复合，也有无辐射复合，辐射复合时产生光子，无辐射复合时产生晶格振动。当正向电压大到一定的值时，准费米能级的能量间隔大于禁带宽度，即 $E_{fC} - E_{fV} > E_g$，由图 4-4（c）可知，在 PN 结区域会出现了一个有源区（增益区）。在这个区域里，价带主要由空穴占据，导带主要由电子占据，即实现了粒子数反转，此时对于能量满足

$$E_g < h\nu < eV \qquad (4.2\text{-}1)$$

的光子就会产生放大作用，式中 V 是外加正向电压值，e 是电子电量。同时，有源区的电子-空穴的辐射复合，也就是半导体发光器件产生光辐射的基础。有源区的光辐射由电子-空穴的自发复合产生，这就是半导体发光二极管的发光机理。

4.2.2 发光二极管的结构

适当材料的半导体 PN 结加正向电压就构成了一个发光二极管。这里所说的"适当材料"是指有源区电子-空穴可以产生辐射复合，从而产生发光的半导体材料。这种可以产生辐射复合的材料称为直接带隙半导体材料，其能带结构如图 4-5（a）所示。直接带隙半导体的导带底和价带顶在 E-k 空间中对齐，也就是说在电子-空穴复合时，电子的动量或波矢量不发生变化，这时产生辐射复合并辐射一个能量为 E_g 的光子。除了直接带隙半导体，还有间接带隙半导体，其能带结构如图 4-5（b）所示。间接带隙半导体的导带底和价带顶在 E-k 空间中错位，所以在电子-空穴复合时为了保持动量守恒，必须有一个声子参与，这时产生非辐射复合，不发光，电子的能量转化为晶格的振动能量。常用的半导体材料硅就是间接带隙半导体，所以不能用于制作发光器件。常用的直接带隙半导体材料包括 GaAs、GaInP、AlGaAs、InGaAs 和 GaAsP 等。这些材料的带隙能量及相应的发光波长列在表 4-1 中。由三种及三种以上元素构成的合金材料可以通过改变元素的构成比例改变其带隙能量或辐射波长。

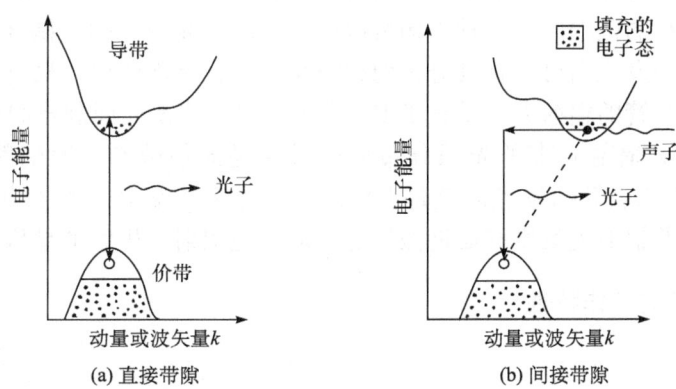

图 4-5 直接带隙和间接带隙半导体材料的能带结构及带间跃迁

表 4-1　几种半导体材料的发光特性

材料	发射波长范围/μm	带隙能量/eV
GaInP	0.64~0.68	1.82~1.94
GaAs	0.9	1.4
AlGaAs	0.8~0.9	1.4~1.55
InGaAs	1.0~1.3	0.95~1.24
InGaAsP	0.9~1.7	0.73~1.35

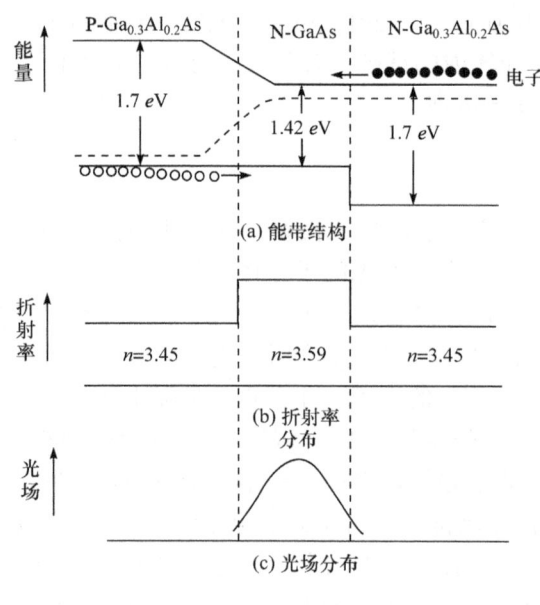

图 4-6　双异质结

两边都是同种半导体材料构成的 PN 结称为同质结。同质结 LED 不能很好地约束其辐射，光子从结边缘辐射出来，形成很大的发光面。这使得其与小尺寸光纤之间的耦合效率很低，而且需要的注入电流较大，结区容易发热。同质结 LED 只能用来解释其发光原理，不能作为有效的器件使用。这些问题都可以通过如图 4-6 所示的异质结加以解决。异质结是采用不同的半导体材料构成的 PN 结。如图 4-6 所示的异质结 LED 实际上包括了两个异质结，因此是双异质结（BH）发光器件。构成异质结的两种半导体材料具有不同的带隙能量和折射率。带隙能量的改变形成了势垒，电子和空穴都受到了约束，这就使得自由电荷只能在一个很窄且具有很好的约束力的有源层内复合。有源层的折射率高于两侧材料的折射率，这就形成了一个光波导结构。这种结构可以将光子约束在有源区，形成了一个具有高密度光子的小区域，从而可以有效地将辐射光束约束在一个较小的范围内。这种结构可以提高光源与光纤之间的耦合效率。

按发光二极管的发光面可以将其分为两种类型。一种是面辐射二极管，另一种是边辐射二极管。面辐射二极管的辐射方向垂直于 PN 结区，可以将发光面制成圆形，这样便于与圆形的光纤端面耦合。辐射光束的光强分布可以看成是朗伯分布。面辐射二极管的结构如图 4-7 所示。边辐射二极管的发光面就是 PN 结型有源区的端面。由于有源区端面呈矩形，所以边辐射二极管的辐射光束横截面近似呈椭圆形。边辐射二极管的结构如图 4-8 所示。

4.2.3　发光二极管的工作特性

1. P-I 特性

LED 的发光功率 P 与正向驱动电流 I 之间近似呈线性关系。典型的输出光功率和驱动电流之间的关系如图 4-9 所示。光功率与驱动电流之间的线性关系可以通过下面的分析理

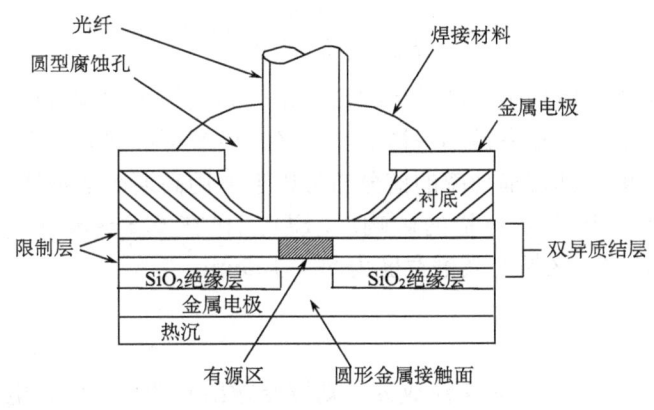

图 4-7　面发射二极管

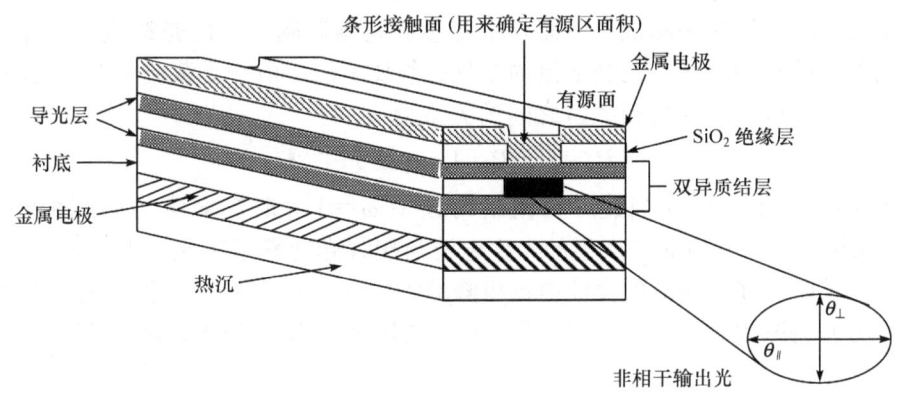

图 4-8　边发射二极管

解：电流 I 也就是每秒钟注入的电荷量，而每秒钟注入的电荷数为 $N=I/e$，e 是每个电子所带的电荷。如果可以复合并产生光子的电荷百分比是 η，则输出的光功率可以表示为

$$P = \frac{h\nu\eta I}{e} = \frac{E_g \eta I}{e} \quad (4.2\text{-}2)$$

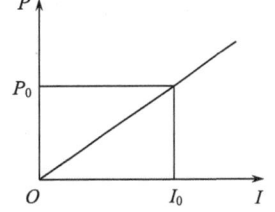

图 4-9　LED 的辐射光功率和注入电流之间的关系

式中，$h\nu$ 是单个光子的能量，也就是材料的带隙能量，η 又称为量子效率，对于一定的材料是个常数。由式（4.2-2）可知，输出光功率和输入电流之间存在线性关系。

实际上，输出光功率和输入电流之间更加精确的关系并不是理想的线性关系。如果需要考虑由光源引起的非线性失真，则需要对上述 P-I 关系加以修正。LED 典型的工作电流为 50～100mA，需要的正向电压为 1.2～1.8V。LED 的发射光束接近朗伯光束，发散角较大，所以与光纤之间的耦合效率较低。LED 典型的入纤功率在 −20dBm（10μw）量级。

2. LED 的光谱特性

发光二极管是非相干光源，其辐射波长并不仅仅只有

$$\lambda = \frac{hc}{E_g} = \frac{1.24}{E_g(eV)}(\mu m) \tag{4.2-3}$$

一个可能的值。由于半导体的价带和导带都由一系列间隔很小的能级构成,所以从导带中不同的能级上跃迁产生的光子频率是不一样的。发光二极管可以在其中心辐射波长周围一个相当宽的频谱范围内辐射,其发辐功率的谱分布可以近似用高斯函数描述。光源的光谱特性直接关系到光纤色散对系统传输容量的影响。LED 工作在 $0.8\sim0.9\mu m$ 时,其光谱宽度为 $20\sim50nm$,工作在长波长区域时光谱宽度为 $50\sim100nm$。

3. LED 的调制特性

如果 LED 的注入电流中含有交流成分,则按照输出光功率与注入电流之间的线性关系,输出光功率也会产生相同的变化。在低频调制条件下,$P_{SP}=a_1 I_{SP}$,其中,$a_1=\Delta P/\Delta i$(图 4-9 中曲线的斜率)。在高频调制情形下,PN 结的结电容和寄生电容会短路信号电流中的高频成分,从而导致交流功率降低。然而,主要影响高频调制特性的是载流子寿命 τ。τ 是电荷从注入到复合的平均时间,调制电流的变化必须比 τ 慢。由于受载流子寿命的限制,LED 的交流功率与外加电信号的角频率 ω 之间的关系为

$$P(\omega) = P_0[1+(\omega\tau)^2]^{-1/2} \tag{4.2-4}$$

这个关系可以用图 4-10 描述。在调制角频率 $\omega=1/\tau$ 时,交流功率减少到低频时的 0.707 倍。在接收端,光检测器产生的光生电流与接收光功率呈正比。因此,当交流光功率减少到 0.707 倍时,光检测器的交流电流也降低到原先的 0.707 倍,接收机的电功率(正比于电流的平方)将减少到 $0.707^2=0.5$ 倍(也就是降低 3dB)。以 Hz 为单位的 3dB 调制电带宽为

$$B_{电3dB} = \frac{1.59}{\tau} \times 10^8 (Hz) \tag{4.2-5}$$

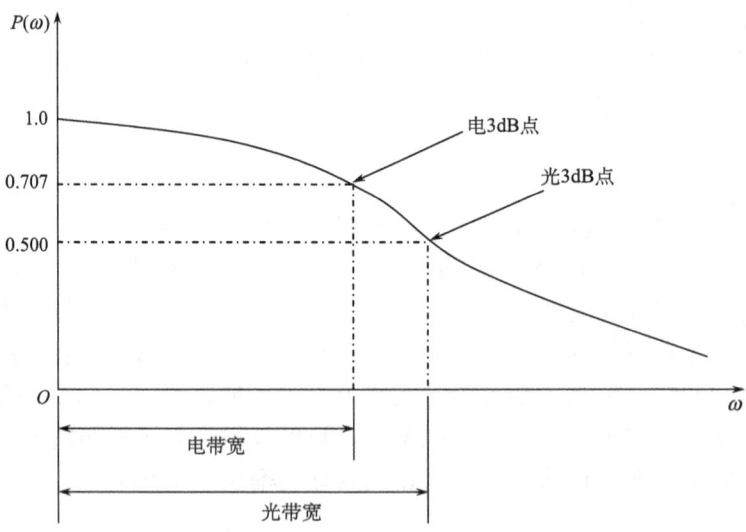

图 4-10 交流光功率随调制频率 ω 的变化规律

还可以定义 3dB 光带宽,即输出光功率降到零频率的 0.5 倍所对应的调制频率。3dB 调制光带宽相当于 6dB 电带宽,其计算公式为

$$B_{\text{光3dB}} = \frac{2.76}{\tau} \times 10^8 \, (\text{Hz}) \tag{4.2-6}$$

式中,τ 的单位为 ns。面发光器件的调制带宽可达 300MHz,但大多数商用 LED 的带宽要小一些。典型的带宽值范围为 1~100MHz。

描述器件调制特性的另一个参数是上升时间。光源的上升时间定义为当输入阶跃变化的电流时,其输出光功率从最终值的 10% 上升到 90% 的时间。对上升时间定义的解释如图 4-11 所示。输入电流使输出光功率从零上升到最终的稳定值并不是瞬间完成的。图 4-11 所表示的输出波形实际是

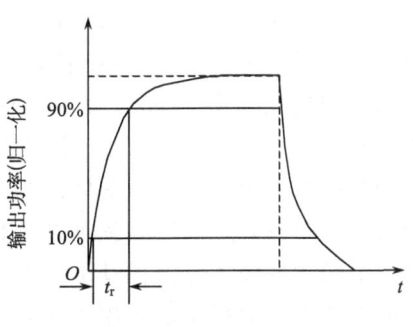

图 4-11 光源的上升时间

光检测器产生的电流波形,此光检测器则用来测量光功率。LED 典型的上升时间范围从几纳秒一直到 250ns。

LED 主要的缺点是输出功率小、发射光谱较宽、高频调制特性较差。主要的优点是寿命长、线性特性好、温度稳定性较好、驱动电路简单、价格低廉等。在一些中低速率的近距离传输系统中,LED 还是首选的发光器件。

4.3 半导体激光器

激光器实际上就是一种光频振荡器。与射频振荡器类似的是,构成激光器的基本单元是对光频具有放大作用的激活物质、选频机构和反馈机构。半导体激光器(Laser Diode,LD)是基于半导体 PN 结的受激辐射机理的发光器件,光放大机制由处于粒子数反转状态的有源层提供,由 F-P 型谐振腔或光栅同时提供选频机制和反馈机制。

4.3.1 半导体激光器的基本结构及阈值条件

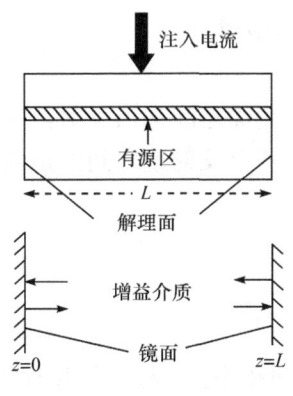

图 4-12 半导体激光器的基本结构

图 4-12 是一个半导体激光器的基本结构示意图,由一个简单的 PN 结和两个自然解理面形成的 F-P 谐振腔构成。F-P 腔两端的解理面可以起到反射的作用。当注入电流从零逐渐增大时,并不能立即产生激光。因为,谐振腔的内部会有各种损耗,直到光场在谐振腔内部往返一次所得到的增益足以补偿腔内所有的损耗时才会形成稳定的激光输出,这个条件称为激光器的阈值条件。在激光器达到阈值条件以上,注入电流值越高,输出激光越强。

在如图 4-12 所示的结构中,假设有源区的增益系数为 g,则光在长为 L 的 F-P 型光学谐振腔中传播一个来回所获得的增益为 $G = e^{2gL}$。同时,在光的传播过程中,还会受到衰减,假设总的损耗系数为 α,则激光器在一个来回的路径上的总增益至少

应能抵消总的衰减。这就是激光器的起振条件或阈值条件。也就是说,激光器的阈值增益系数为

$$g_t = \alpha_i + \frac{1}{2L}\ln\frac{1}{r_1 r_2} \tag{4.3-1}$$

式中的 α_i 是 F-P 腔中的损耗系数,主要包括腔内材料的吸收损耗、腔侧面的衍射损耗等。式中的后一项则是由于腔的两端的不完全反射所引起的等效损耗系数,r_1 和 r_2 分别是腔体两个端面的反射系数。对于大多数材料,解理面上的反射系数在 0.3~0.4 之间,如 AlGaAs 材料与空气的界面上反射系数为 0.32。

增益系数主要决定于有源区的粒子数反转浓度,或者说决定于注入电流。在半导体激光器的材料、结构确定以后其损耗系数也是确定的。这就是说,对于确定结构的半导体激光器必有一个确定的注入电流值 I_t,在此注入电流下,激光器的增益系数正好等于其总损耗系数。如果注入电流再增加,增益将超过损耗,激光器将从自发辐射状态转换为受激辐射状态,辐射功率随电流的增加而快速增加,辐射光谱迅速变窄。这个电流就称为半导体激光器的阈值电流。早期的 F-P 型半导体激光器的阈值电流高达数十毫安。较大的阈值电流对于激光器的稳定工作很不利,因为较大的阈值电流会导致器件的温度上升过快。新型的多量子阱半导体激光器的阈值电流则可以降低到几个毫安。

4.3.2 半导体激光器的选频单元——F-P 型光学谐振腔

1. F-P 腔的谐振模式

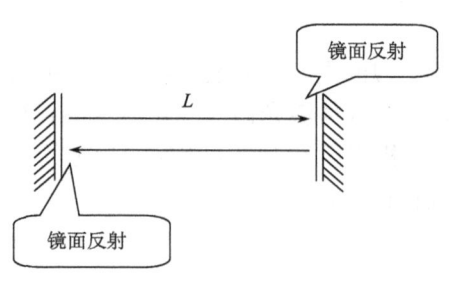

图 4-13 F-P 型谐振腔结构示意图

F-P 型半导体激光器的光学谐振腔由切割管芯时的解理面构成。F-P 型谐振腔的结构如图 4-13 所示。在构成腔体的两个平面镜之间充满某种透明介质,腔体周围则填充其他介质,当然也可以是同一种介质。由于光学谐振腔是开放式谐振腔,其侧壁没有明显的界限,严格的理论分析很困难,通常都采用一些近似方法。谐振腔中的电磁场呈驻波分布,根据电磁场量在纵向和横向的分布特点通常将 F-P 腔中的谐振模式分成纵模和横模。

1) 纵模

在腔的轴线方向上,由于有两个平行的平面镜,光波会在两个镜面之间来回反射,入射波和反射波叠加形成稳定的驻波分布。轴向形成稳定驻波的条件是两个反射镜之间的距离或腔的长度 L 是腔体中电磁波半波长的整数倍,即

$$L = q\frac{c}{2n\nu}$$
$$q = 1, 2, 3, \cdots \tag{4.3-2}$$

式中,c 是自由空间光速度,n 是腔体中介质的折射率,ν 是光波的频率。q 称为纵模序数,它代表在腔的纵方向上完整的半驻波数,当 q 取一个具体的数时,一个纵模随之确定。显然,第 q 个纵模的谐振频率为

$$\nu_q = q\frac{c}{2nL} \tag{4.3-3}$$

两个相邻纵模之间的频率间隔和波长间隔分别为

$$\Delta\nu = \nu_{q+1} - \nu_q = \frac{c}{2nL};\Delta\lambda = \frac{\lambda^2}{2nL} \tag{4.3-4}$$

由此可知，纵模在频率轴上是均匀分布的，如图 4-14 所示。

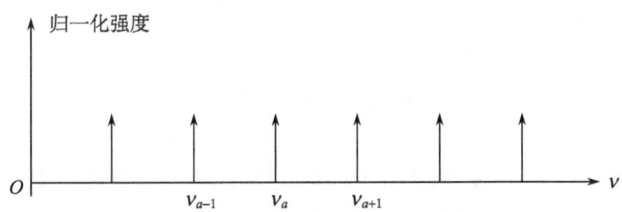

图 4-14　F-P 型谐振腔的纵模频谱图

2）横模

谐振腔在横截面内的电磁场结构决定了谐振腔的横模。谐振腔中的振荡模式本来应该是将谐振腔作为一个电磁场边值问题求解的结果，但由于 F-P 腔作为开放式谐振腔没有明确的侧面边界，所以严格描述腔内的横向场分布比较困难。严格的理论分析总能证明腔内的场具有准 TEM 场特性，因而可以用 TEM_{mnq} 代表 F-P 腔中的谐振模式。其中，q 是纵模序数，大多不直接写出；m 和 n 是横模序数，它们决定在横截面内场分布的驻波波节点数。对于矩形截面的谐振腔，其横截面内的场按正弦（余弦）函数分布。与半导体激光器有源区端面相近的扁矩形谐振腔的两个低阶模的光斑图如图 4-15 所示。

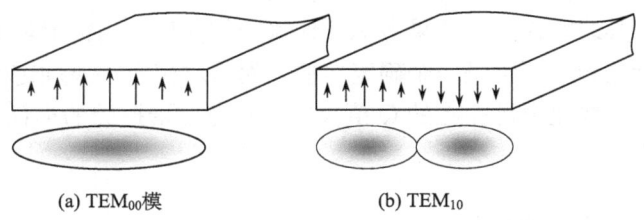

(a) TEM_{00} 模　　(b) TEM_{10}

图 4-15　扁矩形谐振腔的两个低阶横模光斑图

在多数情形下，总希望谐振腔工作在基横模状态，也就是仅有 TEM_{00q} 起振。这时，对于一个确定的纵模序数 q，谐振频率是确定的，也就是说，每一个纵模序数 q 对应一条谱线。如果有多个横模可以工作，则对于纵模序数 q，对应的是一组频率差很小的谱线。或者说，在多横模条件下，对于一个确定的纵模序数 q，其谱线被展宽，如图 4-16 所示。

2. 光学谐振腔的损耗

光学谐振腔工作过程中必然存在光能量的损耗因此，腔中的光强在其轴向必呈指数衰减，即

$$I(z) = I_0 \mathrm{e}^{-\alpha z} \tag{4.3-5}$$

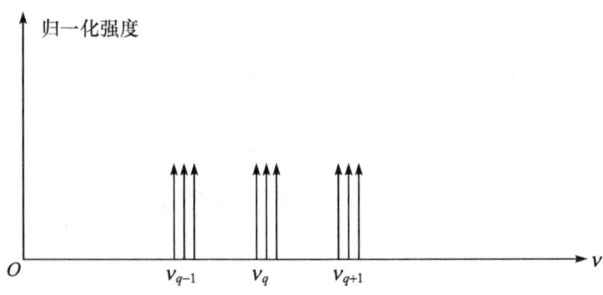

图 4-16 多横模工作条件下 F-P 腔的频谱图

式中，I_0 为初始光强，$I(z)$ 为传播距离 z 以后的光强，α 为损耗系数。

谐振腔的 Q 值是腔内能量损耗的另一种表述，定义为

$$Q = \omega \frac{W}{-dW/dt} \tag{4.3-6}$$

式中，$\omega = 2\pi\nu$，是光的角频率，W 是腔内总的电磁能量，$-dW/dt$ 代表单位时间内腔内的能量减小量，也就是电磁功率损耗。对式（4.3-6）进行积分，可得

$$W(t) = W_0 e^{-\omega t/Q} \tag{4.3-7}$$

这表明腔内能量按指数规律减少。在频率确定的条件下，能量减少的规律也就是光子数减少的规律。由式（4.3-7）可知，经过时间

$$t = \tau_p = Q/\omega \tag{4.3-8}$$

腔内光子数减少到初始值的 $1/e$，这个时间间隔 τ_p 称为腔内光子的寿命。

如果谐振腔工作在基横模，则对于确定的纵模序数 q，相应的谐振频率 ν_q 是一个确定的值，对应一条谱线，其线宽为零。如果考虑到谐振腔的损耗，则情形就不一样了。此时，对应于每一个纵模，谐振频率不再是一个确定的值，而是对应于一条确定的谐振曲线。每一个模式都有一定的线宽，线宽由谐振腔的 Q 值决定。在考虑谐振腔的损耗的条件下，F-P 腔的频谱分布如图 4-17 所示。

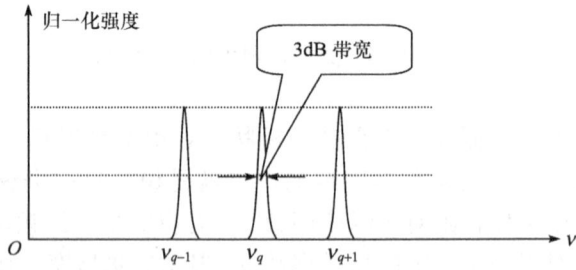

图 4-17 考虑损耗的条件下 F-P 腔的频谱分布图

根据式（4.3-7），腔内的光场函数可以表示为

$$A(t) = A_0 e^{-t/2\tau_p} \tag{4.3-9}$$

对式（4.3-9）实施傅里叶变换，即令

$$A(t) = \int_{-\infty}^{\infty} A(\omega) e^{j\omega t} d\omega$$

式中

$$A(\omega) = \frac{1}{2\pi} \int_{-\infty}^{\infty} A(t) e^{-j\omega t} dt = \frac{\tau_p A_0}{\pi(1 + j2\omega\tau_p)}$$

由此可以得到谱线的 3dB 带宽为

$$\Delta\nu_{3dB} = \frac{1}{2\pi\tau_p} \tag{4.3-10}$$

谱线的相对线宽为

$$\frac{\Delta\nu_{3dB}}{\nu} = \frac{1}{Q} = \frac{c\alpha}{2\pi n\nu} \tag{4.3-11}$$

以 F-P 型半导体激光器为例，假设由解理面构成的 F-P 腔长度为 0.3mm，两端的反射系数均为 0.35，忽略其他损耗因素，则损耗系数为

$$\alpha = \frac{1}{2L} \ln\left(\frac{1}{r_1 r_2}\right) = 0.0035/m$$

于是可以得到谱线的线宽为

$$\Delta\nu = \frac{c\alpha}{2\pi n} = 8.4 \times 10^{10} \text{Hz}$$

对于波长为 $1.55\mu m$ 的光纤通信窗口，这大约相当于 0.67nm。

4.3.3 半导体激光器的工作特性

1. P-I 特性

半导体激光器的输出光功率与注入电流之间的关系曲线，也就是 P-I 曲线，在理想情况下如图 4-18（a）所示。在注入电流低于阈值时不发光，当注入电流大于阈值时发光功率与注入电流之间呈线性关系。实际激光器的 P-I 曲线如图 4-18（b）所示。在阈值电流以下，随驱动电流的增加输出光功率也非常缓慢增加，这是因为在复合层中由于自发辐射引起的非相干辐射所致。当电流超过阈值电流时，光谱测量显示其输出线宽迅速变窄，功率迅速增加，此时发出的是激射光。典型的应用取工作电流为 $I_{th}+20mA$，相应的输出光功率为 LD 的额定输出光功率。发射光功率与注入电流之间在一定的范围内呈近似线性关系，注入电流很大或接近阈值时有较严重的非线性失真，这使普通的 F-P 型激光器在模拟系统中的应用受到了限制。

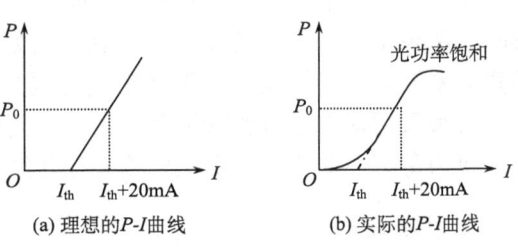

图 4-18 半导体激光器的 P-I 特性曲线

2. 温度特性

半导体激光器的阈值对温度十分敏感，随着温度的升高，P-I 特性曲线不断向右移，并且曲线的斜率降低，这使得阈值电流不断增大，调制范围减小。阈值电流和温度的关系可以

表示为

$$I_{th}(T) = I_0 \exp(T/T_0) \qquad (4.3\text{-}12)$$

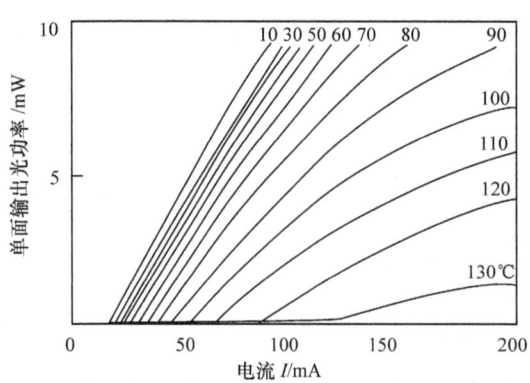

图 4-19 工作在 1310nm 波长的 InGaAsP-BH 激光器随温度变化的 P-I 特性曲线

其中，I_0 是常数；T_0 是器件的特征温度，取决于器件的结构和所用的材料，代表了 I_{th} 对温度的灵敏度。T_0 越大，LD 的性能越稳定。量子阱器件 T_0 的典型值为 437K，AlGaAs 器件的 $T_0 > 120K$，而 InGaAsP 器件的 T_0 在 $T > 250K$ 的情况下为 $50 \sim 70K$，可见 InGaAsP 器件对温度最为敏感。图 4-19 就是一个工作在 1310nm 波长的 InGaAsP-BH 激光器随温度变化的 P-I 特性曲线。为了保证器件稳定工作，对 T_0 较小的激光器应采用制冷器，进行自动温度控制。

在一定的电流下，如果温度升高，半导体激光器的输出功率则降低。有两种方法可以解决这个问题，其一是使用热电冷却，降低激光器的温度；其二是改变偏置电流以补偿阈值的变化。热电冷却器是一个半导体结型器件，其温度取决于电流的方向。将激光器放置在冷却器上，由电热调节器和热检测器组成的控制电路改变通过热电冷却器的电流以稳定激光器的结区温度。

激光器的辐射波长也与温度有关，这是由于媒质的折射率与温度有关所致。由式（4.3-2）和式（4.3-3）可知，F-P 腔的谐振波长和波长间隔都与腔体材料的折射率有关。当温度改变时，有源区的折射率也会发生变化，导致中心辐射波长的改变和多模激光器纵模间隔的微小改变。典型的改变量是每摄氏度零点几纳米。通常由于波长变化很小，所以由温度变化导致的波长改变并不是重要的问题。然而，对于一些特殊的情况，波长发生漂移将产生重要的影响。如果系统工作在光纤的零色散波长处，那么波长改变 $5 \sim 10$nm 将大大增加色散影响并降低系统的可用带宽。对于密集波分复用系统，对光源辐射波长的稳定性要求也极为苛刻，必须采用特殊措施加以保证。另一个例子是外差检测系统，这种系统对于波长的稳定性要求更为苛刻，即使温度变化导致零点几纳米的波长变化也无法忍受。

3. 转换效率

当注入电流大于阈值时，注入的载流子除了存在辐射复合而发光，还存在非辐射复合、载流子泄漏及热损耗等。光子在输出前还可能被吸收和散射。所以，对于激光器来说有一个转换效率的问题。激光器的功率转换效率定义为

$$\eta_p = \frac{\text{激光器辐射的光功率}}{\text{输入激光器的电功率}} = \frac{P_e}{V_j I + I^2 R_s} = \frac{P_e}{IV} \qquad (4.3\text{-}13)$$

其中，P_e 是辐射光功率，I 为注入电流，R_s 是激光器串联电阻；V 为管压降，它等于结压降 V_j 和串联电阻压降 IR_s 之和，即 $V = V_j + IR_s \approx E_g/e + IR_s$；$E_g$ 是材料的带隙能量，e 为电子电荷。E_g/e 称为导通电压，表示 LD 在注入电流很小时的管压降。对于短波长材料 GaAlAs，它的带隙宽，导通电压为 $1.2 \sim 1.5$V；对于长波长材料 InGaAsP，它的带隙窄，导通电压为 $0.8 \sim 1.0$V。当 $I > I_{th}$ 时，LD 的管压降接近为常数。管压降也是 LD 的一个重

要参数。过大的管压降会引起结发热，使激光器的温度特性变坏，所以 R_s 一般应小于 5Ω。

另外，还可以用激光器的量子效率衡量转换效率的高低。内量子效率 η_i 定义为

$$\eta_i = \frac{\text{有源区单位时间内产生的光子数}}{\text{有源区单位时间内注入的载流子数}} \quad (4.3\text{-}14)$$

测试表明，室温下其值一般为 0.6～0.7。微分外量子效率 η_d 描述的则是阈值以上输出的光子数的增量与注入的电子数的增量之比，定义为

$$\eta_d = \frac{(P_e - P_{th})/h\nu}{(I - I_{th})/e} = \frac{\Delta P/h\nu}{\Delta I/e} = \frac{e}{h\nu}\frac{\Delta P}{\Delta I} \approx \frac{e}{E_g}\frac{\Delta P}{\Delta I} \quad (4.3\text{-}15)$$

$\Delta P/\Delta I$ 实际上就是 $P\text{-}I$ 特性曲线阈值以上线性部分的斜率。η_d 随温度升高而下降，对于 GaAs 材料，绝对温度为 77K 时，η_d 约为 0.5，而绝对温度到 300K 时，η_d 约为 0.3。外量子效率 η_{ext} 定义为

$$\eta_{ext} = \frac{\text{激光器发射光子数}}{\text{注入激光器电子数}} = \frac{P_e/h\nu}{I/e} \approx \frac{P_e}{I}\frac{e}{E_g} \approx \frac{P_e}{I}\frac{e}{eV} = \frac{P_e}{IV} \quad (4.3\text{-}16)$$

通常 $P_e \gg P_{th}$，从而 $P_e - P_{th} \approx P_e$，由上面两式近似可得

$$\eta_{ext} \approx \eta_d\left(1 - \frac{I_{th}}{I}\right) \quad (4.3\text{-}17)$$

4. 调制特性

对半导体激光器进行模拟调制时，应将工作点选在 $P\text{-}I$ 曲线的线性部分中点，工作电流一般是在阈值电流以上 20～40mA。对半导体激光器进行数字调制时，则应将直流偏置电流 I_{dc} 选在阈值电流相近。

半导体激光器比发光二极管的响应速度快得多，这主要是由于 LED 的上升时间主要决定于材料的固有自发辐射寿命，而半导体激光器的上升时间则决定于受激辐射寿命。在半导体中，自发辐射寿命是自由电荷载流子在自发复合之前在有源层中滞留的平均时间。受激辐射寿命是自由电荷载流子在受激复合之前在有源层中滞留的平均时间。对于激光物质，为了获得增益，受激辐射寿命必定短于自发辐射寿命。在半导体激光器中，受激辐射过程很快，这就确保了半导体激光器比发光二极管对注入电流改变的响应要快得多。

好的半导体激光器的上升时间在 0.1～1ns 之间，可以在几个吉赫的频率上实现模拟调制，或数吉比特每秒速率的数字调制。当然，对于数字调制这以偏置在阈值电流附近为条件，如果激光器零偏置，则激光器需要较长的时间才能达到开启状态，即有一个电光延迟时间。同样，模拟调制频率在将工作点设置在输出特性曲线的线性区域时得到。对于一些特殊设计的激光器，调制频率已经达到了数十吉赫。然而，更为实际的是，当系统运行速率达到 10Gbit/s 或者更高时，就要使用外调制技术了。普通的半导体激光器的频率响应特性如图 4-20 所示。其中，响应曲线在频率 ω_0 附近其有一个最大点，这由于半导体激光器的张弛振荡效应引起。频率超过 ω_0，响应曲线迅速下降，当输出光功率降为低频时的 0.707 倍所对应的频率即为此激光器的 3dB 电带宽，而输出光功率降为低频时的 0.5 倍所对应的频率即为此激光器的 3dB 光带宽。

5. 光谱特性和频率啁啾

半导体激光器的辐射光谱与注入电流有关。注入电流低于阈值电流时，光源处在自发辐

射状态，发射荧光，光谱很宽。注入电流比阈值稍大一点时，半导体激光器呈多模输出。电流增加时，主模的增益增加，边模受到抑制，振荡的模式减少，主模向着长波长的方向移动。电流足够大时，光谱中只包含一个模式，其线宽比多模工作时要窄得多，在典型的情况下其线宽不到1nm。图4-21描述了一个InGaAsP/InP双异质结激光器在不同注入电流下实测的辐射光谱。

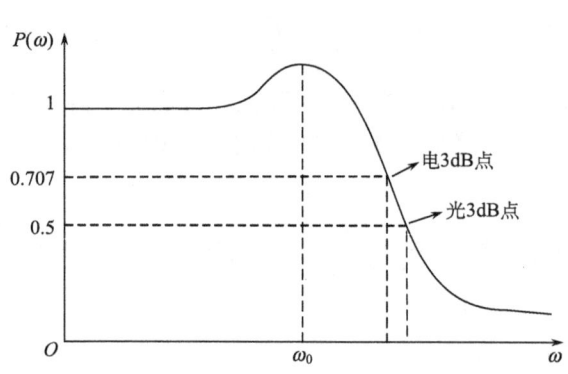

图4-20 半导体激光器的频率响应特性

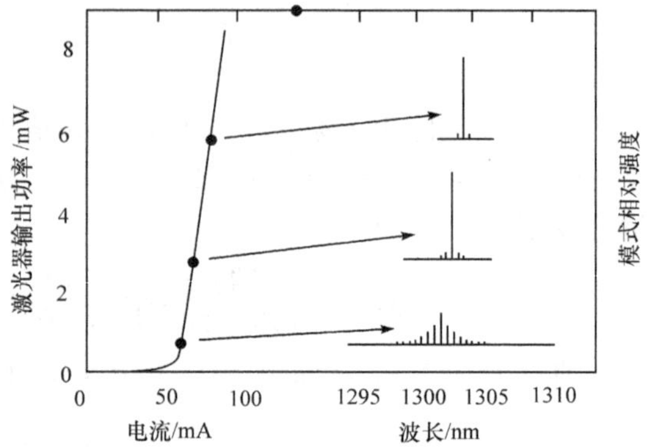

图4-21 InGaAsP/InP双异质结激光器在不同注入电流下的输出功率及辐射光谱

单纵模激光器在高速强度调制时，注入有源区的电子密度会不断变化，导致折射率的变化，使激光器的输出波长发生变化，在调制脉冲的上升沿向短波长漂移，在调制脉冲的下降沿则向长波长漂移，从而使输出谱线加宽，这种动态谱线加宽的现象称为频率啁啾。

6. 光束发散角

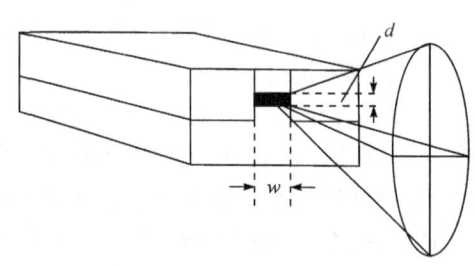

图4-22 条形激光器的发射光束

半导体激光器的有源区是一个类似于矩形平面介质波导。有源区的宽度为 w，厚度为 d，它的出射光束截面具有椭圆形状，如图4-22所示。应该注意到，如图4-8所示的边发光二极管的发射光束形状与这里的条形激光器发射光束不同。在这里，发射面的窄边对应光束截面椭圆的长轴，而宽边对应光束截面椭圆的短轴。但是，边发光二极管的发射光束形状与此正好相反。这是因为边发光二极管发射的是非相干光束，而激光器发射的是相干光束，正是由于光的相干性才使得光束与发光面长边对应方向的线度被压缩。

半导体激光器光束的发散特性可以用光束发散角描述。光束发散角定义为光功率密度下降为最大辐射方向功率密度的一半的两个方向之间的夹角。垂直于结平面和平行于结平面方向上的发散角分别为垂直发散角 $\theta_\perp$ 和水平发散角 $\theta_\parallel$，分别为

$$\theta_\perp = 2\arcsin\left(\frac{\lambda}{d_{\text{eff}}}\right) \qquad (4.3\text{-}18\text{a})$$

$$\theta_{\parallel} = 2\arcsin\left(\frac{\lambda}{w_{\text{eff}}}\right) \tag{4.3-18b}$$

其中，d_{eff} 和 w_{eff} 分别为有源区的有效厚度和有效宽度，它们与波导结构和折射率分布有关；λ 为激光波长。发散角越小，方向性越好，和光纤的耦合效率就越高。典型的发散角 $\theta_{\perp}$ 为 $30°\sim40°$，$\theta_{\parallel}$ 为 $10°\sim20°$。

4.3.4 窄线宽激光器

F-P 型半导体激光器虽然在一定条件下也可以单模工作，有较窄的输出谱线，但是在高速调制情形下其输出谱线明显加宽，所以这种激光器很难适用于高速光通信。为保证光纤通信系统的大容量和长距离特性，高速系统应用最广泛的是分布反馈式（DFB）半导体激光器和分布布拉格反射式（DBR）激光器，这两类激光器通过增加光栅选频结构使光源输出仅有一个纵模，从而大大减小了光源谱宽。

1. 分布反馈式半导体激光器

分布反馈式半导体激光器的结构如图 4-23 所示。由图 4-23 可知，激光器的有源层上面有蚀刻的波纹层。这种波纹实际上就是一个光栅，这种光栅可以根据波长有选择地反射光波。光栅所扮演的角色就是一个分布式滤波器，它只允许谐振腔的一个纵模式在有源区来回传播。

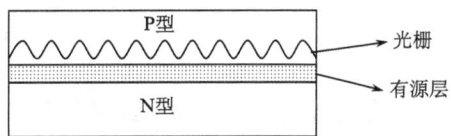

图 4-23 DFB 激光器的结构示意图

光栅并不在有源层中，这是因为将光栅蚀刻在有源层会导致激光器的效率降低，并产生较高的阈值电流。可以认为光栅和带镜面的谐振腔都有各自支持的一系列谐振波长，但它们只有一个谐振波长是共同的，这就是复合型谐振器的单纵模。其工作波长决定于布拉格定律，即

$$\lambda_B = 2n_{\text{eff}}\Lambda \tag{4.3-19}$$

式中，Λ 是光栅周期，n_{eff} 是腔体中传播模式的等效折射率，而不是体材料本身的折射率。等效折射率的取值在导波层材料（激光器的有源区）与涂覆层材料的折射率之间。对于常用的 InGaAsP DFB 半导体激光器，其材料的等效折射率可以取为 3.5，要求其中心辐射波长为 $1.55\mu m$，则可计算得到其光栅周期 $\Lambda=0.22\mu m$。

DFB 半导体激光器因为有光栅结构，所以具有很多独特的性质。DFB 激光器比其他常规激光器有更好的温度特性，再加上窄线宽特性（典型值为 $0.1\sim0.2\text{nm}$），使 DFB 半导体激光器特别适合于长距离、高速率传输系统。光栅还可以起到稳定输出波长的作用，而常规激光器会由于温度变化致使折射率改变，从而改变输出波长。通常，DFB 激光器的温度与波长漂移的关系为 $0.1\text{nm}/\text{°C}$，这比一般的半导体激光器的性能要好 $3\sim5$ 倍。DFB 激光器也比一般的半导体激光器有更好的线性响应。这一优点使 DFB 激光器能够用于需要高线性度降低失真的模拟系统。当有多个信道同时传输时，线性度好可以使互调产物最少，正因为如此，DFB 激光器可以成功用于多路电视信号的模拟调制系统。

2. 分布布拉格反射式激光器

分布布拉格反射式激光器的结构如图 4-24 所示。DBR 激光器和 DFB 激光器最主要的区

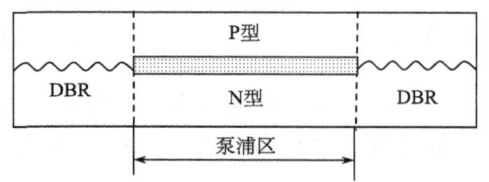

图 4-24 DBR 激光器的结构示意图

别是布拉格光栅的位置。DBR 激光器的光栅同样是起到频率选择的作用，但它位于有源层之外，代替了原来谐振腔一侧或两侧的反射镜面，由光栅起反射作用。图 4-24 所示为一个两端都有光栅的 DBR-LD 的结构示意图。

DBR 激光器两侧的光栅不仅起到反射作用，而且可以进行波长选择，只有那些波长与光栅布拉格波长相同的光可以形成振荡，从而形成单纵模输出。

因为 DFB 激光器和 DBR 激光器的结构不同，所以它们的特性也有区别。DFB 激光器有较宽的调制带宽、较小的频率和强度噪声，边模抑制比较高，谱线较窄。然而，当驱动电流改变时，输出功率和频率都会改变，因此会形成啁啾。DBR 激光器因为反射区和有源区分开，所以可以通过改变流过有源区的电流控制激光器的输出功率，通过改变流过光栅区的电流控制输出波长，以克服频率啁啾。

4.4 光放大器

光放大器是一种可以不经过任何光电、电光的内部转换而直接放大光信号的放大器。光放大器虽然不能解决重生信号的问题，但是可以解决因为功率导致的传输距离限制问题。换句话说，光放大器不能解决光纤色散引起的带宽限制问题，但功率限制问题可以得到很好的改善。光通信系统广泛使用的光放大器有两类，其一是半导体激光放大器，其二是光纤放大器。下面介绍这两类器件的工作原理及它们的应用。

4.4.1 半导体光放大器

可以利用处于粒子数反转状态的半导体 PN 结对光的增益效应实现对光信号的放大，这就是半导体激光放大器（SOA）的工作机理。按端面反射系数的大小，半导体激光放大器可以分为 TW 型和 F-P 型。如果反射受到抑制或 $r_1=r_2=0$，这就是行波放大器（TWA）；如果存在光反射及 $r_1=r_2>0$，则这是窄带的 F-P 型谐振放大器。对半导体激光放大器的基本要求是要有足够的增益，而且不引入太大的噪声。

TWA 的带宽可以达到数十纳米，可以对带内多个波长进行放大，因而可以作为全光传输系统中的在线放大器和前置放大器。但是，要想制成 TWA，就要减小或消除放大器边界解理面上的光反射。最简单的办法是在解理面镀上消反射膜，原理是在波导介质外端面镀上一层具有一定折射率和厚度的薄膜，使得反射出来的光正好和入射光在端面上具有 180°相位差，彼此相消。如果薄膜的厚度为四分之一波长，其折射率为波导介质和外部介质折射率的几何平均值，则利用电磁理论易于证明其总反射系数为零。利用消反射膜可以使 F-P 腔端面上的反射减小到 10^{-4}。对于 TE 模式和 TM 模式，消反射膜的反射率不同，即使正入射也是如此，所以 SOA 的增益具有偏振依赖性。镀双层的消反射膜可以显著地减小这种偏振依赖性。

半导体增益介质的截面是矩形，所以增益具有固有的偏振依赖性。两个偏振方向上产生的增益不同，增益差可达 5~8dB。解决这个问题的方法一是从设计上着手，可以建立一个方形的有源区以降低这种差异,如增大激活区的厚度或减小激活区的宽度可以获得方形截面,结合前面所述的消反射膜和多量子阱(MQW)技术等,已可使两个偏振方向的增益差降至 1dB 以下。另一种方法则是从放大器使用上着手,如图 4-25 所示。图 4-25(a)的方案是将两个相同的放大器相互垂直串联放置,每个偏振方向的波通过两个放大器后将经受相同的增益组合;图 4-25(b)则采用并联方案,在输入端用偏振分束器将光信号分成 TE 波和 TM 波,分别输入到有源层相互垂直的两个 SOA 放大,到输出端再合成。

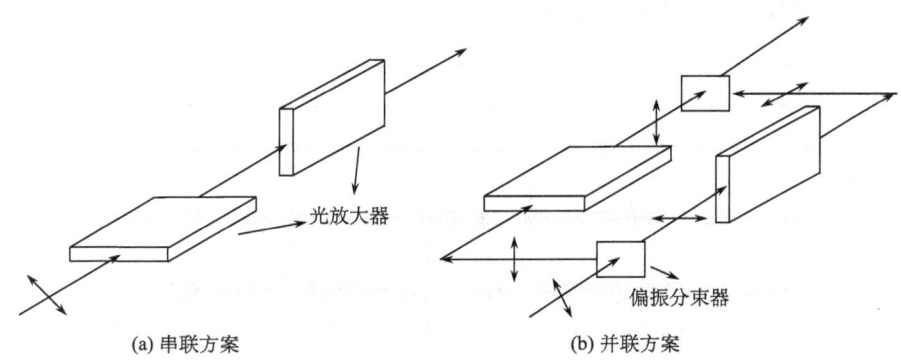

图 4-25 降低 SOA 偏振敏感性的方法

除了增益,噪声系数是放大器最重要的参数。放大器除了放大信号,也以同样的倍数放大噪声,同时放大器自身还会产生附加噪声。经过放大器以后,系统信噪比(SNR)会劣化,劣化的程度用噪声系数 NF 度量,噪声系数的定义为

$$\text{NF} = \frac{\text{SNR}_{\text{in}}}{\text{SNR}_{\text{out}}} \tag{4.4-1}$$

其中,SNR_{in} 是检测输入到光放大器上的光波时的电等效信噪比,而 SNR_{out} 是放大器输出光波的电等效信噪比。略去推导过程,这里直接给出结果,即

$$\text{NF} = 2n_{\text{sp}}\frac{G-1}{G} \approx 2n_{\text{sp}} \tag{4.4-2}$$

其中,G 为放大器增益,n_{sp} 为自发辐射因子或粒子数反转因子。对于所有原子都处于激发态或完全粒子数反转的放大器,$n_{\text{sp}}=1$;粒子数不完全反转时,$n_{\text{sp}}>1$。可以看到,对于 $n_{\text{sp}}=1$ 的粒子数完全反转的理想放大器,被放大光信号的 SNR 也降低了 3dB。对于大多数实际的半导体光放大器,NF 在 8dB 左右。

4.4.2 掺铒光纤放大器

光纤放大器以光纤为激活介质,易于与光纤耦合,是光纤通信系统理想的光放大器。20 世纪 80 年代后期出现的掺铒光纤放大器(Erbium-Dopped Fiber Amplifier,EDFA)具有高增益、宽频带、低噪声、对偏振不敏感等一系列优点,最重要的是其放大的光谱范围为 1550nm 波段,正好与石英光纤的最低损耗波长区吻合,对速率和调制方式透明。EDFA 这些近乎理想的特性带来了光通信技术的巨大进步。

1. 掺铒光纤放大器的工作原理和光谱特性

铒（Er）是一种稀土元素。在制造光纤的过程中，用 MCVD、OVD 等方法把三价铒离子（Er^{3+}）掺杂进光纤便形成了掺铒光纤。Er^{3+} 的能级结构如图 4-26 所示。Er^{3+} 在未受到激励时处于最低能级（基态）$^4I_{15/2}$ 上，在泵浦光的照射下，低能级的电子可以跃迁到高能级上，对应于光子的吸收过程。在光纤中，Er^{3+} 的能级分裂为由许多精细能级组成的能带，所以对光子的吸收对应一定的频率范围。

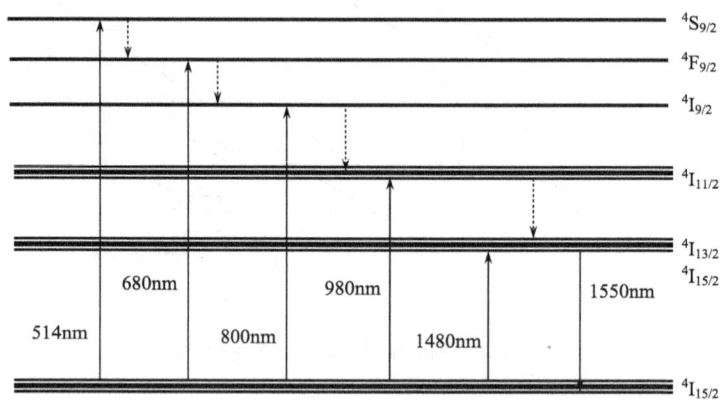

图 4-26　Er^{3+} 的能级结构

不同的波长既可以引起基态吸收（GSA），也可以引起激发态吸收（ESA）。GSA 是指一个光子将一个载流子从基态激发到较高的激发态，而 ESA 则指的是光子将一个载流子从不是基态的激发态激发到更高的激发态。因为基态的粒子数最多，所以发生 GSA 的概率比 ESA 大得多。载流子被激发到更高的能级时并不稳定，它又会迅速跃迁到第一激发态 $^4I_{13/2}$。第一激发态约有 10ms 的寿命，可以认为是个亚稳态。在源源不断的泵浦下，亚稳态上的粒子数不断积累，从而实现第一激发态与基态之间的粒子数反转。当有外部光激励时，载流子以受激辐射的方式跃迁到基态并发射光子，形成光放大。由图 4-26 可知，第一激发态与基态之间的能量差正好对应于波长为 1550nm 的光子能量。同时，有少部分粒子以自发辐射的方式自行跃迁回到基态，产生自发辐射噪声。

在如图 4-26 所示的能级结构中，吸收系数最大的是 980nm，其次是 1480nm，再次是 800nm。这些频带都可用来泵浦 EDFA。选用的原则是泵浦效率较高，当然还必须有相应频率的激光器作泵浦源。980nm 和 1480nm 的大功率半导体激光器是最为常用的泵浦源。

2. EDFA 的结构

同向泵浦 EDFA 的结构如图 4-27 所示，其中的泵浦源一般采用 980nm 或 1480nm 半导体激光器。光耦合器将待放大的信号光与泵浦光合路，送进掺铒光纤，信号光与泵浦光在掺铒光纤中同向传输。掺铒光纤为信号光提供增益，其长度为数米到数十米。末端的波分解复用器将放大以后的信号光与衰减以后的泵浦光分开。EDFA 也可以采用反向泵浦结构，其基本结构与同向泵浦相似，差别在于信号光与泵浦光在掺铒光纤中相向传输，并在这个过程中被放大。

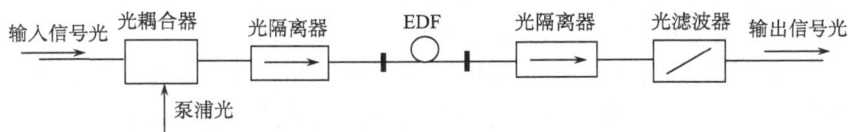

图 4-27　EDFA 的构成框图

3. EDFA 的增益

一般来说，EDFA 的增益依赖放大器的掺杂浓度、掺铒光纤长度、泵浦功率、泵浦波长等。简单地说，掺杂浓度越高，每单位长度的增益也就越大。图 4-28(a)给出了增益与泵浦光功率之间的关系。小信号输入时的增益系数大于大信号输入时的增益系数。随着输入信号的增大，放大器的增益会饱和，此时当泵浦功率增加时，增益基本保持不变。图 4-28（b）为用 1480nm 泵浦的 EDFA 对 1550nm 信号光的增益随泵浦功率和长度变化的曲线。

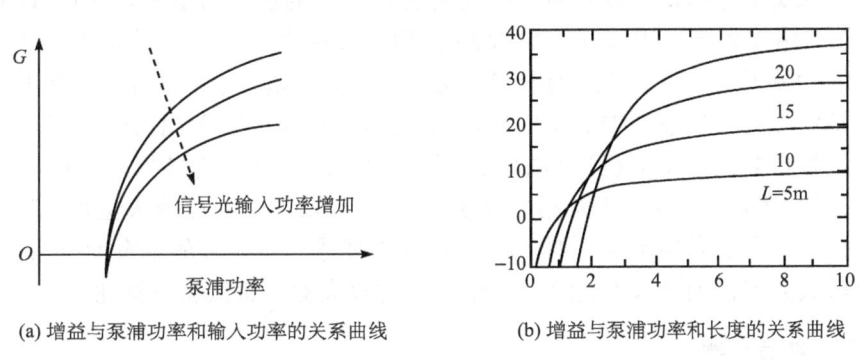

(a) 增益与泵浦功率和输入功率的关系曲线　　(b) 增益与泵浦功率和长度的关系曲线

图 4-28　EDFA 的增益与泵浦功率、输入信号光功率及长度的关系

系统中存在能产生最大增益的最佳光纤长度。超过了这个长度后，泵浦功率的消耗已经不能满足此时的泵浦要求，已经被放大的信号能量反而会被吸收，导致增益很快降低。典型的掺铒光纤长度为几十米，最优的长度取决于泵浦功率的大小。对于设计良好的 EDFA，小信号增益可达 30dB 以上，增益带宽可以超过 30nm。

4. EDFA 的噪声特性

在理想情况下，放大器的噪声系数为 3dB，这是光放大器噪声系数的量子极限。在通常情况下，用 980nm 泵浦的 EDFA，在泵浦功率足够大时，噪声系数可以接近 3dB。采用 1480nm 泵浦时，噪声特性要比 980nm 时差一些，大约为 4dB。实际 EDFA 的噪声系数在 5～6dB 之间。从这些数据可以看到，EDFA 的噪声性能优于 SOA。

5. EDFA 在系统中的应用

在长距离、大容量、高速率光纤通信系统中，EDFA 有多种应用形式，基本作用可以概括为：延长中继距离；与波分复用（WDM）技术结合，迅速简便地实现扩容；与光孤子技术结合，实现超大容量和超长距离光纤通信；在CATV网和局域网（LAN）中用作功率补偿，扩大网径。主要的应用形式包括如下几种。

(1) 用于宽带光波分配系统。EDFA可在宽带本地网，特别在电视分配网中得到应用。它补偿由分路带来的损耗及其他损耗，可以有效地扩大网径和用户数量。

(2) 用作前置放大器。EDFA的低噪声特性使它很适于作接收机的前置光放大器。应用EDFA后，接收机的灵敏度可以提高10～20dB。其基本思路是：在送入接收机前，它将信号光放大到足够大，以抑制接收机内的噪声。这种放大器是小信号放大，要求低噪声，但对输出功率无特别要求。它对接收机灵敏度的改善与EDFA本身的噪声系数（NF）有关。NF越小，灵敏度越高。它还与EDFA自发辐射谱宽度有关，谱线越宽，灵敏度越低。因此，为了减小噪声的影响，常在EDFA后加光滤波器以滤除噪声。

(3) 用作功率放大器。将EDFA直接放在光发射机之后用来提升输出功率。由于一般半导体激光器的输出约为0dBm，用作功率放大器的EDFA的输出功率可达数十毫瓦，甚至超过100mW，因此可将传输距离延长50～80km。对功率放大器的要求主要是要有较高的输出功率，出于人眼安全考虑，一般商用功率放大型EDFA的输出功率为50mW（17dBm）。

(4) 用作线路放大器。用作线路放大器是EDFA在光纤通信中的基本应用。用EDFA实现全光中继代替了原来的光-电-光中继，这种方式非常适合于海底光缆，但其最大的吸引力还是在WDM光纤通信系统中的应用。在光-电-光中继的WDM系统中，必须先将各信道解复用，再用各自的光收发信机进行放大、再生并完成光-电-光转换，然后再在光域中复用。但是，在用EDFA作线路放大器的系统中，一只EDFA就可放大全部1500nm工作窗口的WDM信号。在这种情形下，对EDFA的基本要求是有足够的带宽而且带内增益均匀。对于多级级联放大器，则要求处在第一、第二级的放大器具有低噪声特性。

4.4.3 拉曼光纤放大器

拉曼光纤放大器的基本原理是光纤中的受激拉曼散射。拉曼散射是由光学声子参与引起的光子散射。所谓声子就是晶体或分子的振动。这种散射是非弹性的，也就是说在散射过程中光子损失能量，导致其向下的频移。有关光纤中拉曼散射的形成机理已在第2.8节中介绍过，这里不再重复。

拉曼放大器的结构与EDFA类似，其主要差别在于EDFA的增益由一段长度较短的掺铒光纤提供，而拉曼放大器的增益则由传输光纤本身提供。也就是说，EDFA是集成放大器，而拉曼放大器则是分布式放大器。拉曼光纤放大器的泵浦光与信号光可以同向，也可以反向，同时还可以采用双向泵浦。如果将频率为ω_s的小信号光与一个频率为ω_p的强泵浦光同时注入光纤，而且$\omega_p - \omega_s = \Omega$在光纤的拉曼增益谱的主瓣以内，则信号光将被有效地放大。

拉曼放大器的小信号增益可达30dB。波长为1450nm的泵浦光可以放大波长为1550nm的信号光。放大器的带宽，也就是前面提到的拉曼散射带宽，约为6THz，转换为放大的波长范围就是45nm。改变泵浦光源的波长，拉曼放大器可以放大任何需要的波长。拉曼放大器在S波段（1460～1530nm）特别有效，同样也可以用在C波段和L波段。拉曼放大器一个很好的应用前景就是可以使用多个泵浦源扩展放大带宽，图4-29给出了4个泵浦源（f_{p1}，f_{p2}，f_{p3}，f_{p4}）的例子。总增益是4个泵浦源所提供的增益之和，由于各个泵浦源波长的差异，使得 4 个增益峰值错开，从而有效地拓展了放大器的带宽。采用这种方案可以构建工作带宽超过 100nm（如 1500~1600nm）的宽带放大器。

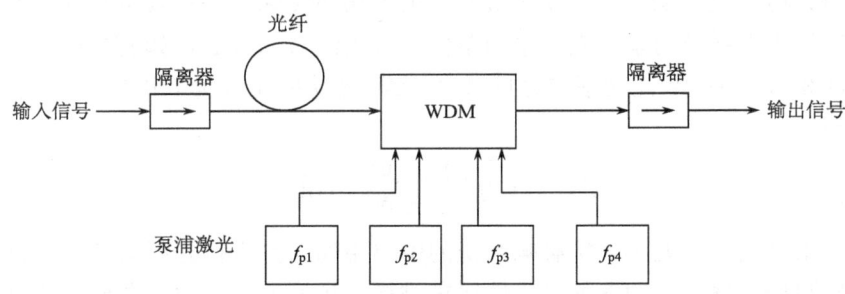

图 4-29　采用多泵浦源拓展拉曼放大器带宽的方案

在所有各类光放大器中，噪声性能最好的是拉曼放大器，噪声系数小于 4.5dB。拉曼放大器主要缺点是对 $1.55\mu m$ 窗口的光信号放大，需要工作波长为 $1.45\mu m$ 左右的大功率泵浦激光器，要求泵浦激光器的输出功率为数百毫瓦到 1W。EDFA 的泵浦功率仅需要数十毫瓦，这是 EDFA 获得最广泛应用的原因之一。

拉曼放大器与 EDFA 配合使用可以为光网络提供超宽带放大手段，这是近年来关注的热点。采用双向泵浦技术，通过拉曼放大可以实现长达数百千米的无中继传输，这对于大陆与海岛、海岛与海岛之间的通信具有重要意义。采用这种技术可以避免海底光缆的远程供电所带来的问题近年来受到特别重视。

4.5　光发送机的基本组成及指标

光发送机完成的主要功能是光源的驱动、信号调制、线路编码、光源功率自动控制和温度控制。图 4-30 为光发送机的组成框图，核心是光源及驱动电路。在数字通信中，输入电路将输入的 PCM 脉冲信号进行整形，变换成 NRZ/RZ 码后通过驱动电路调制光源（直接调制），或送到光调制器，调制光源输出的连续光波（外调制）。对于直接调制，驱动电路还要给光源加一直流偏置；外调制方式中光源的驱动为恒定电流，以保证光源输出连续光波。控制电路是为了稳定输出的平均光功率和工作温度。此外，光发送机还有报警电路，用以检测和报警光源的工作状态。光纤数字通信系统中的光发送机与模拟系统中的光发送机组成相比，除了都有一个驱动电路和光源，还多了扰码、线路编码和控制部分。

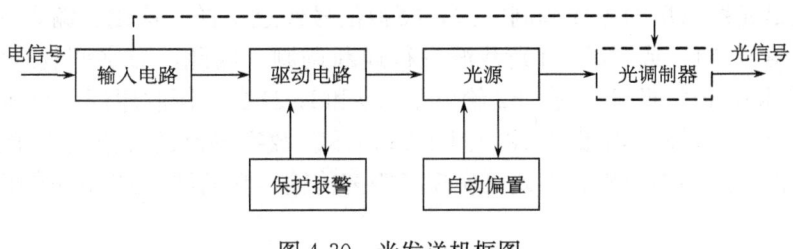

图 4-30　光发送机框图

光发送机的性能主要包括以下几个方面。

(1) 光源性能,包括波长、谱宽、P-I 特性及寿命等。

(2) 输出光功率及其稳定性。发送机的输出光功率实际上是从其尾纤的出射端测得的光功率,因此应称为出纤光功率。光功率的单位有时用绝对值表示,如 μW 或 mW;有时用相对值表示,即相对于 1mW 光功率的分贝数(1mW 光功率定义为 0dB)。工程上主要采用相对值表示,即

$$P_T = 10\lg\left[\frac{P(\text{mW})}{1(\text{mW})}\right](\text{dBm}) \quad (4.5\text{-}1)$$

发送机输出光功率的大小直接影响系统的中继距离,是进行光纤通信系统设计时不可缺少的一个原始数据。输出光功率的稳定性要求是指在环境温度变化或器件老化过程中,输出光功率要保持恒定,如稳定度为 5%~10%。

(3) 消光比 EXT。消光比是指发全"0"码时的输出光功率 P_0 和发全"1"码时输出光功率 P_1 之比,即

$$\text{EXT} = \frac{\text{全"0"时平均光功率}}{\text{全"1"时平均光功率}} \quad (4.5\text{-}2)$$

(4) 调制方式,指模拟、数字或外调制。

(5) 光脉冲的上升时间 t_r、下降时间 t_f 及电光延迟时间 t_d。

(6) 无张弛振荡。

下面先简要介绍光载波的调制方式,然后着重介绍光源的驱动电路,并对主要附属电路作简单讨论。

4.5.1 光源的调制

在光纤通信系统中,信息由 LED 或 LD 发出的光波所携带,光波就是载波。把信息加载到光波上的过程就是调制。按调制信号的形式,光调制通常可分为两大类,即模拟调制和数字调制。模拟调制又有两类,一类是用模拟基带信号直接对光源进行强度调制(D-IM);另一类采用连续或脉冲的射频(RF)波作为副载波,模拟基带信号先对它的幅度、频率或相位等进行调制,再用该受调制的副载波对光源进行强度调制。

图 4-31 (a) 就是对发光二极管进行模拟信号强度调制的原理图,连续的模拟信号电流叠加在直流偏置电流上,适当地选择直流偏置电流的大小可以减小光信号的非线性失真。图 4-31 (b) 为一个最简单的模拟调制电路图。模拟调制的优点是设备简单,占有带宽较窄,但它的抗干扰性能差,中继时有累积噪声。

数字调制是光纤通信的主要调制方式,模拟信号经过采样、量化、编码(PCM)以后,以二进制数字信号 "1" 或 "0" 对光载波进行通断调制。因此,数字调制也常称为光源的 OOK (On-Off keying) 调制。图 4-32 给出了 LD 和 LED 数字调制原理。数字调制电路最常用的是差分电流开关,基本电路形式如图 4-33 所示。数字调制的优点是抗干扰能力强,中继时噪声及色散的影响不积累,因此可实现长距离传输。它的缺点是需要较宽的频带,设备也复杂。

按调制方式与光源的关系,光调制可分为直接调制和外调制两种。前者指直接用电调制信号控制半导体光源的振荡参数(光强、频率等),得到光频的调幅波或调频波,这种调制

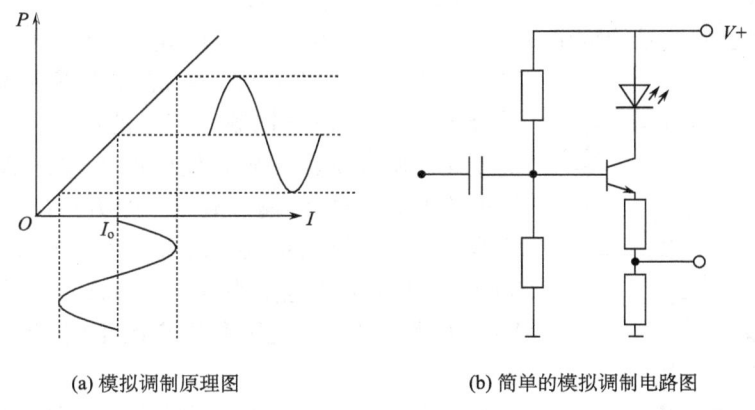

(a) 模拟调制原理图　　　　　(b) 简单的模拟调制电路图

图 4-31　发光二极管的模拟调制

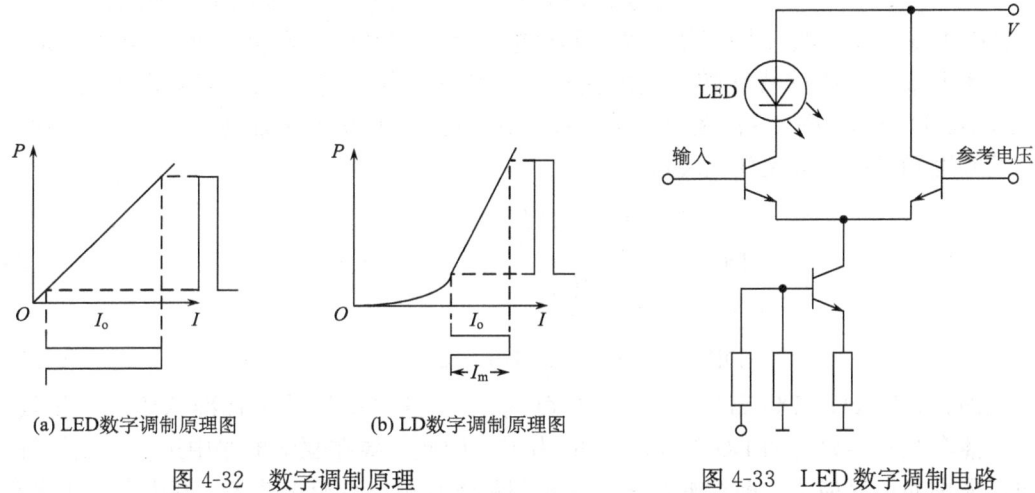

(a) LED数字调制原理图　　(b) LD数字调制原理图

图 4-32　数字调制原理　　　　图 4-33　LED数字调制电路

称为内调制；后者是让光源输出的幅度与频率等参数恒定的光载波通过光调制器，电信号通过调制器实现对光载波的幅度、频率及相位等进行调制。光源直接调制的优点是简单，但调制速率受到载流子寿命及高速率下的性能劣化的限制（如频率啁啾等）。外调制方式需要调制器，结构复杂，但可获得优良的调制性能，尤其适合于高速率光纤通信系统。

4.5.2　模拟光发送机与数字光发送机的结构

光源是光发送机的主要器件，但是它并不是唯一的器件，其他一些器件，如转变电数据流为光脉冲流的调制器，供给光源电流的驱动电路及把发射光信号耦合进光纤的耦合器等也是构成光发送机所必不可少的。光源注入偏置电流和调制电流就能发射光，光源接上驱动电路就构成了发送机的主体部分。

1. 模拟光发送机的驱动电路

在模拟系统中，对驱动电路的要求有两个，首先是提供合适的工作点（偏置）及足够的信号驱动电流，使光源能输出足够的功率；第二是输出光功率的幅值和相位按输入信号变化，非线性失真小。LED（或LD）的线性通常并不很理想，非线性失真为$-30\sim-50$dB，因此在高质量要求的信号传输中（如TV传输），需对LED的线性进行补偿。

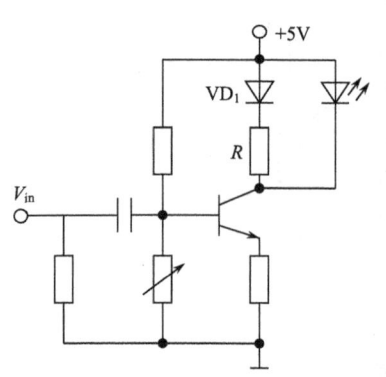

图4-34 LED模拟驱动电路

图4-34为共发射极互阻抗LED模拟驱动电路，它也适合于LD。该电路把输入基极的信号转换成集电极电流的变化。调整基极偏置，使电路工作在A类，静态集电极电流即为LED的偏置电流，即$I_b=I_m/m$，I_m为信号电流峰值，m为调制系数。设$I_m=24$mA，$m=0.8$，则$I_b=30$mA，工作电流范围为30 ± 24mA，频响超过100MHz。VD_1为锗二极管，这里利用它的正向特性以改善LED的线性。

在模拟光纤电视传输系统中，光源的非线性失真造成微分增益（DG）和微分相位（DP）两个参量恶化。视频信号的DG失真是由于在不同亮度电平上的副载波（$f_{sc}=4.43$MHz）振幅放大程度不同，使图像的彩色饱和度随亮度电平发生变化；DP失真是由于副载波频率上系统的相移特性随输入的视频信号变化，使彩色色调随亮度电平发生变化。LED的DG、DP可从P-I特性及与工作点有关的相位φ，由驱动电流在I_1与I_2间变化时信号副载波幅度和相位的最大变化决定，即

$$\mathrm{DG}=\left[\frac{\dfrac{\mathrm{d}P}{\mathrm{d}I}\bigg|_{I_2}-\dfrac{\mathrm{d}P}{\mathrm{d}I}\bigg|_{I_1}}{\dfrac{\mathrm{d}P}{\mathrm{d}I}\bigg|_{I_2}}\right]_{\max}\times100\% \qquad (4.5\text{-}3)$$

$$\mathrm{DP}=[\varphi(I_2)-\varphi(I_1)]_{\max} \qquad (4.5\text{-}4)$$

一般而言，LED的DG高达20%，DP可达20°，这与电视传输标准的要求差得较远，如一级广播电视标准允许的DG为1%，DP为1°。因此，要在驱动电路中进行非线性补偿。通常可以采用光负反馈法、前馈补偿法、移相调制法及预失真校正法等，其中尤以预失真校正法最为成熟，用得最多，电路简单，成本低，经仔细调整，可使DG和DP下降到0.5%和0.5°。

采用预失真校正法的LED光发送机框图如图4-35所示。电视信号经缓冲放大器后先进行DP及DG预校正，再送到驱动器，推动LED。DP、DG预校正电路由电阻和二极管组成，如图4-36所示，二极管VD_1、VD_2、VD_3偏置于不同的电压V_1、V_2、V_3，

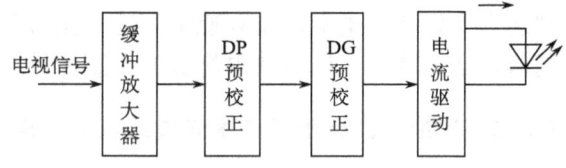

图4-35 有预失真校正电路的模拟光发送机框图

使它们依次导通，使总电阻（$R_1//R_2//R_3$）不断变化，因而电路总增益也在变化，分别补偿LED的P-I特性非线性及相移的非线性失真。通常用三点补偿就足够了。

2. 数字光发送机的驱动电路

LED用作数字光纤通信系统光源时，驱动电路应能提供几十到几百毫安的"开"、"关"电流。LED一般不加偏置或只有小量的正向偏置电流。LED对温度不是很敏感，因此驱动

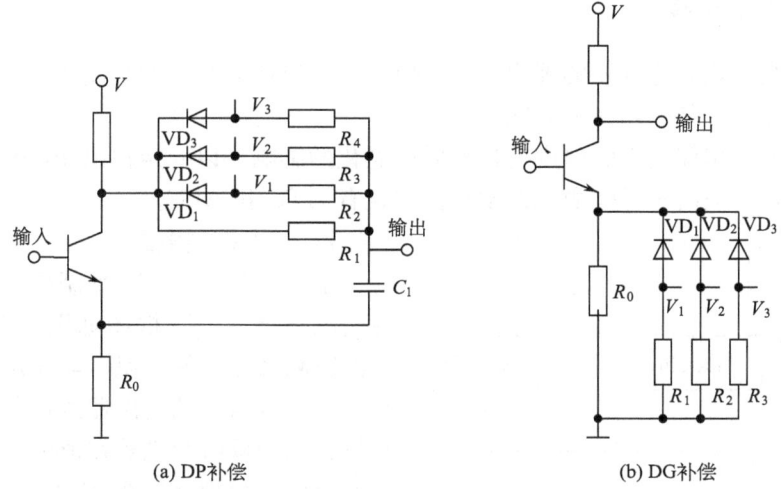

(a) DP补偿　　(b) DG补偿

图 4-36　LED 的 DP 与 DG 补偿电路

电路一般不采用复杂的自动功率控制（APC）和自动温度控制（ATC）。

与 LED 相比，对 LD 的调制要复杂得多。由于 LD 一般用于高速率系统，而且是阈值器件，它的温度稳定性较差，因此 LD 驱动电路就要复杂得多。尤其在高速率调制系统中，驱动条件的选择、调制电路的形式和工艺、激光器的控制等都对调制性能至关重要。

图 4-37 给出一个实际的工作于 44.7Mbit/s 光发送机的射极耦合 LD 驱动电路。VT_1、VT_2 组成电流开关发射极耦合对。如果 VT_1 的基极电位高于 VT_2 的基极电位，电流源所有的电流流经 VT_1 的集电极，则没有电流流经激光器，就不发光。如果 VT_1 的基极电位低于 VT_2 的基极电位，所有的驱动电流通过激光器 LD 从而发光。这两种情况由 ECL 输入信号控制，输入信号"1"码为 $-1.8V$，"0"码为 $-0.8V$，经过 VT_3 和二极管 VD_5 使电平移动，再加到 VT_1，VT_2 的基极则由温度补偿的参考电压 V_{BB} 固定在 $-2.6V$，这是"1"码和"0"码电平移动后的中间电压。用了发射极耦合电路并适当选择输入电压的大小，就可以不把晶体管驱动至饱和状态，不需从饱和晶体管消除存储电荷，从而能得到快速开关作用。

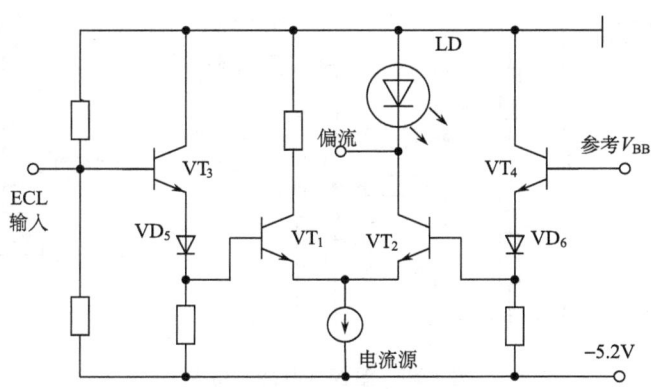

图 4-37　半导体激光器驱动电路

3. 激光器控制电路

半导体激光器是高速调制的理想光源。但是，半导体激光器对温度的变化很敏感，稳定激光器的输出光信号是必须研究的问题。

控制电路的作用就是消除温度变化和器件老化的影响，以稳定输出光信号。除了一些特殊的发光器件，一般的半导体激光器发送机都含有 ATC 和 APC。

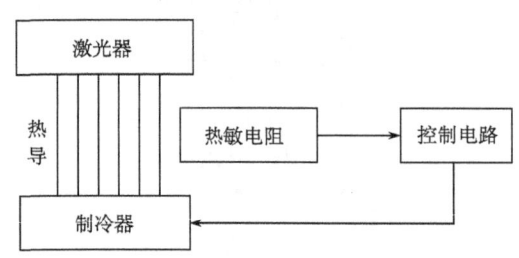

图 4-38 温度控制电路方框图

1) 温度控制电路

温度控制通常由微型制冷器、热敏元件及控制电路组成，方框图如图 4-38 所示。热敏元件监测激光器的结温，与设定的基准温度比较、放大以后驱动制冷器的控制电路，改变制冷量，从而保持激光器在恒定的温度下工作。

目前，微型制冷器多采用半导体制冷器，它利用半导体材料的珀尔帖效应制成。所谓珀尔帖效应，是指当直流电流通过两种半导体（P 型和 N 型）组成的电偶时，可以使一端吸热而另一端放热的物理现象。一对电偶的制冷量很小，根据用途的不同，可将若干对电偶串联或并联，组成温差电功能器件。微型半导体制冷器的控制温差可以达到 30～40℃。

为提高制冷效率和控制精度，激光器的温度控制常采用内制冷的方式，即将制冷器和热敏电阻封装在激光器管壳内部，热敏电阻直接探测结区温度，制冷器直接和激光器的热沉接触。据报道，这种方式可以控制激光器的结温变化在 ±0.5℃ 的范围之内，从而使激光器有较恒定的输出光功率和发射波长。但是，温度控制方式不能控制由于激光器老化而产生的输出功率的变化。

图 4-39 是常用的温控（制冷）电路图。热敏电阻 R_T 接在电桥的一个臂上，在设定的温度下，电桥应正好处在使制冷器没有电流通过的状态，当温度升高时，制冷器开始工作。热敏电阻具有负温度系数，电桥状态的变化自动控制制冷量的大小，从而维持激光器的结温不高于设定的温度。

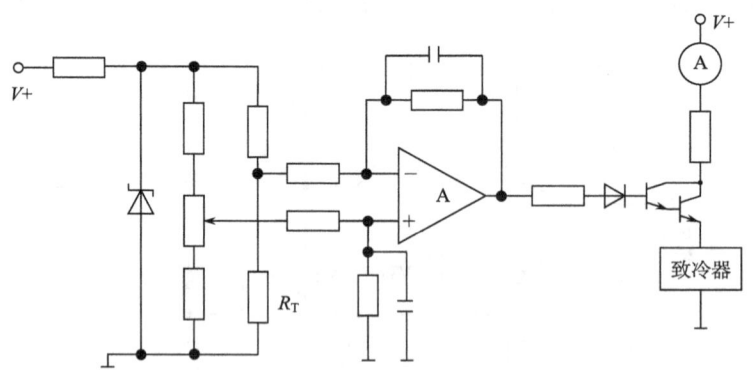

图 4-39 温控（制冷）电路

温控电路的控制精度不仅取决于外围电路的设计，而且受激光器封装技术的影响。激光器封装应使热敏电阻能准确地反映结区温度，同时制冷器和 PN 结应有良好的热传导。

2) 自动功率控制电路

由于激光器的阈值电流和外微分量子效率都会随温度和器件的老化而变化。因此，要精确控制激光器的输出功率，应从两个方面着手：第一，控制激光器的偏置电流，使其自动跟踪阈值的变化，从而使激光器总是偏置在最佳的工作状态；第二，控制激光器调制脉冲电流的幅度，使其自动跟踪外微分量子效率的变化，从而保持输出光脉冲信号的幅度恒定，图 4-40 给出一个这样的 APC 电路框图。

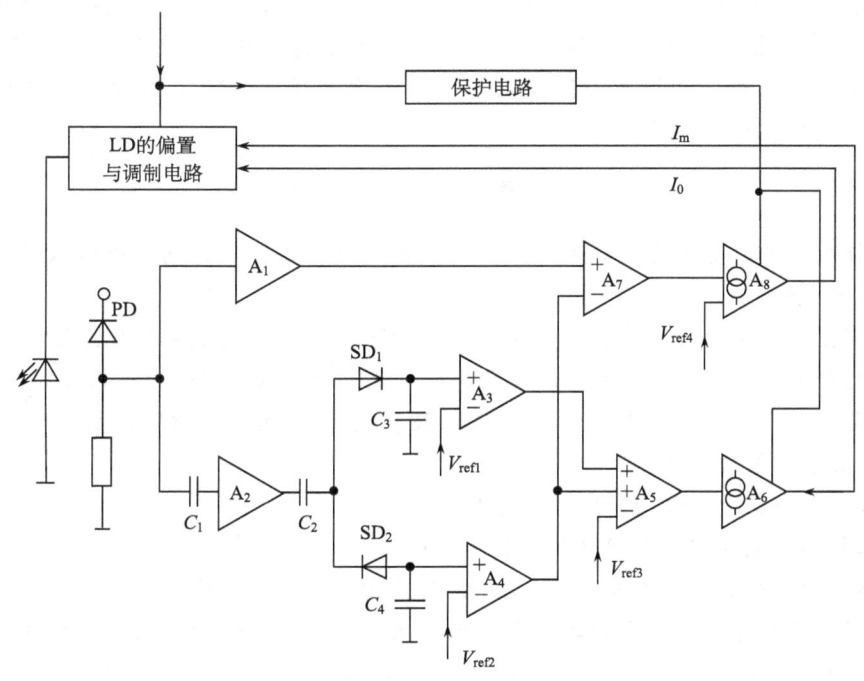

图 4-40　APC 电路方框图

在图 4-40 所示的控制系统中，利用激光器谐振腔的后镜面发射的光作为反馈光信号，用光电二极管（PD）将光功率转换成光生电流，其输出的电信号馈送到一个低漂移的直流放大器 A_1 和一个宽带交流放大器 A_2。A_1 的输出信号与激光器发射的平均光功率 P_{av} 成比例，A_2 的输出信号送入由 SD_1 和 C_3 组成的正峰值检波器，A_3 的输出信号与 $P_{max}-P_{av}$ 成比例；SD_2 和 C_4 组成负峰值检波器，A_4 的输出信号与 $P_{av}-P_{min}$ 成比例。因此，放大器 A_5 的输出信号与 $P_{max}-P_{min}$ 成比例，即与光脉冲的幅度成比例。A_6 作为电流源输出，控制调制电流的幅度，从而维持激光器输出光脉冲的幅度恒定。放大器 A_1 和 A_4 输出信号之差在 A_7 形成。A_7 的输出信号与 P_{min} 成比例，A_8 作为电流源输出控制直流偏置电流 I_0，使 I_0 跟随阈值的变化，从而使激光器总是偏置在最佳位置。

一般来说，激光器的外微分量子效率对温度变化不是很敏感。为降低成本，简化控制电路，也可以直接探测激光器发射的平均光功率，以控制偏置电流，从而维持输出光功率恒定。这种平均功率控制法被广泛采用。

小　结

本章讲授光通信系统中的光源和光发送机。光源的功能是产生信息的载体——光载波，或直接产生加载信息的已调光信号；最重要的通信光源是半导体激光器（LD），其工作的机理是半导体 PN 结的受激辐射。光放大器对光信号实施模拟光放大，掺铒光纤放大器（EDFA）是最重要的光放大器，具有增益带宽宽、噪声系数小、对光信号透明等优点。光发送机的核心是光源及驱动电路，主要的性能指标有光源性能、输出光功率及其稳定性、消光比（EXT）和调制方式等。通过本章的学习，要求掌握光源、光放大器及光发送机的工作原理、工作特性及主要性能参数。

思考题与习题

4.1 物质和光波之间的有哪几种互作用？在热平衡条件下为何受激吸收是主要的，而受激辐射是次要的？

4.2 假设单个光子的能量 $E=1.2\text{eV}$（电子伏特），相应的光波长和光频率为多少？

4.3 为什么给半导体 PN 结加正偏置电压，就可以在结区实现粒子数反转分布？

4.4 某 F-P 型半导体激光器的 F-P 谐振腔长度为 0.3mm，材料的折射率 $n=3.0$，两端解理面的反射系数均为 0.35。

(1) 求因非全反射导致的等效损耗系数；

(2) 求相邻纵模间的频率间隔和波长间隔；

(3) 如果此激光器中心波长为 1310nm，与此相应的纵模序数。

4.5 假设某半导体激光器的阈值电流为 10mA，光功率和输入电流关系曲线的斜率为 2mW/mA，用 mA 表示的总注入电流为 $i=20+\sin\omega t$。

(1) 写出输出功率的计算公式，并画出输出光功率波形；

(2) 如果电流变为 $i=10+\sin\omega t$，画出输出光功率波形。

4.6 假设 LED 的光功率与电流之间的关系为 $P=0.02I$，最大容许的功率是 10mW。LED 加有直流偏置电流和频率为 1MHz 的交流电流。

(1) 画出光功率-电流曲线；

(2) 如果信号峰值功率为 2mW，总的峰值功率是 10mW，计算总的电流峰值、直流偏置电流、平均光功率和调制系数（也就是峰值信号功率/平均功率）；

(3) 如果调制系数是 100%（即信号峰值功率不再是 2mW），重复上面的计算；

(4) 如果直流电流为 50mA，交流电流峰值为 75mA，画出交流信号 1 个周期内的输出光功率与时间的关系曲线。

4.7 假设某 LED 加上 2V 的电压时，产生 100mA 电流和 2mW 的光功率。试求此 LED 的电光转换效率。

4.8 比较发光二极管与半导体激光器的优缺点。

4.9 (1) 有一 GaAlAs 半导体激光器，其谐振腔长为 $500\mu\text{m}$，腔内的有效吸收系数为 10cm^{-1}。两端的非涂覆解理面的反射率为 0.32。求在受激辐射阈值条件下的光增益；

(2) 若在激光器的一端涂覆一层电介质反射材料，使其折射率变为 90%，试求在受激辐射阈值条件下的光增益；

(3) 若它的内量子效率为 0.65，试求（1）和（2）中的外量子效率。

4.10 有一峰值发光波长在 800nm 的 GaAs 激光器，其谐振腔长 400μm，且材料折射率 $n=3.6$。如果增益 g 在 750nm$<\lambda<$850nm 的范围内都大于总损耗系数 α_t，试求此激光器中能存在多少个模式？

4.11 某掺铒光纤放大器的噪声系数为 6，增益为 100。如果输入信号的信噪比为 30dB，信号功率为 10μW。试计算输出信号功率（用 dBm 表示）和输出信噪比（用 dB 表示）。

4.12 某特殊的掺铒光纤放大器工作带宽超过 20nm（1530～1550nm）。有多少 10GHz 的信道能安置在这个区域内（即复用）并被同时放大？

4.13 假设某半导体激光器以 0.5nm/℃ 改变辐射波长。未改变前的辐射波长为 1310nm，光纤的零色散波长为 1300nm。激光器的线宽为 1.5nm，如果温度改变 10℃ 导致输出波长增加。试计算温度升高 10℃ 时，光纤的 3dB 光带宽的降低量。假设只考虑材料色散的影响。

4.14 掺铒光纤放大器的泵浦波长为 980nm，放大波长为 1550nm。如果仅仅考虑一个 980nm 光子产生一个 1550nm 光子的能量损失，试计算此放大器的效率。

4.15 假设单泵浦的拉曼放大器有 6THz 的带宽，宽带拉曼放大器的结构如图 4.29 所示。画出能同时放大 S 波段、C 波段和 L 波段信号的宽带拉曼放大器结构图。计算每个泵浦激光器的中心波长。

4.16 假设半导体激光器向光纤注入 0.5mW 的光功率，随后接一个增益为 25dB 的功率放大器；紧随其后连接的光纤长度为 100km，损耗是 0.25dB/km；接下来是在线放大器，能够提供足够的增益，可以将信号功率放大到功率放大器输出端的功率电平。后面的光纤同第一段光纤完全一样，但长度为 150km。一个前置放大器将信号功率放大到注入光纤时的量级（0.5mW）。试问此前置放大器的增益是多少？画出此光纤通信系统中以 dBm 为单位的光信号功率随位置的变化曲线。

4.17 试述光发送机的组成部分及功能。

4.18 试述光发送机消光比的含义和用途。

4.19 试述光发送机的光调制方法及各种调制方法的基本原理和特性。

第 5 章 光检测器与光接收机

在光通信系统中,光发送机输出的光信号经光纤传输后,在接收端通常利用 PIN 型光电二极管或雪崩光电二极管(APD)两类光检测器将其还原为电信号。本章将利用半导体的能带结构和雪崩效应原理解释半导体器件的光检测原理,同时介绍光接收机的结构、性能分析方法和性能指标。

5.1 光检测器

光检测器的基本功能是将光信号转换为电信号。根据应用原理的不同,检测器可以分为很多类型:通过吸收光子使器件升温而达到探测光能大小的器件称为热检测器,这种检测器在很宽的光谱范围内的响应是平坦的,对入射波长不具有选择性;通过吸收光子使材料产生附加的光生载流子从而使材料的电导率发生变化,利用这种效应的检测器称为光电导型检测器,在可见光波段一般称为光敏电阻;利用光生伏特效应制成的光检测器称为光伏检测器。光伏检测器是目前光通信系统中最常用的光检测器,下面的讨论主要针对此种类型的光检测器。

5.1.1 光检测器的工作原理及特性

1. PN 结的光电效应及光检测器的基本结构

在热平衡的状态下,PN 结的能带结构如图 4-4(b)所示。如果有光入射到结区,并且光子的能量大于禁带宽度,则价带中的电子就会吸收光子的能量而跃迁到导带中,产生电子-空穴对。进入耗尽区的电子-空穴对会受到内建电场的加速,电子向 N 区漂移而空穴向 P 区漂移,这种光生载流子的运动同样会在结区建立一个电场 E_p 和电压 V_p,这个电场的方向正好和自建场的方向相反,电压 V_p 就称为光生伏特。当光照稳定时,外电路就会有光生电流产生。要想在外电路中形成稳定的光电流,还需要给 PN 结加反向偏置电压,以加速光生电子-空穴对的漂移运动。图 5-1 所示为一个反向偏置的 PN 结。这样一个反向偏置的 PN 结

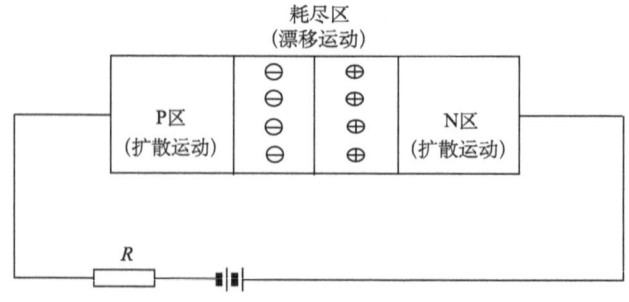

图 5-1 PN 结型光电二极管结构示意图

就是一个最简单的半导体光电二极管,也就是一个最基本的半导体光检测器。

半导体光电二极管中存在两种载流子的运动。零电场的 P 区和 N 区吸收光子后产生载流子,由于没有电场力的加速,只作扩散运动,在载流子的一个扩散长度内,大多数光生载流子与多数载流子复合而湮灭,不会有光生电流产生;耗尽区内的载流子由于有电场的加速作用,电子迅速漂移到 N 区,空穴迅速漂移到 P 区,从而在外电路中形成电流。所以 PN 结光检测器产生的光电流主要来自耗尽区,这个区域称为二极管的有源区。

2. 光检测器的响应波长

产生光电效应的条件是入射光子的能量 $h\nu$ 不小于半导体材料的禁带宽度 E_g。只有这样,价带的电子才能吸收足够的能量跃迁到导带上,即

$$h\nu \geqslant E_g \tag{5.1-1}$$

把 $\lambda = c/\nu$ 代入式(5.1-1),由此可以得到半导体光电二极管工作的长波长极限 λ_c,即

$$\lambda \leqslant \lambda_c = \frac{hc}{E_g} \tag{5.1-2}$$

其中,$h = 6.626 \times 10^{-34}$ J·S,是普朗克常数,c 是光速。把它们的值代入式(5.1-2),就可以得到简单的计算公式

$$\lambda_c = \frac{1.24}{E_g(\text{eV})} (\mu m) \tag{5.1-3}$$

作为光检测器,Ge 材料和 Si 材料的长波长极限分别约为 $1.6\mu m$ 和 $1.06\mu m$,只有小于这个波长的光才能产生响应。但并不是说只要波长小于 λ_c 的光都能被检测,光电二极管还存在一个短波长极限。这是因为半导体材料对入射光的吸收作用和波长有关,通常用吸收系数 $\alpha(\lambda)$ 表示这种吸收作用。在波长大于 λ_c 时,吸收系数 $\alpha(\lambda)$ 极小,不产生光电流。当入射波长很短时,它的吸收系数变得很大,这就导致大量的光子在表面附近很薄的区域里被吸收,不能进入作用区,从而形成光生电流,这就造成了半导体光电二极管工作的短波长极限。几种常用的半导体材料对光吸收系数与波长之间的关系如图 5-2 所示。

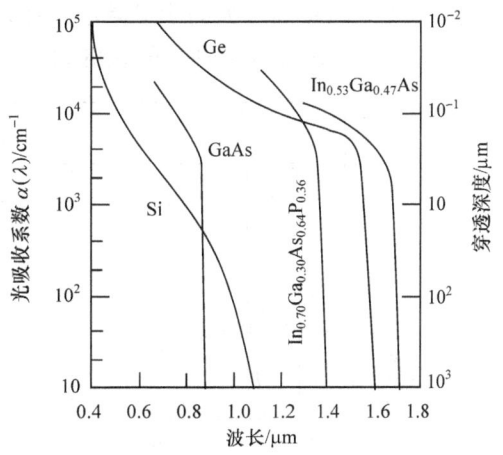

图 5-2 几种半导体材料的吸收系数和波长的关系

3. 光检测器的响应度

光检测器的响应度 R 是衡量其有效性最重要的参数,定义为在单位入射光功率照射下检测电路中所获得的光生电流,即

$$R = \frac{\text{检测电路中的光生电流}}{\text{输入光功率}} = \eta \frac{e\lambda}{hc} \tag{5.1-4}$$

式中,η 是器件的量子效率,即每个入射光子在作用区产生的电子-空穴对数。响应度 R 的单位是 A/W,由式(5.1-4)可知,响应度 R 除了与量子效率有关,还与工作波长有关。

4. 光检测器的响应时间

光检测器的响应时间可以用上升时间 t_r 表示，定义为在入射光功率呈阶跃变化的条件下，检测器的输出电流从最大值的 10% 上升到 90% 所用的时间。它决定于由检测器的结电容和外电路电阻构成电路的时间常数和电荷载流子渡越耗尽区的时间。上升时间决定了器件的可用频带宽度，其 3dB 电带宽与上升时间的关系为

$$f_{3\mathrm{dB}} = \frac{0.35}{t_r} \tag{5.1-5}$$

5.1.2 PIN 型光检测器

PIN 型光电二极管是光纤通信系统中最常用的光检测器。PIN 光电二极管与基本的 PN 结型光电二极管的区别就是在位于 P 区和 N 区之间的区域有一层较厚的本征半导体材料，称为 I 区，其结构如图 5-3 所示。本征半导体层中几乎没有自由电荷，所以它的电阻很高，绝大部分的电压落在这一层，因而其内部电场很强。由于本征层较厚，所以入射光子在这里被吸收的概率远大于在很薄的 P 区或 N 区被吸收的概率。对于这样的结构，其结电容由于 P 区和 N 的间隔距离加大而明显减小。相对于 PN 结型光电二极管，PIN 型光电二极管的检测器效率和响应速度都得到了明显的改善。

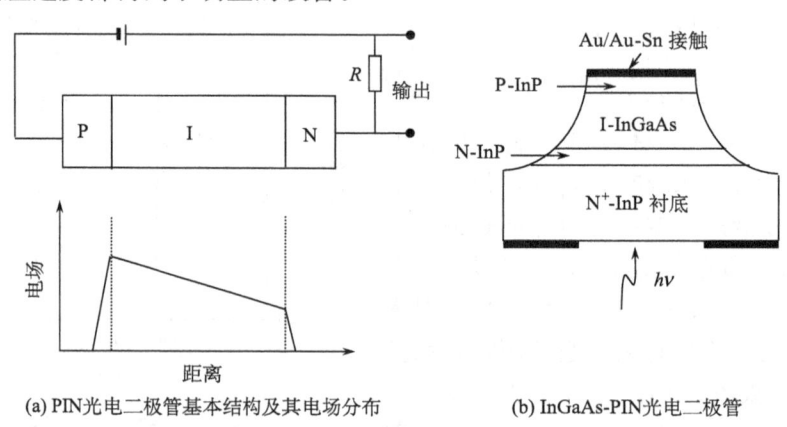

(a) PIN 光电二极管基本结构及其电场分布　　(b) InGaAs-PIN 光电二极管

图 5-3　PIN 型光电二极管

器件的响应速度受到渡越时间或电路时间常数的制约，而后者的影响更大。对于高速 PIN 光电二极管，上升时间受渡越时间制约的范围为 0.5~10ns。在高速应用情况下，PIN 光电二极管的设计电容为几皮法甚至更小。为了获得低电容，二极管的表面积必须很小，而且 I 区的厚度要足够大。但是表面积大小还要受制于与光纤的耦合，所以再小也不可能小于光纤的纤芯面积。I 区的厚度过大也会导致渡越时间增大，需要在结电容和渡越时间之间折中处理。目前，已经能够制作出上升时间低于 100ps 的实用器件。

5.1.3 雪崩光电二极管

1. 雪崩光电二极管（APD）的工作原理

可以想象，当光电二极管的反向偏压升高到一定的程度时就会在耗尽层产生一个高电场

区。高电场对光生载流子加速，使载流子获得很大的动能，从而在它们的漂移过程中可以由于碰撞电离而激发另外的高能量电子。这个电子又可以碰撞产生更多的电子，如此的连锁反应使得光电二极管内部产生雪崩式的载流子倍增效应，这就是雪崩光电二极管（Avalanche Photo-diode，APD）的工作原理。

雪崩过程产生了倍增的光电流 I_p，可以用倍增增益 g 表示 APD 的放大能力，定义为

$$g = I_M / I_p \tag{5.1-6}$$

其中，I_M 为倍增后的电流，I_p 为未经倍增的一次光电流。由于载流子的倍增过程具有随机性，因此倍增增益应取统计平均值 $G = \langle g \rangle$。平均倍增增益 G 可以用一个简单的公式表示，即

$$G = \frac{1}{1 - \left(\frac{V - IR}{V_B}\right)^m} \tag{5.1-7}$$

其中，V 是加在 APD 上的反向偏压，R 是 APD 电路的串联电阻，V_B 是 APD 的反向击穿电压，m 是由制作 APD 的材料和器件结构决定的大于 1 的经验参数。反向击穿电压通常视材料和结构在 20～500V 范围内。典型的雪崩光电二极管的响应度在 20～80A/W 之间。

2. 雪崩光电二极管的倍增噪声

在实际的 APD 中，光电流的倍增过程是一个复杂的随机过程。每一个光生载流子的倍增增益不同，所以倍增后的电流具有随机起伏的特性，这种起伏引入的附加噪声就是倍增噪声，又称为过剩噪声。定义一个倍增噪声因子 $F(G)$ 来描述 APD 输出的实际噪声超出理想噪声的倍数，即

$$F(G) = \frac{\langle g^2 \rangle}{G^2} \tag{5.1-8}$$

为了简化计算，$F(G)$ 可以表示为

$$F(G) = G^x \tag{5.1-9}$$

其中，x 称为过剩噪声指数。x（$0 < x < 1$）的大小取决于 APD 的材料和器件结构。对于 Si-APD，x 约为 0.5；对于 Ge-APD，x 为 0.6～1.0。由此可知，随着倍增增益的增大和 x 的增大，过剩噪声急剧上升。

3. 拉通型雪崩光电二极管（RAPD）

最常用的 APD 结构就是所谓的拉通（reach-though）型雪崩光电二极管（RAPD）。为了使得大部分的入射光被吸收，就必须加大耗尽区的厚度；为了达到雪崩效应，要在耗尽区建立一个高电场的工作区，要在这么宽的区域内保持高电场，偏置电压须在 500V 以上，这对使用很不利。为了降低偏置电压，应该使雪崩过程发生在很薄的区域，仅在这个区域内有很高的电场，而耗尽区的电场只要足以保证电子漂移即可。基于这种思想设计的 APD 就是 RAPD。

如图 5-4 所示的就是一种 RAPD 的结构示意图和电场分布。P^+ 和 N^+ 为高掺杂低阻区，压降很小，偏置电压基本上都落在高阻的 PN 结上，低掺杂的 π 区几乎是本征区，很宽而且其中电场较低，大部分入射光子在此区被吸收并建立最初的电子-空穴对。当偏置电压较低

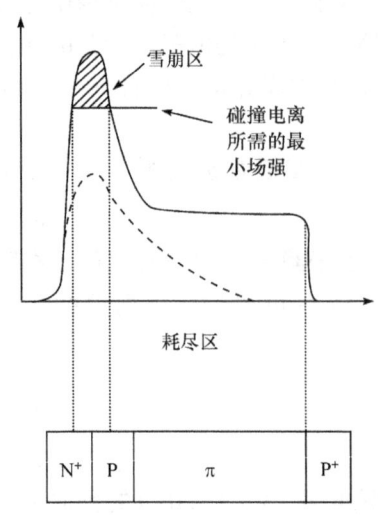

图 5-4 RAPD 的结构示意图及电场分布

时，电场分布如图 5-4 中虚线所示，这时本征区也未耗尽，而且峰值电场较低，不会发生碰撞电离。当偏置电压逐渐升高时，峰值电场超过雪崩效应所需的最低电压，就会发生雪崩效应。同时，耗尽区已经拉通到了整个 π 区。虽然 π 区的电场比低，但也足以保证载流子有较高的漂移速度。入射光子在 π 区被吸收后，产生一次电子-空穴对，其中的一次电子在电场的作用下向 PN 结区漂移，并在那里产生雪崩效应，而一次空穴在电场的作用下移向 P^+ 区，被外电路收集。

与没有内部增益的 PIN 光电二极管类似的是，APD 的响应速度也受限于载流子的渡越时间和 RC 电路的时间常数。受限于渡越时间的雪崩光电二极管，其上升时间可低于 1ns。采用硅材料和锗材料且上升时间低于 100ps 的雪崩光电二极管已经实用化。

雪崩光电二极管在入射光功率从不到 1nW 至几微瓦的范围内有很好的线性响应特性。如果接收机的输入功率超过 1μW，就不再需要 APD 作为检测器了。在这个功率等级上，PIN 型光电二极管因其足够的响应度和足够高的信噪比完全可以胜任绝大多数的应用。

5.2 光接收机

在光纤通信系统中，光接收机的任务是以最小的附加噪声及失真恢复出经光纤传输后光载波所携带的信息，因此光接收机的输出特性综合反映了整个光纤通信系统的性能。

5.2.1 光接收机的构成及其主要性能指标

1. 光接收机的构成

光纤通信系统有模拟及数字两大类，光接收机也有模拟接收机和数字接收机两类，分别如图 5-5（a）～图 5-5（b）所示。它们均由光电检测器、低噪声前置放大器及其他信号处理电路组成，显然，这是一种直接检测方式。相比于模拟接收机，数字接收机更复杂，在主放大器后还有均衡滤波、定时提取、判决再生、峰值检波与 AGC 等电路。它们在高信号电平下工作，并不影响对光接收机基本性能的分析。

光电检测器的作用是把接收到的光信号转换成光电流。对光电检测器的基本要求是高光电转换效率、低附加噪声和快速响应。由于光电检测器产生的光电流非常微弱（纳安级至微安级），必须先经前置放大器进行低噪声放大，当然这时也不可避免地会引进附加噪声。光电检测器和前置放大器合起来称为接收机前端，其性能的优劣是决定接收灵敏度的主要因素。无论是模拟接收机还是数字接收机，基本性能的分析计算都针对前端。主放大器的任务是把前端输出的毫伏级信号放大到后面信号处理电路所需的峰-峰值电压为 1～3V 电平。接收机的其余电路则对信号进行进一步的处理和整形，以提高系统的性能，最后解调出发送信

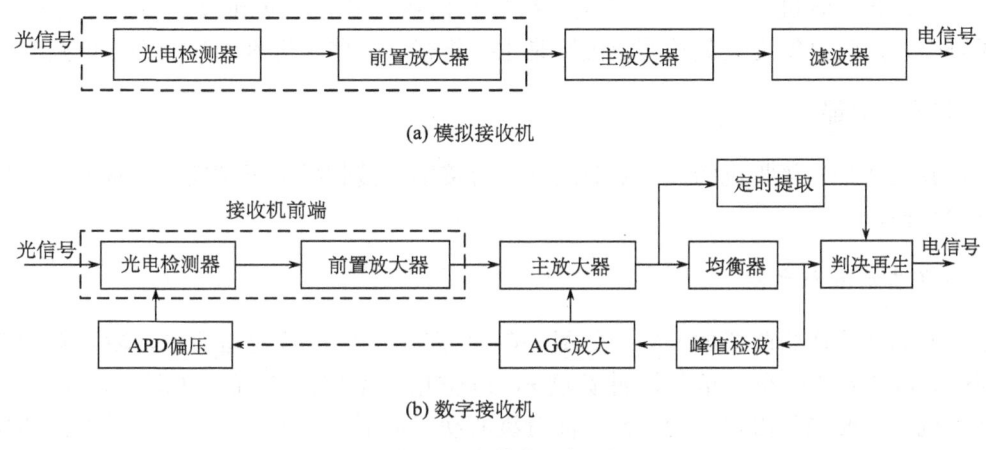

图 5-5 光接收机框图

息。例如，均衡滤波器的作用是消除放大器及其他部件（如光纤）引起的信号波形失真，使噪声及码间干扰的影响减到最小。采样所需的时钟由定时提取电路恢复。自动增益控制（AGC）电路用来控制 APD 偏压及放大器增益，以提高接收机的动态范围。

2. 光接收机的性能指标

衡量光接收机性能的主要指标如下所述。

1) 灵敏度

对于数字光接收机，灵敏度是指保证一定的误码率条件下，光接收机所需接收的最小光功率；对于模拟光接收机，则是指在保证一定的输出信噪比条件下，光接收机所需接收的最小光功率，一般用 dBm 作为单位。如果一部光接收机在满足给定的误码率指标下所需的平均光功率低，说明它在微弱的输入光条件下就能正常工作，显然这部接收机的性能良好。

2) 数字光接收机的误码率

误码率（BER）指的是数字信号中码元在传输过程中出现差错的概率，常用一段时间内出现误码的码元数与传输的总码元数之比表示，如 $BER=10^{-9}$，表示每传输 1×10^9 比特只允许错一个比特。

3) 模拟光接收机的信噪比

模拟光接收机信噪比用电信号电流均方值和噪声电流均方值表示。在传送视频或多路电视信号的光传输系统中，信噪比至关重要。

4) 动态范围

动态范围是指在保证系统的误码率指标要求下，光接收机所允许接收的最大和最小光功率之比，即

$$D = 10\lg \frac{最大输入光功率}{最小输入光功率}(dB) \tag{5.2-1}$$

动态范围表示了光接收机对输入信号的适应能力，数值越大越好。

因为传输到光接收机的光信号已经很微弱，所以如何提高光接收机的灵敏度、降低输入端的噪声是研究光接收机的主要问题。光电检测器和前置放大器对光接收机的性能起着关键

作用。对模拟光接收机来讲，表征性能的指标是信噪比和接收灵敏度。对数字光接收机而言，误码率、接收灵敏度及其动态范围则是主要指标。这些指标都与这两部分电路有关。

5.2.2 前置放大器

前置放大器是光接收机的关键部分之一，直接影响接收机的灵敏度。前置放大器主要有以下三种类型。

1. 低阻型前置放大器

用普通晶体管作为前置放大器，如图 5-6(a) 所示，特点是线路简单，输入阻抗低，输入电路的时间常数 RC 小于信号脉冲宽度 τ，以防止产生码间干扰，如图 5-7 所示。因此，这种接收机不需要或只需很少的均衡，前置级的动态范围也较大。但是，这种电路的噪声也较大。

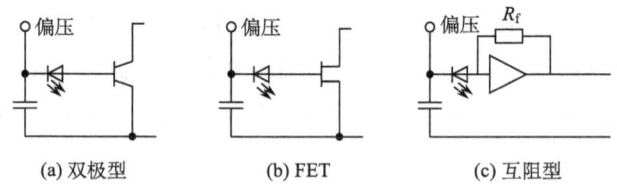

(a) 双极型　　(b) FET　　(c) 互阻型

图 5-6　光接收机的前置放大电路

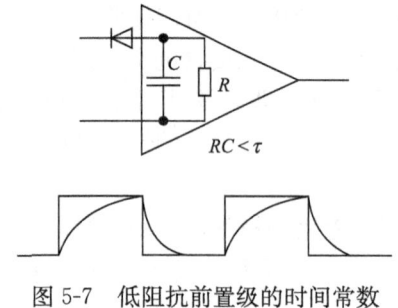

图 5-7　低阻抗前置级的时间常数

2. 高阻型前置放大器

用场效应管（FET）作为前置放大器，如图 5-6（b）所示，设计应尽量加大偏置电阻，噪声尽可能减小。因此，其特点是噪声小。高阻型前置放大器不仅动态范围小，而且当比特速率高时，由于输入电路的时间常数太大，$RC > \tau$，脉冲沿很长，码间干扰严重，因而对均衡电路要求较高，一般只在码速率较低的系统中使用。

3. 互（跨）阻型前置放大器

互阻型（也称跨阻型）前置放大器实际上是电压并联负反馈放大器，如图 5-6(c)所示。由于负反馈改善了放大器的带宽和非线性，因此是一个性能优良的电流-电压转换器，具有频带宽和噪声低等优点，而且它的动态范围也比高阻型前置放大器有很大的改善，在光纤通信中得到了广泛的应用。

图 5-8 给出了一个采用互阻型前置放大器的接收机前端的典型电路。前端是一个光电检测器组件，为了减小引线电容，以提高检测速度和灵敏度，利用混合集成电路工艺，把光电检测器和前置放大电路合成组件，使用十分方便。由 PIN 管与 FET 电路合成的组件使用很普遍，效果良好，常称为 PIN-FET 组件。该组件管脚接线为：1 和 4 为电源的 $-5V$，3、5、8 为外壳接地，7 为信号输出，10 为电源 $+5V$。技术指标见表 5-1。

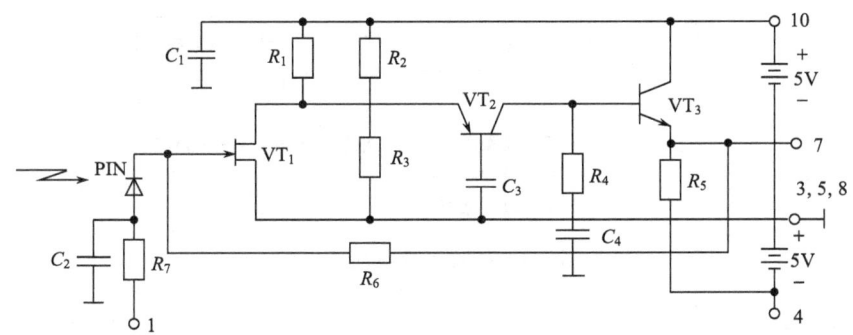

图 5-8 互阻型前置放大器电路举例

表 5-1 PIN-FET 前端指标（BER＝10^{-9}）

序号	项目	指标	备注
1	工作波长/μm	1.0～1.65	
2	灵敏度/dBm, 8.4Mbit/s	－53	二次群
	34Mbit/s	－47	三次群
	140Mbit/s	－42	四次群
	560Mbit/s	－30	五次群
3	动态范围/dB	≥20	
4	输出阻抗/Ω	50	
5	电源电压/V	±5	
6	工作温度/℃	－10～50	

主放大器接在前置放大器之后，因输入信号较大，所以不考虑噪声影响，是一个宽带高增益放大器。由于接收机要具有自动增益控制功能，因此主放大器电路应有可变增益的性能。

5.2.3 光接收机的噪声

影响光接收机性能的主要因素是接收机内的各种噪声源。光接收机的各种噪声源可以分为两大类：散弹噪声和热噪声。散弹噪声包括光载波的量子噪声、光电检测器的暗电流噪声、漏电流噪声和 APD 的过剩噪声。热噪声包括检测器负载电阻的热噪声和放大器的噪声。如图 5-9 所示的为各种噪声源的分布位置。

1. 光电检测器的噪声

光电检测器在工作时将光信号转换成电信号。在这一过程中，将一些与信息无关的随机变化的量引入信息量中以产生噪声，主要有量子噪声、暗电流噪声和漏电流噪声。对于 APD 还有雪崩倍增噪声。雪崩倍增噪声又称为过剩噪声。

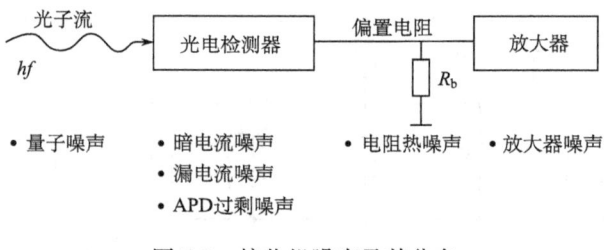

图 5-9 接收机噪声及其分布

1) 量子噪声

出现量子噪声的原因可以这样解释：光束由大量的光量子（光子）组成，如对于 1mW 频率为 $f=10^{15}$ Hz 的光功率，每秒钟接收到的光子数 n 应为

$$n = \frac{P}{hf} = \frac{10^{-3}}{6.625 \times 10^{-34} \times 10^{15}} = 1.509 \times 10^{15} (个) \tag{5.2-2}$$

式中，hf 为一个光子具有的能量，h 为普朗克常数。但是，这只是一个平均值，实际上某一个时间间隔内接收的光子数是一个随机量，可以认为满足泊松分布。光电检测器在某个时刻实际接收到的光子数在一个统计平均值附近浮动，因而产生了噪声。由噪声产生的过程可知，这种噪声顽固地依附在信号上，增加发射光功率，或采用低噪声放大器都不能减少它的影响。因此，它限制了光接收机灵敏度的指标。量子噪声电流的均方密度为

$$\frac{d\langle i_q^2 \rangle}{df} = 2eI_P (A^2/Hz) \tag{5.2-3}$$

式中，e 为电子电量，I_p 为平均光电流，$\langle i_q^2 \rangle$ 为带宽 Δf 内量子噪声电流的均方值，即

$$\langle i_q^2 \rangle = 2eI_p \Delta f \tag{5.2-4}$$

2) 暗电流噪声

当没有光照射时，在理想条件下，光电检测器应没有光电流输出。但是，实际上由于热激励、宇宙射线或放射性物质的激励，在无光的情况下，光电检测器仍有电流输出，这种电流称为暗电流。

由于上述各种激励条件是随机的，因此，暗电流也是随机浮动的，从而形成了暗电流噪声。表面暗电流也称为表面漏电流，或简称漏电流。它由于光电检测器表面的缺陷或受污染等表面状态不完善所致，并与偏置电压及表面面积的大小有关。漏电流不会被倍增，它所产生的噪声并非本征噪声，可借助器件的合理设计、良好的结构和工艺的严格要求降低，甚至可以忽略不计。一般将暗电流 I_D 的散弹噪声和漏电流 I_L 的散弹噪声统称为暗电流噪声。光检测器总的暗电流噪声为

$$\frac{d\langle i_D^2 \rangle}{df} = 2e(I_D G^{2+x} + I_L) \tag{5.2-5}$$

这里，I_D 和 I_L 都是平均值，其中 I_D 因通过倍增区而被倍增。对于 PIN 检测器，取 $G=1$。

3) 雪崩光电二极管的倍增噪声

雪崩光电二极管的倍增作用是一个十分复杂的随机过程。这种随机性必然引起雪崩光电二极管输出信号浮动，从而引入噪声。这种由于倍增的随机性而产生的附加噪声称为倍增噪声。考虑了附加的倍增噪声后，APD 量子噪声电流的均方值为

$$\langle i_q^2 \rangle = 2eI_P G^{2+x} \Delta f \tag{5.2-6}$$

APD 量子噪声电流的谱密度为

$$\frac{\mathrm{d}\langle i_q^2 \rangle}{\mathrm{d}f} = 2eI_P G^{2+x} \tag{5.2-7}$$

为了减少过剩噪声，应选用 x 值小的 APD。对于用不同材料和工艺制作的 APD，其 x 值也不同。例如，Si-APD，$x = 0.3 \sim 0.5$；Ge-APD，$x = 0.6 \sim 1.0$；InGaAsP，$x = 0.5 \sim 0.7$。

2. 热噪声

热噪声由热力学温度在零度以上的物体内部电子的无规则热运动产生，它具有高斯分布。负载电阻和放大电路都会产生这种热噪声。流过电阻 R_b 热噪声电流的谱密度为

$$\frac{\mathrm{d}\langle i_n^2 \rangle}{\mathrm{d}f} = \frac{4kT}{R_b} \tag{5.2-8}$$

式中，k 为玻尔兹曼常数，其值为 1.38×10^{-34} J/K（焦耳/度）；i_n 为流过电阻的热噪声电流；T 为电阻 R_b 工作时的热力学温度。由此可知，热噪声与光电流无关，即使没有光功率输入，热噪声依然存在。

光接收机除了负载电阻产生热噪声，放大器（特别是前置放大器）也产生附加热噪声。前置放大器的种类不同，附加的热噪声也不同。

设放大器的输入信号和输入噪声功率分别为 P_s 和 P_{ni}，输出噪声功率为 P_{no}，放大器的功率放大系数为 M，放大器的噪声系数 F_n 定义为输入信噪比与输出信噪比之比，即

$$F_n = \frac{(\mathrm{SNR})_{输入}}{(\mathrm{SNR})_{输出}} = \frac{P_s/P_{ni}}{MP_s/P_{no}} = \frac{P_{no}}{MP_{ni}} \tag{5.2-9}$$

表明 F_N 是输出总噪声功率与放大器无噪声（理想放大器）时输出噪声功率之比值，即表示热噪声被前置放大器放大的倍数。这样，热噪声电流均方值可由式（5.2-8）改写为

$$\langle i_n^2 \rangle = \frac{4kTF_N \Delta f}{R_b} \tag{5.2-10}$$

将散弹噪声和热噪声相加，便得到等效输入总噪声电流的均方值。

用 APD 作光检测器时，输入总噪声为

$$\langle i_N^2 \rangle = 2e\Delta f[(I_p + I_D)G^{2+x} + I_L] + \frac{4kTF_N \Delta f}{R_b} \tag{5.2-11}$$

用 PIN 作光电检测器时，只需取 $G = 1$ 便可。

5.2.4 光接收机的信噪比

信噪比是评价光接收机性能的重要指标。对于模拟接收系统，它直观地表示出噪声对信号的干扰程度；对于数字接收系统，信噪比与误码率直接相关。因此，无论何种通信系统都希望系统的噪声尽可能低，以提高接收信噪比。信噪比(SNR)定义为

$$\mathrm{SNR} = \frac{平均信号功率}{噪声功率} = \frac{\langle i_S^2 \rangle}{\langle i_N^2 \rangle} \tag{5.2-12}$$

式中，$\langle i_S^2 \rangle$ 和 $\langle i_N^2 \rangle$ 分别为均方信号电流和均方噪声电流。信噪比有时用 dB 作单位，则可

写成

$$\text{SNR} = 10\lg \frac{\langle i_S^2 \rangle}{\langle i_N^2 \rangle} \tag{5.2-13}$$

上面的讨论已经给出了均方噪声电流的表达式。为了计算 SNR，还必须确定均方信号电流的表达式。

这里仅讨论用模拟电信号 $S(t)$ 对光源进行直接调制的情形。$P(t)=P_0[1+mS(t)]$ 表示调制后光源输出的光信号功率，适当选择光源的偏置电流和调制深度，并注意到一般光纤的频带足够宽，则可以假设信号在传输过程中不存在失真，只考虑光纤的损耗。这样，光接收机接收到的光功率可表示为

$$P(t) = P_i[1+mS(t)] \tag{5.2-14}$$

式中，P_i 为平均接收光功率；m 为调制深度，$S(t)$ 为时变调制信号，通常是正弦（或余弦）信号。

经 APD 线性光电转换后，输出的光电流为

$$i_S(t) = GR_0 P_i[1+mS(t)] \tag{5.2-15}$$

式中，G 为 APD 的雪崩倍增因子；R_0 为光电检测器的响应度，则均方信号电流为

$$\langle i_S^2 \rangle = \left(\frac{I_m}{\sqrt{2}}\right)^2 \tag{5.2-16}$$

式中，$I_m = GR_0 P_i m$，为信号电流的幅度（略去直流项），即

$$\langle i_S^2 \rangle = \frac{(GR_0 P_i m)^2}{2} = \frac{(GI_p m)^2}{2} \tag{5.2-17}$$

式中，$I_p = R_0 P_i$ 为一次平均光生电流。

将式（5.2-5）APD 倍增散粒噪声项和式（5.2-10）热噪声项（略去漏电流项的影响）代入式（5.2-12），得到以 APD 作为光检测器时的模拟接收机的信噪比，即

$$\text{SNR} = \frac{\frac{1}{2}(GI_p m)^2}{2e\Delta f(I_p + I_D)G^{2+x} + 4kTF_N\Delta f/R_b} \tag{5.2-18}$$

也可以将式（5.2-18）写成以分贝为单位的形式。对于用 PIN 作为光检测器的接收机，取式（5.2-18）中的 $G=1$。

根据式（5.2-18），可以进行如下讨论。

1) 热噪声限制下接收

当入射到光检测器的光功率较小时，光生电流较小，噪声电流主要由热噪声项决定。或者说，热噪声主导了接收的性能，散弹噪声可以忽略，故有

$$\text{SNR} = \frac{\frac{1}{2}(GI_p m)^2}{4kTF_N\Delta f/R_b} = \frac{\frac{1}{2}(GR_0 P_i m)^2}{4kTF_N\Delta f/R_b} \tag{5.2-19}$$

式（5.2-19）表明，在热噪声占支配地位时，SNR 与输入光功率的平方（P_i^2）成正比，与负载电阻 R_b（不忽略前置放大器输入电阻时，视 R_b 为光电检测器偏置电阻与前置放大器输入电阻的并联值）成正比。可通过增加 R_b 值提高 SNR，大多数光接收机采用高阻抗或互阻抗前端的原因就在这里。此外，由式（5.2-19）还知，APD 接收机的 SNR 比 PIN 接收机

的 SNR 高了 G^2 倍。

2) 散弹噪声限制下接收

若光检测器接收的光功率较大，则将出现与上述相反的情况：信号产生的噪声——量子噪声占主导地位，热噪声等可忽略不计。于是有

$$\mathrm{SNR} = \frac{R_0 P_i m^2}{4e\Delta f G^x} \tag{5.2-20}$$

这时，SNR 与输入光功率 P_i 呈线性关系。SNR 要提高一倍，则输入光功率也需相应地增大一倍。增大入射光功率达到散弹噪声限制时，暗电流的影响也将降低，故式(5.2-20)略去暗电流和漏电流的影响。由式(5.2-20)还可知，APD 接收机的 SNR 因过剩噪声系数的影响而比 PIN 接收机的 SNR 减低了 G^x 倍。

3) 最佳雪崩倍增因子

从信噪比的角度看，雪崩倍增因子 G 并非越大越好。实际上，上面的讨论已经涉及这个问题。在热噪声限制下，当 G 增大时，SNR 也随之提高，同时量子噪声、暗电流噪声也随 G 增加，增大到进入散弹噪声限制时，SRN 与 $G^x(0<x<1)$ 成反比，即 SNR 随 G 的增大而减小。显然，存在一个能使 SRN 具有最大值的最佳倍增因子 G_{opt}，决定于

$$\frac{\mathrm{d}(\mathrm{SNR})}{\mathrm{d}G} = 0 \tag{5.2-21}$$

将式（5.2-19）代入式（5.2-21），并令 $m=1$，得

$$G_{\mathrm{opt}}^{2+x} = \frac{4kTF_N}{ex(I_p+I_D)R_b} \tag{5.2-22}$$

5.2.5 数字光接收机的灵敏度

光接收机的灵敏度是描述接收机调整到最佳状态时，在保证满足一定接收性能标准的条件下，接收微弱光信号的能力。它可用下述三个物理量表征：①最小平均接收光功率；②最低平均接收光子能量（每一光脉冲）；③最少平均接收光子数（每一光脉冲）。光接收机的灵敏度通常用最小平均接收光功率表示。至于接收性能标准，对于模拟光接收机，给出的是信噪比(SNR)，故接收机的灵敏度定义为接收机工作于给定 SNR 所要求的最小平均接收光功率；对于数字光接收机，给出的是误码率(BER)，通常使用的标准要求是 BER≤10^{-9}，所以数字光接收机的灵敏度定义为在保证满足 BER 为 10^{-9} 条件下的最小平均接收光功率。

1. 误码率

任何光接收机都存在固有噪声，判决电路难免发生误判，即把发射的"0"码误判为"1"码，或把"1"码误判为"0"码。光接收机对码元误判的概率称为误码率，在二进制的情况下，等于误比特率，它反映了在较长时间间隔内的传输码流中，误判的码元在接收到的码元总数中所占的比例。误码率可以用噪声电流（压）的概率密度函数计算。误码率计算示意图如图 5-10 所示。I_1 是"1"码的电流，I_0 是"0"码的电流。$I_{1\mathrm{av}}$ 是"1"码的平均电流，而"0"码的平均电流为零。D 为判决门限

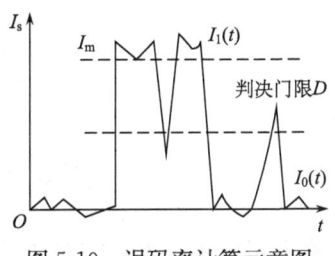

图 5-10 误码率计算示意图

值,一般取 $I_{1av}/2$。在"1"码时,如果在取样时刻带有噪声的电流 $I_1 < D$,则可能被误判为"0"码;在"0"码时,如果在取样时刻带有噪声的电流 $I_0 > D$,则可能被误判为"1"码。

要确定误码率,不仅要知道噪声功率的大小,而且要知道噪声的功率分布。然而,光接收机输出噪声的功率分布十分复杂。一般近似假设噪声电流(压)的瞬时值服从高斯分布,其功率密度函数为

$$f(x) = \frac{1}{\sqrt{2\pi}\sigma} \exp\left(-\frac{x^2}{2\sigma^2}\right) \tag{5.2-23}$$

式中,x 为随机变量(噪声电流)的取值,其均值为零;σ^2 为噪声功率。

光接收机的噪声功率由光检测器的平均噪声功率 N_D 和前置放大器的平均噪声功率 N_A 组成,即 $N = N_A + N_D$。在发"0"码时,平均噪声功率为 $N_0 = N_A + N_D$,此时没有光电流输入(忽略暗电流),故 $N_D = 0$,此时功率密度函数为

$$f(I_0) = \frac{1}{\sqrt{2\pi N_0}} \exp\left(-\frac{I_0^2}{2N_0}\right) \tag{5.2-24}$$

根据误码率的定义,把"0"码误判为"1"码的概率应等于 I_0 超过 D 值概率,即

$$P_e(0/1) = \frac{1}{\sqrt{2\pi N_0}} \int_D^\infty \exp\left(-\frac{I_0^2}{2N_0}\right) dI_0$$

$$= \frac{1}{\sqrt{2\pi N_0}} \int_{D/\sqrt{N_0}}^\infty \exp\left(-\frac{x^2}{2}\right) dx \quad (I_0 > D) \tag{5.2-25}$$

式中,$x = I_0/\sqrt{N_0}$。

在发"1"码时,平均噪声功率为 $N_1 = N_A + N_D$,这时噪声电流的幅值为 $I_1 - I_{1av}$,判决门限值仍为 $D = I_{1av}/2$。只要 $I_1 - I_{1av} < D - I_{1av}$,就可能把"1"码误判为"0"码。所以,把"1"码误判为"0"码的概率为

$$P_e(1/0) = \frac{1}{\sqrt{2\pi N_1}} \int_{-\infty}^{I_1 - I_{1av}} \exp\left[-\frac{(I_1 - I_{1av})^2}{2N_1}\right] d(I_1 - I_{1av})$$

$$= \frac{1}{\sqrt{2\pi}} \int_{-\infty}^{-(I_{1av} - I_1)/\sqrt{N}} \exp\left(-\frac{y^2}{2}\right) dy, (I_{1av} - I_1) > (I_{1av} - D) \tag{5.2-26}$$

式中,$y = (I_1 - I_{1av})/\sqrt{N_1}$。

"0"码和"1"码的误码率一般不相等,但对于"0"码和"1"码等概率的码流而言,则认为 $P_e(1/0) = P_e(0/1)$,且误码率可以达到最小。于是,误码率可以写成统一的表达式,即

$$P_e = \frac{1}{\sqrt{2\pi}} \int_Q^\infty \exp\left(-\frac{x^2}{2}\right) dx \tag{5.2-27}$$

式中

$$Q = \frac{D}{\sqrt{N_0}} = \frac{I_{1av} - D}{\sqrt{N_1}} \text{ 或 } Q = \frac{I_{1av}}{\sqrt{N_0} + \sqrt{N_1}} \tag{5.2-28}$$

Q 称为超扰比,表示在对"0"码取样时,判决门限值超过放大器平均噪声电流的 $\sqrt{N_0}$ 倍数。

图 5-11 给出了 BER 随 Q 参数的变化情况。

光纤通信系统一般选误码率为 10^{-9}，在 BER$\leqslant 10^{-9}$ 时，要求 $Q>6$。

2. 数字光接收机最小平均接收功率

为了确定最小平均接收功率 $P_{\min\text{ av}}$，需先建立 Q 与入射平均光功率 P_{av} 的关系。平均光功率是指"0"码功率和"1"码功率的平均值，即

$$P_{\text{av}} = \frac{P_1 + P_0}{2} \tag{5.2-29}$$

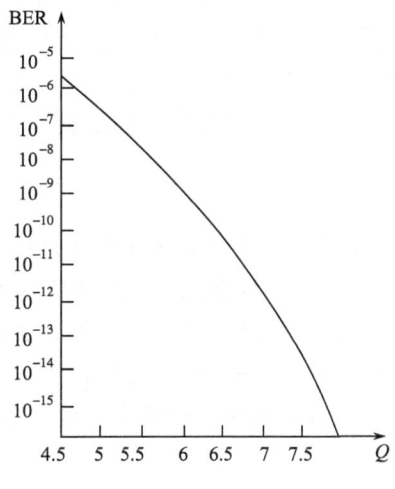

图 5-11 BER 随 Q 参数的变化

在发"0"码的情况下，入射信号的光功率 $P_0=0$，输出光电流 $I_0=0$。在发"1"码的情况下，入射信号的光功率为 P_1，输出光电流为 I_1，此时的"0"和"1"码平均功率为 $P_{\text{av}}=P_1/2$，即 $P_1=2P_{\text{av}}$。因此，P_1 和 I_1 的关系为

$$I_1 = GR_0P_1 = 2GR_0P_{\text{av}} \tag{5.2-30}$$

式中，G 为 APD 的倍增因子，R_0 为光检测器的响应度。

发"1"码时放大器输出平均光电流 $I_{1\text{av}}=K_I I_1$，K_I 为放大器增益。于是，$I_{1\text{av}}$ 与 P_{av} 的关系为

$$I_{1\text{av}} = K_I I_1 = K_I 2GR_0 P_{\text{av}} \tag{5.2-31}$$

将式 (5.2-31) 代入式 (5.2-28)，得到

$$Q = \frac{2K_I GR_0 P_{\text{av}}}{\sqrt{N_0} + \sqrt{N_1}} \tag{5.2-32}$$

再给定 Q 值，便得到限定误码率的最小平均接收光功率为

$$P_{\min\text{ av}} = \frac{Q(\sqrt{N_0} + \sqrt{N_1})}{2K_I GR_0} \tag{5.2-33}$$

对于 PIN 光电二极管，$G=1$，且 $N_0 \approx N_1 = N_A$，式 (5.2-33) 可以简化为

$$P_{\min\text{ av}} = \frac{Q\sqrt{N_A}}{K_I R_0} \tag{5.2-34}$$

以上虽然给出了最小平均接收光功率的表达式，但要进行计算，还需确定噪声功率，即前置放大器平均噪声功率 N_A 和光检测器平均噪声功率 N_D。然而，它们的计算过程十分繁杂，故本书从略。

小　　结

本章讲授了光通信系统中的光检测器和光接收机。光检测器的作用是实现光信号的解调，将光信号还原为电信号。目前，通用的光检测器是 PIN 型光电二极管和雪崩光电二极管（APD）。光检测器的工作机理是物质的光电效应，主要的指标是量子效率、响应度、响

应波长。光接收机完成的工作是将光电转换后的微弱光电流放大、整形，在数字接收机中还需要进行时钟信号提取和数字信号再生。灵敏度和动态范围是光接收的主要指标。通过本章的学习，要求掌握光检测器的工作原理及工作特性，掌握光接收机的基本结构和主要指标，掌握光接收机灵敏度指标的分析方法。

思考题与习题

5.1 试述数字光接收机的组成及各部分功能。

5.2 比较 PIN 和 APD 的工作原理和性能指标的不同点。

5.3 光纤通信系统噪声的主要来源有几种？哪些噪声属于光接收机噪声？

5.4 有一个模拟通信系统，$\lambda=850$nm，$\Delta f=5$MHz，$m=1$。若光检测器是理想的，且仅考虑信号光的量子噪声，计算 $S/N=50$dB 时的接收光功率。

第 6 章 光纤通信系统

本章涉及的光纤通信系统是指点到点的光传输系统，基本构成如图 6-1 所示。来自信源的原始信息经电端机处理，使之成为适合在光纤中传输的形态，然后经光发送端机转换为光信号，并馈入光纤信道传输。在接收端，光接收端机将接收到的微弱光信号放大并转换成电信号，经接收电端机还原处理，送给信宿，完成信息传输。

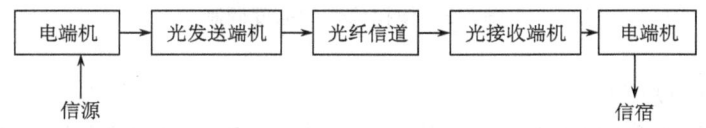

图 6-1 光纤通信系统

根据传输信号的形态，光纤通信系统分为数字光纤通信系统和模拟光纤通信系统。经拾音器转换成的话音信号和来自摄像机的图像信号都是模拟信号，用模拟电信号直接调制光波的幅度、相位、频率等特征参量就可以得到模拟光信号。将来自信源的模拟电信号经模数转换成数字信号，或者来自计算机等数字终端的数字信号调制光波的特征参量就可以得到数字光信号。模拟光纤通信系统主要用于视频分配、微波遥感信号、雷达信号的短距离传输。数字信号便于处理，传输损伤带来的信号畸变可以得到恢复，光纤的可用频带极宽，对传输数字信号十分有利，所以高速率、大容量、长距离的光纤通信系统均为数字光纤通信系统。本章主要讨论数字光纤通信系统，模拟光纤通信系统仅在 6.1 节简要介绍。

6.1 模拟光纤通信系统

6.1.1 模拟调制方式

光纤通信中的调制方式主要有直接调制和间接调制。直接调制方式就是将电信号直接加到光源上，使光源输出的光功率随信号变化。间接调制则是把电信号加到外调制器上，改变调制器的物理性质，当激光束通过时，光波的特性随信号变化而变化。模拟光纤通信系统主要采用直接调制方式，间接调制则主要用于高速数字光纤通信系统。

模拟调制可以分为强度调制（IM）、频率调制和相位调制。在光纤通信系统中，强度调制是最常用的调制方式，如果采用半导体发光二极管（LED）和半导体激光器（LD）作为光源，则其工作原理分别如图 6-2(a) 和图 6-2(b) 所示。半导体光源的输出光强随注入电流变化，偏置点应选在光源 P-I 曲线线性部分的中点。

用模拟基带信号对光源进行直接强度调制是最简单的模拟调制方式。另一种调制方式是先用幅度、频率或相位调制的方法将基带信号搬移到电副载波上，再用副载波对光源进行强度调制，这是一种预调制方式。下面具体介绍这几种调制方式。

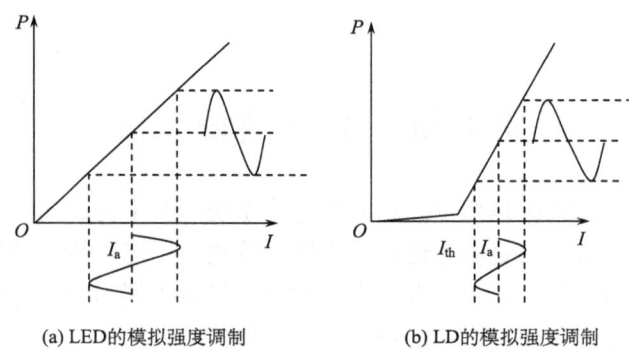

图 6-2 模拟信号的强度调制

1) 基带直接强度调制

利用基带电信号直接对光源进行强度调制，使光源输出光功率随时间变化的波形和输入模拟基带信号的波形成比例。因为不需要任何电的调制和解调，所以发送机和接收机的电路较为简单。在光纤视频基带模拟直接强度调制系统中，由于受到微分增益（DG）、微分相位（DP）指标的影响，对光源的线性特性要求较为苛刻，LED 和 DFB 激光器线性较好，是可以选用的光源。用 LED 作为光源，成本低、易连接，但功率小，传输距离不超过 1km。对于 DFB 激光器，发送光功率较大，可以实现较长距离的传输。

2) 副载波调制-强度调制

首先用原始的模拟信号对射频副载波或类似于时钟信号的脉冲副载波进行预调制，然后再对光源进行强度调制。对射频副载波的调制可以采用幅度调制（AM）、频率调制（FM）、相位调制（PM）等方式；对脉冲副载波的调制可以采用脉冲幅度调制（PAM）、脉冲重复频率调制（PFM）、脉位调制（PPM）、脉宽调制（PWM）、脉冲间隔调制（PIM），以及方波化频率调制（SWFM）等。这些方式适合于模拟视频信号的光纤传输。SWFM 方式具有更高的信噪比，适宜于传输高质量的视频信号。

3) 副载波复用强度调制（SCM-IM）

在单根光纤上传输单一的基带信号对于光纤的可用带宽是极大的浪费。将多个单独承载基带信号的副载波首先在电域复用，然后再对光源实施强度调制，就可充分利用光纤的带宽潜力。这种方式就是副载波复用强度调制（SCM-IM）。为此，首先在第一级调制器上，将多个基带信号对各个不同频率的射频副载波分别进行幅度调制、频率调制或相位调制，形成副载波复用（SCM）或频分复用（FDM）信号。然后在第二级调制器上，复合的电信号对光源进行强度调制后搬移到光载波上，并送进光纤信道传输，成为 AM-IM、FM-IM 或 PM-IM 光信号。利用基带信号对副载波实施频率调制（FM），需要占用比基带信号宽得多的频谱资源，但是用较大的带宽可以提高信噪比，这对于传输高质量的视频信号很值得。再利用副载波复用技术在单根光纤上传输数十路高质量的模拟电视信号，这是早期有线电视最主要的干线传输方式。

6.1.2 模拟系统的主要性能指标

1. 信噪比和载噪比

评价模拟信号直接光强度调制系统传输质量最重要的性能参数是信噪比（SNR）和信号失真。评价副载波复用系统的主要指标则是载噪比。

1) 信噪比

直接光强调制系统的信噪比定义为接收电信号功率和噪声功率的比值。5.2 节已给出模拟系统的信噪比及在热噪声、散粒噪声主导下的近似结果，这里不再重复。

2) 载噪比

在副载波强度调制光纤传输系统中，由于信息加在副载波上，因此不直接用信噪比而是用载噪比（C/N）衡量传输质量。载噪比定义为光接收机输出端的均方根载波功率与均方根噪声功率之比，并可表示为

$$\frac{C}{N} = \frac{载波功率}{光源噪声功率 + 光检测噪声功率 + 放大器噪声功率 + 交调噪声功率} \quad (6.1\text{-}1)$$

另外，在采用光放大器进行中继放大的系统中，还需考虑 ASE 噪声功率。光源的噪声功率中包括 LD 的相对强度噪声（RIN）和阈值限幅噪声。

2. 非线性失真

为使基带直接光强度调制系统输出光信号能真实地反映输入电信号，要求系统输出光功率与输入电信号成比例地随时间变化，即不发生信号失真。一般而言，实现电光转换的光源，由于在大信号条件下工作，所以其线性不理想。发射机光源的 P-I 关系曲线非线性是基带直接光强度调制系统产生非线性失真的主要原因。

非线性失真一般可以用幅度失真参数——微分增益（DG）和相位失真参数——微分相位（DP）表示。DG 定义为

$$\mathrm{DG} = \left[\frac{\left.\frac{\mathrm{d}P}{\mathrm{d}I}\right|_{I_2} - \left.\frac{\mathrm{d}P}{\mathrm{d}I}\right|_{I_1}}{\left.\frac{\mathrm{d}P}{\mathrm{d}I}\right|_{I_2}} \right]_{\max} \times 100\% \quad (6.1\text{-}2)$$

DP 是半导体光源发射光功率 P 和驱动电流 I 的相位延迟差，定义为

$$\mathrm{DP} = [\varphi(I_2) - \varphi(I_1)] \quad (6.1\text{-}3)$$

式中，I_1，I_2 为 LED 不同数值的驱动电流，一般取 $I_2 > I_1$。

虽然 LED 的线性比 LD 好，但仍然不能满足高质量电视传输的要求。例如，短波长 GaAlAs-LED 的 DG 可能高达 20%，DP 高达 8°，而高质量电视传输要求 DG 和 DP 分别小于 1% 和 1°。因此，需要从电路方面进行非线性补偿。这里不具体介绍非线性补偿电路，有兴趣的读者可参阅其他教科书。

6.1.3 模拟系统设计举例

本节以一个点对点的视频传输系统设计为例说明模拟系统的设计过程。

要求设计一个相对简单点到点的视频传输系统。这种线路能够把来自电视演播室的信号发送到相隔一定距离的发送机上。信号带宽为 6 MHz，为了获得清晰的图像，规定信噪比为 50 dB（$S/N = 10^5$）。线路长度在 0.5km 左右。为简单起见，使用电视摄像机产生的信号对光源进行直接强度调制方式。

1. 元器件选择

设计这样的系统，最简单的元器件选择就是采用多模光纤，用发送波长在 $0.8 \sim 0.9 \mu m$ 范围内的 LED 作为光源，光检测器选用硅 PIN 型光电二极管。如果这些元器件不能提供足够的带宽和足够的功率，就要考虑使用半导体激光器、雪崩光电二极管和单模光纤组合，而且将工作波长选在 $1.3 \mu m$ 区域。

假设调制系数为 100%，由式（5.2-16）确定系统的 SNR，假定 PIN 光电二极管在 $0.85 \mu m$ 波长上的结电容为 5 pF，响应度为 0.5 A/W，截止频率为 6 MHz，由此可决定检测器最大负载电阻值为

$$R = (2\pi C_d f_{3dB})^{-1}$$
$$= [2\pi \times (5 \times 10^{-12}) \times (6 \times 10^6)]^{-1} = 5305 \Omega \quad (6.1\text{-}4)$$

考虑到给光检测器的宽带预算留有一定的余量，选 $R=5100\Omega$，则 RC 时间常数限制的接收机带宽为

$$f_{3dB} = (2\pi R C_d)^{-1} = (2\pi \times 5100 \times 5 \times 10^{-12})^{-1} = 6.36 \text{MHz} \quad (6.1\text{-}5)$$

2. 功率预算

假设这是一个热噪声受限系统，选用 PIN 型光电二极管。有了这个假定，式（5.2-16）简化为

$$\frac{S}{N} = \frac{0.5R(R_0 P_i)^2}{4kTF_N \Delta f} \quad (6.1\text{-}6)$$

式中，R_0 是 PIN 光电二极管的响应度，假设周围环境温度为 300K，前置放大器的噪声系数 F_N 为 2（即 3dB）。由此解得接收机所需的平均光功率为

$$P = \sqrt{\frac{4 \times (1.38 \times 10^{-23}) \times (2 \times 300) \times (6.36 \times 10^6) \times (10^5)}{0.5 \times (0.5^2) \times (5100)}} = 5.7 \mu W$$

为简单起见，四舍五入，取平均光功率为 $6\mu W$。对于这个入射功率值，PIN 二极管产生的平均光生电流为 $I=R_0 P=3\mu A$。这个值远大于典型的 PIN 二极管的暗电流，PIN 二极管的暗电流通常在纳安量级。所以，这个系统可以忽略暗电流的影响。这就确认了最初的假设，即系统为热噪声受限系统。PIN 光电二极管通常允许使用的最大光电流是几百微安，因此该系统也不会饱和。

假设本系统设计所选择的元器件特性参数如下。

（1）光源为面发光 LED。在 $0.85\mu m$ 处工作的平均功率为 1mW，上升时间为 12ns，谱宽为 35nm，发射面直径小于 $50\mu m$。

（2）多模阶跃折射率（SI）光纤。NA=0.24，光带宽距离乘积是 $f_{3dB} \times L = 33 \text{MHz} \times \text{km}$，损耗为 5dB/km，芯径 $50\mu m$。

(3) 多模渐变折射率（GI）光纤。NA=0.24，光带宽距离乘积是 $f_{3dB} \times L = 500\text{MHz} \times \text{km}$（如果光源是半导体激光器），损耗为 5dB/km，芯径 50μm。

本系统的功率预算如下：光源的发送功率为 0dBm（1mW），而接收机需要的功率为 -22.2 dBm（6μW）。因此，各种元器件产生的总损耗必须小于 $(22.2-0) = 22.2$ dB。光源与 SI 光纤的耦合损耗近似为

$$\eta = (\text{NA})^2 = 0.0576(12.4 \text{ dB}) \tag{6.1-7}$$

光源耦合进 GI 光纤的损耗比 SI 光纤要高出 3dB。因此，GI 光纤的耦合损耗为 15.4dB。另外，在光纤的输入端和输出端，分别有 0.2dB 的反射损耗。假设仅需要两个连接器（一个在发送端而另一个在接收端），每个连接器的损耗为 1dB，这就还要加上 2dB 的损耗。于是，留给 SI 光纤的损耗是 $22.2-12.4-0.2\times2-1\times2=7.4$ dB，而留给 GI 光纤的损耗则为 4.4 dB。如果 SI 光纤的损耗值是 5 dB/km，则 SI 光纤允许的光纤长度必须小于 $7.45/5 = 1.49$km。1km 长的 SI 光纤线路将保留 2.4dB 的富余度。对于 GI 光纤，最大的线路长度则为 $4.4/5 = 0.88$km。

3. 带宽预算

接下来分析由光源、光纤和光检测器组成的系统带宽限制。系统、光源、光纤和光检测器的上升时间分别为 t_{sys}，t_{tx}，t_f 和 t_{rx}，它们之间的关系近似为

$$t_{sys}^2 = t_{tx}^2 + t_f^2 + t_{rx}^2 \tag{6.1-8}$$

LED 上升时间是 12 ns，系统带宽为 6 MHz。此处所有的数据都转换成为等效的上升时间。因为无论是上升时间还是带宽都不能完整地表示某一元器件的特性，所以必须作近似处理。

系统的上升时间和带宽的关系为

$$t_r = \frac{2.2}{2\pi \Delta f_{3dB}} = \frac{0.35}{\Delta f_{3dB}} \tag{6.1-9}$$

式中，t_r 为系统的上升时间，Δf_{3dB} 为系统的带宽。在光纤通信系统中，常利用 $t_r \times \Delta f_{3dB} = 0.35$ 作为系统设计的标准。

已知系统的带宽 $\Delta f_{sys} = 6\text{MHz}$，所以系统的上升时间为

$$t_r = \frac{0.35}{\Delta f} = \frac{0.35}{6 \times 10^6} = 58.3 \text{ns} \tag{6.1-10}$$

光检测器的带宽 $f_{3dB} = (2\pi RC_d)^{-1}$，所以光检测器的上升时间为

$$t_{rx} = 0.35(2.19RC_d) = 2.19 \times 5100 \times (5 \times 10^{-12}) = 55.8 \text{ns} \tag{6.1-11}$$

这比约 1ns 的典型渡越时间大许多，所以检测器的上升时间由电路决定。在这个例子中，接收机占用了绝大部分的预算上升时间。这种分配可以通过减小 R_L 改变。然而，如果这样的话，接收机的灵敏度将降低，就必须增大发射功率。已知 LED 的上升时间是 12 ns，光纤的上升时间（用 ns 表示）不能大于由式（6.1-8）解得的值，即

$$t_f^2 = t_{sys}^2 - t_{tx}^2 - t_{rx}^2 = 58.3^2 - 12^2 - 55.8^2$$

因此要求 $t_f \leqslant 11.9\text{ns}$。

值得注意的是，式（6.1-9）使用的 3dB 带宽是电带宽。但是，光纤的 3dB 带宽是光带

宽。把式（6.1-9）用于光纤的计算时，必需首先求得光纤的 3dB 电带宽。光纤的 3dB 电带宽和 3dB 光带宽的关系为

$$f_{3dB}(电) = 0.71 f_{3dB}(光) \tag{6.1-12}$$

电视系统如果使用的 SI 光纤，已知光带宽距离乘积是 $f_{3dB} \times L = 33\text{MHz} \cdot \text{km}$，所以电带宽距离乘积是 $0.71 \times 33 = 23.4 \text{MHz} \cdot \text{km}$。对应的上升时间是

$$t'_f/L = \frac{0.35}{\Delta f_{3dB(电)}} = \frac{0.35}{23.4 \times 10^6} = 15 \text{ns/km}$$

前面计算的光纤上升时间预算不超过 11.9 ns，于是允许的 SI 光纤长度不超过

$$L = \frac{11.9}{15} = 0.793 \text{km} = 793\text{m} \tag{6.1-13}$$

在这种情况下，虽然功率预算允许光纤长度接近 1.5km，但上升时间预算（或带宽预算）限制线路的长度不超过 800m。所以，这个系统是带宽受限系统而非功率受限系统。如果实际的光纤传输距离短于 800m，则这个设计方案满足需求。为了延长传输距离，有多种可能的调整方案可供选择。其中，减小负载电阻是最简单的一种方法，这样可以减小接收机的上升时间，于是光纤就可以分配到更多的上升时间预算。

现在，考虑用 GI 光纤代替 SI 光纤，同时保留 LED 光源。光纤的 3dB 电带宽距离乘积是 $0.71 \times (500 \times 10^6) = 355 \text{ MHz} \times \text{km}$，它的上升时间是 $t_{mod}/L = 0.35/355 \times 10^6 = 1\text{ns/km}$。上述结果仅考虑了模式色散的影响。更精确的计算还应考虑材料色散，对于 GI 光纤，$0.85~\mu\text{m}$ 处的材料色散系数 $D_m = 90 \text{ ps/(nm} \times \text{km)}$，使用 LED 引起的脉冲展宽是 $D_m \Delta \lambda = 90 \times 35 = 3150 \text{ ps/km} \approx 3.2 \text{ ns/km}$。把脉冲展宽转化成带宽，即

$$\Delta f_{3dB(电)} = \frac{0.35}{\Delta \tau} \tag{6.1-14}$$

式中，$\Delta \tau$ 是允许的最大传输延迟或脉冲展宽，然后经由式（6.1-9）转化成等价上升时间，转化过程表明脉冲展宽和上升时间几乎相等。因此，由材料色散计算的上升时间是 $t_m/L = 3.2 \text{ ns/km}$。总的光纤上升时间为

$$t_f^2 = t_m^2 + t_{mod}^2 \tag{6.1-15}$$

在这种情况下，有 $t_f/L = 3.4\text{ns/km}$。于是允许的光纤长度是 $11.9/3.4 = 3.5\text{km}$。这个长度比功率预算容许的 880m 要长很多。在这个例子中，GI 系统是功率限制了传输距离，使之小于 880 m。高效率的光源-光纤耦合显著地提高系统的光纤传输长度。

本节讨论的例子概略性地介绍了模拟系统的一般设计过程，指出可能的几种组合和元器件选择。需要注意的是，这里得到的是近似的结果，因为上升时间、带宽和脉冲展宽的特性并不完全表征元器件的特性。这些参数仅仅是元器件响应的简单量度。

在大多数情况下，设计过程是一个反复的过程。需要考虑多种不同的方案，并对其进行比较，然后决定保留部分或舍弃部分。其次，对设计的系统模型要进行测试，测试结果会指出理论预测与实际获得的结果之间的差距。如果设计未能满足指标，就要对设计方案进行修正和改进。

6.2 数字光纤通信系统的基本概念

光纤是数字通信理想的传输信道。与模拟通信相比，数字通信有许多优点，最主要的是

数字系统可以恢复因传输损伤导致的信号畸变，因而传输质量高。大容量长距离的光纤通信系统几乎都采用数字传输方式。

6.2.1 数字光纤通信系统的构成

数字光纤通信系统如图 6-3 所示，与模拟系统的主要区别是数字系统中有模数转换设备和数字复接设备，即 PCM 端机。模数转换设备将来自用户的模拟信号，如话音信号、图像信号转换为相应的数字信号。数字复接设备则将多路低速数字信号按特定的方式复接成一路高速数字信号，以便在单根光纤中传输。输入接口将来自 PCM 端机的数字基带信号适配成适合在光纤信道中传输的形态。光发送机将数字电信号转换为数字光信号，并将其馈入光纤传输。在接收端，光接收机将数字光信号转换为数字电信号。接收端输出接口的功能与输入接口相反，接收端 PCM 端机则完成数字分接，将高速数字信号解复用，分解成多路低速信号，通过数模转换将数字信号还原为模拟信号并送给用户。如果待传输的信息本身即为数字信号，如计算机数据，则数字光纤通信系统无需模数转换和数模转换设备。

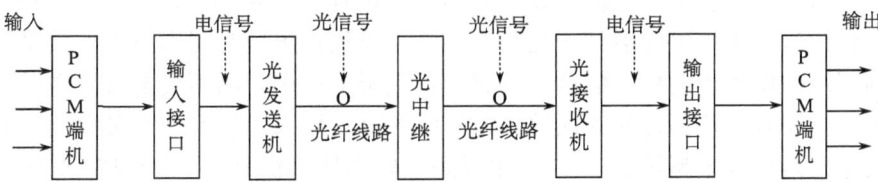

图 6-3 数字光纤通信系统的组成

数字光纤通信系统发送端一般采用强度调制方式实现数字电信号到数字光信号的转换，即通过直接调制或间接调制，使得"1"码出现时发出光脉冲，而"0"码出现时不发光。这种调制方式称为开关键控，即 on-off key，简称为 OOK 方式。

接收端一般采用直接检测方式将光脉冲信号转换成电流脉冲。当光脉冲照射在光电检测器的光敏面时就有一个相应的电流脉冲产生，从而接收到"1"码，无光时接收到"0"码。这就是直接检测。采用强度调制/直接检测方式工作的光纤通信系统称为 IM/DD 系统。

为了提高系统的灵敏度，并检测微弱光信号，接收端可以采用相干检测方式工作，即在接收端加本振光源，使之与接收到的微弱光信号在光电检测器中产生混频效应，并获得相应的电信号。由于本振光源的功率远大于信号光功率，因此可以获得混频增益，所以相干检测方式可以使系统接收灵敏度显著提高。但是，相干检测方式对器件要求苛刻，使系统复杂化，在实际系统中很少采用。有关相干光通信系统后面还将讲述。

对于长途传输系统，每隔一定的距离必须加中继器。光纤通信系统的中继器可以采用光-电-光方式工作，也可以采用直接光放大方式工作。所谓光-电-光工作方式，实际上就是光接收与光发送的结合。中继器的接收端将接收到的微弱光信号转换为电信号，经放大、再定时、再生，恢复出数字电信号，并调制发送机的光源，再转换为光信号送进光纤再传输。这种工作方式包括对已受到传输损伤的信号再放大（Reamplification）、再定时（Retiming）、再生（Regeneration），因而被称为 3R 中继方式。光-电-光 3R 中继方式的主要优点是可以修复因传输损伤导致的信号失真；主要缺点是结构复杂，尤其是对于大容量的波分复用系统，采用这种中继方式几乎不可行。直接光放大方式就是采用光放大器放大光信号，弥补因光纤损耗导致的信号能量损失。直接光放大方式的主要优点是结构简单，可以在放大器的工作带宽以内同时透明放大多路光信号，所以波分复用系统都采用这种中继方式。直接光放大只能解决因损耗导致的信号衰减，无法修复因光纤色散、噪声导致的信号畸变，而且还会引进附加的放大器噪声。掺铒光纤放大器（EDFA）因工作波段在1550nm附近，与光纤的最低损耗窗口重合，所以是最常用的光纤线路放大器。不经光电转换，在光域实现信号的放大、再定时及再生，即全光3R中继，可以克服前面所说的直接光放大的缺点。但是，全光定时信号的提取、光信号的判决再生尚处在实验室研究阶段，离商用还有相当的距离。

6.2.2 数字光纤通信系统的性能指标

评价数字光纤通信系统性能的基本指标是误码率（BER），其定义是在一定的观测时段内，错误判决的比特数与传输的总比特数之比，即

$$误码率=某一时段内的错误比特数/同一时段内传输的总比特数$$

系统误码率决定于接收端的信噪比，有关接收机灵敏度及误码率的计算已在第5章光接收机部分详细讨论，这里不再重复。光纤通信系统的误码率应在 $10^{-12} \sim 10^{-9}$ 之间。在实际的通信系统运行过程中，可能遇到一些突发事件，导致系统短时间内出现大量误码，性能恶化，达不到规定的误码率指标。但这并不意味着系统不可用，因为突发事件之后系统又会恢复正常。所以，还有一些指标作为误码率指标的补充，用来衡量系统的可用性，如严重误码秒比例，其定义是误码率超过 10^{-3} 的秒在观测时段内所占的比例，如规定严重误码秒不得超过观测时限总秒数的 2‰。对于各类系统性能参数指标及其测量方法，ITU-T 的相关建议都有明确的规定。

6.2.3 数模转换—脉冲编码调制

在数字通信系统中，将话音等模拟信号转换为数字信号的过程称为脉冲编码调制（PCM）。模拟信号经过采样、量化、编码三个过程转换成数字信号。

（1）采样就是对模拟信号进行周期性扫描，把时间上连续的信号变成时间上离散的信号。模拟信号经过采样后应当保留原信号中所有的信息，也就是说能够无失真地恢复原模拟信号。采样速率的下限由采样定理确定，即采样频率 f_s 等于或大于所传送信号最高频率 f_m 的两倍（$f_s \geq 2f_m$），则在接收端经过低通滤波器以后，可以无失真地恢复出原来的模拟信号。

（2）量化就是把经过采样得到的瞬时值将其幅度离散，即用一组规定的电平把瞬时采样值用最接近的电平值表示。一个模拟信号经过采样量化后，得到已量化的脉冲幅度调制信号，它仅为有限个数值。量化分为均匀量化和非均匀量化，均匀量化的量化间隔相等，非均匀量化根据不同区间确定量化的间隔。通常，非均匀量化的实现方法是将采样值通过压缩后再进行均匀量化。

（3）编码就是用一组二进制码组表示每一个有固定电平的量化值。采用 n 位的二进制编码，就有 2^n 个码组，码位数越多，分级就越细，误差越小，量化噪声也越小。实际上，量化是在编码过程中同时完成，故编码过程也称为模/数变换，记作 A/D。解码过程与编码过程相反。模拟信号数字化 PCM 过程如图 6-4 所示。

PCM 信号中一个码元所占的时间 T 称为码元时长，单位时间内传输的码元数称为码速

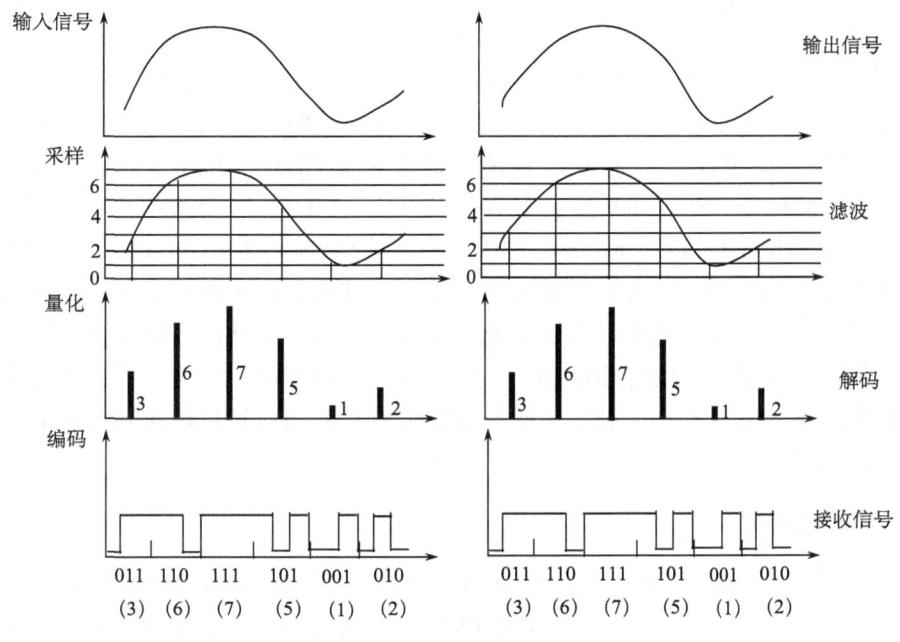

图 6-4　PCM 编码解码过程

率 B，$B=1/T$。一个二进制码元代表 1 比特（bit）的信息量，如每秒传送 1 个码元，码速即为每秒 1 比特（1bit/s）。对于电话，话音信号最高频率取为 4kHz，则采样频率 $f=2\times 4\text{kHz}=8\text{kHz}$，采样周期为 $125\mu\text{s}$。每一个量值用 8 位码表示，则一个话路的话音信号速率为 $8\times 8=64\text{kbit/s}$。对于电视一类的宽带信号，数字化后的速率则可高达 100Mbit/s 以上。在移动通信及卫星通信中，频谱资源十分宝贵，不允许一路话音或一路图像信号占用如此宽的频带。为了减小传输带宽，可以采取压缩编码技术将单路话音信号的比特速率降到数百比特/秒，而将单路电视信号的比特速率降低到数兆比特/秒。

6.2.4　数字传输体制

采用时分复用（TDM）技术将多路数字基带信号复接成高速的单路串行信号，然后转换成光脉冲送进同一根光纤传输，这是高速光纤数字传输的基本方式。如何将多路低速信号复接成高速信号？有两种体制，即准同步数字系列（PDH）和同步数字系列（SDH）。PDH 早在 1976 年就实现了标准化，随着光纤通信技术和网络的发展，PDH 遇到了许多困难。为此，美国提出了同步光网络（SONET）标准。1988 年，ITU-T 参照 SONET 的概念提出了同步数字系列（SDH）规范。SDH 解决了 PDH 存在的问题，现已成为主要的数字传输体制。这种传输体制不仅适用于光纤信道，也适用于微波和卫星干线传输。下面具体介绍这两种传输体制。

6.3　准同步数字系列

准同步数字系列（PDH）是 20 世纪 60 年代以后逐步发展起来的一种数字多路复用技

术。在北美，PDH 通常被称为异步数字体系（Asynchronous Digital Hierarchy，ADH）。初期人们主要致力于复用数字音频信号。一个带宽为 4kHz 的模拟音频信号可以每秒采样 8000 次，每个采样点用 8 比特量化编码，这就产生了一个比特率为 64kbit/s 的数字音频数据流。这在当时是一种被广泛采用的标准。高速信息流则被定义为多个这样的 64kbit/s 基本信息流的组合。对于这些高速的信息流，世界上不同的地方有不同的标准。在北美，64kbit/s 的信号被称为 DS0（即 0 级数字信号），1.544Mbit/s 信号被称为 DS3 等。在欧洲，该体系则被记为 E0、E1、E2、E3 等，其中，E0 的比特率与 DS0 相同。各国的 PDH 系统只有一次群和日本标准的二次群信号采用同步复用，其余各高次群复用均采用准同步（或称异步）复用方式。在这种方式中，由于需要复用在一起的各支路信号的时钟不是来自同一个时钟源，尽管各支路信号码的标称值相同，但存在一定的容差。因此，对异步时钟支路信号的复用，首先要解决的问题是使被复用的各支路信号在复用前具有相同的码速率，解决的方法是进行码速调整。

6.3.1 PDH 的帧结构

PDH 有两大类，即一次群为 2.048Mbit/s 30/32 路的系列（E1）和一次群为 1.544Mbit/s 24 路的系列（DS1），许多地方称为 T1 信号。我国规定使用的 PCM 系统的帧结构是欧洲采用的 30/32 路脉冲编码调制（PCM）方式。这种结构是将一帧（125μs）分成 32 个时隙（TS），每个时隙（3.9μs）包含 8 比特，16 帧构成一个复帧（2ms）。

在每一帧中，$TS_1 \sim TS_{15}$ 和 $TS_{17} \sim TS_{31}$ 为话音时隙，用来传送话音信息；TS_0 用于收发两端的帧同步，故称为帧同步时隙；TS_{16} 用于传送各个话路的线路信令（F_0 的 TS_{16} 除外），故称为信令时隙。30/32 路 PCM 系统的帧结构如图 6-5 所示。由于每一路的传输速率为

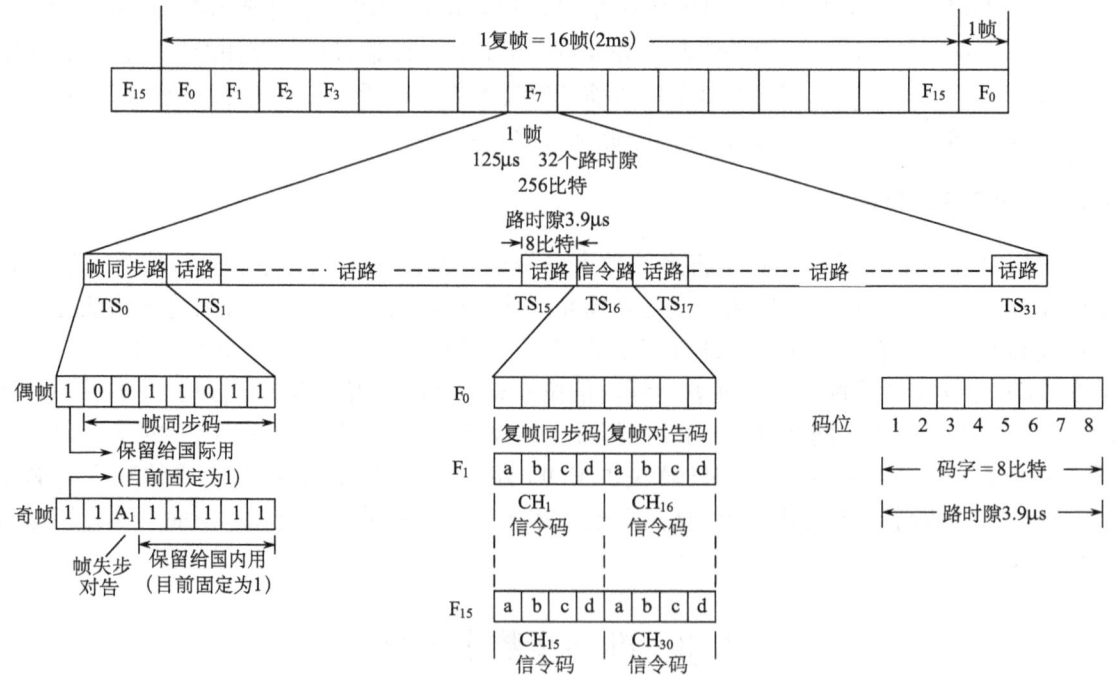

图 6-5 ITU-T 建议的 PCM 30/32 制式帧结构

64kbit/s，因此 32 路的总速率为 32×64kbit/s＝2.048Mbit/s。由于 32 路中有 30 路是话音信息，2 路是非话音信息，故常称为 PCM 30/32 路系统。

6.3.2 PDH 的速率等级

由于历史的原因，PDH 的速率等级和复用方式形成了 3 种互不兼容的地区标准，即欧洲标准、北美标准和日本标准，具体见表 6-1。与 3 种标准对应的异步复接体制及其相关术语见表 6-2。

表 6-1 三种准同步数字系列

项目	欧洲标准	北美标准	日本标准
采用的国家和地区	欧洲国家和中国	美国、加拿大及墨西哥	日本及远东国家
基础速率	2048kbit/s	1544kbit/s	1544kbit/s
64kbit/s 电路数	30 路	24 路	24 路
PCM 量化编码方式	A 律 13 折线	μ 律 15 折线	μ 律 15 折线

表 6-2 不同的数字复用体制

北美数字复用体系				
信号类型	数字比特率	话音电路数	T1	DS3
DS1	1.544Mbit/s	24	1	—
DS1C	3.125Mbit/s	48	2	—
DS2	6.312Mbit/s	96	4	—
DS3	44.736Mbit/s	672	28	1
DS4	374.17Mbit/s	4032	168	6

欧洲数字复用体系			
信号类型	数字比特率	话音电路数	系统名称
E1	2.048Mbit/s	30	M1
E2	8.448Mbit/s	120	M2
E3	34.368Mbit/s	480	M3
E4	139.264Mbit/s	1920	M4
E5	565.148Mbit/s	7680	M5

日本数字复用体系			
信号类型	数字比特率	话音电路数	系统名称
1	1.54Mbit/s	24	F1
2	6.312Mbit/s	96	F6M
3	34.064Mbit/s	480	F32M
4	97.728Mbit/s	1440	F100M
5	397.200Mbit/s	5760	F400M
6	1588.80Mbit/s	2340	F4.6G

ITU-T 推荐了两类数字速率系列和数字复用等级，北美和日本使用基于 1.544Mbit/s（简称 1.5Mbit/s）24 路的数字系列，欧洲采用基于 2.048Mbit/s（简称 2Mbit/s）30/32 路的数字系列。好在它们都以 125μs 时钟速率和 64kbit/s 基础信号为基础，因而理论上这些传输系统的互操作比较容易。我国采用欧洲系列标准，即把 4 个一次群（2.048Mbit/s）支路信号复用成一个二次群（8.448Mbit/s）信号，4 个二次群复用成一个三次群（34.368Mbit/s）等，如此复用，便可以得到高比特率的多路复用数字信号，如表 6-2 所示。

数字复用按数字复用等级分为逐级复用和隔级复用。ITU-T 建议中的大多数建议都是逐级复用，即采用 $n \sim (n+1)$ 方式复用，如 4×2Mbit/s 复用成 8Mbit/s，4×8Mbit/s 复用成 34 Mbit/s 等，这是逐级向上复用。所谓隔级复用，亦称跳群，它采用 $n \sim (n+2)$ 方式复用，如 120×64kbit/s 复用成 8Mbit/s，16×8Mbit/s 复用成 140Mbit/s 等。我国统一使用以 2.048Mbit/s 为一次群的准同步数字系列，并采用 $n \sim (n+1)$ 方式与 $n \sim (n+2)$ 方式并存的数字复用等级。

6.3.3 PDH 的复用技术

复用技术就是实现 PCM 信号由低次群到高次群的合成技术。PDH 数字复用系统由数字复接器和数字分接器组成，如图 6-6 所示。数字复接器是把两个或两个以上的支路（低次群）按时分复用方式合并成一个单一的高次群数字信号的设备，它由定时、码速调整和复用单元等组成。数字分接器的功能是把已合路的高次群数字信号分解成原来的低次群数字信号，它由帧同步、定时、数字分接和码速恢复等单元组成。

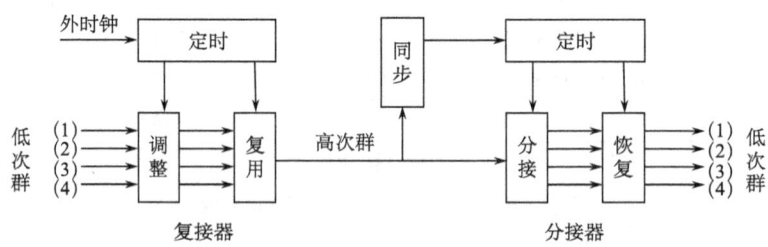

图 6-6 PDH 数字复用系统示意图

定时单元给设备提供一个统一的基准时钟，码速调整单元的作用是把速率不同的各支路信号调整成与复接设备定时完全同步的数字信号，以便由复用单元把各个支路信号复用成一个数字流。另外，在复用时还需要插入帧同步信号，使接收端能够正确接收各支路信号。分接设备的定时单元从接收信号中提取时钟，并分送给各支路进行分接用。

数字复用的方法主要有按位复用、按字复用和按帧复用三种。按位复用又称为比特复用。这种方法是对每个复用支路每次只复用一位码。按位复用时，复用后的群信号中第一位表示第一支路第一位码的状态，第二位表示第二支路第一位码的状态，各支路以此类推。所有复用支路的第一位码都取过后再循环取以后各位。这种复用方式设备简单，要求缓存器容量较小，易于实现。按字复用，对于基群来说，一个路时隙有 8 位码，代表一个样值，称为一个码字。所有的复用支路轮流复用，每次插入一个 8 位码的码字。这种方式保留完整的码字结构，有利于多路合成处理和交换。按字复用要求缓存器存储容量较大，电路亦比较复杂。

按帧复用每次复用一个支路的一帧（一帧含有 256 位）。这种方法的优点是复接过程不破坏原来的帧结构，有利于交换，但要求缓存器的存储容量更大，因此这种方式极少使用。

6.3.4 PDH 的码速调整

在 PDH 系统中，对异步时钟支路信号的复用首先要解决的问题是使被复用的各支路信号在复用前具有相同的码速率，即先对各支路信号进行码速调整，再进行同步复用。

PDH 的码速调整有三种方式：正码速调整、正/负码速调整和正/零/负码速调整。我国的 PDH 复用设备采用正码速调整方式。实现正码速调整通常采用脉冲插入（或称脉冲填充）法，即在各支路信号中人为地插入一些必要的脉冲，通过控制插入脉冲的多少使各支路信号的瞬时速率达到一致，从而为下一步实现同步复用提供条件。

ITU-T 规定以 2048kbit/s 为一次群的 PCM 二次群的数码率为 8448kbit/s。按理说，PCM 二次群的数码率是 4×2048kbit/s=8192kbit/s。考虑到 4 个 PCM 一次群在复用时插入了帧同步码、告警码、插入码和插入标志码等码元，这些码元使每个基群的数码率由 2048kbit/s 调整为 2112kbit/s，这样，4×2112kbit/s=8448kbit/s。码速调整后的速率高于调整前的速率，称为正码速调整。正码速调整时，每一个参与复用的数码流都必须经过一个码速调整装置，将瞬时数码率不同的数码流调整到相同的且较高的数码率，再进行复用。

采用脉冲插入同步的正码速调整的原理如图 6-7 所示。该图只绘出一个支路的码速调整与恢复情况，其他三个支路的复接和分接情况与此相同。

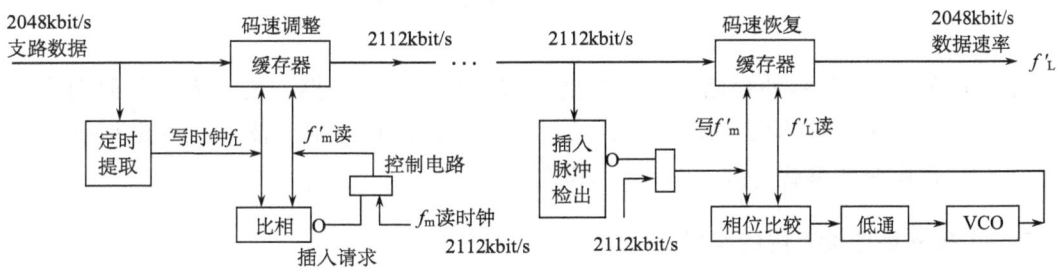

图 6-7　正码速调整与恢复原理图

支路信号以 $f_L=2048$kbit/s 的基群速率写入到一个缓冲存储器，读时钟频率则是码速调整后的速率 $f_m=2112$kbit/s，而 $f_L<f_m$，所以存储器是读得快写得慢，即存储器处于"快读慢写"状态。快读慢写会出现什么结果呢？由图 6-8 可知，第 1 个脉冲写入一段时间后读出，第 2 个脉冲读出经过的时间长度比前者要短一些，因读出速度比写入速度快，以后的写入与读出时间差（即"读写时差"）越来越小，在第 4 个脉冲时两者相位差已很小，即将出现读空状态。当相位差小到一定程度时，由相位比较器发出插入请求，要求插入脉冲控制电路发出一个插入指令，扣掉一拍读时钟，停止一次读出，同时在此瞬间插入一个脉冲，如图中虚线位置所示。发端

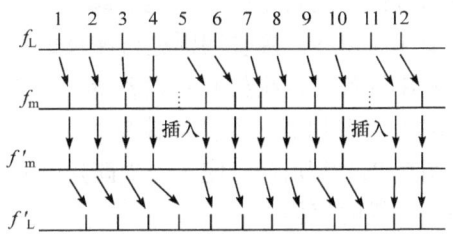

图 6-8　正码速调整与恢复过程

在扣掉读时钟的同时,将插入标志信号 C 置 1 以通知接收端。如果没有控制信号,无论缓存器的容量有多大,最后总会被读空。F 码和 C 码将在同步复接时插入。复接后的信号称为群路信号。

在接收端,当收到发送端的标志信号 $C=1$(三中取二)后,它连同信号一起通过一个标志信号检测电路而被检测,因而产生一个"消插指令",把写入脉冲禁掉一个,也就是不使插入脉冲写入存储器,即空出原虚线所示的位置。这时,数码与原来的数码次序一样(因已扣除了插入脉冲),但时间间隔不均匀,中间有间隙。因此,在接收端,要恢复原数码,必须将已去掉插入脉冲的数码流均匀化,这一过程可用锁相环完成。如图 6-9 所示,锁相环由鉴相器、压控振荡器和低通滤波器组成。压控振荡器的输出是读出时钟 f'_L,相位为 θ_0。鉴相器有两个输入端:一个是写入时钟 f'_m,它是已扣除插入脉冲的时钟序列,其相位为 θ_m;另一个是从压控振荡器输出的读出时钟 f'_L。鉴相器将两时钟信号进行相位比较,输出电压 u_d 与它们的相位差 θ_e 成比例,经过低通滤波器滤掉高频成分输出直流 U_c,U_c 作为 VCO 的控制电压,通过环路的作用,使 f'_L 与 f'_m 同步,即振荡器振荡在平均频率 f'_L 上,使读出脉冲的间隔均匀。尽管如此,仍然可能存在时间间隔上不均等的现象,这种现象称为抖动。

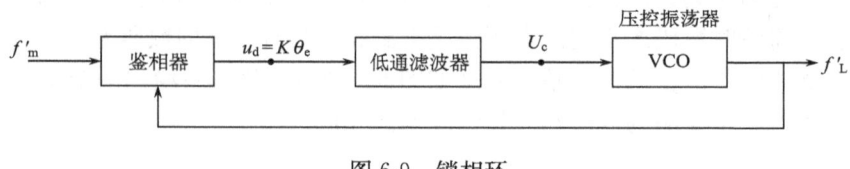

图 6-9 锁相环

码速调整的主体是缓冲存储器,还包括一些必要的控制电路。输入支路的码速率 $f_L=2048\text{kbit/s}\pm100\text{kbit/s}$,输出码速率 $f_m=2112\text{kbit/s}$。正码速调整技术的输出频率 $f_m>$ 输入频率 f_L,正码速调整就是因 $f_m>f_L$ 而得名。

6.3.5 PDH 光纤传输系统的组成

简化的 PDH 数字光纤通信系统的组成如图 6-10 所示。它由 PCM 基群复用设备、高次群数字复用设备、光端机、光中继器和光缆等部分组成。PCM 基群复用设备的主要作用是对话音信号进行采样、量化、编码,然后将 30 个话路进行复接,组成基群帧结构,速率变成 2048kbit/s。接收端则进行相反的处理。高次群数字复用设备包括二次群复用设备、三次群复用设备、四次群复用设备等,主要作用是将低次群复接组成高次群。例如,将 4 个标称速率为 2048kbit/s 而实际速率为 2048kbit/s±100bit/s 的支路信号,首先进行正码速调整,都调至 2112kbit/s,使 4 个支路速率达到同步,再复接组成 8448kbit/s 的二次群。接收端则进行相反的变换。

在图 6-10 中,S 点光接口是紧靠着发送机的活动连接器后的参考点,是光发送机与光纤线路之间的互连点。R 点光接口是紧靠着接收机的活动连接器前的参考点,是光接收机与光纤线路之间的互连点。光端机的主要作用:首先将从复用设备送来的信息码流进行码型变换,变成 NRZ 码;然后进行线路编码,编为适用于光缆线路上传输的码型;再进行电/光转换,将电信号转换为光信号。接收端则进行相反的变换。

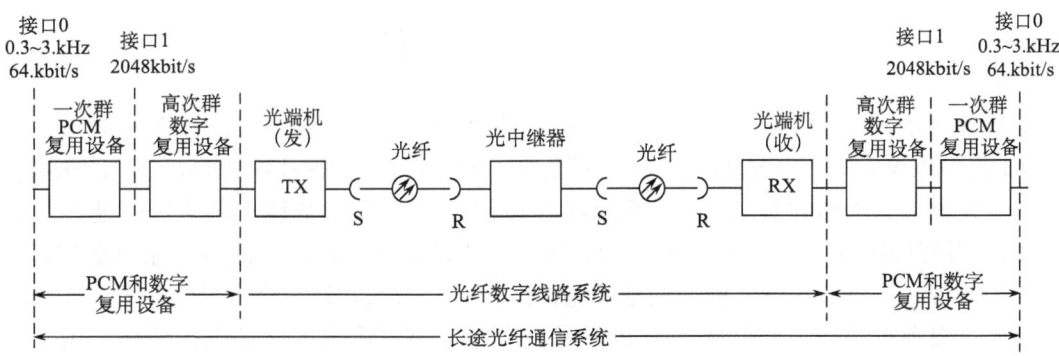

图 6-10 PDH 数字光纤通信系统的组成

6.3.6 PDH 的缺点

PDH 可以很好地适应传统的点对点通信，但这种数字系列主要为传输话音设计，除了低次群采用同步复接，高次群均采用异步复接，通过增加额外的比特使各支路信号与复接设备同步，虽然各支路的数字信号流标称值相同，但它们的主时钟彼此独立。这样的结构已远不能适应现代通信网对信号宽带化、多样化的要求。它存在以下的缺点。

（1）我国和欧洲、北美、日本各自有不同的 PDH，这些体系互不兼容，对国际互通造成困难。

（2）PDH 的高次群是异步复接，每次复接就进行一次码速调整，因而无法直接从高次群中提取支路信息，每次插入/取出一个低次群信号（上下话路）都要逐次群的复用、解复用，这使得复用结构相当复杂，缺乏灵活性。

（3）没有统一的光接口，PDH 仅仅规范了电接口的技术标准，各厂家开发的光接口互不兼容，光路互通要先转换为电接口，因此限制了联网应用的灵活性，增加了网络的复杂性。

（4）PDH 预留的插入比特较少，使得网络的运行、管理和维护较困难，无法适应新一代网络的要求。

（5）PDH 建立在点对点传输的基础上，网络结构较为简单，无法提供最佳的路由选择，使得设备利用率较低。

目前，中国电信骨干网上的 PDH 系统除部分保留同步电路的系统，绝大部分一级干线 PDH 系统已停止业务运行。

PDH 所存在的上述缺陷催生了一种新的数字体系，即同步光网络（Synchronous Optical Network，SONET）。最初提出这个概念的是美国贝尔实验室，SONET 于 1986 年成为美国新的数字体系标准。1988 年，CCITT 接受了 SONET 的概念并重新命名为同步数字系列（Synchronous Digital Hierarchy，SDH）。SDH 后来又经过修改和完善，成为涉及比特率、网络节点接口、复用结构、复用设备、网络管理、线路系统、光接口、信息模型、网络结构等一系列标准，成为不仅适用于光纤传输，也适用于微波和卫星传输的数字通信技术体制。

6.4 同步数字系列

同步数字系列(SDH)发展到今天已经是一种成熟的技术。人们已经预见到不久的将来 SDH 将被以 WDM 为基础的光传送网所取代。但是，在今后一段时间内，SDH 仍有生命力，这不仅是因为大量建设的 SDH 系统要继续使用，还因为 WDM 光传送网还没有解决 SDH 已经很好解决的三个问题。首先，SDH 的本质是数字传输，它能对传输质量进行端到端的全程监控，一旦有故障，能很快地确定故障位置；其次，现有完善的保护和恢复机制可以实现网络自愈；最后，SDH 有有效的网管。目前，WDM 的本质是模拟传输，现在正在研究怎样在 WDM 传输系统中解决上述问题。今后独立的 SDH 设备发展速度可能减缓，但是 SDH 原理（标准）还会被其他通信领域的设备采用，特别是在传送网的边沿。当传输速率在 2.5Gbit/s 或 10Gbit/s 以下时，SDH 仍然是最有效的组网技术。

6.4.1 SONET 和 SDH 的起源

SDH 在美国提出的 SONET 基础上发展起来。1984 年，提出 SONET 时，最初是用来解决 AT&T 解体后各供应商之间的设备互操作问题。从合到分的变化反映了平等接入的概念，原意是让客户具有从当时的 AT&T、MCI 和 Sprint 中选择长距传输载体的权利。问题是当时美国国内的很多中心局装配的都是西部电子（也称为 AT&T）的设备，这就意味着如果 MCI 或 Sprint 要与前 AT&T 中心局服务的客户（也包括设备）互联，他们就不得不购买西部电子的硬件以确保互操作性，因为当时还没有光互连标准。这显然让 MCI 和 Sprint 处于很不利的位置，他们并不愿受限于这个或那个供货商。

许多标准化组织在 MCI 发出制订满足跨段互通需求的标准请求之后，纷纷开始与 SONET 相关的研究工作。SONET 规范在 20 世纪 80 年代早期就被开发出来了，并由 Bellcore 在 1985 年年初提交给美国国家标准局（ANSI）的 T1X1 委员会，采用 50.688Mbit/s 为基本传输速率。

从 1984 年到 1986 年，ANSI 的 T1X1 委员会在对各种候选方案进行考虑后确定了以一级同步传送信号（STS-1）速率为基准体系。1987 年，ANSI 的 T1X1 委员会颁布了 SONET 的草案标准文件。

在 SONET 标准制订期间，CCITT（ITU-T 的前身）拒绝把 STS-1 作为基本速率，倾向于把 155.520Mbit/s 作为基本速率。北美和欧洲的方案一度看起来难以汇聚在一起，但是经过多次修改，SONET 帧信号速率被调整到 51.84Mbit/s，这容许它通过三倍复用（级联）成欧洲的基本速率 155.520Mbit/s。这促成了北美和欧洲标准几乎达到了完全兼容。如今，ITU-T 建议被认为是正式标准，相关建议集中在一起形成了如今的同步数字系列（SDH）。

一旦标准的主要内容确定，电信设备制造商们就开始开发 SONET 和 SDH 的设备和软件。这些努力在 20 世纪 90 年代早期开始有了成果，至今 SONET 和 SDH 网络已经遍布世界各地。

6.4.2 SDH 的复用

1. SONET 复用等级

SONET 的最低传输速率称为一级光载波信号（OC-1），是 51.84Mbit/s。一级同步传送信号（STS-1）是形成 OC-1 的基础，OC-1 又是整个同步光信号复用体系的基础。高级别的信号由低级别信号复用而成。高级别信号是指 STS-N（电信号）和 OC-N（光信号），其中 N 为整数。

如表 6-3 所示，OC 传输系统可以复用的 N 值为 1，3，9，12，18，24，36，48 直到 768。目前，OC-3，OC-12，OC-48，OC-192 和 OC-768 是最为广泛支持的高级别复用信号。应该注意的是，一个 STS 信号是电信号，在很多情况下（特别是在速率更高的情况下），仅存在于 SONET 设备的内部。

表 6-3 SONET 传输及其与北美 PDH 的关系

电信号	光信号	线路传输速率/(Mbit/s)	DS3 数量	DS1 数量	DS0 数量
STS-1	OC-1	51.840	1	28	672
STS-3	OC-3	155.520	3	84	2016
	OC-9	466.560	9	252	6048
STS-12	OC-12	622.080	12	336	8064
	OC-18	933.120	18	504	12096
STS-24	OC-24	1244.160	24	672	16128
	OC-36	1866.240	36	1008	24192
STS-48	OC-48	2488.320	48	1344	32256
	OC-96	4976.640	96	2688	64512
STS-192	OC-192	9953.280	192	5376	129024
STS-768	OC-768	39814.32	768	21504	516096

2. SONET/SDH 复用结构

表 6-4 给出了 SONET 和 SDH 在复用结构上的异同点。使用该表对比 SONET 和 SDH 复用操作中所使用的基本术语，可以发现 SONET 和 SDH 的复用非常相似。理解它们之间关系的难点就是要理解这两个体系使用了不同的术语描述相似的功能。对于 SDH 系统，基本的比特率为 155.520Mbit/s，称为同步传送模块 1（STM-1）。注意，它比基本的 SONET 比特率更高，SONET 比特率被选择与通常使用的异步信号，即 DS1 和 DS3 信号相匹配。SDH 比特率则选择与通常使用的 PDH 信号，即 E1、E3 和 E4 信号相匹配。更高比特率的信号的定义类似于 SONET。

SONET 采用虚支路（VT）描述在通信链路上传送的特定用户净荷。SDH 则使用虚容器（VC）描述用户净荷。例如，一个 VT 可能包含一个 DS1 信号净荷，而一个 VC 可能包含一个 E1 信号净荷。某些 SDH 文献也使用 VT。

表 6-4 SONET/SDH 速率比较

SONET	SDH	比特率/(Mbit/s)	复用速率/(Mbit/s)
VT1.5		1.728	4×1.728=6.912
	VT2	2.304	3×2.304=6.912
VT3		3.456	2×3.456=6.912
VT6	STM-0	6.912	1×6.912=6.912
STS-1		51.84	7×6.912 或
			1×51.84=51.84
STS-3	STM-1	155.52	3×51.84=155.52
STS-12	STM-4	622.08	4×155.52=622.08
STS-48	STM-16	2488.32	4×622.08=2488.32
STS-192	STM-64	9953.28	4×2488.32=9953.28
STS-768	STM-256	39813.32	4×9953.28=39813.32

SDH 使用的其他主要术语有容器（C-n）、虚容器（VC-n）、支路单元（TU-n）、支路单元组（TUG-n）、管理单元（AU-n）和管理单元组（AUG-n）。n 为整数，可取不同值，n 的具体数值取决于 SDH 映射等级。

SDH 按一定的规律组成块状帧结构，它以与网络同步的速率串行传输，分别为 STM-1、STM-4、STM-36 和 STM-64。对于 STM 信号，字母 STM 之后的十进制数字代表了它的复用等级。

在 SONET 中，STS-3 由 3 个 DS-3 加上 SONET 开销构成，STS-12 能容纳 12 个 DS-3 信号，STS-48 能容纳 48 个 DS-3 信号，而 STS-192 信号能容纳 192 个 DS-3 信号。

6.4.3 SONET/SDH 帧结构

1. 51.840Mbit/s 信号帧结构

在 SONET/SDH 中，所有复用信号都起始于 SONET 的 51.840Mbit/s 或者 SDH 的 155.520Mbit/s 的基本速率信号。SONET 的基本速率是 SONET/SDH 中所有更高速率的基础。因此，理解这个速率产生的原因和选择其作为基本速率的原因会有所帮助。

设计 SONET 和 SDH 时，需要考虑的一个关键因素就是支持 T1 和 E1 的 125μs 递增的帧信号。这个定时单位是北美、日本和欧洲数字话音传送系统的基础，因为通用的 64kbit/s 的话音通道起源于以下几种。

(1) 话音信号以每秒 8000 次的速率进行采样。

(2) 每个采样时间间隔是 125μs（1s/8000=0.000125s）。

(3) 每采样点 8bit×每秒 8000 次采样=64000bit/s。

SONET 的基本传送单元是 STS-1 帧，如图 6-11 所示。STS-1 信号采用 90 列×9 行（字节）的块状帧结构。因此，每帧能携带 810 字节或 6480bit。SONET 以 8000 帧/s 的速率传输，对应传输速率就是 51.840Mbit/s。显然，这种速率能够很好地与 64kbit/s 话音信号速率相互配合。

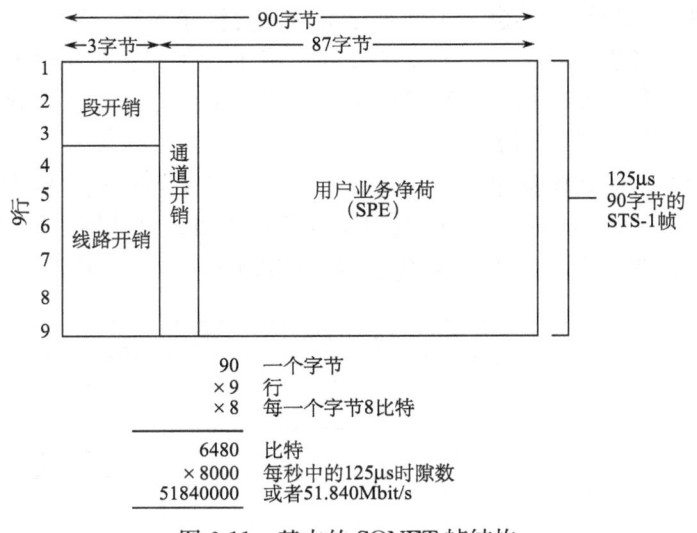

图 6-11 基本的 SONET 帧结构

2. 帧内开销和用户区

STS-1 帧结构中的前 3 列定义为传输开销,这就构成了共 27 字节的传输开销。正如图 6-11 所示,传输开销被分成了两块:前 3 列的前 3 行(9 字节)为段开销,剩下的 6 行(18 字节)为线路开销。

剩下的 87 列(783 字节)被设计成同步净负荷封装(SPE)。在 SPE 内部,另外的 1 列 9 行(9 字节)被留出来作为通道开销。在通道开销被留出后,最终的有效净负荷是 774 字节。因此,用户净荷的速率为 49.536Mbit/s(774×8000×8=49536000)。显然,该用户净负荷可以支持速率达 DS3(44.736Mbit/s)的 VT 信号。

STS-1 信号从左到右逐行传送,而每一个字节的高比特位先传。

SONET 网络提供了重要的开销,使得多路复用技术更为简单并且提高了运行、管理、维护和供给的运作能力。

3. 155.520Mbit/s 信号帧结构

SDH 中最基本的也是最重要的模块信号是 STM-1,其速率为 155.520Mbit/s,更高等级的模块 STM-N 是 N 个基本模块信号 STM-1 按同步复用、经字节间插后形成,其速率是 STM-1 的 N 倍,N 取正整数。到目前为止已经规定了六个等级的同步传送模块,各个等级 STM-N 的数字速率见表 6-4。

STM-1 信号帧包含 2430(270×9)字节。若将 2430 字节分为 9 段,依序作为 1~9 行便构成平面帧,见图 6-12。STM-1 平面帧以字节为单位计,有 9 行 270 列。前 9 列的 1~3 行是再生段开销,5~9 行是复用段开

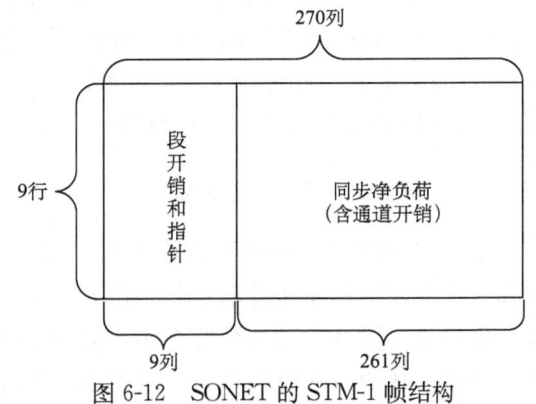

图 6-12 SONET 的 STM-1 帧结构

销，第 4 行是管理单元指针，其余 261 列是净负荷（简称净荷）。STM-1 信号的传输顺序从第 1 行第 1 列开始，依次为第 2，3，…，270 列；第 1 行传完再传第 2 行第 1~270 列，逐行逐列传输直到第 9 行第 270 列。每秒传输 8000 帧（每帧 125μs），一帧有 19440（2430×8）比特，所以比特率为 155520kbit/s。

更高速率 STM-N 帧结构见图 6-13，由 9 行和 270×N 列组成。标准规定 N 只能取 1，4，16，64，256。高速率 STM-N 帧和 STM-1 帧非常相似，也是每秒传输 8000 帧，所不同的是段开销和净负荷各扩大了 N 倍，相应速率是 STM-1（155.520Mbit/s）的 N 倍。

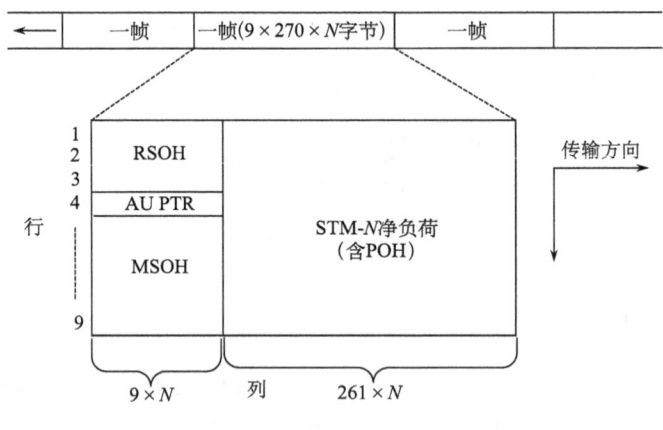

图 6-13 STM-N 帧结构

由图 6-13 可知，STM-N 的帧结构大体上可以分为三个基本区域：段开销（Section Overhead，SOH）区、STM-N 的净负荷（Payload）区和管理单元指针（AU PTR）区。

净负荷区存放的是有效的传输信息，由图 6-13 中横向第 10×N~270×N 及纵向第 1~9 行的 2349×N 个字节组成。其中，还含有少量用于通道性能监视、管理和控制的通道开销字节（POH），POH 被视为净负荷的一部分。

AU PTR 位于帧结构第 4 行的第 1~9 字节，这一组数码代表的是净负荷信息的起始字节的位置，接收端根据指示可以正确分离净负荷。这种指针方式的采用是 SDH 的重要创新，可以使之在准同步环境中完成复用同步和 STM-N 信号的帧定位。这一方法消除了常规准同步系统中滑动缓存器引起的延时和性能损伤。

SDH 的一个主要特点是它具有标准化的贯穿全网的运行、管理和维护功能，这些功能靠帧结构中安排的一些附加字节（或附加比特）以支持，这些附加字节被称为开销（Overhead）。为了更好地理解 SONET/SDH 为什么在开销的功能方面花费了如此巨大的时间和精力，下面对 SDH 开销功能进行简单的介绍。

4. SONET/SDH 功能单元

图 6-14 列举了 SONET 链路上的主要功能单元：段、线路和通道处理单元，这根据三个部分所实现的具体功能来划分。在 SONET 中，开销针对段、线路和通道，通道开销未作进一步划分。段被定义为在两个中继器之间或在一个中继器与一个线路终端设备之间的链路。足够的开销允许检测和纠正两点之间链路上的错误。线路开销提供了足够的信息以检测

和更正在两个线路终端设备(LTE)间的错误。通道开销也提供足够的信息以检测和更正两个端到端的通道终端设备(PTE)间的错误。

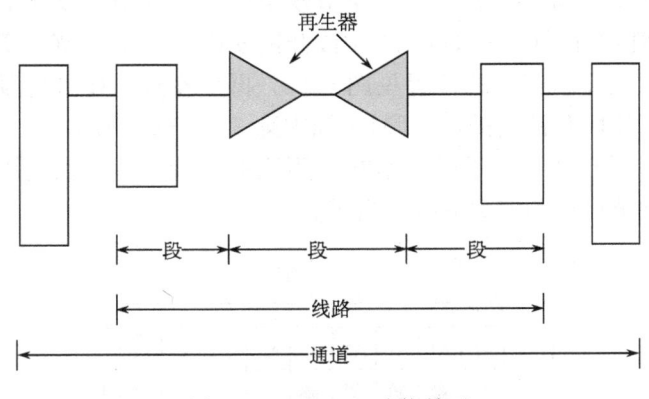

图 6-14　SONET 功能单元

图 6-15 给出了 SDH 的主要功能单元。SONET 与 SDH 具有明显的相似性,但是,SDH 却进一步地区分了通道开销。

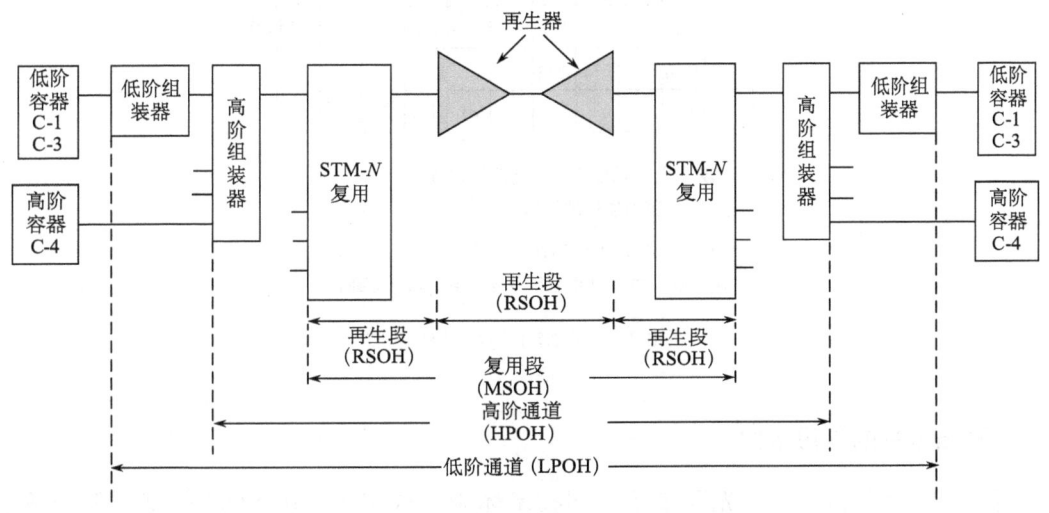

图 6-15　SDH 功能单元

对于如图 6-15 所示最简单的 SDH 传输系统,不同的开销直观地表示在其中。由图 6-15 可知,SDH 共有四种开销。

(1) 再生段开销(RSOH):主要用于再生段的运行、管理和维护。
(2) 复用段开销(MSOH):主要用于复用段的运行、管理和维护。
(3) 高阶通道开销(HPOH):主要用于高阶通道的运行、管理和维护。
(4) 低阶通道开销(LPOH):主要用于低阶通道的运行、管理和维护。

5. STM-1 的段开销

STM-1 帧前面 9 列中除第 4 行以外的字节规定作为段开销，段开销可细分为再生段开销（RSOH）和复用段开销（MSOH）。再生段开销安排在 STM-1 帧中第 1~3 行的第 1~9 列，已经定义的再生段开销字节的位置见图 6-16。再生段开销在再生段的始端产生，在再生段的末端终结。复用段开销安排在 STM-1 帧中第 5~9 行的第 1~9 列，已经定义的复用段开销字节的位置见图 6-16。复用段开销在复用段的始端产生，在复用段的末端终结。每个开销字节的具体功能可查阅有关的参考文献。

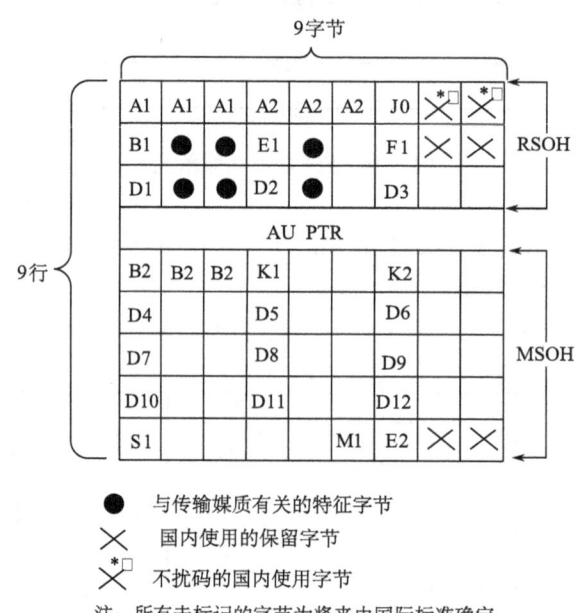

图 6-16 STM-1 的段开销字节

6.4.4 我国采用的复用结构

我国于 1998 年修订的《光同步传送网技术体制》规定了我国 SDH 的基本复用映射结构，见图 6-17。除原《体制》规定的 2048kbit/s、34368kbit/s 和 139264kbit/s 三种 PDH 支路接口，又新增加了 44736kbit/s 支路接口作为选项，主要是为适应国际互联网（Internet）的需要。它保证了每一种速率的信号只有唯一的一条复用线路可以到达 STM-N。

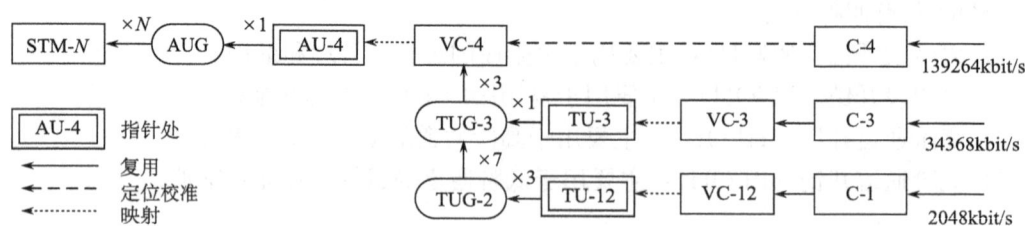

图 6-17 中国基本复用映射结构

6.4.5 SDH 设备

SDH 传送单元包括 SDH 终端设备（或称 SDH 终端复用器 TM）、分插复用设备（ADM）、数字交叉连接设备（DXC）等网络单元。SDH 终端的主要功能是复接/分接和提供业务适配，如将多路 E1 信号复接成 STM-1 信号及完成其逆过程，或者实现与非 SDH 网络业务的适配。ADM 是一种特殊的复用器，它利用分接功能将输入信号所承载的信息分成两部分：一部分直接转发，另一部分卸下给本地用户，然后信息又通过复接功能将转发部分和本地上送的部分合成输出。DXC 类似于交换机，它一般有多个输入和多个输出，通过适当配置可提供不同的端到端连接。

上述 TM、ADM 和 DXC 的功能框图分别如图 6-18（a）～（c）所示。通过 DXC 的交叉连接作用，在 SDH 传输网内可提供许多条传输通道，每条通道都有相似的结构。

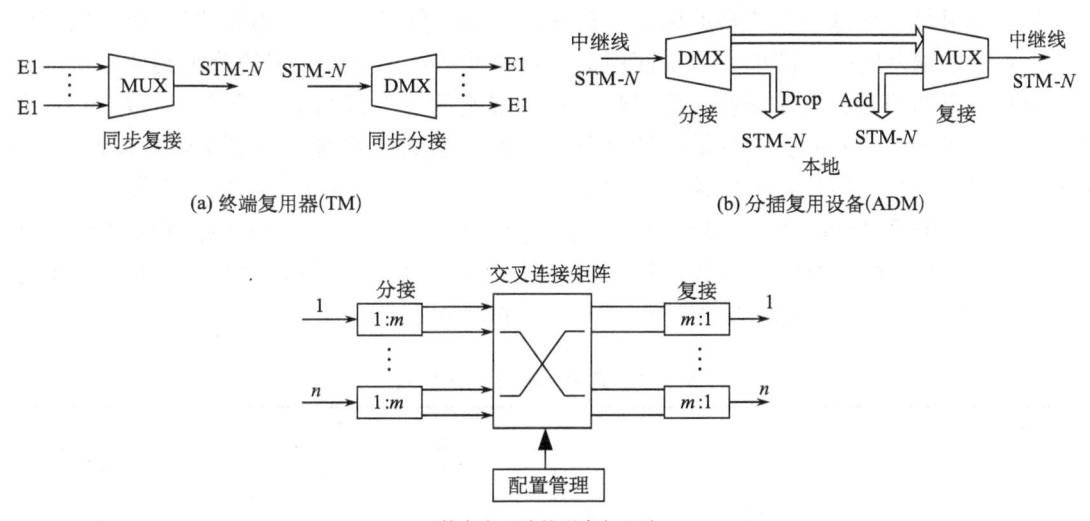

图 6-18　SDH 网络传输单元

6.5　线 路 编 码

在任何实际的数字光纤链路中，接收机的判决电路都必须精确地从接收到的光信号中提取定时信息。定时信息的主要功能是接收机对接收到的电信号进行正确的判决，以便准确无误地恢复原数字信号。但是，数字信号是由"1"和"0"构成的随机序列，较长的连"1"和连"0"不可避免地会出现。在采用非归零码（NRZ）时，接收到长连"1"和长连"0"都可能导致定时信息丢失；在长连"1"出现时还会导致接收电平基线漂移。这两种情形都可能造成误码。另外，在信号检测过程中，信道噪声和失真也会导致误码，因此光信号应有内在的误码检测能力。为了解决发送数字序列中的长连"1"和长连"0"问题，需要对原始信号进行线路编码，为了解决因传输损伤导致的误码，需要进行纠错编码。

所谓线路编码是指使用一套规则，把待传信号按特殊的格式重新进行编排。线路码型的选择应遵从如下原则：①能提供足够的定时信息，即"1"和"0"分布要尽可能均匀；②减少功率谱密度中的高低频分量，以降低信号的基线漂移，并限制接收机带宽；③码速率提高不太多，光功率代价较低；④由于接收端需要线路译码，有可能引进额外的误码，即误码增殖，因而应使得误码增殖尽可能小；⑤编码、译码设备不应过于复杂等。在数字光纤通信系统中，可以满足上述要求的常用码型有分组码、扰码等。

6.5.1 分组码

最常用的高效率的分组码（Block code）是 $mBnB$ 码。这种类型的分组码就是将由 m 个二进制比特构成的分组转换为更长的由 n（$n>m$）个二进制比特构成的分组。使用这种编码格式时将付出带宽增加的代价，即附加的冗余比特将以 n/m 的比例增加码速率或带宽。$mBnB$ 分组码可以提供足够的定时和检错信息，又因为它们没有长连 "1" 和长连 "0" 码，所以也没有基线漂移问题。

对于分组码，可以引进"累加偏差"概念，即同一分组中 "0" 码和 "1" 码个数差的累加。检测累加偏差的一种简单方法是使用上下翻转计数器。选择特定的分组码要考虑的关键因素是低的累加偏差和累加偏差变化限制（累加偏差的最大值和最小值之间的差异），低的累加偏差可以抵消信号的直流分量。还可以通过检测累加偏差的溢出实现误差检测。通常，在选择码字时要求 n 值最好为偶数，因为对于奇数 n，找不到累加偏差为零的码字。

几种 $mBnB$ 码的参数对比列在表 6-5 中，参数含义：①n/m，码速率或带宽的增加比例；②N_{max}，最大的连续同符号数（较小的 N_{max} 值有利于时钟信号提取）；③D，累加偏差的限度；④W，禁字（不允许使用的码字）所占的百分比。

表 6-5 几种 mBnB 码的比较

码型	n/m	N_{max}	D	$W/\%$
3B4B	1.33	4	±3	25
6B8B	1.33	6	±3	75
5B6B	1.20	6	±4	28
7B8B	1.14	9	±7	27
9B10B	1.11	11	±8	24

适合高速数据流的码有 3B4B、5B6B 和 9B10B 等码型。其中，3B4B 码的编码和译码电路较为简单，而 5B6B 码引起的带宽增加较小。

6.5.2 扰码

扰码是最为简单的线路编码方式。它将输入的二进制序列简单地打乱，并重新排列，在接收端通过解扰将其还原为原来的二进制序列。

扰码可以使原来序列中的 "0" 和 "1" 符号统计均匀，同时又不提高码速率，因而适合高速数据流的传输，如 PDH 体制中的四次群（140Mbit/s）或 SDH 体制中的 STM-1（155Mbit/s）都采用扰码方式，然后进入线路或复接入更高级别的同步传送模块。扰码的缺点是不能完全抑制长连 "0"，直流电平的浮动也无法克服，无法进行不中断业务的误码检测。因此，一般不单纯采用扰码，需要与其他线路码型结合使用。

6.5.3 前向纠错编码

对于超高速数字光纤通信系统，如 10Gbit/s 或 40Gbit/s 系统，比特周期极短，系统受色散等因素的影响极为严重，除了采用色散补偿措施，采用前向纠错编码（FEC）技术也可以明显提高系统性能。在 FEC 技术应用中，辅助信息和主信息同时传输，若主信息丢失或接收到误码，辅助信息就可以重构主信息。在典型的情况下，FEC 模式的冗余信息量比较小，不会占用大量的额外带宽，所以可以保持高效率。

最常用的纠错码是循环码，标记为 (n, m)，其中 n 等于原比特数 m 加上冗余比特数。例如，(224，216) 短化的汉明码、(192，190) Reed-Solomon 码、(255，239) Reed-Solomon 码、(18865，2358) 和 (2370，2358) 短化的汉明码等都已得到应用。

6.6 数字光链路设计

在设计一个数字光链路时必须考虑下面的系统要求。
（1）预期（或可能）的传输距离。
（2）数据速率或信道带宽。
（3）信噪比或误码率（BER）。

为了达到这些要求，需要考虑以下要素。
（1）光纤，需要考虑选用单模还是多模光纤。需要考虑的设计参数有纤芯尺寸、纤芯折射率分布、光纤的带宽或色散特性和损耗特性。
（2）光源，可以使用 LED 或 LD。光源器件的参数有发射功率、发射波长、发射频谱宽度、发射功率分布或光束发散角等。
（3）检测器，可以使用 PIN 组件或 APD 组件。主要的器件参数有工作波长、响应度、接收灵敏度和响应时间等。

为了确保获得预期的系统性能，必须进行两种分析，即链路功率预算和展宽时间预算或带宽预算。在链路的功率预算分析中，首先要确定光发送端的输出和接收端灵敏度之间的功率富余量，以保证特定的性能指标。这个富余量用于连接器、熔接点和光纤的损耗，以及用于补偿由于器件的退化、传输线路的损耗或温度的影响而引起的损耗。如果所选择的器件不能达到预期的传输距离，就必须更换器件，或在链路中加入光放大器。同样，系统带宽预算也必须留有余量，以保障信号传输质量。下面详细介绍数字系统设计中的这两种预算。

6.6.1 链路的功率预算

图 6-19 给出了点到点链路的光功率损耗模型。光检测器上接收的光功率取决于耦合进光纤的光功率，以及发生在光纤、连接器和熔接点的损耗。链路的损耗预算可由链路上各个部分的损耗推算。

在图 6-19 中，P_T 和 P_R 分别为 S 点和 R 点的光功率；L 为从 S 点到 R 点的传输距离；一般在光发送机之后和光接收机之前各有一个活动连接器，损耗为 α_c；每段光纤之间通常用固定连接器或熔接头连接，每个连接头的损耗为 α_s。假设每盘光纤的长度为 L_f，则会有 $N = (L/L_f) - 1$ 个连接头。光纤的损耗为 α_f，有时为了方便，也可以把连接头损耗 α_s 等效

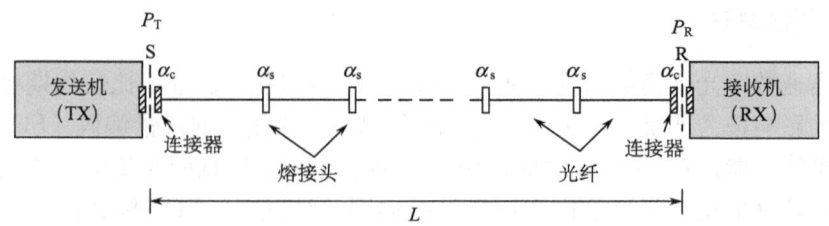

图 6-19 点到点链路的光功率损耗模型

分配到光纤损耗 α_f 里。

除了图 6-19 所示的能产生损耗的器件,分析过程中还应引入链路功率富余量用于补偿器件老化、温度波动,以及将来可能加入链路的器件引起的损耗。即使在将来没有其他器件加入链路的条件下,一般的系统应有 6~8dB 的链路功率富余度,用 M 表示。链路损耗预算只考虑总光功率损耗 A,即光源和光电检测器之间所允许的功率损耗,并将预算损耗分配到光缆衰减、连接器损耗、熔接点损耗,以及系统富余度中,则有

$$A = P_S - P_R = 2\alpha_c + N\alpha_s + \alpha_f L + M \qquad (6.6\text{-}1)$$

则传输距离为

$$L = \frac{P_S - P_R - 2\alpha_c + \alpha_s - M}{\alpha_f + \alpha_s/L_f} \qquad (6.6\text{-}2)$$

下面看一个具体例子。

例 1 设系统的数字速率为 20Mbit/s,误码率为 10^{-9}。如果选择工作在 850nm 的硅 PIN 光电二极管接收机,接收机的灵敏度为 -42dBm,光源选择 GaAlAs LED,设其能够把 $50\mu W$(-13dBm)的平均光功率耦合进纤芯直径为 $50\mu m$ 的尾纤,计算其传输距离。

解 链路上允许总的光功率损耗由式(6.6-1)得到,即

$$A = P_S - P_R = 29(\text{dB})$$

假设在发送机和接收机处各有一个损耗为 1dB 的连接器,系统功率富余度为 6dB,则 $29 = 2 \times 1 + \alpha_f L + 6$。

如果光纤损耗(包含熔接头损耗)α_f 为 3.5dB/km,则传输距离为 6km。

6.6.2 色散系统的上升时间预算

在高速光纤通信系统中,工作波长选在 1550nm 窗口,光纤的损耗非常低,而且 EDFA 的优良性能使得光纤损耗不是主要问题,此时限制传输距离的是光纤的色散。一种简单的方法是进行系统上升时间的分析。上升时间定义为系统在阶跃脉冲作用下,从幅值的 10% 上升到 90% 所需要的响应时间。链路总的脉冲展宽时间 t_{sys} 等于每一种因素引起的脉冲展宽时间 t_i 的平方和的平方根,即

$$t_{sys} = \left(\sum_{i=1}^{N} t_i^2\right)^{\frac{1}{2}} \qquad (6.6\text{-}3)$$

严重限制系统数据速率的四个基本因素是:光发送机展宽时间 t_{tx}、光纤材料色散展宽时间 t_m、光纤模式色散展宽时间 t_{mod} 和接收机展宽时间 t_{rx}。单模光纤没有模式色散,所以其

展宽时间只与材料色散有关。在通常情况下，一条数字链路总的展宽时间劣化不得超过 NRZ（非归零）比特周期的 70%，或不超过 RZ（归零）比特周期的 35%。这里的比特周期定义为数字速率的倒数。

1) 发送机和接收机的展宽时间

发送机的展宽时间主要取决于光源及其驱动电路，接收机的展宽时间由光检测器响应和接收机前端 3dB 带宽决定。接收机响应的前沿可以用一个具有阶跃响应的一阶低通滤波器模拟，即

$$g(t) = [1 - \exp(-2\pi B_{rx} t)] u(t)$$

式中，B_{rx} 表示接收机的 3dB 电带宽；$u(t)$ 为阶跃函数，当 $t \geqslant 0$ 时其值为 1，当 $t < 0$ 时其值为 0。接收机的展宽时间 t_{rx} 通常定义为在 $g(t) = 0.1$ 和 $g(t) = 0.9$ 之间的时间间隔，这就是 10%～90% 的上升时间。如果 B_{rx} 以 MHz 为单位，则接收机前端的展宽时间可以 ns 为单位表示为

$$t_{rx} = \frac{350}{B_{rx}} \tag{6.6-4}$$

2) 光纤材料色散展宽时间 t_m

在实际的链路上，光纤都由几段光纤连接而成，而每段光纤的色散特性并不完全相同，因此确定光纤的材料色散上升时间比较复杂。

长度为 L 的光纤引起的材料色散上升时间可以近似表示为

$$t_m = |D| L \sigma_\lambda \tag{6.6-5}$$

式中，σ_λ 是光源的半功率谱宽，D 为色散系数，由于实际链路每段光纤的色散系数可能不同，因此 D 应取一个平均值。

3) 光纤模式色散展宽时间 t_{mod}

经过实践的验证和模式色散理论的分析，长度为 L 的链路带宽可以近似地表示为

$$B_M(L) = \frac{B_1}{L^q} \tag{6.6-6}$$

式中，B_1 是单位长度（1km）的光纤带宽。q 反映多模光纤内模式间的耦合状况，在 0.5 到 1 之间取值，$q=0.5$ 时表示达到稳定的模式平衡状态，$q=1$ 表示几乎没有模式耦合，一般情况下取 $q=0.7$ 比较合理。光纤模式色散引起的展宽时间为

$$t_{mod} = \frac{0.44}{B_M = \frac{B_1}{L^q}} = 0.44 L^q / B_1 \tag{6.6-7}$$

如果 t_{mod} 以 ns 为单位表示，B_M 以 MHz 为单位表示，则有

$$t_{mod} = \frac{440}{B_M = \frac{B_1}{L^q}} = 440 L^q / B_1 \tag{6.6-8}$$

于是，可以得到总的系统展宽时间为

$$t_{sys} = [t_{tx}^2 + t_{mod}^2 + t_m^2 + t_{rx}^2]^{1/2}$$

$$= \left[t_{\text{tx}}^2 + \left(\frac{440L^q}{B_1}\right)^2 + D^2\sigma_\lambda^2 L^2 + \left(\frac{350}{B_{\text{rx}}}\right)^2\right]^{1/2} \quad (6.6\text{-}9)$$

式中所有的时间都用 ns 表示，σ_λ 表示光源的半功率谱宽，色散 D 用 ns/(nm·km) 表示。

例 2 这里继续使用前面的功率预算例子。假定 LED 及其驱动电路的展宽时间为 15ns。LED 典型的谱宽为 40nm，6km 链路与材料色散相关的展宽时延为 $t_m = $ 21ns。假定接收机有 25MHz 的带宽，则由式（6.6-4）可得，接收机导致的上升时延为 14ns。如果选择的光纤带宽距离积为 400MHz·km，取式（6.6-6）中的 $q=0.7$，则由式（6.6-8）有

$$t_{\text{mod}} = 440L^q/B_1 = 440\times 6^{0.7}/400 = 3.9(\text{ns})$$

于是计算得到模式色散引起的光纤展宽时间为 3.9ns。把这些数值全部代入到式（6.6-9）则可得到链路的展宽时间为

$$\begin{aligned}t_{\text{sys}}^2 &= (t_{\text{tx}}^2 + t_{\text{m}}^2 + t_{\text{mod}}^2 + t_{\text{rx}}^2) \\ &= (15^2 + 21^2 + 3.9^2 + 14^2)^{1/2} \\ &= 30(\text{ns})\end{aligned}$$

对于 20Mbit/s 的 NRZ 码来讲，要求的上升时间应小于 $70\% \times [1/(20\text{Mbit/s})] = $ 35ns。所以，本系统的器件选择是合适的。

6.7 波分复用系统

不同波长的光彼此之间可以无影响地独立传输，因此同一根光纤可以有多个信道，每个信道有不同的载波波长，它们同时传输信息。这种在单根光纤中同时传输多个波长信道的技术称为波分复用（WDM），采用这种技术可以显著提高单根光纤的信息传输容量。

光纤通信发展的 20 多年来，传统的电时分复用的光纤通信系统的速率几乎以每 10 年 100 倍的速度稳定增长，但其发展速度最终受到电子器件速率的限制，超过 40Gbit/s 就很难实现。WDM 技术以较低的成本、较简单的结构形式成几倍、数十倍地扩大单根光纤的传输容量、使其成为当前及未来宽带光网络中的主导技术。

6.7.1 波分复用系统的基本概念

1. WDM 的定义

光波分复用（WDM）技术是在一根光纤中同时传输多个波长光信号的技术，基本原理是在发送端将不同波长的光信号组合起来（复用），并耦合到光缆线路上的同一根光纤中传输，在接收端又将组合波长的光信号分开（解复用），并作进一步处理，恢复出原信号后送入不同的终端，因此称为光波长分割复用，简称光波分复用技术。

光纤的带宽很宽，光纤的两个低损耗传输窗口：波长为 1.31μm 的窗口，相应的带宽 17 700GHz；波长为 1.55μm 的窗口，相应的带宽为 12 500GHz。两个窗口合在一起，总的可用带宽超过 30THz，如图 6-20 所示。如果信道频率间隔为 10GHz，在理想情况下，一根光纤可以复用数以千计的波长信道。

现在，人们已设计出能够容纳众多波长信道（超过 100）的复用器，其波长间隔在 1550nm 波段为 0.8nm，甚至更小，这就是密集波分复用系统。当复用的波长信道只有几个

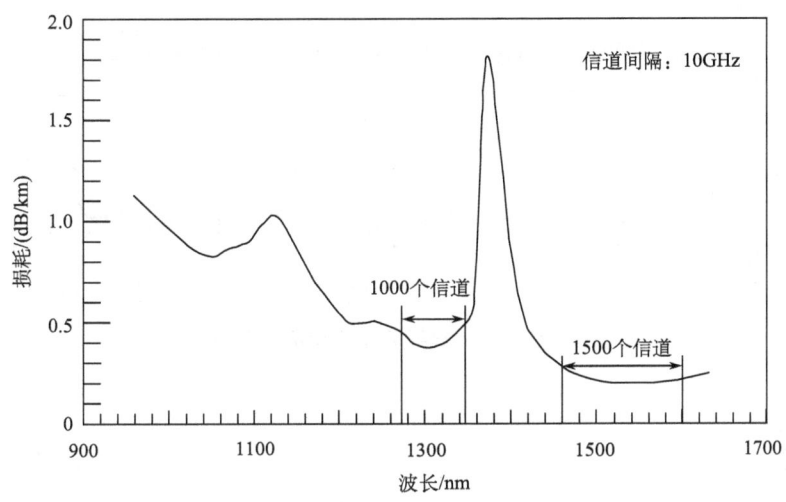

图 6-20　1.31μm 和 1.55μm 窗口的带宽

（如 8 个左右），且波长间隔更大（如 10nm，甚至更大）时，就称为粗波分复用（CWDM）系统。

20 世纪 80 年代中期，复用信道的波长间隔一般为几十到几百纳米，如 1.31μm 和 1.55μm 波分复用，当时被称为 WDM。20 世纪 90 年代后，EDFA 实用化，为了能在 EDFA 的 35～40 nm 带宽内同时放大多个波长的信号，DWDM 发展起来，波长间隔为纳米量级。ITU-T 已建议标准的波长间隔为 0.8nm（1.55μm 波段对应 100GHz 频率间隔）的整数倍，或整数分之一，如 0.4nm，0.8nm，1.6nm，2.4nm，3.6nm 等。

2. 波分复用系统的基本形式

波分复用系统的基本构成主要有以下两种形式：双纤单向传输和单纤双向传输。单向 WDM 是指所有光通路同时在一根光纤上沿同一方向传送，如图 6-21 所示，发送端将载有各种信息且具有不同波长的已调光信号 λ_1，λ_2，…，λ_n 通过光复用器组合在一起，并在一根光纤中单向传输。由于各信号通过不同光波长携带，所以彼此之间不会混淆。接收端通过光解复用器将不同光波长的信号分开，完成多路光信号传输的任务。反方向通过另一根光纤传输，原理相同。双向 WDM 则是指光通路在一根光纤上同时向相反的方向传输，如图 6-22 所示。所用波长相互分开，以实现全双工通信。

单向 WDM 系统在开发和应用方面都比较广泛。双向 WDM 系统的开发和应用相对来说要求更高，这是由于双向 WDM 系统在设计和应用时必须要考虑到几个关键因素，如为了抑制多通道干扰（MPI），必须注意到光反射的影响、双向通路之间的隔离、串扰的类型和数值、两个方向传输的功率电平值和相互间的依赖性、光监控信道（OSC）传输和自动功率关断等问题，同时要使用双向光纤放大器。但与单向 WDM 系统相比，双向 WDM 系统可以减少使用光纤和线路放大器的数量。

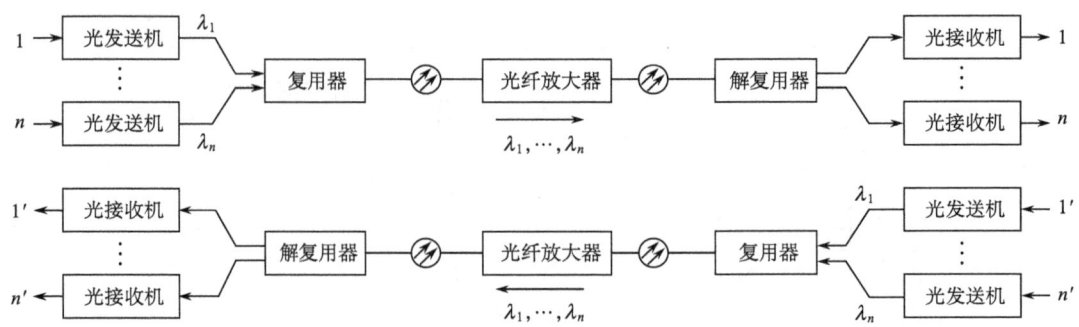

图 6-21 双纤单向传输示意图

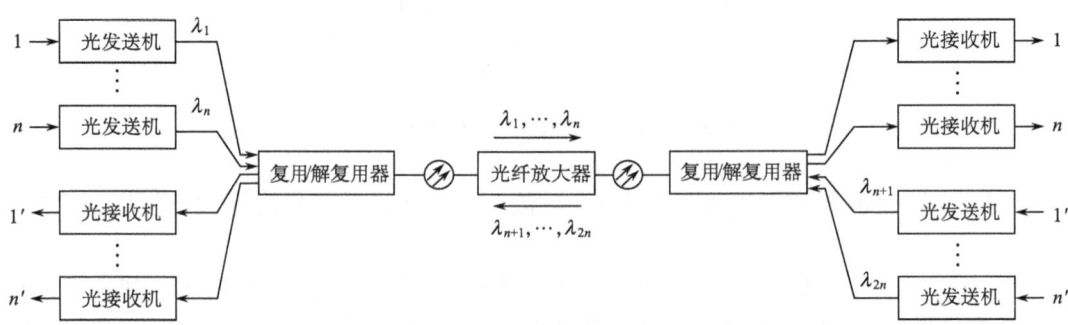

图 6-22 单纤双向传输示意图

3. 波分复用器和解复器的性能指标

光多路波分复用器和解复器又称为光合波器和光分波器，前者用 MUX 表示，后者用 DEMUX 表示，是构成波分复用系统的重要器件。从原理上说，MUX 和 DEMUX 互易（双向可逆），即只要将解复用器的输出端和输入端反过来使用，就是复用器。波分复用器性能指标主要有接入损耗和串扰，要求损耗及频偏小，接入损耗为 1.0～2.5dB，信道间的串扰小，隔离度大，不同波长信号间相互影响小。

对于解复用器，插入损耗 L_{ii} 和串扰 L_c 分别定义为

$$L_{ii} = -10\lg \frac{P_{ii}}{P_i} (\text{dB}) \tag{6.7-1}$$

$$L_c = 10\lg \frac{P_{ij}}{P_i} (\text{dB}) \tag{6.7-2}$$

式中，P_i 和 P_{ii} 分别为波长 λ_i 的光信号的输入和输出光功率，P_{ij} 为波长 λ_i 的光信号串入到波长为 λ_j 信道的光功率。

4. WDM 系统的基本结构与工作原理

一般来说，WDM 系统主要由以下五部分组成：光发送机、光中继放大、光接收机、光监控信道和网络管理系统，如图 6-23 所示。

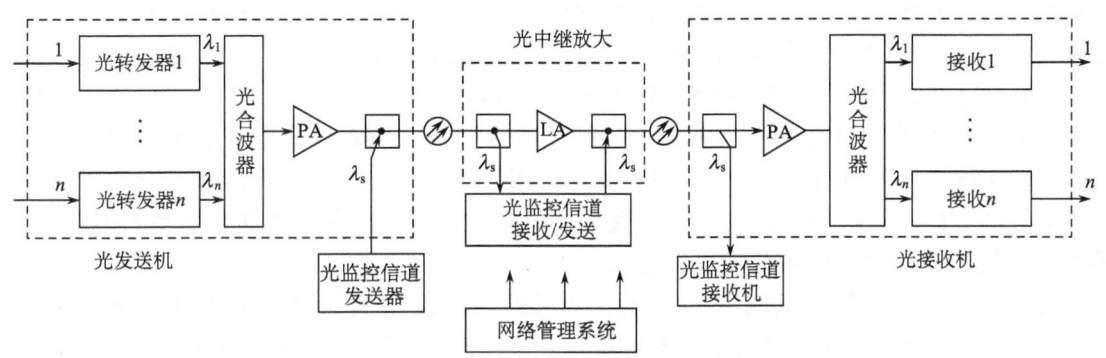

图 6-23 单向 WDM 系统总体结构示意图

光发送机是 WDM 系统的核心。根据 ITU-T 的建议和标准，除了对 WDM 系统中发射激光器的中心波长有特殊的要求，还需要根据 WDM 系统的不同应用，主要是传输光纤的类型和无电中继传输的距离选择具有一定色度色散容限的发送机。发送端首先将来自终端设备（如 SDH 端机）输出的光信号利用光转发器（OUT）把符合 ITU-TG.957 建议的非特定波长的光信号转换成具有稳定的特定波长的光信号；利用合波器合成多通路光信号；通过光功率放大器（PA）放大输出多通路光信号。

经过长距离光纤传输后，如 80～120km，需要对光信号进行光中继放大。目前，使用的光放大器多数为掺铒光纤放大器（EDFA）。在 WDM 系统中，必须采用增益平坦技术，使 EDFA 对不同波长的光信号具有相同的增益；同时，还需要考虑到不同数量的光信道同时工作的各种情况，能够保证光信道的增益竞争不影响传输性能。在应用时，可根据具体情况，将 EDFA 用作线放（LA）、功放（PA）和前放（FA）。

在接收端，光前置放大器（FA）放大经传输而衰减的主信道光信号，采用分波器从主信道光信号中分出特定波长的光信道。接收机不但要满足一般接收机对光信号灵敏度、过载功率等参数的要求，还要能承受有一定光噪声的信号，要有足够的电带宽性能。

光监控信道主要的功能是监控系统内各信道的传输情况：在发送端，插入本节点产生的波长为 λ_s（1510nm）的光监控信号，与主信道的光信号合波输出；在接收端，将接收到的光信号分波，分别输出 λ_s（1510nm）波长的光监控信号和业务信道光信号。帧同步字节、公务字节和网管所用的开销字节等都通过光监控信道传递。

网络管理系统通过光监控信道物理层传送开销字节到其他节点或接收来自其他节点的开销字节，对 WDM 系统进行管理，实现配置管理、故障管理、性能管理、安全管理等功能，并与上层管理系统（如 TMN）相连。

6.7.2 SDH 与 WDM 的关系

目前，实际应用的 WDM 系统的客户层信号都基于 SDH，也就是 $N \times 2.5\text{Gbit/s}$（10 Gbit/s）SDH 的系统，但这并不是说 WDM 系统只能承载 SDH 信号。WDM 系统的一个最重要特点是与业务无关，也就是说业务透明。它可以承载各种格式的信号，无论是 PDH、SDH，还是 IP、ATM 信号。SDH 和 WDM 的相同点在于都是建立在光纤这一物理媒质上，利用光纤作为传输手段。两者也有本质的区别，WDM 是更趋近于物理媒质（光纤、光缆）

的系统，是在光域上进行复用，在点到点的应用上加上 OXC、OADM 就构成网；SDH 则是在电路层上实施的光同步传送网技术，提出了一整套传送网的国际标准，不仅规定了复用方法，还描述了组网原则。相对于 WDM 技术而言，SDH 与 PDH、ATM 信号一样，都只是 WDM 系统所承载的业务。也就是说，SDH 和 WDM 之间是客户层与服务层的关系。现在，WDM 技术的应用似乎只有一个客户——SDH 系统，但实际上它具有承载多客户信号的能力。随着网络的演进和发展，以及透明性的增加，WDM 将承载越来越多的不同信号，拥有越来越多的客户，形成真正的多色网。

也有人认为，随着全光网络的发展，全光网络最终会直接面对各种业务网，如 IP、ATM 或可能出现的其他格式信号，不再需要 SDH 作为传输手段。Cisco 和 Ciena 公司就持这种观点，认为 SDH 的复接设备最终会被淘汰，未来的网络基于分组和信元的协议。数据交换机和高速路由器直接通过光网络的 WDM 设备相连接，以 STM-16 的速率进入网络，应用于话音和低速数据的 SDH 复接设备就不再需要。但是，这只是一种长远的目标。可以确信，SDH 会在一个很长的时期内继续存在，特别是对于数据业务量不算太大、以电路交换为主的地区。另外，SDH 网络具有的许多优点还没有充分发挥，没有形成真正意义上的光同步传送网。

6.7.3 WDM 的关键技术及其面对的主要问题

实现 WDM 传输，需要许多与其作用相适应的高新技术和器件，包括光源、光分波合波器、光放大器、光线路技术及监控技术等。

1. WDM 传输系统用的光源

WDM 传输系统使用的光源必须发射符合 WDM 系统要求的光波长。光源发光波长必须精确、稳定，便于集成，有与之配套的波长检测与稳定技术，可靠性高，成本低。目前，有多波长光源、分布反馈型激光器和超结构衍射光栅分布反馈型激光器等波长可变半导体激光器，以及多波长光纤环腔激光器等可以选用。

2. 光分波合波技术

光合波器用于传输系统的发送端，是一种具有多个输入端口和一个输出端口的器件。它的每一个输入端口输入一个预选波长的光信号，输入的不同波长的光波由同一个输出端口输出。光分波器用于传输系统的接收端，正好与光合波器相反，它具有一个输入端口和多个输出端口，将多个不同波长信号分离开来。常用的光分波合波器件有光栅型、干涉滤波器型、集成光波导型等多种类型。器件的性能优劣对系统传输质量有决定性的影响，通常要求插入损耗低且各通道的损耗偏差小，通带内损耗平坦，通路间的隔离度高，偏振相关性小，温度稳定性好。

3. 光放大器

WDM 系统对光放大器的基本要求是有足够的带宽，而且带内增益平坦。掺铒光纤放大器（EDFA）是最常用的光放大器。对 EDFA 的基本要求是高增益且在通带内增益平坦、高输出、宽频带、低噪声，增益特性与偏振不相关等。为进一步拓展光纤的可用带宽，可以使用光纤拉曼放大器（FRA），以及 EDFA＋FRA。因为 FRA 可以工作在 EDFA 放大带宽的两侧，从而形成超宽带的放大系统。

4. 光信道间的串扰问题

光信道之间的串扰是影响接收机灵敏度的重要因素，主要取决于光纤的非线性和无源光解复用器的滤波特性，在 1.6nm 或 0.8nm 光信道间隔的情况下，目前多种商用的光解复用器在 2.5Gbit/s 系统中都可以保证光信道间的隔离度大于 25dB，基本上可以满足 WDM 系统的要求。对于更高速率的系统，仍需要仔细研究。

5. 光纤色散效应对传输的影响问题

采用 EDFA 以后，衰减限制的问题得以解决，传输距离大大增加，但总色散也将随之增加。原来的衰减限制系统变成了色散限制系统，这就要求人们解决色散问题，否则对于高速通信而言，长距离传输还是无法实现。因此，光纤色散效应的影响是一个主要的限制因素，尤其是对高速系统更为明显。

6. 光纤的非线性效应问题

对于常规的光纤通信系统而言，光功率不大，光纤呈线性传输特性；采用 EDFA，光功率增大，光纤在一定条件下呈现出非线性特性，极大地限制了 EDFA 的放大性能和长距离无中继传输。

光纤的非线性效应主要有散射效应（包括受激布里渊散射和受激拉曼散射）和折射率效应（包括自相位调制、交叉相位调制和四波混频），这些效应大部分都与注入光纤中的光功率有关。

总之，尽管技术的进步从理论和实践上都已解决 WDM 系统进入实用化的问题，而光学器件的发展又保证 WDM 系统逐步进入商用阶段，但以 WDM 技术为标志的全光网技术仍然面临许多需要解决的新问题和一批与之相适应的配套技术。

6.8 相干光通信系统

迄今为止，所有实用化的光纤系统都是采用强度调制/直接检测（IM/DD）方式，这类系统成熟、简单、成本低、性能优良，已经在电信网中获得了广泛的应用，并仍将扮演主要的角色。然而，这种 IM/DD 方式没有利用光载波的相位和频率信息，无法像传统的无线通信那样实现外差检测，从而限制了其性能进一步改进和提高。随着光通信技术的日益发展，人们很自然地提出，采用单一频率的相干光作光源（载波），沿用无线电技术中早已实现的相干通信方式，再配合幅移键控（ASK）、频移键控（FSK）、相移键控（PSK）等调制方式，实现一种新型的光通信方式，也就是外差光纤通信是否可行？答案是肯定的。

研究相干通信技术的动机主要有两个：首先，接收机灵敏度与 IM/DD 系统相比可以改进 20dB，从而在相同的发射机功率的情形之下，允许传输距离增加 100km；其次，使用相干检测可以更有效地利用光纤带宽。

相干通信系统的基本结构如图 6-24 所示。从激光器发射出来的频率十分稳定的光（准单色信号）作为载波并被信息信号用直接调制或外调制方式（在振幅、频率、相位或偏振上）调制。在接收端，本地振荡器的光波叠加到接收信号上，在光检测器的输出端，外差检测时产生一个适当的中频（IF）信号；零差检测时直接得到基带（BB）信号。

由于相干检测方法对被接收信号，以及本地振荡器信号的偏振状态都很敏感，需要利用保偏光纤或普通单模光纤加偏振控制器。外差或零差接收机都要用到自动频率控制电路，以保证本地振荡器频率的发射频率相对于信号光具有确定的关系。

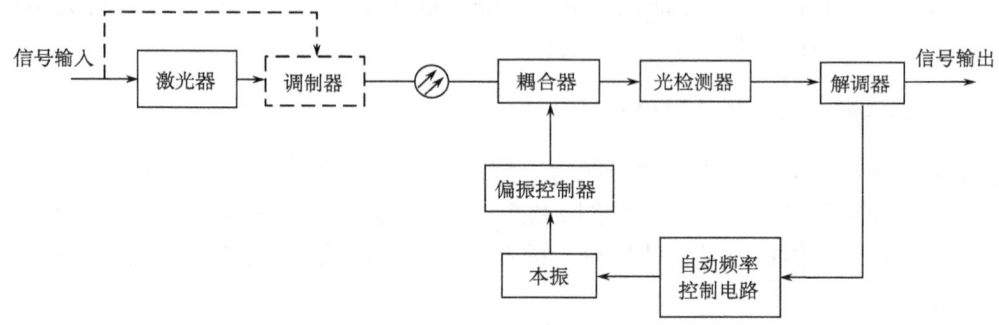

图 6-24 相干光通信系统的构成

6.8.1 相干光通信的基本原理

在相干光通信系统中，传输的信号可以是模拟信号，也可以是数字信号。无论何种信号，其工作原理均可以用图 6-25 加以说明。图中的信号光以调幅、调频或调相的方式被调制（设调制频率为 ω_S）到光载波上。当该信号传输到接收端时，首先与频率为 ω_L 本振光信号进行相干混合，然后由光电检测器进行检测，这样获得了中频频率为 $\omega_{IF}=\omega_S-\omega_L$ 的输出电信号。设信号光和本振光的电场分别为

$$E_S = A_S \exp[j(\omega_S t + \phi_S)] \tag{6.8-1}$$

$$E_L = A_L \exp[j(\omega_L t + \phi_L)] \tag{6.8-2}$$

式中，ω_S 和 ω_L、A_S 和 A_L、ϕ_S 和 ϕ_L 分别为信号光和本振光的频率、振幅和相位。假定信号光和本振光偏振方向相同，则投射至光电检测器的光强度为 $|E_S+E_L|^2$，检测到的功率为 $P=K|E_S+E_L|^2$，K 为比例常数，利用式（6.8-1）和式（6.8-2），$P(t)$ 可写成

$$P(t) = P_S + P_L + 2\sqrt{P_S P_L}\cos(\omega_{IF} t + \phi_S - \phi_L) \tag{6.8-3}$$

式中，$P_S=KA_S^2$，$P_L=KA_L^2$，$\omega_{IF}=\omega_S-\omega_L$。$\nu_{IF}=\omega_{IF}/2\pi$，称为中频。当 $\omega_S\neq\omega_L$ 时，要想恢复基带信号，接收光信号载波频率首先转变为中频 f_{IF}（典型值为 0.1～5GHz）信号，然后

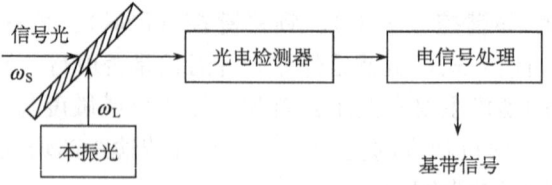

图 6-25 相干检测原理框图

再把该中频信号转变成基带信号,这种相干检测方式称为外差检测。当 $\omega_S = \omega_L$ 时,可以把接收到的光信号直接转变成基带信号,这种方式称为零差检测。

1. 零差检测

零差检测时,选择本振光频率 ω_L 与信号光载波频率 ω_S 相同,所以 $\omega_{IF}=0$,使用式 (6.8-3),光电检测器产生的光电流是

$$I(t) = RP = R(P_S + P_L) + 2R\sqrt{P_S P_L}\cos(\phi_S - \phi_L) \quad (6.8\text{-}4)$$

式中,R 是光电检测器的响应度。通常,$P_L \gg P_S$,所以 $P_S + P_L \approx P_L$ 为常数。式(6.8-4)最后一项包含要传送的信息。考虑到本振光相位被锁定在信号光相位上,因此 $\phi_S = \phi_L$。此时,零差检测产生的信号电流为

$$I_S(t) = 2R\sqrt{P_S(t) P_L} \quad (6.8\text{-}5)$$

2. 外差检测

在外差检测情况下,选择 ω_L 与 ω_S 不同,使其差频 ω_{IF} 落在微波范围内。因为 $I=RP$,所以光检测器产生的光电流的表达式为

$$I(t) = R(P_S + P_L) + 2R\sqrt{P_S P_L}\cos(\omega_{IF} t + \phi_S - \phi_L) \quad (6.8\text{-}6)$$

此时,含有信息的外差信电流为

$$I_S(t) = 2R\sqrt{P_S(t) P_L}\cos(\omega_{IF} + \phi_S - \phi_L) \quad (6.8\text{-}7)$$

由式 (6.8-5) 和式 (6.8-7) 可知:

(1) 即使接收光信号功率很小,但由于输出电流与 $\sqrt{P_L}$ 成正比,仍能够通过增大 P_L 而获得足够大的输出电流。本振光在相干检测中还起到了光放大的作用,系统获得了混频增益,从而提高了接收灵敏度。

(2) 在相干检测中,由于要求 $\omega_S - \omega_L$ 随时保持常数(ω_{IF} 或 0),因而要求系统中所使用的光源具备非常高的频率稳定性、非常窄的光谱宽度及一定的频率调谐范围。

(3) 无论外差检测还是零差检测,检测根据都来源于接收光信号与本振光信号之间的干涉,因而系统必须保持它们之间的相位锁定和偏振方向匹配。

6.8.2 相干系统的光调制

在相干光纤通信系统中,发送端可以采用直接调制或外调制方式,对光载波进行幅度、频率和相位调制。它可以传输模拟信号,也可以传输数字信号,但多数情况下传送的是数字信息。对于数字调制,一般可采用三种基本形式:幅移键控(Amplitude-Shift Keying,ASK)、相移键控(Phase-Shift Keying,PSK)和频移键控(Frequency-Shift Keying,FSK)。如果基带数字信号只用来控制光载波的幅度大小,称为幅移键控,最简单的 ASK 就是"1"码时发送光载波,"0"码时不发送光载波,亦称为通断键控(OOK)。如果基带数字信号用来调制光载波的频率,称为频移键控(FSK),此时"1"码时发送的光载波频率为 f_1,"0"码时发送的光载波频率为 f_0。基带数字信号只对光载波的相位进行调制的方式称为数字调相,也称为相移键控。相移键控的一种衍生方式差分相移键控(DPSK)是以相邻

码的前一个码元的光载波相位作为基准以确定后一个码元相位的取值,如发"1"码时,该码元的光载波相位相对于前一码元的光载波相位改变为 π,即 Δϕ=π;发"0"码时,Δϕ=0;当然,也可以作出相反的规定。图 6-26 图示四种数字调制方式。

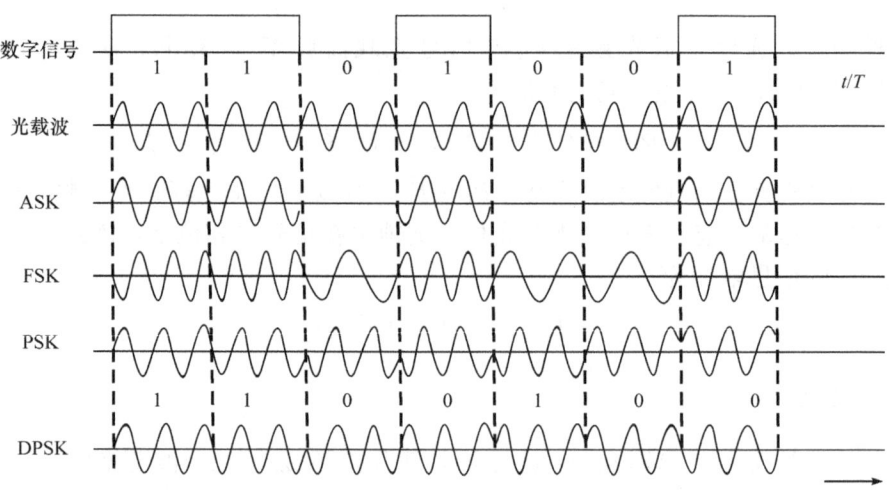

图 6-26 各种调制方式的波形

6.8.3 相干检测

如前所述,零差和外差检测都可将接收的光信号转换为电信号。在零差检测的情况下,光信号被直接解调成基带信号。虽然在概念上它很简单,但是实际上实现起来却相当困难,这是因为要求本振光频率与载波光频率完全相同,它的相位也要锁定在入射光信号的相位上。这种解调方式是同步解调,它是零差检测的基本解调方式。外差检测简化了接收设备,它既不要求本振光的相位锁定,也不要求与入射光的频率匹配。然而,电信号为微波中频信号,需经二次解调至基带。外差检测采用同步或异步方式实现解调。零差或外差的同步和异步信号解调方式与无线电技术中同步和异步解调的原理和实现方式基本一致。

1. 外差同步解调

图 6-27 图示为外差同步解调接收机框图,光电检测器产生的光电流通过中心频率为信号光频率和本振光频率差频 ω_{IF} 的带通滤波器,不考虑噪声时,带通滤波器滤波后的光生电流可以写成

$$I_f(t) = 2R\sqrt{P_S P_L}\cos(\omega_{IF}t - \phi) \qquad (6.8\text{-}8)$$

式中,ϕ 为本振光和信号光的相位差。对于同步解调,将 $I_f(t)$ 与 $\cos(\omega_{IF}t)$ 相乘,并通过低通滤波器(LPF)滤波,可得基带信号为

$$I_d = \frac{1}{2}\left[2R\sqrt{P_S P_L}\cos(\phi) + i_C\right] \qquad (6.8\text{-}9)$$

式中,i_C 为零均值的同相高斯随机噪声。该式表示只有同相噪声成分影响同步外差接收机

的性能。同步解调要求恢复中频微波载波 ω_{IF}，有几种方法可以实现。所有的方法均要求采一种电锁相环路，常用的锁相环路有两种：平方环和柯斯塔斯（Costas）环。

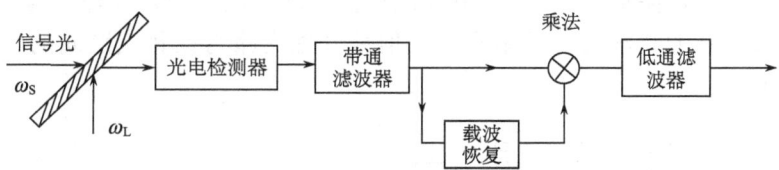

图 6-27　外差同步接收机框图

2. 外差异步解调

图 6-28 表示外差异步解调接收机方框图。它不要求恢复中频微波载波，所以可简化接收机的设计。使用包络检波和低通滤波把带通滤波后的信号 $I_f(t)$ 转变为基带信号，得到的信号电流为

$$I_d = [(i_C + 2R\sqrt{P_S P_L}\cos\phi)^2 + (i_S + 2R\sqrt{P_S P_L}\sin\phi)^2]^{1/2} \tag{6.8-10}$$

式中，i_C 和 i_S 是高斯随机噪声成分，i_S 是散粒噪声引起的电流波动。与外差同步接收机相比，主要的区别是接收机噪声的同相和异相正交分量都对信号输出产生影响，外差异步接收的灵敏度将略有下降（约 0.5dB）；不需要同步接收机中的中频载波恢复，而且对信号光源和本振光源的线宽要求也要低些。因此，在相干光通信系统中，外差异步解调接收机是一种实用的方案。

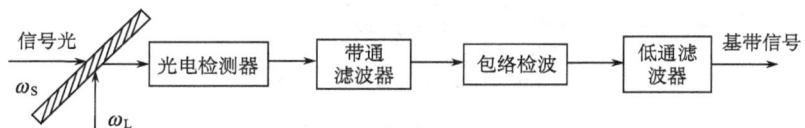

图 6-28　外差异步接收机框图

3. 零差同步解调

零差接收也分为两类：同步和异步解调。同步检测要求本振频率和信号频率精确相等，本振光相位与信号光相位锁定，在接收机内部需要采用光锁相环（OPLL），使本振光相位始终跟踪信号光相位。图 6-29 给出了两种常用的锁相环零差接收机结构框图。一种是平衡式锁相环，接收机称为平衡式零差接收机，如图 6-29（a）所示。接收光信号与本振光通过 180°移相的定向耦合器后馈入平衡 PLL，两个检测器（PD）输出的误差信号经环路滤波器后控制本振频率。为进行相位同步跟踪，光信号的载波不能完全扼制，须保留一定强度的载波作为导频，以便本振光可跟踪并与其锁定相位。例如，对 PSK 调制信号，利用 ±85% 的不完全差相耦合，就可保留 10% 的信号功率，以获得所需的导频载波分量。影响平衡 PLL 接收机性能的因素是：接收机光信号与本振光的相位误差引起的相位噪声、光电检测器的散粒噪声、信号处理支路与锁相支路之间的相互串扰及导频载波提取引起的影响。另一种是柯斯塔斯（Costas）环，接收机称为 Costas 环零差接收机，如图 6-29（b）所示。在

图 6-29（b）中，输入数字信号与本振光通过 90°相移的定向耦合器，分别由两个光电检测器检出，当支路 I 中的信号与本振光同相时，则支路 Q 有 90°相差。两支路检波电流经低通滤波器后相乘，得到反映本振光与信号光载波间相位差的控制信号，经环路滤波器后控制本振频率。与平衡 PLL 接收机相比，这里不存在信号处理支路与锁相支路间的串扰，对光源的线宽要求也较低。

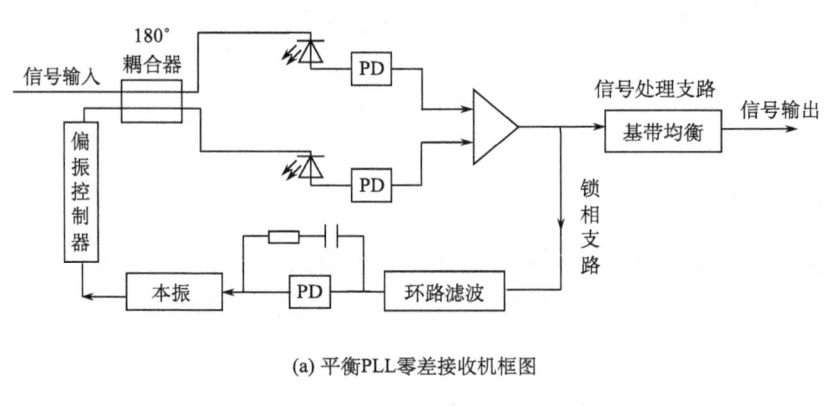

(a) 平衡PLL零差接收机框图

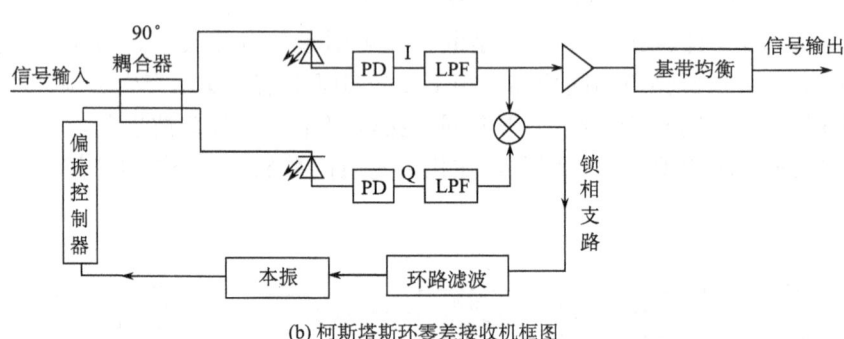

(b) 柯斯塔斯环零差接收机框图

图 6-29　锁相环零差同步接收机框图

4. 零差异步解调

零差系统的异步解调主要利用相位分集接收的原理来实现，典型的二相相位分集接收机如图 6-30 所示。两相接收机中的两个支路接收信号相位差为 90°，I 支路为同相信道，Q 支路为正交信道，如同柯斯塔斯环一样，但没有 OPLL，每个支路中的信号处理可用于恢复 ASK、FSK 或 DPSK 调制信号。在某一相位的条件下，当一个支路中的信号接近零时，另一支路则有信号，而总输出就是调制信号。由于信号光与本振光都要分成两部分，在散粒噪声的限制下，对于两相接收，灵敏度比 OPLL 接收机低 3dB。所以，相位分集接收机的灵敏度只能达到外差接收机的水平，但具有基带解调的优点。

6.8.4　相干光系统的关键技术

与 IM/DD 系统相比，实现相干光系统必须解决下面两个关键技术问题。

（1）必须使用频率稳定度和频谱纯度都很高的激光器作为信号光源和本振光源。在相干

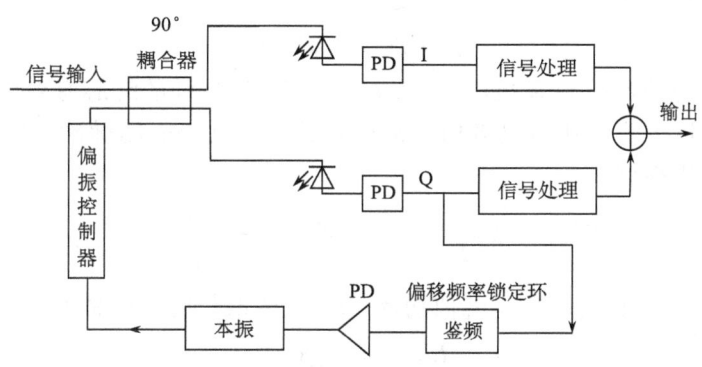

图 6-30 二相零差分集异步接收机框图

光系统中，中频一般选择为 $2\times10^8 \sim 2\times10^9$ Hz，1550 nm 的光载频约为 2×10^{14} Hz，中频是光载频的 $10^{-6}\sim10^{-5}$ 倍，因此要求光源频率稳定度优于 10^{-8}。激光器一般达不到要求，必须研究稳频技术，如以分子标准频率作基准，稳定度可达 10^{-12}。信号光源和本振光源频谱纯度必须很高，如中频选择 100MHz，频谱纯度应为几千赫兹，优质 DFB-LD 频谱宽度可达几千赫兹。

（2）匹配技术。相干光系统要求信号光和本振光混频时满足严格的匹配条件，这才能获得高混频效率，这种匹配包括空间匹配、波前匹配和偏振方向匹配。

相干光波系统虽然已进行了许多成功的野外试验，但相干光发送机和接收机的结构复杂，可靠性差；另外，光纤放大器的实用化放慢了人们对相干系统实用化的研究，因此 IM/DD 系统使用光放大器作为前置放大器可提高接收机的灵敏度，使之可与相干检测相比拟。但是，对于要求信道间距小的（<10GHz）的多信道通信系统，相干技术仍有应用前景。

6.9 光孤子通信系统

所谓孤子，是一种特殊形态的脉冲波，是非线性波动方程一种特殊的不弥散解。这种波在传播过程中保持形状不变，而且相互碰撞以后并不影响各自的波形和传播。光纤可以支持孤子，在理论上当光纤刚问世的 1970 年即已解决；1980 年，实验证实了光孤子脉冲可以在光纤中长距离传输。由于光孤子在传播过程中可以保持形状不变，若采用光孤子作为信息载体，则可以从根本上克服色散对通信容量的制约，所以对光孤子传输的研究一直是光通信领域的热点。

6.9.1 光纤孤子及其特性

光脉冲在无损耗光纤中的传播可用非线性薛定谔方程描述，即

$$\frac{\partial A}{\partial Z}+\beta_1\frac{\partial A}{\partial t}+\frac{\mathrm{j}}{2}\beta_2\frac{\partial^2 A}{\partial t^2}=\mathrm{j}\gamma|A|^2 A \qquad (6.9\text{-}1)$$

式中，A 为光脉冲包络的慢变化振幅；$\beta_1=v_g^{-1}$，v_g 是群速度；β_2 为群速度色散参数；γ 为

表示脉冲自相位调制效应的非线性参数，定义为

$$\gamma = 2\pi n_2/(\lambda A_{\text{eff}}) \tag{6.9-2}$$

这里，n_2 是光纤的非线性折射系数，λ 是光波长，A_{eff} 是光纤的纤芯有效面积。式（6.9-1）对于描述短至几皮秒级的光脉冲包络相当精确。对于短至 1ps 的脉冲，需要考虑高阶非线性效应。引进归一化参数

$$\tau = \frac{t - \beta_1 Z}{T_0}, \ \xi = \frac{Z}{L_D}, U = \frac{A}{\sqrt{P_0}} \tag{6.9-3}$$

式中，T_0 是入射光脉冲宽度；P_0 是峰值功率；L_D 是色散长度，定义为

$$L_D = T_0^2/|\beta_2| \tag{6.9-4}$$

式（6.9-1）可改写成

$$j\frac{\partial U}{\partial \xi} - \text{sgn}(\beta_2)\frac{\partial^2 U}{2\partial \tau^2} + N^2|U^2|U = 0 \tag{6.9-5}$$

式中，sgn（β_2）称为符号函数，即根据 β_2 是正值或负值取值 +1 和 −1。参数 N 定义为

$$N^2 = \gamma P_0 L_D = \gamma P_0 T_0^2/|\beta_2| \tag{6.9-6}$$

参数 N 的物理意义在后面说明。方程（6.9-5）可用逆散射法求解。

在正常色散的情况下（$\beta_2 > 0$），方程的解表现为在均匀背景上出现一个局部的下陷，下陷的轮廓恰好与光孤子的轮廓类似。为了表明这种相似性，称这种现象为暗孤子。$\beta_2 < 0$ 时，形成类似正脉冲的孤子则称为亮孤子。有关亮孤子的研究已经相当完善，而且已开始实际应用。对于暗孤子的研究较少，然而暗孤子的某些潜在特性对于实际的应用可能更独特，有待进一步研究。这里只讨论亮孤子。

在反常色散的情况下（$\beta_2 < 0$），式（6.9-5）变成

$$j\frac{\partial U}{\partial \xi} + \frac{\partial^2 U}{2\partial \tau^2} + N^2|U^2|U = 0 \tag{6.9-7}$$

这就是通常所说的孤子方程。用逆散射法对该方程进行求解，结果表明只有 N 为整数值时，光孤子才存在。当 $N = 1$ 时，可以求得基态孤子解为

$$U(\xi, \tau) = \text{sech}(\tau)\exp(-j\xi/2) \tag{6.9-8}$$

即适当幅度的双曲正割输入脉冲的形状在传输过程中可以保持不变。但是，当 N 取大于 1 的整数时，脉冲轮廓随 Z/Z_0 会发生周期性变化，这就是高阶孤子。光孤子通信只用基态孤子作为信息载体，所以这里不讨论高阶孤子。

式（6.9-8）表示输入脉冲在光纤内传输时除了产生 $\xi/2$ 相移，它的幅度和形状都保持不变。基态孤子在光纤中传输时的波形如图 6-31 所示。正是基态光孤子这种长距离传输不变形的优异特性

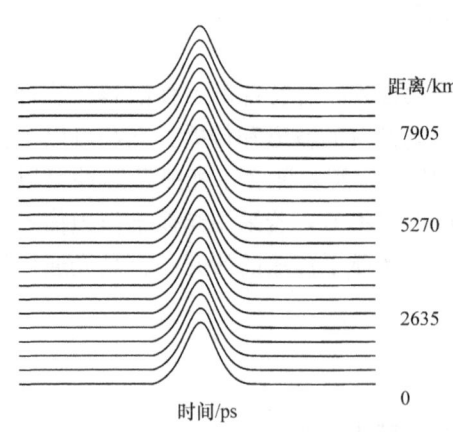

图 6-31 光纤中基态孤子随传播距离的波形图

使它成为光纤通信的理想载体。

6.9.2 光纤损耗与能量补偿

光孤子能够保持形状不变以忽略光纤损耗为前提。但是，实际的光纤有损耗，这会导致光脉冲能量减少，不再满足孤子条件，孤子脉冲会展宽。下面讨论由损耗导致的光孤子脉冲展宽，以及通过使用光放大器补偿光纤损耗的方法。

1. 损耗导致光孤子展宽

考虑光纤损耗的影响时，方程式（6.9-5）的右边应增加一项 $-\alpha A/2$，α 为光纤损耗系数。非线性薛定谔方程变为

$$j\frac{\partial U}{\partial \xi} + \frac{\partial^2 U}{2\partial \tau^2} + N^2|U^2|U = -j\Gamma U \tag{6.9-9}$$

式中，Γ 为归一化损耗，并且

$$\Gamma = \frac{\alpha}{2}L_D = \frac{\alpha}{2}\frac{T_0^2}{|\beta_2|} = \frac{\alpha Z_0}{\pi} \tag{6.9-10}$$

当 $\Gamma \ll 1$ 时，Γ 项的影响较小，式（6.9-9）仍可使用逆散射法求解。若输入脉冲为基态光孤子波形，式（6.9-9）的近似解为

$$U(\xi,\tau) = \mathrm{sech}[e^{-2\Gamma\xi}\tau]\exp|(j/8\Gamma)(1-e^{-4\Gamma\xi})| \tag{6.9-11}$$

这说明在存在损耗的条件下，其输出幅度将衰减，设 T_0 表示输入光孤子脉宽，光孤子脉冲宽度 T_1 则为

$$T_1 = T_0\exp(2\Gamma\xi) = T_0\exp(\alpha Z) \tag{6.9-12}$$

2. 光纤损耗的补偿

光纤损耗导致光孤子的脉冲展宽，幅度减小，从而限制了传输距离。为了克服光纤损耗的影响，需要对光孤子周期性地放大以便恢复它们最初的宽度和峰值功率。图 6-32（a）表示光孤子放大的最简单示意图，它与非光孤子通信系统相同。光放大器周期性地插入光纤线路中，调整其增益到正好补偿两个放大器之间的光纤损耗，重要的设计参数是两个放大器之间的距离 L，L 应该尽可能大，以便减小整个系统的费用。对于非光孤子光纤通信系统，L 一般为 50～100km，由工作波长、光纤损耗和色散所决定。对于光孤子通信系统，L 一般为 10～30km，比前者小，原因是需要在相当短的距离内插入光放大器，适时地增加光孤子能量，使其达到输入电平。如果使用常规光纤，工作在 1Gbit/s 以上的光波系统，集中放大时，要求 $L<20$km，从系统设计的观点看，这是相当短的距离。然而，使用 $|\beta_2|<1\mathrm{ps}^2/\mathrm{km}$ 的色散位移光纤时，放大器间距可达到 30～50km。

补偿光纤损耗的另一种方法是使用拉曼放大器，采用分布式放大技术。当用强泵浦光泵浦光纤时，在整个光纤线路上它对输入的光孤子信号提供拉曼增益。图 6-32（b）即为采用拉曼放大器补偿光纤损耗的结构示意图。图中使用波分复用器在光纤的两个方向上周期性地注入连续泵浦光。选择泵浦频率使它大致超过光孤子载波频率 13.2THz（石英光纤的拉曼频移）。假如拉曼增益在光纤内每点上精确地补偿了光纤损耗，N 就有可能保持 1，光孤子

也就有可能在任意长的距离内保持不变。实际上，该条件难以满足，因为沿着光纤传输的方向，由于光纤损耗的存在，泵浦功率不会恒定不变，所以必须周期性地注入泵浦光，以便重新供给拉曼放大所必需的泵浦功率。间距 L 取决于光纤损耗、泵浦波长及允许光孤子能量偏离它输入值的限度。通常而言，假如光孤子能量最大偏离允许值为 20%，则 $L=$ 40～50km。

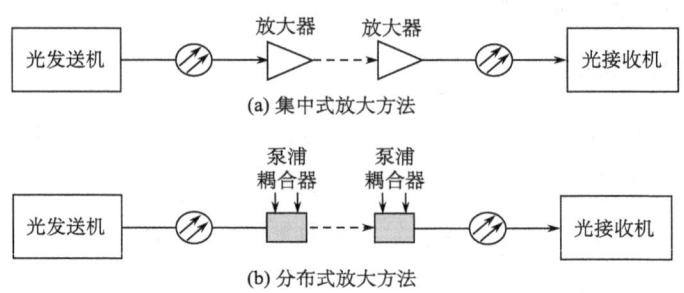

图 6-32 光孤子通信系统中光纤损耗的补偿方法

3. 孤子的相互作用

前面的讨论都针对单个孤子脉冲，作为信息的载体还必须考虑相邻的孤子脉冲之间的相互影响。理论和实验都已证实，相邻的孤子脉冲之间存在相互作用。显然，这种相互作用对通信系统至关重要，因为它决定了相邻孤子脉冲之间允许的距离，从而决定了通信系统的传输速率。

假设输入端输入归一化间隔为 q_0 的孤子脉冲对表示为

$$u(0,\tau)= \mathrm{sech}(\tau-q_0)+r\mathrm{sech}[r(\tau+q_0)]\mathrm{e}^{\mathrm{j}\theta} \tag{6.9-13}$$

式中，r 是孤子的相对振幅，θ 是相对相位。显然，脉冲的宽度 T_0 和孤子脉冲之间的归一化间隔 q_0 共同决定了系统的比特速率 B，即

$$B=\frac{1}{2q_0 T_0} \tag{6.9-14}$$

这是因为两个脉冲中心之间的实际间隔是 $2q_0 T_0$，或者说脉冲的重复周期 $T_B=2q_0 T_0$。

将式 (6.9-13) 所示的孤子脉冲对代入孤子方程式 (6.9-7)，用数值解法可以得到孤子对在传播过程中的相互影响。理论研究表明，这种相互作用不仅与孤子对的初始距离 q_0 有关，而且还与它的相对幅度 r 和相位 θ 有关。在 $r=1$，$\theta=0$，即两个孤子脉冲幅度相等、相位差为零，而且间隔 $q_0 \gg 1$ 时，在传播过程中它们之间的相对间隔 $q(\xi)$ 满足

$$\exp[2(q-q_0)]=\frac{1}{2}[1+\cos(4\xi \mathrm{e}^{-q_0})] \tag{6.9-15}$$

式 (6.9-15) 表明孤子对之间的距离 $q(\xi)$ 是满足 $4\xi \mathrm{e}^{-q_0}=2\pi$ 的周期函数，周期为

$$\xi_\mathrm{p}=\frac{\pi}{2}\mathrm{e}^{q_0} \tag{6.9-16}$$

式 (6.9-16) 给出的周期在 $q_0>3$ 时近似相当好。图 6-33 (a) 给出了 $r=1$，$\theta=0$，$q_0=3.5$ 的一个孤子对在光纤中长距离传输时的演化情形。

为了克服孤子脉冲相互作用对通信系统的影响，必须满足条件 $L \ll Z_p = Z_0 e^{q_0}$。这里，L 是传输距离，$Z_0 = \frac{\pi}{2} L_D$ 是孤子周期。取较大的 q_0 时，这不难满足。例如，当 $q_0 = 10$ 时，$Z_p = 2200 Z_0$。如此大的孤子相互作用周期使得孤子间的相互作用可以完全忽略。除了取较大的间隔，另一个减小孤子脉冲对之间相互作用的办法是选择适当的相对强度 r 和相对相位 θ。图 6-33（b）给出了 $r = 1$、$q_0 = 3.5$、$\theta = \pi/4$ 时孤子对的演化状况。

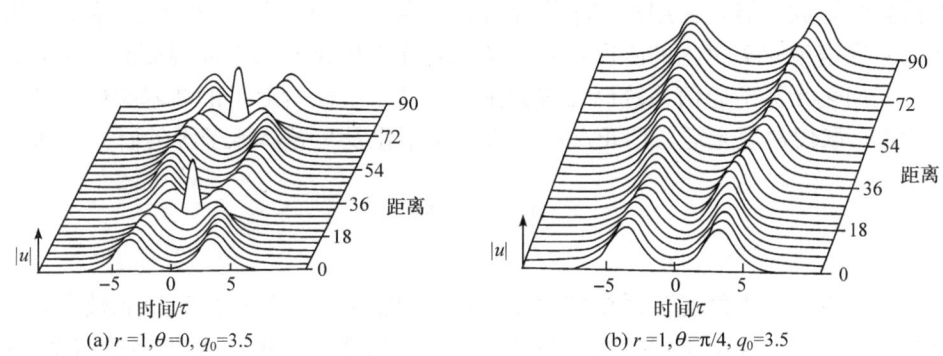

图 6-33 孤子间的相互作用

比较 $\theta = 0$ 和 $\theta = \pi/4$ 两种情形，发现 $\theta = 0$ 时，孤子对将周期性地坍塌；$\theta = \pi/4$ 时孤子对之间主要表现为排斥，它们之间的距离随 ξ 增大而增大，孤子对仍按周期变化，但不会坍塌。一些研究结果表明，如果取 $r = 1.1$、$q_0 \geqslant 4$ 时，孤子对之间的相对距离变化在一个周期内不会超过 10%。这种技术可以有效地提高孤子通信系统传播距离。

6.9.3 光孤子通信系统的基本组成

图 6-34 给出光孤子通信系统的组成框图，主要由光孤子源、调制器、传输光纤、孤子能量补偿放大器和孤子脉冲信号检测接收五部分组成。

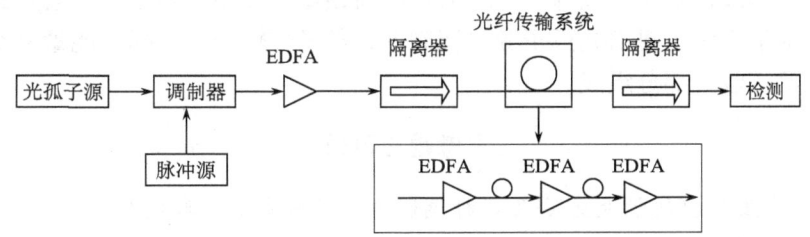

图 6-34 光孤子通信系统组成框图

光孤子通信系统的基本工作原理是由光孤子源提供的光孤子流作为信息的载体进入光调制器，信息通过光调制器对光孤子流进行调制并使其承载。承载信息的光孤子流经 EDFA 放大和光隔离器后耦合进入传输光纤进行传输。借助在光纤线路中周期性接入的 EDFA，对光孤子进行能量补偿，避免因光纤损耗而导致光孤子脉冲展宽，实现光孤子的稳定传输。最后利用光检测接收装置将光孤子承载的信息分离出来。

光孤子源是光孤子通信系统的关键。要求光孤子源提供的脉冲宽度为皮秒数量级,并有规定的形状和峰值。光孤子源有很多种类,主要有掺铒光纤孤子激光器、锁模半导体激光器等。

从 Hasegawa 提出"光孤子通信"概念以来,光孤子通信的研究进展大体划分为三个阶段:1973~1980 年为第一阶段,这一阶段主要进行理论研究;1980~1989 年为第二阶段,对光孤子通信进行原理性实验研究,研究特点是光孤子源用体积较大的锁模色心激光器,光放大器用拉曼光纤放大器,并用常规单模光纤作为传输光纤;从 1989 年开始至今为第三阶段,是光孤子通信迈向实用化的阶段,研究特点是在实用化技术上取得突破性进展,并趋于成熟,建立实用化光孤子通信系统已无重大困难。这一阶段所取得的技术突破归功于色散位移光纤(DSF)取代常规光纤、EDFA 的引入并实用化及半导体孤子源的研究成功。

小　　结

本章介绍了点对点光纤通信系统的组成原理,包括模拟光纤通信系统和数字光纤通信系统,重点是数字系统。详细讲述了数字系统的构成、PDH 和 SDH 及数字通信系统的设计。介绍了波分复用系统、相干光通信系统和光孤子通信系统。

在 1990 年以前,光纤通信一直沿用准同步数字系列(PDH),随着电信网的发展和用户要求的不断提高,PDH 暴露出一些明显的弱点,从而促使 SDH 应运而生。SDH 采用以字节结构为基础的块状帧结构,可以将各种速率的 PDH 信号映射复用进来,在高速率上采用同步复用,并建立了国际上统一的标准。

WDM 技术使光纤的传输容量极大地提高,随之而来的是对电交换节点的压力和变革的动力。波分复用系统的基本构成主要有双纤单向传输和单纤双向传输两种形式。

在相干光通信系统中,光信号以调幅、调频或调相的方式被调制(设调制频率为 ω_S)到光载波上。在接收机端,本地振荡器的光波叠加到被接收信号上,在光电检测器的输出端,外差检测时产生一个适当的中频(IF)信号;零差检测时直接得到基带(BB)信号。

利用光纤的非线性效应可以开拓光纤通信的新领域,其中光孤子技术就是其中的一个新应用。光孤子通信系统主要由光孤子源、调制器、孤子传输光纤、孤子能量补偿放大器和孤子脉冲信号检测接收五部分组成。

思考题与习题

6.1　试述光发送机的调制方法及各种调制方法的基本原理和特性。

6.2　模拟光纤通信系统一般采用何种调制方式?工作点应如何选择?

6.3　模拟光纤通信系统的主要性能参数是什么,主要决定于哪些因素?

6.4　有一个模拟通信系统,$\lambda=850\text{nm}$,$\Delta f=5\text{MHz}$,$m=1$。若光电检测器是理想的,且仅考虑信号光的量子噪声,计算 $S/N=50\text{dB}$ 时的接收光功率。

6.5　设计一个系统,在 10 km 长的线路上传送带宽为 4.5 MHz 的视频信号。接收端的 SNR 必需是 48 dB 或者更高。使用模拟调制。

6.6　数字光纤通信系统的误码率决定于哪些因素?

6.7　简述 PDH 和 SDH 的特点。

6.8　SDH 帧结构可分为哪几个部分？

6.9　列出两种关键的 SDH 复用设备，并叙述它们的特点和应用场合。

6.10　有一长距离单模光纤传输系统，工作波长为 1300nm，其他参数如下：

　　　LD 光源平均入纤功率　　　0dBm
　　　光缆损耗　　　　　　　　0.4dB/km
　　　熔接头损耗　　　　　　　0.1dB/km
　　　活动连接器损耗　　　　　1dB/个
　　　APD 接收机灵敏度　　　　-55 dBm（BER＝10^{-9}）
　　　系统富余度　　　　　　　6dB

试计算损耗限制传输距离。

6.11　简述波分复用系统的组成及各部分的功能。

6.12　简述波分复用、密集波分复用和粗波分复用在概念上的区别。

6.13　相干光通信有何特点？实现相干检测需要哪些关键技术？

6.14　光孤子如何形成？光孤子通信有何特点？

6.15　试述光孤子通信系统的组成和要求。

6.16　设计一个速率为 20Gbit/s 的数字传输系统，路径长度为 10000km，而且不许使用中继器，误码率必须低于 10^{-9}。（提示：必须使用光放大器和孤子通信技术。）

6.17　设计一个数字传输系统，总容量为 10Tbit/s，通过一根光纤传输，路径长度仅 10km。（提示：可以使用 OTDM 技术和/或 DWDM 技术，电域时分复用可达 40Gbit/s。）

第 7 章 光 网 络

20世纪90年代以来，光网络在世界各国蔚然兴起。它集光纤通信和互联网科技之大成，曾一度是通信高技术产业的代名词，引领了网络世界前所未有的变革，并被视为未来信息社会的基础设施之一。纵观十多年的光网络发展史，光网络经历了由低速到高速、由传输到交换、由电层到光层、由可管到可控、由人工到智能的不同阶段，走过了从同步数字系列（SDH）到光传送网（OTN）再到自动交换光网络/自动交换传送网（ASON/ASTN）的演进之路。本章简要回顾光网络的发展历程，并围绕由"传统"向"智能"方向演进的重大变革，综述光网络的业务体系特征，以及关键的应用支撑技术。

7.1 光网络的基本概念及构成

7.1.1 光网络的基本概念

光网络（Optical Network）是一个通俗的名称，内容十分广泛。从字面上理解，它兼具"光"和"网络"两层含义。前者代表由光纤提供的大容量、长距离、高可靠的链路传输；后者则强调在上述媒质基础上，利用先进的电子或光子交换技术，引入控制和管理机制，实现多节点间的联网，以及针对资源与业务的灵活配置。

从光纤通信技术的发展角度看，光网络是当前最活跃的领域。从历史上看，光网络可以分为三代：第一代光网络的"光"只是用来实现大容量传输，所有的交换、选路和其他智能都在电层面上实现，同步数字系列（SDH）就是第一代光网络。光传送网（OTN）可以认为是第二代光网络，此时很多交换、选路和其他智能在光层面上实现。SDH本质上是一种以电层处理为主的网络技术，业务只有在再生段终端之间转移时保持光的形态，而到节点内部则必须经过光/电变换，在电层上实现信号的分插复用、交叉连接和再生处理等。换句话说，在网络中光纤仅仅作为一类优良的传输媒质，用于跨节点的信息传输，光信号不具有节点透过性。SDH信号传输与处理的电子瓶颈极大限制了对光纤可用带宽的利用。光传送网的核心是解决上述电子瓶颈问题。从功能上看，OTN的出发点是在子网内实现透明的光传输，在子网边界处采用光/电/光（O/E/O）的3R再生技术，从而构成一个完整的光网络。OTN开创了光层独立于电层发展的新局面，在光层上完成业务信号的传送、复用、选路、交换、监视等，并保证其性能指标和生存性。它能够支持各种上层技术，是适应各种通信网络演进理想的基础传送网络。全光处理的复杂性使得光传送网成为当前的必然选择，随着技术和器件的进步，人们期待光透明子网的范围逐步扩大至全网，在未来最终实现真正意义上的全光网。发展全光网的本意是信号直接以光的方式穿越整个网络，传输、复用、再生、选路和保护等都在光域中进行，中间不经过任何形式的光/电转换及电层处理过程。这样可以达到全光透明性，实现任意时间、任意地点、传送任意格式信号的理想目标。全光网络能克服电子瓶颈，简化控制管理，实现端到端的透明光传输，优点非常突出。然而，鉴于光信号固有的模拟特性和现有器件的水平，目前在光域上很难实现高质量的3R再生（再定时、再整形、再放大）功能，大型高速的光子交换技术也不够成熟。人们已逐渐认识到全光网的局限性，提出所谓光的"尽力而为"原则，即业务尽量保留在光域内传输，只有在必要时才变换到电域进行处理。这为光传送网的发展指明了方向。

第三代光网络是以 ASON/ASTN 为代表的智能光网络。智能化的 ASON 在 ITU-T 的文献中定义为通过能提供自动发现和动态连接建立功能的分布式控制平面，在 OTN 或 SDH 网络之上实现动态的基于信令和策略驱动控制的一种网络。

图 7-1 显示了光网络技术的发展脉络。

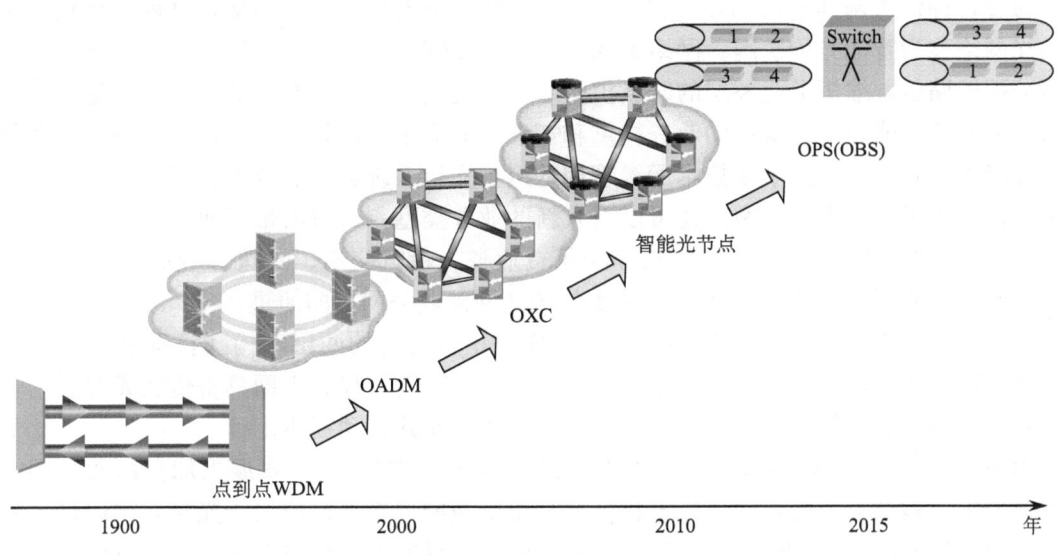

图 7-1 光网络技术的发展脉络

SDH 网络是第一代的光网络，以点到点波分复用（WDM）传输系统为基础，提供大容量、长距离、高可靠的业务传送功能，但所有的交换和选路在电层实现。光分插复用器（OADM）、光交叉连接器（OXC）等光节点技术的成熟为 OTN 的发展铺平了道路，光网络的拓扑形式从环网向网状网演化，一些复杂的网络技术如保护和恢复也随之实现。

OTN 是从功能结构描述上提出的一种网络模型，与所采用的具体技术无关。从理论上讲，波分复用（WDM）、光时分复用（OTDM）、光码分复用（OCDM）等各种复用方式都可以作为 OTN 的实现手段。由于 WDM 应用的显著优势和已取得的进展，选择基于 WDM 的 OTN 方案最具发展前景。WDM 光传送网采用光波长作为最基本的交换单元，以波长为单位完成对用户信号的传送、复用、选路和管理。

传统的 SDH 光网络主要为语音业务设计，拓扑结构以线形和环形为主。业务配置时，需要逐环、逐点配置业务路径及时隙，难以实时管理，网络拓扑的变化就不能实时反映到网管。虽然在这些拓扑结构下实现的保护方式有着快速倒换的优点，但其网络扩展性差，并且带宽利用率低（一般要预留一半带宽保护环网）。随着网络规模日益扩大，结构日渐复杂，进行管理和维护的压力也越来越大，因此这种配置业务的方式风险较高；同时，由于业务从申请到实际开通都由人工完成，尤其是涉及多厂家设备互连时，需要人工协调，效率低，通常要耗费大量的时间和人力。人们急切希望借助新技术，实现业务的动态申请、选路、业务自动建立,从而简化网络业务的管理,降低运营成本。

近年来,随着 IP 业务的快速增长,网络带宽的需求不仅变得越来越高,而且由于 IP 业务量的不确定性和不可预见性,网络带宽的动态分配要求也越来越迫切。传统的方法主要靠人工配置网络连接,耗时费力易出错,不仅难以适应现代网络和新业务提供拓展的需要,也难以适应市场竞争的需要。一种能够自动完成网络连接的新型网络概念——自动交换传送网(ITU-TSG13 命名为 ASTN,主要由高层描述)或自动交换光网络(ITU-TSG15 命名为 ASON,主要由相对细节的结构描述)应运而生。这是一种利用独立的 ASTN/ASON 控制面,通过各种传送网(包括 SDH 或 OTN)以实施自动连接管理的网络,这种具有独立控制面的光网络称为智能光传送网。网络引入 ASTN/ASON 的好处主要有:允许将网络资源动态地分配给路由,缩短了业务层的升级扩容时间,明显增加了业务层节点的业务量负荷;具有可扩展的信令能力集;快速的业务提供和拓展;降低了维护管理运营费用;快速的光层业务恢复能力;减少了对用于新技术配置管理的运行支持系统软件的要求,只需维护一个动态数据库,减少了人工出错概率;还可以引入新的业务类型,如按需带宽业务、波长批发、波长租赁、分级的带宽业务、动态波长分配租赁业务、带宽交易、光拨号业务、动态路由分配、光层虚拟专用网(VPN)等,使传统的传送网向业务网方向演进。

光传送网由于 ASON 技术的引入,分层模型正从传统的两层结构(管理平面和传送平面)向 3 层结构(控制平面、管理平面、传送平面)转变,控制平面具备传统光传送网管理面的智能控制,业务提供由集中式人工配置演变为分布式自动提供。

由图 7-1 也可知,研究者也在致力于研究新的分组交换技术,发展更加自由的光网络形态。光分组(包括光突发)网络技术将电域分组交换的思想直接应用于光层,可以最大限度地与 IP 技术融合,从而更好地承载 IP 业务。但是,目前光分组网络在器件和系统技术方面都还不成熟,无法实现商用。因此,人们更多地将其视为未来 10 年之后发展的网络。不可否认的是,光分组传送网络是光网络未来发展的一个方向,具有巨大的潜力。

随着网络游戏的风靡,视频点播、视频电话、全球眼等各种网络新业务的出现,宽带化已经成为下一代接入网的必然要求。在核心网上,WDM、DWDM 等技术的应用已达到很高的速率。在接入方面,传统的 XDSL 宽带接入方式已很难满足用户的宽带要求。因此光纤接入网被认为是未来的主要接入方式。

7.1.2 光网络的基本构成

光网络由光传输系统和光域内进行交换/选路的光节点构成。光传输系统的容量巨大,光节点的处理能力也非常强大,电处理通常在边缘网络进行,边缘网络中的节点或节点系统可采用光通信通道通过光网络直接连接。光网络节点(Optical Network Node,ONN)提供了交换和选路功能,用来控制、分配光信号的路径和创建所希望的源和目的节点之间的连接。网络中节点设备的部署非常关键。在骨干和城域网中,光纤链路构成网状拓扑,关键节点包括光交叉连接器(Optical Crossconnect,OXC)和光分插复用器(Optical Add/drop Multiplexer,OADM),这些节点应具有向自适应特性过渡的能力。图 7-2 给出了一个光网络的基本构成示意图。光网络系统的关键单元有光线路终端(Optical Line Terminal,OLT)、光分插复用器(OADM)和光交叉连接器(OXC)。光线路终端可以复用多个波长然后在单根光纤中传输,同时又可以将单根光纤中传输的多个波长解复用,再传输进一组分立的光纤中。光线路终端通常安装在点到点波分复用链路的两端。光分插复用器接收多波长光信号，有选择地从多波长中滤除某些波长成分，而让剩余的波长信号通过，或是加入某些新的波长与原来多波长信号组成复合信号向前传输。光分插复用器通常有两个线路端口，供复合输出信号使用，同时还有一定数量的本地端口留给插入或分下的波长使用。光交叉连接器基本上完成与光分插复用器相似的功能，但尺度更大。光交叉连接器有大量的端口（数量为几十到几千），可以在一个输入端到另一个之间进行波长转换。光分插复用器和光交叉连接器都可以同时拥有波长转换功能。上述结构的光网络已经实用，光线路终端被广泛用于点到点连接，光分插复用器目前用于长距离传输和城域网中。由于长距离网络所具有的高容量特点，OXC 主要用于长距离网络。

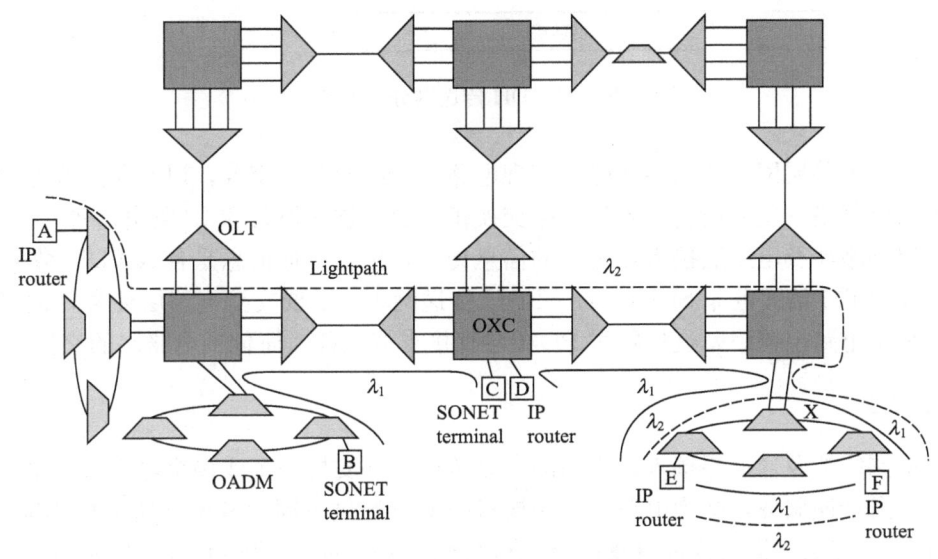

图 7-2 光网络的基本构成

7.2 SDH 传送网

7.2.1 SDH 传送网分层模型

正如当今的大多数通信系统，光网路也可采用协议分层模型描述。这种方法也用于描述 SDH 传送网。ITU-T 的 G.803 建议采用如图 7-3 所示的 SDH 传送网的结构分层模型。SDH 传送网分为三层：电路层、通道层和传输媒体层。

在如图 7-3 所示的 SDH 传送网分层结构中，电路层直接面向业务。严格地说，电路层不属于 SDH 传送层网络。SDH 传送网本身分为通道层和传输媒体层。每层还可以进一步分层。

1. 电路层

电路层网络面向公用交换业务并向用户直接提供通信业务，如电路交换业务、分组交换业务、租用线业务、IP 业务和 N/B-ISDN 业务等。按照提供业务的不同，可以区分不同的

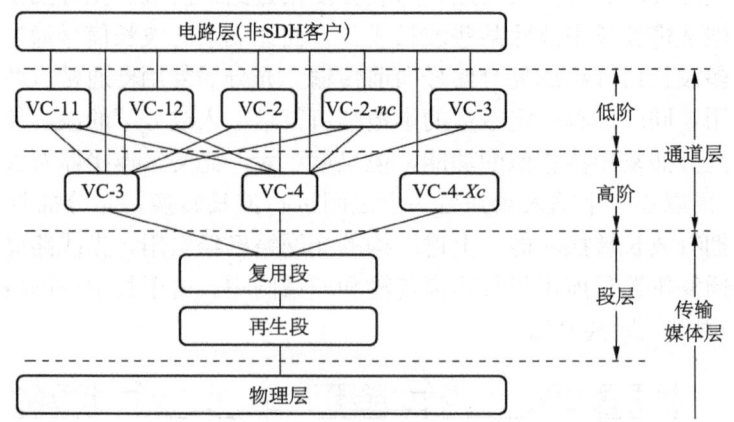

图 7-3 SDH 传送网分层模型

电路层网络。电路层网络的主要功能是实现电路和分组业务的交换，以及租用线业务的交叉连接；电路层网络的主要设备是各种业务交换机、交叉连接设备和 IP 路由器等。

电路层网络涉及电路层接入点之间的信息传递，主要特征信息是各级 PDH 数据、IP 等分组数据和 ATM 信元等非 SDH 信号。SDH 传送网不仅需要支持电路层业务，而且要求能直接支持整个电路层网络，这样跳过 PDH 层直接支持业务，简化了电路层的交换。

2. 通道层

通道层网络涉及通道层接入点之间的信息传递，并支持一个或多个电路层网络，为其提供透明的信息传递服务，即为电路层的交换机等节点提供不同业务电路所需传输能力的 VC 通道。SDH 通道层可提供各种容量的路径或传输链路，如 1.5Mbit/s，2Mbit/s，6Mbit/s，34Mbit/s，140Mbit/s 和对应的 VC-11，VC-12，VC-2，VC-3，VC-4，以及 B-ISDN 的虚通道等。通道层与相邻的电路层和传输媒体层相互独立，由各种类型电路层网络共享，并将电路层业务转换为在复用段层传送所需要的格式。

SDH 传送网的通道层可进一步划分为低阶（LO）和高阶（HO）通道层，如 VC-11/VC-12 为电路层节点间通道的基本传送单位，VC-3/VC-4 则为局间通信的基本容量单位，可映射进复用段 STM-N 中。通道的建立由网络管理控制的交叉连接设备负责，可以提供较长保持时间的 LOVC 和 HOVC 半永久性连接，并能对连接进行管理和控制。由于 SDH 传送网直接面向电路层网服务，所以简化了电路层交换，使网络应用十分灵活、方便。

3. 传输媒体层

传输媒体层网络与光缆、微波等传输媒体有关，它涉及段层接入点之间的信息传递，提供支持一个或多个通道层网络的路径或链路连接，不提供子网连接，为通道层网络节点（如 DXC）间提供合适的通道容量。该层主要面向跨线路系统的点到点传送，STM-N 可作为传输媒体层标准等级的传送容量。

传输媒体层网络可进一步分为段层网络和物理媒体层网络。段层网络涉及为通道层网络中两个节点之间传送信息，并保证其完整性而提供的所有功能；物理媒体层网络涉及支持段层网络的光纤、金属线对或无线等具体的传输媒体。SDH 的段层网络进一步划分为复用段层网络和再生段层网络，复用段层涉及复用段终端设备之间的端对端信息传送，如为通道层提供同步和复用功能并完成复用段开销处理和传送；再生段层涉及单个再生器之间和再生器与复用段终端设备之间的信息传送，包括定帧、扰码、再生段误码监视及再生段开销的处理和传送。物理层是无服务层网络支持的传送网的最低层，其网络连接直接由传输媒体提供，主要完成光或电脉冲形式的比特传送任务，与开销无关。

7.2.2 SDH 传送网物理拓扑结构

网络的拓扑结构是指组成网络的物理或逻辑布局和结构。网络的物理拓扑泛指网络的形状，即网络节点和传输线路的几何排列，它反映了物理上的连接。信息的实际流动途径构成了网络的逻辑拓扑。物理拓扑和逻辑拓扑并不一定相同。网络的基本物理拓扑有 5 种类型，如图 7-4 所示。

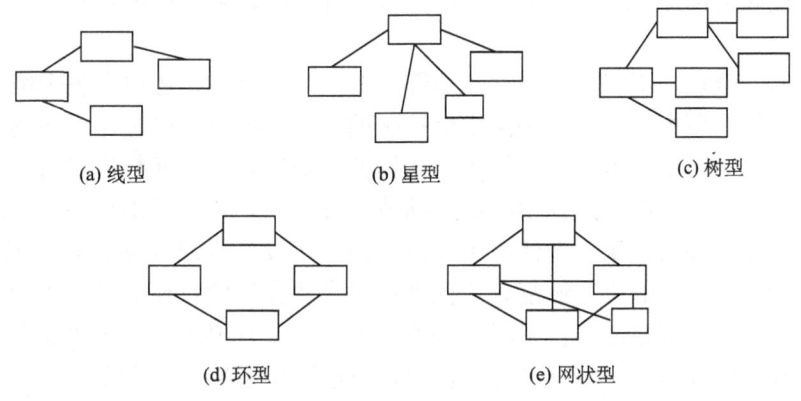

图 7-4 基本物理拓扑结构

1）线型

涉及通信的所有点串联起来，并使首末两个点开放就形成了线型拓扑。这种连接为了使两个非相邻的点连接，中间所有的点都应完成连接功能。这种结构无法应付节点和链路失效，生存性较差。

2）星型

涉及通信的所有点中有一个特殊点（枢纽点）与其余所有点直接相连，其余点之间不能直接相连，这种结构就形成了星型拓扑，又称为枢纽型拓扑。这种结构中除了枢纽点，其他任何两点之间的连接都通过枢纽点，枢纽点为经过的信息进行选路并完成连接功能。这种网络存在枢纽点的瓶颈和失效问题。

3）树型

将点到点拓扑单元的末端点连接到几个特殊点时就形成了树型拓扑。树型拓扑可以看成是线型拓扑和星型拓扑的结合，这种结构适于广播式业务，但存在瓶颈问题和功率预算问题，不适于提供双向通信业务。

4）环型

涉及通信的所有点串联起来，并首尾相连，没有任何点开放，就形成了环型网。这种网的优点是具有很高的生存性,这对大容量光纤网络至关重要。

5) 网状型

涉及通信的许多点都直接互连就形成了网状拓扑,如果所有点都直接互连就称为理想的网状型。网状拓扑结构不受节点瓶颈问题和失效问题的影响,两点间有多种路由可选,可靠性较高,但结构复杂、成本较高,适于业务量较大分布又较均匀的地区。

上述的各种拓扑结构各有特点,在选择时应考虑众多因素,如网络的生存性高低、网络配置的难易、是否适于新业务的引进等。实际网络的不同部分使用的拓扑结构有所不同,如本地网适合星型和环型拓扑;市内局间中继网环型和线型拓扑比较合适;长途网适用树型和网状结构。

7.2.3 SDH 传送网的保护方法

当今社会对通信的依赖性越来越大,一旦通信网络出错甚至中断,就会给社会带来巨大的损失。为避免通信网对社会造成极大的损失,即使在极端情况下,都必须保证网络的安全性。

提高网络的安全性,不仅要求器件和局部具有高的可靠性,还要求整个网络具有强大的生存能力。在实际应用中,一般采用网络保护和网络恢复的方法以确保网络的生存性。

网络的生存性等同于自愈。自愈是指网络局部失效时自动选择替代路由重新配置业务并建立通信的能力。在自愈恢复过程中没有通话或业务中断,甚至对用户是透明的,用户感觉不到网络发生了故障并已重组。替代路由可以利用备用设备或现有设备中的冗余能力以满足要求一定比例端到端业务的迅速恢复,或保证指定高优先级的重要业务不受影响。可见,自愈功能要求网络设备的容量超出正常时业务所需的容量,并要求有一定快速反应的智能。

自愈网 (Self Healing Network) 是具有自愈能力的网络,即无需人为的干预就能在极短的时间内从失效故障中自动恢复业务传输能力的网络。实现自愈网的手段是替换发生故障引起失效或性能劣化的传送实体,即依据缺陷、故障或性能劣化的监测,以及网管或按键操作等外部命令,启动网络恢复操作,用正常的传送实体替代故障的传送实体。自愈过程只涉及重新确立业务通信,而不管需要人工介入的失效元部件的修复和更换。

网络保护是指利用节点间预先固定分配的冗余容量代替故障或劣化的传送实体。最简单的方式是每个工作实体有一个专用的保护实体 (1+1);复杂的方式则是 n 个工作实体共用 m 个保护实体 ($m:n$)。一般由本地或远端网元控制,无需外部网管介入,因而保护倒换时间短,但备用资源为工作实体专用,而不能由整个网络共享。网络保护是为每个工作实体安排固定的备用容量保护实体,一旦出现故障,只要按照预定方式进行倒换或环回即可达到保护业务的目的。一般保护动作在 50ms 内完成。冗余容量与工作容量一一对应,因此要求的冗余容量大,利用率低。

网络恢复是指使用节点间所有可以利用的任何容量完成网络中的业务恢复,实质是在网络中重选失效路由的替代路由。使用恢复功能时,传送网容量需预留一定比例的冗余容量供重选路由业务量用,否则将导致选路计算时间过长甚至选路搜索失败。

SDH 传送网实现自愈的手段很多,按网络的物理拓扑可分为线路系统保护方式、自愈环保护方式、DXC 网络恢复保护方式、混合保护方式。

1. 线路自动保护倒换（APS）

APS 是最简单的自愈网形式，工作原理是当工作通道传输中断或性能劣化到一定程度，系统倒换设备将主信号自动倒换到备用传输通道，从而使业务继续进行。这种保护方式的业务恢复时间很快，可以短于 50ms。但是，如果主用和备用系统属于同缆复用，当光缆被意外切断时，这种保护方式就无能为力了。改进的方法是采用地理上的路由备用，也称为多径保护，即主用和备用采用不同的光缆，一根中断时另一根不受影响。这种配置比较容易，但成本相对较高。此外，该保护方法只能提供传输链路的保护，无法对网络节点的失效进行保护，因此主要适用于点到点的保护。

2. 自愈环（Self Healing Ring）保护

将网络节点连成一个环形可以进一步改善网络的生存性并降低成本。网络节点可以是 DXC，也可以是 ADM，但一般采用 ADM。利用 ADM 的分插能力和智能构成的自愈环是 SDH 的特色之一。

自愈环结构可以分为两大类，即通道倒换环和复用段倒换环。

通道保护环，业务量的保护以通道为基础，倒换与否按离开环的每一个通道的信号质量的优劣而定，通常利用简单的 AIS 信号决定是否应倒换。

复用段保护环，业务量的保护以复用段为基础，倒换与否按每一对节点间的复用段信号质量的优劣而定。当复用段出问题时，整个节点间的复用段业务信号都转向保护环。

通道保护环和复用段保护环的重要区别是，前者往往使用专用保护，正常情况下保护段也传业务，保护时隙为整个环专用；后者往往使用公用保护，正常情况下保护段是空的，保护时隙由每对节点共享。后者也可以使用专用保护方式，但用得较少。

如果按照进入环的支路信号与经由该支路信号分路节点返回的支路信号方向是否相同分类，自愈环可以分为单向环和双向环。在正常情况下，单向环中所有的业务信号按同一方向在环中传输；在双向环中，进入环的支路信号按同一个方向传输，而由该支路信号分路节点返回的支路信号按相反的方向传输。

如果按照一对节点间所用光纤的最小数量区分，自愈环可以分为二纤环和四纤环。下面以 4 个节点的环为例，介绍几种目前常用的自愈环结构。

1) 二纤单向通道保护环

二纤单向通道保护环通常由两根光纤实现。其中，一根光纤用于传送业务信号，称为 S 光纤；另一根光纤用于保护，称为 P 光纤。单向通道保护环使用"首端桥接，末端倒换"结构，利用 S 光纤和 P 光纤同时携带业务信号并分别向两个方向传输，而接收端只选择其中较好的一路。这是一种 1+1 保护方式。

如图 7-5（a）所示，在节点 A 和节点 C 之间进行通信，将要传送的支路信号 AC 从 A 点同时馈入 S1 和 P1 光纤，即所谓双馈方法（1+1 保护）。其中，S1 按顺时针方向将业务信号送入分路节点 C，而 P1 按逆时针方向将同样的支路信号送入分路节点 C。接收端 C 同时收到来自两个方向的支路信号，按照分路通信信号的优劣决定哪一路作为接收信号。在正常情况下，S1 光纤所送的信号为主信号。同理，C 点以同样的方法完成到 A 点的通信。

当节点 BC 间的光缆被切断时，两根光纤同时被切断，如图 7-5（b）所示，在节点 C，从 A 经 S1 传来的 AC 信号丢失，则按照通道选优的准则，倒换开关将由 S1 光纤转向 P1 光纤，接收由 A 点经 P1 传来的 AC 信号，AC 间业务信号从而得以维持。故障排除后，开关返回原来的位置。

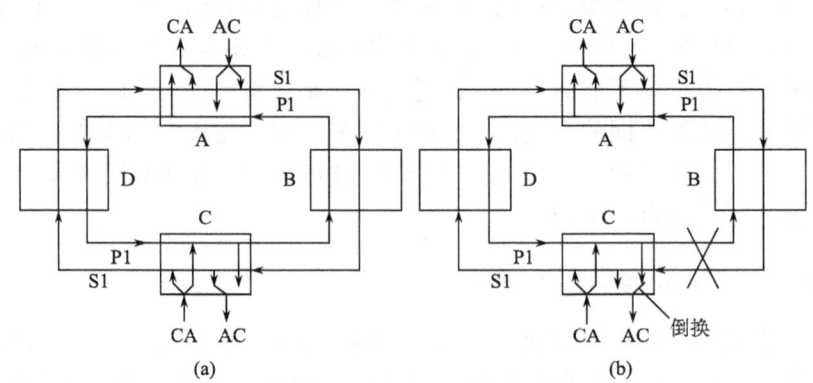

图 7-5　二纤单向通道保护环

2）二纤双向通道保护环

最近，二纤双向通道环也开始使用，其中的 1＋1 保护方式与单向通道保护环基本相同，只是返回信号沿相反方向而已，如图 7-6 所示。这种方式的优点是可以利用相关设备在无保护环或将同样 ADM 设备应用于线形场合下，具有通道再利用功能，从而增加总的分插业务量。

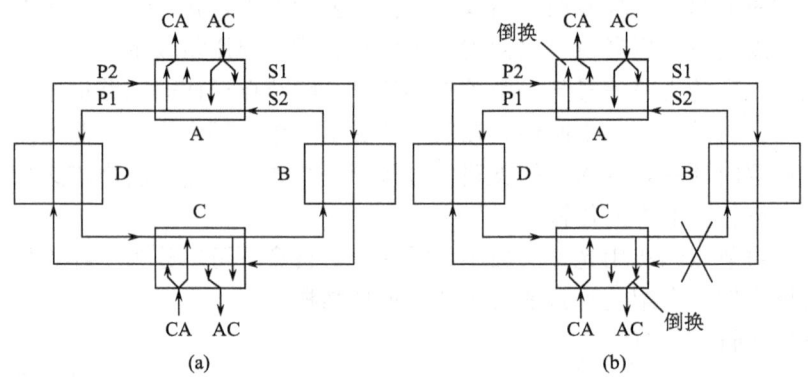

图 7-6　二纤双向通道保护环

二纤双向通道保护也可以采用 1∶1 的方式，这种方式需要自动保护倒换（APS）字节协议，但在保护通道中可传额外的业务量，只有出现故障时，才由工作通道转向保护通道。1∶1 方式可以进一步演变成 $M∶N$ 双向通道保护环，由用户决定只对某些重要的业务实施保护，无需保护的通道可以在节点间重新再用，从而大大提高了可用业务容量。缺点是需要网络管理系统，保护恢复时间大大增加。

3）二纤单向复用段保护环

在这种环形结构中，节点在支路信号分插功能前的每一高速线路上都有一保护倒换开关，如图 7-7（a）所示。在正常情况下，支路信号仅从 S1 光纤进行分插，保护光纤 P1 空闲。

当 BC 节点间光缆被切断时，两根光纤同时被切断，被切断光缆的相邻两个节点 B 和 C 的保护倒换开关利用 APS 协议执行环回功能，如图 7-7（b）所示。S1 上的线路信号经节点 B 倒换到 P1 上环回，从顺时针方向转为逆时针方向经由节点 A 和节点 D 到达节点 C，并在节点 C 经由倒换开关环回到 S1 光纤上。其他节点（A 和 D）的作用是确保 P1 光纤上传输的业务信号在本节点完成正常的桥接功能，畅通无阻地传向分路节点。这种环回倒换功能保证在故障状况下仍能维持环的连续性，使低速支路上的业务信号不会中断。故障排除后，倒换开关返回其原来位置。这种方式的业务容量和二纤通道保护一样，为节点处 ADM 的容量。

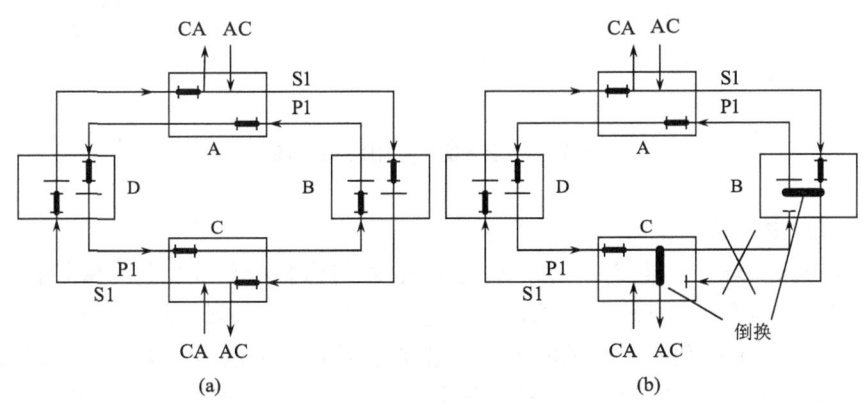

图 7-7 二纤单向复用段保护环

4）四纤双向复用段保护环

这种方式四根光纤中有两根是业务光纤（一发一收）S1 和 S2，两根是保护光纤（一发一收）P1 和 P2。如图 7-8 所示。其中，业务光纤 S1 形成一顺时针信号环，业务光纤 S2 形成一个逆时针业务信号环，而保护光纤 P1 和 P2 分别形成与 S1 和 S2 反向的两个保护信号环，每根光纤上都有一个倒换开关作保护倒换用。

在正常情况下，信号从节点 A 进入，沿 S1 顺时针传输到节点 C，而由 C 点进入的信号沿 S2 逆时针传输到节点 A，保护光纤 P1 和 P2 空闲。

当 BC 节点间的光缆被切断时，四根光纤全部被切断。利用 APS 协议，节点 B 和 C 中各有两个倒换开关执行环回功能，如图 7-8（b）所示，在节点 B，从点 A 传来的 S1 上的信号环倒换到 P1 上，经由节点 A 和 D 到达节点 C，经过倒换回到 S1 光纤上；同样，经由 S2 上的从点 C 传向点 A 的信号经过倒换到 P2 上，经由节点 C、D 回到节点 A 并经倒换回到光纤 S2 上。故障排除后，倒换开关返回原来位置。

在这种方式的保护环中，业务量的路由仅仅是环的一部分，业务通路可以重新使用，相当于允许更多的支路信号从环中进行分插，因而网络业务容量可以增加很多。在极端情况下，每个节点处的全部系统都进行分插，于是整个环的业务容量可达单个节点 ADM 业务容量的 K 倍（K 是节点数），即 $K \times$ STM-N。

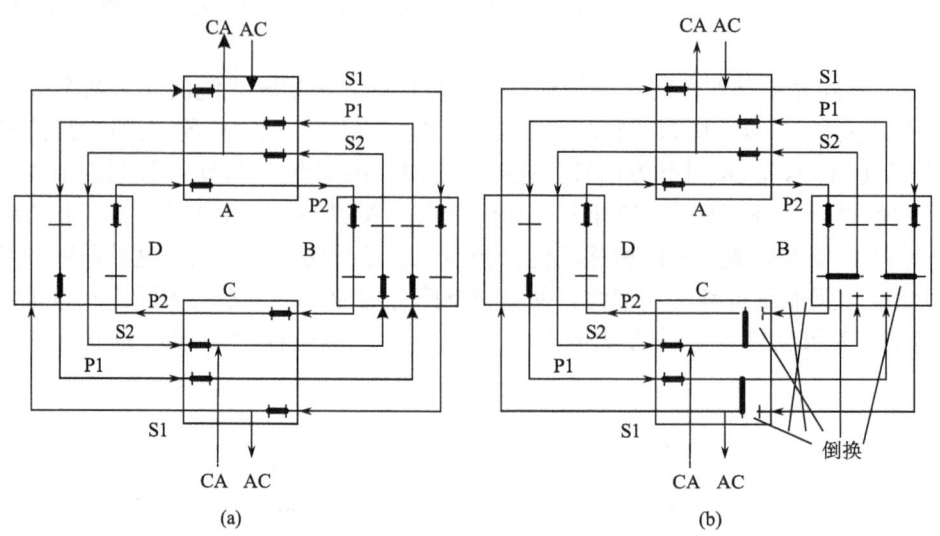

图 7-8 四纤双向复用段保护环

5) 二纤双向复用段保护环

在四纤双向保护环中，主业务光纤 S1 上的信号与保护光纤 P2 上的保护信号方向完全相同。如果利用时隙交换（TSI）技术，可以把这两根光纤上的信号合并到一根光纤上（称为 S1/P2 光纤），只不过利用不同的时隙传送业务信号和保护信号，如时隙 1 到 M 传送业务信号，而时隙 $M+1$ 到 N 留给保护信号，其中，$M \leqslant N/2$。同理，S2 光纤和 P1 光纤上的信号也可以置于一根光纤（称为 S2/P1 光纤）上，如图 7-9 所示。

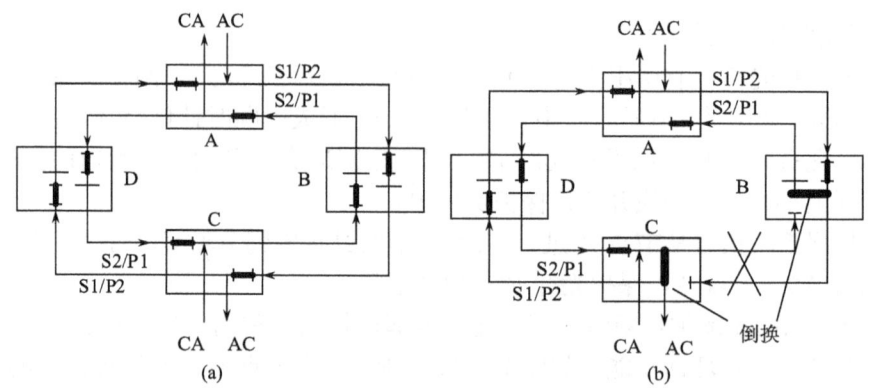

图 7-9 二纤双向复用段保护环

在正常情况下，S1/P2 和 S2/P1 光纤上的业务信号利用业务时隙传送信号，而保护时隙空闲，但节点 B 和 C 之间的光缆被切断时，二根光纤全部被切断，与切断点相邻的节点 B 和 C 利用倒换开关将 S1/P2 光纤和 S2/P1 光纤沟通。例如，节点 B 将 S1/P2 光纤上的业务信号转换到 S2/P1 光纤的保护时隙，节点 C 再将 S2/P1 保护时隙的信号转回 S1/P2 光纤的信号时隙，故障排除后，倒换开关返回原来的位置。

这种方法的通信容量只有四纤环的一半,即 $(K/2)\times$STM-N,其中 K 为节点数。

3. DXC 保护

DXC 自愈环的拓扑结构主要是网状结构,因为网状网中的物理路由有多条,可以节省备用容量的配置,提高资源利用率。如图 7-10 所示,在网状网的节点处采用 DXC 4/4 设备,当某处光缆被切断时,利用 DXC 的快速交叉连接特性可以比较迅速地找到替代路由,并恢复业务。高度互连的网状网结构为 DXC 的保护/恢复提供了较高的成功概率。

图 7-10 中的节点 A 到 D 原有 12 个单位的业务量(如 $12\times144/155$Mbit/s),当其间的光缆切断后,DXC 可能从网络中发现 3 条替代路由以分担这 12 个单位的业务量,即从 A 经 E 到 D 为 6 个单位,经 B 和 E 到 D 为 2 个单位,经 B 和 C 到 D 为 4 个单位。由此可见,网络越复杂,替代路由越多,DXC 的恢复效率越高,但节点过多也会增加 DXC 设备间转接业务所需的端口容量及附加线路,所以节点也不宜太多。

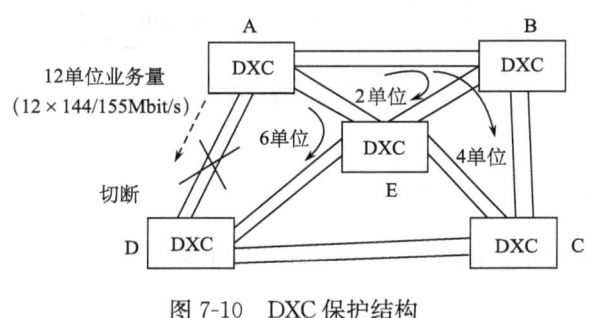

图 7-10 DXC 保护结构

DXC 的路由选择有三种方式,即静态方式,动态方式及即时方式。在静态方式中,网络给被保护资源预留一定的资源,路由表预先存放,这种方式只需几秒至几十秒就可恢复网络,速度最快,但路由未必最理想,并且所需的保护容量最大。在动态方式中,根据网络当前的状态给被保护业务提供保护容量,路由表随网络状态的不同而变化,但这种路由表也在网络失效之前就形成,计算过程虽需要几分钟(集中控制),但可以选择最佳路由。即时方式的路由表在失效后通过一定的业务恢复算法得到,需要最小的保护容量,但保护恢复时间最长,有时需几个小时。

DXC 自愈网的控制方式有集中式控制和分布式控制。集中控制的路由选择主要由控制中心完成,当网络发生某种失效时,各节点将信息传递到控制中心,经过控制中心的计算机处理,找出新的路由表,这种方式业务恢复时间较长。在分布式控制结构中,当网络发生某种失效时,智能的 DXC 间相互交换信息,寻找失效业务的替代路由,从而实现链路恢复或通道恢复。

4. 混合保护

将环型网保护和 DXC 保护在某些场合下相互结合,取长补短,就可以大大增加网络的生存性。市话局间中继网就是两者混合使用的理想场合,可以按区域划分若干环型网,将这若干个环型网连接到同一个 DXC 4/1 设备,再由该 DXC 向上连至长途网中的宽带 DXC 4/4 设备,如图 7-11 所示。在局间中继网中,数据流可以从一个环流向另一个环,或者流出该区域进入长途网。这类 DXC 同时支持环型结构和 DXC 保护恢复策略。需要注意的是，有时 DXC 保护恢复与环网保护会发生冲突，如原来通道倒换环设置的不同路由可能会由于 DXC 选路的实施而遭破坏，因而混合保护需要制定十分细致的选路规则。

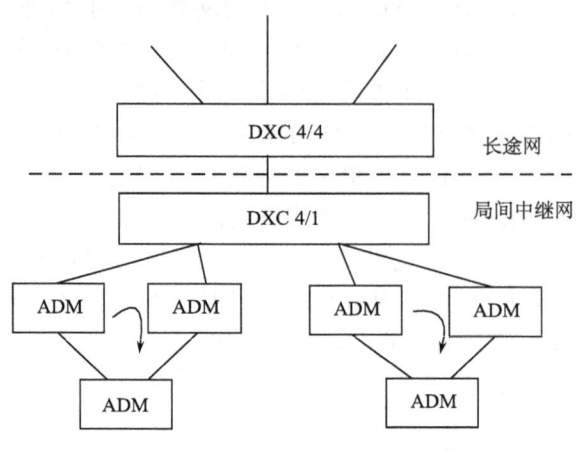

图 7-11　混合保护结构

5. 自愈网的性能比较

前面主要讨论了线路保护倒换、ADM 自愈环和 DXC 自愈网，下面就应用情况进行简单的比较。

（1）简单的线路保护倒换方式配置容易，网络管理简单，恢复时间很短（50ms），但成本较高，一般用于保护比较重要的光缆连接（1＋1方式）或两点间有较稳定的大业务量的情况。

（2）自愈环具有很高的生存性，网络恢复时间也较短（50ms）并具有良好的业务量疏导能力，但它的网络规划较难实现，很难预测今后的发展，一般适用于接入网和中继网。在用户接入网部分，适于采用通道倒换环；在中继网上，则一般采用双向复用段倒换环。至于二纤或四纤方式的选取则取决于容量要求和经济性考虑的综合比较。

（3）DXC 的保护方式也具有很高的生存性，并且使用灵活方便，也便于规划和设计，但网络恢复时间较长，有可能会使一些重要的数据丢失。因此，DXC 保护最适合于高度互连的网状拓扑，在长途网上应用较多。另外，利用 DXC 将多个环状网互连也是现在应用较多的一种方式。

7.2.4　SDH 的网络结构

在传统组网中，为提高传输设备利用率而增加线路占空系数，网中的各节点都建立许多直达通路，导致网络结构复杂。SDH 组网采用优化网络结构，建立强大的 OAM 功能，降低传输费用，支持新业务。

我国 SDH 系统的网络结构一般采用有自愈功能的环状网结构及少部分的点对点线状结构（一级干线）。全国 SDH 系统组网分为四个层面，如图 7-12 所示。

最高层为一级干线网，它是国家骨干网，由比较大的省会城市构成网状网结构，并辅以少量的线状网。业务量大的汇接点城市配有 DXC 4/4，具有 STM-N 接口和 PDH 的 140Mbit/s 接口。

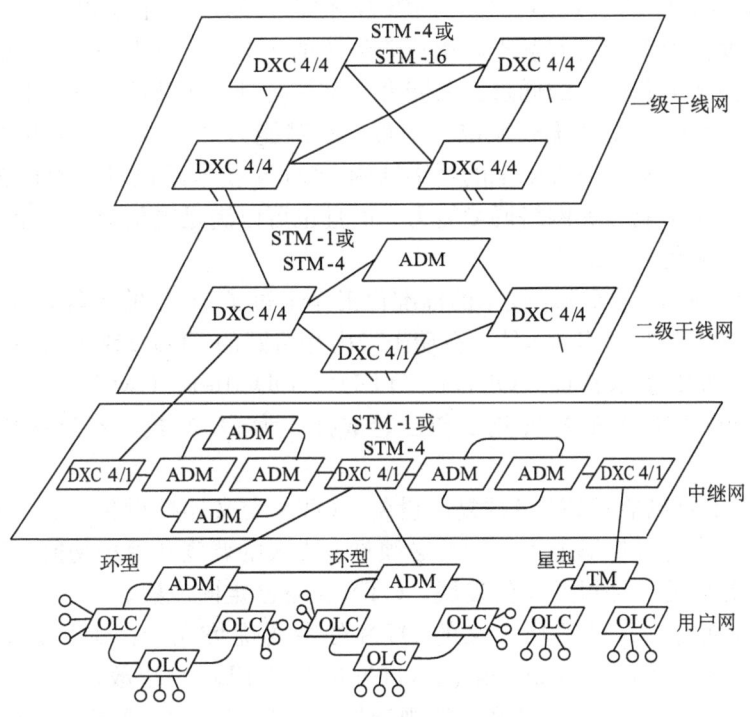

图 7-12 SDH 网络结构

第二层为二级干线网，主要实现省内的骨干环状网（少量线状网），主要汇接点有 DXC 4/4 和 DXC 4/1，有 PDH 的 2Mbit/s、34Mbit/s 和 140Mbit/s 接口，也有 SDH 接口，具有灵活的调度电路能力。

第三层一般为中继线网（长途市局和市内局间连接），可按区域组成若干环，由 ADM 组成各类自愈环，也可以以路由备用方式构成两节点环。由 ADM 设备构成这些环具有很高的生存性，还具有业务量的疏导功能。它主要采用复用段倒换环方式，根据业务量的大小决定是四纤还是二纤倒换环。中继线网可作为长途网与中继网，中继网与市话网之间的网关或接口还可作为 PDH 与 SDH 之间的网关。

最低层为用户接入网，处于传送网与用户的边界处，业务容量要求低，且大部分业务量汇集在端局上，因此通道倒换环和星型网都十分适合于该应用环境。所需设备除 ADM 外，还有光用户环路载波系统（OLC），速率为 STM-1/STM-4，接口可以是 STM-1 光或电接口，可以是 PDH 的 2Mbit/s、34Mbit/s 或 140Mbit/s 接口，以及 ISDN 接口和城域网接口等。

7.3 光传送网

随着网络 IP 化进程的不断推进，传送网组网方式开始由点到点、环网向网状网发展。

网络边缘趋向传送网与业务网的融合，网络的垂直结构趋向扁平化发展。在这种网络发展趋势下，传统的 WDM+SDH 的传送方式已逐渐暴露其不足之处，于是光传送网（Optical Transport Network，OTN）应运而生。网络 IP 化带来的承载业务颗粒不断增大、业务种类增加和网络调度频繁等传送问题不断挑战着传统的 WDM+SDH 的传送模式。虽然 SDH 拥有着丰富的开销字节和强大的低阶交叉能力，但是面对 2.5Gbit/s 或以上速率的高阶交叉仍显不足。WDM 系统存在系统故障定位困难、组网能力差（以点到点的组网方式为主）、波长调度困难等问题，不能适应未来的网络结构。OTN 技术不仅可以提供更大容量的传输带宽、完善的高阶交叉能力和网络调度能力，而且也可以满足电信级的安全性能，是一种适应未来业务网发展的传输模式。

从 1999 年到 2009 年，OTN 技术的标准化工作走过了 10 年的历程。2009 年，OTN 标准化取得了新的进展。2009 年 10 月，在瑞士日内瓦召开的 ITU-TSGl5 研究组全体会议上，包含了 OTN 演进关键技术特征（ODU0、O-DU4、ODUflex、GMP 等）的 G.709V3 建议获得通过。这标志着 OTN 的标准化工作已趋成熟，为 OTN 技术在网络中商用化铺平了道路。

OTN 光节点主要包括 OTN 终端复用设备、OTN 交叉连接设备。新一代传送 OTN 平台不仅要继续保持大容量传输能力，而且必须具备强大的调度和保护功能，实现快速网络部署和高可靠性业务传输。经过几年的发展，OTN 设备已走向成熟。

相对于 SDH 而言，ITU-T 所定义的 OTN 的主要优势在于：①具备更强的前向纠错（FEC）能力；与 SDH 的带内 FEC 相比，OTN 的带外 FEC 可以改进纠错能力 3~7dB。②具有多级串联连接监视（TCM）功能；监视连接可以是嵌套式、重叠式或级联式，而 SDH 只允许单级 TCM 功能。③支持客户信号的透明传送；SDH 只能支持单一的 SDH 客户信号，而 OTN 可以透明地支持所有的客户信号。④交换能力具有可扩展性；SDH 主要分为两个交换级别，即 2Mbit/s 和 155Mbit/s，而 OTN 可以随着线路速率的增加而增加任意级别的交换速率，与每个波长信号具体的比特率无关。

7.3.1 光传送网的分层结构

光传送网相对于开放系统互联（ISO/OSI）国际标准化组织定义的七层通信协议模型的第一层。光传送网又可定义成一种三层网络结构，如图 7-13 所示，按照 OTN 技术的网络分层，可分为光通道层（OCh）、光复用段层（OMS）和光传输段层（OTS）三层。另外，为了解决客户信号的数字监视问题，光通道层又分为光通道净荷单元（OPU）、光通道数据单元（ODU）和光通道传送单元（OTU）三个子层，类似于 SDH 技术的段层和通道层。

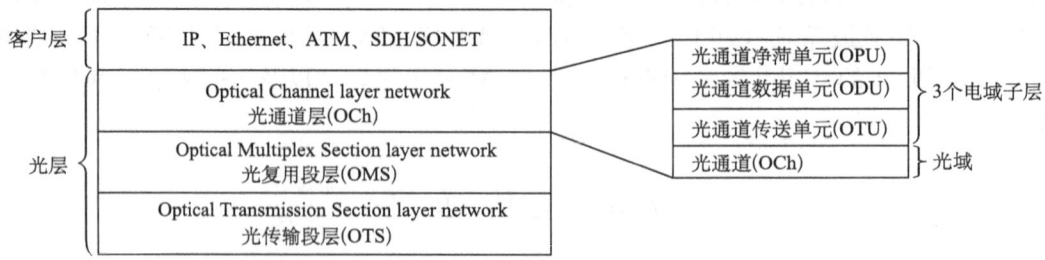

图 7-13 光传送网的分层结构和连接类型

光通道层（OCh）与各种数字化的用户信号相接口，它为透明地传送 SDH、PDH、Ethernet、ATM、IP 等业务信号提供点到点的以光通道为基础的组网功能。OCh 指单一波长的传输通道。OMS 为经 DWDM 复用的多波长信号提供组网功能。OTS 经光接口与传输媒体相接口，以提供在光纤介质上传输光信号的功能。这三层的每一层，一方面扮演其上层（客户）网的服务层，同时又充当其下层（服务）网络的客户层角色。光传送网的各子层功能如下。

1. 光通道层（OCh）

OCh 层网络主要提供端到端的光通道联网。要实现端到端联网，需要 OCh 网络具有如下多种功能特征。首先，必须具有重构 OCh 连接的能力，以灵活地提供网络路由。第二，要求必须能够正确处理 OCh 开销，以保证 OCh 适配信息的完整性。再有，OCh 网络应该能够执行对 OCh 光通道的监控功能，如连接指配、QoS 参数交互和网络的生存性等，以确保网络层操作与管理功能正常运转。也就是说，光通道层必须具备下述能力：光通道连接的重组，以便实现灵活的网络选路；光通道开销处理，以便确保光通道适配信息的完整性；光通道监控功能，以便实现网络等级上的操作和管理网络的生存性能力，即在故障发生时，通过重新选路实现保护倒换和网络恢复。

由于光通道层要面对不同的业务层，因此要求光通道层能够透明地承载不同格式的客户层信号，如 SDH、ATM、GE 等。业务层信号通过调制光传送单元（OTU）形成一条光通道踪迹，并由该光通道踪迹承载传送上层的客户信号。OTU 也有很多性能指标，如功率和信噪比的分配，而且还有附加了完整性校验的开销信息和预定义的调制方案等。

OCh 终端设备还执行监控功能，如连接的完整性校验、信号丢失（LOS）检测和告警指示信号（AIS）处理。OCh 终端设备主要执行 OCh 开销的归整合并和客户层信号的适配。OCh 终端接收上游端 OTU 发送来的光通道信号后就将 OCh 开销与客户层信号进行剥离。

总之，光通道层负责为来自电复用段层不同格式的客户信息选择路由和分配波长，为灵活的网络选路安排光通道连接，为透明地传递各种不同格式的客户层信号的光通道提供端到端的联网功能。处理光通道开销，提供光通道层的检测、管理功能，提供端到端的连接，并在故障发生时，通过重新选路或直接把业务切换到预定的保护路由以实现保护倒换和网络恢复。

2. 光复用段层（OMS）

OMS 层网络为光网络使用多波长传输系统提供一些必要的功能。OMS 层提供重构 OMS 连接的能力，以便给网络提供灵活的多波长选路由能力。该层保证 WDM 传输设备间多波长复用光信号的完整传输，为多波长信号提供网络路由功能。主要包括：为灵活的多波长网络选路重构光复用段连接的功能；为保证多波长光复用段适配信息的完整性而处理无复用段开销的能力；为段层的运行和维护提供光复用段的检测和管理功能，如复用段连接指配和网络的生存性。每一条光通道都由一个光复用段踪迹承载。每一条光通道都与一组 OTU 中的一个 OTU 对应，可表示为 OTUG-n。OMS 的终端设备也具有监控功能，可以在源端和宿端对 OMS 开销执行封装和剥离操作，这一点和 OCh 的终端设备类似。

3. 光传输段层（OTS）

该层为光信号在不同类型的光媒体，如单模光纤（如 G.652、G.653、G.655 等）和多模光纤上提供传输功能。整个信息传送过程为：被复用的多路 OCh 信号通过一个光传输模块（OTM）以合理的光性能参数（如 SNR 和功率）在特定的波长范围内通过光媒体传输。OTS 终端设备也同样执行监控功能，封装/剥离开销信息，并且插入可对光放大器和中继器进行控制的光监控通道信息。光传输段执行开销处理，以便确保光传输段适配信息的完整性；同时实现对光放大器或中继器的检测和控制功能。

7.3.2 光传送网的接口结构

ITU-T G.872 建议给光传送网定义了两种接口：域间接口（IrDI）和域内接口（IaDI）。IrDI 是不同网络运营域之间的接口及同一运营域但不同的设备生产商设备构成的子网之间的接口。IaDI 是同一运营域内子网络的接口。域间接口代表两个运营域之间边界的物理接口，域间接口的每一端都具有再放大、再整形、再定时处理功能（可称为 3R 处理功能）；域内接口是运营域内部的接口。IrDI 和 IaDI 的差别在于 IrDI 不支持光监控信道，而 IaDI 支持监控信道。每种接口根据传送光信道的数目又分为具有全功能的 OTM 接口（OTM-n, m）和简化功能的 OTM 接口。

图 7-14 给出了 OTN 的不同层及作用范围的一个示例，用于表示光传送网提供端到端的连接。由图 7-14 可知，整个光传送网的 OCh 层、OMS 层、OTS 层形成客户/服务关系，OMS 层由多个 OTS 层组成，OCh 层又由多个 OMS 层组成。如果某一个 OTS 层出现故障，则必将影响相应的 OMS 层和 OCh 层。

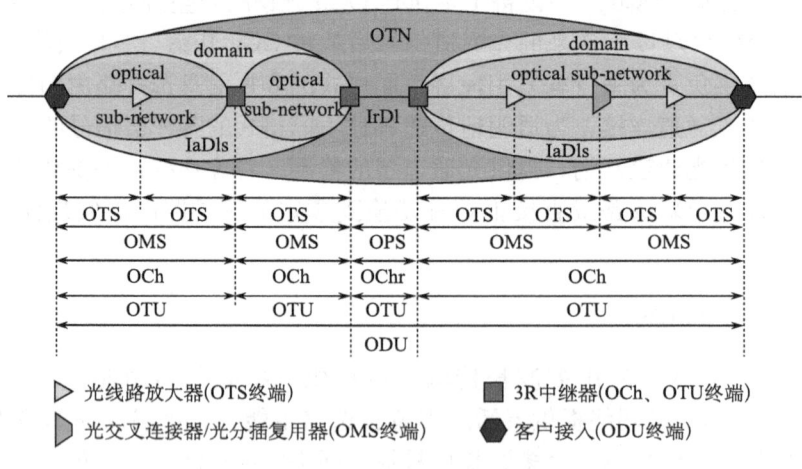

图 7-14 OTN 网络分层示意图

1. 基于数字封包技术的光通道层

在光传送网中，光传输段层、光复用段层的开销信息和光通道层非随路的开销信息可以用光监控信道（OSC）传送。为了对光通道层实现有效的管理，光通道层还需要传输随路开销信息，如光信道的踪迹指示、性能监测等，这是因为在光传送网中光通道处于动态交叉连接和分插复用中，而光监控通道总是随某个 WDM 链路传送，为了避免净负荷和开销的错误路由（如路径踪迹的错误指示），避免光通道性能和缺陷的错误指示，随路传输 OCh 层开销信息是完全需要的。

随路传输方案的选择应考虑网络的可扩展性和快速保护倒换的需要。人们提出了两种采用随路方式传送光通道层开销的实现方式，即副载波调制和数字封包技术。利用副载波调制实现随路的光通道层开销的带宽有限，且会引起客户信息一定程度的性能劣化。因此，数字封包技术引起人们的普遍关注。

ITU-T 的 G.709 建议对数字封包技术进行了规范，它对客户层信息采用数字封包以支持随路的光通道层开销，解决了光传送网中性能监视的难题，同时也充分考虑了对光通道再生的需求，支持随路开销的传送，方便各种业务的接入。数字封包不会像副载波调制那样劣化客户层信号，可以引入前向纠错编码（FEC）技术，有效地提高客户层信号的性能，降低误码率。采用 FEC 将导致 7% 左右的冗余，但可以得到 5dB 左右的灵敏度增益。

G.709 建议的核心内容就是数字封包技术，它定义了一种特殊的帧格式，将客户信号封装入帧的载荷单元，在头部提供用于运营、管理、监测和保护的开销字节，并在帧尾提供了前向纠错（FEC）字节。数字封包采用的标准帧是 4 行 4080 列帧格式：头部 16 列为开销字节，尾部 256 列为 FEC 校验字节，中间 3808 列为净荷。G.709 建议定义 OTN 的帧如图 7-15 所示。其中，第 1 行 1～7 列为帧定位字节，8～14 列为 OTU 开销字节；第 2～4 行 1～14 列为 ODU 开销字节，第 15～16 列为 OPU 开销字节。

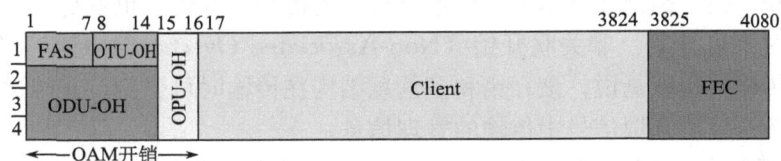

图 7-15　G.709 OTN 帧

2. 光传送模块 OTM-nr.m

光传送模块是跨越光网络节点接口而传输的信息结构。在光传送网中，信息以光传送模块（OTM）为单元进行传输，这与 SDH 以同步传送模块（STM）为单元进行传输一样。其中，n 表示网络节点接口所支持的最大波长数，n 为 0 表示非特定波长的单通道。m 表示网络节点接口所支持的比特率或一系列比特率。ITU-TG.709 对于每个光传送网节点接口（ONNI）规范了两种光传送模块结构：一种是具有全功能的 OTM 接口（OTM-n.m），另一种是具有简化功能的 OTM 接口（OTM-0.m 和 OTM-nr.m）。其中，r 表示简化功能的光传送模块或者简化其他功能的信息结构（当 n 为 0 时表示总是简化的功能，因此没有必要再用 r 表示）。基本的结构如图 7-16 所示。各种不同的客户层信号，如 IP、ATM、Ethernet 和 STM-n 等先映射到光通道层（OCh）中，然后通过 OTM-0.m、OTM-nr.m 或 OTM-n.m 传送。全功能的 OTM-n.m 包括光传输段层（OTSn）、光复用段层（OMSn）、光通道层（OCh）、标准功能的光通道传送单元（OTUk/OTUkV）和光通道数据单元（ODUk）。简化功能的 OTM-0.m 和 OTM-$nr.m$ 包括光物理段层（OPSn）、简化功能的光通道层（OChr）、标准功能的光信道传送单元（OTUk/OTUkV）和光通道数据单元（ODUk）。光传送模块 OTM-0.m、OTM-$nr.m$ 是用来支持物理段层（OPS0）的信息结构，不支持光监控信道（OSC），不支持非关联的开销，这是它与全功能的光传送模块（OTM-$n.m$）的重要区别。

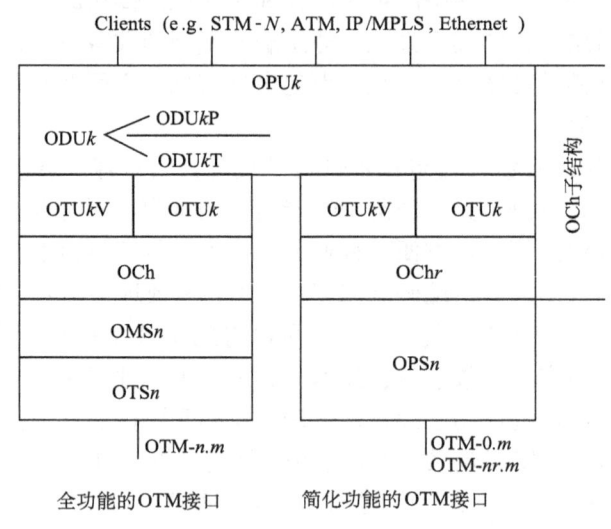

图 7-16　光传送网节点接口的结构

所谓"关联开销"是指必须和某种信息结构一起传输的开销，也就是说，该开销和该信息结构在传输时不可分割；非关联开销（Non-Associated Overhead）是指开销可以和某种信息结构分开传输，也就是说，该开销和该信息结构在传输时可分割。光传送模块的非关联开销是指在光传送模块开销信号中传输的管理信息。

在 G.709 规范中，光通道层分为三个子层，分别是光通道净负荷单元（OPU）、光通道数据单元（ODU）和光通道传送单元（OTU）。

ITU-T 目前定义了两种光通道，分别为全功能的光通道（OCh）和简化功能的光通道（OChr）。全功能的光通道是由具有一定带宽的信息净荷（OCh-PLD）和用于光通道管理的非关联开销（OCh-OH）构成的一种信息结构；简化功能的光通道由具有一定带宽的光通道净负荷组成，它不支持非关联开销。OChr 只包含 OCh-PLD，不包含 OCh-OH。

光通道净负荷单元 k（OPUk）是用来适配客户信号，以便使其适合于在光通道上传输的信息结构。它包含客户信息、用于执行客户信号速率和 OPUk 净荷速率之间适配的开销，以及其他用于支持客户信号传送的 OPUk 开销。k 是与客户信号速率有关的阶数，可以是 0、1、2、3、4，见表 7-1。

光通道数据单元 k（ODUk）是用来支持 OPUk 的信息结构。它由 OPUk 的信息和光通道数据单元开销（ODUk OH）组成。ODUk 的容量由 k 区分。其中，①光通路数据单元 k 通道（ODUk 通道，ODUkP）是用于支持端到端 ODUk 路径的信息结构。②光通路数据单元串联连接监测（ODUk TCM，ODUkT）是用于支持 TCM 路径的信息结构，最多可以支持 6 个 TCM 子层。

表 7-1 OTN 信号和净荷速率

k	OTUk 信号速率	OPUk 净荷区速率	OTUk/ODUk/OPUk 帧周期
0	未应用	238/239×1244160kbit/s =1238954kbit/s	98.354μs
1	255/238×2488320kbit/s =2677306kbit/s	2488320kbit/s	48.971μs
2	255/237×9953280kbit/s =10709225kbit/s	238/237×9953280kbit/s =9995277kbit/s	12.191μs
3	255/236×39813120kbit/s =43018414kbit/s	238/236×39813120kbit/s =4015019kbit/s	3.035μs
4	255/227×99532800kbit/s =111809974kbit/s	238/227×99532800kbit/s =104355975kbit/s	1.168μs

注：所有速率为±20ppm。

光通道传送单元 k（OTUk）由光通道数据单元（ODUk）、光通道传送单元的 FEC 域和光通道传送单元的开销（OTUk OH）组成。该层 OTUk 在一个或更多的光通道连接的基础上支持 OTUk 的信息结构。OTUk 的容量由 k 划分。目前，定义了两种 OTUk，即用于 OTM 域间（IrDI）或域内（IaDI）完全标准化的 OTUk，以及仅用于 OTM 域内（IaDI）部分功能标准化的 OTUk（OTUkV）。

图 7-17 显示了 OTM 中各种不同信息结构单元间的关系及其映射和复用结构。根据 ITU-T G.709 的建议，各种客户层信息（SDH、ATM、IP、以太网等）可以按照一定的映射和复用结构接入到 OTM 中。由图 7-17 可知，各种客户层信息经过光通道净荷单元 k（OPUk）的适配，映射进一个 ODUk 中，然后在 ODUk 和 OTUk 中分别加入光通道数据单元的开销和传送单元的开销，再被映射到光通道层（OCh）或（OChr），并调制到光通道载波（OCC 或 OCCr）上。OCC 由 OCC 净负荷（OCCp）和 OCC 开销（OCCo）组成。OCCp 携带 OCh-PLD，在 WDM 系统的某一个波长上传输。OCCo 携带 OCh-OH，在 OTM-n 开销信号（OOs）中传输。OCCr 仅包含携带了 OCh-PLD 的 OCCp，没有 OCCo。$k=1$ 对应 2.5Gbit/s 的速率，$k=2$ 对应 10Gbit/s 的速率，$k=3$ 对应 40Gbit/s 的速率。多个光通道载波（如 i 个 40Gbit/s 的光信号、j 个 10Gbit/s 的光信号、k 个 25Gbit/s 比的光信号，$1 \leqslant i+j+k \leqslant n$）被复用进一个光通道载波组（OCG-n.m 或 OCG-nr.m）中，OCG-n.m 再加上光监控信道（OSC）就构成光传送模块 OTM-n.m。图 7-17 也给出了 OTM-0.m 和 OTM-nr.m 的映射和复用结构。

3. 光传送网的网络节点接口（ONNI）的信息结构

OTN 接口信息结构通过信息包含关系和流表示。OTM 的信息结构包容关系如图 7-18 所示，光通道净负荷单元将各种客户层的信息，如 IP、ATM、Ethernet 和 STM-N 等信号进行适配，加上 OPUk 的开销（OPUk OH），形成 OPUk 层信息，然后逐次映射到光通道数据单元和光通道传送单元中。最后，光通道传送单元映射到光通道层（OCh）中，完成在光通道层中的适配和映射。每一次映射过程都加有本层的开销信息。

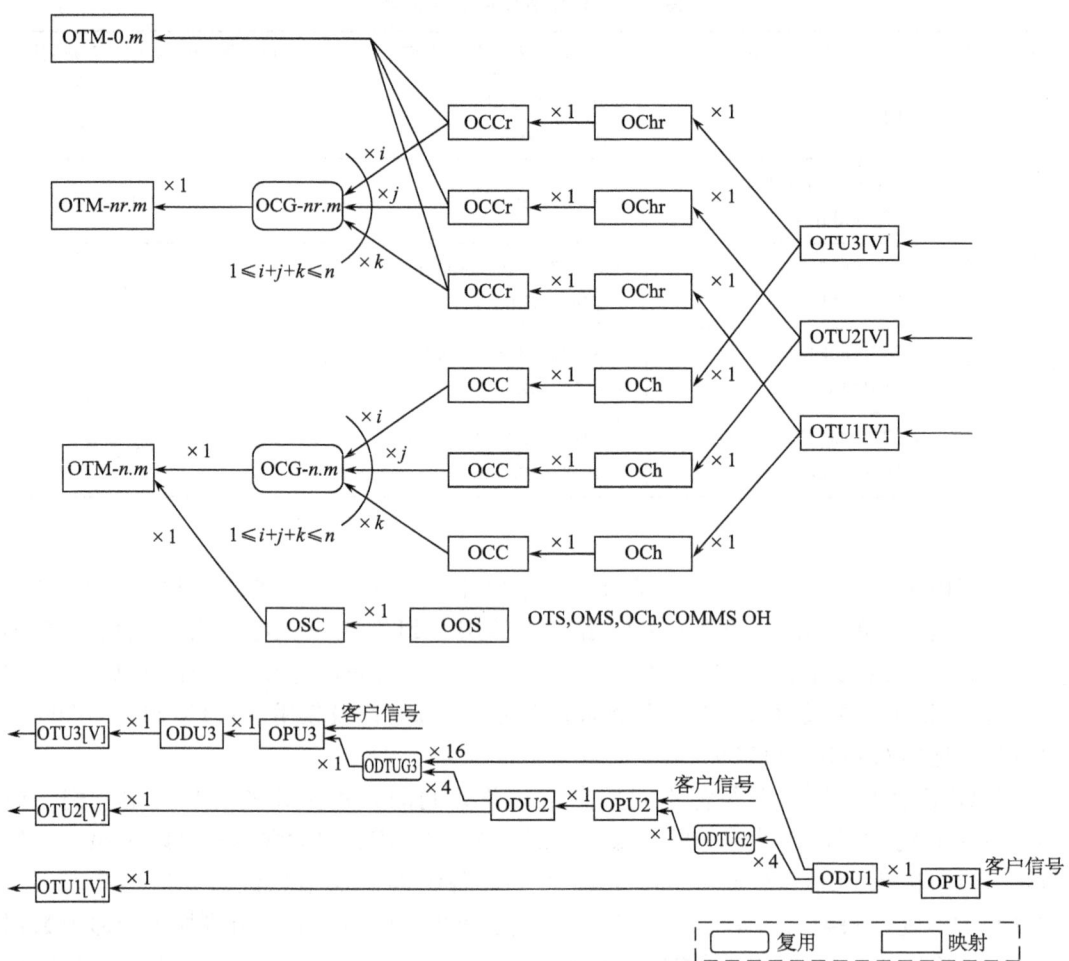

图 7-17 OTM 的复用和映射结构

图 7-18 左半部分为完整功能 OTM 接口 OTM-$n.m$。需要注意的是，光层信号 OCh 由 OCh 净荷和 OCh 开销构成；OCh 被调制入 OCC 后，多个 OCC 时分复用，构成 OCG-$n.m$ 单元；OMSn 净荷则和 OMSn 开销共同构成 OMU-$n.m$ 单元，与此类似的是，OTSn 净荷和 OTSn 开销共同构成 OTM-$n.m$ 单元。这几部分的光层单元开销和通用管理信息一起构成了 OTM 开销信号（OTM Overhead Signal，OOS），以非随路开销的形式由 1 路独立的光监控信道 OSC 负责传送。电层单元 OPUk、ODUk、OTUk 的开销为随路开销，和净荷一同传送。

再来看如图 7-18 所示的简化功能 OTM-$nr.m$ 信号的组成，OTM-$nr.m$ 由最多 n 个光通道复用组成，不支持非随路开销。OTM-$nr.m$ 和 OTM-$n.m$ 的电层信号结构相同，光层信号方面则不支持非随路开销 OOS，没有光监控信道。

另一种简化功能 OTM 接口为 OTM-0.m，OTM-0.m 仅由单个光信道组成，不支持非随路开销 OOS，没有特定的波长配置。

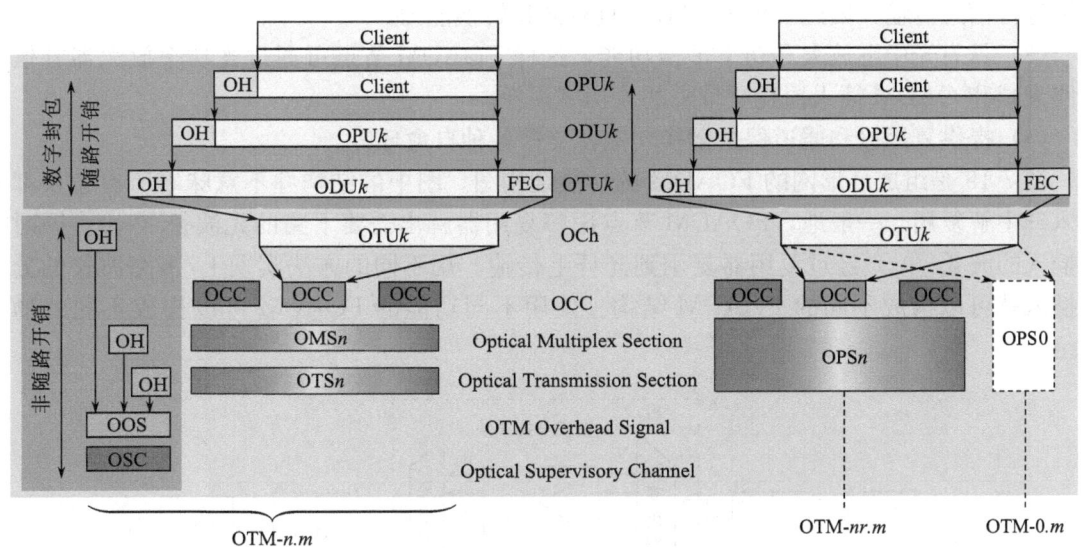

图 7-18 OTM 成帧过程的信息结构和包容关系

7.3.3 光传送网设备

在 OTN 标准中，最常用的光传输网络设备为中继器、OTN 终端设备、光分插复用器（OADM）、光交叉连接器（OXC）。OADM 设备和 OXC 设备是光传送网络最重要的节点设备。OADM 不需经过光电转换，直接从传输光路中有选择地上/下某些波长信道，同时不影响其他波长信道的传输。OADM 可分为两大类，即固定 OADM（FOADM）和可重构 OADM（ROADM）。前者只能上/下固定的一个和多个波长，也就是说节点的路由确定；后者的上/下路波长可以根据网络需求进行动态重配，能够支持多方向组网。显然，ROADM 更符合当前传送网络发展的需求。FOADM 节点的路由固定，该类型 OADM 缺乏组网灵活性，但性能可靠，没有时延。ROADM 能动态地调节节点的分插波长信道，实现光网络的动态重构，该类型 OADM 通常采用光开关或可调谐光器件等构成 OADM 的核心——光分插复用单元，虽然结构复杂，但可以使网络的波长资源得到良好的分配。OADM 也可进一步发展为下一代光网络的核心 OXC。OXC 是用于光纤网络节点的设备，通过对光信号进行交叉连接，能够灵活有效地管理光传输网络，是实现可靠的网络保护/恢复及自动配线和监控的重要手段。

1. FOADM 的实现技术

FOADM 作为光传送网组网的重要设备，主要功能如下。

（1）从传输设备中有选择地下路通往本地的光信号，同时上路本地用户发往另一节点用户的光信号，而不影响其他波长信道的传输。也就是说，OADM 在光域内实现了传统的 SDH 设备中电分插复用器在时域中的功能。相比较而言，它更具有透明性，可以处理任何格式和速率的信号，这一点比电 ADM 更优越，使整个光纤通信网络的灵活性大大提高。

（2）具有波长转换功能，即使与 WDM 标准波长相同及不同的波长信号都能通过 WDM

环网进行信息传输,因此要求 FOADM 具有波长转换能力。

(3) 具有光中继放大和功率平衡功能,这样 FOADM 节点可通过光功率放大器补偿光线路衰减和 OADM 插入损耗所带来的光功率损耗。

(4) 提供复用段和通道保护倒换功能,支持各种自愈环等。

图 7-19 是组成环形网的 FOADM 的功能结构图。图中的结构并不意味着所有波长都要从入纤中解复用。一般地,FOADM 节点用解复用器解出需要下路的光波长(λ_d),同时把要插入的波长(λ_a)经过复用器复用到光纤上传输。用不同的方法实现上/下路波长的分出与插入就可以构成不同的 FOADM 结构。使用不同功能的 FOADM 可以构成不同的物理网络。

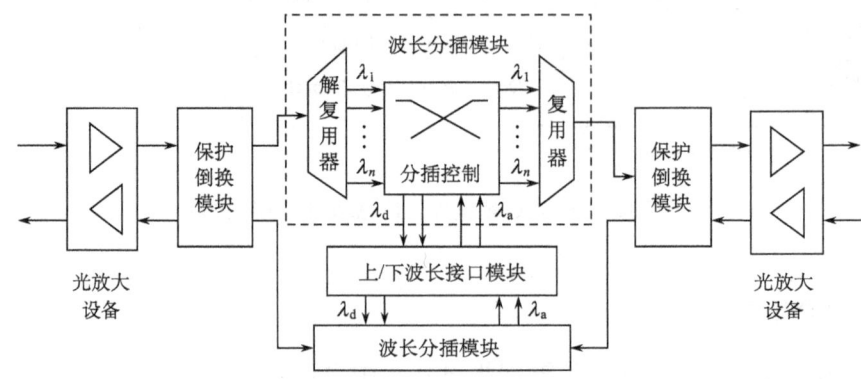

图 7-19 FOADM 功能结构

一般来说,OADM 的基本结构包括解复用器、分插控制滤波单元及复用单元。其中,波长分插模块是 OADM 的基本功能单元。其构成方案很多,归纳起来主要有以下 4 种形式。

1) 由分波器、空间交换单元和合波器组成的 FOADM

在这种方案中,分波器可以是普通的解复用器,空间交换单元一般采用光开关和光开关阵列,合波器可以采用耦合器或复用器。图 7-20 和图 7-21 是对这种方案的具体实现。这种方案的优点在于结构简单,对上/下话路的控制比较方便。特别是在如图 7-21 所示的情况中,如果采用 1×8 的解复用器,则 8×8 的光交叉矩阵使光波长具有无阻塞交叉能力。由于采用了光转发器,所以任意波长的光信号均可以插入。光开关的使用使 FOADM 在获得调谐能力的同时,也带来时延和插入损耗问题。

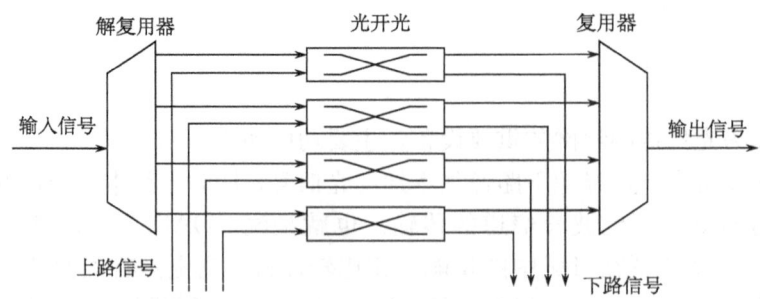

图 7-20 基于解复用器和光开关的 FOADM

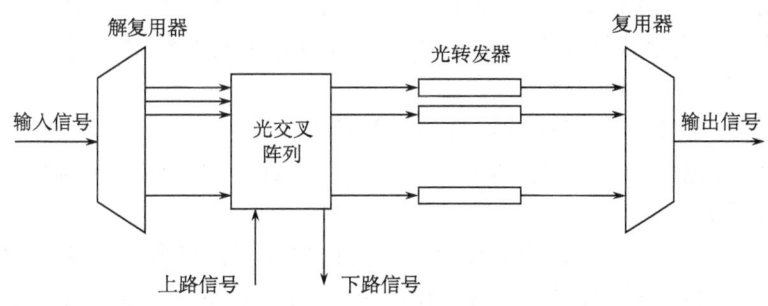

图 7-21 基于解复用器和开关阵列的 FOADM

2) 由耦合单元、滤波单元和合波器组成的 FOADM

这种类型的 FOADM 结构简单,所用的器件方便易得。在这种结构中,耦合单元一般为普通的耦合器或光环形器等,滤波单元有光纤光栅(FBG)、F-P 腔滤波器等,合波器为普通的耦合器或复用器。如图 7-22 所示的是目前较为普遍采用此类方案的一种 FOADM 结构。由图 7-22 可知,包含多波长的 WDM 信号通过光环形器被送入一个光纤光栅,每路的光栅对准一个波长,被光栅反射的波长经环形器下路到本地,其他输入的 WDM 信号波长则通过光栅,并经第二个环形器与本地节点的上路信号波长合波,继续向前传输,从而实现上/下话路的功能。

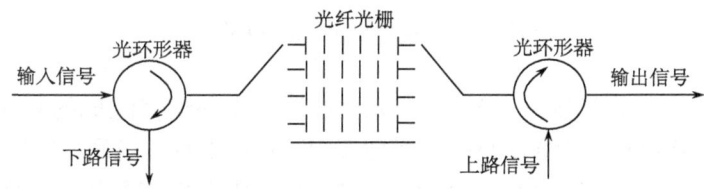

图 7-22 基于光栅和开关的 FOADM

3) 基于声光可调谐滤波器(AOTF)构成的 FOADM

如图 7-23 所示,上路波长光信号和输入的 WDM 信号中的同波长光信号偏振方向垂直,它们进入 AOTF 后,输入的 WDM 信号经偏振分束器(PBS)分成 TM 模和 TE 模后进入声波波段选频 f 控制的模式转换单元(一般为 $LiNbO_3$ 晶体),选频 f 针对不同的下路波长进行调谐,如下路 λ_1,选频 f 调到一个相应的频率。当 WDM 信号经过模式转换单元时,波长为 λ_1 的光的 TE 模和 TM 模发生转换,TE 模变为 TM 模,TM 模变为 TE 模,经下一

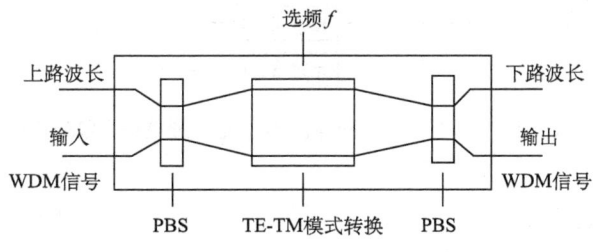

图 7-23 基于 AOTF 的 FOADM

个 PBS 后从下路端口输出到本地。其他的 WDM 波长没有发生模式变换，从输出端口输出到光纤，而上路波长经模式转换单元后也从输出端口输出到光纤上。目前，基于 AOTF 的 OADM 的调谐速度可以达到微秒量级。

4）基于波长光栅路由器（WGR）的 FOADM

WGR 是一种光栅型的波长路由器，具有双向性，即一个方向输入为解复用方式，则另一个方向输入为复用方式。

如图 7-24 所示，以 $N \times N$ 的 WGR 为例，由输出端口的解复用下来的波长次序与输入端口有关：假设 WDM 信号有对应于 WGR 的 N 个波长，输入和输出端口排序分别为 $1 \sim N$，输出端口 $1 \sim N$ 的解复用波长依次为 $\lambda_1 \sim \lambda_N$。当 WDM 波长信号从输入端口 1 进入时，输出端口 $1 \sim N$ 解复用的波长依次为 $\lambda_1 \sim \lambda_N$；当从输入端 2 进入时，输出端口 $1 \sim N$ 解复用的波长依次为 $\lambda_N, \lambda_1 \sim \lambda_{N-1}$，以此类推。因此，在 WGR 的输入端，用光开关选择 WDM 信号的不同输入口，由此决定下路的波长，实现 FOADM 的可调谐性。上路的信号与通过的信号进入 WGR B 以复用方式合波为 WDM 信号，经选择开关进入到输出光纤。这种方案的一种简化方式就是 WGR B 和后面的 $1 \times N$ 光开关用一个 $N \times 1$ 的耦合器代替。

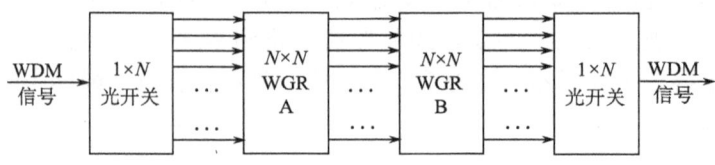

图 7-24 基于 WGR 的 FOADM

图 7-25 是由阵列波导光栅（AWG）和光滤波器及光环形器组成的双向 FOADM，这是一种新颖的 FOADM 结构。AWG 是一种类似于 WGR 的器件。这种 FOADM 最大的优点是它具有双向传输和上下路的功能，结构稍作变换就能用于 WDM 自愈环型网中，但它没有波长模块性。

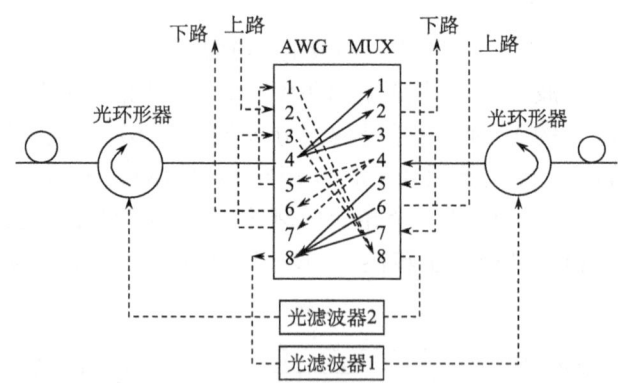

图 7-25 基于 AWG 和滤波器及光环形器的 FOADM

2. ROADM 的实现技术

ROADM 具有如下优点。

(1) 更高的光学灵活性。ROADM 能够远程动态地重新配置、添加、插入、监控和均衡 WDM 系统中的各个波长，能够在很大程度上改进对复杂的高速网络的优化和管理。

(2) 带宽优化。ROADM 主要用于代替光/电/光路由器，从而允许网络运营商快速路由，分插波长，进而优化带宽。

(3) 能够缩短实现赢利的时间，并节省运营费用。

(4) 灾难恢复。

(5) 可扩展到多维拓扑。

ROADM 主要由光学器件构成，能调节节点上/下路的波长，从而达到对传送波长灵活配置的能力。目前，ROADM 主要可分为广播/选择型 ROADM、波长选择型 ROADM 和电域光域结构混合型下一代 ROADM。

1) 广播/选择型 ROADM 技术

广播/选择型 ROADM 本质上是一种二维器件，能支持两个方向，支持单环组网，主要由波长阻塞器（Wavelength-Blocker, WB）构成，结构示意如图 7-26 所示，WB 模块包括光解复用器、一系列可变衰减器（每个波长一个）及多路复用器。当光信号进入设备后，首先被均匀地分成两路，一路进入可调谐滤波器，对要下路的波长进行选择；另一路进入 WB 模块，WB 模块同步地将已被选择的下路波长进行阻断，并让其他波长通过。WB 模块的另一端使用可调激光器对上路波长进行选择，被选择的上路波长通过一个耦合器与原传送信号中的其他光信号合并，然后继续向下传输。

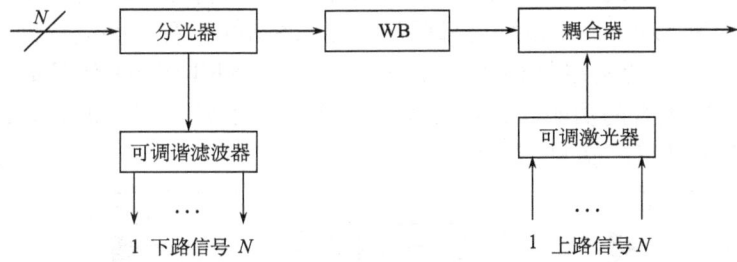

图 7-26　基于波长阻塞器（WB）的 ROADM 结构示意图

WB 型 ROADM 的优点：结构简单，模块化程度好，在预留升级端口时可支持灵活扩展升级功能，上下路波长较少时成本低，支持广播业务，具备通道功率均衡能力。缺点是上下路波长较多时成本较高（独立的可调谐滤波器成本高），不易过渡至 OXC。

2) 波长选择型 ROADM 技术

波长选择型 ROADM 技术近年来发展迅速，能支持 10/40Gbit/s 的光信号，可将任意输入波长交换到任意输出端口，实现数个光环路的即时交叉连接，能够实现更高维以上的任意波长上下，可支持多个环网，核心部件为波长选择开关（WSS）。波长选择型的 ROADM 如图 7-27 所示。将 WSS 模块作为上路应用时，光信号首先经过功率耦合器分为下路波长和直通波长，下路波长经过可调谐滤波器实现波长的端口指配进行下路，串入的 WSS 模块对直通波长和上路波长进行选择后经过合路端口输出。该结构支持广播业务和多路光方向的波长调度功能，一般应用于节点多方向的波长业务调度。将 WSS 模块作为下路应用时，光信号经由串入的 WSS 模块对本地下路波长进行选择端口下路，其他非本地下路波长进行直

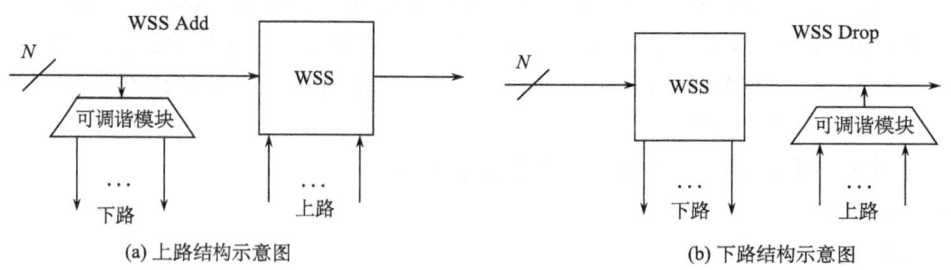

图 7-27 波长选择交换型 ROADM 结构示意图

通，与本地上路的波长信号进行合波后输出，本地上路采用波长可调谐的业务单板实现上路端口指配，这种结构常应用于环网双向拓扑。波长选择型 ROADM 端口指配灵活，可以在多个方向提供波长粒度的信道，远程可重配置所有直通端口和上下端口，适宜于实现多方向的环间互联和网状网络构建。相对与广播/选择型 ROADM，波长选择型 ROADM 能支持多个方向，从本质上改变城域 WDM 的单环组网方式，能真正实现多环、网状网及星型的灵活组网能力，适应未来业务网的动态特性和组网需求。

3) 下一代 ROADM

下一代 ROADM 如图 7-28 所示。下一代 ROADM 增加了电域 ROADM 的交换结构。电域交换结构可以是 TDM、分组交换或两者的混合结构。在下一代 ROADM 中，这样好处是不仅允许上下整个波长的信号，而且可以允许上下波长传输的客户信号。这种上下粒度允许可以更高效率地利用波长。同时也允许灵活的网络拓扑。在一些电信网中，ROADM 可以部署在传输视频信号的网络结构中。在波长传输 SONET/SDH 信号时，ROADM 完成 SONET/SDH ADM 聚合的功能。光域交换可以用于上下整个视频波长，ROADM 分组交换模块可以用于交换 IPTV 信号。

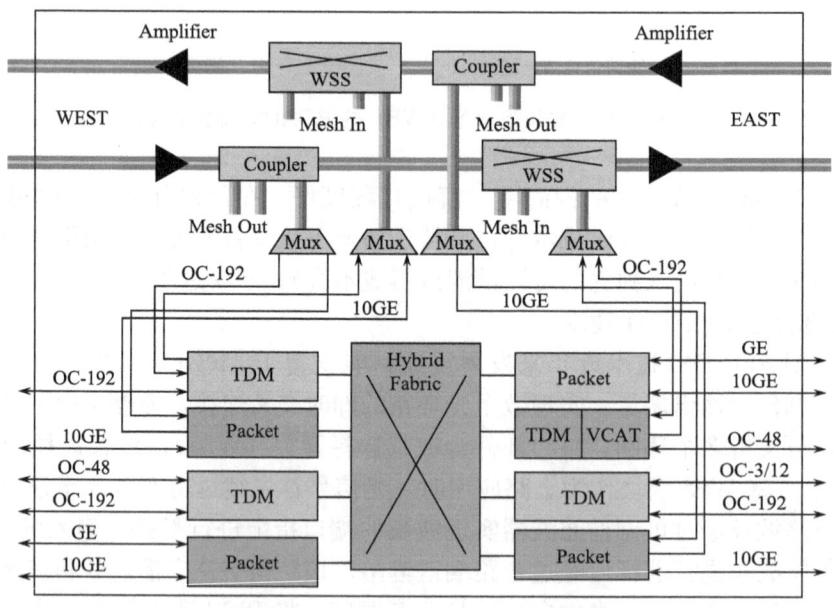

图 7-28 下一代 ROADM 的示意图

3. OXC

1) OXC 实现的功能

OXC 依据它所具有的功能可以出现在光网络的许多位置上，如网络的边缘和内部等，应用在不同的位置时功能会有所差异。本节只是从总体上论述 OXC 节点可能具有的功能，实际使用中可根据需求选择其中的部分功能。

(1) 路由和交叉连接功能。通常的光交叉连接节点完成波长级的寻路和交叉连接功能，将来自不同链路的同波长或不同波长的信号进行交叉连接，在此基础上可以实现波长指配、波长交换和网络重构。

随着光网络的发展，实现多粒度交叉连接的需求日渐迫切。目前的发展趋势是 OXC 向多粒度、多层次交叉连接的方向发展，实现光纤级、波带级、波长级的交叉连接，以便更有效地进行带宽管理。波带级的交叉连接是将光纤中复用的波长进行分组，形成多个波带，以波带为单位进行交叉连接。光纤级的交叉连接就是将一根光纤中的业务量作为整体进行交换，类似于光纤自动配线架。同其他两种形式的交叉连接结合使用，光纤级的交叉连接可以减小交叉连接设备的尺寸，并可用于光纤的保护倒换。

(2) 连接和带宽管理。连接和带宽管理是光交叉连接节点的一个基本功能。光交叉连接节点可以响应各种形式的带宽请求，寻找合适的波长通道，为到来的业务量建立连接。对于未来的光网络，光交叉连接节点应能根据连接请求的动态变化实时地进行带宽管理，实施流量工程。

(3) 指配功能。指配功能可分为波长指配和端口指配。波长指配是根据需要为进入光交叉连接节点的光通道指配合适的波长，建立波长通道连接或者虚波长通道连接。端口指配主要对上下路端口而言，将某一下路的波长指配到任意的下路端口，或将某一上路波长指配到任意的输出链路。

(4) 上下路功能。一般而言，光交叉连接节点都处于干线的交汇点或网络的汇聚点，会有相当的业务需要上下。另外，在未来的光网络中，信令和路由信息要使用控制通道传送，这些控制通道可以用专门的波长实现，它们在节点处必须上下路才能完成对本地节点的控制和信息的交互。因此，OXC 节点需要提供本地上下路的功能，支持一定数量波长的上下路。

(5) 保护和恢复功能。OXC 节点不仅需提供对链路的保护和恢复能力，而且要对节点失效的情况提供相应的保护。

光网络的恢复功能主要由 OXC 的波长路由功能提供，通过优化的路由波长分配（RWA）算法实施。当某一个波长或一条链路异常时，OXC 可以为其重新选路，通过迂回路由实现故障的恢复。OXC 节点主要用于网状网，但也要支持 $1:1$ 或 $1:n$ 光纤的保护倒换及环网的自愈，以便快速地恢复其承载的业务。

(6) 波长变换功能。波长变换是实现虚波长通道和部分虚波长通道所必须具有的功能。客户信息（如 SDH 信号、PDH 信号、甚至模拟视频信号）在光网络中传送时，需要为它选一条路由并分配波长。由于一根光纤能够复用的波长数有限，且任何两路信号在一根光纤中不能使用相同的波长，所以波长资源的分配是光层管理一项重要的内容。根据 OXC 能否提供波长转换功能，光通道可以分为波长通道（WP）和虚波长通道（VWP）。波长通道是指 OXC 没有波长转换功能，光通道在不同的波长复用段中必须使用相同的波长实现。这样，为了建立一条波长通道，光通道层必须找到一条链路，在构成这条链路所有波长的复用段中，存在一个共同的空闲波长。如果找不到这样一条链路，该传送请求失败。虚波长通道是指利用OXC的波长转换功能，使光通道在不同的波长复用段中可以占用不同的波长，从而可以有效地利用各波长复用段的空闲波长以建立传送请求，提高波长的利用率。建立虚波长通道时，光通道层只需找到一条链路，其中每个波长复用段都有空闲波长即可。波长通道方式要求光通道层在选路和分配波长时必须采用集中控制方式，因为只有在掌握了整个网络所有波长复用段的波长占用情况后才可能为一个新传送请求选一条合适的路由。在虚波长通道方式下，确定通道的传送链路后，各波长复用段的波长可以逐个分配，因此可以进行分布式控制，从而大大降低光通道层选路的复杂度。

由于波长变换器的成本昂贵，并且已有文献论述完全波长变换对网络性能的改善与部分波长变换没有明显的差别，因此在光交叉连接节点上采用一定数量可以多信道共享的波长交换器，有选择地只对需要的信道进行波长变换是一种较好的解决方案。如果采用的是OEC型的波长变换器，还可以对那些质量较差的信号进行再生，而让那些质量好的信号直通过去，从而为网络的控制、管理、维护等提供方便。

（7）组播、广播功能。某些光交叉连接节点应该能够支持有限广播或组播连接功能，即将从任意输入端口输入的波长广播到其他所有的输出链路或波长信道上，或发送到任意一组输出端口上。在特许的情况下，应能同时支持任意数量的组播连接。光交叉连接节点在组播连接的情况下必须保持严格无阻塞。

（8）波长汇聚功能。波长汇聚是指在光交叉节点上将不同速率或者相同速率去往相同方向的低速波长信号进行汇聚，形成一个更高速率的波长信号并在网络中进一步传输。这种方法可以减小网络中使用的波长数目，更好地利用已经建立的光纤基础设施。波长汇聚功能主要用在光网络边缘节点中。

（9）网元管理功能。光交叉连接节点必须具有较完善的性能管理、故障管理、配置管理等功能，具有对进出节点的每个波长进行监控的能力。在波长发生异常的情况下，能以一定的方式进行告警。另外，还需要有完善的通信和控制接口，用于传递信令和进行网元管理单元和网络管理单元之间的通信等。

2）OXC的基本组成

OXC是OTN的核心，具有多个标准的光纤接口。它可以把输入端的任一光纤信号（或波长信号）可控地连接到输出端的任一光纤（或波长）中，并且这一过程完全在光域中进行，从而有效地解决了数字交叉连接设备（DXC）的电子瓶颈问题。

OXC主要由光交叉连接矩阵、输入接口、输出接口、管理控制单元等模块组成，如图7-29所示。为增加OXC的可靠性，每个模块都具有主用和备用的冗余结构，OXC自动进行主备倒换。输入接口、输出接口直接与光纤链路相连，分别对输入输出信号进行适配、放大。管理控制单元通过编程对光交叉连接矩阵、输入接口、输出接口模块进行监测和控制。监测的内容包括：输入/输出信号丢失、输出信号劣化、激光器劣化、激光器失效（温度超出范围或失控）和OXC内部运行状态等。控制内容包括：交叉连接控制和主备保护倒换等。光交叉连接矩阵是OXC的核心，它是技术的关键，要求无阻塞、低时延、宽带和高可靠，并且要具有单向、双向和广播形式的连接功能。

对光信号进行交叉连接比较成熟的技术是波分复用技术和空分技术。时分技术目前还不

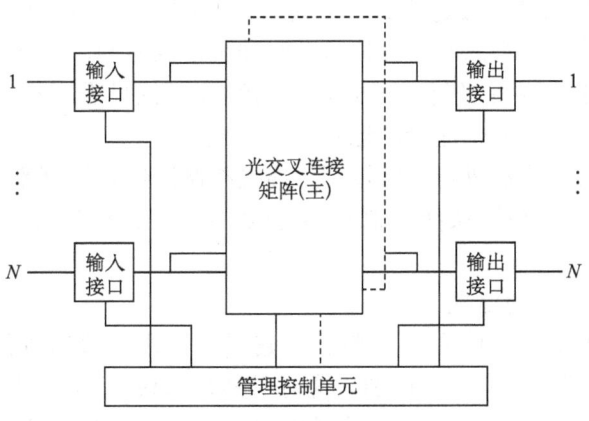

图 7-29　OXC 的一般结构

成熟。

7.4　智能光网络

7.4.1　智能光网络的基本概念

ITU-T 最先提出的自动交换传送网（ASTN）是一种通用意义上的网络概念。它与具体的技术无关，并且能提供一系列在传送网络上支持自动建立和释放连接的控制功能。ASON 实际上是 ASTN 技术在光网络中的一种应用实例。换言之，ASON 是智能光网络的具体代表，或者说 ASON 是一种标准化的智能光网络。

ASON 的提出使原来复杂的多层网络结构可以变得扁平化，从光网络层开始直接承载业务，避免了在传统网络中业务升级时受到的多重限制。这种网络结构最核心的特点就是支持电子交换设备（如 IP 路由器等）动态地向光网络申请带宽资源。电子交换设备可以根据网络中业务分布模式动态变化的需求，通过信令系统或者管理平面自主地建立和拆除光通道，不需要人工干预。

ASON 直接在光纤网络之上引入了以 IP 为核心的智能控制技术，可以有效地支持连接的动态建立与拆除，可基于流量工程按需合理分配网络资源，并能提供良好的网络保护/恢复性能。因此，ASON 代表了光通信网络技术新的发展阶段和未来的演进方向。

ASON 的特性就在于它首次在传输网络中引入了"信令"的概念，同时将数据网和传输网管理的优点融合在一起，进而实现了实时动态网络管理。ASON 控制技术的应用带来了许多新的网络特征，提供了更多的网络功能。其中，最主要的新特点包括如下三种。

1) 呼叫和连接过程的分离

ASON 连接的建立通过信令的交互自动完成，这也是与传统的光网络相比最为突出的特点之一。在 ASON 中，一条通路的建立需要先后经过两个过程：呼叫和连接，这类似于电话连接的建立过程。呼叫过程主要进行用户接入权限的认证；连接过程主要实现资源的预留和分配。因此，连接过程是包含在呼叫过程中的一个子过程，只有连接建立过程结束，呼叫过程才完成。

ITU-T 的建议把呼叫和连接过程分开处理，这样可以减少中间连接控制节点上冗余呼叫控制信息的传送，减少对消息和参数进行解码和翻译的时间。一般地，呼叫控制可以在网络接入点或网关及网络边界处进行。这样，中间的节点就只需支持连接功能。值得注意的是，一次呼叫过程可以支持多个连接的建立。

连接控制负责对每个连接进行总体控制。连接控制同链路控制紧密相关。一条连接的总体控制通过协议完成，这些协议能控制一条连接的建立、释放过程并能对连接状态进行维护。

2）资源自动发现机制的出现

资源自动发现技术是 ASON 的一大特色，它是指网络能够通过信令协议实现网络资源（包括拓扑资源和服务资源）的自动识别。这对于网络来说是一项相当重要的功能，它使得 ASON 网元或者终端系统（如 ASON 网络的客户）能确定它们是否正确地相互连接，并可确定通过这些连接能提供什么样的业务。这就为实现分布式连接管理中的路由和信令功能迈出了重要的第一步。

资源发现过程的自动化对于目前网络中各节点的光纤数量成倍增长的情况相当重要，它可避免手工配置过程中可能发生的错误，并能帮助诊断是否有错误的连接存在。目前，各大国际标准化组织都从不同的角度正在对自动发现机制进行规范定义。

3）网络生存性技术的新特征

由于智能控制功能的引入，使得 ASON 的生存性技术与传统的光网络相比有了更为突出的特点。高效、灵活、可靠的保护与恢复能力成为 ASON 所必须具备的重要特征。

7.4.2 ASON 网络体系结构

基于 WDM 的光互连网络（Optical Internetworking）又称为 IP 优化互连网络或 IP Over Optical 网络。它是数据网络，底层使用光传送网作为物理传输网络。今后的 Internet 传送网的结构是高速 IP 路由器+智能核心光网，并且光网络的控制平面基于 IP。从网络体系结构上看，随着技术的发展和业务的变化，四层结构中的独立 ATM 层和 SDH 层将逐步消失，但其基本功能不会消亡，将分别融入 IP/MPLS 层和 WDM/OTN 层中。整个功能结构层次将变得更加简单，趋向扁平化的两层结构，如图 7-30 所示。

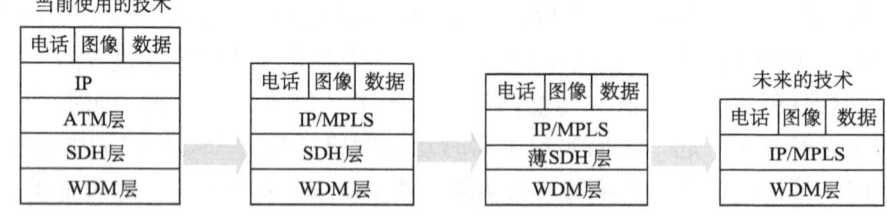

图 7-30　IP over WDM 网络发展趋势

IP over WDM 技术不仅是 IP 与光网络在传输形式上的融合，而且体现了 IP 控制功能向光网络的渗透。图 7-31 给出了两种基本模型：重叠模型（Overlay）和对等模型。

在重叠模型中，IP 业务和光层是完全独立的两层，IP 层和光层分别计算路由，两者所看见的拓扑图和所用的路由协议都不相同。

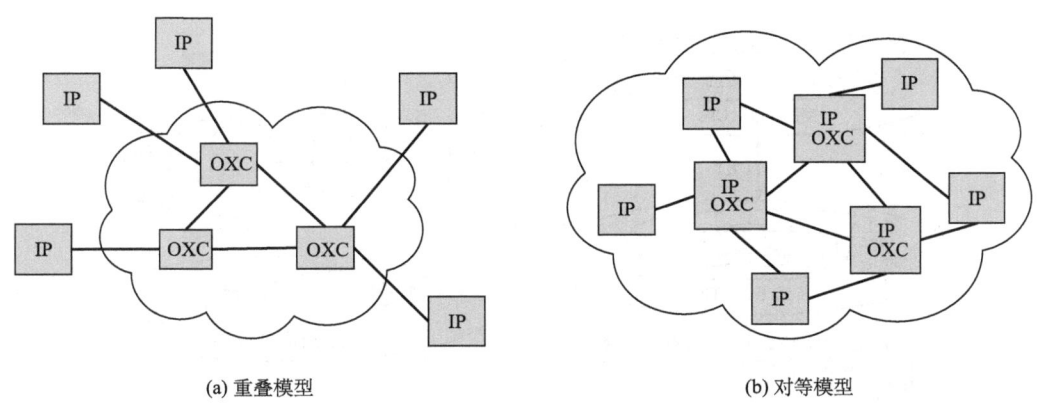

图 7-31　IP over WDM 的对等模型和层叠模型

在对等模型中，IP 网元和光网络设备处在同一管理、控制和选路区域内。IP 层网元和光网络设备自由地交换各种信息，运行同样的路由和信令协议，使用单一的地址结构。两个层面上采用统一集成的控制面。

Overlay 模型又称为客户/服务器模型，ASON 是 Overlay 模型的典型代表。这种模型充分考虑到 IP 层和光层的不同之处，IP 层和光层分别采取了独立的地址、路由和信令方案。光层特定的控制智能完全放在光层独立实施，无须客户层干预；光层将成为一种开放的通用传送平台，可以为包括 IP 在内的所有客户层提供动态互联。因此，这种模型有两个独立的控制平面，一个在核心光网络，即光网络层；另一个在客户层，具体集中体现在 UNI 处，即边缘客户层设备与核心光网络之间。两者之间不交换路由信息，独立运行，边缘客户层设备只能看到动态或静态配置的跨越核心光网的光通道，看不到核心光网络的内部拓扑。

ASON 与传统的光传送网相比，创造性地引入了更加智能化的控制平面，从而使光网络能够在信令的控制下完成网络连接的自动建立、资源的自动发现等过程。ASON 是一种智能化的光网络，体系结构主要表现在具有 ASON 特色的 3 个平面、3 个接口及所支持的 3 种连接类型上。

1. ASON 的三个平面

图 7-32 所示为 ITU-T 提出的 ASON 体系结构模型，整个网络包括 3 个平面，即控制平面、管理平面及传送平面。数据通信网（DCN）联系三大平面，DCN 是负责实现信令信息和管理信息传送的信令网络。

与现有的光网络相比，ASON 增加了一个控制平面。控制平面可认为是整个 ASON 的核心部分，由分布于 ASON 各个节点设备中的控制网元组成。控制网元主要由路由选择、信令转发及资源管理等功能模块组成，而各个控制网元相互联系共同构成信令网络，以传送控制信令信息。控制网元的各个功能模块之间通过 ASON 信令系统协同工作，形成一个统一的整体，实现了连接的自动化，并且能在连接出现故障时，进行快速而有效地恢复。

ASON 通过引入控制平面，使用接口、协议及信令系统可动态地交换光网络的拓扑信息、路由信息及其他控制信息，实现了光通道的动态建立和拆除及网络资源的动态分配。控制平面的关键技术主要涉及网络接口、功能模块和信令协议三方面的内容。此外，控制平面

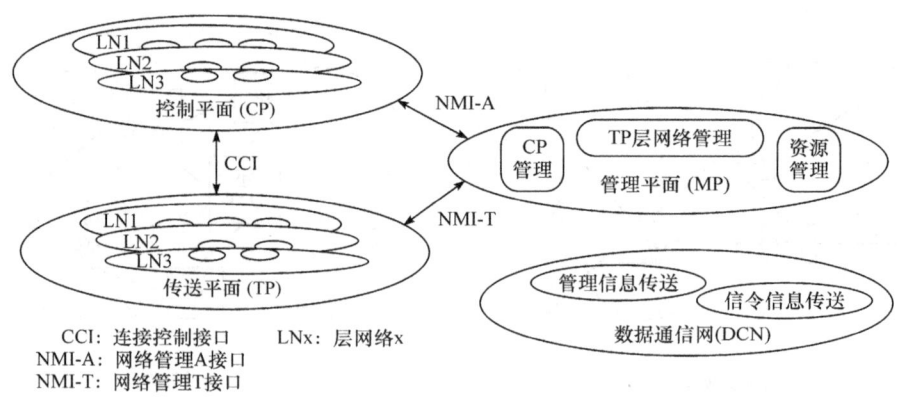

图 7-32 ASON 体系结构

的信号传送网络拓扑与传送平面网络拓扑结构可以不相同，一般而言，信令网的连通度更大，生存性要求更高。

在 ASON 中，另一个重要特征就是管理功能的分布化和智能化。传统的光传送网管理体系为基于传送平面、控制平面和信令网络的新型多层面管理结构所替代，构成了一种集中管理与分布智能相结合面向运营者的维护管理需求与面向用户的动态服务需求相结合综合化的光网络管理方案。ASON 的管理平面与控制平面技术互为补充，可以实现对网络资源的动态配置、性能监测、故障管理及业务管理等功能。管理平面与控制平面之间通过网络管理 A 接口（NNI-A）进行相关的信息交换，实现管理平面与控制平面之间功能的协调。

ASON 传送平面由一系列的传送实体组成，是业务传送的通道，可提供用户信息端到端的单向或者双向传输。ASON 传送网络基于网格状结构，光传送节点主要包括光交叉连接和光分插复用器等设备。另外，传送平面结构具有分层的特点，由多个层网络（如光通道层、光复用段层和光传输段层）组成。

ASON 的传送平面需要满足两个新的要求：一个是增强的信号质量检测功能，另一个是支持多粒度光交换技术。ASON 可直接在光层上进行信号质量监控，这不仅保证了从传送层面上进行业务恢复的能力，而且极大提高了光网络的恢复效率与恢复速率。多粒度光交换技术是 ASON 实现流量工程重要的物理支撑技术，它同时也是实现带宽的灵活分配和多种业务接入的技术。

在 ASON 中，为了和网络管理域的划分相匹配，控制平面及传送平面也分为不同的域。划分的依据可以是按照资源的不同地域或者是包含的不同类型设备。即使在已经被进一步划分的子域中，为了可扩展的需求，控制平面还可以进一步划分为不同的路由区域，ASON 传送平面的资源也依据控制平面的划分被分为不同的部分。

图 7-32 显示了控制平面、管理平面、传送平面之间的一般关系，每一个平面在功能上相对独立，三大平面之间通过 3 个接口实现信息的交互。

2. ASON 三大平面之间的 3 个接口

ASON 的接口是网络中不同的功能实体之间的连接渠道，它规范了两者之间的通信规则。不同的平面通过不同的接口相连接，同一平面内部的不同功能区域也使用不同类型的接口连接。

在 ASON 体系结构中，控制平面和传送平面之间通过连接控制接口（CCI）相连，而管理平面则通过网络管理 A 接口（NMI-A）和网络管理 T 接口（NMI-T）分别与控制平面及传送平面相连，如图 7-32 所示。

CCI 是智能光网络控制平面与传送平面之间的接口，通过它可传送连接控制信息，建立光交换机端口之间的连接。CCI 中的交互信息主要分成两类：从控制节点到传送平面网元的交换控制命令和从传送网元到控制节点的资源状态信息。

运行于 CCI 之间的接口信令协议必须支持以下基本功能：增加和删除连接、查询交换机端口状态、向控制平面通知一些拓扑信息。通用交换管理协议（GSMP）是目前实现 CCI 的一种比较合适的协议。

NMI-A 和 NMI-T 的作用是实现管理平面对控制平面和传送平面的管理，接口中的信息主要是相应的网络管理信息。

通过 NMI-A，网管系统对控制平面的管理主要体现在以下几个方面：管理系统对控制平面初始网络资源的配置，管理系统对控制平面控制模块的初始参数配置，连接管理过程中控制平面和管理平面之间的信息交互，控制平面本身的故障管理，对信令网进行管理以保证信令资源配置的一致性。对控制平面的管理主要是对路由、信令和链路管理功能模块进行监视和管理，使用的管理协议包括简单网络管理协议（SNMP）等，也可以使用厂家定义的接口协议。

通过 NMI-T，网管系统实现对传送网络资源基本的配置管理、性能管理及故障管理。传送平面的资源管理接口主要参照电信管理网（TMN）结构管理，使用的网络管理技术包括 SNMP 和公共管理信息协议（CMIP）等，也可以使用厂家定义的接口协议。对传送平面的管理主要包括两个方面：基本的传送平面网络资源的配置，如基本的网络资源和拓扑连接配置及适配管理配置；日常维护过程中的性能检测和故障管理等。

3. ASON 的 3 种连接

ASON 网络结构是一种客户/服务器关系结构，即重叠网络模型，显著的特点就是在客户网络和提供商网络之间有着很明显的边界，它们之间不需要共享拓扑信息。客户方（如 IP 路由器）通过向网络提供方（如智能光交叉连接设备）发送连接请求，可在网络中动态地建立一条业务通路。

ASON 根据不同的连接需求及不同的连接请求对象，提供了 3 种类型的连接：永久连接（Permanent Connection，PC）、软永久连接（Soft Permanent Connection，SPC）和交换连接（Switched Connection，SC）。

如图 7-33 所示，PC 沿袭了传统光网络中的连接建立形式。PC 的路径由管理平面根据连接请求及网络资源利用情况预先计算，然后管理平面沿着计算好的连接路径通过 NMI-T 向网元发送交叉连接命令并进行统一指配，最终通过传送平面各个网元设备的动作完成通路的建立过程。在这种方式下，ASON 能很好地兼容传统的光网络，实现两者的互联。由于网管系统能全面地了解网络的资源情况，故永久连接能按照流量工程（TE）的要求进行计算，可更合理地利用网络资源，但连接建立的速度相对较慢。

SC 是一种由于控制平面的引入而出现的全新的动态连接方式。如图 7-34 所示，SC 的

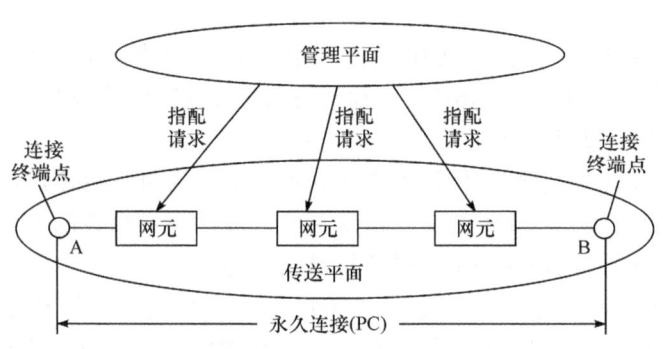

图 7-33 ASON 中的永久连接

请求由终端用户向控制平面发起，在控制平面内通过信令和路由消息的动态交互，在连接终端点 A 和 B 之间计算出一条可用的通路，最终通过控制平面与传送网元的交互完成连接的建立过程。在 SC 中，网络的节点能像电话网中的交换机一样，根据信令信息实时地响应连接请求。SC 实现了在光网络中连接的自动化，且满足快速动态的要求并符合流量工程的标准。这种类型的连接集中体现了 ASON 的本质特点，是 ASON 连接实现的最终目标。

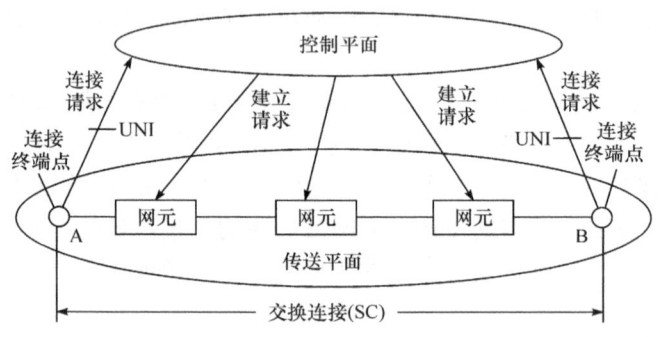

图 7-34 ASON 中的交换连接

SPC 的建立由管理平面和控制平面共同完成。这种连接的建立方式介于前两者之间，是一种分段的混合连接方式。在 SPC 中，用户到网络的部分由管理平面直接配置（就像建立 PC 一样），而网络部分的连接通过管理平面向控制平面发起请求，然后由控制平面完成（就像建立 SC 一样），如图 7-35 所示。在 SPC 的建立过程中，管理平面相当于控制平面的一个特殊客户。SPC 具有租用线路连接的属性，但同时却是通过信令协议完成建立的过程，所以它是一种从通过网络管理系统配置（PC）到通过控制平面信令协议实现（SC）的过渡类型的连接方式。

正是由于 ASON 这 3 种各具特色的连接类型，ASON 具有连接建立的灵活性，能满足用户连接的各种需求。

PC、SPC 和 SC 这三种连接的不同之处在于对连接建立起主控作用的部件不同。永久连接的发起和维护都由管理平面完成，并且传送平面中为具体的业务建立通道的路由消息和信令消息也由管理平面发出。控制平面在永久连接中并不起作用。交换连接与永久连接恰恰相反，这种连接的发起和维护都由控制平面完成，控制平面通过用户网络接口（UNI）接收用

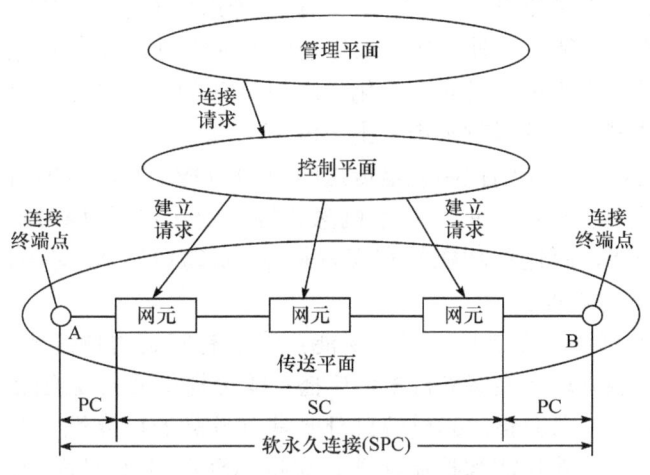

图 7-35 ASON 中的软永久连接

户方面传来的请求，经过处理后由传送平面为这个请求提供一条具体的可满足用户需求的光通道，并把结果报告给管理平面。管理平面在这种连接的建立过程中并不起直接的作用，它只是接收从控制平面传来的连接建立消息。软永久连接则介于上述两种连接之间，它的建立与拆除请求也由管理平面发出，但对传送平面中具体资源的配置和操作却通过控制平面发出指令完成。

由上述的分析可知，交换连接的引入使 ASON 网络成为真正的交换式智能网络。正是因为有了交换连接，ASON 网络才具有根据用户要求产生恰当光通道的能力。这种能力同 ASON 网络中控制平面的作用息息相关。这也就是引入控制平面的原因所在。

对 3 种连接类型的支持使 ASON 能与现存的光网络实现无缝连接，也有利于现存的网络向 ASON 的过渡和演进。

7.4.3 ASON 的传送平面技术

传送平面由一系列传送实体（交换节点和链路）构成，是业务传送的通道，具体承载所传送和交换的实体（如光波长连接），可提供端到端用户信息的单向和双向传输。

ASON 的传送平面应支持现有及未来可能出现的光传送技术，包括 SDH、WDM 和 OTN。此外，还有以下几个新的要求：①增强的信号质量监测功能；②支持多粒度的光交换技术，这是 ASON 实现流量工程重要的物理支撑技术；③传送平面具有分层结构；④支持带宽的灵活分配和多业务的接入。

为了与 IP Over WDM 的新型网络层次框架及智能化自动交换光网络的体系结构相匹配，新型网络节点结构的设计和优化也掀起了研究的热潮。从根本上说，该节点结构融合了光层的交换和 IP 层的选路、控制，并具有动态波长选路交换能力及丰富的流量工程和网管功能，是构建智能化的自动交换光网络的基石，它的结构充分体现了基于 GMPLS 协议的 ASON 控制平面的智能性。

1. ASON 网络智能光节点的功能

ASON 最大的特点就是在功能上引入了控制层，而控制层的目的就是要有效实时地控制传送层，使传送层变得智能化。当然，这就要求传送层有智能的硬件配置，即具有上下路、交叉连接、选路等功能。另外，还要求传送层的网络也具有一定的连通度，使得控制层可以利用一定的流量算法实现网络的最优化。因为ASON基于波长路由，所以ASON的光传送网应该是WDM网络，这样就不难得出ASON是基于OXC/OADM组网情况下的智能光网。甚至可以认为，ASON的控制就是传送网中OADM、OXC的控制，当然也包括路由器的控制。事实上，由前面对ASON基本概念和特点的介绍可以看到，控制平面的引入带来强大的自动交换功能，而这些功能的实现就是靠OXC/OADM支持和实现，二者相互配合，满足ASON提出的要求。

这就要求ASON网络节点要具有以下功能：①要有满足用户需要的端口数；②要具有严格无阻塞的全连接能力；③能够支持多址广播；④可提供波长变换能力；⑤采用模块化设计，可根据用户的需求加以调整；⑥设备自身要具有较高的可靠性，关键部分要有$1+1$冗余设计；⑦具有丰富的软件功能和控制功能，支持ASON控制平面的信令协议、路由选择协议和带宽分配管理协议；⑧可实现保护和恢复。

2. 多粒度节点技术

在下一代智能光网络中，一个管理域可能有几十甚至几百个节点，这样平均每个业务都要经过几跳甚至十几跳，假设业务平均5跳，则本地平均上下业务的容量不到网络总容量的25%，再加上由于网络保护需要预留的资源，那么这个比例会更低。这样，进入节点的大部分业务会在较大粒度上交叉后继续传输。多粒度光交换技术正是适应这种需求，并避免上述由于单波长交换所带来问题的一种有效的手段，更加符合未来光网络应用的实际特点。

多粒度光交换节点可实现对光纤端口级、光波带级、波长级、数字VC级等不同颗粒度带宽光信号的交叉连接和智能控制。多粒度光交叉连接（MG-OXC）节点主要可分为两种类型：多层结构和单层结构。在多层的节点结构中，每个输入端口信号都能实现各个粒度层次的交换，而每层交换粒度的连接都有一定比例进入下一层进行更细粒度的交换；在单层的MG-OXC结构中，每个输入端口的连接交换能力固定，或者是光纤级，或者是波带级，或者是波长级。图7-36显示了其中的一种多层MG-OXC节点传送模块的结构。左边的光纤和波带级交换模块可对输入光纤和波带进行交换的选择，决定进行本粒度等级还是下一等级的连接交换。右侧的光纤和波带交换模块完成对离开节点的业务的空分交换。控制模块则主要完成多粒度网络中连接过程的信令交互功能及节点内部的多粒度交换操作，控制信息可以在带内或者带外传送。

在多粒度光网络中，通过减少交换矩阵的端口数目可减少光交叉连接（OXC）的复杂性。以波长和波带交换为例，如果有m个波长的连接请求从源端s到目的端d，在波长交换网络中，所有的中间OXC节点都至少在它的交换矩阵中有$2m$个波长端口。在多粒度光网络中，如果波带的宽度是m，多粒度OXC对于这些请求只需要有2个波带端口，而且波带端口的成本比波长端口要低很多。因此，这种波长汇聚方式不但减少了网络的管理开销，而且提高了可扩展性，又减少了节点成本。另外，多粒度OXC的结构与GMPLS控制平面架构中的链路汇聚和绑定概念相吻合，易于在控制上实现。

ASON的体系结构具有智能化、多样化的特点，这也是最能够体现ASON智能的特性。传送网引入控制平面后，已不再是传统意义上以某种单一传输技术为基础的网络，它使得未

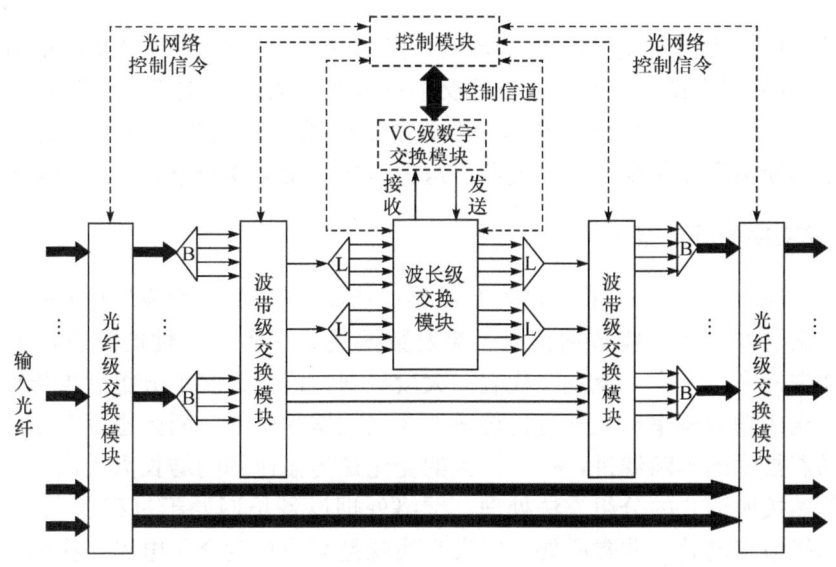

图 7-36　多粒度光交换节点传送模块的结构组成

来的传送网在理论上可以集成各种传输技术，支持多种业务类型，为各种业务提供高效、灵活、安全的传输。另外，ASON 的传送平面将逐步由现在的链型、环型拓扑向网格状拓扑演进。

7.5　光突发交换网络

由于 IP 技术和光网络技术的快速发展，未来的宽带网定位为 IP Over Optical 已经成为共识。由于受限于光交换速度，光网络发展的近期目标是可灵活配置且支持准静态业务的智能光网络，最典型的代表就是 ASON。从本质上讲，ASON 是力图通过挖掘光层的波长交换能力实现一个能平滑过渡的以 IP Over Optical 为架构的宽带网。

ASON 的自动交换能力带来的巨大好处主要存在于两个方面：一方面是它所具有的灵活配置能力能以较小的控制成本换取对业务的灵活支持，从而极大地降低网络运营商的运营成本；另一方面是它能通过配置能力支持光网络提供共享的保护恢复能力。ASON 的固有问题是对动态业务的支持有限，它不像分组交换网那样具有良好的统计复用能力。目前，ASON 的调度能力局限于以一个波长容量为单位。由于未来的通信业务是以突发性很强的 IP 业务为主，通过波长配置的光网络支持未来的 IP 业务，其网络效率并不高。

一种克服光网络对 IP 业务的突发性不能很好支持的方法是将电分组交换技术在光域上延伸，使光交换粒度以高速传输的光分组为单位，这就是光分组交换网。光分组交换网的困难在于技术太复杂，它不仅对光分组交换节点处理能力的要求非常高，而且必须使用大量的光缓存以解决端口竞争的问题。由于光分组的实时同步和大规模存储都难以实现，因此光分组网的实用化前景还不明朗。

有没有办法绕过这些暂时不能取得突破性进展的问题呢？一种有效的方法就是通过增加信令的复杂性以避开光同步和光存储的困难。基于这种思路，人们提出了光突发交换

(OBS)。

相对于 ASON，光突发交换网是面向无连接的网络，具有很好的统计复用性能，能很好地支持 IP 业务的突发性；相对于光分组交换网，光突发交换网无需光存储（也可以有少量的光纤时延线以降低突发分组丢失率）而只需要简单的光同步，就使它的可行性大大增加。当然，这会使信令控制变得更加复杂，这也是光突发交换网络要解决的主要问题之一。

7.5.1 光突发交换的基本概念

突发交换（Burst Switch）在 20 世纪 80 年代初就已提出，"突发"（Burst）的最初定义是指话音的一次迸发或者一段数据信息。突发数据就是一串突发性的语音流或数字化的消息。在早期数据网中，一个"突发"代表一大段数据，拆分成多个分组后再传输，占用的网络资源少，传送成功的概率远大于直接传送一大段数据的概率，因此也没有以"突发"为单位。但是，随着技术的不断演进，一个深刻的变化是传输速率的增长大大超过了处理速率的增长，如果依然按照旧式的分组方法处理，网络处理设备长期处于过载状态，这非常危险。因此，简化网络节点的处理非常必要。突发交换就是交换粒度介于电路交换和分组交换之间的一种交换机制。

光突发交换是 Myungsik 和乔春明于 1997 年提出的一种光交换方式，既结合了光电路交换和光分组交换的优点，又克服了二者的缺点，并且易于实现，能很好地支持突发业务。在光突发交换中，"突发"为一些 IP 分组组成的超长分组，这些 IP 分组可以来自传统 IP 网中不同的电 IP 路由器。光突发交换中突发控制分组（Burst Control Packet，BCP）的作用相当于分组交换的分组头，但网络对该头信息的传递路径与对净荷数据的传送路径在物理信道上相互分离，每个"突发"对应一个控制分组。例如，在波分复用系统中，控制分组占用一个或几个波长，突发数据占用所有其他的波长；在光时分复用系统中，控制分组占用一个或几个时隙；在带状光缆中，控制分组甚至可占用一根或几根光纤。

在 OBS 中，突发数据从源节点到目的节点始终在光域内传输，而控制信息在每个节点都需要光/电/光的变换及电处理。控制信道（波长）与突发数据信道（波长）的速率可以相同，也可以不同。这种将控制分组数据信道与控制信道隔离的方法简化了突发数据交换的处理，且控制分组长度非常短，因此使高速处理得以实现。OBS 技术在只需要很少的处理和比纯粹分组交换低得多的同步开销处理水平就可以最充分地利用网络的带宽资源。突发交换与分组交换、电路交换技术相比较有以下优点：交换粒度大于分组交换，小于电路交换；带宽建立后无需目的端的确认；突发数据流直接通过中间交换节点，而分组交换必须在每一个中间节点上进行存储转发操作。

另外，OBS 可通过合理设置突发数据流与控制分组之间的偏置时间（Offset Time）而执行 QoS 功能。同时，由于控制分组和数据分组通过控制分组中含有的可重置时延信息相联系，传输过程中可以根据链路实际的状况用电子处理方式对突发数据流相对于控制分组的时延作调整，因此控制分组和数据流都不需要执行光同步和光存储。可以看出，这种突发交换技术充分发挥了现有的光子技术和电子技术的特长，实现成本相对较低且非常适合于在承载未来的具有高突发性的数据业务的局域网中应用，超大容量的光突发数据流交换技术同样可用于构建骨干网。

7.5.2 光突发交换系统结构和网络模型

OBS 可以看作光电路交换和光分组交换之间的一个折中,由于它的突发长度通常为微秒量级,交换粒度即介于这二者之间。然而,OBS 与光电路交换和光分组交换之间除了在交换粒度上的差别外,还有很多区别,表现在交换结构、信令方式、网络架构等方面。

1. 光突发交换系统结构

OBS 的概念起源于以前的电子突发交换网。在当时,突发交换基本上是一种快速分组交换技术的推广,在这种网络中分组长度可变且可以为任意长度,并采用分散式共享缓存交换结构。OBS 的主要特点包括采用带外信令方式,即数据信道与控制信道在物理上分离;数据在 OBS 网中保持为光信号而控制信号必须采用电子方式处理,即经过每个节点控制信号都必须经历光/电/光的转换;通常采用单向无应答的预约方式;突发长度可变;在交换节点上并非一定要使用光缓存等。

图 7-37 给出光突发交换系统中的节点和网络结构,OBS 体系结构包含 3 层:核心光突发交换层(核心光层)、光突发聚集层(边缘分配光层)和接入层。核心光层由全光核心路由器构成,完成光分组数据的传送、路由和 OBS 网络管理,核心网的核心 OBS 节点无需任何处理即可进行突发数据的透明交换。边缘分配光层由光/电边缘路由器构成,负责来自或发送接入层业务数据的分发服务,它们之间由 WDM 链路相连;在边缘节点上收集来自接入网的流量,并会聚成较大的数据单元(即突发)。为实现此目的,需事先通过控制信令预留资源,并配置交换矩阵。控制分组与数据分组(突发分组)完全分离,接入层是 OBS 层的用户层,可以为目前存在的各种网络,如 IP、ATM、SDH 等,也可以是终端用户。

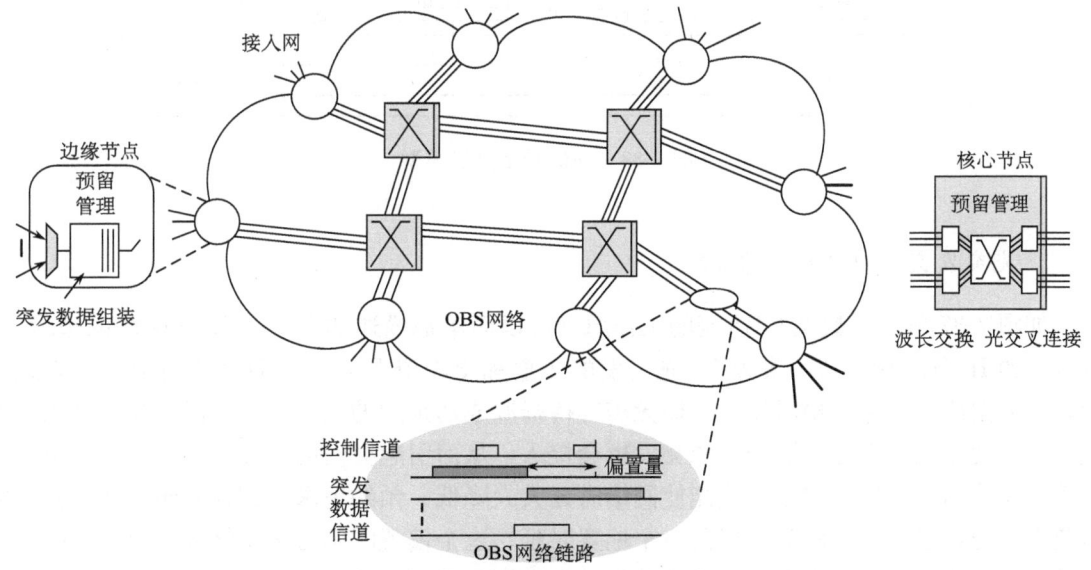

图 7-37 光突发交换网络系统结构和各节点单元的功能示意图

2. 光突发交换网络的分层参考模型

图 7-38 为 OBS 网络分层模型。与上述光突发交换系统中的节点和网络结构相对应,光突发交换网络分层参考模型分为电接入层、OBS 层和物理层。电接入层是 OBS 层的用户层。OBS 层向上层提供各种 OBS 服务,可分为数据汇聚子层、网络子层、链路子层和波长汇聚子层。各层功能如下:数据汇聚子层的功能是电接入层和光层间比特率的适配,包括上层数据的汇聚、分类和整形,及突发数据分组的组装和拆卸;网络子层的功能是突发分组的路由,主要包括控制分组的生成与偏置时间的设置,以及在中间节点中通过控制分组的信息和网络状况(资源、拓扑等)进行路由和通道调度;链路子层主要完成电队列的管理和完成电到光的转换;波长汇聚子层完成波长的分配、再分配或波长转换,以及完成波长的复用/解复用。物理层实现光比特的透明传输、放大和光交换。

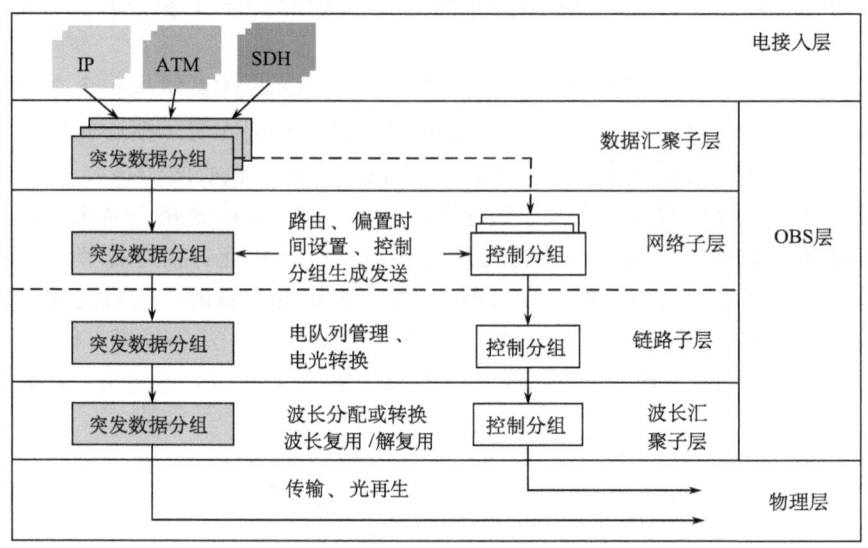

图 7-38　OBS 网络分层模型

3. 光突发交换网络的工作原理

如图 7-37 所示,典型 OBS 网的工作原理可以简单地描述如下:在 OBS 网络的边缘处,将抵达的 IP 分组封装成"突发"。光突发的传输和交换资源通常是通过单向预约的方式预约,即数据比预约请求稍后发出,而无需等待资源成功预约的应答。一方面,在这种预约方式下,即便是网络没有足够的资源突发也会接入,从而引起突发的丢弃;另一方面,由于无需等待应答信号,这种信令方式能使网络时延大大降低。预约请求(即控制包)在一独立的信道上传送,且比相应的突发提前一个偏置时延。这个偏置时延必须足够大,以使中间节点能够及时地进行电子处理和为即将抵达的"突发"配置光开关矩阵。当一个"突发"抵达交换节点时,相应的交换矩阵已经建立,所以光突发可以一直保持在光域内。

在基于 OBS 技术的网络中,对数据流的交换实现控制的控制数据分组和相应的突发数据流都在源节点(边缘节点)上产生,但控制数据的发送比突发数据分组早,因此二者开始传送时之间有一定量的固定时隙间隔，称作时间偏置量。控制数据分组所包含的信息有：突发数据通过核心传输网络所选择的路由信息、突发数据分组的长度和时间偏置量的大小。该控制数据分组通过一个带外的控制通道（波长）进行发送。它在每一个中间节点（光交叉连接节点）上都进行电处理，每一个突发数据分组作出正确的路由转发决定（输出接口和波长）并配置交换通道。由 OXC 进行交换转发的业务数据（突发数据流）会在控制数据分组发送后的一小段间隔以后进行发送，这时到达每一个交换节点的突发数据流就在被控制数据分组所提前配置好的交换通道上在光域中进行交换，因此这种方案消除了端对端数据交换方案中所存在的电子瓶颈问题。从另一方面来看，应用该技术又需要在输出接口执行子波长分配技术，也就是说在一个输出接口中，只有突发数据在各个链路上统计分配好以后才能进行波长分配。

7.5.3 光突发交换网的节点结构和关键技术

如图 7-37 所示，光突发交换网包括边缘节点和核心节点。边缘节点主要负责业务的接入、分类、汇聚和控制分组的生成，还有数据的突发接收。核心节点的功能是在接收到控制分组后，根据控制信息、路由策略和网络的当前状况为突发分组预留资源，并在突发分组到达后完成对它的转发。在 OBS 中，首先在控制波长上发送控制分组来建立一条连接（即在相关的链路上预留一定的带宽并配置光路上的光开关），然后在不需要等待连接建立的确认信息时就发送突发分组。

1. 边缘节点的关键技术

边缘节点在光突发交换网中起着重要的作用。由于业务的汇聚分类、突发数据分组和控制分组生成，以及突发分组的接收都由边缘节点完成，边缘节点负担了光突发网络中的大部分工作。边缘节点要实现的关键技术主要有以下几项。

1）业务接入、分类和汇聚

图 7-39 给出了突发交换网边缘节点的结构，这个结构主要是通过两级缓冲和一个大型的电交换矩阵完成业务的速率适配和业务分类。缓冲和交换矩阵之间的协调通过控制模块完成；对于双向的资源预留机制，控制模块还可以根据反馈回来的控制信息完成交换动作。业务分类的基本原则是业务所要到达的目的地址、业务类型和业务的优先级。一般来说，业务要到达的目的节点地址是业务分类的基本标志，但到达同一目的地的数据可以根据不同的业务类型交换到不同的子队列，以便简化接收端的处理工作。或者根据不同的业务优先级交换到不同的子队列，以便在中间节点中根据优先级给突发数据分组预留资源。当然，由于缓冲队列的增加，控制机制、交换矩阵的复杂性都要增加。

输出缓冲队列的长度确定了突发分组长度的上限，突发分组的长度是影响网络性能的一个重要因素。一般来说，突发分组的长度是可变的，但突发分组太长会降低网络的统计复用性能，而且增加网络延时，不利于提高网络效率和支持实时性业务；突发分组太短，则会增加网络的负担，因为过多的光交换和波长转换动作甚至会导致网络性能的下降，所以突发分组的长度是一个需要仔细研究的问题。在实际的应用中，一般希望突发分组占用一个节点资源的时间是光开关切换时间的 100 倍以上，这样，网络的效率不会受限于核心节点的光开关切换时间。

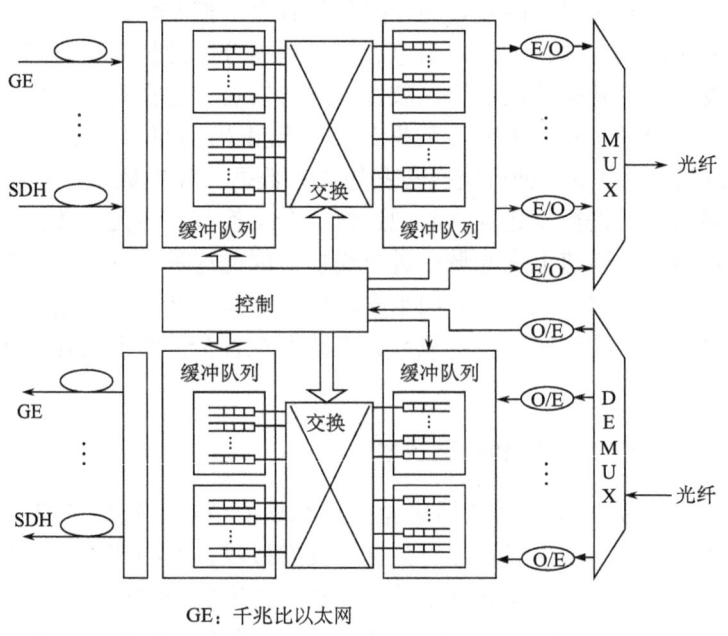

GE：千兆比以太网

图 7-39 边缘节点结构

为了满足支持实时业务的需要，边缘节点缓冲一般支持突发数据分组的动态生成。对实时性要求较低的业务，可以在缓冲队列满后再等待发送；对于实时性要求高的业务，往往要在缓冲满之前通过中断机制提前请求发送。

突发分组生成后，在发送前必须提前一个偏置时间发送一个控制分组。控制分组和数据分组发送的偏置时间是保证网络效率的关键因素，一般有一个最小值以保证数据分组不会在控制分组预留好资源之前到达中间节点，更长的偏置时间可以引入更灵活的资源预留策略，但同时也会引入更大的网络时延，而且突发数据在源节点的等待也要消耗源节点的缓冲资源，所以偏置时间的设置也需要权衡。因此，如何使网络正常运行，保持高性能又很好地支持业务的服务级别，都是业务接入、汇聚和分类要解决的问题。

2）数据的突发接收

光突发交换的突发特性不可避免地引入突发接收和突发同步问题。边缘节点接收到的各突发帧可能来自不同的节点，它们的时钟、相位和振幅都不相同，因此每一帧都要进行时钟相位的快速锁定和判决阈值的快速恢复。传统的接收机采用锁相环技术恢复时钟，恢复速度约为毫秒级。时钟的恢复速度和接收机的稳定性、误码率是矛盾的，适合于吉比特速率的突发接收技术还不成熟，加上一个光波波长内的突发数据一般都在吉比特每秒量级，所以突发接收是边缘节点要解决的一个难题。在突发数据帧里，可以根据需要添加一些信息以有助于数据的突发接收。

2. 核心节点关键技术

虽然边缘节点负担了突发交换网中的大部分工作，但核心节点仍然起着无可替代的作用，这主要体现在三个方面：首先，突发交换的资源预留由核心节点完成，采用什么样的资源预留策略对网络的性能起着决定性的作用；其次，由于控制分组和数据分组的分离，核心节点对控制分组的处理时间必须可控，至少可预测，这无疑增加了核心节点实现的复杂性；第三，突发分组网中端口竞争通过光交换和波长转换实现。图 7-40 显示了核心节点的基本结构。一般来说，突发交换核心节点可以无需光缓存，突发分组的端口竞争主要通过节点之间大量的波长信道和快速的波长转换能力解决。这并不妨碍在交换矩阵中引入简单的 FDL 和缓存机制以进一步提高网络的吞吐量。下面详细讨论核心节点的关键技术。

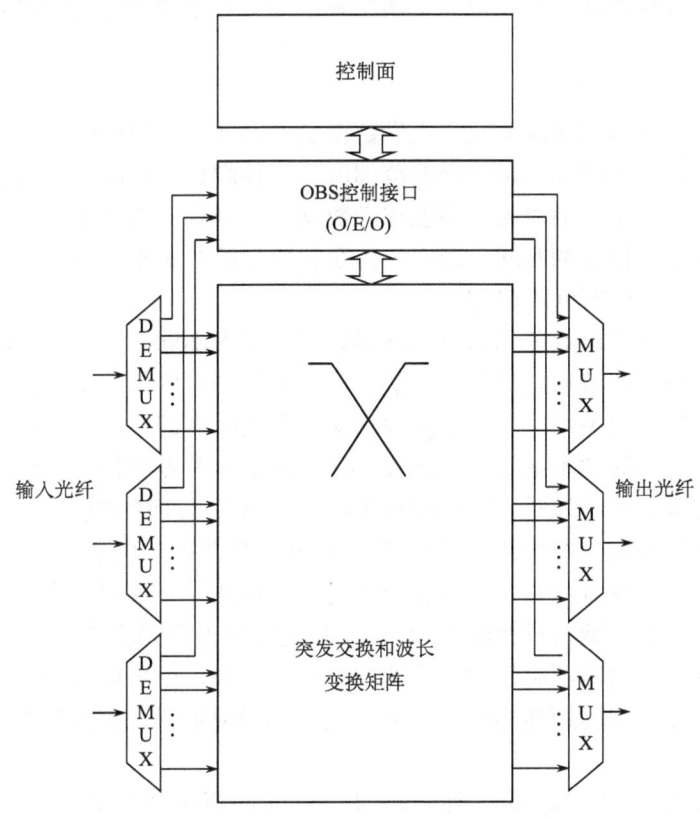

图 7-40　核心节点基本结构

1) 资源预留策略

在光突发交换中，控制分组在每一个突发数据分组发送之前发送，它通知该数据分组要通过的中间节点在预定的时段内为该分组预留资源（带宽）。支持资源预留的协议可以是单向的，也可以是双向的。如果是双向的，资源预留是否成功的信息会反馈回来，但即使在这种情况下，突发数据分组一般也在确认之前发送出去，所以仍然是面向无连接的通信机制。当然，采用面向连接的通信机制架构突发分组网是可行，专门的分析表明在成功确认相应的光通道建立后再发送突发分组机制下的网络效率较低。由于建立一个光通道并得到确认的时间往往大于一个突发分组传送的时间，因此这种方式的效率一般在 50% 以下，在以后的讨论中就不再讨论面向连接的通信机制。

当前，资源预留方式根据突发分组结束指示和资源分配时间区分，主要有三种：第一种方式控制分组信令中不包含突发分组长度，资源的释放由专门的控制分组决定，JIT（Just

In Time）预留机制就属于这一类，这种方式复杂性最低，效率不高；第二种方式是 RLD（Reserve a Limited Duration），控制分组包含突发数据分组长度信息，这种方式复杂性中等，效率很高；第三种是 RFD（Reserve a Fixed Duration），它通过数据分组的开始预留时间和结束预留时间预留资源，与 RLD 不同的是，它可以通过对预留时间的设置实现突发分组的 QoS，这种方式复杂性最高。从已有的分析看，在实现光突发交换时，如果不计划支持 QoS，可以采用第二种方式，否则采用第三种方式。资源预留策略实现中的主要技术难点集中在高速的信令处理能力和完成光交换矩阵控制与数据到达处理的协调上，即信令同步问题。

2）信令同步

数据信道与控制信道的隔离简化了突发数据交换的处理，但同时要求控制分组和数据分组之间的时间间隔必须保持在一定的误差范围内。这种端到端的时间不确定性直接影响网络的效率，因为在这段不确定的时间内不能传送数据。信令和数据分组之间的时间间隔的不确定主要来源于节点处理信令的时间不确定、信令和数据的波长不同引起的时间不确定及各节点信令时钟不同步引起的时间不确定。

突发交换机中由于端口竞争和信令处理器处理的能力不同，所以引入的信令时延很不确定，这种不确定性在中间节点的累积上会造成信令和数据时序的混乱。为了保证控制分组和突发数据之间精确的时间关系，控制分组到达交换节点时立即贴上本地时间标记，节点处理完性控制分组后，与当时的本地时间相比较，即可确定本节点的控制分组处理时延。这种方法的处理精度与处理器和本地时钟的精度有关，可控制在几十纳秒量级。

不同波长的光信号在光纤中传输时群速度不同，即光纤有色散。对于在 G.652 光纤中传输 C 波段信号来说，传输 1000km 引起的时间不确定性为几百纳秒量级。在知道节点之间链路长度的情况下，接收端通过调整 BHC 中携带的时间间隔信息来反映信令信道和数据信道波长不同引起的时间间隔不确定性。虽然控制精度有限，但足以解决这一问题。如果距离最远的两个边缘节点之间的距离小于 100km，则时间间隔的不确定性基本上可不用考虑。

3）交换结构

光突发交换要求光开关速度达到微秒级，目前，商用化的开关中只有铌酸锂开关、SOA 开关可满足要求。另外，可以通过微秒级的波长转换器和 AWG（阵列波导光栅）构成波长路由结构来完成微秒级的光交换。目前，采用的交换结构主要有三种，一种是 ACTS 计划的 KEOPS 项目采用的由 SOA 构成的广播-选择型交换矩阵，第二种是利用 1×2 铌酸锂开关构成的空间交换矩阵，第三种是采用高速波长转换器和 AWG 构成的波长路由结构。

利用 SOA 构成广播-选择型交换矩阵，至少需要 $N\times N$ 个 SOA，N 是输入端口数，这种结构组成 16×16 以上的矩阵时引入的插损过大，造价相当高。同样，由于铌酸锂开关价格高，由铌酸锂开关构成纯粹的空分型交换结构在现阶段也很难实用化。不过，如果节点数量不是很大的话，通过光分路器和波长选择器构成交换结构可以考虑。图 7-41 给出了一个支持四根入纤、四根出纤、每根光纤复用 8 个波长的交换结构，该图只描述了节点的交换矩阵部分。该方案将交换矩阵输入端口的 32 个 1×4 开关替换成 32 个 1×4 耦合器，虽然插损有所增加，但节省了大量成本。这种结构的关键是必须有可靠高速的具有波长选择性的光开关。

如果节点规模较大，采用高速波长转换器和 AWG 实现波长路由方式的交换结构是实现

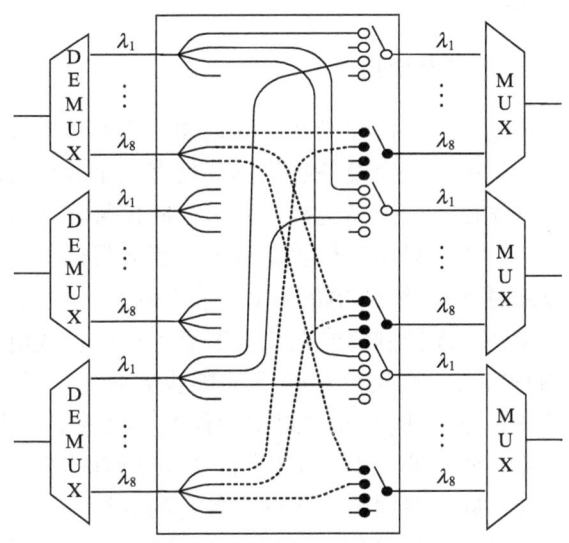

图 7-41 广播-选择型光开关示例

光突发交换较可行的方案。这种结构如图 7-42 所示,在该结构中,AWG 输入端采用可调谐的激光器实现到任一波长的变换,输出端使用固定波长的变换器将输出波长变换到相应的波长。这样,交换结构的复杂性和成本就集中在了高速的波长转换器上。

目前,全光波长变换还不成熟,多种技术(包括交叉增益调制、交叉相位调制、四波混频、非线性光学环镜 NOLM)中最有前途的全光转发器是在半导体光放大器(SOA)中基于交叉相位调制原理集成进 Mach-Zehnder 干涉仪(MZI)或 Michelson 干涉

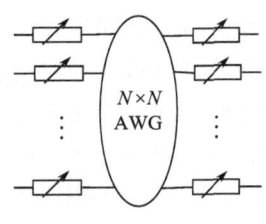

图 7-42 波长路由型光交换结构

仪(MI)而构成的宽带波长转换器,它被公认为是实现高速、大容量光网络中波长转换的理想方案。在现在的实验系统中,波长变换多采用可调谐激光器和外调制器以实现任一波长的变换,HORNET 采用这一技术将 C 波段中任一波长之间的变换时间控制在 15ns 之内。利用这一技术实现波长变换需要经过 O/E/O 转换,因此交换机对速率不透明,当然也可以利用可调谐激光器和 SOA 实现速率透明的波长变换。

7.6 光分组交换网络

目前,光交换都是颗粒较大的波长交换。有人认为,光交换的长远发展方向应该是光分组交换(OPS),但这是一个有争议的问题。在 OPS 中,分组在光域上直接进行交换,通过 OPS 节点/路由器把分组从任一输入端口交换到任一输出端口。采用 OPS 就能避开电交换的瓶颈和提供能与 WDM 传输能力相匹配的光交换能力。这就是如今把 OPS 视作适应网络长远发展的一种候选技术的原因。

光分组交换系统的主要功能是指实现分组信号在光域上交换。从实现技术方面来看,光分组交换综合了高速光开关、WDM 技术、OTDM 技术、光集成与光电集成技术、超大规

模集成电路技术等多种尖端技术为实现手段。

7.6.1 光分组交换的概念、特点及应用

光分组交换可以看做是电分组交换在光域上的延伸，交换粒度以高速传输的光分组为单位。虽然光分组可长可短，但由于交换设备必须具备处理最小分组的能力，光分组交换要求节点的处理能力非常高。早先提出的全光交换，要求控制信号在光域上处理，但由于光逻辑器件到目前为止依然无法实用化，只能进行实验演示，因此目前国际上通行的做法实际上已经脱离了早期所谓实现分组透明交换的初始目标，采用的是光电混合的办法实现光分组交换，即数据在光域上进行交换，而控制信号在交换节点上被转换成电信号后再进行处理。

OPS 的交换过程有两种方式：固定分组长度的同步方式（时隙型）和可变分组长度的异步方式（非时隙型）。目前，对于同步光分组交换研究得较多，同步光分组交换网是采用固定时间长度的光分组时隙，所有的分组大小相同，要求所有的光分组到达交换机构的入口时与本地参考时钟相位对准，即分组同步。数据和各自的分组头一起被放在一个固定长度的时隙内，此时隙的持续时间要比数据分组和分组头及保护时间的总和还要长。如图 7-43 所示的为同步光分组交换节点的结构，到达交换节点的分组在进入节点之前，先用光耦合器分出一小部分光功率，经光/电转换后送入分组头处理电路，将分组头信息和定时信息读出，以便进行分组同步和用于配置分组交换机中的核心交换设备，而分组的净荷部分经过输入同步模块进行排队和对准后再送入核心交换设备中交换，当分组在交换时发生冲突而引起资源竞争时，就必须在输入或输出级增加缓存器等冲突解决方案。当然，为了保持同步，在输出侧也需要对分组进行同步处理。由此可见，光分组交换一直面临成本和一些难以克服的技术障碍，主要有分组同步技术、分组冲突（对资源的竞争）问题及合理高效的交换结构和分组格式。其中，关于同步技术主要有比特级的同步和分组级的同步，或粗同步和细同步。资源竞争问题的解决常用 3 种方法，即基于光纤延迟线的光缓存技术、偏射路由技术和波长转换技术。

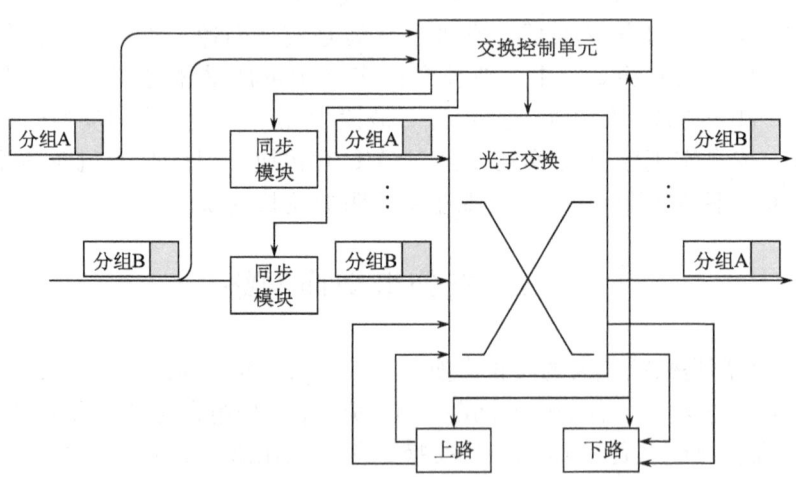

图 7-43 同步分组交换网络的一般节点结构（不含解决冲突的缓存器）

在一个异步网络中，数据分组可以具有相同的长度，也可以有不同的长度。如图 7-44 所示，数据分组到达并进入交换机构时，可以不用排列。因此，一个接一个的数据分组交换

可以在任何时间、任何地点进行。很明显，在异步网络中从不同源端来的数据分组对交换机交换端口的竞争问题就比同步网络更加严重，因为这时数据分组更加不可预期，也更加没有规律。另外，异步网络建设起来却要容易和廉价得多，比同步网络更加健壮和灵活。这种网络竞争性较大，分组丢失率较高，但是结构简单，分组的分割和重组不需要在输入输出节点进行，更适合于原始 IP 业务。

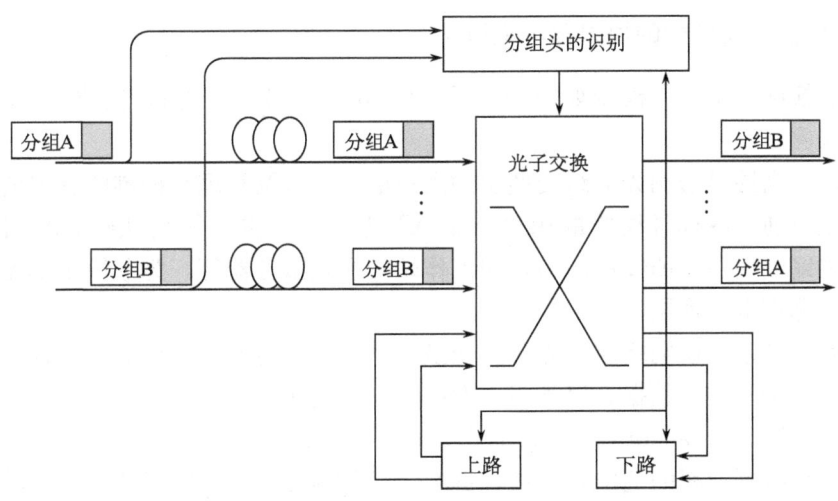

图 7-44　异步分组交换网络的一般节点结构（不含解决冲突的缓存器）

光分组交换具有宽带和高速的优点，光交换与光传输相结合可以使数据始终在光域内传输，避免了在所经过的各个节点上的光/电、电/光转换，因此可同时传输多种数据速率（数据速率透明）和多种数据格式（格式透明）。但是，光域内数据分组的路由选择比较困难，而且光信号也不能像电信号那样采用静态的存储转发的方式，而需要在光的运动中对其进行处理和交换。

全光分组交换虽有多种方案，但有两个特点对光分组交换来说是共同的：①所有的光分组交换在光域中进行，而不需要光/电/光的转换，保证有高的吞吐量和低的功率损耗。②交换应在分组级别上进行，这也是光分组交换（OPS）与光交叉连接设备（OXC）之间的根本区别。在理论上，交换结构也应该能在更粗的粒度，如波长上，进行交换。

光分组网的逻辑拓扑可以分为核心与边缘两个部分。路由等低层功能主要分布于核心拓扑部分，核心部分进行简单而极其高速的处理，处理时间不得超过数据分组时长；会话建立等交互过程主要分布于边缘拓扑部分，边缘部分进行较复杂且费时的处理过程。

光分组交换有两个关键的应用方案：一个是作为核心交换，另一个是作为电 IP 域和光传送网（OTN）接口的边缘路由器。前者在核心节点上进行分组交换，可以最大化地利用网络资源，后者则提供了许多 OTN 所需的关键功能。光分组交换功能可以和 OXC 提供的波长路由功能共存，这时 OPS 路由器是一个网络边缘设备，作为服务（IP）和传输层（OXC）之间的接口，OPS 路由器可以直接和 OXC 接口，这可使静态波长和光纤线路在 OPS 传输中仍然有用。OPS 作为边缘路由器，和外部电子路由器处理同样的粒度（分组）。OTN 外部节点接收从 IP、ATM 等许多信息源传来的数据分组，进行格式转换、分类，并映射转换为长度不同的光分组。OPS 提供聚类机制，按目的地、服务质量等参数对光分组进行聚类,形成带标签的光分组类,标签指示目的地和服务质量类别,再把光分组类映射为合适的波长以在 OTN 上传输,若发生争用则根据光分组标签中的服务质量类别予以解决。为减少交换单位时间内必须处理的实体数量,有共同目的地和服务质量类别的一个或多个光分组可以在网络边缘聚集形成一个长度可变的光分组进行传输,但分组交换复杂性的减小以接口复杂性的增加为代价。

7.6.2 光分组交换网结构的协议参考模型

光分组交换网分层参考模型如图 7-45 所示,分为三层,分别对应于网络基础设施演进的三个主要步骤。

(1) 高层。高层是透明光分组交换层的用户层,并涉及管理与控制的有关内容。高层中的用户可能是目前一些标准网络的用户,如 ATM 和 IP,也可能是某些局域网的用户,甚至可能是一些终端用户(End Users),如工作站与视频服务器等。为了简单起见,整个网络用一层表示,称作电交换层。

(2) 透明光分组交换网络层。光分组交换网络层必须能够对高层的用户提供独立而有效的服务,分为 3 个子层:数据会聚子层、网络子层、链接子层。

数据会聚子层(Data Convergence Sublayer,DCSL):这一层位于光分组交换层的最上层,它负责各种数据速率的适配,并通过拆装、打包等方式将不同形式的数据转变成光分组交换层分组的固定格式。DCSL 支持 NSL 与其邻接的高层之间的信息映射,从而增强了 NSL 提供的业务范围,使其更适应邻接的高层需要。

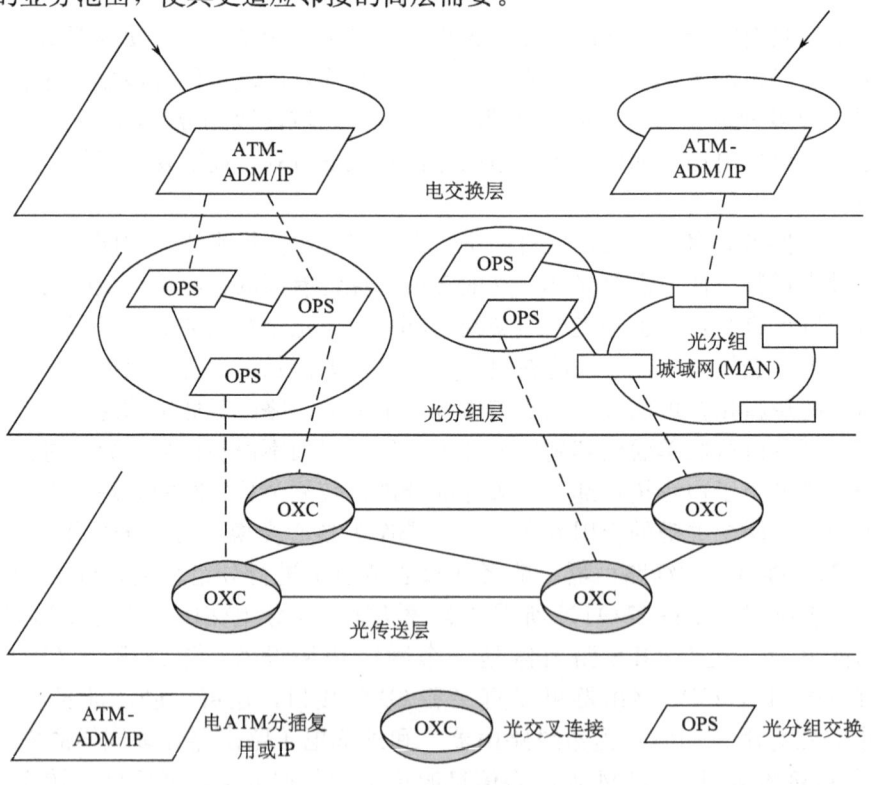

图 7-45 光分组交换网分层参考模型

网络子层（Network Sublayer，NSL）：NSL 执行光路由信息的若干功能。它负责产生路由标签，并将其映射到分组的地址信息中。另外，NSL 还执行信头更换、光选路与交换，以及分组排序等方面的工作。

链接子层（Link Sublayer，LSL）：链接子层按照光分组的格式产生数据流，并将它传送到光链路上。因此，它必须能够提供复用与解复用的功能。该层延伸了光的透明性的优点，可作为电接入网和核心网的大容量的承载交换网，也可以作为基于相同的分组格式的光城域网（MAN）的骨干网。

（3）光传送层。光传送层能够利用各种光信道复用方式，配合光交换中路由选择与拥塞控制技术，完成光分组信息的传送。目前，光传送层多采用 WDM 方式，为光分组交换层提供建立在稳定的波长信道级联基础上的透明光通路。

图 7-46 是光分组交换网应用的一个网络拓扑结构，节点之间的距离范围可以为几十千米到几百千米。在网络的边界处需要专门的光电接口，用以处理电层至光层的转换。

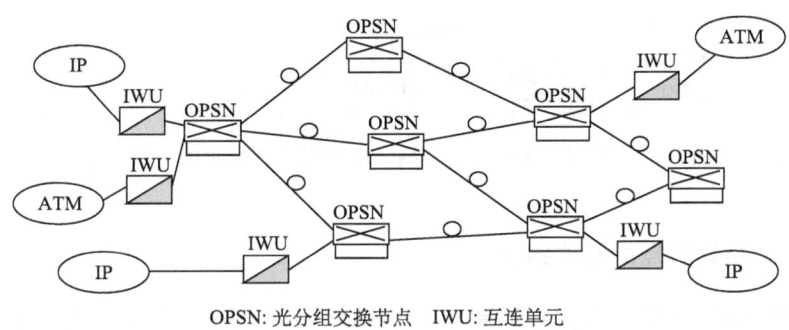

OPSN：光分组交换节点　　IWU：互连单元

图 7-46　光分组交换网结构简图

光分组网的拓扑可以是环型、网状型等。在网络的边界上，互连单元（IWU）负责把来自用户的电子层的业务接入到光层。采用的技术不同，IWU 的功能也不相同，可能的功能包括对数据分组的封装、复用、光信号的产生，以及端到端的传输监视等，必要时还需要业务整形等。由此可知，光分组交换网可以传送多种业务，如 IP、ATM 及其他新型业务等。在实际的网络中，IWU 往往和光分组交换节点（OPSN）集成构成边界节点。在 OPSN 中，来自不同输入链路的分组经过一些处理，被送到指定的输出端口。OPSN 的主要功能包括：同步、信号再生、分组定界、分组头提取和再生、路由判决和分组转发等。OPSN 间的光纤链路充分利用 WDM 技术的优势，高效、灵活地提供数据分组业务的传输。

OPS 网络的基本功能需求有：①路由，即根据数据分组头中的路由信息，寻找分组从源到宿的光通道；②控制流量并解决冲突，即控制网络流量，防止分组的混迭和资源拥塞；③同步，交换节点输入/输出端对分组进行时间和相位的校准，以使分组的位置与交换操作相配合；④识别并更新分组头，即交换节点输入端捕获分组头并读取信息，输出端插入新分组头；⑤级联能力，在多个交换节点上统一配置分组的路由定时、缓存和竞争排除机制。

7.6.3　光分组的格式

一般而言，光分组由净荷与分组头两部分组成。净荷可能包含分组编号、源地址、用户数据等，它只由源/宿节点处理。分组头可能包含信宿地址、优先级、空满标志等，它由所有相关的交换节点处理。此外，光分组之间要留出保护时间，以便满足抖动容限和同步的需要。

通用的光分组格式如图 7-47 所示，保护带用来对付定时的不定性。净负荷是用户数据，占有分组长度的大部分。分组头长短是一个最优化问题，因为它一方面要服务于所需的诸多控制功能，另一方面它是一种开销，一定不能太长。分组头由如下几个字段组成：①描述和同步比特；②识别入口边缘节点地址的源标记；③识别出口边缘节点地址的目的地标记；④识别业务性质和优先权的分组型字段；⑤如果发生分组不按序到达的情况，记录数据用的分组序列号；⑥运行管理维护（OAM）字段；⑦报头纠错字段。

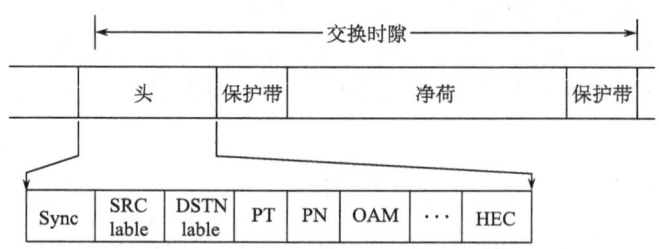

图 7-47　在同步光分组交换网络中使用的光分组的一般格式

7.6.4　光分组交换网节点的基本结构

光分组交换网络（OPS）的节点继承了现有 WDM 光网络中光交叉连接设备（OXC）的基本结构，如合波与分波、波长变换、空分交换矩阵、上下路和光监控模块等。此外，OPS 节点还具备一些特有的功能实体完成同步、信头处理和竞争排除等特殊功能。大体上可以把 OPS 节点分为四个子系统，即交叉矩阵、路由控制处理器、输入模块和输出模块，如图 7-48 所示。

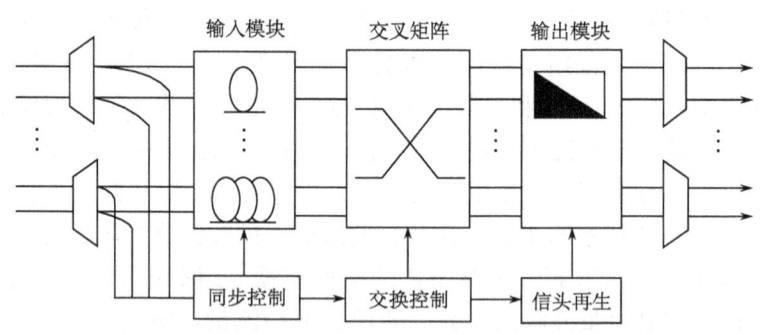

图 7-48　构成 OPS 节点的 4 种子系统

输入模块的功能是光信号的预放大和同步、净荷定位、信头提取、光信号缓存，可能含有波长转换或光电转换功能。在同步 OPS 中，输入端的同步主要完成数据分组在时间上和相位上的校准，以消除传输时延差。

输出模块的功能是数据缓存、净荷定位、信头插入、输出同步、信号放大，可能含有波长转换和光电转换,以及 2R/3R 功能。输出端的缓存是为了配合净荷定位与信头插入操作,或解决资源冲突。在同步 OPS 中,输出端同步主要用于消除时钟抖动。

交叉矩阵和控制单元负责数据分组的寻路或上下路,解决冲突,并完成必要的分组头擦除工作。交换矩阵和接入模块之间要配置光缓存单元,从而在信头处理和交换配置过程中缓存数据净荷。

OPS 节点的核心是光交叉矩阵,由光交换单元组成。节点的交换速率、吞吐量、可扩展性和可靠性等主要取决于光交换单元的性能。目前,已有产品推出的光交换单元有 AWG、MEMS、半导体光放(SOA)开关、热光开关等。其中,AWG、SOA 关和 $LiNbO_3$ 声光开关(AOTS)的动作速度较快,更适用于光分组交叉矩阵。三维高速 MEMS 技术在 OPS 中的适用问题还有待研究。正在研制中的光交换单元有液晶开关、全息光栅开关和液态光栅等。哪些光交换单元能成为主流取决于它们的性能、成本和可靠性。在 OPS 中,一般要求交换单元的动作时间应该在纳秒级。

光分组交换网的实用化取决于一些技术的进步,如光标记交换、微电子机械系统(MEMS)、光器件技术等。光分组交换技术能极大地拓展现有的网络带宽,最大限度地提高线路利用率,是一种很有应用前景的技术。

7.7 光接入网

7.7.1 光接入网概述

电信网络在传统上划分为三个部分,即长途网(长途端局以上部分)、中继网(长途端局与市局或市局之间的部分)、用户接入网(端局与用户之间的部分)。如今,更倾向于将长途网和中继网放在一起,称为核心网(Core Network,CN);将余下部分称为接入网(Access Network,AN)或用户环路,它主要用来完成用户接入核心网的任务,如图 7-49 所示。

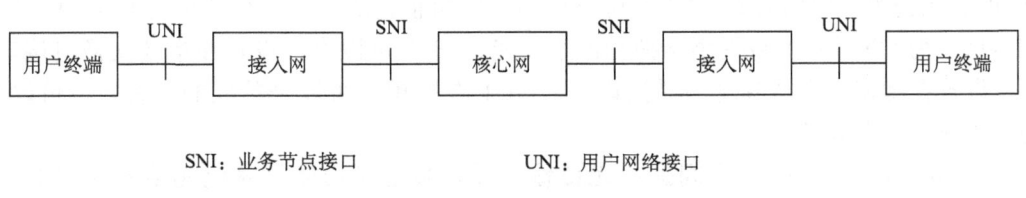

SNI:业务节点接口   UNI:用户网络接口

图 7-49 核心网与用户接入网示意图

接入网是电信网络的组成部分,负责将电信业务透明地传送到用户,或者说,用户通过接入网能灵活地接入到不同的电信业务节点上。具体就电话业务而言,接入网为本地交换机与用户之间的连接部分。

1. 光接入网的基本概念和结构

光接入网(OAN)就是采用光纤传输技术的接入网,泛指本地交换机或远端模块与用户之间采用光纤通信或部分采用光纤通信的系统。

根据接入网室外传输设施中是否含有源设备,OAN 又可以划分为无源光网络(PON)

和有源光网络（AON）。前者采用光分路器分路，后者采用电复用器分路，两者均在发展，但多数国家和国际电联标准部（ITU-T）更注重推动 PON 的发展，ITU-T 第 15 研究组已于 1996 年 6 月通过了第一个有关 PON 的国际标准，即 G.982 建议。本节主要介绍 PON 组网技术。

ITU-T 的 G.982 建议提出了一个与业务和应用无关的光接入网功能参考配置示例，如图 7-50 所示。图中的参考配置以无源光网络为例。从给定的网络接口（V 接口）到单个用户接口（T 接口）之间的传输手段的总和称为光接入链路。

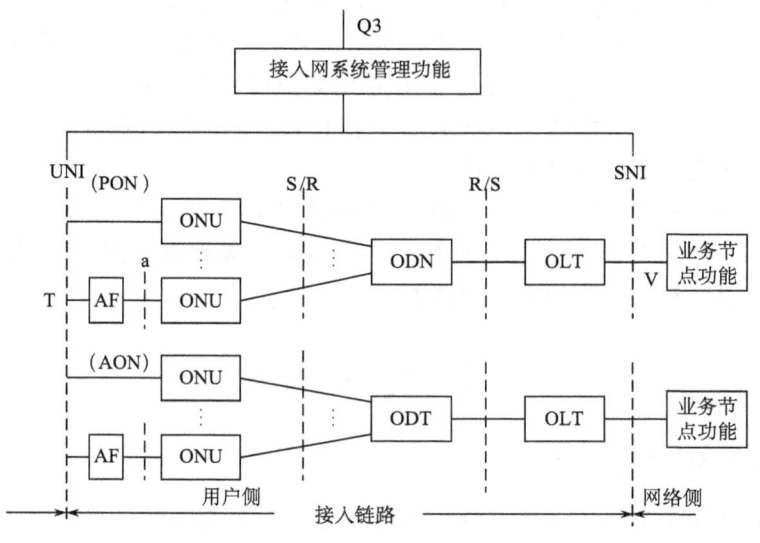

图 7-50 光接入网的参考配置

在图 7-50 中，光线路终端（OLT）的作用是为光接入网提供网络侧与本地交换机之间的接口并经一个或多个光分配网络（ODN）与用户侧的光网络单元（ONU）通信，OLT 与 ONU 的关系为主从通信关系。OLT 可以分离交换和非交换业务，管理来自 ONU 的信令和监控信息，为 ONU 和本身提供维护和供给功能。OLT 可以直接设置在本地交换机接口处，也可以设置在远端集中器或复用器接口处。OLT 在物理上可以是独立的设备，也可以与其他功能集成在一个设备内。

ODN 为 OLT 与 ONU 之间提供光传输手段，其主要功能是完成光信号功率的分配。ODN 是由光纤光缆、光连接器和光分路器等无源光元件组成的无源光配线网，多呈树形分支结构。

ONU 的作用是为光接入网提供直接的或远端的用户侧接口，处于 ODN 的用户侧。ONU 的主要功能是终结来自 ODN 的光纤、处理光信号并为多个小企业用户和居民住宅用户提供业务接口。ONU 的网络侧是光接口而用户侧是电接口，因此 ONU 需要有光/电和电/光转换功能，还要完成对语音信号的数/模和模/数转换、复用、信令处理和维护管理功能。其位置有很大灵活性，既可以设置在用户住宅处，也可以设置在分线盒（DP）处甚至交接箱（FP）处。按照 ONU 在用户接入网中所处的不同位置，可以将 OAN 划分为三种基本不同的应用类型，即光纤到路边（FTTC）、光纤到楼（FTTB），以及光纤到办公室（FTTO）

和光纤到家（FTTH）。

适配功能块（AF）为 ONU 和用户设备提供适配功能，具体物理实现则既可以包含在 ONU 内，也可以完全独立。

发送参考点 S 是紧靠在发送机（ONU 或 OLT）光连接器后的光纤点；接收参考点 R 是紧靠在接收机（OLT 或 ONU）光连接器前的光纤点；参考点 a 是 ONU 与 AF 之间的参考点；参考点 V 是用户接入网与业务节点间的参考点；参考点 T 是用户网络接口参考点；Q3 是网管接口。

2. OAN 应用类型

按照 ONU 在光接入网中所处的具体位置不同，可以将 OAN 划分为三种基本不同的应用类型，如图 7-51 所示。

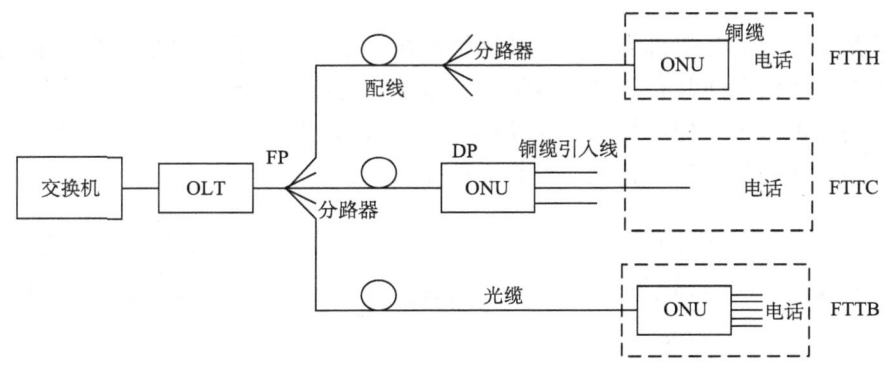

图 7-51 光接入网的应用类型

1）光纤到路边（FTTC）

在 FTTC 结构中，ONU 设置在路边的入孔或电线杆上的分线盒处（DP），有时也可能设置在交接箱处（FP），但通常为前者。此时，从 ONU 到各个用户之间的部分仍为双绞线铜缆。若要传送宽带图像业务，则这一部分可能需要同轴电缆。FTTC 结构主要适用于点到点或点到多点的树型分支拓扑，用户为居民住宅用户和小企业用户，典型用户数在 128 个以下。还有一种称为光纤到远端（FTTR）的结构，实际是 FTTC 的一种变型，只是将 ONU 的位置移到远离用户的远端处，可以服务更多的用户（多于 256 个），从而降低了成本。

2）光纤到楼（FTTB）

FTTB 也可以看做是 FTTC 的一种变型，不同处在于将 ONU 直接放到楼内（通常为居民住宅公寓或小企业单位办公楼），再经多对双绞线将业务分送给各个用户。FTTB 是一种点到多点结构，通常不用于点到点结构。FTTB 的光纤化程度比 FTTC 更高，光纤已铺设到楼，因而更适于高密度用户区，也更接近于长远发展目标。FTTB 预计会在更多的地方获得越来越广泛的应用，特别是那些新建工业区或居民楼及与宽带传输系统共处一地的场合。

3）光纤到家（FTTH）和光纤到办公室（FTTO）

在原来的 FTTC 结构中，如果将设置在路边的 ONU 换成无源光分路器，然后将 ONU 移到用户家即为 FTTH 结构。如果将 ONU 放在大企业用户（公司、大学、研究所、政府机关等）终端设备处并能提供一定范围的灵活的业务，则构成所谓的光纤到办公室（FT-

TO)结构。由于大企业单位所需业务量大,因而 FTTO 结构在经济上比较容易成功,发展很快。考虑到 FTTO 也是一种纯光纤连接网络,因而可以归入与 FTTH 一类的结构。然而,由于两者的应用场合不同,所以结构特点也不同。FTTO 主要用于大企业用户,业务量需求大,因而在结构上适用点到点或环型结构。FTTH 用于居民住宅用户,业务量需求很小,因而经济的结构必须是点到多点方式。总体而言,FTTH 结构是一种全光纤网,即从本地交换机一直到用户全部为光连接,中间没有任何铜缆,也没有有源电子设备,是真正全透明的网络。

由于 FTTH 的整个用户接入网是全透明光网络,因而对传输制式、带宽、波长和传输技术没有任何限制,适于引入新业务,是一种最理想的业务透明网络,是用户接入网发展的长远目标。

3. 光纤接入网的拓扑结构

传输线路和节点的几何排列图形,即网络的拓扑结构对网络的功能、造价和可靠性等具有重要的影响。通信网通常有三种基本结构:星型、总线型和环型。光纤接入网在具体应用上可以是上述三种基本结构,如图 7-52 所示,也可以是由这三种基本结构派生出来的变型或复合型结构。它们各有各的特点,可相互补充。

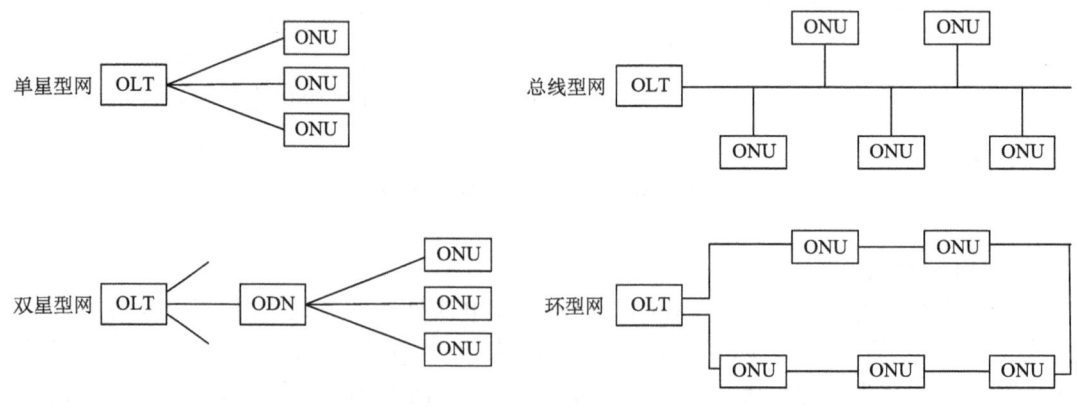

图 7-52 光纤接入网的拓扑结构

7.7.2 基于以太网的无源光网络

1996 年,13 家大型网络运营商同它们的主要设备商组成了 FSAN (Full Service Access Network) 联盟,其目的是要共同定义一个通用的 PON 设备标准。FSAN 努力的第一个结果是 155Mbit/s 的 PON 系统技术规范,它采用 ATM 作为传输协议,故被称为 APON,其格式被 ITU-T 采纳成为 ITU-T 的 G.983 系列标准。随着网络业务种类和流量的迅速发展,APON 标准后来得到了加强,可支持 622Mbit/s 的传输速率,同时加上了动态带宽分配、保护等功能,能提供以太网接入、视频发送、高速租用线路等业务。2001 年年底,FSAN 将 APON 改名为 BPON,意为"宽带的 PON",原因是 APON 容易让人误解为它只能提供 ATM 业务。

2000 年 12 月,IEEE 802.3 EFM (Ethernet in the First Mile) 研究组成立,开始致力

于开发可广泛应用于接入网市场的以太网协议标准，与此相对应的是，业界有 21 个网络设备制造商发起成立了 EFMA（Ethernet in the First Mile Alliance）。协议标准包括实现 Gbit/s 以太网点到多点的光传送方案，即 EPON。和 APON 相比，EPON 具有更宽的带宽、更低的费用和更灵活的业务功能。

实际上，FSAN 集团在 2001 年 1 月差不多在 EFMA 提出 EPON 概念时，也开始了进行 1Gbit/s 以上速率的 PON 标准的研究工作。除了需要支持更高的比特速率外，FSAN 提出 "对全部协议开放地进行完全彻底地重新考虑"的正确决定，努力寻求一种最佳且支持全业务又有最高效率的解决方案。2002 年 9 月，FSAN 提出了一种具有前所未有的高比特速率（最高 2.4Gbit/s）且能以原有格式和极高的效率（90％以上）传送多种业务（TDM 和数据）的光接入网 GPON 解决方案。2003 年 1 月，ITU-T 批准确立了 GPON 标准 G.984.1、G.984.2；2004 年，完成了 G.984.3 和 G.984.4 的标准化，从而最终形成了 GPON 的标准族。

目前，PON 领域中最重要的三种接入技术分别为 APON、EPON 和 GPON。其中，APON 因为 ATM 发展不顺而逐渐退出舞台。下文简单介绍 EPON 和 GPON 技术。

1. EPON 的网络拓扑结构

图 7-53 是 EPON 的系统结构示意图。由图可知，典型的 EPON 拓扑为树型结构，使用 1∶N 的光分路器。典型的 EPON 系统由 OLT、ONU、POS（Passive Optical Splitter）组成。OLT（Optical Line Terminal）放在中心机房（Central Office，CO），它可以是一个 L2（第二层）交换机或者 L3（第三层）路由器。在下行方向，它提供面向无源光纤网络的光纤接口；在上行方向，OLT 提供 GE（Gigabit Ethernet）。10Gbit/s 的以太网技术标准定型后，OLT 也支持类似的高速接口。为了支持其他流行的协议，OLT 还支持 ATM、FR 及 OC3/12/48/192 等速率的 SDH/SONET 的接口标准。OLT 通过支持 E1 接口实现传统的 TDM 话音的接入。在 EPON 的统一网管方面，OLT 是主要的控制中心，实现网络管理的五大功能，如在 OLT 上通过定义用户带宽参数控制用户业务质量，通过编写访问控制列表实现网络安全控制，通过读取 MIB 库获取系统状态以及用户状态信息等，还能提供有效的用户隔离。POS 是无源光合/分路器，是连接 OLT 和 ONU 的无源设备，功能是分发下行数据和集中上行数据。无源分光器的部署相当灵活。由于是无源操作，几乎可以适应所有的环

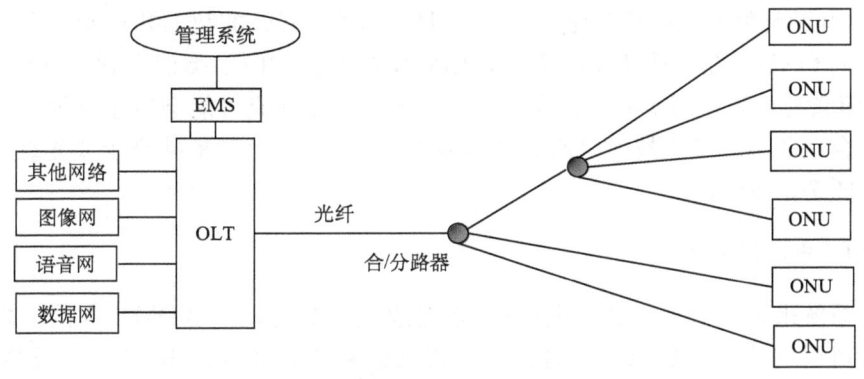

图 7-53　EPON 的网络结构示意图

境。一个 POS 的分线率一般为 1∶64，并可以进行多级连接。ONU 放在用户驻地侧（Custom Premier Equipment，CPE），EPON 中的 ONU 主要采用以太网协议，在中带宽和高带宽的 ONU 中实现了成本低廉的以太网第二层交换甚至是第三层路由功能。这种类型的 ONU 可以通过堆叠为多个最终用户提供很高的共享带宽。由于使用以太网协议，在通信的过程中就不再需要协议转换即可实现 ONU 对用户数据的透明传送，在 OLT 到 ONU 之间可以实现高速的数据转发。

2. EPON 的工作原理

IEEE 802.3 标准定义了两种基本的以太网配置：一种是利用载波碰撞检测多址协议在一个共享媒体上建网，另一种是利用全双工链路通过一个交换机连接 PC。EPON 既不能被视作共享媒体，也不能被视作点到点网络，它是两者的组合。

在 EPON 中，下行方向采用 TDM 方式传输，Ethernet 帧由 OLT 通过 1∶N 的无源分路器传输给各个 ONU，分路比在 1∶4 到 1∶64 之间。由于以太网本质上就是一种广播网，所以在下行方向上，EPON 的结构非常适合这种广播方式，类似点到多点（Point to Multi-Point，P2MP）网络。OLT 将数据包以广播的方式传输出去，由各个 ONU 监测到达帧的 MAC（媒体访问控制）地址来决定是否接收该帧，如果该帧的 MAC 地址与其 MAC 地址相同则接收，反之则丢弃，如图 7-54 所示。

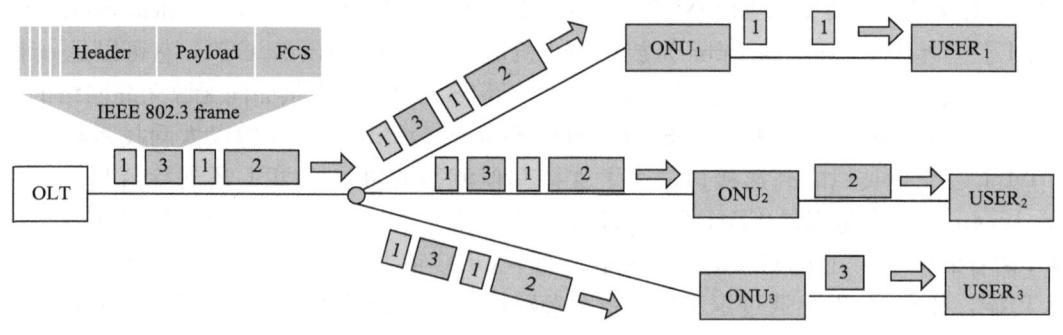

图 7-54　EPON 下行传输方式示意图

上行方向多个 ONU 共享干线信道容量和信道资源：各个 ONU 的数据帧通过复用方式传至 OLT。由于无源光合路器/分路器的定向性，各个 ONU 的数据帧只能到达 OLT，而不是到达其他的 ONU。在此种意义上而言，EPON 在上行方向上类似点到点（Peer to Peer，P2P）网，但它与点到点网不同。来自不同 ONU 上行数据流可能会发生碰撞，因此必须为它找到一种合适的多址接入技术以避免数据碰撞，使 ONU 合理地共享干线光纤的信道容量和资源，如图 7-55 所示。

3. EPON 中的组帧方式

EPON 系统采用全双工方式，上/下行信息通过波分复用（WDM）在同一根光纤上传输。EPON 可以支持 1.25Gbit/s 对称速率，将来速率还能升级到 10Gbit/s。EPON 下行帧周期为 2ms，每帧开头是长度为 1 字节的同步标识符，用于 OLT 与 ONU 之间的时钟同步；

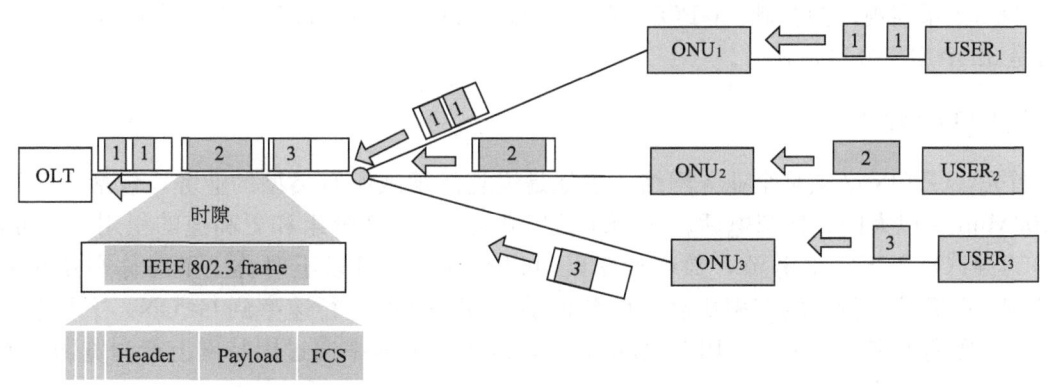

图 7-55 EPON 的上行控制

随后是长度不同的数据包。这些数据包按照 IEEE 802.3 协议组成，每个数据包包括信头、长度可变的信息净荷和误码检测区三部分。EPON 上行帧周期也为 2ms，每帧包含许多可变长度的时隙，每个 ONU 分配一个，用于向 OLT 发送上行数据。上/下行帧结构如图 7-56 所示。以太分组的最大长度为 1518 字节，造成的浪费最大可达 1517 字节。

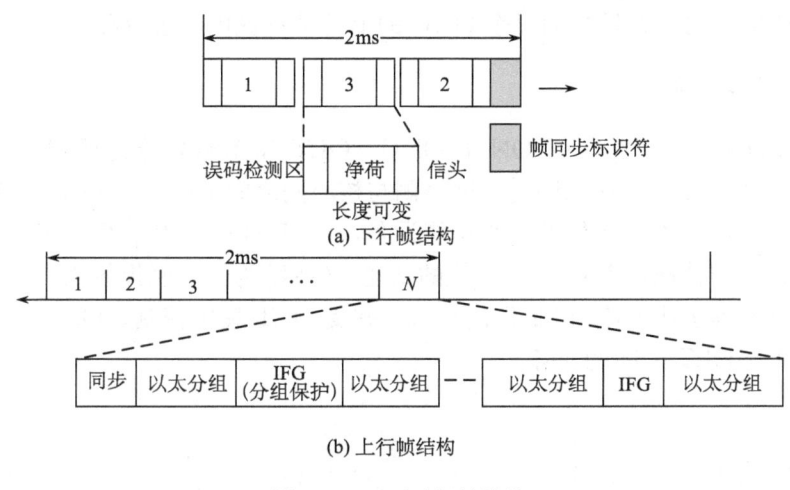

图 7-56 上/下行帧结构

4. EPON 的应用

以太网标准 IEEE 802.3ae 已经发布，意味着以太网可进入城域网和广域网领域。用于局域网的 10GBASE-T 和 10GBASE-CX4 的补充标准也已经在 2002 年年底启动，如果接入网也采用电信运营级的以太网技术 EPON，则将形成从局域网、接入网、城域网到广域网全部是以太网的结构，可以大大提高整个网络的运行效率。

7.7.3 GPON

吉比特 PON（GPON）融合了 ATM 和以太网的特征，提供更高效率和更加灵活的网络应用。GPON 的下行速率为 2.5Gbit/s，上行速率为 1.25Gbit/s，以 ITU-T 的 G.984.1

到 G.984.6 系列规范为基础。GPON 提供宽带因特网服务和 ATM、TDM 和以太网业务流，通常是 32 个用户分享带宽。

1. GPON 特性

首先，GPON 必须是全业务网络，也就是说它能承载所有类型的业务，包括 10Mbit/s 和 100Mbit/s 以太网、模拟电话、T1/E1 数字业务、ATM 分组和更高速的租用线业务流。从 OLT 到 ONT 下行业务流，数据速率既可以对称，也可以不对称。不对称则意味着从 OLT 到 ONT 的下行传输速率更高。服务提供商以较低的上行速率到 GPON，下行业务流的速率则要高得多。如用户使用 IP 数据服务，以较低的速率通过因特网上行浏览网页或发送邮件，而以高速率下载大型文件。

GPON 的设计目标如下。

（1）提供灵活的（622Mbit/s 到 2.5Gbit/s 速率）帧结构，以及异步速率支持。
（2）为任何服务类型提供较高的带宽利用率。
（3）在 125μs 的帧周期内将任意类型的业务进行封装。
（4）对于原有的 TDM 通信提供较高的传输效率。
（5）系统分光比为 1∶16、1∶32 或 1∶64，最大可支持的分光比为 1∶128。
（6）利用带宽映射（指针）为每个 ONU 的上行带宽提供动态分配。

2. GPON 网络结构

与所有的 PON 系统一样，GPON 由 ONU、OLT 和无源光分配网组成，网络结构如图 7-57 所示。其中，OLT 为接入网提供网络侧与核心网之间的接口，并通过 ODN 与用户侧各 ONU 连接。作为 GPON 系统的核心功能设备，OLT 具有集中带宽分配、控制各 ONU、实时监控、运行维护管理整个 GPON 系统的功能。ONU 为接入网提供用户侧的接口，提供话音、数据、视频等多业务流与 OND 的接入，并受 OLT 集中控制。ODN 为无源的光纤接入网承载 ONU 与 OLT 之间的业务。

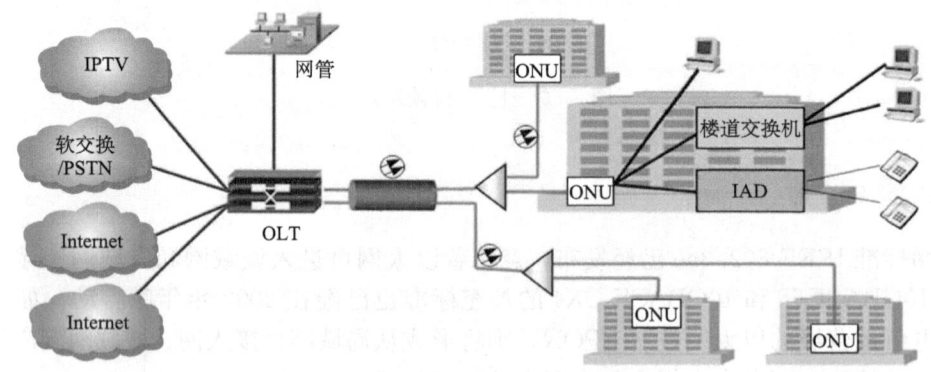

图 7-57 GPON 的系统结构图

总之，面对未来运营商的多种需求，GPON 技术以其特有的技术特征已经成为宽带接入强有力的技术支撑。

小 结

本章讲授 SDH 传送网、光传送网、ASON、光突发交换网、光分组交换网和光接入网的原理，并介绍了构建这些网络的支撑技术。

SDH 最大的优势在于组网。在 SDH 网络中，通常采用点对点、星型、树型、环型甚至网状型等网络结构。"自愈"是 SDH 传送网的重要概念，SDH 传送网实现自愈网的手段很多，按网络的物理拓扑可分为线路系统保护方式、自愈环保护方式、DXC 网络恢复保护方式和混合保护方式等。SDH 自愈网得到了广泛的应用。

光传送网可定义成一种三层网络结构，分别是光通道层（OCH）、光复用段层（OMS）和光传输段层（OTS）。OTN 技术不仅可以提供更大容量的传输带宽、完善的高阶交叉能力和网络调度能力，而且也可以满足电信级别的安全性能，是一种适应未来业务网发展的传输模式。光分插复用器（OADM）和光数字交叉连接器（OXC）是光传送网络最重要的网络单元，OADM 可以看成是 OXC 的功能简化结构。

智能光网络是一种具有灵活性和高可扩展性且能够在光层上按用户请求自动进行光路连接的光网络基础设施。它包括传送平面、控制平面和管理平面。

光突发交换网具有很好的统计复用性能，能很好地支持 IP 业务的突发性。光突发交换网包括边缘节点和核心节点。核心节点的功能是在接收到控制分组后根据控制信息、路由策略和网络的当前状况为突发分组预留资源，并在突发分组到达后完成对它的转发。边缘节点主要负责业务的接入、分类、汇聚和控制分组的生成，还有数据的突发接收。与光分组交换网相比光突发交换网表现在交换结构上、信令方式上、网络架构上有很多区别。

光分组交换系统的主要功能是指实现分组信号的光交换。OPS 的交换过程有两种方式：固定分组长度的同步方式（时隙型）和可变分组长度的异步方式（非时隙型）。目前，对于同步光分组交换的研究较多。光分组交换网络分为高层、透明光分组交换网络层和光传送层三层。其节点的结构继承了现有 WDM 光网络中光交叉连接设备（OXC）的基本结构，分为交换矩阵、路由控制处理器、输入模块和输出模块四个子系统。

以光纤为传输介质的光接入被广泛看好为未来的宽带接入方式。EPON 和 GPON 是光接入网采用的主要技术。

思考题与习题

7.1 简述光网络的概念。
7.2 什么是 SDH 传送网？
7.3 画出常用的 SDH 网络拓扑结构示意图。
7.4 SDH 网络的系统保护方式有哪几种？试简述各自的保护操作过程。
7.5 什么是 OADM？它具有哪些功能？
7.6 什么是 OXC？它具有哪些功能？
7.7 画出波长路由器的基本结构，并说明各部分的作用。
7.8 OPS 网络有哪些基本功能？
7.9 试分析光分组交换网络的关键技术有哪些？

7.10 根据光分组交换网络的组成原理，设计一个合理的分组交换网节点结构，并说明各部分的作用。

7.11 指出 PC、SPC 和 SC 这三种连接的不同之处。

7.12 画出 ASON 控制平面的功能结构。

7.13 指出 ASON 控制平面的接口类型。

7.14 ASON 管理平面的功能有哪些？

7.15 ASON 传送平面的功能有哪些？

7.16 简述光突发交换的基本概念。

7.17 试述光突发交换网络的工作过程。

7.18 试对光分组交换网和光突发交换网的工作过程进行比较。

7.19 试对光分组交换网、ASON 和光突发交换网的交换粒度进行比较。

7.20 指出无源光网络（PON）各个部分的结构和功能。

7.21 画出光纤接入网的参考配置模型图。

第 8 章 大气激光通信

8.1 概 述

8.1.1 大气激光通信的研究进展

容量大且传输距离远的现代光通信在 1960 年梅曼（Maiman）发明了红宝石激光器后才得以实现。红宝石激光器可以产生单色相干光，这使高速的光调制成为可能。在低损耗光纤出现以前，人们对在大气信道中实现光通信进行了诸多研究。

大气激光通信又被称为自由空间光通信（Free Space Optics，FSO）。从激光出现至今，大气激光通信技术的发展大致经过了高峰——低谷——复苏三个阶段。

20 世纪 60～70 年代，研究高峰期。人们对激光在通信方面的巨大潜在应用充满了兴趣，成为大气激光通信发展史上最辉煌的时期，国际上掀起了研究大气激光通信终端的高潮。1961 年，美国贝尔试验室和休斯公司分别用红宝石激光器和氦-氖激光器进行了大气通信实验；60 年代中期，CO_2 激光器和 Nd:YAG 激光器的发明使大气激光通信又向前迈进了一步，尤其是 CO_2 激光器，它发射的波长为 $10.6\mu m$，正好处于大气信道传输的低损耗窗口，逐渐成为大气激光通信的主要候选光源。60 年代中期以后涌现了许多大气激光通信实验系统，包括 $10.6\mu m$ 外差检测电视信号传输实验系统，传输距离 19 英里；30Mbit/s 脉冲编码调制通信实验系统，传输距离 5 英里；$10.6\mu m$，224Mbit/s 脉冲编码通信实验系统等。与此同时，光调制技术和探测技术也得到了一定的发展。

20 世纪 70～80 年代，衰落期。由于当时技术条件的限制，此时的大气激光通信系统受气候条件的影响很大，只能在晴好及小雨天气下进行短距离的通信，遇到大雾大雨等恶劣天气则无法通信。此外，由于受大气湍流影响，通信质量也很不稳定，因而其应用场合大受限制，无法推广。进入 70 年代后，随着低损耗光纤的问世和光纤通信的迅速发展，人们对大气激光通信逐渐失去了兴趣，甚至有人指出对其的研究根本行不通，于是，大气激光通信便在轰轰烈烈的光纤通信研究热潮中逐渐消退。到了 80 年代中后期，国际国内大部分从事激光大气通信技术研究的单位相继停止了对它的进一步研究，近 20 年的时间内，该项技术没有取得多大进展，大气激光通信的发展步入了低谷。但是，由于其良好的保密性及在军方巨大的潜在应用，少数几个财力雄厚的国家，特别是军方没有放弃它。

20 世纪 90 年代至今，复苏期。进入 20 世纪 90 年代，大功率半导体激光器件被研制成功并推入市场，激光技术、光电探测等关键技术也日益完善与成熟，随着空间通信需求的日益增加，大气激光通信重新唤起了人们的热情。在探索大容量、高速率通信的研究中，大气激光通信技术悄然复苏并逐渐走向实用化。1988 年，巴西 AVIBRAS 宇航公司研制出一种便携式半导体激光大气通信系统，其外形如一架双筒望远镜，在上面安装了半导体激光器和麦克风，将一端对准另一端即可通信，通信距离 1km；如果将光学天线固定下来，通信距离可达 15km。1989 年，美国 FARANTI 仪器公司研制出一种短距离、隐藏式大气激光通信系统。1990 年，美国又成功试验了一种适合特种战争和低强度战争需要的紫外光波通信系统，通信距离 2~5km。与此同时，俄罗斯进行的激光大气通信系统技术的实用化研究也取得实质性进展，推出 10km 以内的半导体激光大气通信系统并在莫斯科、瓦洛涅什、图拉等城市投入应用。近年来，美国、日本、英国等国家相继推出了一系列大气激光通信系统产品，如美国 Terra 公司的一系列大气光通信产品和日本佳能的无线光通信系统等。因此，目前大气激光通信已渡过其发展中的低谷时期，迎来了复苏阶段。

我国对大气激光通信的研究几乎与国际同步，早在 1963 年就开始了大气激光通信的研究。1971 年，原电子工业部三十四所开始了激光大气通信技术的研究，1974 年推出了 Nd：YAG 激光大气通信系统实验样机，并在北京军事博物馆与清华大学间架通了实验线路，进行通信演示，通信距离约 13km，信号调制采用副载波调频激光调幅的外调制方式，实验情况良好。与三十四所几乎同时开展激光大气通信的单位还有电子科技大学、北京邮电大学、武汉邮电科学研究院及北京、长春、大连、合肥等地的一些单位，其中电子科技大学多年来利用 CO_2 激光器，YAG 激光器及半导体激光器等光源对激光大气通信系统和相关技术开展了广泛的研究，先后完成了 $10.6\mu m$ CO_2 激光大气通信系统、半导体激光大气通信系统及相关的激光调制相干探测技术，并对激光的电光、声光调制，直接和外差探测，光收发天线，光收发端机，光信道模型等单元和系统技术进行了专题研究，取得了一系列成果，成功地完成了外场实验和并网实验，其在"八五"期间完成的"宽带数字激光大气通信系统"，首次在国内实现了空间光束的自动搜索、跟踪和瞄准。进入 90 年代，随着国际上激光大气通信的复苏及市场的需求，大气激光通信得到有关专家和决策者的重视，加紧了这方面的研究。1999 年和 2000 年，中科院上海光机所分别推出了 34Mbit/s 和 155Mbit/s 的激光大气通信样机，通信距离 1~2km，原信息产业部三十四所也于 2000 年推出了 8Mbit/s 的实用型近地大气激光通信机，通信距离 4km。我国"十五"计划还加大了开发激光大气通信的力度。目前，国内一些企业已经推出了各自的大气激光通信端机产品，并在一些场合得到了应用。

红外波段光波波长较长，在大气中传输时不易发生散射，因此一般红外波段大气光通信均应用于具有直视（LOS）链路的场合。但是，很多通信场合很难保证时刻存在光的 LOS 链路，如山地和丛林地区。近年来，学者开始关注非直视（NLOS）环境下如何进行大气光通信的研究。如果继续沿用红外波段，捕获、跟踪和对准的问题就很难回避。红外波段是大气透过率较高的谱段，实际的通信系统易受外界自然光源，特别是阳光的干扰。紫外无线光通信是利用 200~280nm 波长范围内的紫外光波进行通信，这个范围内的紫外光波波长与大气粒子的几何尺寸相当，紫外光在大气传播过程中可以借助大气粒子的散射实现 NLOS 方式传输，从而克服红外通信中需要进行跟踪对准的问题。另外，由于该波长范围内的太阳紫外辐射被大气层的臭氧层强烈吸收，其对地面通信影响可以忽略，该波段通常又被称作日盲区。

美国是开展紫外光大气散射通信研究最早的国家。早在 1939 年，美国的 Navy Department Bureau of Engineering 就在它发布的报告中探讨了作为海军通信用的紫外光源、探测器和滤光片的技术及性能，但当时并未展开系统研究。到了 20 世纪 60 年代的中后期，美国军方根据战争的实际要求，开始对近距离通信表现出极大的兴趣。紫外大气散射通信领域的研究工作也开始全面展开，相继出现了一些实验系统，通信范围及传输速率也逐步提高，但受到紫外光源、日盲区光检测器和高性能日盲区光滤波器等因素的制约，还未有成熟的商用系统出现。目前，该领域的研究工作主要集中在紫外大气散射传输信道分析、紫外光源和光检测器、光调制解调技术和实验系统等方面。

8.1.2 大气激光通信的应用优势

大气激光通信之所以受到人们的重视，与其潜在的应用优势密不可分。这种潜在优势主要体现在以下 7 个方面。

（1）无线优势。大气激光通信与其他无线电通信手段一样，具有安装便捷和使用方便的特点，很适合于有特殊地形和地貌及有线通信难以实现和机动性要求较高的场所工作；同时，由于无需建设线路，所以开通周期短，成本低。

（2）容量优势。由于光波频率极高，信息承载能力极强，因而可以利用大气激光通信系统开通超大容量的无线通信链路。

（3）电磁兼容优势。与其他无线电通信相比，大气激光通信系统具有不占用宝贵的无线电频率资源和抗电磁干扰能力强等优点，因而具有很强的军事应用价值。

（4）保密优势。激光良好的方向性使其传输的数据具有高度保密性，在大气激光通信中，激光光束的发散角通常都为亚毫弧度数量级，除非其通信链路被截断，否则信息很难被截获；紫外光通信由于大气的散射和吸收，紫外光很难进行远距离传播，被干扰和截获的可能性也较小。

（5）尺寸优势。由于光波波长短（为零点几微米到几十微米），在提供同样增益的情况下，其天线尺寸要比微波、毫米波通信天线尺寸小得多；同时，随着集成光学和各种集成光波导器件技术的发展，光通信终端的体积也越来越小。

（6）价格优势。半导体激光通信系统的容量/价格比极具竞争优势，是一种易于被市场和用户接受的通信手段。

（7）功耗优势。由于激光方向性极强，因此光源只需较小的功率即可实现通信，通信终端功耗很低，易于远程馈电。

在上述优势中，无线优势和容量优势二者的结合一方面克服了光纤通信在灵活性方面的缺点，另一方面又解决了无线/微波通信在容量方面的缺点，因而最为人们所重视。

8.1.3 大气激光通信面临的主要问题

一段时间以来，激光大气通信技术之所以难以得到应有的发展和推广应用，存在的主要技术问题如下。

（1）对大气信道衰减大及衰减随机变化量大的补偿技术问题。

（2）大气湍流的影响使信道折射率发生不均匀的随机变化，其结果使接收光斑发生所谓的闪烁现象和漂移现象。要削弱大气湍流的影响，有许多技术工作要处理。

（3）驱动功率小、转换效率高、激光输出功率大、调制带宽大及伺服系统简单的激光发射器件的制作，特别是在紫外光波段，目前还未能研制出体积小、功耗低、输出功率较大的激光器。

（4）灵敏度高、噪声特性好，适合于常温环境下工作的接收器件的制作。

（5）体积小、重量轻、光学特性好、便于安装/调校的光学收发天线的制作。

（6）背景噪声的滤除技术问题，如果采用窄带光滤波技术，又存在激光器的频率稳定技术问题。

（7）在机动性要求高和工作平台方位稳定性差的场合应用，自动跟踪、瞄准技术也很关键。

上述问题可归纳为：解决全天候、高机动性和高灵活性及稳定可靠工作的问题。

8.2 激光在大气信道中的传播特性

自从激光出现后，激光在测距、通信领域的巨大潜在应用价值使学术界对它在大气中的传输特性倍感兴趣，研究骤然升温，众多学者对激光在大气中的传输特性进行了理论上的各种探讨和大量的实验观测。理论上的研究到1970年已基本成熟，光束通过大气会受到大气分子的吸收、散射及大气湍流的影响。人们将大气作为吸收、混浊和湍流介质作了一系列的探讨和计算，得到了激光在大气中传输特性的基本描述。

8.2.1 大气的特点

地球的大气层充斥了许多被地球引力束缚的气体、原子、水蒸气、污染物和其他化学粒子，它的高度一直延伸到大气层六百多千米。这些粒子密度最大的地方是在靠近地面的对流层，粒子密度随高度增加而减小，直到穿过电离层。实际粒子的分布依赖于大气层条件。最上面的电离层包含电离子，它形成包围地球的辐射带。

大气是由大气分子、水蒸气及各种杂质微粒组成的混合物，主要有氮气、氧气、二氧化碳、水蒸气及惰性气体等。大气中的杂质微粒成分复杂，形态各异，尺度分布很广，大小在 $0.03 \sim 2000 \mu m$ 之间，一般将杂质微粒分为固态粒子和液态粒子，主要的固态粒子包括尘埃、烟雾及各种工业污染物，液态粒子按其形态则有云滴、雾滴、雨滴、冰晶、雪花、冰雹等。由于温度差异、风等原因，大气中的分子、微粒处于不断的运动之中，其组成、湿度、密度等都在不断地变化，使得大气常处于湍流运动状态。

8.2.2 大气对激光束传播的影响

大气性质对激光束的传播有很大的影响，主要的影响有：大气分子及悬浮微粒对光束的吸收与散射、大气湍流运动对光束的扰动。前者主要导致光束能量损失，工程上常称为大气衰减；后者引起光束的强度闪烁、光束漂移、扩展与抖动等现象，通常称大气湍流效应。对于强激光，则还有热晕效应、大气击穿和受激拉曼散射效应等。

1. 大气吸收

大气对光具有吸收作用，在紫外、可见光及红外区域，主要的吸收分子是 H_2O、CO_2、O_3、O_2 及少量的 CO、CH_4、N_2O 等。

紫外区（$0.2 \sim 0.4 \mu m$），在 $0.2 \sim 0.26 \mu m$ 间存在 O_2 的弱吸收，主要的吸收来源于 O_3，$0.3 \sim 0.36 \mu m$ 是它的强吸收带；可见光区，水汽在 $0.5 \sim 0.7 \mu m$，O_2 在 0.63、0.69、$0.76 \mu m$ 及 O_3 在 $0.45 \sim 0.76 \mu m$ 间存在强吸收；红外区，最活跃的吸收气体分子是水汽、O_3 和 CO_2，其他如 CO、CH_4、N_2O 和若干污染物分子也有明显的吸收线和吸收带。

气体分子的大量吸收谱线组成了吸收带群,但在吸收带之间少数几个区域中存在相对"透明"的"窗口",在这些窗口中辐射透过率较高,吸收较弱,通常称为大气窗口。图 8-1 是光波大气中的透射谱。

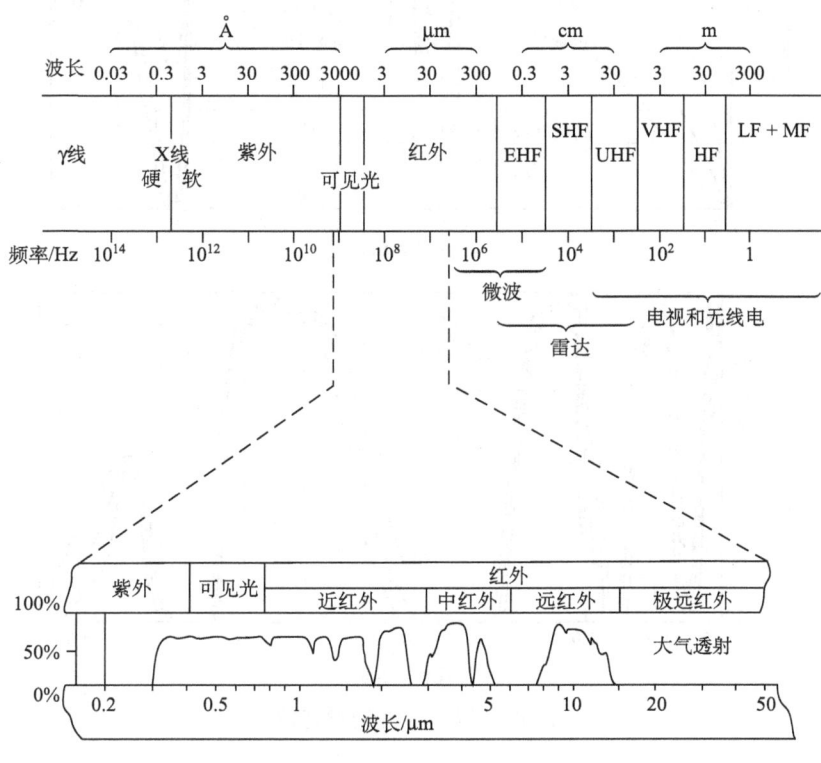

图 8-1　光波的大气透射谱

能见度大于 31km 的极晴朗天气下大气的透射谱如图 8-2 所示（波长为 0.3～5μm,不同天顶角时穿过整个大气层的透射率）。

2. 大气散射

大气的散射由大气中不同大小的颗粒的反射或折射所造成,这些颗粒包括组成大气的气体分子、灰尘和大的水滴。纯散射虽然没有造成光波能量的损失,但是改变了光波能量的传播方向,使部分能量偏离接收方向,从而也将造成接收光功率的下降。

大气对光的散射主要有瑞利散射、米氏散射和非选择性散射（又称为几何散射）。一般说来,对于半径 $r \leqslant 0.3\mu m$ 的粒子（如气体分子）,波长在 $1\mu m$ 附近,瑞利定律的误差≤1%;当粒子半径 $r > 0.3\mu m$（如悬浮尘埃等）时,须采用米氏定律;当粒子半径比辐射波长至少大 $40\mu m$（如雾滴、雨滴等）时才出现非选择性散射。

瑞利散射是由于光子与空气粒子发生碰撞而产生,碰撞过程中未发生能量损失,是一种弹性碰撞,因而碰撞后散射的光子波长不会发生改变。瑞利散射具有以下特点:①散射的强度和波长的四次方成反比;②散射光的散射强度与观察方向之间有着比较简单的关系;③前向散射能量和后向散射能量相等;④90°方向的散射光几乎偏振。瑞利散射的散射系数可表

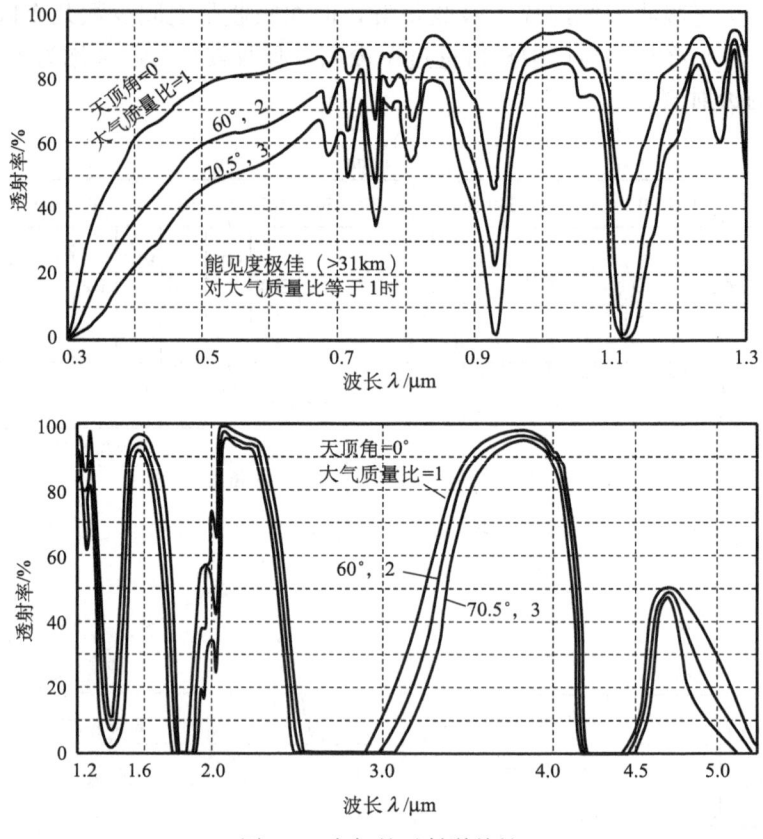

图 8-2 大气的透射谱特性

示为

$$\alpha_R(\lambda) = \frac{8\pi^3(n^2-1)^2}{3N\lambda^4} \frac{6+3\delta}{6-7\delta} \quad (8.2\text{-}1)$$

其中，n 为介质折射率，N 为单位体积内的分子个数，λ 为入射光波的波长，δ 为散射的退偏振因子，通常为 0.035。瑞利散射的角度分布可以用散射相函数表示。瑞利散射的相函数为

$$P_R(\theta_s) = \frac{3}{4}(1 + \cos^2\theta_s) \quad (8.2\text{-}2)$$

式中，θ_s 为散射角。瑞利散射的相函数分布如图 8-3 所示。由图可知，瑞利散射前向散射和后向散射相等，随角度变化呈对称分布，在 0°和 180°方向上的散射能量达到极大值，在 90°和 270°方向上的散射能量最小。

当散射颗粒的大小可以与辐射波长比拟时，会发生米氏散射，米氏散射也是一种弹性散射。米氏散射的光强分布比较复杂，主要的散射能量集中在前向方向上。米氏散射有如下特点。

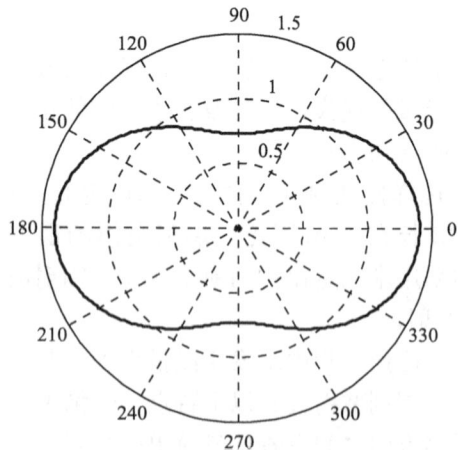

图 8-3 瑞利散射相函数分布

(1) 散射强度比瑞利散射大得多，散射强度与波长的二次方成反比。

(2) 散射光强随角度变化出现许多极大值和极小值，当尺度参数增大时，极值个数会增加。

(3) 前向散射与后向散射之比随着散射粒子尺寸的增大而增加，当粒子尺寸很小时，米氏散射简化为瑞利散射；当粒子尺寸很大时，可以用几何光学定律计算散射光的角分布。

米氏散射主要由大气中的气溶胶引起，其散射强度比瑞利散射大得多。在散射过程中，粒子将入射光向周围空间散射并不均匀，粒子尺度越大，前向散射越强，后向散射越弱。米氏散射相函数非常复杂，目前还没有统一的解法提供最佳结果，一般采用经验公式得到近似解。目前，应用较多的散射相函数经验公式是 Henyey-Greenstein 相函数，表达式为

$$P_\mathrm{M}(\theta_\mathrm{s},g)=\frac{1-g^2}{(1+g^2-2g\cos\theta_\mathrm{s})^{\frac{3}{2}}} \tag{8.2-3}$$

该式通常被称为 H-G 相函数，θ_s 表示散射角，g 是散射余弦角的平均值 $<\cos\theta_\mathrm{s}>$，称为非对称因子。H-G 相函数的优点在于其解析表达式简单，而且可较好地表示米氏散射相函数前向峰值的主要特点，但缺点在于不能正确模拟介质后向散射。

瑞利散射和米氏散射都具有波长选择性，波长越长散射越小。在近地面大气层中，分子散射的影响很小，造成光能量衰减的主要原因是悬浮粒子的散射。

3. 大气湍流

在大气光学领域，湍流是指大气中局部温度、压力的随机变化而带来折射率的随机变化。湍流产生许多温度、密度具有微小差异因而折射率不同的旋涡元，这些旋涡元随风速等快速地运动并不断地产生和消失，变化的频率可达数百赫兹，变化的空间尺度可能小到几毫米，大到几十米。当光束通过这些折射率不同的旋涡元时会产生光束的弯曲、漂移和扩展畸变等大气湍流效应，致使接收光强产生闪烁与抖动。大气湍流对光束特性的影响程度与形式同光束直径 d 与湍流尺度 l 关系很大，大致可分为三种情况。

(1) $d \ll l$。当光束直径远远小于湍流尺度时，湍流主要使光束产生随机偏折，接收机端光束漂移，具体情形如图 8-4 所示。

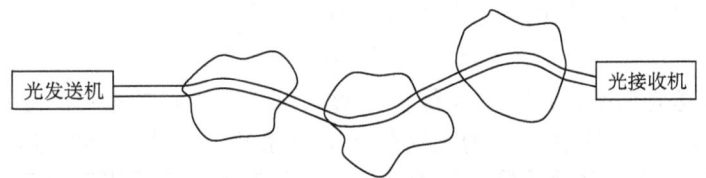

图 8-4　尺度远大于光束直径的湍流元造成的光束漂移

(2) $d \approx l$。当湍流尺度约等于光束直径时，湍流主要使光束截面发生随机偏转，从而形成到达角起伏，使接收端的焦平面上出现像点抖动。

(3) $d \gg l$。光束直径远大于湍流尺度，这是一种更常见的情况，此时光束截面内包含许多小湍流旋涡，各自对照射的那一小部分光束起衍射作用，使光束的强度和相位在空间和时间上出现随机分布，相干性退化，光束面积也会扩大，从而引起接收端的光强起伏，同时衰减总体接收光强，具体情形如图 8-5 所示。

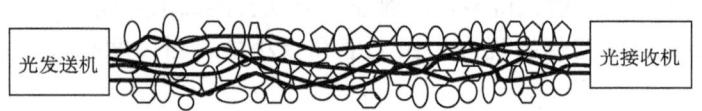

图 8-5 尺度远小于光束直径的湍流元造成的光束漂移

在实际情况中，温差的扰动会使大气不断地混合，产生许多无法预料的各种尺度的湍流元，这些湍流元共同作用，加强了接收端的光强起伏。此外，相同时间内的光强起伏还与风速及当时的气象条件有关，因此对大气湍流的探测和观察比较困难，大气湍流使信号探测变得不容易把握，对大气激光通信系统的稳定性造成很大的障碍。目前，自适应光学可较好地解决这一问题，但仍需对大气湍流的变化尺度及变化规律进行更多的实验探索。

4. 热晕效应

大功率激光束在大气传播时，还会伴随各种非线性效应，热晕效应即是其中之一。热晕效应是指大功率激光束在大气中传播时，激光束路径上的大气分子或悬浮微粒因吸收部分激光能量而发热，且足以导致空气折射率发生变化，从而使激光束发生附加的弯曲和畸变等现象。热晕效应也称为热畸变效应。

在原则上，只要大气对激光能量有吸收就会产生热晕效应，但在激光功率较低或吸收系数很小的情况下热晕效应对激光束传播影响极小，通常可不考虑。

8.2.3 大气信道模型

综上所述，大气对激光束传播的影响主要是大气的吸收、散射造成的能量衰减和大气湍流产生的附加调制，因而工程上常将大气信道划分为大气衰减信道、大气散射信道和大气湍流信道。除此之外，由于地面附近各种杂散光不可避免地要进入光接收机的接收视野(Field of View, FOV)，因此大气信道还存在背景噪声。

1. 大气衰减信道

激光束在大气中传输一定距离后的光功率可表示为

$$P(L) = P(0)\exp(-\sigma L) \tag{8.2-4}$$

式中，$P(0)$ 为发送光功率；$P(L)$ 为传输距离 L km 后的光功率；σ 为大气信道的衰减系数，$\sigma = \alpha_m + \alpha_a + \beta_m + \beta_a$，其中，$\alpha_m$ 为大气分子吸收系数，α_a 为悬浮微粒的吸收系数，β_m 为气体分子散射系数或瑞利散射系数，β_a 为悬浮微粒的散射系数或米氏散射系数。

研究表明，大气分子吸收在大气衰减中处于次要地位。如图 8-2 所示，大气对不同波长的光束有着不同的透射率，且存在多个透射率接近 100% 的通信窗口，在进行大气激光通信的系统设计时，只要工作波长落在这些通信窗口之内，则可忽略大气吸收导致的功率衰减，即可认为 $\alpha_m \approx 0$。此外，由于瑞利散射系数和波长的四次方成反比，在近红外波段瑞利散射系数很小，所以 β_m 也可忽略。就水平传输而言，低层大气的主导衰减仅是米氏散射，这时 σ 可以用与能见度有关的经验公式表示，其形式为

$$\sigma = \beta_a = \frac{3.91}{V}\left(\frac{\lambda}{550}\right)^{-q} \tag{8.2-5}$$

式中，V 为能见度，单位为 km；λ 为激光波长，单位为 nm；q 与大气中粒子尺寸和密度分布（即能见度）有关，较传统的观点认为它们之间的关系为

$$q = \begin{cases} 1.6 & V > 50\text{km} \\ 1.3 & 6\text{km} < V < 50\text{km} \\ 0.585 V^{1/3} & V < 6\text{km} \end{cases} \quad (8.2\text{-}6)$$

根据式 (8.2-6)，人们推断波长为 1550nm 的光在任何天气情况下的衰减系数都比波长为 785nm 的光小，然而实验研究表明情况并非如此：在阴霾天及更好的天气情况下大气中 1550nm 光波的衰减系数确实比 785nm 的光小；在雾天，两者的衰减系数一样；当能见度小于 500m 时，衰减系数与波长无关，即产生非选择性散射。因此，有人将 q 修正为

$$q = \begin{cases} 1.6 & V > 50\text{km} \\ 1.3 & 6\text{km} < V < 50\text{km} \\ 0.16V + 0.34 & 1\text{km} < V < 6\text{km} \\ V - 0.5 & 0.5\text{km} < V < 1\text{km} \\ 0 & V < 0.5\text{km} \end{cases} \quad (8.2\text{-}7)$$

技术上定义能见度为光功率衰减到初值的 2% 的距离，或者在白日水平天空背景下，可分辨足够大的绝对黑体（目标物）的最远视程。很多城市都保存有能见度的数据，这些关于可视距离的数据可以在进行链路设计和功率预算时提供参考。

例 某地大气激光通信系统工作波长为 1550nm，试求能见度分别为 8km 和 2km 时的大气衰减系数。

解 由图 8-2 可知 1550nm 为大气通信窗口，故可忽略大气吸收的影响，大气衰减系数可由经验公式 (8.2-5) 计算。

(1) 能见度为 8km 时，由式 (8.2-7)，q 值取 1.3，因此可得此时的大气衰减系数为

$$\sigma = \frac{3.91}{8}\left(\frac{1550}{550}\right)^{-1.3} = 0.127(\text{Np/km}), \text{或 } 0.552(\text{dB/km})$$

(2) 能见度为 2km 时，由式 (8.2-7)，q 值取 0.66，因此可得此时的大气衰减系数为

$$\sigma = \frac{3.91}{2}\left(\frac{1550}{550}\right)^{-0.66} = 0.987(\text{Np/km}), \text{或 } 4.29(\text{dB/km})$$

表 8-1 所示为不同天气条件下，工作波长为 850nm 时的一些大气衰减系数的实验数据。

表 8-1 不同天气时的大气综合衰减系数和能见度表（工作波长 850nm）

天气情况	能见度	大气衰减系数/(dB/km)
非常晴朗	50～20km	0.20～0.52
晴朗	20～10km	0.52～1.0
轻霾	10～4km	1.0～2.9
阴	4～2km	2.9～5.8
薄雾	2～1km	5.8～14.0
轻雾	1000～500m	14.0～34.0
中雾	500～200m	34.0～84.9
浓雾	200～50m	84.9～339.6

实际上，在自由空间光通信系统中，功率损耗不仅仅是因为大气衰减。由于发射光束总是有一定的发散角，而接收端的光检测器面积固定，因此，功率损耗还应包括不能被检测器检测的光功率损耗，它与光传播的距离 L 有关。

2. 大气散射信道

目前，大气散射通信主要采用紫外光。紫外光大气散射传输的信道模型一般采用麻省理工学院的 Luettgen 和 Shapiro 提出的"非直视单次散射模型"。该模型为分析研究基于大气散射的非直视通信提供方便。

单次散射模型有一个重要的前提假设，即在光子从光源出发到被接收端接收这个过程中，只发生了一次散射。当然，在实际情况中，到达接收端的光子中肯定会有超过一次的散射。光子在传播时发生散射的次数主要由光源和接收端的空间位置和大气参数决定。

Van de Hulst 提出的单次散射的近似合理原则为单次散射模型的科学性提供了保证。他指出，当收发距离与消光系数的乘积小于等于 0.1 时，即可认为单次散射模型近似成立，具体可表示为

$$\tau = Lk_e \leqslant 0.1 \tag{8.2-8}$$

其中，L 为发送节点与接收节点之间的距离，k_e 为大气的消光系数。在吸收较弱的情况下，可以认为大气消光系数近似等于大气的散射系数 k_s。

单次散射模型建立在一个长球面坐标系上。所谓长球面坐标就是一个椭圆围绕其主轴旋转一圈而形成的封闭曲面，如图 8-6 所示，其空间上任意一点均可以由径向分量 ξ、角坐标 η 和方位角坐标 ϕ 唯一确定。

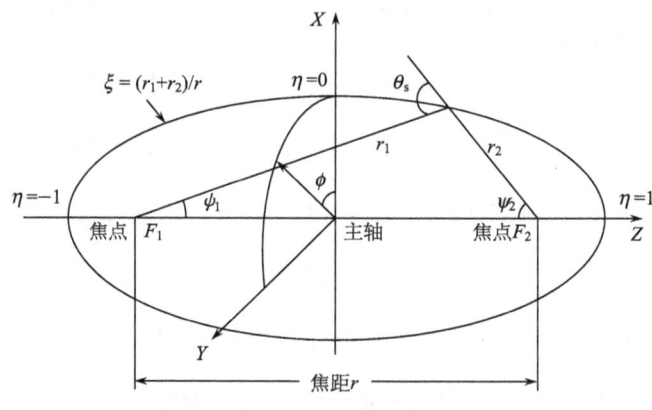

图 8-6 长球面坐标系

直角坐标系与长球面坐标系转换关系如下：

$$\begin{aligned}
\xi &= (r_1 + r_2)/r & (1 \leqslant \xi \leqslant \infty) \\
\eta &= (r_1 - r_2)/r & (-1 \leqslant \eta \leqslant 1) \\
\phi &= \arctan(x, y) & (-\pi \leqslant \phi \leqslant \pi) \\
r_1 &= [x^2 + y^2 + (z + r/2)^2]^{1/2} \\
r_2 &= [x^2 + y^2 + (z - r/2)^2]^{1/2}
\end{aligned} \tag{8.2-9}$$

式中，r 是两焦点间的距离，r_1、r_2 分别是球面上点到两焦点的距离；焦点 F_1、F_2 分别在主轴上的 $\pm r/2$ 处。例如，取 $r=1$，则空间一点（$x=1$，$y=1$，$z=1/2$）可以转换为长球坐标（$\xi=\sqrt{3}+\sqrt{2}$，$\eta=\sqrt{3}-\sqrt{2}$，$\phi=\pi/4$）。当 $\xi \to \infty$ 时，长球面趋近于一个球面；当 $\xi \to 1$ 时，长球面成为主轴上焦点之间的线段。

图 8-6 中的参数 ψ_1、ψ_2 和 θ_s 可由长球面坐标表示，即

$$\begin{aligned}
\cos\psi_1 &= (1+\xi\eta)/(\xi+\eta) \\
\sin\psi_1 &= [(\xi^2-1)(1-\eta^2)]^{1/2}/(\xi+\eta) \\
\cos\psi_2 &= (1-\xi\eta)/(\xi-\eta) \\
\sin\psi_1 &= [(\xi^2-1)(1-\eta^2)]^{1/2}/(\xi-\eta) \\
\cos\theta_s &= (2-\xi^2-\eta^2)/(\xi^2-\eta^2)
\end{aligned} \qquad (8.2\text{-}10)$$

由式（8.2-10）的第 1 式和第 3 式可得

$$\begin{aligned}
\eta &= (\xi\cos\psi_1-1)/(\xi-\cos\psi_1) \\
\eta &= (1-\xi\cos\psi_2)/(\xi-\cos\psi_2)
\end{aligned} \qquad (8.2\text{-}11)$$

如果定义 $\cos\psi_1=f(\xi,\eta)$，则 $\cos\psi_2=f(\xi,-\eta)$；同理，如果定义 $\sin\psi_1=g(\xi,\eta)$，则有 $\sin\psi_2=g(\xi,-\eta)$。这是长球面坐标系对称性的表现，可为单次散射模型的计算带来方便。长球面坐标的一个重要特点是：任取一个长球面，该面上的任意一点至两个焦点的距离之和相等。因此，如果紫外光散射通信中光源与光检测器分别设置在两个焦点上，则任一长球面均是一个等时散射面。在光波传播速率一定的情况下，光源发出的光由此长球面散射至接收端光检测器所用的时间均相等。

光在大气中的散射传输可以使用单次散射模型描述，即由发送端光源发出的光信号经空中粒子的一次散射就直接到达接收端的光检测器。设散射粒子与两个焦点形成的平面为直角坐标系中的 X-O-Z 平面，则非视线大气散射通信示意图如图 8-7 所示。图中光源与光检测器分别位于长球面坐标的两个焦点，θ_T 为发送端光源束散半角（$0 \leqslant \theta_T \leqslant \pi/2$），$\theta_R$ 为接收端光检测器接收视场半角（$0 \leqslant \theta_R \leqslant \pi/2$），$\beta_T$ 为发送机仰角（$0 \leqslant \beta_T \leqslant \pi$），$\beta_R$ 为接收机仰角（$0 \leqslant \beta_R \leqslant \pi$）。在发送束散角与接收视场角的延长线的交汇处就是能够被照射并发生散射的有效散射体。根据长球坐标系的特点，在已知通信距离、光源束散射角、光电检测器的视场半角和发送机和接收机的收发仰角的情况下，只要确定大气的散射系数及吸收系数，就可以将

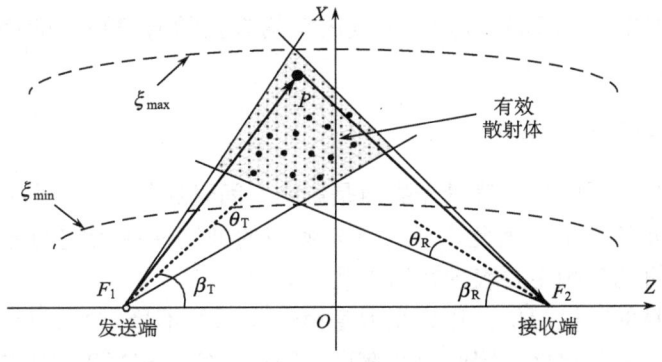

图 8-7 非视线紫外大气散射通信示意图

有效散射体划分为若干等时散射面，对 $\xi_{\min}$ 与 $\xi_{\max}$ 之间的等时散射面进行积分就可得到检测器可接收到的信号能量。对等时散射面的积分可转化为对时间的积分。

非直视单次散射模型一般应用在紫外光大气散射通信的性能分析。当单次散射近似合理原则不能满足时需要考虑光传播路径上多次散射造成的影响。

3. 大气湍流信道

描述大气光学湍流强度，通常采用湍流结构常数 C_n^2，而实际测量的是大气折射指数结构函数 $D_n(l)$。当大气满足局部均匀各向同性的条件时，根据 Kolmogorov 的湍流统计理论，在惯性子区间（$L_0 \gg l \gg l_0$）内 $D_n(l)$ 与 C_n^2 满足如下关系：

$$D_n(l) = C_n^2 l^{2/3}, L_0 \ll l \ll l_0 \tag{8.2-12}$$

式中，C_n 为大气光学折射率结构常数，单位为 $m^{-1/3}$，L_0 和 l_0 分别为大气湍流外尺度和内尺度，l 为两观测点间的距离。这就是著名的"三分之二次方"定律，它的功率谱幂率为 $-5/3$。在实际大气中，上述条件不是总能满足，但是目前在激光大气湍流效应及其相位校正规律的研究中都作了上述假定，并用 C_n^2 描述大气湍流强度特征。

在近地面层，大气主要受到太阳辐射和地面长波辐射的影响，白天由于太阳辐射增温，地温高于气温，大气处于不稳定层结状态，热量向上传递，动力湍流能量加强，C_n^2 也较强，接近 $1 \times 10^{-13} m^{-2/3}$。夜间地面冷却，气温高于地温，大气处于稳定层结状态，湍流能量较弱，C_n^2 也较小，大约为 $5 \times 10^{-14} m^{-2/3}$。在转换时刻（日出后 1 小时和日落前 1 小时）地面温度和大气温度大约相等，此时湍流强度最弱，C_n^2 接近 $10^{-15} m^{-2/3}$。C_n^2 的日变化是光学湍流强度变化的最重要特征之一，除此之外，C_n^2 还随天气系统、季节变化、地形和下垫面特征等表现出其复杂性和多变性，而且 C_n^2 本身还在平均值附近按对数正态分布起伏。

大气湍流效应使激光在大气的传播过程中随机地改变其幅相特性，在直接检测系统中，激光幅度的随机起伏对系统的影响占绝对优势，这就是大气闪烁现象。

大气闪烁在信号光上叠加了一个附加的调制，其结果相当于引入了一个光噪声源。在弱起伏条件下，当传播路径均匀时，闪烁均方差与湍流折射率结构常数 C_n^2 存在确定的比例关系。当湍流内尺度远小于菲涅耳衍射尺度时，波数为 k 的球面波在传播距离 L 处光强的归一化均方差 σ_I^2 可以用 Rytov 数 β_0^2 表述为

$$\sigma_I^2 = \beta_0^2 = 0.5 k^{7/6} L^{11/6} C_n^2 \tag{8.2-13}$$

式中，$k = 2\pi/\lambda$。由式（8.2-13）可知，大气闪烁均方差随通信距离的增加而增加，随工作波长的增加而降低。

4. 大气信道中的背景光噪声

与光纤通信系统不同的是，背景光噪声是影响空间光通信系统接收灵敏度的重要因素之一，尤其在高背景光条件下。因此，对背景光噪声的抑制便成为空间光通信系统的重要课题。背景光对接收机的影响主要表现在以下几个方面。

（1）背景光本身的随机起伏。背景光本身由于光源的不稳定性、反射/散射过程的不稳定性及传播过程中的不稳定性，因此存在宽谱的随机起伏，相当于光噪声，这种噪声被接收机检测后将产生相应的噪声电流，使系统信噪比恶化。

(2) 强背景光引起检测器的饱和。检测器的饱和是指检测器接收的光功率超过其正常工作范围的情况，此时，信号光产生的光电流变化被抑制，系统信噪比下降。

(3) 背景光电流引起的散弹噪声使检测器灵敏度降低。光电转换过程是一个随机过程，该过程产生的散弹噪声功率与光强成正比，背景光的存在显然会增大光电检测中的散弹噪声，系统信噪比下降。

(4) 增大光电子倍增噪声。在使用 APD 等存在光电子倍增的光检测器件时，背景光产生的大量光生载流子也将参与倍增过程，增大了倍增过程中的过剩噪声，结果也使系统信噪比下降。

任何温度在绝对零度之上的物体均认为是背景辐射源，如地面、建筑物、太阳、月亮等。对于一个工作在特定波长的大气激光通信系统，由于使用的检测器不同，背景光干扰主要来自检测器敏感的波长范围，如对于一个使用 CCD、PIN 和 APD 检测器的半导体大气激光通信系统，其敏感波长在 $0.4 \sim 16 \mu m$ 之间。这样，大气激光通信系统的背景光干扰主要来自太阳，包括天空中的悬浮粒子和尘埃等对阳光的散射、地面物体对阳光的反射及高能灯光等。太阳是主要的背景光干扰源，太阳在地球大气

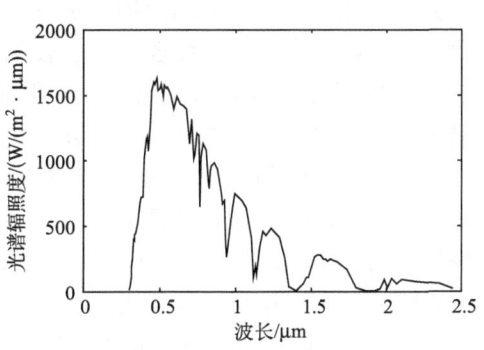

图 8-8 太阳光谱辐照度 E_λ 与波长 λ 的关系曲线图

层外的辐照度在平均地日距离上为 1390W/m^2，并且太阳光的主要能量集中在可见光和红外区。图 8-8 表明了太阳光谱辐照度 E_λ 与波长 λ 的关系，图中的凹陷为大气中的各种成分（主要是 H_2O）吸收的结果。

由图 8-8 可知，在太阳直射的情况下，背景光功率非常高；在非直射的情况下，其强度大大降低。对于接收视场不太大的大气激光通信系统，可以得到背景辐射功率为

$$P_b = \int_0^{+\infty} E_\lambda \Omega_r A_r \eta d\lambda \tag{8.2-14}$$

式中，Ω_r 为接收天线的接收立体角，A_r 为接收天线面积，η 为接收天线效率。通常，接收系统会设计窄带光学滤波器，此时所接收的背景光功率则为

$$P_b = BE\Omega_r A_r \eta \tag{8.2-15}$$

式中，B 为光学滤波器的带宽，E 为通带内的背景辐射谱高度，窄带内设其平坦。

8.3 用于大气激光通信的关键器件和技术

实现大气激光通信需要有一系列器件和技术的支持。本节重点介绍其中的光源、光学滤波器和光学天线等关键器件和技术。

8.3.1 半导体光源

同光纤通信一样的是，对于大气激光通信中所使用的光源，人们的考察目标仍然是调制速率、发光功率、功耗、体积、寿命等这几个方面。由于同样的原因，半导体激光器也成了

大气激光通信系统中首选的光源。

1. 工作波长选择

在光纤通信中，激光器的工作波长选择取决于光纤这种传输媒质的低损耗窗口；在大气激光通信中，大气的通信窗口仍然是工作波长选择的重要根据。所不同的是，光纤是一个相对封闭的信道，通常不会有杂散光侵入，但大气激光通信系统就不一样，如 8.2.3 节所述，大气信道存在背景光，因此在选择光源的工作波长时，不仅要考虑低损耗窗口，还要注意避开背景光的高辐射谱段。

大气和地面对太阳光的散射形成的背景辐射对激光大气通信的接收器来说是一个强的噪声源，如果阳光直射到检测器上，会使误码率达到很高。太阳辐照度的光谱可以用一个色温为 5762K 的黑体辐射表示，如图 8-8 所示（图中的凹陷为大气中的各种成分吸收的结果），其辐照度光谱主要集中在 400～750nm 的可见光范围内，峰值在 500nm 左右。对于常用的激光波段，800nm 波段的辐射强度约为峰值的 1/2，1060nm 波段的辐射强度约为峰值的 1/3，1500～1600nm 波段的辐射强度约为峰值的 1/10；在紫外波段，300nm 以下波段辐射降到峰值的 1/10 以下，波长进一步缩短时，太阳的辐照度迅速下降。显然，为减小背景辐射的影响，不宜采用可见波段的激光，而紫外和红外光是可选对象。

8.2.2 节已讨论过大气的透射谱问题，极晴朗天气下大气的透射谱如图 8-2 所示。由图可知，在小于 300nm 的紫外波段，大气的透过率急剧下降，显然，该波段虽然避开了太阳的高辐射谱段，但大气衰减太大，因此不利于较长距离的大气激光通信，但可用于短距通信。所幸对于常用的红外激光波段，810～860nm、980～1060nm 和 1550～1600nm 波段都是良好的大气窗口。

除大气吸收外，大气散射也会对接收到的信号光功率造成衰减。如 8.2.2 节所述，大气散射造成的衰减随工作波长的增加而减小。从这方面考虑出发，大气激光通信宜尽可能使用较长波长的光源。

另外，无线光通信波段也应避开地球热辐射的影响，地球热辐射的波段可以根据地球的温度推算，假如以 300K 估算（27℃），热辐射的峰值波长为 9～10μm 量级。在近红外和可见光范围内，热辐射的能量密度很低，1～2μm 波段的热辐射强度低于峰值 7～8 个数量级，应当说影响不大。

综合以上分析，并考虑到器件的可行性，可以认为 200～280nm、810～860nm、1550～1600nm 都是无线光通信可以选择的通信波长，从更好地抑制背景光噪声的考虑出发，200～280nm 的日盲区和 1550nm 附近是更适合的通信窗口。1550nm 与目前光纤通信使用的波长一致，可用器件选择余地大、制造水平高，价格也相应地比较低。

2. 发射功率选择

激光束在大气中传播时，光能量不仅会受到大气吸收、大气散射的衰减，还会因光束的发散造成接收光功率损耗。

设发送光功率为 P_s，激光束为高斯光束，截面上其光功率分布可描述为

$$P(r) = P_0 \exp\left(-2\frac{r^2}{\omega_0^2}\right) \tag{8.3-1}$$

式中，ω_0 为高斯光束束腰半径（P_0/e^2 功率点），P_0 为光功率分布峰值处单位面积内的光功率。P_0 与 P_s 的关系为

$$P_s = \int_0^{2\pi}\int_0^{+\infty} P_0 \exp\left(-2\frac{r^2}{\omega_0^2}\right) r \mathrm{d}r \mathrm{d}\varphi = \frac{\pi\omega^2}{2} P_0 \quad (8.3\text{-}2)$$

当波长为 λ 的高斯光束在自由空间传播距离 L 后，光束半径 $\omega(L)$ 展宽为

$$\omega(L) = \omega_0\left[1 + \left(\frac{\lambda L}{\pi \omega_0^2}\right)^2\right]^{\frac{1}{2}} \quad (8.3\text{-}3)$$

显然，随着距离的增加，激光束的光斑面积越来越大，单位面积内的光能量越来越小，对口径一定的接收端来讲，接收到的光功率也就减少了，这可以看做是光束在自由空间中的传播损耗。由式（8.3-3）还可看出，在通信距离一定的情况下，工作波长增大，传输损耗也将增大；原始光束束腰半径增大，则可减少传输损耗，因此在发送端往往需要通过光学天线系统对激光束进行扩束，关于激光束的扩束还将在 8.3.4 节中详细介绍。

在激光束传播距离 L 后，截面上其光功率分布为

$$P(L, r) = P_0(L)\exp\left[-2\frac{r^2}{\omega^2(L)}\right] \quad (8.3\text{-}4)$$

同样，$P_0(L)$ 与 P_s 的关系为

$$P_s = \int_0^{2\pi}\int_0^{+\infty} P_0(L)\exp\left[-2\frac{r^2}{\omega^2(L)}\right] r \mathrm{d}r \mathrm{d}\varphi = \frac{\pi\omega^2(L)}{2} P_0(L) \quad (8.3\text{-}5)$$

设接收天线口径为 D，并垂直于激光束传播方向，则接收到的光功率为

$$P_r(L) = \int_0^{2\pi}\int_0^{D/2} P(L, r) r \mathrm{d}r \mathrm{d}\varphi = \frac{\pi\omega^2(L)}{2} P_0(L)\left\{1 - \exp\left[-\frac{D^2}{2\omega^2(L)}\right]\right\} \quad (8.3\text{-}6)$$

由此可推导出激光束在传播距离 L 后因角度发散引起的等效功率损耗为

$$\alpha = 10\lg\left[\frac{P_s}{P_r(L)}\right] (\mathrm{dB}) \quad (8.3\text{-}7)$$

化简可得

$$\alpha = 10\lg\left\{\frac{1}{1 - \exp\left[-\frac{D^2}{2\omega^2(L)}\right]}\right\} (\mathrm{dB}) \quad (8.3\text{-}8)$$

例 1 （1）收发双方光学天线口径均为 10cm，光束传输距离 4km，试求工作波长分别为 850nm 和 1550nm 时因光束发散造成的等效损耗 α。

（2）$\omega_0 = 1$mm（对应无发射天线的情况），收方光学天线口径为 10cm，光束传输距离 4km，试求工作波长为 850nm 时的等效损耗 α。

解 （1）对发射方，激光束束腰直径可视为光学天线口径，即 $\omega_0 = 5$cm。
工作波长为 850nm 时，传播 4km 后由式（8.3-3）可得此时光束半径为

$$\omega = 0.05 \times \left[1 + \left(\frac{850 \times 10^{-9} \times 4 \times 10^3}{\pi \times 0.05^2}\right)^2\right]^{\frac{1}{2}} = 0.0545(\mathrm{m})$$

由式（8.3-8）可得 $\alpha = 0.892$dB。
工作波长为 1550nm 时，传播 4km 后光束半径 $\omega = 0.0637$m，由式（8.3-8）可得 $\alpha = 1.50$dB。
（2）$\omega_0 = 1$mm，$\lambda = 850$nm，$L = 4$km，由式（8.3-3）可得 $\omega(L) = 1.082$m，由式（8.3-8）

可得 $\alpha=23.7\text{dB}$。

图 8-9 为几种情况下激光束在大气中传播时因光束发散造成的光功率损耗与传输距离之间的关系曲线。图中，接收光学天线口径为 10cm。

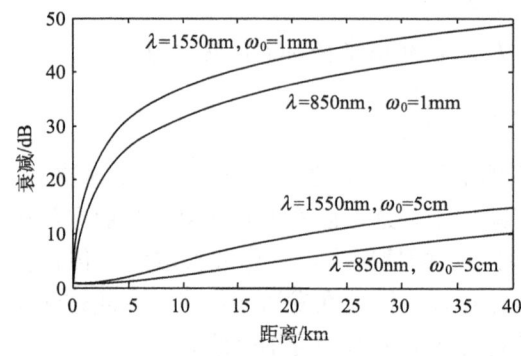

图 8-9 光束发散损耗与传输距离的关系曲线

由图 8-9 可知，当不使用发送光学天线时，光束发散损耗较大，1550nm 波长尤为显著，在 2km 处损耗即达到了 23dB，850nm 波长稍好一些，但也达到了 18dB；相比之下，使用口径为 10cm 的发送光学天线后，光束发散损耗大大降低，即便是 1550nm 波长，在传输距离达 15km 时，损耗也才 8.5dB。从图中也可发现，在使用口径 10cm 发送光学天线的情况下，传输距离不太远时（如小于 10km），工作在 1550nm 波长的发散损耗仅比工作在 850nm 波长大 1～2dB，差值在 3dB 以内。

在获得了光束发散损耗的范围后，即可结合考虑大气吸收、散射损耗及背景噪声、大气闪烁等因素，最终获得激光器发送功率的下限。

例 2 设系统工作波长为 1550nm，收发光学天线口径均为 10cm，接收机灵敏度为 -30dBm，需要在能见度为 1km 的情况下达到 3km 通信距离，试提出对光源的光功率要求。

解 能见度为 1km 时，由式（8.2-2）和式（8.2-4）可求得大气的衰减系数约为 10dB/km，光束传播 3km 则存在 30dB 的大气损耗。由式（8.3-3）和式（8.3-8）可求得光束发散损耗在 1dB 左右。

考虑光学系统的损耗、背景噪声、大气闪烁等因素，增加 15dB 富裕量。所以，对激光器的光功率应选择在 +16dBm（40mW）以上。

由于大气激光通信系统工作在近地环境，考虑到激光对环境、生物可能造成的危害，激光器的功率不宜过大，按眼睛安全标准，激光器功率应小于 +17dBm，考虑到光发送天线对激光束的扩束作用分散了激光束的能量，此限制可适当放宽一些。

3. 用于大气激光通信的半导体激光器

1）耦合阵列

耦合阵列是最早报道的大功率激光器结构之一，它由多元 LD 构成，用 MOCVD 两次生长而成，第一次在 GaAs 衬底上生长多元量子阱 DH 层，包括有源层和 P 与 N 限制层，然后从反应炉取出晶片，制作 Y 形横向耦合衍射率波导，接下来在第二次 MOCVD 工艺中生长附加限制和接触层。淀积 N 面和 P 面金属接触后，晶片被解理成条形，再在后反射镜面镀高反射层和在前反射镜面镀半波层。单个 LD 装在铜质热沉上。

当每个衍射波导的光波同相位时，它们在 Y 形耦合波导内从结构上重新结合，产生相长干涉；若光波不同相，它们将产生相消干涉，并且光辐射出波导。在掩埋异质结构中，辐射光垂直散射，不耦合到邻近的波导，单个耦合波导的原理能沿用到多个发射器。测得的三瓣模远场方向图相当于单一发射器的辐射图形和阵列衍射瓣模的褶合。观察到的主峰值都与端面垂直，它表明整个发射器是同相发射。远场方向图稳定不变，峰值高度与卫星衍射峰值恒定，远场瓣模未随工作条件变化而扩展或偏移。

器件波长为 830nm，输出功率为 200mW（连续波）和 400mW（脉冲）；中心远场瓣模 FWHM 为 4°；锁相时间小于 300ps。

2）不稳定谐振器结构

此结构由罗克韦尔和飞利浦空军实验室提出，它是单元宽面积大功率 LD 技术的延伸。不稳定谐振器由聚焦粒子束将耦合镜面外端加工成散射镜面实现。这种方式在气体和固体激光器中应用广泛，但极少用于半导体激光器。1979 年，苏联的 Bogotov 用化学抛光曲形反射境面获得半对称不稳定设计，此后，各研究机构均用湿化学腐蚀法在单条形 GaAs 和 GaInAsP 及 GaAs 阵列中制作镜面，但无人用不稳定谐振器实现大功率均匀近场或衍射限远场。这是由于化学腐蚀速率部分地强烈依赖晶体平面晶向，使得平滑而高质量的曲形镜面难以产生。

后来选用无此缺点的聚焦粒子束（FIB）制作技术来改变镜面曲线。FIB 把 Ga 粒子的高能量束聚焦成小光斑，把材料溅射在高度控制的形状内，优点是无掩模、无晶向相关性，可消除湿腐蚀遇到的问题。然而，此方法不适合批量生产。由微细加工 SQW-GRIN-SCH GaAs-GaAlAs 芯片的大功率 LD 用 MOCVD 生长，$100\mu m$ 的电流条宽由汽相淀积 SiO_2 来限定。芯片解理成 $450\mu m \times 250\mu m$，末端保留 $20\mu m$ 宽的非金属氧化物，以便 FIB 微细加工过程中不阻碍接近镜面。最后的管芯外延层朝上装在铜质热沉上。微细加工的镜面用 SEM 照片观察，平滑而无任何瑕疵。在优于 $0.1\mu m$ 分辨率的情形下，镜面表面与墙面呈现出 $2°\sim 3°$ 的垂直倾斜率。

器件的 P-I 曲线显示出 600mW/面的功率，最高衍射限输出大于 1W，波长为 837nm，电流密度为 $115A/cm^2$，内量子效率为 96.6%。

3）单片式有源光栅放大器

1989 年，SDL 提出光栅耦合面发射（GSE）激光器阵列，它是一种优于单个光栅激光器获得衍射相干功率的方法，但这些阵列的空间模式控制仅限于低功率条件，并且每个半导体激光器需要单个精确的控制电流，以调整器件光程长度。因此，GSE LD 限于约 100mW 衍射限。1990 年，GSE 结构用来制作单片集成主振荡功率放大器（M-MOPA），线阵列获 1.2W 以上、二维阵列获 4.5W 相干输出。

1991 年，又提出单片集成有源光栅主振荡功率放大器（MAG-MOPA）。MAG-MOPA 用分布式放大器/光栅输出耦合器，由单个电极驱动，以单衍射瓣模沿 5mm 孔径连续发射，结构由一个普通的 DBR 主振荡器、一个前放和一个长电流泵浦失调光栅输出耦合器（有源光栅）构成。制作的 MAG-MOPA 在横向形成了 $4\mu m$ 宽的实折射波导，以确保单模工作。在有源光区，p 金属中开了约 $4\mu m$ 宽的窗口，以允许表面发射。衍射光栅位于有源区上面近 $0.9\mu m$ 处。为了在这种外延距离处提供充分的光栅耦合，使用了与有源区平行的双波导结构。初波导由高折射率 $Al_{0.3}Ga_{0.7}As$ 确定，它支撑量子阱并包围低折射率 $Al_{0.4}Ga_{0.6}As$。$Al_{0.1}Ga_{0.9}As$，次波导位于邻近的光栅处，以提高光栅重叠。有源区内的导波强度从它的注入值开始沿着传播方向增加，直到饱和的本地增益水平降到导引模式损耗水平。此损耗包括非饱和吸收与散射损耗，除了形成表面耦合输出的辐射损耗之外。一旦达到这种平衡，导波强度和本地载流子密度沿着余下的孔径长度保持恒定。为达到最佳，前放用于增加主振的功率输出，并配合提供有源光栅内饱和载流子密度需要的导波功率。

有源光栅有以下优点。

(1) 导引波和辐射波近场沿着孔径长度均匀分布,消除了辐射图形旁瓣模,其 Strehl 比最大。

(2) 沿孔径长度的载流子密度分布均匀,产生最佳噪声抑制。

(3) 消除了放大器与引起残余反射的输出耦合区之间的界面,进一步抑制了放大器的自激振荡,并降低了到主振的相干反馈。

器件发射波长为 870.5nm,衍射限输出功率为 370mW,微分效率为 15%,远场方向图的 FWHM 为 $0.012°$。

4) 含外腔结构的多芯片器件

塔尔博托(Talbot)效应的半导体激光器的衍射耦合提供了一种多元 LD 阵列相干耦合的简单方法,但随着偏置电流的增加,空间模式产生失真。1992 年,通用电器航空公司等提出并演示了一种单元对单元移动相位差,纠正空间模式失真的方式,即把可调谐液晶移相器(LCD)置于单个发射器前面的激光腔内,以纠正这些单元之间的相位差。

早先,有人将液晶器件用于激光器腔里面或外面,作为染料激光器的内腔光谱调谐元件。后来有人提出多元 LD 阵列的外部相位控制用液晶阵列(LCA)。最近,LD 外腔结果表明这种内腔 LCA 能影响激射阈值附近的空间相干性。

外腔多芯片器件的结构是把一个多元线阵的折射波导 GaAlAs 激光器与同样多元的线阵扭曲液晶移向器阵列组装成一激光器外塔尔博托腔。激光器光为高斯强度分布,每个发射器的背面为高反射膜(大于 95%),前面是消反射膜(小于 0.5%),把发射器自激振荡降至最小。边发射器映射到液晶移相器上,为每个单元提供相关的相位控制。为了与 $200\mu m$ 液晶移相器中心-中心间隔相匹配,LCA 与发射器图形对准,使每个激光发射器的波前通过一相关控制的液晶移相器传播。

LCA 由在两块玻璃衬底之间装扭曲液晶材料形成。液晶层厚 $4.8\mu m$,有 $-0.2V$ 的最低电压控制反射改变折射率。玻璃衬底磨光,以便液晶分子与玻璃衬低和激光偏振并列对准。甚至在仔细对接无源内腔光学元件后不调整 LCA 的情况下激光器的峰值远场辐射也达不到最大。所以,每个 LCA 单元的相位都要调整,直至峰值远场达到最大。

器件主要参数:LD 阈值电流 400mA;在 2000mA、1500mA、1000mA 和 500mA 的 CW 偏置电流下,分别对应的输出为 663mW、473mW、262mW 和 45mW。甚至在能提供 2000mA 的最大电流下,波前仍在衍射限的 5% 以内。远场瓣模宽度在衍射限的 1% 内,远场峰值与最小值之比的百分比为 99.4%。

5) 外腔注入宽面积放大器

宽面积行波放大器已被证实是大功率相干发射的有效光源,其优点是:①衍射限辐射图形;②重现主振荡器的光谱;③宽增益带宽允许超过几十纳米的调谐能力;④制作技术简便、结构可靠;⑤电光转换效率高。外腔注入宽面积放大器由主振荡器与行波放大器共同构成外腔放大器。主振荡器最早是钛蓝宝石激光器,其优点是容易获得大功率单模激射;其缺点是体积大,无法实现单片集成,所以后来倾向用 LD 作主振荡器。用 LD 需要解决下述问题:主振荡器与放大器的波长必须匹配,使放大器的峰值功率随电流呈线性增加。

放大器一般是由 MOCVD 生长的 SQW-SCH LD,有源区宽 $600\mu m$,用质子注入限制。单通放大器由解理 $1500\mu m$ 或 $2000\mu m$ 长的条制作,两边镀上消反射膜($R\approx 0.1\%$)。

器件主要参数：LD 单模注入功率为 100mW，放大器脉冲发射功率为 11.6W，饱和放大增益为 23.3dB；钛蓝宝石激光器 100mW 单模注入，放大器单模 CW 功率 3.3W、脉冲功率 12W 输出。远场图形 10.4W，以近 9.5°绝对角衍射限瓣模和次瓣模为主。

6) 主振功率放大器（MOPA）LD

MOPA LD 由上面的行波放大器演变而来，它把单模低功率通过放大器放大，绕过了直接制作单模大功率激光器带来的技术问题。正如前面所述，最先是利用钛蓝宝石激光器输出耦合到锥形行波放大器。1992 年，SDL 首次报道并演示把激光振荡器与扩张形（锥形）放大器单片集成，制成了单片式扩张形放大主振功率放大器（MFA-MOPA）。扩张形放大器的锥形体设计，配合现有的主振器光束发散角 6°，信号沿着扩张放大器的长度方向放大，以便峰值强度近似保持恒定。扩张放大器的输出通过消反射膜解理镜面（$R \approx 0.1\%$）辐射。单模主振是由折射波导和高低反射镜面为界形成的 DBR LD；放大器由 950nm 波长发射的 InGaAs 有源层、AlGaAs 限制层构成。二次布拉格光栅制作在 P 边包层内，以便向振荡器增益区反馈。主振荡器输出注入与之单片集成的扩张形放大器，在此它经过 $5\mu m$ 波导折射充满三角形放大器。在输出端，呈现的场是一个功率达几瓦且相位分布平滑的二次相位散射光。主振荡器输出为单一空间光谱模式。

在 MOPA 的典型工作中，主振（MO）和功放（PA）分别偏置。MO 可以固定偏置，此时光输出功率随加到放大器的电流呈线性变化；相反，放大器也可以固定电流偏置，输出功率由改变振荡器电流开、关。这种能力是唯 MOPA 所具备的优点——仅几百毫安控制电流就能获得几瓦单模功率。

器件主要参数：$I_{osc}=100\text{mA}$，$I_{amp}=5.0\text{A}$（$T=5℃$），$P_{amp}=3.05\text{W}$；波长 980nm，$I_{mod}=130\text{mA}$（+20dBm），BW=3GHz（1W 平均输出功率）。

4. 各种激光器性能比较

第一种耦合阵列同相和衍射限输出功率限定在 500mW 以下，难以实现 1W 以上的大功率衍射限输出。第二种不稳定谐振腔结构的加工技术要求太高，不适合大批量生产。第三种有源光栅放大器虽然输出功率可达到几瓦，但单模输出功率仅几百毫瓦。第四种含外腔的多芯片组件结构复杂，需要精确调整，不适合大批量生产，而且衍射限功率不太高。第五种外注入宽面积放大器稳定性差，制作技术复杂，不能单片集成。第六种结构即主振功放（MOPA）LD 是目前最理想的结构，其主要优点可以概括如下。

(1) 它把主振荡器与放大器单片集成在一起，利用目前的工艺技术可实现大批量生产。

(2) 以几百毫安的固定偏置电流可扇出几瓦的功率。

(3) 满功率调制容易，只需 100mA 电流就能调制全部主振放大器功率。

(4) 高速工作，通过优化设计主振荡器可实现高速工作，如延长布拉格光栅、缩短主振荡腔、减少接触面积等，可实现几个吉赫兹的带宽。

8.3.2 光检测器

由于光在大气中的强散射特性和吸收特性，到达接收端的光强已经十分微弱，故需要光检测器具有很高的灵敏度和较低的暗电流，除了在光纤通信中常用的光检测器 PIN 和雪崩光电二极管（APD），在大气光通信中还常常使用光电倍增管（PMT）。

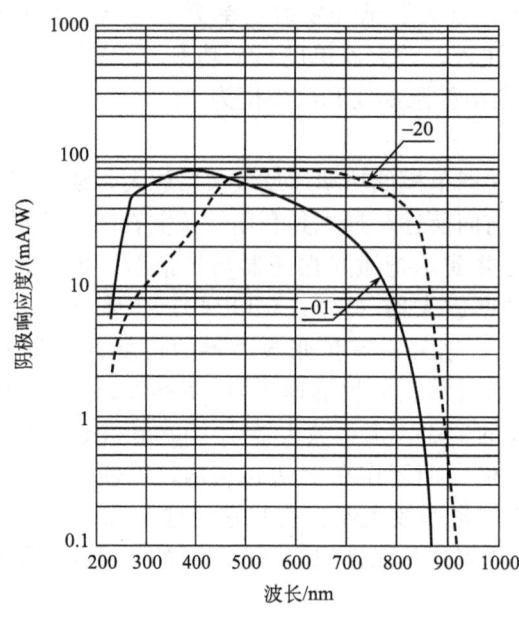

图 8-10 H10720 光电倍增管光谱响应曲线

光电倍增管（PMT）是将光电发射和次级发射相结合，把微弱的光信号转变并放大为电信号的真空器件，主要由光电阴极和打拿极构成。当光电阴极接收光子并产生外光电效应后发射光电子，光电子在外电场的作用下被加速后发射到打拿极并产生二次电子发射，二次电子又在电场的作用下被加速发射到下一级打拿极产生更多的二次电子，随着打拿极的增加，二次电子的数目也得到倍增，最后由光电阳极接收并产生电流或者电压输出信号。光电倍增管具有灵敏度高、暗电流小、光电转化能力强、动态响应速度快、信号检测能力强、稳定性和可靠性好的特点。光电倍增管的倍增增益可达 $10^5 \sim 10^7$；响应度可达 62A/W，暗电流极低，约为 0.1nA/cm^2；响应时间较快，约为 20ns；检测面积也较大，可达数平方厘米以上。

PMT 各方面的技术性能优于 APD，但是体积大，易破碎，功耗高，而且 PMT 的小型化较困难。目前，国外主要有 Hamamatsu 和 PerkinElmer 两家公司致力于光电倍增管的研制和生产，国内也有一些相近的产品可供选择。图 8-10 是 Hamamatsu 公司 H10720 系列两种 PMT 的光谱响应曲线，可见一般的 PMT 的波长响应范围一般集中在可见光与紫外光波段，不适合在红外波段使用。

8.3.3 半导体光源的光学准直

1. 激光器的光束发散

半导体激光器的有源区是一个类似于矩形平面介质波导。有源区的宽度为 w，厚度为 d，由于 w 和 d 均在微米量级，因此由 8.3.1 节的分析可知，这样的激光束在传播时容易发散。由于通常有 $w > d$，因此它的出射光束截面具有椭圆形状，如图 8-11 所示。

半导体激光器光束的发散特性可以用发散角描述。发散角定义为光功率密度下降为最大辐射方向功率密度一半的两个方向之间的夹角。在垂直于结平面和平行于结平面的方向上的发散角分别为垂直发散角 $\theta_\perp$ 和水平发散角 $\theta_{//}$，表示为

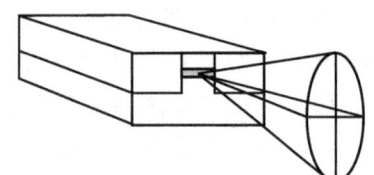

图 8-11 半导体激光器的光束发散角示意图

$$\theta_\perp = 2\arcsin\left(\frac{\lambda}{d_{\text{eff}}}\right) \quad (8.3\text{-}9\text{a})$$

$$\theta_{//} = 2\arcsin\left(\frac{\lambda}{w_{\text{eff}}}\right) \quad (8.3\text{-}9\text{b})$$

在式 (8.3-9) 中，d_{eff} 和 w_{eff} 分别为有源区的有效厚度和有效宽度，它们和激光器有源区的波导结构和折射率分布有关；λ 为激光波长。发散角越小，方向性越好。半导体激光器的典型的发散角 $\theta_\perp$ 为 $30°\sim40°$，$\theta_{//}$ 为 $10°\sim20°$。

2. 光束准直

大发散角的光束会对耦合产生以下的影响。

(1) 引起较为严重的球差，导致高斯光束的等相位面严重畸变，由此引起的耦合损耗在准直系统总损耗中占有相当的比重。

(2) 对于相对孔径较小的光学系统而言，大发散角会使得高斯光束中的一部分光能量无法通过准直系统，这不仅造成光功率的直接损耗，还使得通过准直系统的光场分布发生畸变，从而影响模式耦合。

(3) 大发散角高斯光束在耦合系统中的各光学界面上的菲涅耳反射随入射角的不同而在相当大范围内变化，这造成了高斯光束光功率的直接损耗和场振幅分布发生畸变，从而进一步影响模式耦合。

为了使半导体激光器输出的高斯光束能够高质量且高效率地传输到光学天线的馈源上，准直光学系统必不可少。通常，准直光学系统具有如下主要的功能。

(1) 能够将激光束高效率地耦合到光学天线的馈源上。

(2) 对半导体激光器的输出光束进行整形，压缩光束发散或光束束腰半径，改善远场对称性和光斑形状。

对于地面大气光通信系统，传输距离常为几千米至十几千米；在较差的天气下，大气衰减很大，其损耗可达十到数十分贝，不可能仅靠增加发射光功率和增大接收口径以增加接收功率，因此必须选择足够小的光束发射角，以保证获得足够的光功率。可见，对发射激光器进行发射角的压缩是必须进行的重要的工作。

大功率半导体激光器激活层的长宽比太大，一般为数百比一。仅使用单透镜系统进行准直，效率较低，同时准直效果也不大理想，准直后往往形成椭圆形，且长轴与短轴之比很大，可到 $4:1\sim5:1$。这样的光斑能量比较分散，传输时因光束发散造成的损耗大。在这种情况下，可另加一柱面镜，仅对 $\theta_\perp$ 进行压缩，可获得较理想的发射角。

另一种方法是先将激光器的输出耦合入一段光纤中，通常耦合进一段多模光纤中，耦合效率可达到 $30\%\sim50\%$。光纤输出端使用一只自聚焦棒透镜，使发射角得以压缩。光纤可打乱激光高斯分布的相位，使光束质量得以改善。经过棒透镜后的输出光束具有较好的光束质量和准直特性，再经过适当的光学天线系统实现扩束，将光束发散角压缩到合适的程度。如图 8-12 所示的为使用柱透镜和光纤实现 LD 光束的准直。

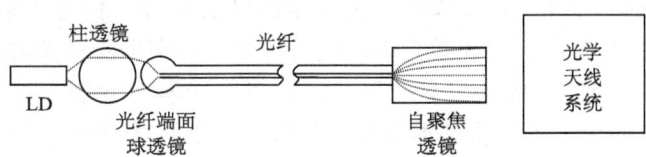

图 8-12　LD 光束的准直

8.3.4 窄带光学滤波器

如 8.2.3 节所述,大气信道中存在众多背景噪声光源,如太阳光、云和建筑物反射光、人工光源等。回顾 8.3.1 节对工作波长选择的分析,一方面考虑了大气窗口问题,另一方面还注意避开了背景光的高辐射谱段,以期减少背景光对通信的干扰。但是,由于光电检测器存在较大波长范围的响应能力,仅仅靠选择工作波长根本不能解决问题。

如图 8-13 所示,用于光信号检测的 PIN、APD 等光检测器件均存在较大波长范围的响应区,因此这些落在这些波长范围内的背景光不可避免地也要形成光电流,使系统信噪比下降。欲提高系统的工作性能,必须采取措施对这些背景光源进行抑制。

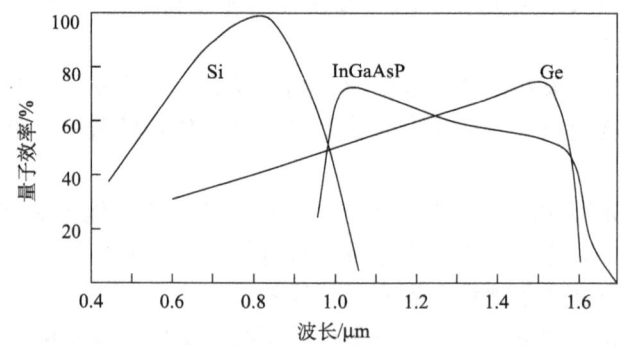

图 8-13 几种材料的光检测器的光谱响应曲线

一种措施是采用不同的焦点成像或加长天线套筒对背景光进行有效的遮挡,总体上这种方法属于空间滤光法,有一定的效果,但解决问题很不彻底;另一种更为彻底的解决方法就是采用光学滤波技术对背景光进行抑制。

在众多的背景光中,太阳光功率最大,影响最为严重,而且有多种途径进入接收光路,如大气的散射、云或地面物体的反射等,因此需要重点对待。如图 8-8 所示,太阳光辐射波长约从 300nm 延伸到 2500nm 以上,其中大部能量处于光检测器的响应波长范围内,如不采取措施,则背景光可形成很大的噪声光电流。为抑制这种干扰,需要在光电检测器前设置光学滤波器,使信号光能够很好地透过,同时滤除其他波长的背景光。光学滤波器是一种放置在光束通道上用来控制各种不同波长光的透过率的材料或元件,其作用与在通信系统中使用的任何类型的前置滤波器完全一样。

通信系统通常使用带通滤波器作为前置滤波器。同样,大气激光通信系统也需要带通型的光学滤波器。目前,DFB-LD 的谱宽已降到 0.1nm 以内,而调制 2.5Gbit/s 的信号后其波长展宽也不过 0.04nm,加上 LD 工作时可能发生的波长漂移,信号光需要的通带范围不过 0.2~0.5nm。相对光波而言,大气激光通信系统需要一种窄带光学滤波器。

得益于光纤通信中 DWDM 的研究成果,这种窄带光学滤波器在技术上已经不是难题。可用于大气激光通信的光学滤波器基本类型有吸收滤波器、干涉滤波器和原子共振滤波器。出于成本考虑,通常在大气激光通信中使用价格相对较低的 DFT 干涉型光学滤波器。另外,使用光纤布拉格光栅型光学滤波器也是一种可行的方案。

当光纤纤芯经充氢处理,并使用紫外光干涉谱照射一段时间,则可在纤芯内形成折射率沿轴方向产生周期性扰动，即形成光纤光栅。反射型光纤光栅亦称光纤布拉格光栅（Fiber Bragg Grating，FBG），纤芯折射率的周期扰动导致相反方向传输模式间的耦合，在满足相位匹配条件时，对特定波长的光波具有很高的反射率。FBG 滤波器的工作原理如图 8-14 所示。

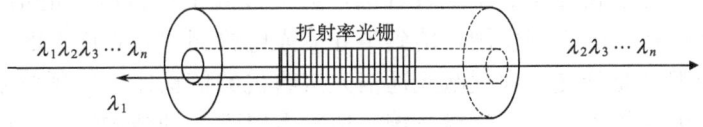

图 8-14　光纤布拉格光栅

线性周期介质中波的传输特性一般用耦合模理论分析。光纤光栅中的情况类似于分布反馈半导体激光器。正向传输的波，当波长 λ 近似满足布拉格条件 $L=m\lambda/2n$ 时，一部分光被布拉格光栅反向衍射。分析表明，光栅反射率同折射率调制 Δn 及光栅长度 L 成正比，Δn 越大，L 越长，则反射率越高，当光栅区长度达到 5mm 时反射率可达 93%，而长度为 15mm 的光栅反射率则可以超过 99%；同时，反射谱宽也与 Δn 成正比，但与 L 成反比，近似公式为

$$\left(\frac{\Delta\lambda_H}{\lambda_B}\right)^2 = \left(\frac{\Delta n_{max}}{2n_{eff}}\right)^2 + \left(\frac{\Lambda}{L}\right)^2 \tag{8.3-10}$$

式（8.3-10）中，n_{eff} 为纤芯有效折射率，Λ 为光栅的空间周期。显然，只要调整 Δn 和 L，即可获得所需带宽的光纤光栅光学滤波器。

在大气激光通信系统中应用 FBG 时，需要将空间光束耦合进光纤；同时，由于 FBG 是有选择地对某一波长范围的光波进行反射，因此还需要使用光纤环形器调整光传输方向，使反射的光波能够到达光电检测器。在大气激光通信系统中应用 FBG 实现光学滤波的工作原理框图如图 8-15 所示。

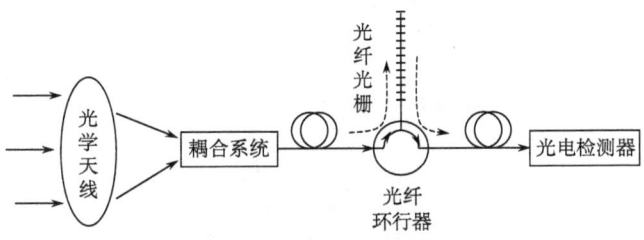

图 8-15　使用光纤光栅实现光学滤波的原理图

8.3.5　光学天线

1. 光学天线的作用和类型选择

在空间激光通信中，光学天线的作用主要表现在两个方面。

（1）在发送端，对激光束实现扩束，增大激光束的束腰半径。如 8.3.1 节例题所示，当直接 LD 经准直后的光束进行发射时，由于光束束腰半径小，光束在传播数千米后扩散，光

束发散损耗往往就达到 10dB 以上，而使用光学发射天线对激光束进行扩束则可以有效地压缩光束发散角，减少光束发散损耗，降低对光源的光发射功率要求。

（2）在接收端，增大接收面积，压缩接收视野，减少背景光干扰。通常，半导体光电检测器的光敏面直径在毫米数量级，能够接收的光信号非常有限，使用一定口面大小的光学接收天线可增大光信号的接收面积数十至数百倍，大大提高了所接收到的信号光功率；同时，由于光学天线对接收视场的压缩作用，落到半导体光电检测器光敏面上的背景光噪声也要小得多。这两种作用都可充分提高大气激光通信光接收机的信噪比，以延伸系统的通信距离。

实际上，光学天线相当于一个物镜系统，通常有以下三种结构形式，即折射式天线、反射式天线和折反射组合式天线。在大气激光通信系统中，主要出于成本方面的考虑，通常选择折射式光学天线。

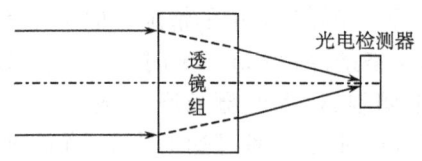

图 8-16 折射式光学天线组成示意图

折射式光学天线通常由一组透镜构成，如图 8-16 所示。

折射式光学天线的主要优点是成本较低，光无遮挡，加工球面透镜工艺成熟，通过光学设计易消除各种像差，且物镜组牢固稳定，长期使用不变形。为减少表面反射，通常各透镜还需要镀上一层或多层针对工作波长的增透膜，如采用多层镀膜技术，实际上此时该透镜还起到了一定的光学滤波作用，可有效地减少背景光的干扰。

2. 激光束的扩束

如前所述，激光束是一种高斯光束，通过自由空间的传播和通过无像差透镜的变换时，除轮廓比例因子外，始终保持高斯型分布。

光束腰位于 $z=0$ 处，沿 z 方向传播的高斯光束的性质决定于

$$R(z) = z\left[1 + \left(\frac{Z_R}{z}\right)^2\right] \tag{8.3-11a}$$

$$A(r) = A_0 \exp\left(-\frac{r^2}{\omega^2}\right) \tag{8.3-11b}$$

$$\omega(z) = \omega_0\left[1 + \left(\frac{z}{Z_R}\right)^2\right]^{\frac{1}{2}} \tag{8.3-11c}$$

$$\theta = \frac{\omega_0}{Z_R} = \frac{\lambda}{\pi\omega_0} \tag{8.3-11d}$$

式（8.3-11）中，$Z_R = \pi\omega_0^2/\lambda$，$R(z)$ 是距坐标原点（束腰）处为 z 的高斯光束的波阵面曲率半径（光束的波阵面为球面），$A(r)$ 是高斯光束电矢量在垂直于光波传播方向的振幅，A_0 是波阵面中心的振幅，$\omega(z)$ 为 z 点高斯光束的光斑半径，θ 为远场发射半角。由于光束参数 $R(z)$、$\omega(z)$ 完全确定了高斯光束的几何形状，可定义复曲率半径为

$$q(z) = \frac{1}{R(z)} - i\frac{\lambda}{\pi\omega^2(z)} \tag{8.3-12}$$

由式（8.3-11d）可知，激光束 ω_0 较小时发散角较大，而一般半导体激光器的光束经准直后束腰半径在毫米数量级发散角较大，在毫弧度量级光束发散损耗较大。通过扩束系统增大激光束的束腰半径可有效地解决这个问题。

激光扩束系统有折射式、反射式和折反射式等多种类型，大气激光通信系统主要使用折射式，使用单个或多个透镜实现。以下分析讨论使用透镜实现激光束扩束的原理。

高斯光束可看作是均匀球面波的一种推广，博伊德各和戈登已证明，高斯光束的传播轴线与透镜主轴重合时，通过透镜后仍为高斯光束，只不过表征高斯光束的参量发生改变。由透镜对高斯光束的变换规律不难推导出入射和出射的高斯光束的束腰值满足

$$\left(\frac{\omega_0'}{\omega_0}\right)^2 = \frac{1}{(1-z/f)^2 + (Z_R/f)^2} \tag{8.3-13}$$

式（8.3-13）中，f 为镜镜的焦距，z 为透镜距光束束腰的距离。由式（8.3-13）可知，变换后激光束的束腰大小增大还是减小取决于公式右边分母的大小。

下面探讨透镜与入射高斯光束满足什么关系才能扩展出射高斯光束的问题。由式（8.3-13）看出，若要 $\omega_0' \geqslant \omega_0$，必须有

$$(1-z/f)^2 + (Z_R/f)^2 \leqslant 1 \tag{8.3-14}$$

令 $\omega_0' = \omega_0$ 时所对应的焦距 f_0 为临界焦距，则由式（8.3-13）可得

$$f_0 = \frac{z^2 + Z_R^2}{2z} = \frac{\pi^2 \omega_0^2 \omega^2(z)}{2z\lambda^2} \tag{8.3-15}$$

令 $f = af_0$，代入式（8.3-13），则可推得

$$\left(\frac{\omega_0'}{\omega_0}\right)^2 = \frac{1}{1 + \frac{4}{a}\left(\frac{1}{a} - 1\right)\frac{z}{R(z)}} \tag{8.3-16}$$

由式（8.3-11a）可知，对于高斯光束恒有

$$0 \leqslant z/R(z) \leqslant 1 \quad (0 \leqslant z \leqslant +\infty) \tag{8.3-17}$$

因此可以得到结论，即

$$\left.\begin{array}{l} a > 1, \left(\dfrac{\omega_0'}{\omega_0}\right)^2 > 1 \\[2mm] a = 1, \left(\dfrac{\omega_0'}{\omega_0}\right)^2 = 1 \\[2mm] a < 1, \left(\dfrac{\omega_0'}{\omega_0}\right)^2 < 1 \end{array}\right\} \tag{8.3-18}$$

a 为自变量，对式（8.3-16）求极值，易得 $a=2$ 时，$\left(\dfrac{\omega_0'}{\omega_0}\right)^2$ 取得极大值等于 $\dfrac{R(z)}{R(z)+z}$，所以扩束的最佳透镜焦距为

$$f_{\text{opt}} = 2f_0 = \frac{\pi^2 \omega_0^2 \omega^2(z)}{z\lambda^2} = R(z) \tag{8.3-19}$$

也即 $f_0 = R(z)/2$，这意味着，在任一点上，扩束透镜的临界焦距等于该点波面曲率半径的 1/2。当透镜的焦距大于临界焦距时，对激光束起扩束作用，且扩束的最佳透镜焦距就等于该点波面的曲率半径；反之，透镜对激光束起聚焦作用。

在大气激光通信系统的发送端，通常使用光学天线中的透镜系统对准直后的激光束实施扩束以压缩其发散角，如图 8-17 所示。

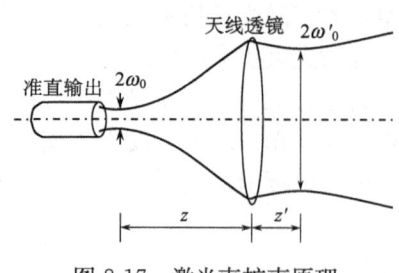

图 8-17 激光束扩束原理

在天线透镜焦距为最佳焦距时,将 $a=2$ 代入式(8.3-16),并由式(8.3-11a)和式(8.3-11c),可得

$$\omega_0'^2 = \omega_0^2 \left[\frac{R(z)}{R(z)-z}\right] = \omega_0^2 \left\{\frac{z\left[1+\left(\frac{Z_R}{z}\right)^2\right]}{z\left[1+\left(\frac{Z_R}{z}\right)^2\right]-z}\right\}$$

$$= \omega_0^2 \left[1+\left(\frac{z}{Z_R}\right)^2\right] = \omega^2(z) \qquad (8.3\text{-}20)$$

显然,出射光束的束腰半径就是入射光束在透镜处的光斑半径。在图 8-17 中,这样的结果也就意味着此时 $z'=0$,由此可以获得最佳光学发射天线的设计方法。

例 某大气激光通信系统发射天线口径为 10cm,LD 工作波长为 1550nm,发射的激光束经准直后束腰半径 ω_0 为 1mm,试求天线透镜的最佳扩束焦距 f_{opt}。

解 最佳扩束时,扩束后的光束束腰半径即为天线半径,即 5cm,这也是准直系统发射的光束在天线处的光斑大小。因此由式(8.3-11c)有

$$0.05 = 0.001 \times \left[1+\left(\frac{z}{\pi \times 0.001^2/1550 \times 10^{-9}}\right)^2\right]^{\frac{1}{2}}$$

可解得:$z=101.5\text{m}$,相应的 $f_{opt}=R(z)=101.5\text{m}$。

上例的结果不现实,因为对于通信终端而言,这样的尺寸太大了。因此,通常需要使用透镜级联的方法在较小的空间尺寸下实现激光束的扩束。一个实用的扩束系统如图 8-18 所示。

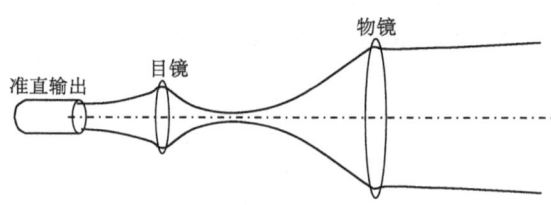

图 8-18 二级透镜实现激光束的扩束

在图 8-18 中,目镜对准直后的光束聚集以获得更小的光束束腰半径,当该目镜将激光束的束腰缩小为 1μm 时,整个系统的尺寸可缩小至 10cm 数量级。

3. 光束的聚集

在图 8-18 中,目镜起到了对激光束会聚的作用,这也是在接收端光学天线起到的作用。下面简单分析透镜对激光束的会聚。

式(8.3-18)表明,$a<1$ 时,$\left(\frac{\omega_0'}{\omega_0}\right)^2 < 1$。此时,出射光束的束腰半径小于入射光束的束腰半径,透镜实现了对激光束的聚集。

对式(8.3-16)求极值知,$\left(\frac{\omega_0'}{\omega_0}\right)^2$ 在 $a=2$ 处存在一个极大值,但在区间 $(0,+\infty)$ 中

无极小值存在，且 $a \to 0$ 时有 $\left(\dfrac{\omega_0'}{\omega_0}\right)^2 \to 0$。这说明，在聚焦激光束时，使用焦距更短的透镜更有利于缩小激光束的束腰半径。

以下对激光束聚焦后束腰的大小位置进行分析。

如图 8-19 所示，由物点 O 发出的球面波到达透镜左方的曲率半径为 R_1，通过透镜的变换，在其右方出射的球面波呈会聚趋势，曲率半径为 R_2，并规定发散球面波的曲率半径为正，会聚球面波的曲率半径为负。对焦距为 f' 的薄透镜有成像公式

$$\frac{1}{R_1} - \frac{1}{R_2} = \frac{1}{f'} \tag{8.3-21}$$

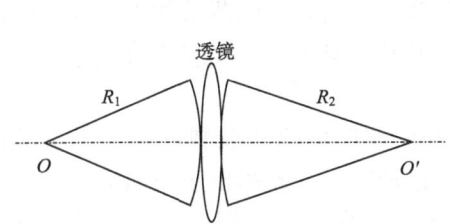
图 8-19　球面波通过薄透镜的成像

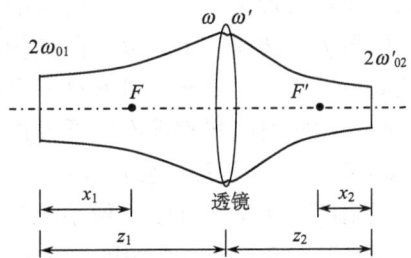
图 8-20　高斯光束通过薄透镜的成像

高斯光束可看作是均匀球面波的一种推广。如图 8-20 所示，当高斯光束的传播轴与透镜主轴重合时，通过透镜系统后仍为高斯光束，且透镜的入射面和出射面上的光斑尺寸相等，即 $\omega = \omega'$。在图 8-20 中，设束腰半径为 ω_{01} 的高斯光束的束腰与透镜的距离为 z_1；通过透镜后的束腰半径为 ω_{02}，与透镜的距离为 z_2。并令 R_1、R_2 分别为入射于透镜的波阵面半径和自透镜出射的波阵面半径，则 R_1 和 R_2 应满足式（8.3-21）。高斯光束的曲率半径 R 与 z 的关系由式（8.3-11a）给出，当 z 充分大时可视作二者相等。

由于透镜两面的光斑尺寸相同，即 $\omega = \omega'$，结合式（8.3-21）可得

$$\frac{1}{q_2} = \frac{1}{q_1} - \frac{1}{f'} \tag{8.3-22}$$

式中，q_1 和 q_2 分别为变换前后光束在薄透镜两边的复曲率半径，由式（8.3-12）定义。给定 f'、z_1 和 ω_{01}（Z_{R_1}）时，由式（8.3-22）可解出 z_2 和 Z_{R_2}，即

$$Z_{R_2} = Z_{R_1} \frac{f'^2}{Z_{R_1}^2 + (z_1 - f')^2} \tag{8.3-23a}$$

$$z_2 = f' + \frac{f'^2 (z_1 - f')}{Z_{R_1}^2 + (z_1 - f')^2} \tag{8.3-23b}$$

由 Z_{R_2} 可得 ω_{02}。在图 8-18 中，要使目镜将激光束束腰半径由 1mm 会聚成 1μm，设目镜距准直后的激光束束腰 1cm，则目镜焦距应为约 2mm。焦距如此短的透镜通常是厚透镜，因此这个计算结果与实际情况会有相对较大的偏差。

作为光学接收天线时，有 $z_1 \gg f'$，因此有 $z_2 \to f'$，$Z_{R2} \to 0$。这说明，光检测器应放置在光学接收天线的焦点处。

8.3.6 自适应光学技术*

1. 自适应光学（AO）的提出

激光束在大气中的传输过程中，受大气湍流的影响，光波波前会发生扰动，进而影响光接收机的接收质量。光发射机发出的空间光束经由多条路径到达接收机，由于各路径上的折射率不同，因而传播速率也各不相同，在接收口面上就会出现失真的均匀波前。这种失真会导致破坏性干扰，在接收口径部分表现为接收光场的起伏。

光波波前扰动对光束传输和光学系统成像质量的影响很早就被天文观测领域的工作者们所认识，他们发现由于大气湍流的影响，不管口径多大的天文望远镜，其成像分辨率都不会超过口径与大气湍流相干长度相同的望远镜的成像分辨率。在天文观测条件下，大气湍流的相干长度一般为 5~20cm。虽然这一发现由来已久，但是如何减小大气湍流对成像系统的影响的问题，很长时间里都没有实质性的进展。

1953 年，美国天文学家 Babcock 首先提出可以利用波前传感器控制可变形光学元件以消除大气湍流对天文望远镜成像系统分辨率的影响。这种实时探测和校正波前畸变的设想就是自适应光学（Adaptive Optics，AO）技术的基本概念。此后，人们提出了多种 AO 的实现方法和专用器件。

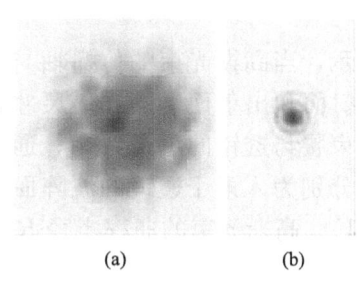

图 8-21　AO 对接收光斑的改善示意图

在大气激光通信系统中，AO 也可为提高系统接收性能服务。如图 8-21 所示的为有无 AO 时接收光斑的对比。其中，图 8-21（a）是未经 AO 纠正的光斑，能量明显比较分散；图 8-21（b）是经 AO 纠正后的光斑，能量基本上都集中在中心。图 8-21 很好地演示了 AO 对接收光斑质量的改善结果。可以预见，大气激光通信系统应用 AO 使光接收机性能大大提升。

根据经验，发射光束的发散角为 2~6 微弧度时，传播 1km 后，光束直径为 2~6m。有自适应光学系统时，光束被高度准直，基本上没有发散。若光束的强度均匀，则在有相同的发射功率时，AO 可使系统所接收的光功率提高 38~47dB。

2. AO 的工作原理

自适应光学系统通常由三个基本单元构成，分别为波前探测单元、波前控制单元和波前校正单元，如图 8-22 所示。

在图 8-22 中，受大气湍流影响的失真波前经光学天线接收，经变形镜反射，然后经分束器分束，大部分能量送至光检测器用于恢复信息，少部分能量送至波前误差传感器；波前误差传感器就是波前探测单元的主要部分，该单元用于检测光波波前的扰动信息，并送至波前控制单元；波前控制单元接收到波前扰动信息后，经处理转化为波前校正单元所需要的控制信号；控制信号直接控制变形镜，也就是波前校正单元各部分的形变，对失真波前进行补偿和校正。以上各部分协同工作，实现了 AO 的闭环控制。

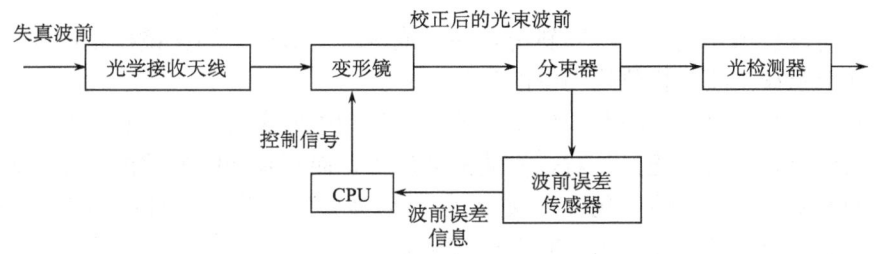

图 8-22 自适应光学系统的构成

1) 波前误差检测

目前有几种波前传感器可以用来进行波前探测，如横向剪切干涉仪、H-S 波前传感器等。其中，H-S 波前传感器是当今自适应光学领域里应用最多的一种波前传感器，其基本结构如图 8-23 所示，主要由微透镜阵列和 CCD 阵列组成。

在图 8-23 中，微透镜阵列由若干个等焦距的小凸透镜排列而成，它们将待探测波面划分为若干个小单元区域，每一个小透镜也被称为子孔径，对各自接收的局部光波聚焦成像。因此，子孔径的大小决定了波前探测的空间分辨率。对于实时波前校正自适应光学系统，波前探测的空间分辨率应和系统的响应带宽和变形镜的校正能力相匹配。与 H-S 波前传感器的每个子孔径对应的是其焦面

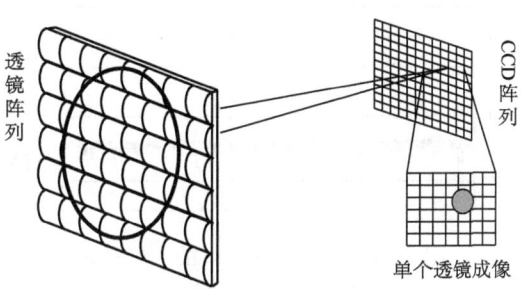

图 8-23 H-S 波前传感器结构示意图

位置的 CCD 上某一区域的像素阵列，微透镜阵列和 CCD 像面的位置固定，子孔径上波面的整体倾斜体现在 CCD 像面上光斑质心的偏移上，H-S 波前检测器正是利用这一偏移探测波面形状。当入射到微透镜阵列上的是标准的平面波时，在 CCD 的像面上会出现等间隔的光斑阵列，而且每个光斑都应该位于各个子像素阵列的中心，畸变波前入射到微透镜阵列上，子像素阵列上的光斑质心偏离中心，通过质心偏移量的计算就可以得到对应子孔径上的波面方向并可进一步计算出整个波面的形状。

2) 波前控制

波前控制单元由强大的微处理器实现两个方面的功能：波前重构和产生控制信号。

用波前传感器测量光波波前，只有干涉型波前传感器才能直接测出光波波前相位，H-S 波前传感器等只能测量出波前的离散斜率或波前曲率，需要从离散的波前斜率、波前曲率重构出光波波前。波前重构方法可以大致分为两类：区域法波前重构和模式法波前重构。其中区域法波前重构利用波前斜率直接重构出波前；模式法是将全孔径内的波前相位展开成不同的模式（如平移、倾斜、离焦、像散、彗差和球差等），然后用全孔径内的测量数据求解各模式的系数，得到完整波前的展开式，从而重构出波前。

在重构出波前的相位分布后，系统利用其产生控制信号。在实际系统中，波前重构和控制信号的产生往往在一个算法中统一考虑。波前校正部分将波前控制部分产生的控制信号转化为相位信息，通过校正元件加到被校正的光波波前上。

3）波前校正

通常，波前校正单元包括一块倾斜镜，一块或两块变形镜。倾斜镜校正波前相位扰动的整体倾斜，变形镜校正波前相位扰动中的高阶成分。

由于控制环路存在时延，因此要校正波前相位扰动中的高阶成分，必须对变形镜的运动提出了较高的要求，否则系统只是对过去波前的纠正，而不是即时的波前纠正。通常要求控制系统运行的速率至少比波前变化速率快10倍。因为大气变化的典型频率为100Hz，所以变形镜中的控制系统的带宽通常为1000Hz或更大。

3. AO对接收机性能的提升

图8-24是一个双向2km大气激光通信系统在无有AO系统时的仿真结果图。

由图8-24可知，没有AO时，该系统受大气湍流影响很大，接收信号光功率在-10dBm到-40dBm之间变化，有30dB的波动，且大部分时间接收光功率小于-15dBm，系统无法正常工作。在应用AO技术后，AO系统对光束的漂移和光斑闪烁进行了补偿，接收信号功率波动被抑制，波动范围仅5dB；同时，激光束传播损耗也有所降低，接收信号功率绝大部分时间均在-10dBm以上，系统可以正常工作。

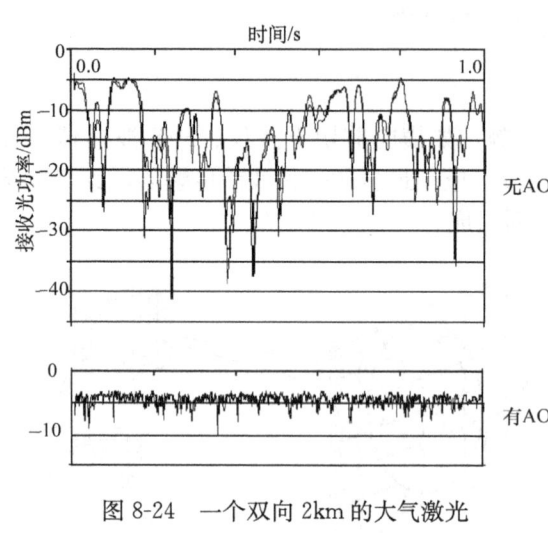

图8-24 一个双向2km的大气激光通信系统的仿真结果

8.3.7 Turbo 码技术*

大气激光通信的环境常常是恶劣的，信道的信噪比很低，还受到大气湍流、多径衰落等的影响。因此，寻求一种在极低信噪比情况下的强大纠错工具就成了亟待解决的课题。在众多的纠错编码中，1993年在瑞士日内瓦召开的国际通信会议上Berrou等提出Turbo码编码技术是一种较好的方案。

Turbo码与其他类型的码相比，它的性能更接近Shannon的理论极限（离此极限不到1dB）。更重要的是，Turbo码的性能在低（至中）信噪比的条件下仍可以接近Shannon的理论极限。1996年，Berrou等将他们的发现进一步整理总结，将文章发表在IEEE通信汇刊上。该文在1997年获得IEEE关于信息论论文奖。Turbo码是编码技术发展的一个里程碑。

1. Turbo 码编译码器结构

Turbo码编码器由两个或两个以上的子编码器（又称为组成编码器）并行连接形成，其中的子编码器最开始是一种递归系统卷积码（RSC）。两个码率均为$R=1/2$的RSC编码器通过交织器（Interleaver）分隔开，分别对输入的数据并行处理，如图8-25所示。这种编码器属于系统编码器，因为编码器1的上面一部分输出就是输入的数据（与之对应的编码器2的输出被取消）。在图8-25中，若Turbo码未进行收缩（Puncturing，即通过MUX多路选择器有选择地删除校验输出位），则总的码率为 $r=1/3$。

由于有交织器，进入下面那个编码器的数据与输入数据的顺序不同，因此，Turbo 码的最优（最大似然）译码相当复杂，因此有文献提出了次最优（Suboptimal）迭代译码算法，该算法大大降低了译码的复杂性，而且取得了好的性能。译码的思想是：将整个译码问题分成更小的问题——对其中的每个码进行译码，获得局部最优解，并以迭代（Iterative）的方式共享信息。译码器以后验比特概率（A Posteriori bit Probabilities，APP）的形式产生软输出信息。

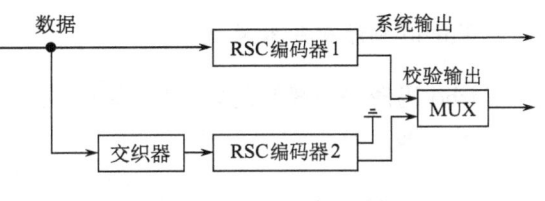

图 8-25　Turbo 码编码器框图

Turbo 码译码器的结构如图 8-26 所示。在图 8-26 中，译码器 1 接收数据信息，译码输出软判决信息，经交织后，将此信息送至译码器 2。译码器 2 则将输出的软判决信息反馈给译码器 1，作为下一次迭代的先验信息；同时，译码器 2 输出硬比特判决结果。

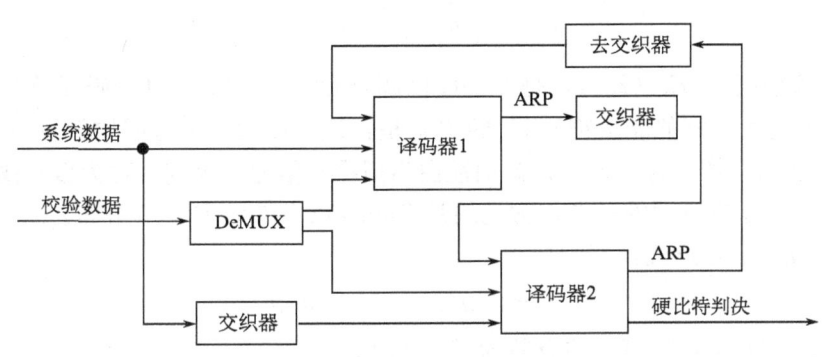

图 8-26　Turbo 码译码器框图

这样，迭代译码继续进行下去，直到获得所需要的性能为止。一般而言，迭代 5~10 次即可得到很好的结果。然而，随着迭代的进行，后一次迭代产生的附加编码增益比前一次小，以至达到一个极限。因此，并不是迭代次数越多性能就会有相应多的改善。迭代译码的上述工作过程类似于涡轮发动机，故得此名——Turbo 码。

在一项研究中，Turbo 码使用了约束长度 $N=5$ 的递归系统卷积码（Recursive System Convolutional Codes，RSCC）和 65536 比特长的分组交织器，校验位经过收缩（Punctured，又称为删余截短），得到码率为 1/2 的线性分组码（$n=131072$，$k=65536$）。仿真结果表明：信噪比 E_b/N_0 为 0.7dB 时，经过 18 次迭代译码，比特差错率可低至 10^{-5}，性能更靠近 Shannon 极限 0.7dB。然而，Turbo 码的性能随着码长 n 的减小而下降（此时，交织器的长度也相应地减小）。

目前，Turbo 码的理论和应用研究仍在进行，这些研究主要集中在如下几个方面：利用 Turbo 码的高数据速率长距离无线通信；可变帧长的 Turbo 码；Turbo 码在多媒体通信中的应用；Turbo 码在慢/快衰落信道中的应用；Turbo 码在 DS-SS CDMA 系统中的应用；低复杂性译码算法研究；Turbo 码编/译码系统的实现等。

2. Turbo 码译码基本原理

Turbo 码译码一般使用软判决译码方法,软比特判决一般用后验对数似然比(LLR)的形式表示,即

$$L_1 = \lg\left\{\frac{P[m_i = 1 \mid y]}{P[m_i = 0 \mid y]}\right\} \quad (8.3\text{-}24)$$

在输入端接收先验信息、在输出端产生后验信息的译码算法称为软输入软输出(Soft-Input and Soft-Output,SISO)译码算法。Viterbi 算法和 MAP 算法经过改造可以成为 SISO 算法。

设有一个码率为 1/2、由 RSC 码构成的 SISO 译码器,接收 3 个输入:系统通过噪声信道接收到的系统比特 x_i(未编码)、通过噪声信道接收到的校验输入比特 y_i 和接收比特的先验信息 $L_{a(i)}$(来自另一个译码器的输出),产生 LLR 输出 L_i。对于二元相移键控(BPSK)形式的调制,其输入输出之间的关系为

$$y' = a\sqrt{E_s}(2x-1) + n' \quad (8.3\text{-}25)$$

式中,a 为衰落幅度,$\sqrt{E_s}(2x\text{-}1)$ 是 BPSK 已调码元符号,E_s 是每个码元符号的能量(若码率为 r,则它与每比特的能量符号 E_b 的关系是:$E_s = rE_b$),n' 为零均值且方差 $\sigma^2 = N_0/2$ 的高斯型随机变量。若 a 为常数,则为加性白高斯噪声信道;否则,称为慢衰落信道。对于不同的衰落类型,a 有不同的分布,常见的是 Rayleigh 分布和 Rician 分布。式(8.3-25)有另一种更为方便的表示形式,即

$$y = a(2x-1) + n \quad (8.3\text{-}26)$$

在式(8.3-26)中,噪声 n 的方差为 $\sigma^2 = N_0/2E_s$。

利用此信道模型,在 SISO 译码器输出端的对数似然输出则为

$$L_i = \frac{4a_i E_s}{N_0} x_i + L_{a(i)} + L_{e(i)} \quad (8.3\text{-}27)$$

在式(8.3-27)中,x_i 为通过噪声信道接收到的未编码系统比特;$L_{a(i)}$ 为先验信息,来自另一个译码器;$L_{e(i)}$ 为外部信息,表示当前译码得到的新信息。

对于第一次迭代译码,第一个译码器没有先验信息,即 $L_{a1(i)} = 0$,于是得到

$$L_{i1} = \frac{4a_i E_s}{N_0} x_i + L_{e1(i)} \quad (8.3\text{-}28)$$

对于第二个译码器,第一次译码的先验信息 $L_{a2(i)}$ 为来自第一个译码器的外部信息 $L_{e1(i)}$,因此有

$$L_{i2} = \frac{4a_i E_s}{N_0} x_i + L_{e1(i)} + L_{e2(i)} \quad (8.3\text{-}29)$$

对于第二次迭代,$L_{e2(i)}$ 又作为第一个译码器的先验信息,就这样进行迭代循环。由于开始迭代时的外部信息是统计独立的,因此,迭代次数增加,增益也增大。但是,随着迭代次数的增加,两个译码器之间传递信息之间的相关性也增加,从而使增益的增加量越来越小。迭代的软输出判决为 $\frac{4a_i E_s}{N_0} x_i$ 与两个外部信息之和。硬判决输出则根据门限值进行比较,

对于 BPSK 调制，门限值取为 0，硬判决比较输出规则为：$L_i \geqslant 0$，输出 1；$L_i < 0$，输出 0。这样就可以得到译码结果。

8.4 调 制 方 式

目前的数字光通信系统大多设计为强度调制/直接检测（IM/DD）系统。应用于强度调制/直接检测光通信系统中的调制方式有很多种，其中最一般的形式是开关键控（OOK）和曼彻斯特编码。在 OOK 系统中，通过在每一比特间隔内使光源脉冲开或关对每个比特进行发送。这是调制光信号最基本的形式，只需使光源开/关即可实现编码。在曼彻斯特编码中，序列每一比特由两个开关脉冲组成。通常，光源由编码脉冲波形进行强度调制，同时直接检测接收机对强度调制后的信号进行解码。

为了进一步提高传输通道抗干扰能力，应用于大气信道的光通信系统采用了脉冲位置调制（PPM）。PPM 是一种正交调制方式，相比于开关键控（OOK）调制方式，它的平均功率降低了，但是同时为此付出的代价是增加了对带宽的需求。

8.4.1 单脉冲脉位调制

单脉冲脉位调制（L-PPM）将一个二进制的 n 位数据组映射为由 2^n 个时隙组成的时间段上的某一个时隙处的单个脉冲信号。可见，一个 L 位的 PPM 调制信号传送的信息比特为 $\mathrm{lb}(L)$。如果将 n 位数据组写成 $M = (m_1, m_2, \cdots, m_n)$，而将时隙位置记为 l，则单脉冲 PPM 调制的映射编码关系可以写成

$$\Phi: l = m_1 + 2m_2 + \cdots + 2^{n-1}m_n \in \{0, 1, \cdots, n-1\} \tag{8.4-1}$$

例如，对于一个 4-PPM 调制：
若 $M = (0, 0)$，则 $l = 0$；若 $M = (1, 0)$，则 $l = 1$；
若 $M = (0, 1)$，则 $l = 2$；若 $M = (1, 1)$，则 $l = 3$；
数字 0、1、2、3 分别对应时隙位置，如图 8-27 所示。

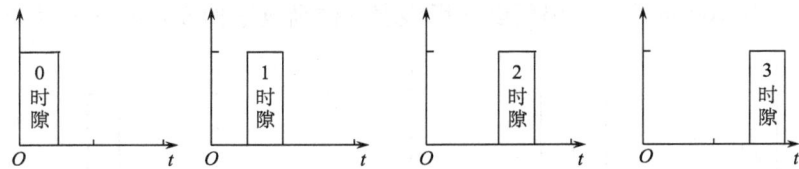

图 8-27 L-PPM 调制脉冲位置示意图

由式（8.4-1）可知决定的映射 Φ 是一一映射，满足调制唯一性的要求。

对于一个码元速率为 $R_b = 1/T_b$ 的数字基带信号，它对理想低通信道带宽的要求是 $B = R_b/2$。假设 OOK 信号的码元速率为 $R_b = 1/T_b$，L-PPM 信号的码元速率为 $R_b' = 1/T_b'$，在要求传信率相同的情况下，有 $T_b'L = T_b \mathrm{lb}(L)$，所以 $B/B' = \dfrac{\log_2 L}{L}$。一般有 $L = 2^n$，n 为整数。可见，L-PPM 调制对带宽的要求比 OOK 要大。

对于一个应用 L-PPM 调制的光通信系统，它的平均光发送功率为 P_1/L，P_1 是码元为 1 时的发送光功率。对于应用 OOK 调制的光系统（不归零码），在 1 和 0 出现概率相同的情况下，平均光发送功率为 $P_1/2$。这一点对于一些用光作为通信载体的手持设备，如便携式终端特别有利。分析表明，PPM 在功率及频带利用率两者之间的折中率较好，IEEE 802.11 委员会于 1995 年 11 月推荐 PPM 调制方式用于频率为 0~10Mbit/s 的红外无线通信。

比较不同调制方式的一个参数是单位传信率，即每秒每赫兹传输比特数 γ，表示为

$$\gamma = \frac{R}{B}(\text{bit}\cdot\text{s}^{-1}\cdot\text{Hz}^{-1}) \tag{8.4-2}$$

其中，R 是传输速率（bit·s^{-1}），B 是信号带宽（Hz）。在光通信中，激光器通常工作于脉冲状态，脉冲持续时间为 τ，相应的信号带宽定义为

$$B(\text{Hz}) = \frac{1}{\tau}(\text{s}) \tag{8.4-3}$$

对于占空比为 r_p 的 OOK 调制码元，其单位传信率是

$$\gamma_{\text{ook}} = \frac{(1/T)}{(1/\tau)} = r_p \tag{8.4-4}$$

对于单脉冲 L-PPM 调制，若时隙数为 $L=2^n$，占空比同样为 r_p，则 2^n 个时隙的宽度为 $T_{\text{ppm}} = 2^n \dfrac{\tau}{r_p}$。因此，相应的单位传信率为

$$\gamma_{\text{ppm}} = \left(\frac{n}{T_{\text{ppm}}}\right)\bigg/\left(\frac{1}{\tau}\right) = \frac{nr_p}{2^n} \tag{8.4-5}$$

由式（8.4-4）~式（8.4-5）可知，在传信率相同时，单脉冲 PPM 调制要求传输码率比 OOK 调制高，相应的带宽也大。

8.4.2 差分脉位调制

差分脉冲位置调制（DPPM）是一种在单脉冲 PPM 调制基础上改进的调制方式。前面提到，对于一个 L-PPM 码组，它的位数是固定的 L 位，其中一位为 1，其他的位都为 0。L-DPPM 的码组位数不固定，由一串低电平后跟着一位高电平构成，如图 8-28 所示。

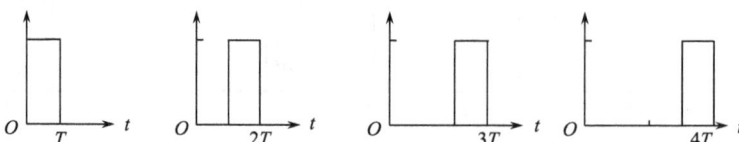

图 8-28 差分脉冲位置调制示意图

由图 8-28 可知，DPPM 调制信号将 PPM 调制信号的一个码组中高电平以后的信号全部去掉。可见，对于 L-DPPM 信号与 L-PPM 信号仍然有相同的分析。一个 L-DPPM 码组传输的信息比特和一个 L-PPM 码组相同，都为 $\log_2(L)$ 比特。但是，在相同传信率的情况下，DPPM 调制比 PPM 调制占用的信道带宽少；与 OOK 调制相比，它的平均光发送功率要小。

显而易见，DPPM 调制后的信号数据量不确定，这限制了 DPPM 在某些系统中的应用。在下面对 DPPM 单位传信率的分析中，假定送来调制的信息码元中 1 出现的概率 $P(1)$ 和

0 出现的概率 $P(0)$ 相等，并且在一个 L-DPPM 码组的任一位时隙上出现 1 的机会都相同。那么，对于占空比为 r_p 的 DPPM 信号，它的码元速率为 $R=1/T=r_p/\tau$，信号带宽 $B=1/\tau$。因为一个码组包含的码元位数不固定，所以这里只能得出 L-DPPM 一个码组的平均码元位数。这样，平均一个码组的时段宽度为

$$T_{\text{DPPM}} = T\frac{1+2+3+\cdots+2^n}{2^n} = \frac{2^n+1}{2}T \qquad (8.4\text{-}6)$$

所以，DPPM 调制的单位传信率是

$$r_{\text{DPPM}} = \frac{(n/T_{\text{DPPM}})}{(1/\tau)} = \frac{2nr_p}{2^n+1} \qquad (8.4\text{-}7)$$

需要说明的是，这个单位传信率只是统计意义上的单位传信率。在具体的某一段时间内，1 和 0 出现的次数可能不同，经 DPPM 调制后输出信号码流量可能是时变的。

8.4.3 多脉冲 PPM 调制

多脉冲 PPM 调制方式是将 n 个二进制的信息元映射为有 M 个时隙组成的时段上的多个脉冲，如双脉冲 PPM 调制，如图 8-29 所示。

记两个脉冲位置分别是 l_1 和 l_2，则可描述为

$$\begin{cases} (l_1, l_2) = \Phi(u_1, \cdots, u_n) \\ l_1, l_2 \in \{0, 1, \cdots, M-1\} \quad u_i \in \{0, 1\} \end{cases} \qquad (8.4\text{-}8)$$

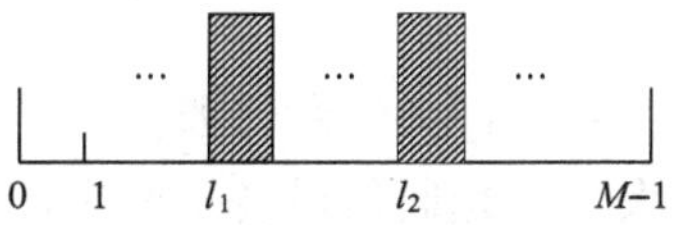

由于 PPM 调制信号是时间序列，脉冲位置也就是时间序列，因此，多脉冲 PPM 调制可以按多个脉冲的组合或排列方式分为多脉冲组合和多脉冲排列 PPM，这种排列或组合的种类表征了它们各自的传信能力。对于多脉冲排列 PPM，各个脉冲应有不同的特征，如选取不同的电平值，或是不同的脉宽等。由于这种调制方式在实现上较为复杂，所以一般很少用到。

图 8-29 多脉冲位置调制示意图

对于多脉冲组合 PPM 方式，记 $I=2^m$ 个时隙上 k 脉冲 PPM 的组合种类为 $NC_k(m)$，则有

$$NC_k(m) = C_I^k = \frac{2^m!}{k!(2^m-k)!} \qquad (8.4\text{-}9)$$

多脉冲的传信能力随着 k 的增加而不断变大。它的单位传信率可以写为

$$\gamma_{k\text{PPM}} = \frac{r_p\log_2[NC_k(m)]}{2^m} \qquad (8.4\text{-}10)$$

其中，$[NC_k(m)]$ 是指取值最接近 $NC_k(m)$ 但比 $NC_k(m)$ 小的数，并且 $[NC_k(m)]=2^n$（n 是大于等于 m 的一个整数）。

8.4.4 解调及比较

由上面的分析可知，L-PPM 调制和 L-DPPM 调制与一般的 OOK 调制相比，都有不同程度的带宽扩张。多脉冲 PPM 调制和前两种 PPM 调制不同，选择合适的脉冲数 k 可以减小带宽扩张甚至没有带宽扩张，并且可以在相同传输速率情况下，比 OOK 调制有更高的传信率。它们的平均发送光功率都有所降低。此外，L-PPM 和多脉冲 PPM 解码需要码组同步

时钟确定一个码组的开始和结束,而 DPPM 不需要。

在接收端,要对接收到的信号进行解码,最重要的就是对信号进行判决。对于无线光通信,不论是室内的光通信还是应用于室外的光通信或是空间光通信,由于各种原因,光脉冲总会有色散时延,脉冲波形会展宽,不仅会导致一个码组内码元的串扰,还会引起码组间信号的相互干扰。这对在接收端的判决解码会产生很严重的影响,需要想办法克服或尽量减小影响。

对于 L-PPM 信号,判决可以分为软判决和硬判决。硬判决解码就是对每一个采样根据判决门限直接进行判决,高电平为 1,低电平为 0。然后将已经判决的一个 L 位的码组解码交给解码器,由解码器决定解码输出,包括在所有采样都为 0 或是不止一位采样为 1 的情况下的解码输出(这时显然会有误码产生)。通常,这种判决解码较容易实现。软判决解码对每一个采样值量化,比较一个码组中所有的 L 位值,由解码器选择 L 位中值最大的位作为脉冲位置进行解码。有研究表明,在一定的条件下硬判决解码比软判决解码要多 1.5dB 功率损耗。显然,DPPM 和多脉冲 PPM 无法应用软判决解码。

8.5 大气激光通信系统

目前,大气激光通信系统已基本发展成熟,众多厂家推出了实用化的产品。表 8-2 列出了大气激光通信设备一些生产厂家和产品的基本特征。本节介绍数字大气激光通信系统的组成及应用。

表 8-2 大气激光通信厂家和产品比较

公司	产品	带宽/Mbit/s	工作波长/nm	工作距离/km
AirFiber	Optimeshnetwork	622Mbit/s	780	0.2～0.5
AstroTerra	Terralink	10～155Mbit/s	780 和 850	0.5～3.75
Canon	DTSO	25～622Mbit/s	780	2.0
CBI GmbH	Laserlink	2～155Mbit/s	780	2.0
Isona	SDNA beam	155～622Mbit/s	1550	4.0
Jolt	UWIN	155Mbit/s	820	2.0
LightPointe	lightstream	20～622Mbit/s	820	4.0
ISA Photonics	Supra connect Magnlm	155Mbit/s	1820	3.0
OrAccess	WDMonAir	622Mbit/s	1310 和 1550	2.0
PAV Data	Sky Series	270Mbit/s	750～950	6.0
Plaintree Systems	TT Series	100Mbit/s	780	2.5
Silcom	Free space Series	10～155Mbit/s	780	0.3
TeraBeam	Fiberless Optical Network	1000Mbit/s	1550	1.0
华为	OptiX™ SpaceLink400	155～2.5Gbit/s	850	0～4.0
桂林 34 所	GIOC 系列	2～2.5Gbit/s	850	0.5～8
上海毅得	Air Optitec 系列	155～622Mbit/s	1550	1.0

8.5.1 系统框图

完整的数字大气激光通信系统包括电端机、线路编/解码、光调制/解调、自动功率控制、光学收/发天线等若干基础单元，有的高级系统还考虑了激光束的自动跟瞄和自适应光学波前校正，系统总体框图如图 8-30 所示。

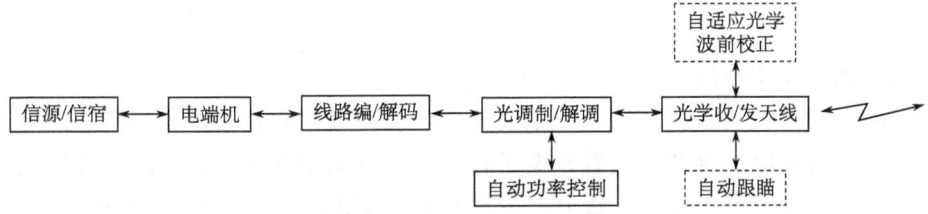

图 8-30　大气激光通信系统组成框图

8.5.2 系统各单元功能

1. 电端机

电端机实现对信息的编码和还原。目前，大多系统没有设计这一功能单元，主要的原因是多数情况下大气激光通信系统担任的角色是提供一条无线宽带链路，换言之，进入系统的已经是经过电编码的比特流。在这种情况下，大气激光通信系统的本功能单元只需要实现输入输出接口，完成比特流线路码型到 NRZ 码的还原即可。

大气激光通信系统的通信容量大，码率较高。据目前的报道，较多的系统码率在 100Mbit/s～2.5Gbit/s 之间。因为系统的发送/接收端机通常架设在楼、塔等距机房较远处，所以数据源到端机之间信号的传输通常需要使用光纤实现。在这种情况下，大部分大气激光通信系统在设计时都考虑了应提供光纤接口的情况，原理框图如图 8-31 所示。

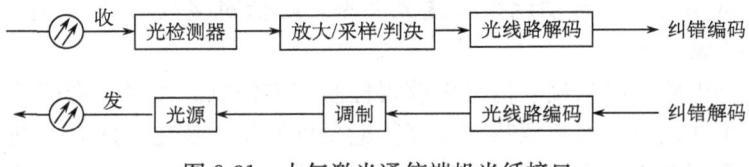

图 8-31　大气激光通信端机光纤接口

常见的光纤接口包括 100/1000Mbit/s 单/多模以太网光接口、155/622/2488Mbit/s SDH 单模光接口。某些设备称其接口速率为 10～155Mbit/s，这种接口通常是 2R 接口，即没有时钟恢复电路，只是完成光信号到电信号的变换和放大整形，优点是对线路协议透明，缺点是信号质量有所下降，误码率略高一些，因此大气激光通信终端离客户光端机不能太远。

2. 线路编/解码

由于大气信道不稳定，大气激光通信链路的误码问题较为严重，因此有必要使用线路编码实现前向纠错。

与长距离光纤通信（越洋通信）不同的是，大气激光通信的误码主要表现为突发误码，即在一段时间内激光束传播受大气湍流影响或被移动物体短时遮挡，导致接收机误码率突然上升，因此，在长距离光纤通信中使用的 R-S 线路编码并不十分适用于大气激光通信系统。8.3.6 节介绍的 Turbo 码就是一种较好的前向纠错编码技术，在一些系统中得到了应用。

3. 光调制/解调

光调制解调单元实现信号的电光/光电变换。

在较早的时候，大气激光通信系统主要使用大功率气体激光器作为光源，部分系统还使用光电倍增管作为光电检测器。随着光电子技术和器件的不断成熟，有源半导体光器件的寿命、功率和调制特性得到了很大的提升，因此目前大多系统使用半导体激光器作光源、PIN 或 APD 作光检测器。

从降低应用成本的角度出发，目前大气激光通信系统多采用 IM/DD（强度调制/直接检测）方式。采用的编码方式多为开关键控（OOK）、曼彻斯特编码和 PPM 等方式。

大气激光通信发送机中的激光器驱动、保护电路和接收机中的前放、主放、AGC 电路及后续的时钟恢复、采样判决等电路与光纤通信中的光端机电路并无大的不同，在此不再赘述。

4. 自动功率控制

激光束在大气中传播时，天气情况及大气中悬浮微粒的多少对光束传播损耗影响很大，当大气能见度从 2km 变化到 500m 时，对 1550nm 工作波长的激光束传输 1km 距离，大气衰减从 4.3dB 变化到 34dB。这意味着接收光功率有大约 30dB 的变化量。如果这样的接收光功率变化全部需要由接收机的主放 AGC 吸收，则 AGC 需要有 60dB 的动态范围。事实上，较好的 AGC 电路动态范围也很难超过 40dB，完全由 AGC 电路吸收因大气状况不同而造成的接收光功率变化不现实。因此，在大气激光通信端机中，通常应设置自动功率控制电路，在不同的大气衰减条件下，自动调整发送光功率，降低对接收机 AGC 电路的动态范围要求，使系统能够正常工作。

自动功率控制电路可以从接收信号中获得控制基准信息。当接收光信号功率上升或下降且保持一段时间不回调时，通常意味着大气传输条件发生了变化，此时控制电路将自动调整半导体激光器的调制电流大小，使发送光功率下降或上升，以补偿大气条件变化导致的激光束传播损耗变化。

为防止自动功率控制电路频繁起作用，通常应采取滞后调整的方法，即接收光功率变化时不立即调整，而是在变化超过一定的容限且保持一段时间（如秒数量级）不回调时才执行调整。这主要是为了防止非大气条件变化因素引起的接收光功率突降，如大气湍流影响造成的光束偏离和移动物造成的光束短时遮挡等。

5. 光学收/发天线

接收光学天线的任务是将一定面积内的信号光会聚到光检测器上，目的是增大接收光信号功率；发送光学天线的任务是压缩光束发散角，降低激光束在大气中传播时的发散损耗。

出于成本和维护考虑，大气激光通信系统多采用折射式光学天线。构成光学天线的主要方式为收发分离式和收发合一式。

1) 收发分离式光学天线

在大气激光通信中，通常传输距离不是很远，此时如果发送光束过窄，则不利于在存在大气湍流和建筑物晃动的条件下实现光束对准，很可能造成通信断续问题。因此，光发送天线口径一般不宜过大。但对接收端，光学天线的接收口面越大，则接收到的光能量越多，且越不易受大气湍流、建筑物晃动及移动物遮挡的影响。因此，在没有自动跟踪、瞄准系统的情况下，大气激光通信系统宜采用收发分离式光学天线，通常发送天线口径在毫米数量级，对应的光束发散角约在毫弧度数量级，在 1km 处形成的光斑直径约在米数量级；对接收天线，则要求口径尽可能大一些。收发分离式光学天线还有一个优点是很容易实现多光束发送和接收，成本较低，实际应用效果较好。主要存在的问题是发送天线和接收天线可能存在指向不一致的问题，因此对光学天线的装配、收发方向匹配要求较高。图 8-32 是一种典型的收发分离式光学天线示意图。

2) 收发合一式光学天线

要完成系统的双向互逆跟踪，大气激光通信系统需要采用收发合一天线。天线由主镜、副镜，合束/分束半反镜、光学滤波片等光学元件构成，如图 8-33 所示，图中未画出 PAT 子系统，实际上收发合一式光学天线通常需要有 PAT 子系统。关于 PAT 子系统的问题留在第 9 章中讨论。收发合一式光学天线收发同向一般没有问题，国际上现有系统的天线口径一般为 5～

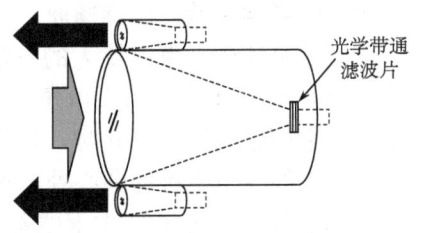

图 8-32　一种收发分离式光学天线示意图

25cm，发送光束发散角在数微弧度到数十微弧度之间，传输 1km 时光斑直径仅略大于天线口径，在没有 PAT 子系统时，光束的瞄准/保持很困难，通信易因外界影响而中断。PAT 子系统需要额外的光学器件和控制电路，成本较高。由于以上原因，收发合一式天线很少被大气激光通信系统采用。

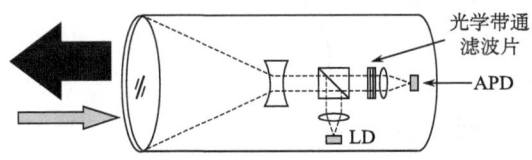

图 8-33　一种收发合一式光学天线示意图

在安装调试大气激光通信系统时，大多数系统使用人工观测方法实现收发对准，因此通常光学天线上还需要考虑附加给安装人员使用的望远镜和信标光源（发可见光，多为红光，供人眼观察）。此外，光学天线应安装在稳固的平台上，且在平台上有高低、水平两个方向的旋转调整能力。

8.5.3　大气激光通信中其他问题的考虑

1. 抑制大气湍流的影响

大气湍流就是大气各点的密度不规则的微小起伏。它是由于地球表面空气的不断对流引起的。密度的变动造成折射率的变化，激光束通过时，就会偏离原来的方向，发生不稳定的偏折。这种现象也称为大气抖动。抖动造成光束偏折的角度一般为几秒到十几秒。由于接收点固定不动，收到的光信号强度就会起伏变化，带来强烈的干扰。在数千米的距离上，所接收到光信号强度的变化可达二十余倍。大气湍流的影响在空气的对流较强时最为明显。例如，晴天比阴天湍流大些，中午比早晚湍流大些。针对这一现象，解决的办法是用几个位于不同位置上的激光发射器同时发送同样的信息，接收机采用多个独立大口径透镜与之结合。

2. 建筑物晃动的影响

建筑物晃动将影响两个点之间的激光对准，其最大值可达 4mrad/2 层楼。对大气激光通信系统而言，为了保证光传输链路的性能，光链路两端的对准（捕获）和保持（跟踪）至关重要。在对准以后，在风力和其他因素的作用下，建筑物会有些晃动，这就要求链路两端的设备都必须具备自动跟踪的能力。有两种办法可以解决这一问题：散光法和自动跟瞄法。经实践检验，这两种技术都非常有效。在 2001 年年初西雅图发生的地震中，基于大气激光通信设备的服务提供商 Terabeam 的网络服务，除了少数几条线路出现短时中断外，几乎没有受地震的影响，始终保持畅通。

散光法是让激光束以较大的发散角发送，在到达接收器时光束就会形成一个很大的光锥，如图 8-34 所示。光束发散角度随具体产品的不同而不同，典型产品的光束发散角为 1～6mrad，当传输距离为 1km 时，光锥半径为 1～6m。安装时，将发射光束中心对准接收器，即将接收天线置于光锥的圆心处，这样，即使发送光束对准角度有一定的偏差，接收机仍可接收到光信号，如图 8-34 中虚线部分所示。此时，只不过接收光信号功率有所下降，但通常不至于导致通信中断。散光法存在的问题是光束发散损耗较大，因而要求发送端拥有更大的发送光功率。

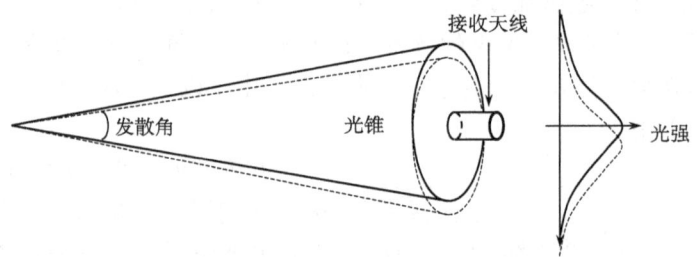

图 8-34　散光法容忍光束偏差

自动跟瞄技术又称为瞄准、捕获和跟踪（PAT）技术，比散光法纠偏的效果更好，但由于涉及更多的控制电路和高精度光学元件，因而成本也比较高。自动跟瞄法通过检测光束对准误差并反馈至可移/转动镜片以实现发送光束方向的实时动态调整，最终使激光束始终锁定住目标，保持对准误差在很小的范围内。自动跟瞄子系统实现了光束对准的闭环控制，对准误差小，因此在发送端可减小光束发散角，因而也提高了接收光信号功率，在接收端光信噪比高，非常适合用在高速数据传输的场合。但由于 PAT 子系统成本较高，在对成本较为敏感的大气激光通信系统中较少使用，多见于星间激光通信系统中，第 9 章将详细介绍这一子系统。

3. 空中障碍物的影响

当有障碍物阻挡信号传播途径时，大气激光通信就会受到干扰，诸如飞行的小鸟和空中其他能阻断光束的障碍物也会对大气激光通信系统造成干扰。在安装大气激光通信设备时，应该避免附近有非常大的飞行物飞过。在技术上采用散光法和阵列多点发射都可减轻小的飞行物对通信造成的影响。若飞行物正好飞过且非常靠近大气激光通信设备，则对于数据通信而言，由于包交换一般具有重发机制，对通信不会造成任何影响；对电信应用而言（电路交换），则会中断几个微秒。另外，网状结构也可解决这一问题，因为网状结构中的每一节点可以从几个方向接收信号。针对短距离通信还可以利用空气悬浮粒子散射来解决。紫外光通信就是利用空气中的气溶胶粒子和其他悬浮粒子对光波的散射以实现通信。

4. 安全性考虑

大气激光通信系统与射频系统一样，如果设计和运行不当就可能伤害公众，所以许多人都担心光束在他们头上通过时会击中小鸟或伤害人的眼睛。目前，有关激光的安全标准都建议其功率电平应允许让裸视和有辅助（如双筒望远镜）的眼睛看到但不会造成伤害。目前，多数室外点到点系统都使用 Class3b 激光器，据称 AirFiber 公司的产品已满足 Class1 IEC60825 眼睛安全标准，在任何情况下眼睛看到都没有安全问题。

8.5.4 大气激光通信端设备实例

本节介绍某型大气激光通信端设备。

该设备采用光电分离方式，设备分为光学天线和光端机两个主要部分，均可安装在室内或室外。光学天线不含任何电子元件，可以工作在较恶劣的室外，两部分之间采用光纤连接。设备示意图如图 8-35 所示。

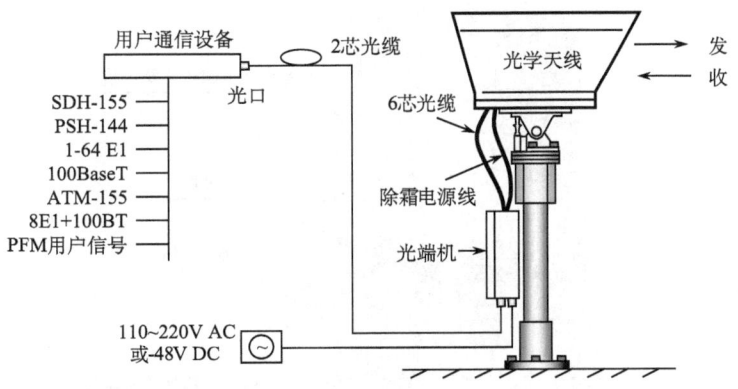

图 8-35　某型大气激光通信端设备示意图

设备利用四束小功率的红外激光束为信号载体，两只 120mm 口径的光学接收天线构成的接收组件并联接收对端的光信号，并经光功率合成器合并成一路信号，提供了更高的信号冗余度，保障高性能和高可靠性。光端机内部由发送组件、接收组件、管理控制接口组件构成。发射组件和接收组件与光学天线之间用光纤连接，连接关系如图 8-36 所示。

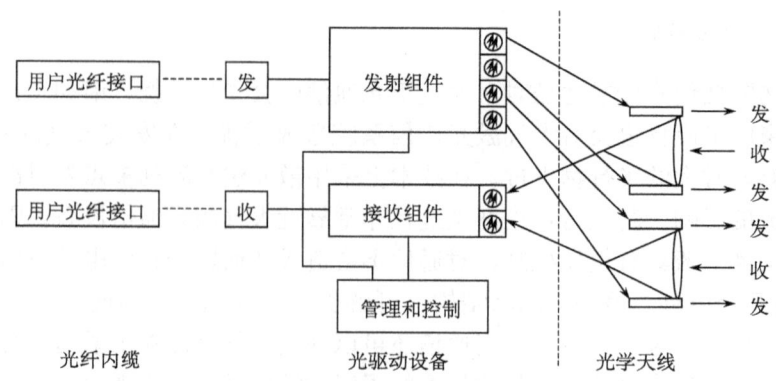

图 8-36 设备组件连接关系

设备使用折射式光学天线，天线组件面板如图 8-37 所示，安装于如图 8-38 所示的平台上。

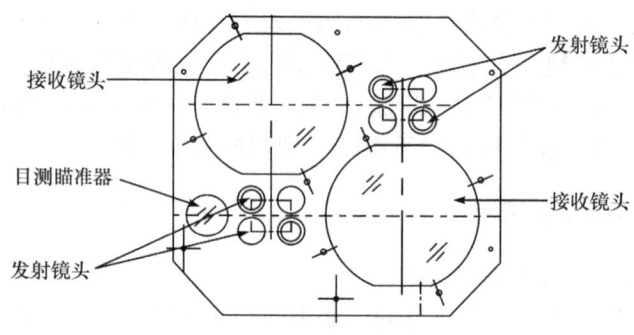

图 8-37 设备前面板

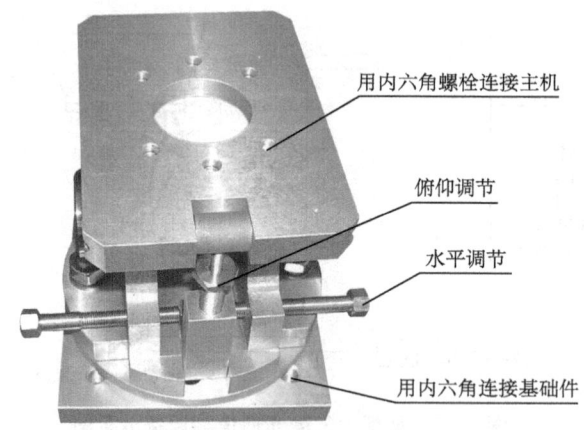

图 8-38 光学天线安装平台

光学天线包含以下部分。
（1）整体结构。
（2）由光纤连接的四路发射光学天线和两路接收光学天线。

(3) 用于系统粗略校准的光学望远镜。
(4) 用于俯仰和旋转调整的经纬台。
(5) 整机固定装置。
(6) 具备除霜功能的保护玻璃。
(7) 除霜控制器件。
(8) 用于光电连接的后面板。

光端机组件包含以下部分。
(1) 二合一型光接收器。
(2) 多路发射用激光器。
(3) 用户端光接口。
(4) 电源。
(5) 网管接口。
(6) 实现系统状态和光学信号强度指示的面板。

设备的系统性能和业务特性如下。
(1) 带宽范围：1~155Mbit/s。
(2) 距离范围：几百米~三千米。
(3) 灵活的组网能力：设备能提供多种组网方式，支持多种网络拓扑，包括点对点、链型、环型、环带链、相交环、相切环、网孔型等。
(4) 物理层传输，与协议无关：可以支持多种业务，如 SDH、ATM、以太网（10M、100M）、FDDI、令牌环等。
(5) 完善的保护机制：电信级多光束系统，用于高性能、长距离大气激光通信网络。

设备通过基础件与经纬台可将光学天线与光端机水平或垂直安装在室内外的墙上、地面上或其他附属物上。

设备具体的性能参数列在表 8-3 中。

表 8-3 某型大气激光通信端设备系统规格

产品规格	155/4000	622/1000	GE/1000
尺寸/cm	30×30×64		
重量/kg	13.5		
连接头输入电压	12~16VDC		
电源工作电压	90~240VAC（50/60Hz）		
最大电功率消耗/W	20		
工作温度	−25~+60℃		
相对湿度	高达95%（非冷凝）		
带宽	1.5~155Mbit/s	622Mbit/s	1.25Gbit/s
建议距离/m	650~4000	500~3300	500~2000
光学发送器	VCSEL		
输出光波长/nm	850		
光束发散度/mrad	2		

续表

产品规格	155/4000	622/1000	GE/1000
激光输出功率/mW	每光束 6.0	每光束 5	每光束 5
接收器灵敏度/dB	−45	−38	−30
接收动态范围/dB	34	27	19
协议	透明		
光接口类型	SC		
光接收器类型	Si APD		
数据输入光纤	SMF/MMF 1270~1350nm		
光接收功率/dBm	−31~−8	−31~−8	−20~−3
光发送功率/dBm	−15~−8	−15~−8	−9.5~−3

8.6 大气激光通信的应用

8.6.1 应用场合

当前，网络用户对高速数据服务日益高涨的需求与网络基础设施建设资金相对短缺的矛盾是困扰服务运营商的一个现实问题。目前，无论是发达国家还是我国，核心网或骨干网的建设已经比较完善，但边缘网（即用户与运营商网络相连的部分）的建设却还处于初始阶段，而网络的用户恰恰在边缘网。大气激光通信系统投资少，见效快，可提供的带宽在 1Gbit/s 以上，在本地网和边缘网等近距离高速网的建设中大有应用价值，另外大气激光通信系统也有很强的军事应用价值。

大气激光通信系统的应用场合可归纳如下。

1）城域网扩展

在现有的城域网上向外延伸或者连接新的网络，这些链路通常不到达最终用户，而是为网络核心服务。

2）局域网互联

无线激光通信的灵活性使它可以应用于许多企业和学校，如企业 LAN 到 LAN 的连接、存储区域网及校园网。企业和学校局域网的各网段往往被大楼或大楼间的道路所分隔，大气激光通信设备安装的简易性使它非常适合用来实现各局域网网段的互联，轻松解决大楼间的复杂地貌带来的挖沟布线难题。

3）最后 1km 接入

在最终用户和服务提供商间建立高速连接，或在本地环网络中为相关业务提供高速链接服务。155Mbit/s 链路的费用可能只有铺设光纤和挖沟的 1/20。

4）光纤链路的备份

现在，大多数网络运营商在对光纤通信设施进行冗余备份设计时，通常会给用户两条光纤链路以保证网络链接的可靠性，而由于大气激光通信技术建设成本低，又具有光纤通信技术的一些优点，因此，可以使用大气激光通信技术备份光纤网络。

5) 宽带网接入

现在的通信正寻找真正能提供高带宽、低成本的接入技术，目前主干网上带宽容量急剧增长，从 622Mbit/s 增加到 10Gbit/s，再到太比特级的 DWDM。同样，用户驻地网的带宽也从 10Mbit/s 增加到 100Mbit/s，再到千兆以太网，只剩下网络接入部分仍是带宽成本与容量的瓶颈，得不到经济有效的解决方法。无线通信更是宽带接入的瓶颈，LMDS 最高速率有 622Mbit/s，但成本较高，网络规划较难。为了打破无线接入的瓶颈，可以在用户驻地网使用 FSO 技术，运营商可以使用 FSO 旁路本地环路系统，或当作 LMDS 或蜂窝网的回程链路。

6) 无线基站数据回传

大气激光通信技术还可用来将移动电话天线塔接收的信号回传至与有线公用电话网相连的中心交换设备。

7) 与 DWDM 设备集成

与 DWDM 设备集成后，大气激光通信系统的传输速率可以进一步提高。虽然用户已拥有环网的一部分，但 DWDM 和大气激光通信系统的集成使得他们可以组建新的环网。

8) 快速开通业务

大气激光通信网络建设迅速，操作简单，灵活性较强，可在临时/应急场合进行快速开通业务。如展览厅、短期租用的商务办公室或临时野外工作环境等临时性的场所和使用便携式计算机的交易大厅等一些具有移动性的场合。

9) 其他特殊场合

由于大气激光通信系统兼具光纤通信和无线通信的优点，可以应用在其他需要高速接入的终端，如有强电磁干扰的场所；一些不宜布线的场所，如具有纪念意义的古建筑；危险性大的工厂、车间；走线成本高、施工难度大或市政部门审批困难的场合，如马路两侧建筑物之间、不易架桥的河两岸之间等。

10) 军事应用

如前所述，无线光通信最初用于军事目的，这是由于其良好的保密性及大通信容量，所发射的信号光束波束窄，具有很强的指向性，并且发散角很小，可以控制到几个毫弧度，因此只有在接收端附近很有限的范围内能够接收信号，这就使信号光束难以被截获、窃听。此外，由于光频率比电磁波频率高出许多，也具有良好的抗电磁干扰性，其通信容量也足以满足战术乃至战略通信的需求，能耗低、结构简单、携带方便、组网快速灵活是其他的突出优点，因此大气激光通信系统也适用于近程机动保密专线通信。

8.6.2 组网应用

大气激光通信系统可以有 4 种应用组网拓扑，即点到点、点到多点（星型）、环形和网状网拓扑，也可以把它们组合起来使用。

1) 点到点结构

点到点结构是最简单的网络拓扑，目前已使用的系统大多采用此结构，原因是大多数系统只是用来连接企业内部的各幢大楼，作为高带宽的专线连接。点到点结构的优点是链路独立，网络规划简单；缺点是光链路没有任何保护措施，有一个点出故障，链路就中断，所以它不适合电信级系统。

2) 点到多点（星型）结构

点到多点（星型）结构的优点是可以把业务集中到一点（集线器或中心节点）再接入核心网，效率较高，比较经济；缺点是能提供的带宽较少，每条链路仍无冗余保护，可靠性较差。为了在视距内连接可能多的大楼，集线器的位置非常关键。集线器的成本一般较高。有一种点到多点结构实际上是点到点传输，只不过中心节点集中放置了多个针对不同方向的终端，因此其好处是有专用的带宽，可扩展，能为单个用户提供服务。

3) 环型结构

环型结构的最大优点是当某处链路失效时，数据可以转到另一方向传输，不过此种结构需留有 50% 的系统余量。事实上，采用环型结构时，其物理结构和网络管理要比现有的 SDH 环复杂得多。

4) 网状网结构

网状结构的主要优点是通过多个网络节点可以提供几乎实时的迂回选路，使服务得到保护，即具有服务恢复或服务冗余度的特点。网状结构还可以把业务集中到某些特定点，再有效地接入网络，比较符合电信级的要求。其缺点是传输距离短，成本高（每大楼多条链路），网络规划复杂。有些公司（如 TeraBeam 和 AirFiber）采用如下方式组成网状网：它们把网络集线器或网络中心节点装在位于中央的大楼顶上，并与光纤环相连，然后这些集线器与设在附近屋顶或窗上的节点用激光做视距传输，传输速率为 10Mbit/s～1Gbit/s。在此结构中，每一中心节点既可用作用户接入点，也可用作下一网络中心节点的中继站。

同其他任何在网上运行的设备和系统一样，要使大气激光通信设备和系统服务于广大客户，必须将其纳入运营商的网管系统。Lightpointe 公司的 Flight-Manager 基于 SNMP，在客户管理系统和传输产品之间采用 EMI（单元管理接口），以进行完善的网络监控支持和远程、分布式管理。

小　　结

本章介绍了大气激光通信系统。大气激光通信系统使用大气作为传输信道，其性能与大气的传输特性密切相关，因此本章第二节就分析了大气信道对激光束的衰减特性、散射特性及大气湍流对激光束传播的影响；第三节介绍大气激光通信中可能使用的关键器件和技术，包括激光器、光检测器、光学滤波器、光学天线、纠错码技术等，重点分析了激光器的波长选择和功率要求，还有光学天线的扩束、聚焦原理；第四节介绍了大气激光通信使用的调制技术；最后两节分别介绍了大气激光通信系统的构成及其应用。

本章的重点：大气信道的特点、系统工作波长的选择、光学天线技术、调制方式及系统构成。学习的难点包括：大气衰减特性、激光束的准直、扩束原理及激光束的传播损耗。

思考题与习题

8.1 试描述大气激光通信技术的应用优势及应用场合。

8.2 试描述大气激光通信技术的实现难点。

8.3 激光束在大气中传播时会遭受哪些损伤？试描述这些损伤对系统通信性能的影响机理。

8.4　某地大气激光通信系统工作波长为 830nm，试求能见度分别为 8km 和 2km 时的大气衰减系数。

8.5　试简要描述紫外大气光通信与红外大气光通信的异同。

8.6　试描述大气激光通信系统工作波长选择的依据。

8.7　试描述大气激光通信系统中激光器功率的选择依据。

8.8　某大气激光系统工作波长为 830nm，收发光学天线口径均为 10cm，接收机灵敏度为 -30dBm，需要在能见度为 2km 的情况下达到 4km 通信距离，试提出对光源的光功率要求。

8.9　为什么需要对半导体激光器的发射光束进行准直？可以使用哪些方法和器件实现？

8.10　为什么大气激光通信系统中需要使用窄带光学滤波器？

8.11　试详细推导激光束的发散损耗与传播距离的关系。

8.12　光学天线在大气激光通信系统的作用有哪些？通常使用什么样的光学天线？为什么？

8.13　某大气激光通信系统发射天线口径为 5cm，LD 工作波长为 830nm，发射的激光束经准直后束腰半径 ω_0 为 0.5mm，试求天线透镜的最佳扩束焦距 f_{opt}。

8.14　为什么大气激光通信中的光学天线通常需要两个以上的透镜进行组合？

8.15　大气激光通信系统中 AO 的作用是什么？

8.16　什么是 PPM？与 OOK 相比有何优缺点？

8.17　试画出大气激光通信系统的工作原理框图并简述各功能部件的作用。

8.18　什么是收发分离式光学天线和收发合一式光学天线？它们各自的优缺点是什么？大气激光通信常使用哪一种？为什么？

8.19　大气激光通信系统如何应对建筑物晃动问题？

8.20　FSO 有哪些组网应用方式？

第 9 章　星间激光通信

9.1　概　　述

9.1.1　卫星通信系统简介

卫星通信是利用人造地球卫星作为中间中继站转发电磁信号,在两个或多个地球站、宇宙站之间进行信息交换和信息传输的通信方式,是微波中继通信技术和航天技术相结合的产物。美国国防部是最早进行卫星通信开发,它采用超高频频段进行话音及高速数据传输,为国防及外交提供宽带业务服务。1965 年,国际通信卫星组织(INTELSAT)成立,并发射了第一颗静止国际通信卫星(INTESAT1,IS-1),正式开展卫星通信业务。我国通信卫星的研制始于 20 世纪 70 年代 331 卫星通信工程的实施,到 1984 年 4 月,成功发射了第一颗同步通信卫星并投入使用,标志着我国通信卫星从研制转入使用阶段。迄今为止,卫星通信已经进入军事侦察、通信广播、电视直播、导航定位、气象预报、资源探测、环境监测和灾害防护等国防和民用的各个领域,成为现代社会中不可缺少的通信手段。

卫星通信系统主要由空间分系统、通信地球站、跟踪遥测及指令分系统和监控管理分系统等四大部分组成,其框图如图 9-1 所示。

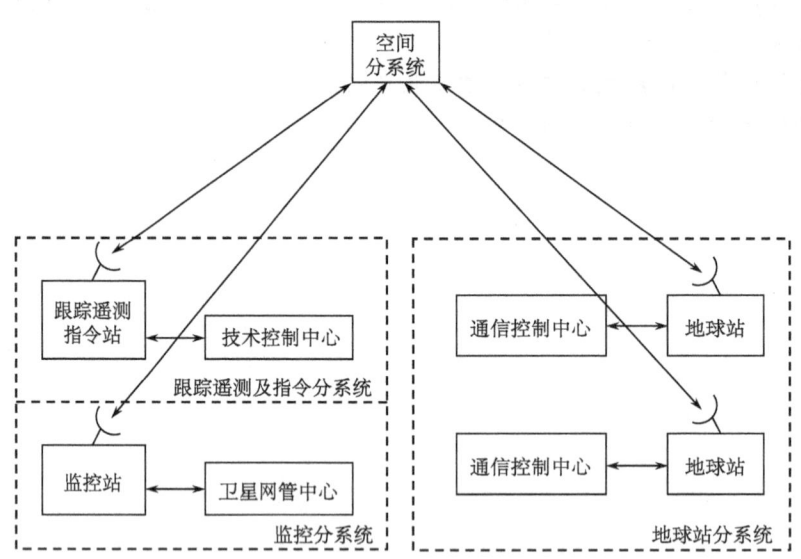

图 9-1　卫星通信系统组成框图

其中,跟踪遥测及指令分系统负责对卫星的轨道、位置及姿态进行监视和校正;监控分系统负责对卫星的性能及参数进行业务开通前的监测和业务开通后的例行监测;空间分系统即通信卫星。

和其他通信方式相比较,卫星通信具有通信距离远、通信面积大、费用与通信距离无关、通信频带宽、可多址通信、适合多业务等优点，顺应了通信国际化的大趋势，在现代通信中的地位日益重要。

9.1.2 星间激光通信的提出及其优势

用光进行空间通信的设想最早可追溯到 1945 年 Arthur Clarke 发表在《无线电世界》上的一篇文章。这篇文章提出了在卫星间进行光通信的设想，但限于当时的技术水平，这一设想未受到重视。随着 1960 年以后激光技术和空间技术的发展，星间激光通信成为可能，因此不少国家注意到了激光用于卫星间通信的优势。

与传统的微波通信相比，星间激光通信具有以下明显的优势。

(1) 光载波频率高，因而其可用频带极宽，潜在的通信容量巨大。

(2) 激光通信系统所用的半导体光源功耗小，转换效率高，因而对电源的要求较低。

(3) 由于光波波长短，收发天线尺寸小、重量轻，可以大幅减轻卫星重量，提高其有效载荷，降低其费效比。

(4) 用于信息载体的激光光束发散角极小，不易被截获，因而用于军事通信具有极好的保密性。

(5) 激光光束不受射频电磁场的干扰，其抗干扰能力毋庸置疑，同时还可抗击高能电磁脉冲武器的攻击，提高了卫星的生存能力。

正是因为星间激光通信具有上述优势，所以很多发达国家都在投入巨资竞相进行卫星间激光通信技术的研究。

9.1.3 星间激光通信的发展现状

由于在容量、成本等方面具有明显的优势，星间激光通信受到了广泛关注，包括我国在内的很多国家和地区先后开展了一系列计算机仿真、地面模拟和星上实验研究。

1. 美国的研究状况

美国开展空间光通信方面的研究最早，于 20 世纪 60 年代中期就开始实施空间光通信方面的研究计划，是技术走在最前沿的国家之一。美国最主要的研究部门有美国国家航空航天局（NASA）和美国空军(Air Force)，NASA 的 JPL 实验室早在 70 年代就一直进行卫星激光通信的研究工作，其他如林肯、贝尔等著名实验室也都开展了空间激光链路的研究。近几年来，空间激光链路的研究已成为美国的研究热点，这将改变了近些年美国在这一领域的研究落后于欧洲甚至日本的局面。

美国空间光通信研究的历史展示了随着技术的进展，空间光通信技术不断改进的过程。在刚开始进行空间光通信研究时，选用的光源是 CO_2 激光器。随着激光器的发展，空间光通信系统选用的光源也不断发生变化，现在研制的空间光通信系统的星上光源都选用半导体激光器。以美国著名的 JPL 实验室近几年研制的一套空间光通信系统为例，该系统分别采用波长为 810nm 和 852nm 的 GaAlAs 半导体激光器作为通信光源和信标光源，调制方式为直接电流调制。此外，一开始星间激光通信的应用是高码率的同步卫星间（GEO-GEO）光连接和低码率的深空光中继，此后，随着体积小、重量轻和成本低的近地卫星（LEO）的增多，以及相应的关键技术和元器件的发展，激光通信的应用逐步扩展到 LEO-LEO、LEO-

GEO、LEO-地面站和LEO-飞机的光通信链路。2000年6月7日，美国成功地发射了空间技术研究卫星STRV-2。该卫星包含了一套先进的光通信技术试验装置，它由美国弹道导弹防御署（BMDO）和英国国防部的防御评估和研究署合作开发。STRV-2激光通信系统的数据传输率为1.0Gbit/s，传输距离为1800km，质量为14.3kg。

为了提高系统的数据率，美国也进行了星间光通信的光波复用研究。JPL研究的装置采用了波长相同，但具有不同偏振方向的两路光通道进行数据传输，每路通道传输数据率为600Mbit/s，从而使整个系统的数据率达到1.2Gbit/s，这是提高空间光通信系统数据率的一个有效方法。另一种提高系统传输数据率的方法是波分复用（WDM），即在空间光通信系统中采用多个波长的光源同时传递数据，构成多路通道，如美国MITRE公司以美国第二代中继星TDRSS II为背景需求而研制的波分复用方法。在该空间光通信模拟实验系统中，波长分别为810nm、830nm及860nm的三个半导体激光器构成三个通道。在接收端，利用干涉滤光片将三个不同波长的光信号分开。这样的波分复用系统对提高数据率很有吸引力，因此，现在各国已十分重视对应用于空间光通信系统的波分复用器件及技术的研究。

2. 欧洲国家的研究状况

欧洲空间局（ESA）于1977年夏开展了高数据率空间激光链路研究，至今ESA在空间光通信方面已经进行了二十余年的研究工作。ESA先后在空间光通信研究方面制订了一系列计划，有步骤地开展对空间光通信各项技术的研究，现已在该领域的一些关键技术方面处于明显的领先地位。

ESA研制的Artemis卫星于2001年升空，主要用于LEO-GEO数据中继应用。其中，一个链路采用光链路，该链路两端使用相同的ISL端机，并且可以同位于Canary岛的地面站进行通信。半导体星间激光链路试验（SILEX）装置用于LEO-GEO光通信的SILEX光通信端机，由马特拉马可尼空间公司完成并集成到Artemis和地球观测卫星SPOT-4上。该系统采用800nm波段的半导体激光器作为光源，SILEX光端机采用25cm天线孔径，其特征类似于日本发射的激光通信工程试验卫星（OICETS）。SILEX通信的最大距离为45000km。通信速率从低轨星到同步星为50Mbit/s，而从同步卫星到低轨星则为2Mbit/s。该系统已进入星间通信实验阶段。ESA或欧洲国家还针对不同的应用研制了一系列满足不同需要的星间链路通信光端机，具体参数如表9-1所示。

表9-1 欧洲国家研发的典型卫星激光通信终端

名称	研发机构	数据码率/(Mbit/s)	通信波长/μm	应用	质量/kg	功耗/W
SOUT	英国	2~10	0.8	LEO-GEO	25	40
SOTT	英国	1000	0.85	GEO-GEO	45	100
SOLACOS	德国	650	1.064	GEO-GEO	70	60
SROIL	ESA	1200	1.064	LEO星座	15	40

3. 日本

日本于20世纪80年代中期开始了光学空间通信研究工作，主要有邮政省的通信研究室

（CRL）、宇宙开发事业团（NASDA）及高级长途通信研究所（ATR）的光学及无线电通信研究室。

根据近几年的研究情况，日本主要对两个自由空间光通信系统进行研究和实验，一个是NASDA 支持的安装于 OICETS 上的激光应用通信设备（LUCE）系统，另一个是 CRL 研制的安装于 ETS-Ⅵ的激光通信设备（LCE）系统，这是两个十分引人注目的空间光通信研究计划。

尽管日本开展空间光通信研究比美国和欧洲空间局晚，但是进展迅速。1995 年 6 月，日本的技术实验卫星与美国大气观测卫星成功地进行了 8min 的双向激光通信；同年 7 月，在日本的工程试验卫星 ETS-Ⅵ成功地与地面站之间进行了星地双向链路的光通信实验，这是世界上首次成功进行的空间光通信实验。此举使日本一跃而居空间光通信研究领域之首位。日本和欧洲空间局还将利用各自研制的装于各自卫星上的空间光通信终端合作进行空间光通信系统的空间实验，这进一步显示出空间领域逐步走向国际合作化的趋势。日本星地链路双向光通信实验的成功进一步证明了空间光通信中难度最大的链路——星地链路的可行性。此外，日本还在积极研制专用于进行空间光通信系统实验的小型光学星间通信工程试验卫星（OICETS）。OICETS 只携带质量为 500kg 的光学终端，在 500km 的低轨道上运行。OICETS 的目的是在空间对空间光通信的探测、跟踪等光学技术及光学装置方面进行实验，以评价及改进空间光通信技术及装置。目前，OICETS 计划正在积极实施中。

4. 国内研究状况

国内在星间激光通信方面的研究工作尚处在起步阶段，仅限于对星间激光通信方案的预研，最具代表性的单位是电子科技大学物理电子学院所属的激光通信实验室，其初期工作主要是进行基于大气信道的空间激光通信，先后成功研制了 3 路、60 路和 960 路激光大气通信系统，其中 960 路激光大气通信系统可传输 960 路电话或多路彩色电视信号；在"九五"期间开始对卫星激光通信的理论、关键技术、系统设计和计算机仿真研究进行近似全方位的研究，研制成功了能完成空间光的捕获、对准和跟踪的 PAT 装置及其伺服平台。近几年来，北京大学、哈尔滨工业大学等单位也开展了这方面的工作。

9.1.4 星间激光通信系统构成

星间激光通信系统通常由光发送机、光接收机、合/分束元件、收/发光学天线及其伺服平台、PAT 子系统等部件构成，如图 9-2 所示。

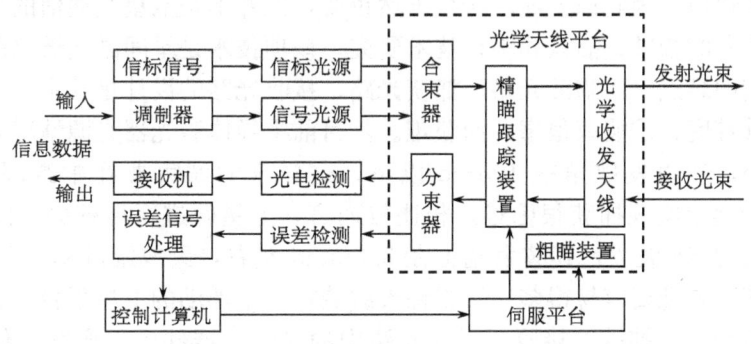

图 9-2 星间激光通信系统功能框图

在图 9-2 中，星间激光通信系统可分为若干个子系统，包括信号子系统、光学天线平台、瞄准捕获跟踪（PAT）子系统等。其中，信号子系统包括调制器、信号光源、光电检测、接收机等，负责光信号的产生与还原；光学天线平台包括光学收发天线、精瞄跟踪装置、粗瞄装置及合/分束器，负责实现激光光束的发送和接收；PAT 子系统包括信标信号、信标光源、误差检测、误差信号处理、控制计算机、伺服平台、粗瞄/精瞄跟踪装置等，负责激光光束的精确指向及跟踪。

9.2 星间激光链路的种类

如图 9-3 所示，根据卫星种类的不同，星间激光链路可分为如下 4 种。

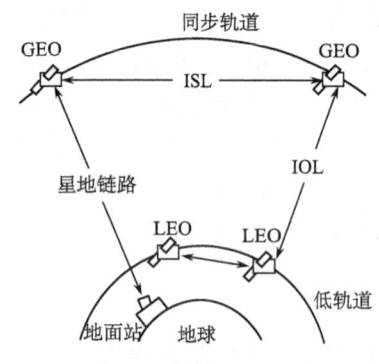

图 9-3 各种星间激光链路示意图

(1) 轨道高度小于 1000km 的低轨道卫星（LEO）与 36000km 高的同步轨道上的同步卫星（GEO）间的链路，一般称此为轨道间链路（IOL）。

(2) 同步轨道卫星间链路（GEO-GEO 链路），称为星间链路（ISL）。

(3) 低轨道卫星间的链路（LEO-LEO 链路），这是越来越迫切需要建立的链路。尤其随着小卫星星座的飞速发展，使得对低轨道卫星间激光链路的需求更加急迫。

(4) 同步轨道卫星或低轨道卫星与地面站之间的链路，即星地激光链路。

9.2.1 GEO-LEO 激光链路

低轨道卫星与同步卫星之间的激光链路主要指低轨道上的用户星与同步轨道上的数据中继卫星（TDRSS）之间的链路。由于卫星位于大气层以上，不受大气衰减的影响，因此在星间链路中用光波进行通信具有突出的优点和巨大的潜力，主要的技术问题如下所述。

(1) 光波波长选择。根据现有的成熟技术，应选用半导体激光器作为光源。目前研制的空间光通信系统波长主要选用 800～1000nm 波段的半导体激光器，而半导体激光器泵浦的倍频 Nd：YAG 激光器是极有竞争力的星上光源之一。

(2) 探测、调制、解调技术、光学多路复用技术等研究。由于 APD、CCD 等探测元件的研究工作进展快速，因此该方面的研究虽然重要，但并不是卫星光通信的主要难点。

(3) 光学信号的瞄准、捕获和跟踪技术研究。该项技术是星间激光链路的关键技术，也是卫星间光通信的难点，而瞄准光路、捕获光路、接收光路的设计是其中的重要部分。从以下几点即可知其难度：①波束很窄，捕获难。就目前半导体激光器光源情况，通信波段宜选用 $0.8\sim1.0\mu m$，光束发散角在 $10\mu rad$ 以下，这样窄的波束要在中继星和用户星之间 40000km 左右距离上实现捕获很困难。相比较而言，卫星间进行传统的微波通信时，即便工作在波长很短的 Ka 波段，其波束宽也在 3.5mrad 左右，天线瞄准精度只需约 1mrad 即可，波束的捕获、瞄准要容易得多。②跟踪天线装在一个浮动的卫星平台上，该平台由卫星姿态控制系统所稳定。捕获、接收、对准光路中的光学元器件由于温度变化、空间环境影响、后向反射光干扰等因素的影响，也将影响激光捕获、跟踪、对准的精度，这使得各部分光路设计更复杂。③该部分中的光学子系统要求光学质量高（在 2000μrad 视场内均方根粗糙度应为 $\lambda/20$）、寿命长（10 年）、遮挡低（挡光比小于 5%）、天线增益高（增益值要达到 115dB）等。这些光学性能的实现都有相当的难度。

9.2.2 GEO-GEO 激光链路

在 GEO-GEO 星间链路中，由于两颗同步卫星间无相对运动，保持相对静止，这使激光链路的瞄准、跟踪、捕获难度降低。因此，GEO-GEO 激光链路与 LEO-GEO 激光链路相比，其发射、接收、调制、解调、滤波、放大各子系统基本上相同，且在瞄准、跟踪、捕获子系统上要相对简单一些。

9.2.3 LEO-LEO 激光链路

最近几年，采用低轨道或中轨道卫星星座的全球通信网络系统受到多方重视，在不久的将来，一些在轨卫星星座系统将得到发展。在这些系统中，有的没有建立星间链路，而是通过地面中继站进行全球通信；有的虽然采用星间链路，但在星间链路中采用微波频段，这一方面限制了通信的容量，另一方面又由于微波频段的通信终端体积过大、成本过高（在大量重复制造时尤其明显），使其在实际应用上受到了限制。由于星间激光链路与微波频段链路相比具有更大的容量，因而光学星间链路能用于未来的通信系统。此外，星间链路还要求用户终端有更小的天线和发射机，而光波波段可以减少链路子系统的重量和体积。ESA 小光学用户终端研究计划的小光学用户终端（SOUT）的质量仅为 25kg，功耗不超过 40W。该计划中的甚小光学用户终端（用于低轨道卫星之间的通信）体积更小、质量更轻、功耗更小，甚小光学用户终端（VSOUT）的质量只有 10kg，功耗为 20W 左右。

20 世纪 90 年代初，各国的空间光通信思想由数据中继主导。然而，随着时间的推移，一些潜在的中继数据用户将消失，而中低轨道小卫星星座星间激光链路作为一种新型潜在的星间激光链路正被推广应用到移动通信和多种方式对话的广大的小卫星网络中。由于这些新的远景的推动，ESA 在 1991 年开始了基础研究，调研了商业卫星星座对小型激光终端潜在的需求、可能的设计及解决办法。采用了新型的衍射光学技术和先进的微系统设计原理，使得设计很小且更轻的系统成为可能。

9.2.4 星地激光链路

在全长 500~40000km 不等的星地激光链路中，必须另行考虑的大气信道长度为 12km，占全长度的比例非常小，但正是这比例很小的大气信道给星地激光通信带来了同其他星间激光通信完全不同的特点。相比较而言，星地激光通信要面对的问题与大气激光通信面临的问题非常类似，主要考虑大气对激光束的衰减、散射及大气湍流对激光束光强的闪烁效应等；所不同的是，近地大气激光通信通常不用考虑云层的影响，但这是星地激光通信必须考虑的问题。此外，LEO-地面的星地链路还需要考虑 PAT 问题。

同其他星间激光链路相比，星地激光链路目前还非常不成熟，因此本章不对其进行详细的讨论。

9.3 光学天线

光学天线在星间激光通信系统中占有重要的地位，其功能同大气激光通信系统中的光学天线完全相同，在发送端压缩光束发散角，在接收端增大接收面积，以共同减小光束发散损耗。

光波也是一种电磁波，本节将从电磁波辐射的角度从另一个方向对光学天线的作用进行分析。

9.3.1 自由空间损耗

损耗问题是任何通信系统都要首先考虑的问题。在星间激光通信中，这个问题的解决尤为关键。电磁波辐射理论指出，一个全向点源辐射的电磁波在自由空间中传播时，其自由空间损耗 L_f 与距离的平方成正比，与波长的平方成反比，以 dB 为单位，则有

$$L_f = 10\lg\left(\frac{4\pi d}{\lambda}\right)^2 \tag{9.3-1}$$

式中，L_f 为传输损耗，单位为 dB；d 为传播距离，λ 为工作波长，单位均为 m。全向点光源辐射的电磁波在自由空间中传播时，其损耗即遵从这一公式。

卫星运行在地球外层空间的轨道上，相距遥远。以覆盖全球的三颗静止轨道卫星为例，其星星间距为 73000 多千米，低轨道卫星星座的星星间距小一些，但与近地大气激光通信的传输距离相比仍然很大，如著名的铱星系统，其同轨道相邻卫星间距离也达到 4000 多千米。如果使用目前在光纤通信中广泛使用的红外波段的半导体激光器作为光源（波长为 1550nm），可以计算出其自由空间损耗分别为 295dB 和 270dB。这是非常大的损耗，因为在光纤通信中，一个 2.5Gbit/s 的光系统典型的光功率预算为 20~30dB。

不过，上述损耗计算的前提假设是点光源发出的全向光波，在星间激光通信中，一方面激光本身就具有很强的方向性，另一方面可通过光学天线进一步压缩其光束发散角，因此损耗问题可以得到解决。

9.3.2 光学天线增益

通过改善光束的方向性，光学发送天线可提供很高的增益，而接收天线通过增大接收面积同样可以提供很高的增益。面天线理论研究表明，天线的增益与其口径的平方成正比，与工作波长的平方成反比，以 dB 为单位，则有

$$G = 10\lg\left[\eta\left(\frac{\pi D}{\lambda}\right)^2\right] \tag{9.3-2}$$

式中，G 为天线增益，单位为 dB；D 为光学天线的口径，λ 为工作波长，单位均为 m；η 为天线效率，是一个小于 1 的正数，无单位。

由于光波波长很短，星间激光通信使用的光学天线以较小的口径即可获得很大的天线增益。按光波波长 1550nm、天线效率 10% 考虑，一个口径为 20cm 的光学天线的天线增益即可达 102dB，发送天线和接收天线共可提供 204dB 的天线增益。

9.3.3 星间激光通信中的光学天线

如第 8 章所述，光学天线主要有折射式、反射式和折反射式三种。星间激光通信常使用折射式光学天线和反射式光学天线。折射式光学天线多用于 LEO-LEO 这类对天线增益较低的激光链路之中，通常天线口径为 5～10cm，而大口镜透镜在磨制、装配上均存在一定的难度，且重量不轻，因此对 IOL 和 GEO-GEO 这类需要较大天线增益的激光链路，折射式光学天线的应用受到较大的限制。相比之下，反射式光学天线在重量、像差、加工装配难度方面则更具优势，在目前报道的大多星间激光链路得到了很好的应用。

折射式光学天线在第 8 章中已经进行了较为详细的分析，本节主要分析反射式光学天线。

1. 反射式光学天线的种类

反射式光学天线发射光束的形成依靠对光波几乎全反射的旋转抛物面。这种天线对光能量的吸收损耗很小，因而星间激光通信系统大都采用反射式光学天线。反射式光学天线具有对材料要求不太高、重量轻、成本低、光能损失小、不存在色差等优点。

按反射镜面的个数可以把反射式天线分成单反射面天线和双反射面天线，其中最常用的是双反射面天线。双反射面天线有两个反射面，其中主反射面口径较大，通常为旋转抛物面，副反射面口径较小，根据副反射面的不同情况又可分为牛顿式、卡塞格伦（Cassegrain）式和格雷果里（Gregorian）式。

牛顿式光学天线的副镜面为平面镜，倾斜安装于反射光路中，成像于主镜的侧方，如图 9-4（a）所示，这种形式的反射望远镜在 1668 年由牛顿发明。

卡塞格伦式光学天线的副镜为旋转双曲面，其内侧焦点与主镜焦点重合，成像于主镜后方的外侧焦点处，如图 9-4（b）所示，这种形式的反射望远镜在 1672 年由卡塞格伦发明。

格雷果里式光学天线的副镜面为旋转椭球面，其近侧焦点与主镜焦点重合，成像于主镜后方的远侧焦点处，如图 9-4（c）所示，这种形式的反射望远镜在 1663 年由英国物理学家和天文学家格雷果里发明。

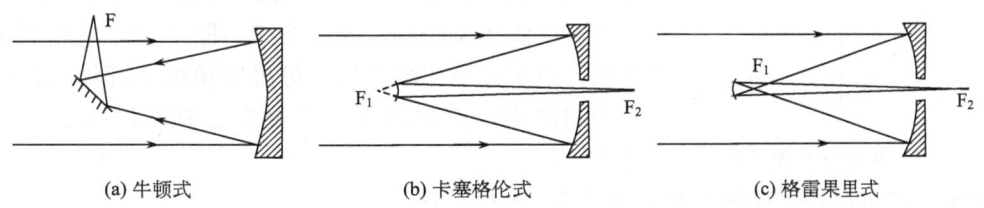

图 9-4 三种双反射面光学天线

2. 光学天线类型的选择

在星间激光通信系统中，选择天线类型时的考虑包括以下几点。
（1）工作可靠性高。工作可靠性直接关系到卫星的工作寿命，不容忽视。

(2) 光能损失小，效率高，增益足够大。这是基本要求。

(3) 便于光路设计。由于需要 PAT 子系统，星间激光通信的发送和接收光路均较复杂，因此必须选择一种便于复杂光路设计的天线类型。

(4) 工艺成熟，加工精度容易保证，同时天线本身对加工精度、装配精度的敏感性低。由于光载波波长很短，而光学系统要求光学元件的波前误差在 $\lambda10\sim\lambda30$ 之间，因而对加工精度和装配精度要求非常高。一般说来，天线结构越简单，光学元件越少，就越容易满足该要求，同时对加工精度、装配精度的敏感性也就越低。

(5) 重量轻。降低天线的重量可进一步提高通信卫星的有效载荷，有利于降低星间激光通信的成本。

综合考虑以上因素，通常认为星间激光通信宜于使用卡塞格伦天线。原因如下。

(1) 工艺成熟，可靠性高。

(2) 副镜口径小，遮挡少，光路没有实焦点。

(3) 重量轻，成本低，口径大，损耗小，易于满足增益要求。

(4) 光学元件数量少，易于精度加工和装配。

(5) 便于光路设计。

9.3.4 卡塞格伦式光学天线分析

1. 增益及方向性

光波为一种波长极短的电磁波，因此激光辐射系统可采用麦克斯韦方程进行分析。电磁波的远区辐射场满足惠更斯-夫累涅尔原理，空间任意一点的波幅大小由各次级波源在该点波幅矢量迭加而成。

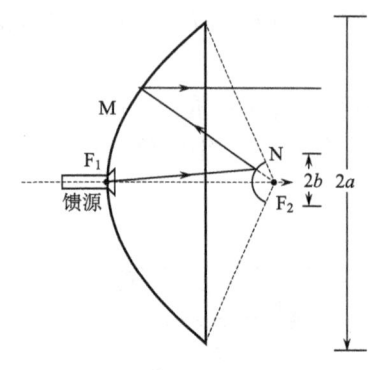

图 9-5 卡塞格伦天线示意图

图 9-5 是卡塞格伦天线示意图，主镜 M 口径为 $2a$，副镜 N 口径为 $2b$。首先假定初级反射口径面具有以下电场分布，即

$$\boldsymbol{E}_0(r_0) = A\exp\left(-\frac{r_0^2}{\omega^2}\right)\exp\left(jk\frac{r_0^2}{2R}\right) \quad (9.3\text{-}3)$$

式中，ω 为激光束腰半径；R 为波阵面曲率半径；k 为波矢。

对于固体激光器，输出波束为圆对称且电场满足高斯分布；对于半导体激光器，可采用单模光纤将椭圆波束转化为圆波束，或利用光学透镜实现椭圆波束到圆波束的转化。

其次，假定口径平面输入光功率为 1，即归一化

$$P = \int_0^{2\pi}\int_0^{\infty}[|\boldsymbol{E}_0(r_0)|]^2 r_0 \mathrm{d}r_0 \mathrm{d}\varphi = 1 \quad (9.3\text{-}4)$$

将式 (9.3-3) 代入式 (9.3-4) 中，可确定 A，即

$$A = \sqrt{\frac{2}{\pi\omega^2}} \quad (9.3\text{-}5)$$

因此，式（9.3-3）可写为

$$E_0(r_0) = \sqrt{\frac{2}{\pi\omega^2}} \exp\left(-\frac{r_0^2}{\omega^2}\right) \exp\left(jk\frac{r_0^2}{2R}\right) \tag{9.3-6}$$

对于菲涅耳近似场区的辐射场，采用基尔霍夫积分得到观察点的强度分布，即

$$I(r_1,\theta_1) = \frac{k^2}{r_1^2} \left\{ \left| \int_b^a \left[\sqrt{\frac{2}{\pi\omega^2}} \exp\left(-\frac{r_0^2}{\omega^2}\right) \exp\left(jk\frac{r_0^2}{2r_1} + jk\frac{r_0^2}{2R}\right) J_0(kr_0\sin\theta_1) \right] r_0 \, dr_0 \right| \right\}^2$$

$$\tag{9.3-7}$$

各向均匀辐射器的强度分布为

$$I_0 = \frac{1}{4\pi r_1^2} \tag{9.3-8}$$

光学天线增益的定义为来自天线的辐射强度与全向点源辐射强度的比值。因此，天线增益为

$$G(r_1,\theta_1) = \frac{[I(r_1,\theta_1)]}{I_0}$$

$$= \frac{8k^2}{\omega^2} \left| \int_b^a \exp\left[jk\frac{r_0^2}{2}\left(\frac{1}{r_1}+\frac{1}{R}\right)\right] \exp\left(-\frac{r_0^2}{\omega^2}\right) J_0(kr_0\sin\theta_1) r_0 \, dr_0 \right|^2 \tag{9.3-9}$$

定义 $\alpha=a/\omega$，遮挡率 $\gamma=b/a$，$X=ka\sin\theta$，$\beta=(ka^2/2)[(1/r+1/R)]$，则

$$G_T(\alpha,\beta,\gamma,X) = \left(\frac{\pi D}{\lambda}\right)^2 g_T(\alpha,\beta,\gamma,X) \tag{9.3-10}$$

式中，$D=2a$，为天线口径；$g_T(\alpha,\beta,\gamma,X)$ 为天线增益效率因子，有

$$g_T(\alpha,\beta,\gamma,X) = 2a^2 \left[\left| \int_\gamma^1 \exp(j\beta u) \exp(-\alpha^2 u) J_0(Xu^{1/2}) \, du \right| \right]^2 \tag{9.3-11}$$

式中，令 $X=0$，即可得到天线主轴增益为

$$g_T(\alpha,\beta,\gamma) = \frac{2\alpha^2}{\beta^2+\alpha^4} \{ \exp(-2\alpha^2) + \exp(-2\alpha^2\gamma^2) - 2\exp[-\alpha^2(\gamma^2+1)]\cos[\beta(\gamma^2-1)] \}$$

$$\tag{9.3-12}$$

当接收点远离天线时（远区场），有 $\beta\approx 0$，此时式（9.3-12）可简化为

$$g_T(\alpha,\gamma) = \frac{2}{\alpha^2} \{ \exp(-2\alpha^2) + \exp(-2\alpha^2\gamma^2) - 2\exp[-\alpha^2(\gamma^2+1)] \} \tag{9.3-13}$$

采用微扰理论可以得出最佳遮挡率和口径的关系为

$$\alpha \approx 1.12 - 1.30\gamma^2 + 2.12\gamma^4 \tag{9.3-14}$$

当天线主镜口径为 20cm 且副镜口径为 4cm 时，遮挡率 γ 为 0.2，此时由式（9.3-14）可得最佳 α 值为 1.07，相应的激光束束腰半径为 9.33cm，这可通过设计主副镜的焦距及位置对原始激光束扩束获得。当工作于 1550nm 波长时，由式（9.3-10）和式（9.3-13）可得该天线主轴远区场增益为 110.7dB。

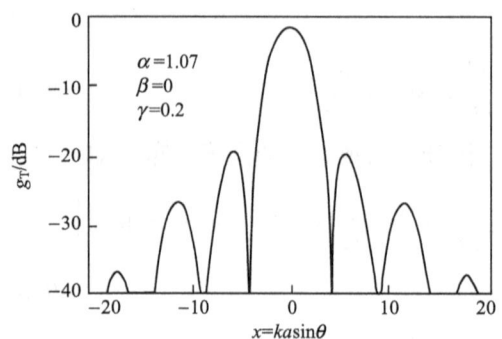

图 9-6 卡塞格伦天线发射方向图

卡塞格伦光学天线的辐射具有方向性。图 9-6 为按式（9.3-11）计算的远区场方向图，除增益最大的主瓣外，卡塞格伦天线的辐射还有几个副瓣，其中最大的副瓣增益较主瓣小 20dB 左右。

2. 激光扩束

前面提到需要通过设计主副镜的焦距及位置对原始激光束扩束以得到合适的输出光束束腰大小，本小节即对此作介绍。

如图 9-7 所示，半导体激光器发出的激光光束经准直系统变换为圆形高斯光束后，位于副镜 N 的左焦点 F_1，并向右出射到副镜 N，这段空间内的光束记为光束 I，其束腰大小为 ω_{01}；副镜 N 为旋转双曲面反射镜，其右焦点 F_2 与主镜焦点重合，将光束 I 反射至主镜 M，这段空间内的光束记为光束 II，其束腰大小为 ω_{02}；主镜为旋转抛物面，将光束 II 反射到空间中，形成光束 III，其束腰大小为 ω_{03}。卡塞格伦天线主镜 M 的焦距为 f，副镜 N 的左焦距为 f_1，右焦距为 f_2。

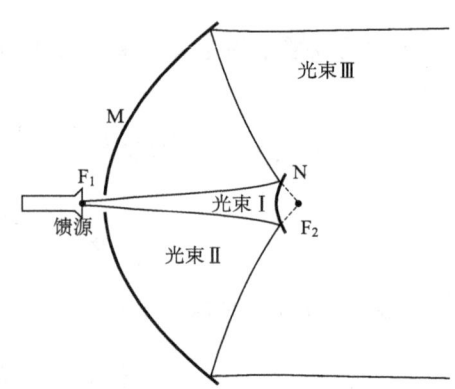

图 9-7 卡塞格伦天线对高斯光束的变换

光束 I 经双曲反射面 N 变换为照射光束 II 时，等效为透镜放大镜系统变换。光束 I 的束腰位于左焦点时，光束 II 的束腰应位于右焦点，且有

$$\omega_{02} = \frac{f_2}{f_1}\omega_{01} = \frac{\omega_{01}}{M} \quad (9.3\text{-}15)$$

式中，$M = f_1/f_2$ 为副镜 N 的放大系数。

由矩阵光学易知，光束 II 到光束 III 变换时，其复变换矩阵为

$$\begin{bmatrix} A & B \\ C & D \end{bmatrix} = \begin{bmatrix} 1 & l \\ 0 & 1 \end{bmatrix}\begin{bmatrix} 1 & 0 \\ 1/f & 1 \end{bmatrix}\begin{bmatrix} 1 & -d \\ 0 & 1 \end{bmatrix} = \begin{bmatrix} 1+l/f & d-l-dl/f \\ 1/f & 1-d/f \end{bmatrix} \quad (9.3\text{-}16)$$

式中，d 为光束 II 的束腰到主镜 M 顶点之距，l 为光束 III 的束腰到主镜 M 顶点之距。根据矩阵光学 ABCD 律，从光束 II 到光束 III 的复曲率 q 的变换公式为

$$q_{03} = \frac{Aq_{02}+B}{Cq_{02}+D} \quad (9.3\text{-}17)$$

式中，复曲率 q 的定义在第 8 章中已给出。将式（9.3-16）中的 ABCD 值代入式（9.3-17）可得到 l 和 ω_{03}，即

$$l = \frac{F[M^4 d(f-d) - z_{01}^2]}{M^4 d(d-f)^2 + z_{01}^2} \quad (9.3\text{-}18)$$

$$\omega_{03} = \frac{Mf}{[z_{01}^2 + M^4(d-f)^2]^{\frac{1}{2}}}\omega_{01} \quad (9.3\text{-}19)$$

当 $d=f$ 时，即主镜 M 的焦点与副镜 N 的右焦点重合时，有
$$|l|=f \tag{9.3-20}$$
$$\omega_{03}=\frac{Mf}{z_{01}}\omega_{01}=Mf\frac{\lambda}{\pi\omega_{01}} \tag{9.3-21}$$

这意味着光束Ⅲ的束腰位置与光束Ⅱ的束腰位置重合。

根据式（9.3-21）即可设计出合适的卡塞格伦天线使得出射光束的束腰半径满足前一小节的需求。

9.4 PAT 子系统

9.4.1 光束发散角

星间激光通信必须使用高增益的光学天线，这必将带来另一个问题，即发送光束发散角过窄。

圆形口面的天线波束主瓣半功率角宽度与工作波长成正比，与天线口径成反比，以弧度为单位，则有
$$2\theta_{P/2}\approx 1.02\frac{\lambda}{D} \tag{9.4-1}$$

式中，$2\theta_{P/2}$ 为天线主瓣半功率角宽度，单位为 rad；D 为天线口径；λ 为天线工作波长。

当天线口径为 20cm、工作波长为 1550nm 时，其 3dB 光束发散角仅为 7.9μrad。相对比而言，微波面天线的发散角要大得多，即便是工作在 Ka 波段的微波天线，设其载波频率为 30GHz，天线口径为 1m，则其波束发散角为 10 mrad，比前述光学天线的发散角大 1000 倍以上。

缩小光学天线口径可以扩大光束的发散角，但能够提供的天线增益显著降低，图 9-8 为工作波长为 1550nm 时天线增益与出射光束发散角的变化关系图。由图 9-8 可知，当发散角增加到与微波通信相当的 10^{-3} rad 时，光学天线仅能提供约 60dB 的增益，远远不能满足补偿传输损耗的要求。因此，通过牺牲增益以增加发散角的方法不可取。

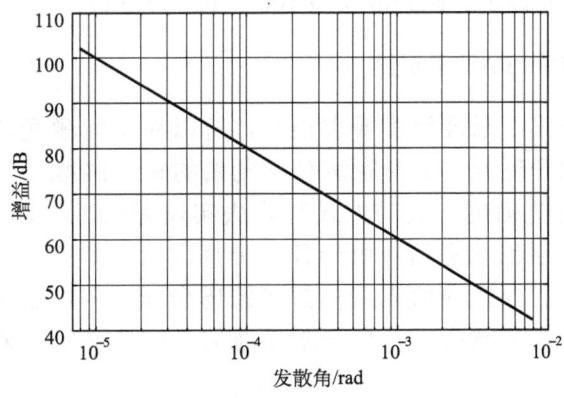

图 9-8 增益随发散角的变化图

9.4.2 瞄准误差与天线增益的关系

极小的光束发散角使得通信双方光束的精确瞄准变得异常重要。9.3.4 节分析过星间激光通信常用的卡塞格伦天线，得到了其增益随辐射方向的变化。图 9-9 为两种情况下天线瞄准误差与天线增益的变化曲线。

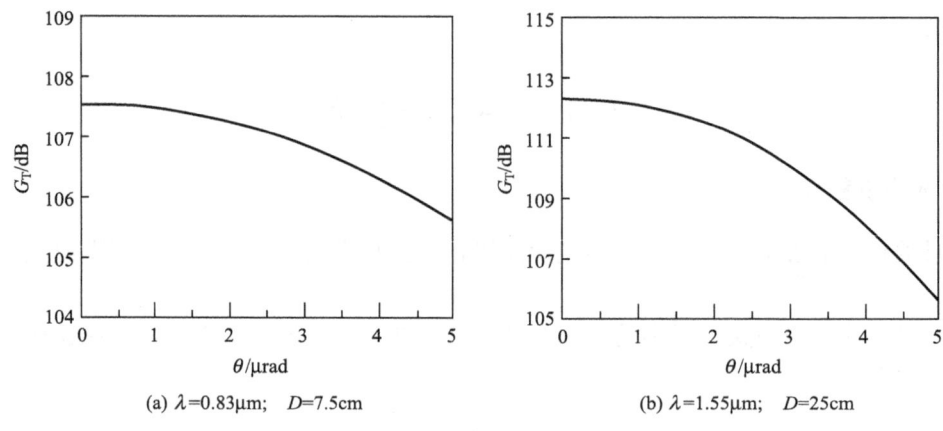

图 9-9　瞄准误差对天线增益的影响

图 9-9（a）对应天线口径为 7.5cm 的情况。工作波长为 0.83μm 时，出射光束发散角约为 11.3μrad，当天线瞄准误差为 5μrad 时，天线增益为 105.7dB，较无瞄准误差时的 107.6dB 小了 1.9dB。图 9-9（b）对应天线口径为 25cm 的情况，工作波长为 1.55μm 时，出射光束发散角约为 6.2μrad，当天线瞄准误差为 5μrad 时，天线增益为 106dB，较无瞄准误差时的 112.5dB 小了 6.5dB。

图 9-9 很好地说明，由于光学天线增益高、光束发散角小，因此天线的瞄准误差对天线增益有很大的影响。天线口径越大，工作波长越短，出射光束的发散角也就越小，瞄准误差造成的天线增益下降也就越严重。对 25cm 的光学天线，工作于 1550nm 波长时，如果要将天线增益变化控制在 3dB 以内，则瞄准误差不能超过 3.5μrad。

9.4.3 星间激光通信中的 PAT 子系统

由于光束发散角极小，瞄准精度要求很高，所以在星间激光通信中，仅仅依靠卫星的相对位置计算，采用开环方式实现通信双方光束的相互瞄准不可能达到精度要求，星间激光通信必须采用更精确更有效的方式和算法实现通信卫星间通信光束的相互瞄准。此外，在光束对准进入通信状态后，由于各种干扰因素，如卫星本身的机械振动、光学系统的机械形变等均可能导致通信光束的指向偏离最佳方向，造成通信质量下降甚至完全阻断通信。因此，在通信状态下，星间激光通信系统还必须有效地实现通信光束的自适应对准，即跟踪。

在星间激光通信中，上述功能由瞄准、捕获、跟踪（Pointing Acquisition and Tracking，PAT）子系统实现（有的文献也称为 APT）。

简言之，PAT 系统的任务就是完成进行通信双方的光学天线的精确对准，并通过跟踪的方法克服各方面的扰动以维持正常的通信质量。在对准的过程中，主要考虑保证足够小的捕获时间，以便快速建立通信；在跟踪过程中，主要考虑跟踪精度以保证通信的有效性。

如图 9-10 所示，要完成前述任务，PAT 子系统应具有由以下五个功能单元。

(1) 信标光源。信标光源用于提供捕获功能单元需要的光信标，由于通信光源调制速率很高，功率通常不会很大，因此需要很高的天线增益，造成了光束发散角很小的问题，要实现信号光的捕获较为困难，故 PAT 子系统通常需要使用专门的信标光源，该光源功率大，同时可采用散焦方式实现大发散角，其光束发散角通常较信号光束大 100 倍以上。

(2) 开环瞄准功能单元。该单元根据星历计算通信双方的相对位置计算初步的光束瞄准方向，实现光束的初步对准。

(3) 捕获。在完成开环瞄准的基础上，该子系统通过卫星间相互交换信息以进行闭环方式的精确对准。

(4) 跟踪子系统。在完成精细对准后，该子系统用于克服各种因素干扰以保持对准状态，维持正常通信。

(5) 光束方向驱动子系统。实现光学天线方向的任意变化，光束对准的最终实施者。

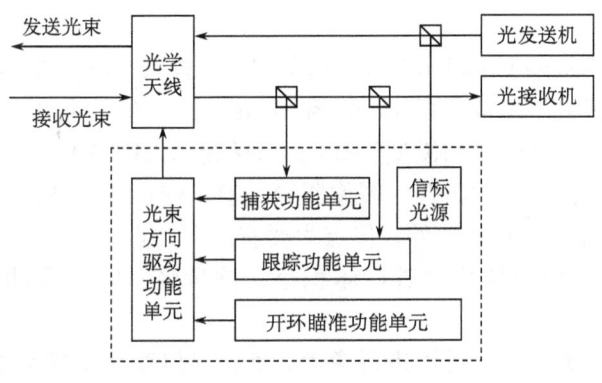

图 9-10 PAT 子系统功能框图

图 9-10 中的虚线方框内为 PAT 子系统。

PAT 子系统是星间激光通信中最重要的子系统，因而受到各研究单位的重视。表 9-2 为国外多个星间激光通信系统的 PAT 子系统结构及参数。

表 9-2 国外多个星间激光通信系统 PAT 子系统结构及主要参数

	LUCE（日本）	LCE（日本）	STRV-2（美国）	SILEX（ESA）	SOLACOS（德国）
光束波长/nm	797～808	830/510	810/852	797～853	810/1064
光束散角/μrad		20（信号）	80（信号） 750（信标）	80（信号） 750（信标）	
捕获时间/s	360.00	实验中约 720.00	>100.00	240.00	0.04
定位精度/μrad	2	2	2	2	0.2

续表

	LUCE（日本）	LCE（日本）	STRV-2（美国）	SILEX（ESA）	SOLACOS（德国）
探测器	CCD（捕获） 4QD（定位）	CCD（捕获） 捕获范围：±1.5° 视场角：8mrad 4QD（跟踪） 跟踪精度：2μrad 视场角：0.4mrad	CCD（捕获） 捕获范围：±5° 视场角：70mrad 5×5CCD（跟踪） 视场角：15mrad 带原子滤光器	384×384CCD（捕获） 14×14CCD（跟踪）	256×256CCD（捕获） 光束位于 CCD 中央（32×32CCD） 3×3CCD（跟踪）
天线口径/cm	φ26.0 收发合一	φ7.5 收发合一	φ13.7/3.8 收发分离	φ25.0 收发合一	收发合一
光行差校正		>±100			
通信距离/km	30000	40000	2000	45000	实验室内

9.4.4 PAT 中的误差检测器件

1. 电荷耦合器件

电荷耦合器件（Charge Coupled Devices，CCD）是 20 世纪 70 年代初发展起来的新型半导体器件。它由美国贝尔实验室的 Boyle 和 Smith 于 1970 年首先提出，在经历了一段时间的研究之后建立了以一维势阱的模型为基础的非稳态 CCD 基本理论。30 年来，CCD 的研究取得了巨大的进展，并在图像跟踪、图像制导、卫星侦察等领域得到了广泛的应用。

CCD 器件是一种优良的感光器件，优点主要有以下几点。

（1）CCD 器件是一种固体化器件，体积小、重量轻、电压及功耗低、可靠性高、寿命长。

（2）具有理想的扫描线性，可以进行像素寻址，可以变化扫描速度。畸变小、尺寸重现性好，特别适合于定位、尺寸测量和成像传感等方面。

（3）有很高的空间分辨率。线阵 CCD 现今已有 7000 像元器件、分辨能力可达 $7\mu m$。

（4）有数字扫描能力。像元的位置可以由数字代码确定，便于和计算机结合。

（5）光敏元间距的几何尺寸精确，可以获得很高的定位精度和测量精度，如东芝的 2048 位 CCD 可达 $14\mu m$，5000 位 CCD 可达 $7\mu m$。

（6）具有很高的光电灵敏度和动态范围。目前，好的器件灵敏度可达 0.01 Lx，动态范围 $10^6:1$。

CCD 有两大类型：线阵和面阵，星间激光通信的 PAT 子系统需要使用面阵 CCD。二者的基本单元均为金属-氧化物-半导体结构，构成如图 9-11 所示，在 P 型硅上沉积 SiO_2 氧化物绝缘层，借助光刻技术在其上形成阵列式 Al 电极，构成金属-氧化物-半导体阵列电容器结构。当栅极施加正向偏压 V 并高于 P 型半导体的阈值电压 V_{th} 时，金属电极将 P 型半导体中的少数载流子电子

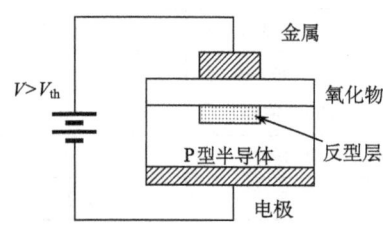

图 9-11 CCD 基本单元的结构

吸引到金属电极表面，形成一层极薄但电荷浓度极高的反型层，反型层电荷的存在说明 MOS 结构具有存储电荷的功能。

CCD 通常与光学成像系统配合使用，由前者将景物图像成像在 CCD 的 MOS 电容阵列上。光子穿过透明的氧化层进入衬底后，衬底中处于价带的电子吸收光子的能量而跃迁到导带，形成了电子-空穴对，该电子-空穴对在外加电场的作用下分别向两个电极移动，其中电子移向正电极，但被绝缘层阻挡，从而存储在电极所形成的"势阱"中。光生电荷的多少取决于入射光子的数量（光强），因此也对应着入射到该 MOS 电容上的光强信息。

面阵 CCD 通常有上万个基本单元，因此不可能引出每个单元的电信号。CCD 采用电荷耦合移位的方法将各基本单元产生的光生电荷移位到引出电极。

如图 9-12 所示，取 CCD 中四个彼此靠得很近的电极加以观察，假定开始时有一些电荷存储在偏压为 10V 的第二个电极下面的深势阱里，其他电极上均加有大于阈值的较低电压（如 2V）。设图 9-12（a）为零时刻（初始时刻），经过 t_1 时间后，各电极上的电压变为如图 9-12（b）所示，第二个电极仍保持为 10V，第三个电极上的电压由 2V 变到 10V，因为这两个电极靠得很近（间隔只有几个 μm），它们各自的对应势阱将合并在一起。原来在第二个电极下的电荷变为这两个电极下的势阱共有，如图 9-12（b）和图 9-12（c）所示。此后，电极上的电压变为如图 9-12（d）所示，第二个电极电压由 10V 变为 2V，第三个电极电压仍为 10V，则共有的电荷转移到第三个电极下面的势阱中，如图 9-12（e）所示。由此可见，深势阱及电荷包向右移动了一个单元。

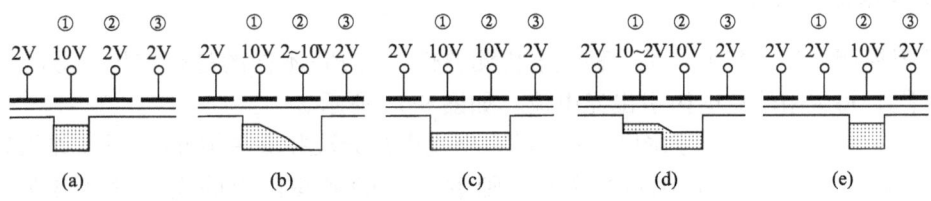

图 9-12 三相 CCD 电荷的转移过程

通过将一定规则变化的电压加到 CCD 各个电极上，电极下的电荷包就能沿半导体表面按照需要的方向移动出来。在 CCD 中，通常先进行一段时间的曝光，时间长短视光强而定，目的是使光敏元中积累足够多的光生电荷；然后将所有光敏元中的光生电荷包一并转移到移位 CCD 中；最后使用快速脉冲从移位 CCD 中串行读出。读出期间可进行下一次曝光积分。

面阵 CCD 按一定方式将一维线型 CCD 的光敏单元及移位寄存器排成二维阵列，有多种排列方式。如图 9-13 所示的为一种典型的面阵 CCD 结构——行间转移 CCD。

这类 CCD 采用了光敏区与转移区相间排列的方式，再在垂直列阵的尽头上方设置一条水平行 CCD，构成水平行 CCD 的每一位与垂直列 CCD 一一对应并相互衔接。当器件工作时，水平行 CCD 的传输速率为垂直的 N_h 倍，N_h 为垂直列数。每当水平行 CCD 驱动 N_h 次表示一行信息读完，就进入行消隐，在行消隐期间，垂直 CCD 向上传输一次，即向水平行 CCD 转移一行信息电荷，然后水平行 CCD 又开始新的一行信号读出。依次循环，直到将整个一场信号读完，进入场消隐。在场消隐期间，又将新一场光信号电荷从光敏区转移到如图 9-13 所示各自对应的垂直 CCD 中，而后又开始新一场的信号电荷读出。

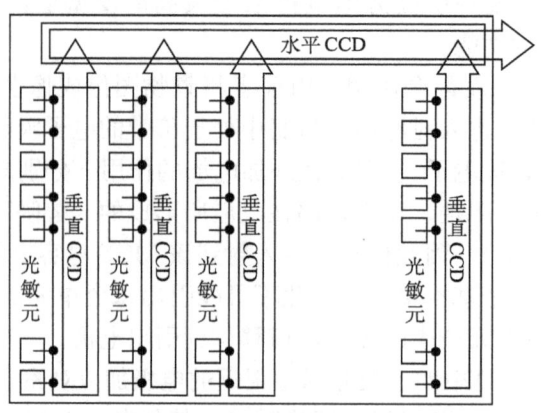

图 9-13 行间转移面阵光敏 CCD 结构

利用面阵 CCD 可获得图像信号和视频信号。目前，硅基 CCD 已非常成熟并被广泛应用在数码相机、摄像机上，其响应波长范围与 Si PIN 一样，在 $0.4\sim1.1\mu m$ 之间，光敏元尺寸可 $10\mu m$ 左右，像素可到上千万，响应时间约为微秒数量级，灵敏度可低至 0.01Lx。在星间激光通信中，使用较多像素的 CCD 可提供较大的视野（Field Of View，FOV），从而大大缩短捕获时间。

2. 四象限探测器件

四象限探测器件（4QD）是一种光电检测器件。与 PD 不同的是，它将圆形的光敏面分作四个象限，每象限均有电极引出光电流，如图 9-14 所示。

如图 9-14 所示，当光束被会聚并落在 4QD 上时，如果光斑位置不在 4QD 的中心，则落在 4QD 各象限上的光能量会出现差异，各象限的输出光电流也相应地会产生差异。对这些光电流进行处理即可获得光斑偏离中心点的误差信号。

建立如图 9-14 所示的坐标系（坐标原点与几何中心重合），用 σ_x、σ_y 表示 x、y 轴上提取的误差信号，用 I 表示相应的象限输出电流，用 E 表示相应的光能量，则

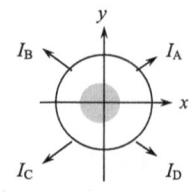

图 9-14 4QD 示意图

$$\sigma_x = \frac{I_A + I_D - (I_B + I_C)}{I_A + I_B + I_C + I_D} = \frac{E_A + E_D - (E_B + E_C)}{E_A + E_B + E_C + E_D} \quad (9.4\text{-}2)$$

$$\sigma_y = \frac{I_A + I_B - (I_C + I_D)}{I_A + I_B + I_C + I_D} = \frac{E_A + E_B - (E_C + E_D)}{E_A + E_B + E_C + E_D} \quad (9.4\text{-}3)$$

严格来讲，落在 4QD 上的光斑能量不是均匀分布，通常是高斯分布，要计算每象限的光能量必须采用积分的方法。在要求不太高的情况下可以近似地把光斑看成均匀分布。由式（9.4-2）和式（9.4-3）可知 σ_x、σ_y 的取值范围反映了光斑位置的变化，如表 9-3 所示。

表 9-3 σ_x、σ_y 与光斑中心位置的关系

σ_x	σ_y	光斑中心位置
0	0	与坐标原点重合
>0	>0	第一象限
<0	>0	第二象限
<0	<0	第三象限
>0	<0	第四象限

9.4.5 PAT 中的光束方向调整装置

光束方向调整装置接受开环瞄准、捕获、跟踪指令,实现光束的对准和跟踪。对其主要有以下几个方面的要求。

(1) 运动精度。能否精确地执行光束指向调整指令直接关系到捕获时间和跟踪精度。

(2) 对准范围。必须具有足够大的对准范围以保证多方向通信的要求,特别是当需要在存在视运动的卫星间建立通信时,天线对准范围应覆盖所有可能的视角。

(3) 调整速度。吸收卫星振动的影响需要较高的检测调整速率。

这些要求间存在一定的矛盾。当要求天线对准范围大时,一般需要转动整个光学天线系统,而整个光学天线由于质量较大,不易满足调整速度的要求。同时,高速调整整个天线也会引起运动精度较差的问题。为解决这一矛盾,有必要将不同的需求分解处理,因此 PAT 子系统通常设计有粗/精两套光束方向调整装置。

1. 粗瞄装置

粗瞄装置的任务是执行大范围的光束方向调整,调整精度应比较高,速度应尽可能快一些,但要求不严格,其调整速度主要影响捕获时间。

粗瞄装置有几种构成方式,包括多维万向节加光学天线、多维万向节加反射镜及多维万向节终端等。常用的万向节的维数为二维,也称为双轴万向架,是粗瞄执行机构,通常由小型力矩电机和测速发电机组驱动完成二维运动,由万向节控制器控制。

美国 Ball 宇航公司是军事、科学和商业应用中高性能光学万向节开发和生产的领导者。Ball 高性能的万向节在高抖动环境下仍能工作得很好。它结合了直接驱动、无刷直流电机、角位置传感器和信号传输装置,适应了对于精确对准各种各样有效载荷的性能要求的挑战。

2. 精瞄装置

在星间激光通信中,精瞄装置用于光束的精确对准,同时还负责跟踪调整光束指向,对其要求包括以下几点。

(1) 体积小,质量轻,转动惯量小。

(2) 有较大的带宽。带宽越大,对干扰的抑制能力就越强;

(3) 谐振频率高。谐振频率与其转动惯量有关,为此应尽量减小其体积和质量。

由一般电机驱动的万向节难以全部满足以上要求,因此 PAT 子系统通常使用快速倾斜镜(FSM)担任精瞄任务。

FSM 是在捕获和粗瞄完成的基础上进行精瞄的执行元件，在精瞄系统中，FSM 可迅速移动光束，使其对准目标，并且在跟踪功能部件的指令下将光束瞄准误差控制在可容忍的范围内。由于系统是二维扫描和跟踪，因此 FSM 通常由平面反射镜和两个快速电机及驱动器组成，能够完成二维运动。普通的转动电机惯量大，难以满足快速调的要求，因此 FSM 通常由压电陶瓷或音圈电机驱动，其中压电陶瓷驱动更为多见。压电陶瓷在外加电压的情况下会发生机械形变，形变程度与所加电压及压电陶瓷内部的结构有关，将小惯量反射镜黏合在压电陶瓷上可利用这种形变完成快速调整反射镜倾角的目的。据报道，已有商用化的 FSM，口径为 30~60mm，在 $\pm 500V$ 的电压控制下，最大转动量可达 $\pm 1.5'$，合 $\pm 260\mu rad$。如果单片 FSM 调整范围不够，使用两片或多片 FSM 级联可获得更大的调整范围。

9.4.6 PAT 子系统的工作原理

1. 开环瞄准

当两颗卫星进行通信时，由地面控制中心发出指令或由星载程序自动计算出两颗卫星的即时相对位置，再根据当时卫星的姿态计算出通信光束的发送方向，以此作为依据驱动光学天线指向另一颗卫星所在的位置，完成初步对准。当处于不同轨道的卫星之间进行通信时，比如在 GEO 与 LEO 之间进行通信时，通信双方卫星就存在着相对的运动，在这种情况下，在正常通信的同时也还需要继续开环瞄准工作，以保证双方通信光束大体对准，避免偏差超过跟踪子系统的调整范围。

2. 捕获

由于光束发散角小，而开环瞄准精确度有限，其角度对准误差较大，因此在执行完开环瞄准动作后，发射光束通常还不能精确指向接收端，因此必须使用捕获子系统通过闭环方式进一步精确调整。捕获子系统是星间激光通信 PAT 子系统中最有特色、也是最重要的一个构成部分。

1) 捕获方式

在星间激光通信中，通信光束的捕获可通过多种方式实现。

第一种是直接捕获方式。直接捕获方式又被称为凝视-凝视（Stare-Stare）方式，采用这种方式需要具备两个条件。

（1）发送方的光束应确保覆盖接收方所在的任何可能位置。

（2）接收方必须具有足够大的接收视野（FOV）以确保对方光束能够被接收。

当上述条件具备时，由开环瞄准子系统执行的初步对准完成后，对方发送光束即出现在本方接收 FOV 中。因此，本方根据光点在接收 FOV 中偏离中心点的距离和方位即可得出本方光学天线的对准误差，进而计算出纠正数据以驱动光学天线进行精确对准。通信双方均按此动作即可完成双方通信光束的精确对准。

第二种是单方扫描方式。单方扫描方式又被称为凝视-扫描（Stare-Scan）方式，可分为发送光束扫描和接收 FOV 扫描这两种方案。

当接收方满足 FOV 足够大条件而发送方不满足发送光束覆盖条件时，应采用发送光束扫描方式进行通信光束的捕获。为了达成通信双方的协调工作，需要确定一颗卫星执行发送光束扫描（下文称之为主动方），而另一颗卫星等待接收对方的扫描（下文称之为被动方）。显然，发送光束扫描就是主动方通过扫描的方式实现本方发送光束对被动方可能出现区域的完全覆盖。扫描过程如下所述。

（1）主动方按完善的扫描策略计算出若干扫描点，确保在某扫描点上发送光束一定可以覆盖被动方。

（2）主动方驱动天线逐一瞄准各个扫描点，并在每个扫描点作一定时间的驻留。

（3）在某扫描点上主动方发送光束出现在被动方的 FOV 中（因为被动方有足够大的 FOV，因此在其未实现天线精确对准的情况下，也能在 FOV 中捕获到主动方投射来的发送光束）。

（4）在主动方于该扫描点上驻留的时间内，被动方卫星根据 FOV 中主动方出现的位置计算出对准误差，并进一步计算出纠正数据，驱动本方天线实现精确接收对准，同时也实现了本方发送光束到主动方的对准。

（5）被动方出现在主动方的接收 FOV 中，主动方计算出对准误差和纠正数据并驱动天线实现精确对准，停止扫描。扫描过程完成。

通过以上 5 个步骤即可实现双方通信光束的捕获，使双方卫星进入通信状态。这就是发送光束扫描方式的工作过程。

另一种情况是发送方满足发送光束覆盖的条件而接收方不满足 FOV 足够大的条件，此时应采用接收 FOV 扫描方式。其扫描捕获过程与发送光束扫描非常类似，不同的是主动方执行接收 FOV 的扫描，在此不再赘述。

第三种是双方扫描方式。当发送方不满足发送光束覆盖的条件同时接收方也不满足 FOV 足够大的条件时，捕获子系统必须采用双方扫描方式，即发送方和接收方均执行扫描动作，双方扫描也被称为扫描-扫描（Scan-Scan）方式。

由于发送光束和 FOV 均不能覆盖不确定区域，都需要进行扫描，而在扫描过程中双方无法确知对方目前扫描点出现的位置，因此双方应有更协调的扫描方式才能保证精确对准。一种可以使用的方法是嵌套扫描方式，即在一方扫描到某点时，停留一段时间，而这段时间内另一方负责将整个不确定区域扫描一遍。需要注意的是，由于需要进行嵌套扫描，双方在时间上必须保持一致，如果考虑到双方时间不一致的误差问题，还需要在一方的停留时间段和另一方的扫描范围上留出富裕量，以确保捕获成功。当发送方光束出现在接收方的 FOV 中时，采用与前述一样的调整方法即可完成通信双方的精确对准。

2）捕获方式选择

以上 3 类 4 种捕获方式各有一定的优缺点，对它们的评价如表 9-4 所示，其中综合评价主要从可实现性方面考虑。

表 9-4 多种捕获方式的比较

捕获方式		捕获时间	光功率要求	FOV 要求	综合评价
直接捕获		最短	高	高	较差
单方扫描	发送光束扫描	较长	低	高	最好
	接收 FOV 扫描	较长	高	低	差
双方扫描		长	低	低	一般

从捕获时间方面考虑，很明显，完成精确对准花费时间最短的是直接捕获方式。事实上，当初步对准完成后，该方式中捕获子系统已经实现了捕获，可以直接获得调整数据实现精确对准，其他方式均需要进行扫描，有额外的时间消耗；花费时间最长的则是双方扫描方式，嵌套扫描花费的时间成倍地增加，效率很差。实际上，以目前的技术水平而言，只要采用像素点足够多的 CCD 作为接收感光器件，同时合理设计光学天线，即可方便地实现足够大的 FOV。以每个像素点实现 $5\mu\text{rad}$ FOV 计算，只要使用 800×800 像素的 CCD 即可实现 4×4 m rad 的 FOV，基本可以满足要求，而目前即使家用数码相机的 CCD 像素也都超过了 2000×1500，因此双方扫描方式不必要采用，也由于存在捕获时间长的问题而不宜在星间激光通信中采用。

但是，直接捕获方式也存在致命弱点，即发送方光束的覆盖问题。设星间通信距离为 4000km、工作波长为 1550nm，如果发送光束需要覆盖 1mrad 区域，则光学天线口径必须小于 1.6mm，仅能提供约 70dB 的增益，此时收发天线增益共 140dB，而空间传播损耗达到了 270dB，星间光链路的功率预算为 130dB，如果接收机灵敏度为 -60dBm，则需要发送机拥有 $+70$dBm，即 10000W 的功率，这几乎不可能实现。所以，直接捕获方式并不适于长距离的星间激光通信。接收方执行扫描的单方扫描方式也面临同样的问题，所以也不可取。

由发送方执行扫描的单方扫描方式没有功率预算问题，也拥有相对较小的捕获时间，因而是星际和星地激光通信中普遍选择的捕获方式。

另外，在不确定区域一定的情况下，增大发送光束的发散角可增大在目标处的光斑面积，减少扫描点的数量，从而减小捕获时间，这对在运动的卫星间快速建立通信有重要意义。为了达到这个目标，有必要使用大功率的激光器，但大功率的激光器往往存在高频调制特性不好的缺点，不能满足大容量通信的要求，因此较多的系统使用了专门的信标光源。信标光束与信号光束严格同向，且发散角要大 10 倍左右。

3) 扫描策略

常用的扫描方式有两种：矩形扫描（Square Scan）和螺旋扫描（Spiral Scan）。

矩形扫描又有两种方式，如图 9-15（a）和图 9-15（b）所示。如果接收 FOV 无行程限制，能够在整个搜索范围内进行扫描，则采用第一种方式。如果探测器存在行程限制，只能在一个很小的范围内进行扫描，这样就需要一个能够覆盖整个搜索范围的慢扫描器带动它。这个慢扫描器的功能可以由光学天线或者跟踪架完成。

如图 9-15（c）所示的为螺旋扫描方式，该方式比矩形扫描所需的捕获时间要少，但扫描驱动电流比较复杂。

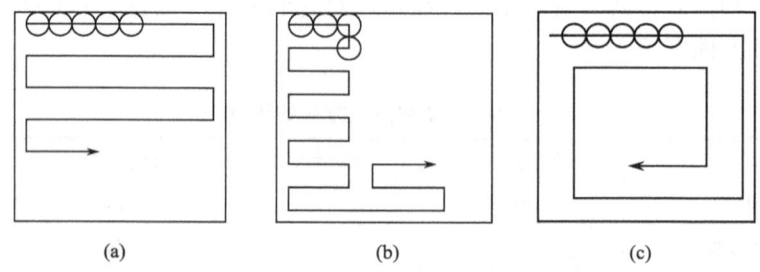

图 9-15 三种扫描方式

3. 跟踪

开环瞄准子系统和捕获子系统共同完成光束的精确对准后，PAT 子系统即进入跟踪状态，此时由跟踪子系统接替工作，负责吸收掉卫星星体机械振动、天线部件产生的微小形变等因素引入的光束方向的微小变化。按此任务划分，显然，通信过程中由卫星间视运动产生的光束方向调整应由开环瞄准子系统负责，以避免跟踪子系统过调。

跟踪子系统的工作情况与捕获子系统在实现捕获后的情形十分类似，即进行对准误差检测并计算出调整数据，进行向天线方向驱动子系统发出指令，执行调整。由于跟踪在精确对准后进行，因此跟踪子系统的误差检测范围要小得多，与捕获子系统相比，其光检测器需要的 FOV 要小得多，甚至可以用四象限检测器（4 Quadrant Detector, 4QD）实现。4QD 是一种常用于激光瞄准的器件，有四个象限的光电检测区，当系统处于精确对准状态时，发送方光束被聚集至 4QD 的中心位置，其 4 个光电检测区上所接收到的光强基本相等，而当对准出现误差时，光斑位置将偏离中心位置，此时 4QD 各检测区接收到的光强出现差异，经计算即可得出偏离方向，进而产生天线方向驱动指令。

卫星上的机械振动功率谱模型如图 9-16 所示。由图 9-16 可知，卫星的振动频率主要集中在 $0 \sim 100 \mathrm{Hz}$ 之间，跟踪子系统必须具备较高的检测调整速率才能达到良好的跟踪效果。

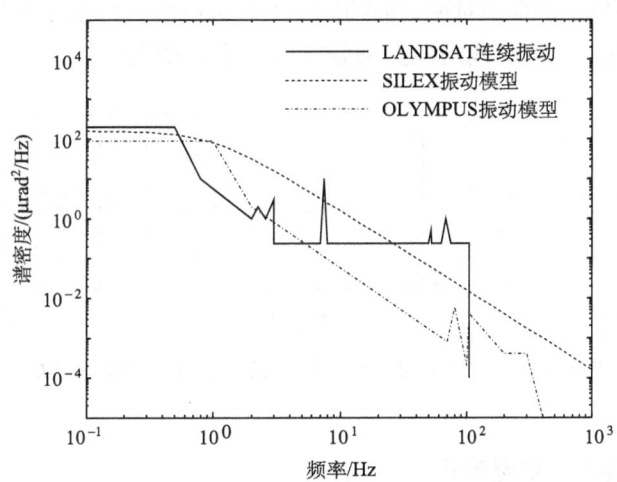

图 9-16　卫星的机械振动频谱模型

9.4.7 PAT 子系统的性能参数

PAT 子系统的性能主要由以下参数确定。

（1）捕获性能方面的参数包括捕获范围、捕获概率和捕获时间。

① 捕获范围。利用星历计算误差、粗瞄装置瞄准误差可获得开环瞄准误差的大小，捕获范围应大于该值。

② 捕获概率。由于卫星存在振动，因此扫描过程可能出现意外造成捕获不成功，在大多数激光通信系统设计中，对 PAT 子系统捕获成功概率要求都在 99% 以上。

③ 捕获时间。与捕获的扫描方式直接相关，还与天线平台伺服平台的运动速度相关。

对于 IOL 和 LEO 之间的 ISL，通常希望捕获时间尽量短一些。

（2）瞄准性能方面的参数为瞄准精度。因为精确瞄准通过闭环实现，因此瞄准精度与在 4QD 上光斑的精度、4QD 的精度等直接相关，由于卫星不可避免地存在振动和运动，因此讨论静态的瞄准精度意义不大，更重要的是 PAT 子系统的跟踪性能。

（3）跟踪性能方面的参数包括跟踪残差和环路带宽。

① 残差。跟踪过程为闭环过程，同任何闭环系统一样，系统一定存在残差，跟踪残差的大小直接影响星间激光通信的误码性能，一般要求跟踪残差小于 $2\mu\text{rad}$。

② 带宽。出于收敛性考虑，环路中通常会设置低通装置（实际上，在 PAT 子系统中，QD 的响应速度、系统处理速度、电路响应速度、FSM 的调速度等都具有低通特性，故不一定存在明显的低通滤波器），因此环路能够锁定（跟踪）变化的带宽有限，当变化的带宽接近环路的带宽时，跟踪残差将增大，而变化的带宽超过环路的带宽后，则进入失锁状态。为抑制卫星上机械振动对光束瞄准的影响，PAT 子系统的环路带宽通常需要在 1kHz 以上。

如图 9-17 所示的为某 PAT 演示系统的跟踪残差与平台振动频率的关系图。其中，图 9-17（a）为振动频率为 1Hz 的情况，可见，虽然原始振动幅度较大，但跟踪残差却非常小，几乎可忽略；图 9-17（b）为振动频率为 30Hz 的情况，此时原始振动幅度从 $\pm180\mu\text{rad}$ 降到了 $\pm60\mu\text{rad}$，但跟踪残差却在 $\pm10\mu\text{rad}$ 以上，振动抑制比约 5∶1；振动频率升至 100Hz，如图 9-17（c）所示，PAT 子系统对振动的抑制能力越来越弱，抑制比为 3∶1 左右。

图 9-17 很好地演示了跟踪残差随振动频率的上升而增大的特点。

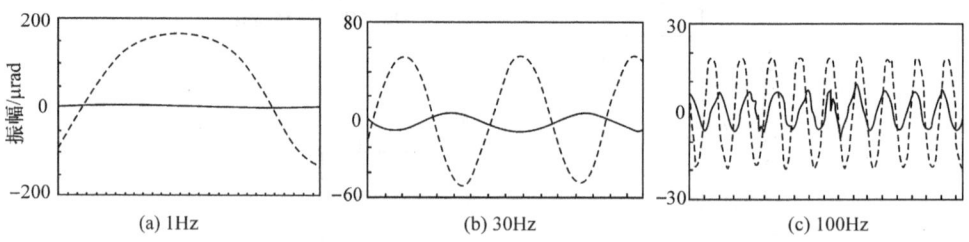

图 9-17　某 PAT 演示系统的跟踪残差与振动频率的关系

9.4.8　跟踪残差与等效光功率损耗

由于各种原因，卫星会产生振动，这导致通信双方的光束产生对准误差。卫星的振动和影响源可以分为两个主要方面：内部源和外部源。内部源包括以下原因引起的振动和碰撞：导航噪声、推进过程、天线定位机制、太阳能矩阵天线驱动、跟踪噪声及其他卫星子系统的运行；外部源包括微小陨石的影响，太阳、月球、地球及其他天体的引力区域影响，太阳辐射及由温度差异引起的卫星结构的变化。

PAT 子系统中的跟踪功能可部分抑制卫星振动对系统性能的影响，但如 9.4.7 节所述，PAT 子系统一定存在跟踪残差，且振动频率越高，残差相对值越大，因此卫星的振动必然对系统性能造成一定的负面影响。

跟踪残差使通信光束不能实现精确对准，给对方接收引入一定的损耗。通信激光光束可视作高斯光束，由此出发，可推导出受跟踪残差影响的接收光功率损耗的分布。

一般认为，卫星平台的任意两个正交方向（下文称 X 和 Y 方向）上的原始振动幅度服从高斯分布，由于跟踪子系统中无非线性处理环节，属于线性系统，因此 X 和 Y 方向上的跟踪残差 θ_X 和 θ_Y 也服从高斯分布。设它们分布相同，均值为 0，均方差为 σ，可写出它们的概率密度函数，即

$$\begin{cases} f_{\theta_X}(\theta) = \dfrac{1}{\sqrt{2\pi}\sigma} \exp\left(-\dfrac{\theta^2}{2\sigma^2}\right) \\ f_{\theta_Y}(\theta) = \dfrac{1}{\sqrt{2\pi}\sigma} \exp\left(-\dfrac{\theta^2}{2\sigma^2}\right) \end{cases} \quad -\infty < \theta < +\infty \tag{9.4-4}$$

对 R 方向，由于有 $\theta_R = \sqrt{\theta_X^2 + \theta_Y^2}$ 这样的非线性变化，因此它不再服从高斯分布，因 θ_X、θ_Y 为同分布的高斯随机变量，因此易知 θ_R 服从瑞利分布，其概率密度函数如下

$$f_{\theta_R}(\theta) = \begin{cases} \dfrac{x}{\sigma^2} \exp\left(-\dfrac{\theta^2}{2\sigma^2}\right) & \theta \geqslant 0 \\ 0 & \text{其他} \end{cases} \tag{9.4-5}$$

通信激光光束可视作高斯光束，在其传播方向上的任一点，如其半径（指功率下降到 $1/e^2$ 时的光束半径，下同）为 $\omega(L)$，则可写出该点与传播方向垂直的平面上的光功率分布为

$$P(r) = P_0 \exp\left[-2\dfrac{r^2}{\omega(L)^2}\right] \tag{9.4-6}$$

式中，坐标原点为光束中心点，P_0 为该点的光功率密度。

设发送天线口径为 D_T，工作波长为 λ，发送天线将光源发出的光束扩束成束腰半径与天线半径相等的高斯光束（即 $\omega_0 = D_T/2$），则在传播方向上距离 L 处的接收平面上，光束的半径为

$$\omega(L) = \dfrac{D_T}{2}\left[1 + \left(\dfrac{4\lambda L}{\pi D_T^2}\right)^2\right]^{\frac{1}{2}} \tag{9.4-7}$$

对于卫星光通信，绝大部分情况下有 $\left(\dfrac{4\lambda L}{\pi D_T^2}\right)^2 \gg 1$，此时式（9.4-7）可简化为

$$\omega(L) \approx \dfrac{2\lambda L}{\pi D_T} \tag{9.4-8}$$

由于跟踪残差的存在，发送光束出现角度上的抖动，使得接收方不能处于发送光束的光功率密度最高处，因此接收光功率比无跟踪残差时的接收光功率要低，可定义受跟踪残差影响的接收光功率损耗公式，即

$$A(\theta_R) = -10\lg\left[\dfrac{P_{\text{rec}}(\theta_R)}{P_{\text{rec}}(0)}\right] \tag{9.4-9}$$

式中，θ_R 为 R 方向上的跟踪残差，$P_{\text{rec}}(\theta_R)$ 为跟踪残差等于 θ_R 时的接收光功率。

设光束传输距离 L 后到达口径为 D_R 的接收天线所在平面（与发送光束的传播方向垂直），接收天线中心与发送光束中心（$r=0$ 点）的距离为 d，则落入接收口径内的光功率 P 可通过面积分获得，即

$$P = \int_0^{2\pi} \int_0^{D_R/2} P_0 \exp\left[-2\dfrac{(r-d)^2}{\omega(L)^2}\right] r \mathrm{d}r \mathrm{d}\varphi \tag{9.4-10}$$

$d \neq 0$ 时，式（9.4-10）很难计算，可根据卫星光通信面临的实际情况近似处理。

卫星光通信距离遥远，光束经长距离传播，到达接收点时，光束半径已经达到数十米，远远大于接收天线口径（常在分米量级），因此可将较小的接收口径上的光功率视作均匀分布，由此有近似计算公式，即

$$P = P_0 \exp\left[-2\frac{d^2}{\omega(L)^2}\right]\pi\frac{D_R^2}{4} \quad (9.4\text{-}11)$$

式（9.4-11）的意义是接收光功率等于口径中心的光功率密度乘以接收天线面积。

因为 $d = L\tan(\theta_R)$，由此可写出跟踪残差与接收光功率之间的关系为

$$P_{\text{rec}}(\theta_R) = P_0 \exp\left\{-2\frac{[L\tan(\theta_R)]^2}{\omega(L)^2}\right\}\pi\frac{D^2}{4} \quad (9.4\text{-}12)$$

如前所述，对准误差对卫星光通信影响极大，因此通常需要将其控制在微弧度量级，此时 $\tan(\theta_R) \approx \theta_R$，因此式（9.4-12）又可写成

$$P_{\text{rec}}(\theta_R) = P_0 \exp\left[-2\frac{(L\theta_R)^2}{\omega(L)^2}\right]\pi\frac{D^2}{4} \quad (9.4\text{-}13)$$

将式（9.4-13）代入式（9.4-9），可得到跟踪残差影响下的接收光功率损耗为

$$A(\theta_R) = -10\lg\left[\frac{P_{\text{rec}}(\theta_R)}{P_{\text{rec}}(0)}\right]$$

$$= \frac{20\lg(e)(L\theta_R)^2}{\omega(L)^2} \quad (9.4\text{-}14)$$

式（9.4-14）比较简洁，由此可知，当接收口径远远小于光束的半径时，因跟踪残差造成的接收光功率损耗与接收口径无关。

由式（9.4-5）和式（9.4-14）可进一步求出在跟踪残差影响下的接收光功率损耗 A 的概率密度函数为

$$f_A(x) = \begin{cases} \dfrac{1}{\mu}\exp\left(\dfrac{x}{\mu}\right) & x \geqslant 0 \\ 0 & \text{其他} \end{cases} \quad (9.4\text{-}15)$$

式中，$\mu = \dfrac{40\lg(e)L^2\sigma^2}{\omega(L)^2}$，此即为受跟踪残差影响的光功率对数损耗的均值，单位是 dB。

如果应用近似式（9.4-8），μ 的表达式可进一步化简，最终有

$$\mu \approx 10\lg(e)\left(\pi\sigma\frac{D_T}{\lambda}\right)^2 = 42.863\left(\frac{D_T}{\lambda}\right)^2\sigma^2 \quad (9.4\text{-}16)$$

由此可见，在卫星光通信中，设 X 方向与 Y 方向原始振动相互独立且服从参数相同的高斯分布，则受此跟踪残差影响，接收光功率对数损耗近似为负指数分布，其均值和均方差与跟踪残差的方差和发送天线电尺寸的平方成正比，而与通信距离、接收口径无关。

图 9-18 所示为根据式（9.4-15）计算结果绘制的接收光功率损耗的概率密度曲线。由图 9-18 可知，在跟踪残差一定的情况下，发送天线电尺寸越大，光束发散角越小，则受跟踪残差影响的接收光功率损耗分布越广，均值和均方差越大，而此时接收质量受到的影响也就越严重。

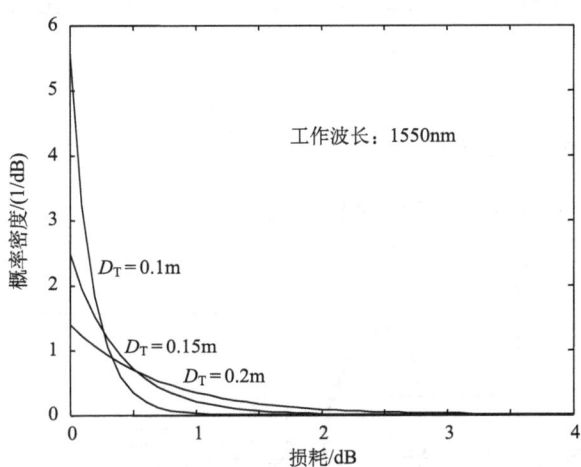

图 9-18 受残差影响的接收光功率损耗的概率密度曲线

9.4.9 跟踪残差与发送天线的优化

天线理论认为,工作波长一定时,发送天线的电尺寸越大,则天线增益越高,经相同的距离传输后,接收天线接收到的光功率也就越大。

但是,由式(9.4-14)可知,存在跟踪残差时,发送天线电尺寸越大,接收端受跟踪残差影响的接收损耗均值越大,这与增大发送天线电尺寸以提高接收光功率的作用正好相反,因此对一定分布的跟踪残差而言,可能存在一个最优的发送天线电尺寸,使得此时的平均接收光功率最高。寻找这个最优点即为发送天线的优化问题。有文献报道过类似的努力,得到了发送光束发散角或发送天线口径的优化结果,但结论比较烦琐,本文基于合理的近似过程,可以获得非常简洁的解析式。

设天线效率为 η,口径为 D、工作波长为 λ 的圆形口面的发送天线和接收天线的增益公式均为

$$G = 10\lg\left(\eta\pi\frac{D}{\lambda}\right)^2 \tag{9.4-17}$$

计入发送天线增益、接收天线增益和自由空间传播损耗后,受跟踪残差影响的综合接收光功率均值可写为

$$\begin{aligned}
P_r &= P_t + G_T + G_R - A_{\text{propagation}} - A_{\text{vibration}} \\
&= P_t + 10\lg\left(\eta_T\pi\frac{D_T}{\lambda}\right)^2 + 10\lg\left(\eta_R\pi\frac{D_R}{\lambda}\right)^2 - 10\lg\left(\frac{4\pi L}{\lambda}\right)^2 - 10\lg(e)\left(\pi\sigma\frac{D_T}{\lambda}\right)^2 \\
&= 20\lg\left(\frac{D_T}{\lambda}\right) - 10\lg(e)(\pi\sigma)^2\left(\frac{D_T}{\lambda}\right)^2 \\
&\quad + [P_t + 20\lg(\eta_T\pi) + 20\lg(\eta_R\pi D_R) - 20\lg(4\pi L)]
\end{aligned}$$

$$(9.4-18)$$

对于式(9.4-18)而言,发送天线电尺寸的优化问题即为求 P_r 的极大值问题,这个问题处理较为容易。注意:式(9.4-18)中方括号中的部分与发送天线的电尺寸无关,求 P_r

的极大值时可将其视作常数。此处直接给出发送天线电尺寸的优化结果为

$$\left(\frac{D_T}{\lambda}\right)_{\text{opt}} = \frac{1}{\pi\sigma} \tag{9.4-19}$$

9.4.10 一种典型的 PAT 子系统结构

图 9-19 是一种典型的 PAT 子系统结构示意图。

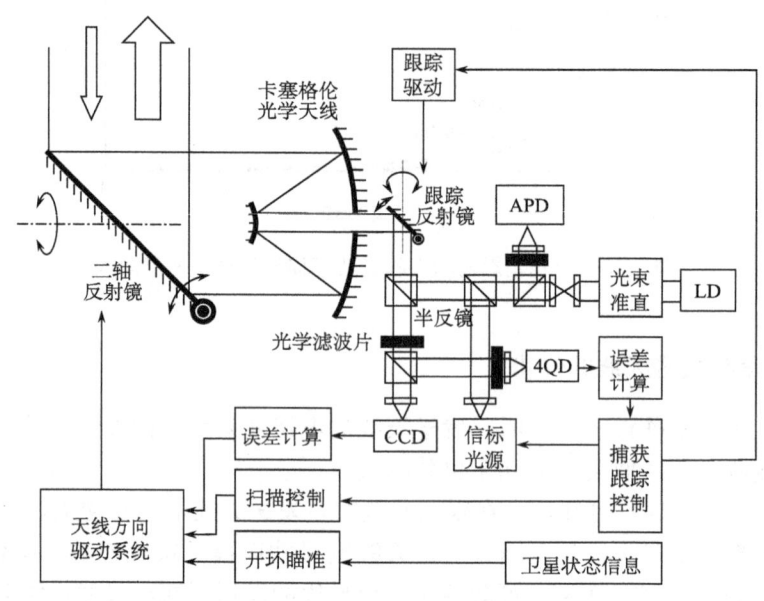

图 9-19 一种典型的 PAT 子系统结构图

该 PAT 子系统的设计采用了独立的信标光源,信标光束与通信光束的收和发均共用同一种光学天线,精密调整各半反镜以保证它们严格同向,如此,当对信标信号的捕获完成后,即可实现收发双方的通信光束对准。

在发送光路中,信号光束与信标光束均通过半反镜进入光学天线向外发射。在接收光路中,接收光束通过两个半反镜分成 3 束,一束到达 APD,通过光学滤波片滤出信号光,用于通信;一束到达 CCD,通过光学滤波片滤出信标光,用于捕获;一束到达 4QD,通过光学滤波片滤出信号光,用于信号光束的精确瞄准和跟踪。

通信光束和信标光束方向的改变通过卫星姿态的调整和图 9-19 中左边所示的二轴反射镜完成,该反射镜可以调整俯仰角,还可绕天线轴旋转,在天线方向驱动系统的驱动下,配合卫星姿态的调整可使光束指向任意方向。天线方向驱动系统接受开环瞄准、扫描控制、误差计算等三个方面送来的指令,按 9.4.6 节所述的扫描方式实现捕获,在此不再赘述。与整体调整光学天线指向相比,使用反射镜调整光束方向具有反射镜质量小、调整速度快、精确度高的优点,可以在一定程度上进一步减少捕获时间。

光路中还有一块跟踪反射镜,也用于光束方向的快速微调。为跟踪由卫星平台振动引起的光束扰动,要求该反射镜具有很高的响应速度,通常要求其频响在 1kHz 以上,通过一般的电机驱动难以获得这样的频响,因此跟踪反射镜通常使用小惯量反射镜,并由压电陶瓷或

音圈电机驱动,这种跟踪反射镜被称为快速倾斜镜(FSM)。

由于光路复杂,光学元件众多,因此光学天线宜使用卡塞格伦天线,需要注意的是应合理地安排副反射面的位置和大小,一方面尽量不要因其遮挡降低天线的效率,另一方面要保证足够大的接收FOV以确保捕获的正常进行。

光学滤波片在PAT子系统中有着重要的作用。为减小捕获时间,信标光束通常需要较大的光束发散角,一般需要较通信光束的发散角大几十到100倍。发散角增大后,光束在接收处形成的光斑非常大,因此接收端光学天线接收到的信标光信号非常弱,非常容易被淹没在背景光噪声之中。为克服这种影响,在CCD之前有必要设置一块窄带光学滤波器。由于信标光束为低速调制,在使用窄谱光源的情况下,其总体频谱很窄,因此光学滤波器的通带带宽只需要考虑光源的谱宽即可。从目前的研究情况看,一种利用原子谐振原理实现的光学滤波器受到广泛关注。

原子滤光器——法拉第反常色散滤光器(Faraday Anomalous Dispersion Optical Filter,FADOF)由置于正交偏振场中的原子气室构成,它利用在外部纵向磁场中原子能级的塞曼效应使谱线产生分裂,导致对线偏振入射光的左旋回分量和右旋回分量的吸收和色散的不同而发生的旋光现象,即法拉第效应,在原子跃迁的中心频率附近进行超窄带滤光。它的透射带宽一般为几个吉赫兹量级(通带波长范围为$10^{-11}\sim10^{-12}$m量级),消光比可达10^{-5},并可以在一定范围内调谐,是一种性能优良的滤光器,在自由空间光通信、激光雷达、水下通信、遥感等领域中有重要的应用前景。

被动式FADOF利用的是从原子基态出发的共振跃迁,由于可以选择的原子谱线较少,所以严重地限制了其应用的频率范围,而在原子的激发态则谱线极其丰富,可以极大地扩大FADOF的工作频率。由于这种类型的滤光器首先要有一束泵浦光将原子从基态泵浦至相应的激发态,因此称之为主动式FADOF或激发态FADOF。

由于塞曼效应导致能级分裂的结果,FADOF具有多峰特性,如图9-20所示,其中各峰的间距及单峰带宽均可通过选择合适的FADOF工作参数(磁场强度及原子气室温度)实现调谐。应用时,在CCD之前放置FADOF,将FADOF的一峰中心调谐为信标光束波长,即可滤除绝大部分背景光噪声,从而实现CCD对信标光束的捕获。

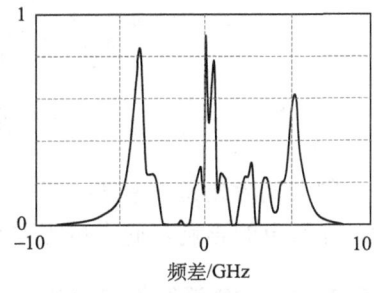

图9-20 铷FADOF透射谱

9.5 通信子系统

9.5.1 通信子系统构成

星间激光通信可采用IM/DD(强度调制/直接检测)系统,也可采用相干光通信系统。

IM/DD系统如图9-21所示,与光纤通信中的光端机几乎一样。对于数据速率不太高的情形,可以采用直接调制技术,即用信息数据信号调制半导体激光器的注入电流方式实现。如果数据速率很高,则应采用外调制方式,即光源发射连续波光束,信息数据通过外调制器实现对光束的强度调制。图9-21中的光学系统应包括波束成形系统和光学天线。目前,广泛使用的光学天线为卡塞格伦天线。直径 25cm 的卡塞格伦天线在近红外波段的增益可以超过 100dB。

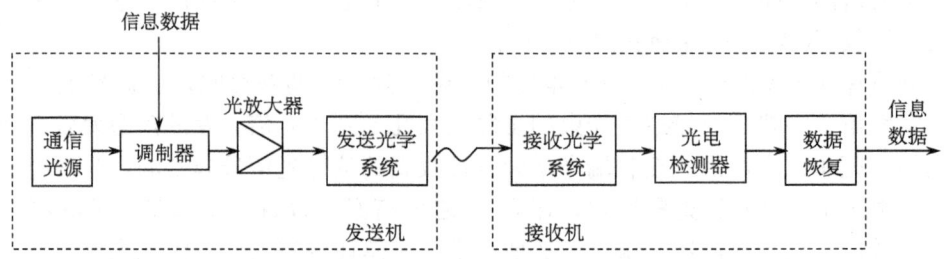

图 9-21 IM/DD 光通信系统组成框图

相干光通信系统发送端的构成与非相干系统相同，其接收端的构成则如图 9-22 所示。相干光通信系统与 IM/DD 系统的主要区别在于接收端采用外差式检测或零差式检测。本振光源发出的本振光束与接收到的信号光束同时进入半导体光电检测器，由于光电检测器的非线性效应，其输出信号是具有混频增益的中频电信号（外差式检测）或信息数据（零差式检测）。为了有效地获得混频增益，信号光与本振光的光路都加有偏振控制器，以保持二者的偏振匹配。为了适应接收端的相干检测方式，发送端一般都采用外调制方式，调制方式可以是 ASK、FSK 或 PSK/DPSK。

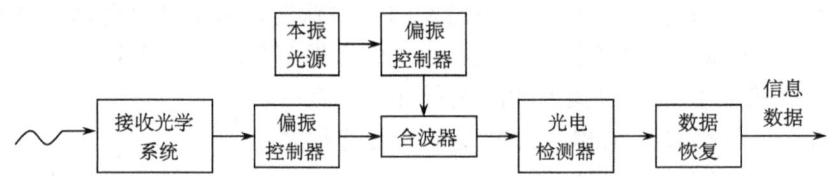

图 9-22 相干光通信系统接收端组成框图

同大气激光通信系统一样，星间激光通信的通信子系统在接收光电检测器之前，为抑制背景光噪声的影响，通常也需要加上一个窄带光学滤滤器。

9.5.2 IM/DD 系统性能分析

数字通信系统的主要性能指标是误码率（BER），而系统的 BER 则主要由系统接收机的信噪比（SNR）决定。IM/DD 系统的 BER 还与发送端的消光比、接收端的判决电平等因素有关。

对于两颗相距 L 的卫星，如果实现了理想的跟踪、对准，则接收端接收到的光功率为

$$P_r(L) = P_t \eta_t \eta_r G_t G_r \left(\frac{\lambda}{4\pi L}\right)^2 \tag{9.5-1}$$

式中，P_t 是发射光功率；η_t、η_r 分别是发射光学系统和接收光学系统的效率；G_t、G_r 分别是发射光学天线和接收光学天线的增益；λ 是光波波长。

对于 IM/DD 系统，接收端的噪声主要有光电检测器的量子噪声、暗电流噪声、接收机前端的热噪声和空间背景光噪声。在单位负载阻抗上，接收机热噪声功率的平均值为

$$\langle n_t \rangle = 4kTB \tag{9.5-2}$$

式中，k 是玻尔兹曼常数；T 是绝对温度；B 是接收机的带宽。光电检测器的量子噪声的平均功率为

$$\langle n_q \rangle = 2eRP_rB \tag{9.5-3}$$

式中，e 为电子电量；R 是 PIN 型光电检测器的响应度；P_r 是接收光功率。如果采用 APD 检测，则噪声功率为

$$\langle n_q \rangle = 2eRM^{2+x}B \tag{9.5-4}$$

式中，M 是 APD 的平均倍增系数；x 为 APD 的过剩噪声指数。背景噪声来源于太阳和其他星体的电磁辐射，其中来自太阳的辐射最主要。背景噪声功率不仅与辐射体本身有关（如太阳的耀斑等），而且与接收天线的方向密切相关，还与卫星在轨道上的位置有关。所以，背景噪声功率随时间变化。

由于空间链路长，自由空间衰耗大，接收光功率小，所以量子噪声比热噪声小。忽略量子噪声、暗电流噪声和背景噪声，可以将 PIN 型接收机的信噪比写成

$$\text{SNR} = (R_l/4kTF_nB)R^2P_r^2 \tag{9.5-5}$$

式中，R_l 是接收机前端的负载阻抗，F_n 是放大器的噪声系数，如果对噪声的概率密度函数假设为高斯分布，则系统的误码率为

$$\text{BER} = \frac{1}{\sqrt{2\pi}} \int_Q^\infty \exp\left(-\frac{t^2}{2}\right) dt \tag{9.5-6}$$

式中，Q 可以理解为电压信噪比，定义为

$$Q = \frac{(v_0 - x_0)}{\sigma_0} = \frac{(x_1 - v_0)}{\sigma_1} \tag{9.5-7}$$

式中，v_0 是判决门限，σ_0 和 σ_1 分别是接收 "0" 码和接收 "1" 码时的噪声电压平均值，x_0 和 x_1 则分别为接收 "0" 码和接收 "1" 码时的平均信号电压值。根据式（9.5-6），如果要求误码率低于 10^{-9}，则要求 $Q > 6$。对于单极性码流，"0" 码时信号为零，判决电压 $V_0 = x_{\max}/2$，此时 $Q = \frac{1}{2}\sqrt{\text{SNR}}$。

如果要求 $Q = 6$，则应有 $\text{SNR} = (2Q)^2 = 144 = 21.6\text{dB}$。

对于星间激光通信系统，卫星间距离远，自由空间传播衰耗大，这是一个相当苛刻的信噪比要求。例如，假设工作波长为 $1.55\mu\text{m}$，卫星间距离为 40000km，光学天线的直径为 25cm，收发光学系统的效率为 50%，则接收光功率近似为 $P_r = 3.26 \times 10^{-6} P_t$。

如果光发送机的发射光功率为 20dBm，则需要光接收机的灵敏度至少为 -35dBm。

目前，所采用的 PIN 型和 APD 型光接收机的灵敏度与数据速率之间的关系如图 9-23 所示，曲线 a 对应的是 PIN 接收机，曲线 b 对应的是 APD 接收机。得益于 APD 的雪崩增益，APD 接收机灵敏度较 PIN 接收机灵敏度好 10dB 左右。

由图 9-23 可知，当数据速率超过 1Gbit/s 时，PIN 型接收机无法满足要求，并已接近 APD 接收机的接收灵敏度极限。所以，在星间链路上采用非相干光通信技术时，功率预算方面有较大的困难，近来有不少项目把目光投向了光放大器。

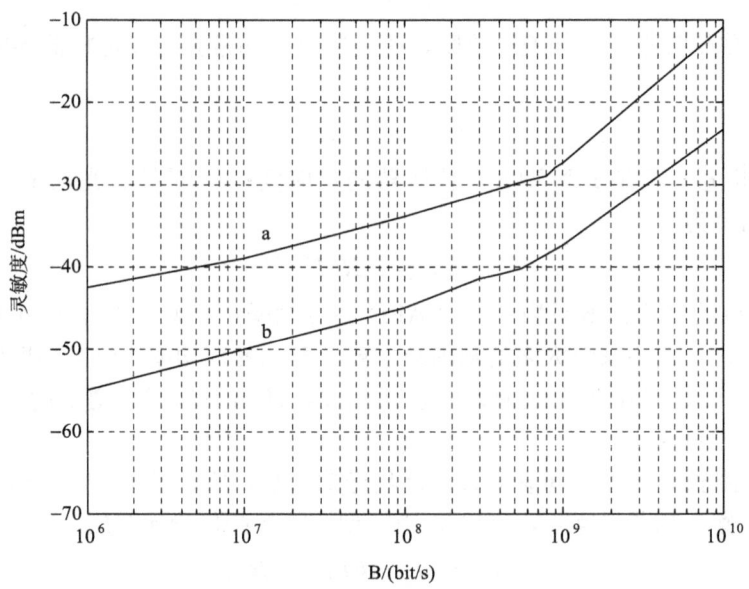

图 9-23 IM/DD 系统的接收机灵敏度随比特率的变化

地面光纤通信已有成熟的光放大技术。目前，EDFA 已商用化并得到了广泛的应用，RFA 和 SOA 也正在走出实验室并进入市场。以目前最为成熟的 EDFA 为例，应用于光纤通信中的 EDFA 使用 980nm 或 1480nm 光实现泵浦，小信号增益可超过 35dB，饱和输出功率可达 +17dBm（受限于人眼安全标准，地面光纤通信使用的 EDFA 要求其最大输出光功率小于 +17dBm；如果不考虑这个标准，在多级泵浦的情况下，EDFA 的饱和输出功率可在瓦数量级以上），增益谱范围为 1530～1565nm，可在星间激光通信中担任功率放大和前置放大的任务。此时，需要使用 1550nm 波段的通信光源，且需要使用器件完成空间光束与光纤导波光的相互转换。图 9-24 为某采用 EDFA 的星间激光通信演示系统示意图。

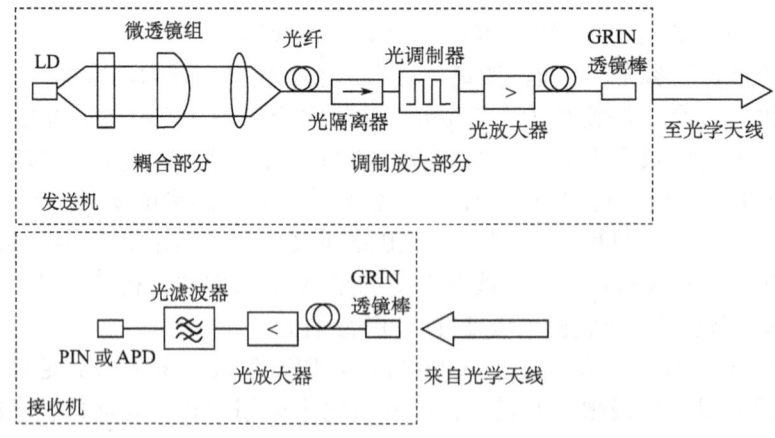

图 9-24 采用 EDFA 的星间激光通信光端机

在图 9-24 中，发送机部分首先将 LD 的输出光耦合进光纤，使用外调制器实现光调制，采用 EDFA 作为光功率放大器，为提高 EDFA 的饱和输出功率可采用二级泵浦结构，在泵浦总功率为 2.3W 的情况下可使 EDFA 的输出功率达 1W（+30dBm）以上，然后使用自聚焦透镜棒输出光束到光学天线。接收机部分首先使用自聚焦透镜棒将光学天线接收的光信号耦合进光纤，使用 EDFA 作为前置放大器，提供 30dB 以上的小信号增益。

9.5.3 相干光通信系统性能分析

星间链路可能长达数万千米，接收机所能接收到的光功率极小，采用相干接收技术可提高接收机灵敏度，降低对发送功率的要求。近年来，星间相干光通信又成为人们关注的对象。

对于相干检测系统，由于引入了本振光源，系统接收灵敏度大为提高。光接收机输入端等效接收光功率应为

$$P_{re} = \sqrt{P_r P_{lo}} \tag{9.5-8}$$

式中，P_{lo} 是本振光源的发射功率。

经光电检测器检测得到的光电流与检测方式有关，在零差式检测时光电流为 $I_p = 2R\sqrt{P_r P_{lo}}$，其信噪比则为

$$\text{SNR} = \frac{4R^2 P_r P_{lo}}{2e(RP_{lo} + I_d)B + \sigma_t^2} \tag{9.5-9}$$

式中，I_d 是检测器暗电流；σ_t^2 是热噪声平均功率。由于 $P_{lo} \gg P_r$，所以在这种情形下，量子噪声成为主要的噪声因素。

忽略其他噪声因素，信噪比的表达式简化为

$$\text{SNR} = 2\eta P_r / h\nu B \tag{9.5-10}$$

式中，η 是检测器的量子效率。外差式检测时信噪比下降 3dB。发送端如果采用 ASK 调制，系统的误码率则为

$$\text{BER} = \frac{1}{2}\text{erfc}\left(\frac{\sqrt{\text{SNR}}}{2\sqrt{2}}\right) = \frac{1}{2}\text{erfc}\left(K\sqrt{\frac{\eta P_r}{2h\nu B}}\right) \tag{9.5-11}$$

式中，K 在零差式检测时取 1，在外差式检测时取 1/2。如果用每比特平均到达光子数 N 表示 BER，则可得到

$$\text{BER} = \frac{1}{2}\text{erfc}\left(K\sqrt{\frac{\eta N}{2}}\right) \tag{9.5-12}$$

式中，符号 erfc 是补余误差函数。如果要求误码率低于 10^{-9}，对量子效率为 1 的理想检测，接收机的灵敏度对零差式和外差式检测分别为每比特 18 个和 36 个光子。如果采用 PSK 调制，灵敏度还可以提高，检测灵敏度最高的 PSK 零差式接收机可达到每比特 9 个光子。即使以每比特 36 个光子计算，对于 2.5Gbit/s 系统，在工作波长为 1.55μm 时用接收光功率表示的灵敏度可以达到 −49dBm。

显然，相干系统的接收灵敏度明显高于非相干系统。在远距离的星间链路中，采用相干光通信技术具有明显的优势。20 世纪 90 年代后期，一些星间激光通信项目采用了相干接收方案，如 ESA 的 SROIL（Short-Range Optical Inter-satellite Link）、德国的 SOLACOS（SOlid-state LAser COmmunication in Space）等。

9.6 卫星光通信中的"短时可用性"性能评估方法

9.6.1 误码率评估方法存在的局限

对于数字通信系统，比特率一定时，通常由系统比特误码率（BER）的大小评估系统性能。语音通信一般要求 BER 指标低于 10^{-6}，数据通信则要求低于 10^{-9}。如果系统存在的误码主要是随机误码，BER 指标基本上可以准确反映系统的业务承载能力，因此在目前的研究中，对数字通信系统的性能分析估计和性能测试大都使用 BER 评价体系。

系统误码主要是突发误码时，使用 BER 评价体系存在问题。在近地自由空间光通信（FSO）传输实验中经常可见系统误码率指标与分组丢包率指标相矛盾的情况，即 BER 评价并不能反映系统真实的分组业务承载性能。其原因是 FSO 系统中的误码主要是突发误码，对于分组传送业务，当系统长期平均误码率相同时，与随机误码相比，突发误码造成的失效分组数占总发送分组数的比例要少得多。

与 FSO 系统相似的是，在卫星光通信中，由于卫星平台的机械振动和大气湍流（对于星地光通信的情况），系统误码主要也是突发误码。振动和湍流导致系统突发误码的影响链如图 9-25 所示，其中，由于振动和大气湍流的功率谱上限均为千赫兹量级，因此典型的突发误码持续时间为毫秒量级。这表明，对于卫星光通信系统，其 BER 指标也极有可能与系统实际的分组业务承载能力有较大的偏离。

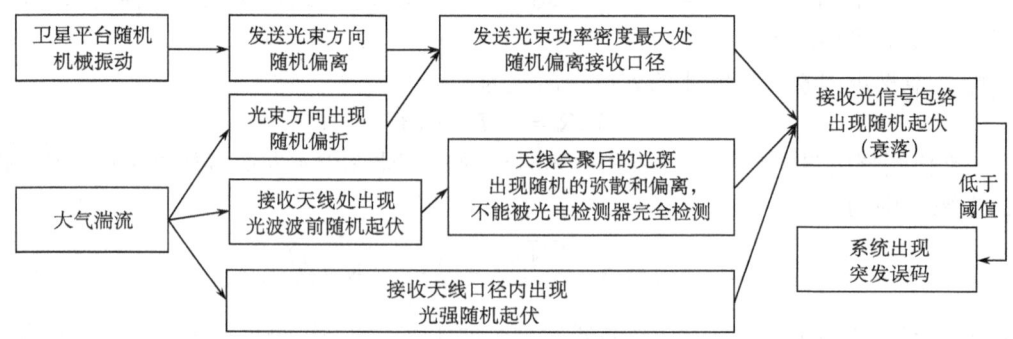

图 9-25 振动和大气湍流对卫星光通信系统性能的影响链

在当今通信领域中，随着 IP 网络的发展，通信分组化是一种必然的发展趋势，因此毫无疑问，评估一种通信系统的性能，更多地应当考察其分组业务的实际承载能力。基于这种考虑，考察和评估受振动和大气湍流影响的卫星光通信系统的性能，不宜继续使用传统的 BER 评价体系，否则，其结果必然是：为了满足无必要且过高的 BER 指标要求，较大地增加卫星光通信系统的研制、实现成本，也可能使得卫星光通信系统的优化设计偏离正确的方向。

9.6.2 基于"短时可用性"的系统性能评估方法

1. 可用性的基本概念

可靠性、可用性通常用于评价系统产品的质量。可靠性（R）定义为产品在规定的条件

下和时间内完成规定功能的能力，常用故障率（λ）表征，R 和 λ 的关系表示为

$$R = e^{-\lambda t} \tag{9.6-1}$$

式中，λ 表示产品工作到时间 t 的条件下，单位时间内发生失效的概率。故障率的倒数 $1/\lambda$ 为平均寿命时间，用 MTTF（平均无故障工作时间）表示，对于可修复系统也可使用 MTBF（平均故障间隔时间）表示。当系统故障可修复时，还可引入 MTTR（平均故障修复时间），由此可导出可用性（A）指标。可用性（A）定义为：产品在规定的条件下和时间内处于良好工作状态的概率，表达式表示为

$$A = \frac{\text{MTBF}}{\text{MTBF} + \text{MTTR}} \times 100\% \tag{9.6-2}$$

对于常规的容错系统，可用性要求达到 99.99%，而高可用的电信级系统要求为 99.999% 以上。

2. 等效故障问题

振动或大气湍流的随机性导致系统接收光功率出现随机波动，接收信噪比也会随之出现起伏。当接收信噪比低于某一门限时，系统误码率急剧上升，表现为突发误码。由于振动或大气湍流的最高频率为千赫兹量级，而光通信的比特率常达到 Gbit/s 量级，因此在较低接收信噪比持续时间内集中出现 10^5 量级以上的比特误码，这表明通信系统处于等效故障状态。当接收信噪比随接收光功率回升而恢复正常后，接收机误码率又恢复极低的水平，直到下一次大幅度光功率突降。这个过程与可修复系统的"正常→异常+修复→正常"过程非常类似，因此完全可以借鉴其评估方法。

图 9-26 为等效故障判别规则示意图。

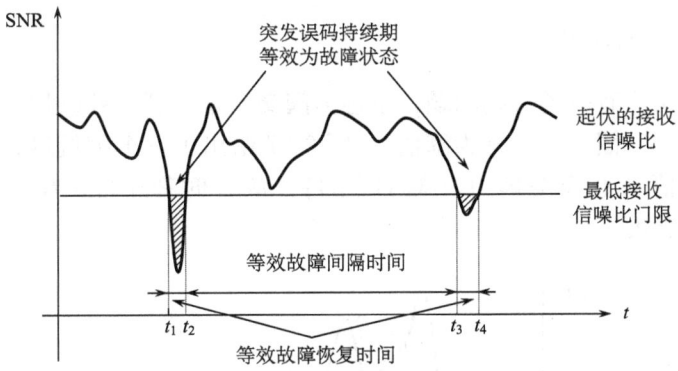

图 9-26 接收端等效故障判据示意图

3. 基于短时可用性的评估

在图 9-26 中，有两个时间片内（阴影部分）的接收信器噪比突降到门限以下。如前所述，这两个时间片内接收系统处于等效故障状态，其持续时间（分别为 t_2-t_1 和 t_4-t_3）对应于可靠性理论中的故障修复时间，可称之为等效故障恢复时间（TTR_{eqv}）；两次故障之间的状态为正常工作状态，其持续时间（t_3-t_2）可称之为等效故障间隔时间（TBF_{eqv}）。TBF_{eqv} 和 TTR_{eqv} 的均值分别称为平均等效故障间隔时间（MTBF_{eqv}）和平均等效故障恢复时

间（MTTR$_{eqv}$）。

对于受振动和大气湍流影响的卫星光通信系统，分别统计或估计其 MTBF$_{eqv}$ 和 MTTR$_{eqv}$，然后应用式（9.6-2），即可获得系统的短时可用性。在考察系统处于良好工作状态概率的层面上，短时可用性与传统意义上的可用性意义一样（其差别仅在考察的时间尺度上），故可直接引用电信级的高可用性指标要求（即达到 99.999% 以上）对卫星光通信系统受跟踪残差和大气湍流影响时的系统接收性能作出评价。

如果仅评估系统的可用性，可简单统计总的等效故障持续时间，整个样本持续时间与它的差值即为样本总的有效工作时间，该值与样本总时间的比值即为系统可用性指标，但如此获得的可用性指标不够完整。目前，在通信应用中，基于分组的应用越来越多。对于分组传送业务而言，在一个分组的发送过程中只要出现一个比特误码，则该分组就会因校验不通过而被丢弃；如果接收系统的故障间隔时间太短（跟踪残差功率谱高频频段分量较高时有可能出现这种现象），以至不足以传送一个完整的分组，那么即使系统获得的短时可用性评价再高，对分组通信而言，系统也完全失效。

因此，应用短时可用性系统性能评估方法时，不仅需要考察系统的短时可用性指标本身，还要考察等效故障间隔时间的统计特性，主要是 TBF$_{eqv}$ 的分布，如此才能为估计系统真实业务能力提供依据，并形成较为完整的评估体系。

9.6.3 系统"短时可用性"的估计

对于一个已经实现的系统，测试其等效故障持续时间、间隔时间和故障频率，即可基于可用性对其性能进行评估。在系统实现之前，也需要从理论上对其进行估计，以指导对系统关键部件的选择和设计。本节将介绍短时可用性的分析方法。

1. 带限随机过程的过阈问题

在随机过程分析中有一类过阈问题，也称为阈交问题（Threshold Crossing），即指随机过程在振荡时超过某一固定值（称为阈值）。图 9-27 给出了一个随机过程 $\xi(t)$，x_0 表示阈值，其中超过固定值 x_0 的部分即为一次过阈事件，从 t_0 时刻开始到 $t_0+\tau$ 时刻结束，τ 为发生过阈的持续时间长度。

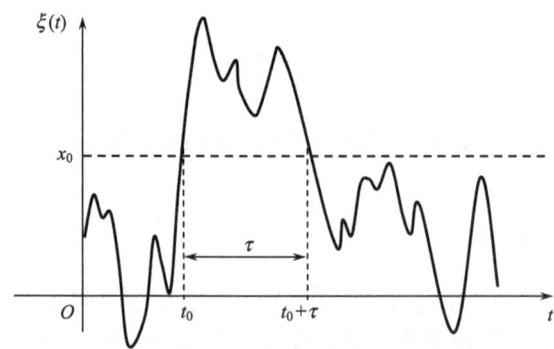

图 9-27 随机过程过阈问题示意图

目前，对过阈问题的研究，主要是关于它的一些统计特性，如过阈概率、单位时间过阈平均次数、平均过阈延续时间等，也已经获得了一些结论。

将图 9-27 与图 9-26 进行比较可以发现，短时可用性问题与随机过程的过阈问题等价，只不过在一般情况下"过阈"指的是"向上超过阈值"，而短时可用性评估中的等效故障为接收信噪比向下超过阈值，二者只差一个正负号。所以，完全可以应用随机过程的过阈分析理论进行短时可用性估计。

估计系统的短时可用性时，主要研究的内容包括等效故障发生的频率（即单位时间内发生等效故障的平均次数），以及平均等效故障间隔时间（$MTBF_{eqv}$）和平均等效故障持续时间（$MTTR_{eqv}$）等。显然，系统等效故障发生的概率相当于过阈概率，单位时间内发生等效故障的平均次数即相当于单位时间内平均过阈次数，平均等效故障持续时间（$MTTR_{eqv}$）相当于过阈事件平均持续时间，平均等效故障间隔时间（$MTTR_{eqv}$）相当于过阈事件平均间隔时间。

与误码率分析相比，短时可用性的数学分析更为复杂，在此仅对高斯过程的过阈问题分析方法作简单介绍，供有兴趣深入研究的读者参考。在卫星光通信中，接收信噪比的起伏分布一般不服从高斯分布，但可以使用幂级数等方法将其作高斯化变换后再应用高斯随机过程的过阈问题分析结果对系统短时可用性进行估计。限于篇幅及本书宗旨，文中不涉及这一内容。

2. 高斯随机过程的等效故障频率和周期

设实随机过程 $\xi(t)$ 是均方可导的严平稳过程，在时间轴上取两个时刻 t 和 $t+\tau$，设 $\xi(t)$ 在此两个时刻所取值的二维联合密度为 $f_\xi(x, x_\tau)$，则在时间间隔 $(t, t+\tau)$ 内 $\xi(t)$ 至少有一次由下向上与 $x = x_0$ 相交的概率，即 $\xi(t)$ 至少有一次越过 $x = x_0$ 的概率为

$$P_\tau(x_0) = P\{\xi(t) < x_0, \xi(t+\tau) > x_0\}$$
$$= \int_{-\infty}^{x_0} \int_{x_0}^{\infty} f_\xi(x, x_\tau) \mathrm{d}x_\tau \mathrm{d}x \tag{9.6-3}$$

如果 τ 趋于无限小，则式 (9.6-3) 代表 $\xi(t)$ 由下向上与 $x = x_0$ 相交一次的概率，因为在无限小的时间间隔内出现多次相交的概率为高阶无穷小。因此，在无限小的时间间隔 τ 内 $\xi(t)$ 不越过 $x = x_0$ 的概率为 $1 - P_\tau(x_0)$。

因为单位时间内 $\xi(t)$ 越过 $x = x_0$ 的平均次数为 $E[N(x_0)]$，故在 τ 间隔内 $\xi(t)$ 越过 $x = x_0$ 的平均次数为 $E[N(x_0)]\tau$。当 τ 趋于无限小时有

$$E[N(x_0)]\tau = 1 \times P_\tau(x_0) + 0 \times [1 - P_\tau(x_0)]$$
$$= P_\tau(x_0) \tag{9.6-4}$$

故

$$E[N(x_0)] = \lim_{\tau \to 0} \frac{1}{\tau} P_\tau(x_0) = \frac{\partial P_\tau(x_0)}{\partial \tau} \tag{9.6-5}$$

为了获得 $E[N(x_0)]$ 的最终表达式，先对式 (9.6-3) 作变量代换。设

$$\left. \begin{array}{l} x = x' - v' \dfrac{\tau}{2} \\ x_\tau = x' + v' \dfrac{\tau}{2} \end{array} \right\} \tag{9.6-6}$$

相应变换的雅可比为

$$\frac{\partial(x,x_\tau)}{\partial(x',v')} = \begin{vmatrix} 1 & -\dfrac{\tau}{2} \\ 1 & \dfrac{\tau}{2} \end{vmatrix} = \tau \qquad (9.6\text{-}7)$$

故

$$P_\tau(x_0) = \int_0^\infty \int_{x_0-\frac{\tau}{2}v'}^{x_0+\frac{\tau}{2}v'} \tau f_\xi\left(x'-\frac{\tau}{2}v', x'+\frac{\tau}{2}v'\right) dx' dv' \qquad (9.6\text{-}8)$$

根据式 (9.6-6) $v' = \dfrac{x_\tau - x}{\tau}$，当 $\tau \to 0$ 时，$x' \to x$，$v' \to v$。$v = \dfrac{d\xi}{dt}$ 代表在 t 时刻 $\xi(t)$ 的导数。于是，当 $\tau \to 0$ 时，$\tau f_\xi\left(x'-\dfrac{\tau}{2}v', x'+\dfrac{\tau}{2}v'\right)$ 为 t 时刻 x 和 v 的联合概率密度，即

$$\lim_{\tau \to 0} \tau f_\xi\left(x'-\frac{\tau}{2}v', x'+\frac{\tau}{2}v'\right) = f_{\xi\dot\xi}(x,v;t) \qquad (9.6\text{-}9)$$

将式 (9.6-8) 和式 (9.6-9) 代入式 (9.6-5)，可得

$$E[N(x_0)] = \int_0^\infty v f_{\xi\dot\xi}(x_0,v;t) dv \qquad (9.6\text{-}10)$$

进一步，如果 $\xi(t)$ 为带限零均值且平稳的实高斯随机过程，则在 t 和 $t+\tau$ 两时刻 $\xi(t)$ 和 $\xi(t+\tau)$ 的二维联合概率密度可写为

$$f_\xi(x,x_\tau) = \frac{1}{2\pi\sigma_\xi^2\sqrt{1-\rho^2(\tau)}} \exp\left\{-\frac{x^2 + x_\tau^2 - 2\rho(\tau)xx_\tau}{2\sigma_\xi^2[1-\rho^2(\tau)]}\right\} \qquad (9.6\text{-}11)$$

式中，$\rho(\tau)$ 为 $\xi(t)$ 和 $\xi(t+\tau)$ 的相关系数，即 $R_\xi(\tau) = \sigma_\xi^2 \rho(\tau)$。

变量代换后有

$$\tau f_\xi\left(x'-\frac{\tau}{2}v', x'+\frac{\tau}{2}v'\right)$$

$$= \frac{\tau}{2\pi\sigma_\xi^2\sqrt{1-\rho^2(\tau)}} \exp\left\{-\frac{x'^2}{\sigma_\xi^2[1+\rho(\tau)]} - \frac{v'^2}{4\sigma_\xi^2\dfrac{1}{\tau^2}[1-\rho(\tau)]}\right\} \qquad (9.6\text{-}12)$$

当 $\tau \to 0$ 时，$R_\xi(\tau) \to \sigma_\xi^2$，$\rho(\tau) \to 1$，且对于均方可导且平稳实过程而言 $R_\xi'(0) = 0$，则有

$$\sigma_\xi^2 \rho(\tau) = R_\xi(\tau) = \sigma_\xi^2 + \frac{1}{2} R_\xi''(0)\tau^2 + \cdots \qquad (9.6\text{-}13)$$

$$\lim_{\tau \to 0} \frac{\sigma_\xi^2[1-\rho(\tau)]}{\tau^2} = -\frac{1}{2} R_\xi''(0) = \frac{1}{2}\sigma_{\dot\xi}^2 \qquad (9.6\text{-}14)$$

式中，$\sigma_{\dot\xi}^2$ 代表 $\dfrac{d\xi(t)}{dt} = \dot\xi(t)$ 的方差，故

$$\lim_{\tau \to 0} \tau f_\xi\left(x'-\frac{\tau}{2}v', x'+\frac{\tau}{2}v'\right) = \frac{1}{2\pi\sigma_\xi\sigma_{\dot\xi}} \exp\left[-\left(\frac{x^2}{2\sigma_\xi^2} + \frac{v^2}{2\sigma_{\dot\xi}^2}\right)\right]$$

$$= f_{\xi\dot\xi}(x,v;t) \qquad (9.6\text{-}15)$$

将式 (9.6-15) 代入式 (9.6-10)，可得

$$E[N(x_0)] = \int_0^\infty v \frac{1}{2\pi\sigma_\xi\sigma_{\dot\xi}} \exp\left[-\frac{1}{2}\left(\frac{x^2}{\sigma_\xi^2} + \frac{v^2}{\sigma_{\dot\xi}^2}\right)\right] dv \tag{9.6-16}$$

$$= \frac{\sigma_{\dot\xi}}{2\pi\sigma_\xi} \exp\left(-\frac{x_0^2}{2\sigma_\xi^2}\right)$$

其中，随机过程 $\xi(t)$ 及其一次求导 $\dot\xi(t)$ 的方差 σ_ξ^2 和 $\sigma_{\dot\xi}^2$ 为

$$\left.\begin{aligned}\sigma_\xi^2 &= \int_0^\infty S_\xi(\omega) d\omega \\ \sigma_{\dot\xi}^2 &= \int_0^\infty \omega^2 S_\xi(\omega) d\omega\end{aligned}\right\} \tag{9.6-17}$$

式中，$S_\xi(\omega)$ 为高斯随机过程 $\xi(t)$ 的功率谱密度，代入式（9.6-17）可求得随机过程的均方差及其导数的方差 σ_ξ^2 和 $\sigma_{\dot\xi}^2$，再代入式（9.6-16）就可以算得阈值 $x=x_0$ 时的单位时间的平均过阈次数，再对其取倒数，即可得平均过阈周期。

3. 高斯随机过程的平均等效故障持续时间

理论上分析高斯过程的过阈持续时间应使用无穷维联合高斯分布，这几乎无法实现。不过，当阈值较高斯过程的均方差高很多时（一般大 3 倍以上），问题可以进行简化、近似处理，即假设高斯过程在上穿越阈值后单调上升到极大值点，然后单调下降下穿越阈值。在这种情况下，只需把握上穿越点和下穿越点的情况，写出四维联合高斯分布即可进行分析求解。

设高斯随机过程 $\xi(t)$ 某次向上穿过阈值 x_0 的起始时刻为 t_0，终止（向下穿越阈值）时刻为 $t_\tau = t_0 + \tau$，则有

$$\begin{cases} \xi_0 = \xi(t_0) = x_0, \xi_\tau = \xi(t_\tau) = \xi(t_0+\tau) = x_0 \\ \dot\xi_0 = \dot\xi(t_0) > 0, \dot\xi_\tau = \dot\xi(t_\tau) < 0 \end{cases} \tag{9.6-18}$$

式中，$\dot\xi(t) = \frac{d\xi(t)}{dt}$，$\tau$ 即为过阈持续时间，其概率密度为

$$f_{x_0}(\tau) = \frac{E[N(\tau)]}{E[N(x_0)]} \tag{9.6-19}$$

式中，$E[N(x_0)]$ 为单位时间内过阈次数，已经求出。这里重点分析 $E[N(\tau)]$，即单位时间内发生上述事件（过阈并且持续时间为 τ）的平均次数，其表达式为

$$E[N(\tau)] = -\int_0^\infty \int_{-\infty}^0 \dot\xi_0 \dot\xi_\tau f_\tau(x_0,\dot\xi_0,x_0,\dot\xi_\tau) d\dot\xi_\tau d\dot\xi_0 \tag{9.6-20}$$

这里的四维联合分布概率密度函数为

$$f_\tau(x_0,\dot\xi_0,x_0,\dot\xi_\tau) = \frac{1}{4\pi^2|\Delta|^{1/2}} \exp(-Ax_0^2/|\Delta|) \exp\left\{-\frac{1}{|\Delta|}\left[Bx_0(\dot\xi_0 - \dot\xi_\tau) + D\dot\xi_0\dot\xi_\tau + \frac{E}{2}(\dot\xi_0^2 + \dot\xi_\tau^2)\right]\right\} \tag{9.6-21}$$

其中

$$\Delta = \begin{bmatrix} m_0 & 0 & m_0(\tau) & -m_1(\tau) \\ 0 & m_\tau & m_1(\tau) & m_2(\tau) \\ m_0(\tau) & m_1(\tau) & m_0 & 0 \\ -m_1(\tau) & m_2(\tau) & 0 & m_\tau \end{bmatrix} \tag{9.6-22}$$

$m_0 = \int_0^\infty S_\xi(\omega)\mathrm{d}\omega$ 是 $\xi(t)$ 的方差，$S_\xi(\omega)$ 是 $\xi(t)$ 的功率谱；$m_2 = \int_0^\infty \omega^2 S_\xi(\omega)\mathrm{d}\omega$ 是 $\dot\xi(t)$ 的方差。相应地有 $m_0(\tau) = \int_0^\infty S_\xi(\omega)(\cos\tau\omega)\mathrm{d}\omega$，$m_1(\tau) = \int_0^\infty \omega S_\xi(\omega)(\sin\tau\omega)\mathrm{d}\omega$，$m_2(\tau) = \int_0^\infty \omega^2 S_\xi(\omega)(\cos\tau\omega)\mathrm{d}\omega$。此外，

$$A = [m_2 - m_2(\tau)]\{[m_2 + m_2(\tau)][m_0 - m_0(\tau)] - m_1^2(\tau)\}$$
$$B = -m_1(\tau)\{[m_2 + m_2(\tau)][m_0 - m_0(\tau)] - m_1^2(\tau)\}$$
$$D = m_2(\tau)[m_0^2(\tau) - m_0^2] + m_0(\tau)m_1^2(\tau)$$
$$E = m_2[m_0^2 - m_0^2(\tau)] - m_0 m_1^2(\tau)$$

此外，可知 $|\Delta|$ 的值为

$$|\Delta| = \frac{E^2 - D^2}{m_0^2 - m_0^2(\tau)} \tag{9.6-23}$$

将上面这些参量得到的值代入式（9.6-21）后便可以求出四变量分布密度函数，进而计算出 $E[N(\tau)]$ 值后，便可以由式（9.6-19）计算出过阈发生条件下过阈持续时间等于 τ 的概率密度函数，即

$$f_{\xi_0}(\tau) = \frac{E[N(\tau)]}{E[N(\xi_0)]} = \frac{E[N(\tau)]}{E[N(x_0)]} \tag{9.6-24}$$

此时，相应的分布函数为

$$F_{\xi_0}(\tau) = \int_0^\tau f_{\xi_0}(\tau)\mathrm{d}\tau \tag{9.6-25}$$

则 τ 的均值即为

$$E(\tau) = \int_0^\tau \tau f_{\xi_0}(\tau)\mathrm{d}\tau \tag{9.6-26}$$

值得注意的是，上式积分在求值时依然比较困难，因此，在具体计算时需要应用数值计算方法以求得其近似值。

4. 高斯随机过程的平均等效故障间隔时间

随机过程的理论指出，当阈值较均方差大较多时，过阈事件（即此处分析的等效故障状态的出现事件）可以近似视作泊松到达，此时正常工作时间（即等效故障间隔时间）服从负指数分布，即其概率密度为

$$f(t) = \frac{1}{\mu}\exp\left(-\frac{t}{\mu}\right) \tag{9.6-27}$$

式中，参数 μ 为其均值。在本书中，等效故障周期为等效故障平均间隔时间与等效故障平均持续时间之和，当门限值比较高时，因等效故障平均持续时间远小于等效故障间隔时间，故此时等效故障的平均间隔时间近似等于等效故障周期，即

$$\mu = \mathrm{MTBF}_{\mathrm{eqv}} = \frac{1}{E[N(x_0)]} - E(\tau)$$
$$\approx \frac{1}{E[N(x_0)]} \tag{9.6-28}$$

此时,利用上文已经求得的$E[N(x_0)]$就可以直接写出等效故障间隔时间的概率分布函数。

5. 高斯随机过程的短时可用性

至此,通过上面的理论分析可以求得服从高斯过程的等效故障平均次数$E[N(x_0)]$及等效故障持续时间的平均值$E[N(\tau)]$,而等效故障平均次数的倒数为平均故障周期T,即单位故障持续时间MTBF_{eqv}与单位等效故障间隔时间MTTR_{eqv}的和,故计算短时可用性的式(9.6-2)可以变换为

$$\begin{aligned} A &= \frac{\text{MTBF}_{\text{eqv}}}{\text{MTBF}_{\text{eqv}} + \text{MTTR}_{\text{eqv}}} \times 100\% \\ &= \frac{\dfrac{1}{E[N(x_0)]} - E(\tau)}{\dfrac{1}{E[N(x_0)]}} \times 100\% \\ &= \{1 - E[N(x_0)]E(\tau)\} \times 100\% \end{aligned} \quad (9.6\text{-}29)$$

将前文求得的$E[N(x_0)]$和$E(\tau)$代入上式就可以计算出短时可用性指标A的估计值。

6. 高斯过程短时可用性的分析示例

某零均值高斯过程的功率谱如图9-28所示(该图为在大气湍流影响下的接收光功率起伏谱)。

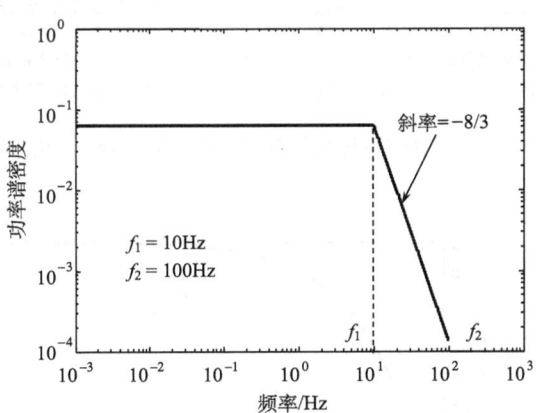

图 9-28 某高斯随机过程的功率谱

在此种情况下,取不同门限值时得到的不同平均等效故障次数如图9-29(a)所示,取不同门限值得到不同的平均等效故障持续时间如图9-29(b)所示。

图9-30(a)为阈值分别为3σ和3.5σ时的等效故障持续时间的概率密度曲线图。图9-30(b)为等效故障间隔时间的概率密度曲线。图9-31为本例中短时可用性随门限值的变化图,可知当门限值高于3.2σ时,系统可用性可超过99.9%。

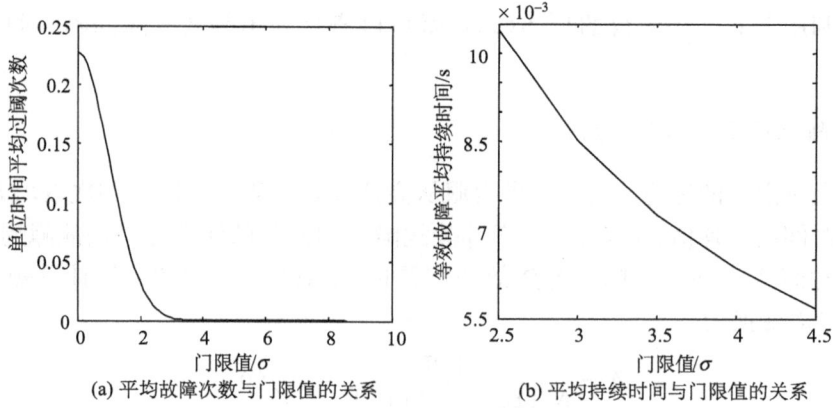

(a) 平均故障次数与门限值的关系　　(b) 平均持续时间与门限值的关系

图 9-29　平均等效故障次数和平均等效故障持续时间

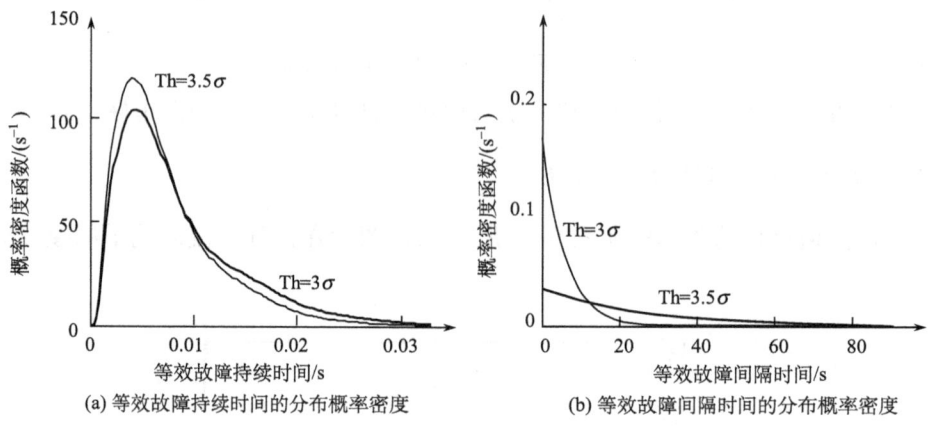

(a) 等效故障持续时间的分布概率密度　　(b) 等效故障间隔时间的分布概率密度

图 9-30　等效故障持续时间和间隔时间的概率密度函数

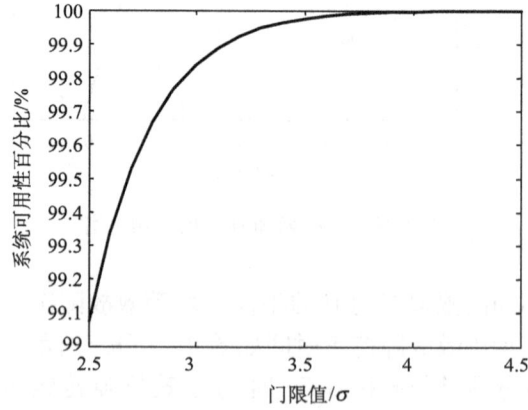

图 9-31　短时可用性随门限值的变化

9.6.4 短时可用性评价结论和 BER 评价结论之间的对比

在某 PAT 跟踪子系统的仿真中获得了受跟踪残差影响的接收光功率起伏情况，以接收信噪比降低 3dB 为门限，得到了环路带宽分别为 1000~3000Hz 时接收端等效故障的出现频度、$MTBF_{eqv}$ 和 $MTTR_{eqv}$ 及对平均 BER 和系统丢包率的估计，结果如表 9-5 所示。表 9-5 的最后两行分别给出了该环路带宽下对接收质量基于 BER 指标和基于短时可用性指标的评价。

表 9-5 各种环路带宽下系统等效故障间隔时间和持续时间

指标		环路带宽/Hz		
		1000	2000	3000
等效故障频度/(1/s)		249.820	3.600	0.020
$MTBF_{eqv}$/ms		3.898	277.680	34010
$MTTR_{eqv}$/μs		105.300	48.666	33.623
平均 BER 估计		2.63×10^{-2}	1.8×10^{-4}	1.8×10^{-6}
系统丢包率估计		3.88%	0.056%	4.55ppm
短时可用性 A/(%)		97.36941	99.98248	99.99990
接收质量评价	基于 BER	非常差	很差	较差
	基于短时可用性	较差	可用	高可用

由表 9.5 可知，环路带宽分别为 2000Hz 和 3000Hz 时，短时可用性评价结论和 BER 评价结论存在很大的差异：使用 BER 指标对系统接收性能进行评价时，由于 BER 分别为 1.8×10^{-4} 和 1.8×10^{-6}，评价结论为"很差"和"较差"；使用短时可用性指标时，由于可用性分别达到了 99.9% 和 99.99999% 以上，评价结论分别为"可用"和"高可用"。

与系统丢包率估计数据相比对，显然，如果系统承载的是分组业务，则在系统性能评估方面，短时可用性评价结论比平均误码率评价结论更为合理。

9.7 多普勒效应的影响

9.7.1 光波的多普勒频移

多普勒（Doppler）效应为纪念 Christian Doppler 而命名，他于 1842 年首先提出了这一理论，指出声波频率在声源移向观察者时变高，而在声源远离观察者时变低。多普勒效应不仅仅适用于声波，也适用于所有类型的波形，包括光波，所以在星间通信中，发送端和接收端的相对运动也会造成所接收的光波波长的变化。

声波的多普勒效应导致的频移要分三种情况考虑，即以传播媒质为参照系时，波源运动、观察者运动和二者同时运动这三种情况。由于声波借助空气或其他媒质传播，因此波源相对媒质的运动和观察者相对于媒质的运动有不同的意义，即使在二者速度相同的情况下，产生的多普勒频移也不相同。但光波与声波不同，它不是一种机械波，不依赖媒质传播，波源与媒质的相对运动对光波无意义，也无影响。因此，光波的多普勒效应只受波源和观察者相对运动的影响。相对论电子学指出，光源和观察者之间存在相对运动时，光波的多普勒频移量可通过洛伦兹（Lorentz）变换得到。

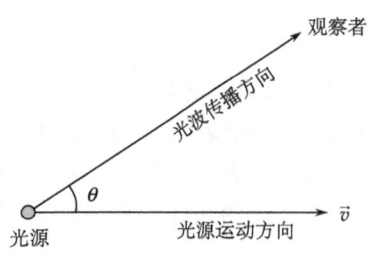

图 9-32 光源的运动示意图

如图 9-32 所示,设光源在 $\vec{v}$ 方向上以速度 v 运动,而波的传播方向(即光源指向观察者的方向)与 $\vec{v}$ 夹角为 θ,此时,通过洛伦兹变换,可得此时对观察者而言,光波的多普勒频移量为

$$\Delta f = \left(\frac{\sqrt{1-\beta^2}}{1-\beta\cos\theta} - 1\right)f \tag{9.7-1}$$

式中,$\beta = \dfrac{v}{c}$,c 为光速。

在相对运动的卫星之间进行激光通信时,光载波的多普勒频移即遵从式(9.7-1)。

9.7.2 星间激光链路的多普勒频移分析

在卫星通信中,ISL 有 GEO-GEO、GEO-LEO(MEO)、LEO-LEO 等几种形式,且以 GEO-GEO、GEO-LEO 为主。GEO-GEO 链路由于同步卫星间无相对运动,通信不受多普勒效应影响,因此本小节主要研究 GEO-LEO 链路的多普勒频移问题。为简化问题起见,LEO 只考虑了卫星移动通信星座中常采用的极地圆轨道的情况。

在惯性坐标系中,GEO 卫星的轨迹方程为

$$\begin{cases} x = a_{\text{geo}}\cos(2\pi t/T_{\text{geo}} + \varphi) \\ y = a_{\text{geo}}\sin(2\pi t/T_{\text{geo}} + \varphi) \\ z = 0 \end{cases} \tag{9.7-2}$$

式中,a_{geo} 为 GEO 轨道的半径,值为 42164.2 km(地球半径加上轨道高度);T_{geo} 为 GEO 运行周期,为 23h56min4.09s;φ 为初始相角。

极地圆轨道 LEO 的轨迹方程则为

$$\begin{cases} x = a_{\text{leo}}\cos(2\pi t/T_{\text{leo}} + \varphi)\cos\psi \\ y = a_{\text{leo}}\cos(2\pi t/T_{\text{leo}} + \varphi)\sin\psi \\ z = a_{\text{leo}}\sin(2\pi t/T_{\text{leo}} + \varphi) \end{cases} \tag{9.7-3}$$

式中,a_{leo} 为 LEO 轨道的半径;T_{leo} 为其运行周期;φ 为其初始相角;ψ 为轨道平台为 $x-z$ 平面的夹角,不同极地轨道的 LEO 有不同的 ψ 值。

为简化起见,下文分析中令卫星的初始相角 φ 均为 0。

由式(9.7-2)和式(9.7-3)很容易推导出 GEO-LEO 在各时刻的相对速度,当 ψ 值取 0 时可得

$$\begin{aligned} \vec{v}_{\text{geo-leo}} = & \left(a_{\text{geo}}\frac{2\pi}{T_{\text{geo}}}\sin\frac{2\pi}{T_{\text{geo}}}t - a_{\text{leo}}\frac{2\pi}{T_{\text{leo}}}\sin\frac{2\pi}{T_{\text{leo}}}t\right)\boldsymbol{e}_x \\ & - \left(a_{\text{geo}}\frac{2\pi}{T_{\text{geo}}}\cos\frac{2\pi}{T_{\text{geo}}}t\right)\boldsymbol{e}_y - \left(a_{\text{leo}}\frac{2\pi}{T_{\text{leo}}}\cos\frac{2\pi}{T_{\text{leo}}}t\right)\boldsymbol{e}_z \end{aligned} \tag{9.7-4}$$

在时刻 t,该速度矢量的模即为式(9.7-1)中的 v,它与星间连线的夹角即为式(9.7-1)中的 θ,即

$$v = |\boldsymbol{v}_{\text{geo-leo}}| \tag{9.7-5}$$

$$\cos\theta = \frac{\boldsymbol{v}_{\text{geo-leo}}(\boldsymbol{r}_{\text{geo}} - \boldsymbol{r}_{\text{leo}})}{|\boldsymbol{v}_{\text{geo-leo}}||\boldsymbol{r}_{\text{geo}} - \boldsymbol{r}_{\text{leo}}|} \qquad (9.7\text{-}6)$$

式（9.7-5）和式（9.7-6）展开后的表达式比较烦琐，所以在此未进行展开，有兴趣的读者可进行更详细的推导。将这二式代入到式（9.7-1）中即可得 GEO-LEO 星间链路的多普勒频移。同样，由于过于烦琐，未给出具体的表达式。

图 9-33 为按以上方法获得的多普勒频移随时间的变化图，其中 LEO 参照铱星轨道，高度按 765km 计算，光载波波长按 1550nm 计算。由图可知，多普勒效应造成光载波波长波动范围在 ±0.04nm 之间。

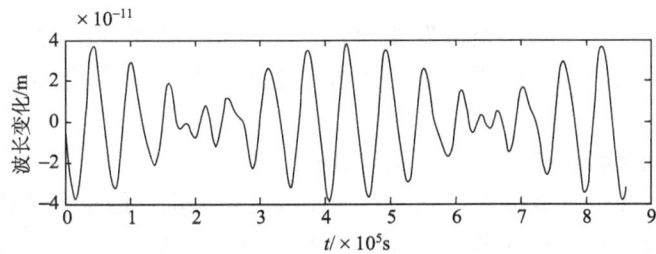

图 9-33　多普勒效应造成的光载波波长偏移变化

保持其他条件不变，改变 LEO 轨道高度，由多普勒效应造成的光载波波长波动范围如图 9-34 所示。由图可知，与 GEO 通信时，LEO 卫星轨道越高，光载波波长波动范围越小。

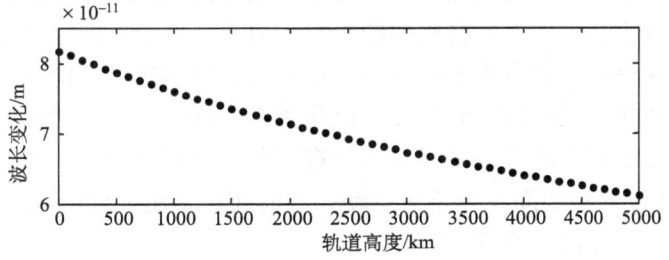

图 9-34　LEO 轨道高度与多普勒频移的关系

保持其他条件不变，改变光载波波长，由多普勒效应造成的光载波波长波动范围如图 9-35 所示。由图可知，光载波波长越长，光载波波长波动范围越大。

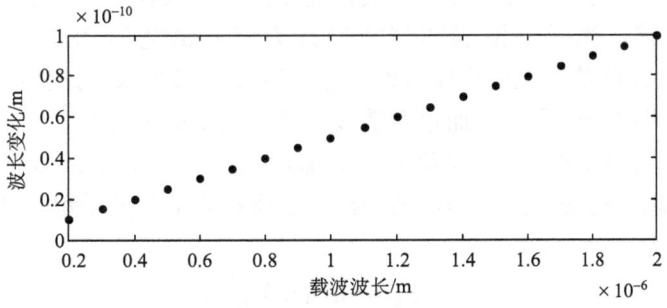

图 9-35　光载波波长与多普勒频移的关系

9.7.3 对系统的影响及对策

1. 相干光通信系统

在相干光通信中，光接收机输入端等效接收光功率为信号光功率与本振光功率乘积的平方根，因此在采用较大功率的本振光时，系统可以获得10～25dB的本振增益，使接收灵敏度显著提高，这对长距离光通信有一定吸引力。在光纤通信中，由于相干光通信需要的偏振态保持条件难以满足，同时又有EDFA可以对光功率损失进行补偿，因此相干光通信没有得到大范围的应用。

在星间激光通信中，一方面空间距离遥远，信号功率损耗大，且不可能在中途进行补偿；另一方面空间传播的光可以保持良好的相干特性，因此相干光通信应该有较强的应用价值。

但是，当多普勒频移存在时，会出现严重的问题。

一种情况是本振光由本地提供，此时本振光波波长恒定，信号光载波受多普勒频移的影响而产生变化，按图9-33的情况考虑，GEO-LEO之间的激光IOL多普勒频移达到了± 4.5GHz，如此则相干检测时输出信号带宽超过10GHz。这样的宽带信号要在电域中进行放大、变频、频率跟踪非常困难，很不现实。如果本振光能够跟随信号光载波频率的变化而变化，则这一问题可以得到解决。但是，这需要实现本振激光器的振荡频率实时调谐跟踪信号光，目前也很难实现。

另一种情况是本振光由发送端提供，此时本振光和信号光载波均会遭受多普勒频移，相干检测输出信号也就不会受到多普勒频移的影响。但是，由于本振光经过长距离传输，接收功率非常低，其结果是系统只有很小的本振增益，达不到明显提高接收机灵敏度的目的。

综上所述，虽然相干光通信能够使接收机获得本振增益，提高接收灵敏度，但由于多普勒频移的存在，它并不宜应用于通信双方卫星存在相对运动的场合。不过，在建立GEO星间链路时，由于GEO卫星之间没有相对运动，同时相距遥远，信号光空间传播损耗大，此时相干激光通信应有很好的应用价值。

2. 单波长IM/DD系统

多普勒频移对IM/DD系统的影响主要为光信噪比问题。

在星间激光通信中，由于通信距离超长，接收信号十分微弱，因此相比较而言，背景光噪声的影响十分严重。为克服背景光的影响，通常需要在接收端加入超窄带光学滤波器。对于GEO-GEO光链路，光学滤波器的带宽设计为信号谱宽加载波漂移容限即可，但对GEO-LEO光链路，在此基础上还需要考虑加上多普勒频移容限，这势必增加落入到光学滤波器通带内的背景光噪声能量，因而也会造成系统误码率的上升。

设接收端光接收天线的接收空间角为Ω_r，截面面积为A_r，天线效率为η，同时假定光学滤波器的通带平坦，通带宽度为B，通带内背景噪声光谱照度平坦，高度为E，则接收到的背景光噪声功率为

$$P_b = EB\Omega_r A_r \eta \tag{9.7-7}$$

式（9.7-7）显示，对设计有窄带光滤波器的光接收机而言，在其他条件不变的情况下，接

收到的背景光噪声与光学滤波器的带宽成正比。

当不考虑多普勒频移时，光学滤波器的带宽设计为信号谱宽加载波漂移容限即可，设信号速率为 1Gbit/s，承载于 1550nm 的光载波上，则信号谱宽不到 0.01nm；光载波漂移容限按 0.05nm 计，则光学滤波器通带带宽设计为 0.06nm 即可。

当考虑多普勒频移时，针对图 9-33 的条件，需要容忍 ± 0.04nm 的波动，则光学滤波器的通带带宽应设计为 0.14nm 以上。

显然，对于 GEO-LEO 链路，由于解决多普勒频移问题光学滤波器的带宽增加将造成背景光噪声功率上升约 3.7dB，系统接收 OSNR 也将随之下降 3.7dB。如要保持接收 OSNR 不变，则需要发送端将发送功率提高 3.7dB 以上。

3. 多波长非相干光通信的情况

对于多波长非相干光通信，多普勒频移对系统除了造成上小节描述的影响之外，还对多个光载波之间的间隔、波分解复用器件的通带特性提出了要求。

对于光纤通信中广泛使用的多波长通信系统，即密集波分复用（Dense Wave Division Multiplexing，DWDM），ITU-T G.692 推荐 DWDM 的波长间隔为 0.8nm 的整数倍（1.6nm、3.2nm 等）或半数倍（0.4nm、0.2nm 等）。目前，最常见的 16/32 波 DWDM 系统的波长间隔一般选择在 0.8nm 左右。选择这一波长间隔主要考虑了以下因素。

(1) 光载波本身的谱线宽度。目前，通信用的单纵模半导体激光器(SLM-LD)的 -20dB 谱宽可小于 0.4nm，但与波长间隔相比仍然不可忽略不计。

(2) 信号调制造成的光谱展宽。在 1550nm 波段，在调制 2.5Gbit/s 的信号后，光载波光谱会展宽 0.02nm 以上。另外，内调制产生的频率啁啾也可造成一定的频谱展宽。

(3) 光源老化造成的波长漂移。相邻两个通路如果波长偏移过大，显然会造成通路间的串扰过大，并产生误码，对于 8×2.5Gbit/s DWDM 系统，通路间隔选择 200GHz，到寿命终止时的各路光载波波长偏移不应大于 ± 20GHz。

(4) 波分解复用器的隔离度。

(5) 掺铒光纤放大器（EDFA）的增益谱宽，常用的 EDFA 有效增益谱宽在 50nm 以内，小的波长间隔有利于在此谱宽内安排尽可能多的波长，以提高系统总体容量。

在星间进行多波长通信时，以上大部分因素显然也必须考虑。除此之外，还必须进一步考虑卫星相对运动情况下产生的多普勒频移。可以预计，星间多波长激光通信应选择较大的波长间隔；同时，波分解复用器的通带范围也应适当增大，还应尽量维持通带内的平坦特性。

4. PAT 子系统

多普勒频移对 PAT 子系统的影响更大。为了减少捕获时间，星间激光系统往往使用大发散角的信标光源，即便在加大信标光源功率的情况下，接收端接收到的信标光信号仍然很弱，因此有必要加入 FADOF 这类超窄带光学滤波器才能获得较为满意的接收 OSNR。当存在多普勒频移时，不可避免地要加大光学滤波器的通带范围。由于捕获系统使用的 FADOF 带宽很窄，往往在 0.001nm 左右（中心波长为 780nm，带宽约为 0.5GHz），因此在图 9-33 对应的情况下，光学滤波器带宽必须增至 0.08nm 左右，OSNR

相应地下降约 19dB，或者说在维持信标光束发散角不变的情况下，发送端信标光功率必须提高 19dB 才能维持原有的效果。这个结果非常不利，因此有文献提出一些方法以避免出现这个问题。

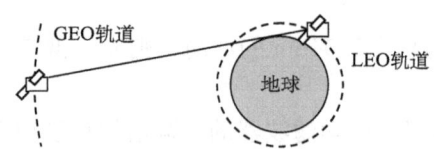

图 9-36 切点处实现信标光源的捕获

一种方法是信标光源只参与捕获过程，并且针对 GEO-LEO 链路的特点，在切点处实现捕获，如图 9-36 所示。

在图 9-36 中，通信双方在地球遮挡结束前均使用星历、GPS 等计算双方的相对位置和天线指向，并实施天线方向的调整。在地球遮挡结束的一瞬间，通信双方卫星的连线正好与地球表面相切，在双方看来，对方均出现在地球的切点位置上。此时，根据计算，双方的接近速度很大，多普勒频移也很严重，对应图 9-33 的情况，绝对多普勒频移达到了 9GHz 左右，正处于绝对频移极大值点附近。但是，极大值点处也是多普勒频移随时间的变化率最小的地方，因此在不长一段时间内，多普勒频移的变化量很小。在图 9-33 中，极值点附近多普勒频移 5min 的变化量不超过 0.5GHz，如果能够在 5min 内实现捕获，则将接收端 FADOF 设计成通带中心波长偏移约 9GHz，而通带波长范围设计成稍大于 0.001nm 即可。在捕获成功后，通信双方进入精瞄、跟踪阶段，此时，接收端进行的是对信号光束的瞄准和跟踪，信号光束由于发散角小，其接收的 OSNR 可以得到保证。

还有一种方法是利用 FADOF 的可调谐特性。所谓可调谐性，就是 FADOF 的透射峰根据工作条件的变化（如汽室温度、磁场方向、磁场强度等）而发生移动。在捕获时，根据星历计算卫星间的接近速度，获得多普勒频移量，然后对接收端 FADOF 的通带中心波长进行调谐，使之正好处于频移后的信标光波长上。该法可在任意位置实现捕获，适用性强，但前提条件是能够保证 FADOF 的精确调谐，在技术上困难更大一些。

9.8 两种星间激光通信系统简介

9.8.1 SILEX

ESA 于 20 世纪 80 年代后期开始确立了一项宏伟计划——SILEX（Semiconductor Laser Inter Satellite Link Experiment）系统研制计划，计划总费用近 2.2 亿美元。该计划的目的是在两颗卫星间建立实验性的激光通信链路，其中 GEO 终端机 OPALE 置于 ESA 的 ARTEMIS 同步卫星上，LEO 终端 PASTEL 载于法国的地球观测卫星 SPOT4 上。SILEX 计划构想如图 9-37 所示。其中，SPOT4 探地卫星获得了图像资源可通过 50Mbit/s 的上行光链路发送到 ARTEMIS 卫星，由其中继转发回地面。

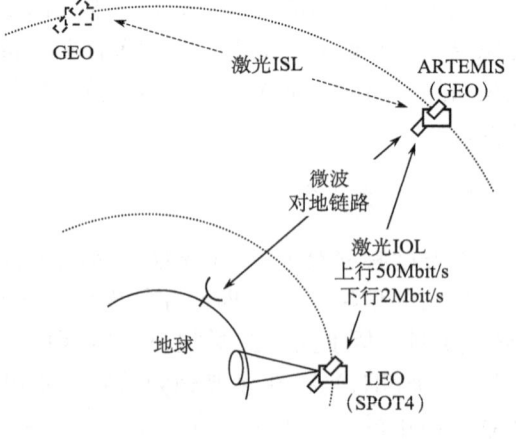

图 9-37 SILEX 计划构想

1994年，ESA通过了SILEX设备级的方案评审，1996年进行了子系统的性能测试，该项计划的目的是发展星间激光通信系统的全部单元技术及元器件，建立和测试星间激光通信系统。

1998年3月22日，SPOT4卫星发射升空，搭载LEO光通信终端PATEL进行了一系列在轨性能测试，测试项目包括CCD、半导体激光器、发射系统的准直性测定、预瞄机构精度、捕获与跟踪性能、对阳光的灵敏度、温度特性等。经过花费昂贵的在轨测试，所有的特性都满足预期要求或更好，经过9个月的在轨运行，各项特性指标没有退化。

搭载光通信终端OPALE的GEO卫星ARTEMIS于2001年7月12日由阿里安（ARIANE）5火箭发射，由于运载火箭上面级出现故障，致使卫星停留在低地球轨道，后经过1年多的努力，靠卫星自身的离子推进系统将轨道高度提升，并于2003年初进入同步轨道。在轨道恢复期间，2001年11月22日，由SPOT4和ARTEMIS之间进行了首次激光通信试验并获得成功，传输码率为50Mbit/s，实验结果满足或超过了预期。

SILEX系统设计的传输距离45000km，通信子系统采用IM/DD方案。在发送端，光源使用GaAlAs半导体激光器，GEO发送波长为819nm，LEO发送波长为847nm，平均输出功率为60mW，经光学天线压缩后光束发散角为8μrad；在接收端，使用Si APD作为光电检测器，探测能力近100光子每比特，闭封充氮保护，接收视场约75μrad。

GEO和LEO均使用收/发共用天线方案，天线为卡塞格伦光学天线，口径为25cm。

PAT子系统采用了粗瞄、精瞄、前瞄组合方案，系统开环瞄准精度（不确定区域）为8mrad。粗瞄时光学天线平台整体转动，精瞄依靠FSM倾斜。发送端信标光源总功率超过8W，由19支500mW的半导体激光器组成，光束发散角为700μrad；接收端机采用384×288像素的CCD作为粗瞄探测器，14×14像素的CCD作为光束的精瞄探测器。精瞄探测器的读出频率为8kHz，FSM带宽为300Hz，跟踪定位精度<2μrad。

整个SILEX系统从SPOT4至ARTEMIS（上行链路）的通信码率为50Mbit/s，从ARTEMIS至SPOT4（下行链路）的码率为2Mbit/s。

图9-38为SILEX光通信终端的光路示意图。图9-39为SILEX光通信终端的结构图。

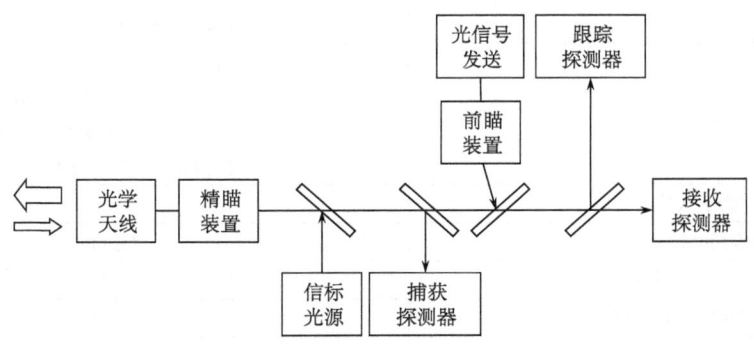

图9-38　SILEX光终端光路示意图

ESA与日本NASDA还于1993年就星间光通信项目合作达成协议，计划进行载于ARTEMIS上的OPALE光通信终端对日本的LEO卫星OICETS上的LUCE光通信终端之间的光通信实验。OICETS于2005年8月24日在哈萨克斯坦共和国的拜科努尔基地由俄罗

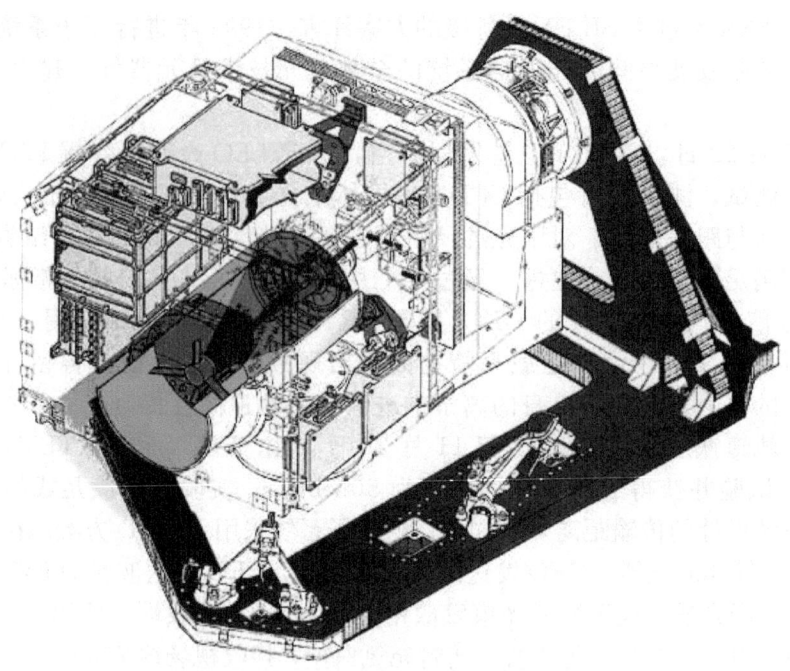

图 9-39 SILEX 光通信终端的结构图

斯"第聂伯"号火箭发射升空,同年 12 月成功地与 ARTEMIS 实现了星间光通信,OICE-TS 之后还成功地进行了多次星地光通信实验。

SILEX 系统的主要工作参数见表 9-6。

表 9-6 SILEX 的主要工作参数

发送波长	通信光源: GEO 为 819nm LEO 为 847nm 信标光源:801nm
光束发散角	通信光束: GEO 为 10μrad LEO 为 16μrad 信标光束:700μrad
光学天线口径	25cm
通信光电检测器 FOV	75μrad
系统误码率	$<10^{-6}$
卫星振动频率容限	300Hz
捕获时间	<240s
轴向最小发送功率密度	通信光束:250MW/球面度　信标光束:5MW/球面度
瞄准误差	超过 1.7μrad 的概率低于 10^{-6}
功耗	150W
光通信终端质量	157kg

9.8.2 ETS-VI/LCE

ETS-VI/LCE 系统是日本主要的两个星间激光通信项目之一，由邮政省所属通信综合研究所（CRL）操作。另一个项目为日本 NASDA 支持的安装于 OICETS 卫星上的 LUCE 系统，NEC 为具体的研究单位。

CRL 从 20 世纪 70 年代初开始着手空间光通信技术的相关工作，目前主要从事卫星的光学跟踪和地面与卫星间激光传输技术的研究；1987 年开始研制空间光通信基础实验系统 LCE，先后制作了面包板模型（BBM）、结构动态模型（SDM）、热动态模型（TDM）、系统工程模型（SEM）；1990 年开始制作工程飞行模型（EFM）。LCE 的研制于 1993 年全部完成，装载于 1994 年发射的 ETS-VI 技术试验卫星上，其主要性能指标如表 9-7 所示。

表 9-7 LCE 的主要工作参数

总质量	21.8kg
最大功耗	81.0W
数据率	1.024Mbit/s
光学天线口径	7.5cm
放大率	15 倍
发送端	
光源	GaAlAs LD
波长	$0.8\mu m$
平均功率	13.8mW
光束发散角	$30/60\mu rad$
调制方式	强度调制、内调制
PAT 子系统	
粗瞄探测器	CCD
捕获范围	$\pm 1.5°$
粗瞄 FOV	8mrad
粗瞄指向装置	双轴万向节反射镜
精瞄探测器	4QD
精瞄 FOV	0.4 mrad
精瞄指向装置	FSM
接收端	
工作波长	$0.51\mu m$
光电检测器	APD、直接检测

LCE 主要部件包括：双轴万向支架、望远镜、精定位装置（FPA）、光程差校正装置（PAA）、扩束器、通信用 LD、APD、调制/解调器、数据处理器和一些控制单元。FPA 有两个小副镜，受陀螺控制；PAA 也有两个小副镜，受压电器件控制，这种结构保证了系统对特殊环境的适应性。在 LCE 装置中，光学部分重 13kg，长 60cm，附在卫星上地球定位仪的一侧（卫星外侧），有一个长的护翼，保证其不受电磁波的干扰和太阳的辐射。电路部分则在卫星内部，分为四个盒子，即 LCE-E1~E4，E1 包括通信控制电路；E2 包括数据处理器、遥测和控制接口电路；E3 是跟踪控制电路；E4 是电源，包括 DC-DC 转换器。

LCE 系统框图如图 9-40 所示。

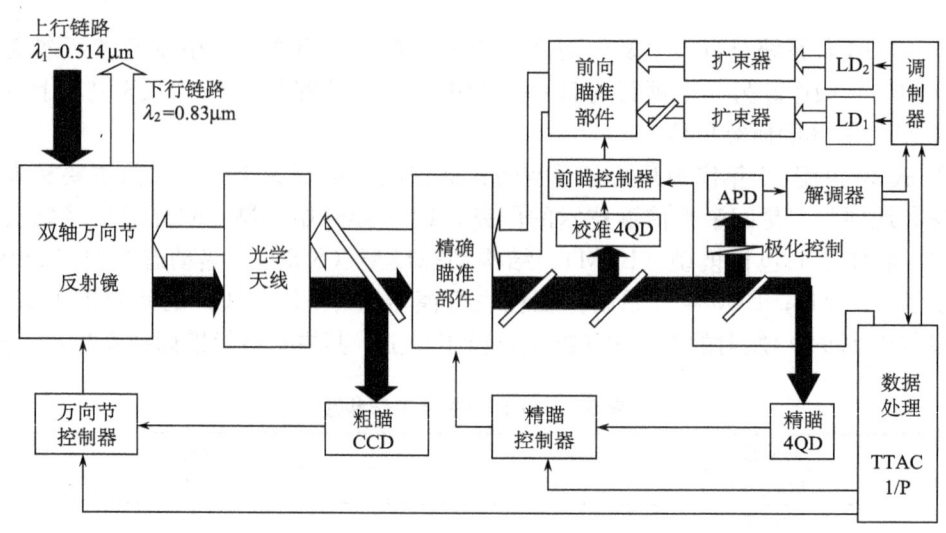

图 9-40 LCE 系统框图

LCE 具有如下功能：收发激光束、高精度光束控制、光程差校正、卫星空间方位角控制、光通信和传播实验。LCE 没有信号输入系统，上行链路传送的信号被解调后直接送到下行链路的调制器；LCE 的各种信息，如 CCD 信号电平、上行链路 BER 等，通过下行链路传到地面站。系统地面站设在东京，采用直径 20cm 的发射天线和直径 150cm 的接收天线，该地面站也具有高精度的跟瞄和光程差校正功能。光程差校正机械装置（PAM）偏转角度范围大于 300μrad，分辨率为 2μrad，PAM 的精确控制使光束特性能通过地面接收机测试，信号光采用曼彻斯特码脉冲调制，信标光源用 8kHz 的信号进行 20% 的幅度调制。由于 ETS-VI 卫星在发射过程中末级推动引擎发生故障，使卫星未能进入预定的同步轨道，使光链路严重地受范爱伦辐射带的影响。为了更好地进行试验，在美国的加州建立了另一个光学地面站 TMF（Table Mountain Facility），其发射天线是直径为 60cm 的望远镜，接收天线是直径为 120cm 的望远镜，系统装有大气能见度监测器，卫星姿态控制由美国宇航局（NASA）负责。LCE 与地面站间通信链路如图 9-41 所示，设计指标如表 9-8 所示。

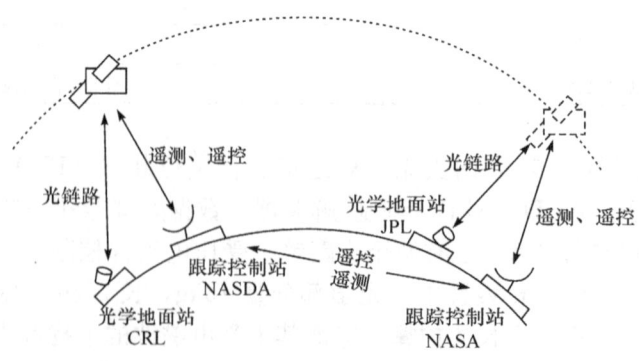

图 9-41 LCE 与地面站间的通信链路

表 9-8 LCE 上下行链路工作参数

	上行链路	下行链路
发端参数		
平均发送功率	30.0dBm	11.4dBm
天线增益	109.0dB	105.5dB
天线效率	−4.0dB	−5.8dB
光束发散角	20μrad	30μrad
瞄准误差损耗	3.0dB	3.0dB
通道参数		
空间衰减	299.3dB	295.2dB
大气衰减	3.0dB	3.0dB
接收参数		
天线增益	113.2dB	135.0dB
天线口径	7.5cm	150cm
天线效率	−11dB	−1.7dB
接收功率	−62.0dBm	−55.3dBm
接收灵敏度	−62.1dBm	−58.0dBm
功率裕量	0.1dB	2.7dB

运用 ETS-VI/LCE 主要用于以下关键技术研究。

(1) 捕获和跟踪。

(2) 双工通信。ETS-VI 卫星和地面站之间的通信实验采用强度调制/直接探测技术，上行和下行链路码率均为 1.024Mbit/s。

(3) 卫星空间方位角测量。根据信标光源的定位误差引起转动（轴）误差、信标光源的偏振方式引起偏转（轴）误差的特性，测量卫星的空间方位角。这个实验提供有关卫星高频振动的信息。

(4) 光束传播特性。测量上下行链路的接收功率，估算光束在空间的传播特性。

(5) 光学器件在太空环境中的性能测试。主要测试 CCD、LD、APD 等光学器件在太空中的使用寿命及性能。

ETS-VI 卫星由 NASDA 于 1994 年 8 月 28 日发射，同年 12 月建立起 LCE 与 CRL 地面站间的光链路，在 1995 年 11 月至 1996 年 5 月期间，还同美国 JPL 的 TMF 进行了间断性的通信实验。由于卫星出现了严重故障，已于 1996 年 7 月结束了它的在轨生涯，对 LCE 的试验也就随之终止。尽管如此，该系统仍获得了一些重要的实验成果。

(1) 实现了 ETS-VI 与地面站间的双工光通信，距离大于 40000km。

(2) 星载光通信装置的运行状况同预先的设计一致。

(3) 演示了窄光束的信息传输技术，无论白天还是晚上均能实现地面站到卫星的光传输。

(4) 获得了大量的实验数据，包括光学终端特性、上行下行链路光束传播特性、通信特性、地球背景光特性等。

(5) 利用 JPL 的 TMF 进行了国际合作实验研究。

LCE 粗瞄均方误差为 30mrad，因此不确定区域较大，扫描时间较长，在每次实验开始前需要进行 12min 的捕获过程。虽然有如此困难，但 LCE 工作良好，并获得了一些初始结果。实验还验证，开环状态下卫星的抖动比在闭环状态下要明显，换言之，闭环可以补偿卫星的抖动误差，使定位精度得以提高。

小　　结

本章讨论了星间激光通信的相关问题。首先介绍了星间激光通信的发展现状和系统结构，然后对星间激光通信中使用的光学天线进行了分析，主要讨论了天线结构、增益和天线的辐射方向性。由于高增益天线必然带来小发散角问题，因此接下来以较大篇幅讨论了星间激光通信中最关键也最富特色的子系统——PAT 子系统，首先从光束发散角出发讨论了光束瞄准误差对天线增益的影响，然后介绍了 PAT 子系统的功能结构，对其中的关键器件如 CCD、4QD、光束光向驱动机械等进行了详细介绍，最后分析了 PAT 子系统的性能参数并给出了一种典型的 PAT 子系统结构原理图。介绍完 PAT 子系统之后，本章介绍了星间激光通信的通信子系统，分别讨论、分析了 IM/DD 和相干光通信两种方案的系统性能及振动对系统性能的影响，然后对星间激光通信中存在的多普勒效应问题进行了分析，分别讨论了此效应对非相干光单/多波长通信系统、相干光通信系统及 PAT 子系统的影响，最后介绍了两种典型的星间激光通信系统方案。

思考题与习题

9.1　试描述星间激光通信的优点。

9.2　试对星间激光通信链路进行分类，并简述各种激光链路的特点。

9.3　试画出星间激光通信系统构成框图并简述各功能部件作用。

9.4　设工作波长为 1550nm，计算铱星系统同轨道相邻卫星间的激光空间传播损耗。（铱星系统轨道高度按 780km 计，一条轨道上安排有 11 颗卫星，地球半径按 6400km 计）

9.5　SILEX 系统天线口径为 25cm，试计算该天线的天线增益（天线效率按 50% 计）和光束半功率发散角。

9.6　为什么星间激光通信系统常使用卡塞格伦天线？

9.7　图 9-9 显示，光学天线口径越大，瞄准误差对天线增益的影响也就越大，试解释其原因。

9.8　星间激光通信中 PAT 子系统的作用是什么？由哪些功能部件构成？

9.9　试简述 PAT 子系统的工作过程。

9.10　试比较 IM/DD 系统和相干光通信系统在星间激光通信中的应用特点。

9.11　星间激光通信系统常使用独立的信号光源和信标光源，试分析其原因。

9.12　如何在星间激光通信系统中使用 EDFA？

9.13　试推导式（9.5-8）。

9.14　在 GEO-LEO 光链路中，为什么 LEO 轨道高度越高，多普勒频移范围就越小？

9.15　试分析多普勒频移对单波长星间激光通信系统的影响（分 IM/DD 和相干光通信两种情况考虑）。

第 10 章 水下激光通信

10.1 概 述

10.1.1 水下光通信的提出

据不完全统计，截至 1995 年，地球上现役潜艇大约 950 艘。在众多的潜艇中，装备有战略核导弹的核潜艇是一种机动能力极强、隐蔽能力极强、抗首次打击能力极强的战略核力量，得到了包括我国在内的多个有核国家的重视。核潜艇的这些优良特性主要得益于其超强的水下续航能力——由核反应堆提供长期水下续航的动力和艇员必需的氧气，为保证其生存性和打击突然性，值班核潜艇通常需要在远离大陆的大洋水下 200m 左右潜航。

在水中传播的各种波中，以纵波（声波）的衰减最小，因而声呐技术和水声信息传输技术被广泛采用和关注。对电磁波这种横波而言，由于海水是良导体，趋肤效应将严重影响电磁波在海水中的传输，以致在陆地上广为应用的无线电波和微波在水下几乎无法应用。电磁波在有电阻的导体中的穿透深度与其波长直接相关，短波穿透深度小，而长波的穿透深度要大一些，因此，长期以来，超大功率的长波通信成为对潜通信的主要形式。不过，即使是超长波通信系统，穿透海水的深度也极有限（最深仅达 80m），而且超低频系统耗资大，数据率极低，易遭受敌方直接攻击或核爆炸电磁脉冲的破坏，难以得到好的效果。在 20 世纪 70 年代初，随着激光技术日益成熟，对潜水下光通信技术逐渐得到了人们的重视。1977 年，美国海军发表了一份研究报告，评估了卫星对潜激光通信的可行性，提出了初步方案和主要的技术要求，1978 年开始正式实施激光对潜通信的研究发展计划。前苏联也几乎在同一时期开始研究激光对潜通信。

研究表明，在 400~580nm 波段，海水对光波传播损耗较低，水质较好时损耗可低于 0.05dB/m，这被称为海水的蓝绿窗口，利用海水的低损耗窗口即可实现对潜水下光通信。按大洋海水衰减系数为 0.1dB/m 考虑，如果考虑潜艇处于 200m 深的海水中，则海水损耗为 20~30dB，如果接收机灵敏度设计在 −45dBm（通常对潜通信速率都比较低，因此高灵敏度较易实现，这与高速光通信系统不同），接收天线只能收集到 1% 的光束能量，则只需要激光束进入海水后拥有 −5dBm 的功率即可。

10.1.2 对潜激光通信的研究进展

美国对激光对潜通信的研究与发展很重视，美国海军从 1977 年提出卫星-潜艇通信的可行性后，就与美国国防研究远景规划局开始执行联合战略激光通信计划。1981 年，美军在位于加利福尼亚海岸不远的地方进行了一次飞机对潜艇的激光通信实验，一架在 12000m 高空飞行的飞机与水下 300m 深处的潜艇实现了激光通信，实验表明，无论是在白天还是黑夜，系统均能很好地工作，每秒可传输几千比特的信息，这一实验的成功推动了美国对潜激光通信的研究。此后，美国海军以几乎每两年一次的频率，进行了 6 次以上海上大型蓝绿激光对潜通信试验，包括在更高的天空、长续航时间的模拟无人驾驶飞机与以正常下潜深度和航速航行的潜艇间的双工激光通信可行性试验，证实了蓝绿激光通信能在天气不正常、大暴雨、海水浑浊等恶劣条件下正常进行，在激光器、激光接收机和系统试验与方案方面都取得了较大的发展。

1983年年底，前苏联在黑海舰队的主要基地塞瓦斯托波尔附近也进行了把蓝色激光束发送到空间轨道反射镜后再转发到水下弹道潜艇的激光通信试验。

我国国内也有多家单位相继开展了水下激光通信研究工作，在系统、有源光器件、光学滤波器、海水信道特性等方面都取得了很有价值的阶段性研究成果，某些器件综合性能指标达到了国际先进水平。

10.2 海水信道

10.2.1 海水的透射光谱特性

海水对电磁波的衰减特性如图10-1所示，可知在可见光波段，海水有较好的透射特性。

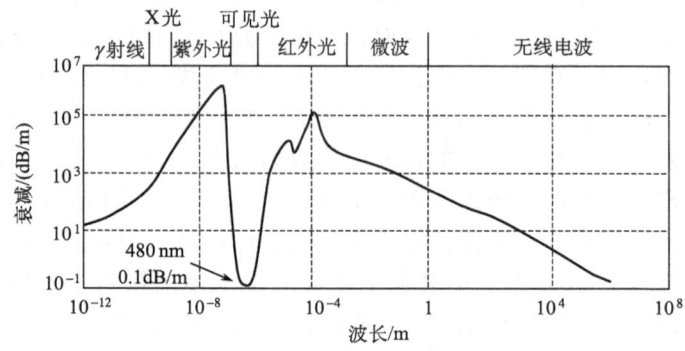

图10-1 海水的衰减特性

与大气一样的是，海水对光波的衰减主要还是由海水吸收和悬浮微粒散射引起，因此其衰减系数和与光波波长、海水的浊度、生物含量、温度及深度有关，大洋海水一般的光衰减系数约为0.1dB/m。温度与盐度对衰减系数的影响不大，海水衰减系数与纯水的差异主要来自海中悬浮的粒子与溶解的其他物质。悬浮粒子与溶解物质对光的衰减随波长的减小而增强。由实验测知：含有浮游生物的海水，衰减系数比纯海水大；对于纯海水，波长为400~580nm的光波衰减系数较小，当波长大于580nm时，衰减系数显著增大；含有浮游生物的海水，绿光部分衰减系数最小，而红、紫光衰减系数最大。一般而言，大洋海水衰减系数最小的波段是480~500nm，近岸海水衰减系数最小的波段是530~580nm。

10.2.2 海水对激光束传播的影响

由于海水密度比大气高，内容物远比大气的内容物丰富，因此光束在海水中的传播远比在大气中的传播更复杂，不过，光束在海水中传播遭受损伤的机理与在大气中传播时基本相同，也有所谓吸收、散射、扰动、热晕等。此外，对潜通信时光束往往需要从空气进入海水，因此还有光束在水空界面处受到的损伤。

1. 海水吸收

海水的吸收特性与海水所含物质的成分密切相关。海水是一种十分复杂的物理、化学和生物系统，海水不仅含有水分子和无机溶解质，还包含大量的悬浮体和包括"黄色物质"的各种有机物，而且黄色物质在可见光范围对海水光吸收的贡献远大于水分子。黄色物质大多存在于河口和近海区，因此这些水域的水对光的吸收较强，外海和大洋水中有机物和悬浮物含量低，对光的吸收较弱。海水的吸收特性还表现出较大的易变性。对于同一水域不同深度、同一水域不同时间和不同水域，海水的吸收特性都表现出随时间和空间变化的特点。海水的吸收系数随深度的变化而改变，通常，吸收系数随海水的深度增加而减少。

2. 海水散射

海水的散射比大气的散射复杂得多，海水的散射包括水本身的瑞利散射和海水中悬浮粒子引起的米氏散射及透明物质折射所引起的散射。纯水的散射被当作是一种分子散射，水分子的直径比可见光波长小几百倍，而分子半径远小于入射光波长的分子散射，可以用瑞利散射定律来描述。海水中悬浮粒子引起的散射属于米氏散射问题，悬浮粒子大小的分布和海水中粒子的浓度决定了米氏散射的大小。不同海区、不同水型的散射函数有很大的差别。清洁大洋水，主要是水分子散射，沿岸混浊水，大粒子散射占很大比重。海水散射的一个重要效应是对光能量的衰减，然而作为光的水下通信还存在另一个重要的效应是由海水微粒对光的多次散射引起的多径效应。这种效应使光信号在时间上和空间展宽，光的前向和后向散射对通信能力和机制产生重大的影响。同样道理，多次散射也使光信号功率大量衰减。

3. 水空界面反射与散射

由于海水与空气折射率不同，因此水空界面存在反射，这使光束部分能量遭受反射而损耗；同时，由于海水平面是一个非常复杂的随机波动面，另外海面上不可避免地存在泡沫等漂浮物，这对光束的传播有强烈的散射作用；在一次通信过程中，海面时刻变化，对光束的散射损耗也时刻变化，这相当于在光强上叠加了一个低频随机噪声。

4. 海水扰动

同大气湍流非常类似的是，海水会因为温度、盐度的不同而拥有不同的折射率。在海流、生物体扰动、温度差的作用下，光束传播路径上的海水折射率处于时刻变化之中，这与大气湍流效应非常类似。因此，可以预计，激光束在海水中传播时也存在光强起伏问题。不过，对潜通信中，光束在海水中的传播距离一般在 10～300m 之间；与海面扰动相比，海水水体扰动造成的光强起伏要小得多，故目前很少有人研究海水扰动问题。

5. 热晕效应

由于海水对光能量的吸收比空气要大得多，因此，如果潜艇发射大功率激光束，光束在海水中的热晕效应必远大于在空气中的情况。同时，海水受热生成高密度蒸气气泡，对光束产生强烈的散射，造成非常大的损耗，对光束传播有致命的影响。为此，如果需要潜对空方向的通信，在保证总发射光功率不变的情况下，水下光学天线口径应尽量大一些，以避免单位面积内的光功率达到或超过产生高密度蒸气气泡的程度。

10.2.3 海水信道特性

光束在海水中传播时将受到损耗、光束扩散、多径色散、光强起伏等损伤。目前的研究中主要考虑的是前三点。

1. 损耗特性

光束在海水中传输,如果传输距离较短,与在大气中传输一样,衰减规律也服从指数规律,即

$$A(L) = \exp(-\sigma L) \tag{10.2-1}$$

式(10.2-1)中,σ 为海水的衰减系数(单位为 Np,换算成 dB 时需要乘以 4.343),L 为光束传播距离。同大气一样,海水的衰减由多个部分组成,即

$$\sigma = \alpha_m + \alpha_a + \beta_m + \beta_a \tag{10.2-2}$$

式(10.2-2)中,α_m 为海水分子吸收系数;α_a 为海水中悬浮微粒的吸收系数;β_m 为海水分子散射系数或瑞利散射系数;β_a 为海水中悬浮微粒的散射系数或米氏散射系数。

显然,海水的衰减系数与水中的浮游生物浓度、水中的悬浮粒子、盐分及温度有关,因此,对于不同海域和不同气候特征,衰减系数值就有可能不同。

事实上,海水的水质随深度而变化,即海水存在混浊度不同的水层,而且,不少时候这种变化还相当明显。海水的混浊度随深度的增加而增大,在 10~20m 处到达最大值,随后水质又逐渐变清,并趋于稳定。处理实际问题时,常需要对海水深度进行分层处理。

2. 光束扩散

激光束在海水中传播时除了沿传播方向的衰减外,还有在垂直于传播方向上的横向扩展。光束受到海水强散射作用,其向上的辐射能量分布在一个越来越大的圆形(或椭圆形)光斑内。扩散的程度与水质、激光发射器在水中的深度和水下发射角等因素密切相关。设辐射率分布 $f(\theta_R, \varphi_0, \delta)$ 是接收视场角、方位角和发射器深度的函数,可用数值积分法求出,即

$$f(\theta_R, \varphi_0, \delta) = \frac{\int_0^{2\pi} d\theta \int_0^{\theta_R} N(\theta_R, \varphi_0, \delta) \sin\varphi d\varphi}{\int_0^{2\pi} d\theta \int_0^{\pi} N(\theta_R, \varphi_0, \delta) \sin\varphi d\varphi} \tag{10.2-3}$$

式中,θ_R 为接收视场角,φ_0 为信号辐照度到达零时的角度,δ 为接收器光轴和入射光轴之间的偏斜角。如果假设接收器光轴和入射光轴之间的偏斜角 $\delta \to 0$,并考虑到海水中光束入射角和海水深度的影响,式(10.2-3)可简化为一个线性结构,即

$$f(\theta_R, \varphi_0) = \frac{1 - \cos\theta_R - \dfrac{1}{3\sin^2\varphi_0}[\cos\theta_R \sin^2\theta_R + 2\cos\theta_R - 2]}{1 - \cos\varphi_0 - \dfrac{1}{3\sin^2\varphi_0}[\cos\varphi_0 \sin^2\varphi_0 + 2\cos\varphi_0 - 2]} \tag{10.2-4}$$

3. 接收信号的总能量

综上所述,激光信号经过海水传输后,受到了海水的衰减 $A(L)$、辐射率分布引起的

衰减 $f(\theta_R, \varphi_0)$、激光发射器和接收器孔径面积比引起的衰减，因此得到激光接收机探测器接收到的单脉冲能量为

$$E_R = E_P \frac{A}{S} A(L) f(\theta_R, \varphi_0) \tag{10.2-5}$$

式中，E_P 为发射器光学系统输出的单脉冲能量（单位为 J）；S 为接收处光斑面积；A 为接收器孔径面积。

4. 多径色散

对于窄光学脉冲，海水散射可以引起与光纤中模式色散相似的多径色散。散射脉冲场可以被反射到接收机，并合成为畸变的光学脉冲形状。图 10-2 给出了一个直接的平面波辐射线和几个散射光路。

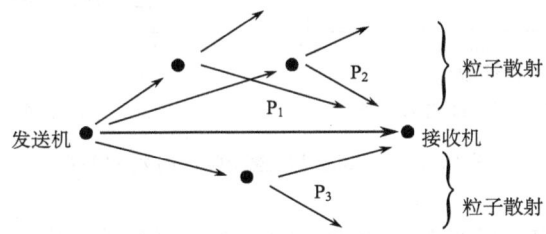

图 10-2 复合散射介质中的直接路径和散射路径

散射光被粒子散射而重新定向，但其中部分路径 P_1、P_2、P_3 最终被散射到接收机。如果从光源发射光学脉冲，散射路径上的光脉冲相对于直接路径上的光脉冲延时到达，并合并成一个比发射的光脉冲更加宽的光学脉冲，这一效应可视为多径色散。

光束在穿过海水的过程中，粒子对光束的影响作用与粒子大小（相对于波长的断面尺寸）和粒子密度（粒子的体积浓度）关系很大。低密度大尺寸粒子趋于服从一次散射理论，主要产生衰减作用；高密度小粒子服从多次散射理论，除衰减作用外，还产生光束散射和光波传播过程中波前的随机相位漂移作用。

由海水散射引起的激光脉冲传输时延差为

$$\Delta T = T_s - T_0 = \frac{zn}{c} \left\{ \frac{8}{27\omega_0 \tau \int_0^\pi \gamma_0^2 P(\gamma_0) \mathrm{d}\gamma_0} \left[\left(1 + \frac{9}{4} \omega_0 \tau \int_0^\pi \gamma_0^2 P(\gamma_0) \mathrm{d}\gamma_0 \right)^{\frac{3}{2}} - 1 \right] - 1 \right\} \tag{10.2-6}$$

式中，c 为光速；z 为海水深度；n 为海水折射率；$\omega_0 = b/C$ 为海水单程散射反照率；C 为海水体积衰减系数；b 为海水体积散射系数；$1/b$ 即为海水的标准散射长度；$\tau = bz$ 是海水中深度 z 范围内所包含的标准散射长度的个数，也就是光子与海水中粒子相互作用的次数，进而可以用 $\omega_0 \tau$ 描述在深度 z 范围内光子被粒子散射的次数；γ_0 是光子与粒子单次碰撞时的散射角；$P(\gamma_0)$ 为粒子标量散射位相函数，它随水质的不同而具有不同的形式，实际应用中一般都是通过实验测定各个散射方向上的散射光强度，然后拟合成经验公式。对于大粒子的散射情况，有经验公式为

$$P(\gamma_0) = \frac{2b\eta}{\gamma_0}\exp(-\eta\gamma_0) \qquad \eta \approx 10 \qquad (10.2\text{-}7)$$

由式（10.2-7）可知，脉冲传输距离 z、海水反照率 ω_0、海水衰减系数 c，以及光子散射角 γ_0 直接影响着脉冲传输时延差 ΔT。图 10-3 中的曲线族描述了不同的海水状况对激光脉冲时延差的影响。

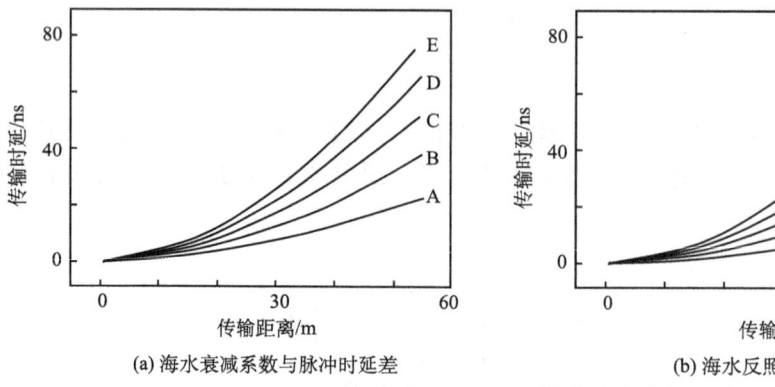

图 10-3 海水状况与激光脉冲时延的关系

在图 10-3（a）中，海水反照率 ω_0 和光子散射角 γ_0 的均值一定，$\omega_0 = 0.75$，$\langle\cos(\gamma_0)\rangle = 0.995$，曲线 A，B，C，D，E 分别对应衰减系数 $c = 0.3\text{m}^{-1}$，0.5m^{-1}，0.7m^{-1}，0.9m^{-1}，1.1m^{-1}，1.3m^{-1}。当衰减系数增大时，表明水质变差，脉冲传输时延差显著增加。

在图 10.2（b）中，海水衰减系数 c 和光子散射角 γ_0 的均值一定，$c = 0.3\text{m}^{-1}$，$\langle\cos(\gamma_0)\rangle = 0.995$，曲线 A，B，C，D，E 分别对应于海水反照率 $\omega_0 = 0.60$，0.70，0.80，0.90，1.0。当海水反照率增大时，同样表明散射系数增大，水质变差，类似于图 10-3（a）中的情况，脉冲传输时延差显著增大。

10.3 光源技术

10.3.1 对光源的基本要求

水下光通信系统对光源的总体要求包括以下几点。

（1）工作波长。光源波长应处于海水的低损耗窗口（400~580nm），很多系统选择在 480nm 附近。

（2）功率。光源工作于连续波或脉冲状态，峰值功率必须足够大以保证接收光功率足够大，因水下光通信系统工作于可见光波段，此时背景光功率较大，因此与红外光通信相比，信号光功率也相应地更大一些。

（3）脉冲宽度。由于海水散射作用形成多径色散，光脉冲被展宽，在 ΔT 固定的情况下，展宽后的脉冲峰值幅度的下降量与原脉宽度有很大的关系，原脉冲越窄，脉冲峰值幅度下降越大，因此如果光源为脉冲光源，脉冲应有足够的宽度以保证在存在较大的脉冲展宽的情况下接收光信号脉冲峰值功率还能维持一个较大的值。不过，脉冲宽度对信息速率影响较大，因此需要在二者之间平衡考虑。

(4) 重复频率。如果光源为脉冲光源，其重复频率应满足信息速率方面的要求。

显然，激光器仍是水下光通信的最佳选择。与光纤通信和大气激光通信不同的是，水下激光通信光源应为适应海水低损耗窗口的蓝绿激光器。

目前，对潜水下激光通信仍多采用 PPM 调制方式。

10.3.2 固体蓝光激光器

海水透射窗口落在蓝光波段内，波长合适的蓝光激光成为海底探测和对潜通信的有效手段，国外许多著名的大公司及研究机构致力于蓝光激光器的研究工作，至今已经有二十多年的历史，目前已经推出了多种较为实用的蓝光激光器产品。

早期人们把实现蓝光激光的重点放在气体激光器和染料激光器上面，但这些激光器都存在诸如设备庞大、效率低、寿命短和稳定性差而影响实际应用的严重问题。20 世纪 80 年代中期以来，随着固体激光器技术和非线性光学技术的飞速发展，人们开始在固体激光器领域探寻实现蓝光激光输出的有效方法。

获得高效蓝光激光输出的基本方法有以下几种。

(1) 半导体激光器直接产生。
(2) 半导体激光器泵浦固体激光器腔内倍频。
(3) 由上转换激光器产生。
(4) 近红外激光直接进行波长转换。
(5) 半导体激光器与用它泵浦的固体激光器输出光和频。

1. 半导体激光器直接产生

半导体激光器由于体积小、寿命长、电压低、可直接调制等优点，在通信、复印、打印、检测、分析、医疗诊断和光盘存储等许多方面已得到广泛应用。一方面要求半导体激光器必须进一步提高输出功率与激光光束质量，另一方面要求缩短激光波长。半导体蓝光激光器能取得进展，主要应归结到 20 世纪 90 年代末 Ⅱ～Ⅵ族多层结构的出现。由于高带隙势垒的量子阱交替层可形成多量子阱，交替层厚度防止量子隧道作用。通过调节各层厚度和

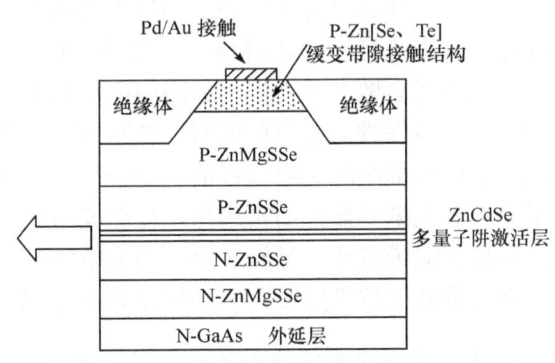

图 10-4　Ⅱ～Ⅵ族蓝光发射器波导形结构

成分可对波长作一定程度的控制，且多量子阱激光器比单量子阱型的增益高，阈电流低。因此，激光器大多采用多量子阱结构。多量子阱激光器的制作典型的有采用在 GaAs 缓冲层的 GaAs 衬底（也有采用 ZnSe 等材料作衬底）上，用分子束外延法生长 Ⅱ～Ⅵ族化合物，其结构包括四元，诸如 ZnMgSSe 光学包层、ZnSSe 波导区及一般为 1～3 层产生光学增益的 ZnCdSe 量子阱，如图 10-4 所示。

由于接触电阻大，需提高二极管电压，而电压则是制约结构器件的寿命的重要因素之一。如何降低接触电阻也是半导体蓝光激光器件正在致力解决的一个技术问题。目前，室温下运行的连续波激光器件阈值电流已降到 250A/cm²，阈值电压为 5V 数量级。激光器的泵浦方式有电泵浦与光学泵浦两种。Herve 等用微电子枪泵浦 Zn1-XCdXSe/ZnSe 异质结构激光器在室温 83K～225K 之间，获得 478nm 波长的蓝光激光，寿命超过几小时。光泵浦的研究工作也开展得很活跃，也获得蓝光激光输出。

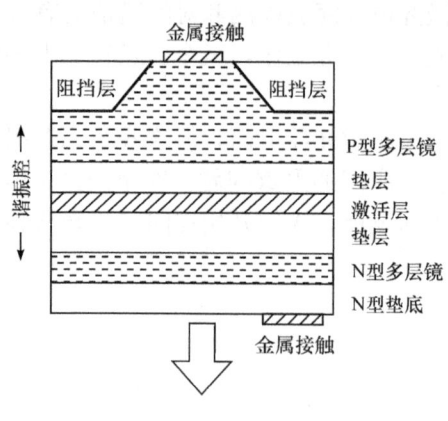

图 10-5　垂直腔表面发射激光器

激光器谐振腔结构除了通常的平行激活层方向的平行平面谐振腔发射激光外，还有一种垂直腔表面发射激光器，即 VCSEL 型激光器，如图 10-5 所示。这种激光器激活层上下方均有反射表面，这两个反射表面可形成分布布拉格反射器，形成与激活层平面垂直的甚短激光谐振腔。每一激光器的截面宽度为几微米至 20 微米，可形成密集型列阵激光器，用于产生高功率输出的半导体蓝光激光器。496nm 波长蓝光激光输出的转换效率为 22%。

目前，半导体蓝光激光器需要解决的主要问题是如何提高器件寿命与输出功率，以及缩短工作波长。大多数半导体蓝光激光器仅能在低温状态下脉冲运行，若在室温条件下连续运行，其寿命很短，输出功率也尚未达到实用化。使器件产生这种退化的主要原因是晶体的缺陷，这种缺陷主要来自堆迭缺陷、丝状位错和点缺陷等。这些缺陷会在激光器增益区产生非辐射复合。该效应使激活区增益下降，甚至使受激发射中止。这种缺陷并非仅为生长和制作过程所固有，与材料本身也有关。因此，目前研究的重点是改进生长工艺与选择新材料等。此外，由于器件掺杂剂激活能和电阻率随带隙增大而增大。这就必然会增大激光作用的阈值电压与工作电压。高电压也是限制器件寿命的关键问题之一。由于器件激活层内形成暗线缺陷区，若用简单的蒸发金属接触，会发热。因此，降低电压，实现内部小的电阻接触值，是必须要解决的问题。总之，要实现能在室温下连续运转的半导体蓝光激光器件的实用化，显然要对材料科学、器件物理和工艺作进一步研究，还需明白和控制宽带隙Ⅱ～Ⅵ族多层结构的电特性。采用半导体激光器件实现微小型蓝光激光器是一种有意义的技术路线，半导体蓝光激光器件必将实用化。

2. 半导体激光器泵浦固体激光器的腔内倍频

采用二极管尾端泵浦 Nd：YAG 激光器产生 946nm 波长振荡。在谐振腔内放入 KNbO₃ 晶体，室温条件下得到了稳定的蓝色连续波激光，输出功率达 1mW。采用光学薄膜技术抑制 Nd：YAG 激光器 $1.064\mu m$ 波长振荡，激光器谐振腔是平凹球面腔，Nd：YAG 加工成 1.5mm 厚的平行平面晶片，在靠近 LD 的一个端面镀有 946nm 波长的高反射介质膜（反射率＞99.9%），而对 808nm 波长透射，透射率约为 60%。这个面构成谐振腔的平面镜，谐振腔凹面镜曲率半径为 $R=52mm$，由 K9 玻璃镀制对 946nm 波长的高反射（反射率＞99.8%）和对 $1.064\mu m$ 和 473nm 增透的介质膜构成。

由图 10-6 可知，激光工作物质基态 $^4I_{9/2}$ 是一个多重态，946nm 激光下能级是基态能级在基质晶体场影响下由斯塔克分裂而形成的一个子能级，该能级粒子的热集居满足玻尔兹曼分布。若 Nd：YAG 受热引起温升，则激光下能级热集居粒子更多，为实现激光振荡，需要更大的泵浦功率才能形成粒子数反转。氪灯泵浦 Nd：YAG 效率低，晶体受热温升，不能用于产生 946nm 激

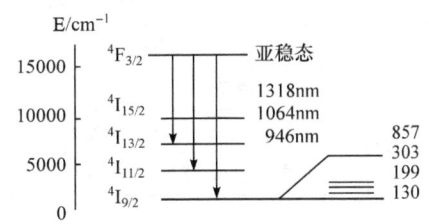

图 10-6 Nd^{3+} 在 YAG 中的能级和三条荧光线

光，二极管激光谱线能做到与 Nd：YAG 的吸收峰一致，泵浦效率高，工作物质发热少，对 946nm 激光系统是一种有效的泵浦方式。946nm 激光经倍频可以获得 473nm 蓝色激光。倍频晶体材料选用 $KNbO_3$，它有高的透明度，和 $Ba_2Nb_5O_{15}$、$LiNbO_3$ 等非线性晶体材料相比有更高的非线性系数和更大的光损伤阈值。$KNbO_3$ 晶体在 220±4℃温度下属正交晶系 mm2 点群，晶体的主轴 X、Y、Z 各自平行于结晶轴 c、a、b。对 946nm 基波在 185℃温度时可以实现 I 类非临介相位匹配，而在室温下只能获得角度相位匹配。当基波沿晶体的 ab 面传播，二次谐波偏振面的振动方向沿 c 轴时，$KNbO_3$ 晶体可以对 857～982nm 范围内的基波实现第 I 类角度相位匹配，其走离角不会超过 1°。目前，设计的实验系统重点放在提高输出光功率和改善光束质量上。

如图 10-7 所示的蓝光激光器由半导体激光器、泵浦光耦合光学系统、含有倍频器件的端面泵浦 Nd：YAG 946nm 激光振荡器等组成。倍频器件相位匹配角为 30°的 $KNbO_3$ 晶体，可以得到高于 30mW 蓝光激光输出，由于 $KNbO_3$ 的位相匹配温度很窄，只有 3.5℃，因而要维持稳定，必须要对 $KNbO_3$ 晶体稳定性加以控制。如果采用 BBO 为倍频器件，蓝光激光已经超过了 20mW 输出，相位匹配温度容许范围为 50℃，但它存在蓝光激光横模成椭圆的缺点。表 10-1 和表 10-2 分别列出了上述两种类型晶体倍频蓝光激光输出特性。市场上现已经有采用 $KNbO_3$ 晶体用为倍频器件的 473nm 蓝光激光器，开拓了蓝光激光器的应用领域。单横模、单纵模的低噪声蓝光激光器会迅速商品化。

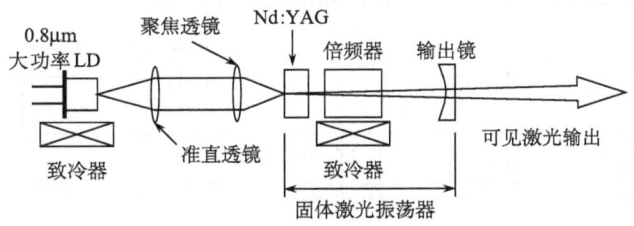

图 10-7 全固化蓝光激光器结构图

表 10-1 $KNbO_3$ 倍频的 473nm 蓝光激光输出特性

输出横模模式	TEM_{00}
最高输出功率	32.3mW（输入功率 974mW）
泵浦光转换成 473nm 的效率	3.30%
电能转换成 473nm 的效率	1.10%
工作温度	室温（25℃）

表 10-2　BBO 作倍频器时 473nm 蓝光激光输出特性

输出横模模式	纵模比为 1∶4 的椭圆高斯形
最高输出功率	24.1mW（输入功率 974mW）
泵浦光转换成 473nm 的效率	2.60%
电能转换成 473nm 的效率	0.90%
工作温度	室温（25℃）

3. 由上转换激光器产生

频率上转换蓝光激光器有两种类型：一种是和频频率上转换蓝光激光器；另一种是光泵掺杂稀土元素的激光晶体或光纤上转换蓝光激光器。由于光纤结构具有严格的光学约束和较长的相互作用距离，导致高浓度激发和有效泵浦吸收，因而可获得更高的转换效率和输出功率。

基本原理如下：上转换激光器是一种振荡频率高于泵浦光频率的光泵激光器。当光场三个频率 ω_1、ω_2、ω_3 之间满足 $\omega_3=\omega_1+\omega_2$ 时，便产生和频。此时，应满足能量守恒关系，即

$$\hbar\omega_3 = \hbar\omega_1 + \hbar\omega_2 \tag{10.3-1}$$

同时也满足动量守恒关系，即

$$\hbar k_3 = \hbar k_1 + \hbar k_2 \tag{10.3-2}$$

式（10.3-1）和式（10.3-2）中，$\hbar=h/2\pi$，h 为普朗克常数，k 为波矢。式（10.3-1）与式（10.3-2）说明，当一个频率为 ω_1 的光子与一个频率为 ω_2 的光子相互作用后湮没，同时产生一个频率为 ω_3 的新光子，并发射和频激光。若 ω_3 落在蓝光波段，便产生和频蓝光激光。对于光泵光纤上转换激光器，为使一个激光离子激发，可直接经过从基态到高能态的双光子吸收跃迁而产生，但由于双光子吸收截面非常小，以致无法进行有效的激光泵浦。因此，一般利用激光材料掺稀土离子的基态和激光上能级之间的长寿命中间能级（亚稳态），使集居的粒子数可以接近或超过基态，使非线性激发与中间态同步进行以提高激光效率。因此，频率上转换激发机制通常有三种类型，如图 10-8 所示。

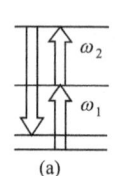
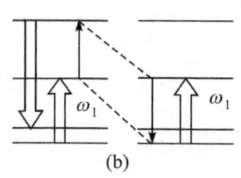
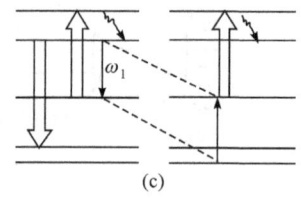

图 10-8　上转换激发机制示意图

图 10-8（a）是双光子吸收而导致上转换激发的机制，其中第一个光子即频率为 ω_1 的光子使中间态集居，第二个光子即频率为 ω_2 的光子通过激发吸收而使上激光能级激发。这两个光子的能量一般不同。图 10.8（b）是交叉弛豫能量转移的激发机制，原理是：当足够多数量的离子激发到中间态时，激发离子间的能量转移也能导致有效上转换；过程是：物理上相当接近的两个离子通过非辐射过程耦合，其中一个离子返回基态，另一个离子被激发到上能态，在多数情况下，这种交叉弛豫过程均以电偶极子-电偶极子的相互作用为基础，为补

偿施主离子和受主离子之间的能量不匹配,光子参与这种能量转移过程。图 10.8 (c) 是雪崩吸收上转换机制,这种有效上转换激发是以雪崩或光子雪崩过程为基础。该过程涉及泵浦光的激发态吸收,而中间态则通过交叉弛豫和能量转移而集居,这种雪崩过程可用单谱线激光实现有效上转换泵浦,故雪崩吸收上转换激发机制是目前最有效的频率上转换激发机制。用于上转换的光纤激光器的光纤一般由掺杂稀土元素离子的氟化物基质材料制成,常选用的掺杂激活离子有 Pr^{3+}、Nd^{3+}、Ho^{3+}、Er^{3+} 及 Tm^{3+},掺杂浓度一般在 1‰~2‰ 之间。因为这些激活离子具有低声子频率,其非辐射弛豫缓慢,因此产生许多长寿命能级,亦即存在大量的中间亚稳态能级,适用于频率上转换。

1) 和频激光器

和频激光器的腔体结构主要有两种:一种是驻波型谐振腔,另一种是行波环状腔。如图 10-9 所示的实验装置图是一种典型的驻波型谐振腔。

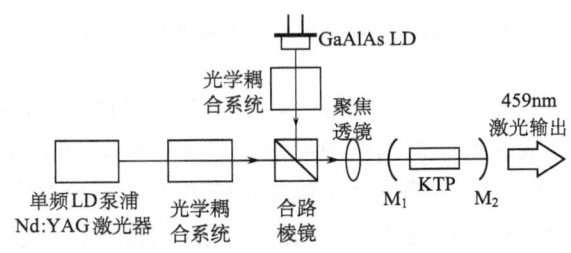

图 10-9 驻波腔和频激光器结构示意图

产生和频激光的过程为:对于 GaAlAs 半导体激光器发射的 809nm 激光与半导体激光器泵浦 Nd:YAG 激光晶体产生的 1064nm 的激光,由各自的光学耦合系统耦合,在棱镜上重合,并由聚焦透镜同时耦合进入由 M_1 与 M_2 组成的光学谐振腔内的 KTP 非线性晶体内进行和频,结果发射 459nm 的蓝色激光输出。在本实验装置中,30mW 的 55% 的 809nm 光与 33mW 的 45% 的 1064nm 的光子同时耦合进入长为 5mm 的 KTP 晶体时,获得 4mW 的 459nm 蓝光激光输出。

这类和频激光器在技术上必须满足三个基本条件:①两个入射光的波长在空间和光谱上与激光谐振腔相匹配,即要求单横模与单纵模;②阻抗匹配,即耦合反射镜 M_1 的透射率必须与腔内往返一次所有的损耗匹配;③两入射光的频率必须分别锁定,使它们波长变化量处于 1~10nm 容限之内。由于热噪声的干扰,为保持半导体激光器波长与激光谐振腔匹配,除了对入射光频率锁定外,还必须使激光谐振腔长度稳定。目前,解决这个问题的一种简便方法是把谐振腔中的一块反射镜安装在压电换能器上,用约为 20kHz 的频率调制腔长,取样光信号加到锁相放大器上,产生误差信号,一方面反馈返回压电换能器上,追踪控制腔长的变化,另一方面把这误差信号加在半导体激光器电源上,调节二极管工作电流。目前,采用 Nd:YAG 激光器发射的 1047nm 与量子阱半导体激光器发射的 845nm 的两种激光波长的光在 KTP 腔内混合,获得 120mW 的 467nm 的蓝光激光输出。

2) 频率上转换光纤蓝光激光器

频率上转换光纤蓝光激光器结构原理如图 10-10 所示。在该装置中,用单谱线泵浦光泵浦共掺 Pr^{3+} 与 Yb^{3+} 的 ZBLAN 氟化物光纤。实现频率上转换的机理是离子间的能量转移,

即 Yb^{3+} 作为吸收体或施主作用，对泵浦光子进行有效的吸收，使其激发，然后再把能量转移给 Pr^{3+}，使之发生粒子数反转，同时发射 491nm 蓝光激光。当用 860nm 波长的激光泵浦长为 78cm 掺 Pr^{3+} 和 Yb^{3+} 的 ZBLAN 光纤，输出耦合为 30% 时，可获得 22mW 的 491nm 蓝光激光输出，总的转换效率为 7.5%，泵浦阈值约 80mW。据最近报道，美国加州 SDL 公司的 Steve Sanders 与他的同事用 890mW 的 1130nm 的半导体激光器，泵浦掺 Tm^{3+} 1% 的 25m 的 ZBLAN 氟化物光纤，产生 106mW 的 482nm 波长的蓝光激光输出，总的光光转换效率达 12%，阈值功率 80mW。

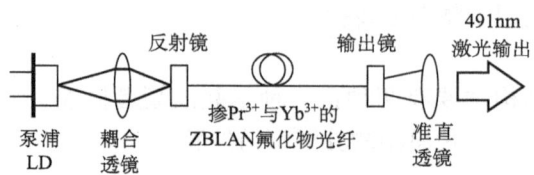

图 10-10 频率上转换光纤蓝光激光器结构示意图

目前，光纤上转换激光器受温度影响较大，因为在较高温度下，有几个因素可使激光性能退化。上转换激发的非线性泵浦机制对温度效应特别敏感，随着温度的升高，光谱变宽，同时泵浦吸收效率降低。此外，热感生交叉弛豫可使亚稳态寿命大为缩短。采用提高掺杂浓度并不能补偿吸收的下降。很多可见光上转换激光跃迁都终止在基态斯塔克分量到稀土离子的长寿命中间态。激光下能级的这种热感应集居可产生很大的再吸收损耗。使用共掺剂，如在掺杂 Tm^{3+} 和 Pr^{3+} 等的同时，掺入 Yb^{3+} 敏化剂，一方面能提高泵浦效率，另一方面能减少激光下能级的有害集居。

在半导体蓝光激光器实现实用化之前，频率上转换激光器是实现全固化蓝光激光器最有效的方案之一，并且由于十分诱人的市场需求量，该器件在实用化方面将很快取得突破性进展。

10.4 对潜蓝绿激光通信系统

10.4.1 三种对潜激光通信方案

对潜蓝绿激光通信是指利用在海水低损耗窗口波长上的蓝绿激光，通过卫星或飞机与深水中潜行潜艇的通信，也包括水面舰只与潜艇之间的通信。一般来讲，蓝绿激光对潜通信系统可分为陆基、天基和空基三种方案，如图 10-11 所示。

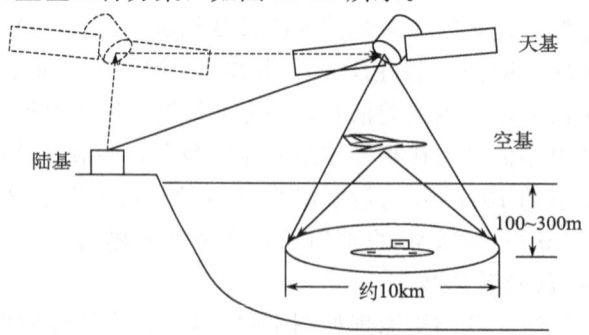

图 10-11 对潜激光通信的三种方案

10.4.2 陆基系统

陆基系统由陆上基地台发出强脉冲激光束，由空间轨道上的卫星担任反射任务，将激光束反射至所需照射的海域，实现与水下潜艇的通信，这种通信也称作反射镜卫星方式。

陆基系统工作时，可通过星载反射镜将激光束扩束成宽光束，实现一个大范围内的通信，也可以压缩成窄光束，以扫描方式通信。陆基系统工作灵活，通信距离远，可用于全球范围内光束所能照射到的海域，通信速率也高，不容易被敌人截获，安全、隐蔽性好。此外，由于激光器置于地面，更换与修理也很方便，电源限制也小，因而对激光器的寿命和效率要求较低。

陆基系统也存在实现难度大的问题。在陆基系统中，激光束需要两次穿越大气层传输，受大气影响较大，主要表现为以下几点。

（1）受天气影响较大，上行光束须在晴朗天气下发射，或者设置多个发射基地以避开天气影响。

（2）受大气衰减和大气湍流影响严重，要求激光器有很高的发射功率。

（3）传输距离远，光束发散损耗大，如采用大口径发射光学天线压缩光束发散角，增加了对准和跟踪的难度，对反射镜阵列的精度要求也很高。

有的系统为缩短激光束在大气中的传输路程并降低大气传输衰减和湍流的影响，将陆基激光器发射的上行光束首先近似垂直地传至陆基台上方轨道的中继反射镜上，再由后者将激光反射到潜艇所在海域上空的空间轨道扫描反射镜，该镜将激光束近似垂直地射向水下潜艇，如图 10.11 中虚线所示。这种方案可简化大气补偿问题，但增加了一面空间反射镜，也增加了系统复杂度，因此可靠性受到影响。

10.4.3 天基系统

天基系统将大功率激光器置于卫星上完成上述通信功能，也称作激光卫星方式。地面通过电通信系统对星上设备实施控制和联络，还可以借助一颗卫星与另一颗卫星的星际之间的通信，让位置最佳的一颗卫星实现与指定海域的潜艇通信。天基方案的优点是结构简单，隐蔽性好，跟踪扫描较容易。由于大功率激光器需要置于卫星上，其体积、重量、功耗、寿命都受到更严格的限制和要求，实现难度更大一些，且不易升级。

10.4.4 空基系统

将大功率激光器置于飞机上，飞机飞越预定海域时，激光束以一定形状的波束（如长 15km、宽 1km 的矩形）扫瞄目标海域，完成对水下潜艇的广播式通信。

如果飞机高度为 10km，以 300m/s 速度飞过潜艇上空，激光束在海面上扫过一条 15km 宽的照射带。在飞机一次飞过潜艇上空约 3s 的时间内，可完成 40~80 个汉字符号的信息量的通信。这种方法实现起来较为容易，在条件成熟时，这种办法很容易升级至天基系统之中，其缺点是飞机的飞行易受敌方监视，因此潜艇隐蔽性低，有可能危及战略核潜艇的生存。

小　结

　　本章介绍了水下激光通信系统。水下激光通信系统主要用于对潜水下通信，由于海水低损耗窗口位于 400～580nm 处，对应于可见光中的蓝绿光区，因此这种系统又被称为蓝绿激光对潜通信系统。第二节分析了海水信道的衰减、色散特性，第三节介绍了当前固体蓝绿激光器的发展情况，最后介绍了陆基、天基、空基对潜激光通信系统的构成和各自的优缺点。本章的重点是海水信道的特点、固体蓝光激光技术和对潜激光通信系统的构成；难点是海水的传输特性和固体蓝光激光技术。

思考题与习题

10.1　试描述水下激光通信的优点。
10.2　为什么水下光通信需要使用蓝绿激光？
10.3　试描述光信号在海水中传播时受到的各种损伤。
10.4　目前对潜水下激光通信有哪几种方案？试对它们进行简要描述。

参 考 文 献

毕德显. 1985. 电磁场理论. 北京：电子工业出版社
玻恩 M，沃耳夫 E. 1978. 光学原理. 杨葭荪等译. 北京：科学出版社
蔡文贵，李永远，许振华. 1992. CCD 技术及应用. 北京：电子工业出版社
陈才和. 2004. 光纤通信. 北京：电子工业出版社
陈刚等. 2000. 空间激光通信技术若干问题的讨论. 红外与激光工程，(6)
陈根祥. 2000. 光波技术基础. 北京：中国铁道出版社
陈静等. 1999. 机载激光测深系统的环境噪声分析. 激光技术，(12)
陈陆君，梁昌洪. 1997. 孤子理论及其应用. 西安：西安电子科技大学出版社
陈治明，王建农. 1999. 半导体器件的材料物理学基础. 北京：科学出版社
邓绶林. 1992. 地学辞典. 石家庄：河北教育出版社
邓卫华，李玉权. 2001. 单模光纤偏振模色散及补偿方法. 解放军理工大学学报，(5)
董宏发，任凯湘. 1994. 卡塞格伦天线系统的准光学分析. 西安电子科技大学学报，(3)
杜竹峰，黄铁侠，卢益民. 1997. 激光对潜通信的信号能量传递计算. 华中理工大学学报，(8)
高赡，吕辉. 2002. 光无线通信中的激光波长选择浅析. 现代有线传输，(9)
葛林，邱昆，唐明光. 1998. 激光空间通信中的天线研究. 电子科技大学学报，(8)
龚倩. 2003. 智能光交换网络. 北京：北京邮电大学出版社
龚知本. 1998. 激光大气传输研究若干问题进展. 量子电子学报，(4)
顾畹仪，李国瑞. 1999. 光纤通信系统. 北京：北京邮电大学出版社
郭立新等. 2001. 湍流大气中的光波闪烁研究. 西安电子科技大学学报（自然科学版），(6)
杭州先波通信技术有限公司. 光学无线（FSO）高带宽接入应用. http://www.sunpore.com/jjfa/15.htm
何兴仁. 2000. 空间光通信用半导体激光器. 半导体光电，(2)
何毅. 1998. 卫星光通信关键技术与演示系统光学天线. 电子科技大学学报，(10)
贺细顺等. 2001. 海水散射引起激光脉冲传输延迟的研究. 激光与红外，(2)
胡渝，刘华. 1998. 空间激光通信技术及其发展. 电子科技大学学报，(10)
黄德修，刘雪峰. 1999. 半导体激光器及其应用. 北京：国防工业出版社
柯熙政，席晓莉. 2004. 无线激光通信概论. 北京：北京邮电大学出版社
李成江，陆鸣. 1993. 激光准直扩束光学系统研究. 激光技术，(10)
李承祖. 2000. 量子通信和量子计算. 长沙：国防科技大学出版社
李海，宋元胜，吴玉蓉. 2005. 光纤通信原理及应用. 北京：中国水利水电出版社
李林，元秀华，黄德修. 2003. 光无线通信系统中的激光发射技术. 光电子技术与信息，(2)
李玲，黄永清. 1999. 光纤通信基础. 北京：国防工业出版社
李田泽. 1997. 大气湍流对激光束传输的影响讨论. 应用光学，(3)
李贤等. 1998. 高背景光噪声条件下的信号接收技术. 电子科技大学学报，(10)
李贤，周宇，曾广荣. 1998. 半导体激光器的光学准直. 电子科技大学学报，(10)
李现勤等. 2001. 激光束在大气中长距离传输聚焦特性的研究. 光学学报，(3)
李晓彤. 1997. 几何光学和光学设计. 杭州：浙江大学出版社
李玉权，崔敏. 2002. 光波导理论与技术. 北京：人民邮电出版社
李玉权，李壮，甘仲民. 1998. 芯线渐变光学纤维中光的传输与反射. 通信工程学院学报，(2)

李玉权. 1992. 弱导矩形光波导的准 TEM 分析方法. 通信工程学院学报,（4）
刘盛刚. 1987. 相对论电子学. 北京：科学出版社
刘星成，张光昭. 2000. 无线通信网与 Turbo 编码. 多媒体技术论坛 2000（MTF2000）
吕海寰等. 1988. 卫星通信系统. 北京：人民邮电出版社
罗俊丰. 1999. 透镜对高斯光束扩束规律. 广东工业大学学报,（12）
马东堂，魏急波，庄钊文. 2003. 空间激光通信及应用. 半导体光电,（4）
马飞，谢建菲. 2005. 第三代移动通信与 Torbo 码的研究. 计算机与信息技术,（6）
马晶等. 1999. 振动对空间光通信系统误码率影响的分析. 宇航学报,（7）
苗龙，李玉权，张宝富. 2000. 光纤光栅的多级反射分析方法. 解放军理工大学学报,（3）
明海，张国平，谢建平. 2000. 光电子技术. 合肥：中国科学技术大学出版社
聂秋华. 1997. 光纤激光器和放大器技术. 北京：电子工业出版社
蒲涛，李玉权. 2001. 长距离无中继光传输系统设计中的非线性问题. 解放军理工大学学报,（6）
蒲涛，李玉权. 2002. 介质光波导中非线性薛定谔方程的一种近似解法及其应用. 微波学报,（2）
钱宗珏. 1998. 光接入网的发展趋势. 通讯世界,（12）
饶瑞中等. 1998. 激光在湍流大气中的光强起伏与光斑统计特征. 量子电子学报,（4）
盛立，汤伟电，周文. 2000. 应用于星间光通信系统的光发送机的探讨. 光通信研究,（4）
宋小全等. 2001. 白天工作条件下大气激光雷达探测的实验研究. 青岛海洋大学学报,（7）
谭立英，马晶，林维秋. 1999. 国际卫星光通信技术发展. 激光技术,（10）
谭立英等. 1999. 各种激光星间链路特点分析. 光通信技术,（3）
万玲玉，蒋丽娟. 2002. 湍流大气中光强闪烁对光通信链路的影响. 光通信技术,（2）
汪井源，徐智勇. 2002. 自由空间光通信. 解放军理工大学学报（自然科学版）,（10）
汪井源，张正线. 2000. 无线光通信中的 PPM 调制. 电信技术,（5）
王秉均，王少勇. 2004. 光纤通信系统. 北京：电子工业出版社
王江平，闻传花，李玉权. 2003. 星间激光通信技术. 军事通信技术,（12）
王敏，刘维华. 2005. 蓝绿激光通信的海水信道光学特性研究. 华东船舶工业学院学报（自然科学版）,（2）
王竹溪，郭敦仁. 1965. 特殊函数概论. 北京：科学出版社
韦乐平. 1997. 光接入网. 电信科学,13（3）
温锋等. 2003. 光突发交换网关键技术及发展. 电信科学,（1）
闻传花，李玉权. 2003. 空间激光通信中的光学系统. 光通信技术,（7）
闻传花，周胜军，李玉权. 2003. 星间激光通信中的无源光学系统. 军事通信技术,（12）
闻传花等. 2003. 自由空间光通信中的自适应光学技术. 西部通信,（6）
吴彝尊，蒋佩璇，李玲. 1987. 光纤通信基础. 北京：人民邮电出版社
肖海桥，张量，汤俊雄. 1999. 卫星光通信链路新型宽视场角捕捉方案探讨. 电子学报,（8）
谢木军等. 2000. 空间光通信中的精密跟踪瞄准技术. 光电工程,（2）
许国良等. 2002. 自由空间光通信. 光电子技术,（12）
杨祥林，温扬敬. 2000. 光纤孤子通信理论基础. 北京：国防工业出版社
杨祥林. 2000. 光纤通信系统. 北京：国防工业出版社
叶培大，吴彝尊. 1984. 光波导技术基本理论. 北京：人民邮电出版社
殷洪玺等. 2000. 光分组交换网. 电信科学,（11）
尹道素，皮德忠. 1998. 日本空间光通信技术的发展状况. 电子科技大学学报,（10）
余水琴. 2004. GPON——下一代宽带光接入网. 光通信设备,（2）
俞水清，汤俊雄，肖海桥. 2001. 采用原子滤光器可调谐特性的新型卫星光通信捕捉方案研究. 电子学报,（3）
原荣. 2002. 光纤通信. 北京：电子工业出版社

岳冰，杨文淑，傅承毓. 2002. 空间光通信中的快速倾斜镜精跟踪实验系统. 光电工程，(6)

曾宗泳等. 1999. 复杂地形近地面光学湍流. 强激光与粒子束，(12)

张杰等. 2004. 自动交换光网路 ASON. 北京：人民邮电出版社

张民等. 2003. 光分组网节点结构研究的现状与演化趋势. 光通信技术，(5)

张明德，孙小菡. 2003. 光纤通信原理与系统. 3版. 南京：东南大学出版社

张文涛，李贤，胡渝. 2003. 空间光通信探测技术中象限探测器（QD）的研究. 量子电子学报，(2)

赵长明，黄杰. 2001. 未来激光探潜和对潜通信技术的发展. 光学技术，(1)

赵晓蕴，陈雪. 2004. GPON 的关键技术——传输汇聚层 GEM. 电信网技术，(11)

赵梓森. 1998. 光纤通信工程. 北京：人民邮电出版社

中国电子技术信息网. 对潜通信综述. http：//www. ec66. com/article/list. asp? indexid=1783

朱勇，李玉权，武欣嵘. 2003. 多普勒效应对星间激光通信的影响及对策. 军事通信技术，(12)

朱勇，李玉权. 2003. 星间激光通信中的 PAT 系统. 军事通信技术，(12)

朱震，陈凌. 2003. 自由空间光通信技术. 光通信技术，(1)

Agrawal G P. 1995. Nonlinear Fiber Optics. Academic Press，Inc.

Agrawal G P. 1997. Fiber-optic Communication Systems. John Wiley & Sons.，Inc.

Bailly M，Perez E. 1991. Pointing, acquisition, and tracking system of the European SILEX program major technological step for intersatellite optical communication. SPIE，1417

Black U. 2003. 光网络第三代传送系统. 黄照祥，雷蕾，梁庄译. 北京：机械工业出版社

Bostian C，Chan V，Riley L. European research satellite projects-SILEX. http：//www. wtec. org/loyola/satcom/c5 _ s4. htm

Boyd R W. 1992. Nonlinear Optics. Academic Press，Inc.

Brandon W T，Chan V W S，Kwan R K. Japanese Research Satellite Projects. http：//www. wtec. org/loyola/satcom/c6 _ s1. htm

Chiang K S. 1985. Finite-element analysis of optical fibers with iterative treatment of the infinite 2-D space. Optical and Quantum electrolics，11

Hubin N，Noethe L. 1995. 能动光学、自适应光学和激光导星. 蔡惟泉译. 强激光技术进展，(2)

Keiser G. 2002. 光纤通信. 3版. 李玉权，崔敏，蒲涛译. 北京：电子工业出版社

Kim lsaac I，McArthur B，Korevaar E. 2000. Comparison of aserbeam propagation at 785nm and 850nm in fog and Haze for optical wireless communications. Optical Wireless Communications III, Pro SPIE

Ohmori S，et al. 1998. Mobile Satellite Communications. Boston：Artech House

Palais J C. 2005. 光纤通信. 5版. 王江平，刘杰，闻传花译. 北京：电子工业出版社

Russell D，Ansari H，Chen C-C. 1994. Lasercom pointing acquisition and tracking control using a CCD-based tracker. SPIE，2123

Short R C，et al. 1991. Acquisition and tracking performace measurements for a high speed area array detctor system. SPIE，1417

Snyder A W，Love J D. 1991. 光波导理论. 周幼威等译. 北京：人民邮电出版社

Tolker-Nielsen T，Guillen J-C. SILEX：the first european optical communication terminal in orbit. http：//esapub. esrin. esa. it/bulletin/bullet96/NIELSEN. pdf

Tomse P，Schmutzer C. 2003. 下一代光网络. 龚倩等译. 北京：人民邮电出版社 Yaliv A. 1997. Optical Electronics in Modern Communications. New York：Oxford University Press